Kriminologische Diskussionstexte I

Aldo Legnaro · Daniela Klimke
(Hrsg.)

Kriminologische Diskussionstexte I

Verurteilen und Strafen

 Springer VS

Hrsg.
Aldo Legnaro
Köln, Deutschland

Daniela Klimke
Institut für Kriminalitäts- und
Sicherheitsforschung, Polizeiakademie
Niedersachsen, Nienburg, Deutschland

ISBN 978-3-658-22004-4   ISBN 978-3-658-22005-1   (eBook)
https://doi.org/10.1007/978-3-658-22005-1

Die Deutsche Nationalbibliothek verzeichnet diese Publikation in der Deutschen Nationalbiblio-
grafie; detaillierte bibliografische Daten sind im Internet über http://dnb.d-nb.de abrufbar.

Planung/Lektorat: Cori Antonia Mackrodt
Springer VS ist ein Imprint der eingetragenen Gesellschaft Springer Fachmedien Wiesbaden
GmbH und ist ein Teil von Springer Nature.
Die Anschrift der Gesellschaft ist: Abraham-Lincoln-Str. 46, 65189 Wiesbaden, Germany

Vorwort

Nach den *Kriminologischen Grundlagentexten* (2016) legen wir als Fortsetzung, Aktualisierung und inhaltliche Erweiterung zwei Folgebände vor, die als *Kriminologische Diskussionstexte* konzipiert sind: hier *Verurteilen und Strafen* und, als Folgeband, *Kontrollieren und Überwachen*. Dass diese Titel an Michel Foucaults *Überwachen und Strafen* (1976) erinnern, kommt nicht von ungefähr: nicht nur fassen sie auf prägnante Weise zusammen, worum es thematisch geht (und Foucault schon damals ging); Foucault dürfte auch in den hier vorgelegten Texten der mit Abstand am meisten zitierte Autor sein. Das wiederum verweist auf die diesen Bänden wie auch den *Grundlagentexten* zugrunde liegende Auffassung von Kriminologie als einer sozialwissenschaftlichen Spezialdisziplin, die sich nicht in rechtspolitischen Hilfsdiensten und Evaluierungen strafrechtlicher Maßnahmen erschöpft – so sinnvoll und berechtigt derlei auch gelegentlich ist –, sondern einen spezifischen Blick auf Gesellschaften und den ihnen eigenen Etikettierungsstrategien und Betrachtungen von Kriminalität entwickelt, woraus sich die Funktionalitäten von Kriminalität und ihr jeweiliger gesellschaftlicher Sinn erschließen lassen. Kriminologie bildet dann das intellektuelle Instrument einer gesellschaftlichen Selbstbeobachtung und Selbstbeschreibung, die sich zwar nur auf einen Teilaspekt, die Kriminalität eben, konzentriert, dabei aber grundlegende Strukturelemente gesellschaftlicher Ordnung und ihre Bedeutung in einem bestimmten historischen Kontext entziffert: es geht um Konformität und Abweichung, um Regeln und ihre Durchsetzung, damit auch um Macht und die Formen ihrer Ausübung und um die Definitionen des gesellschaftlichen Drinnen und des gesellschaftlichen Draußen, um Uns und um Sie.

Dem folgen die inhaltliche Bestimmung und Anordnung der einzelnen Kapitel. Sie sollen vor allem die thematischen Schwerpunktsetzungen heutiger kriminologischer Diskussionen widerspiegeln und zugleich einen Überblick der dabei entwickelten theoretischen Konzeptionen, analytischen Rekonstruktionen und empirischen Fragestellungen bieten. Diese Anlage gewinnt zwar durchaus Lehrbuchcharakter, unterscheidet sich jedoch von Lehrbüchern in einem entscheidenden Punkt: nicht nur sind die Texte nicht aus einer Hand, sondern haben viele VerfasserInnen und repräsentieren damit auch vielerlei Sprach- und Denkstile, was eine Vergnüglichkeit eigener Art schaffen kann – hier wird auch kein einheitliches Lehrgebäude vorgeführt, sondern es werden in vielen Facetten die Konturen einer sozialwissenschaftlich orientierten kritischen Kriminologie abgesteckt. Präsentiert wird somit keine in sich abgeschlossene Theorie, sondern ein vielfältig besetzter Chor, dessen Stimmen allerdings in ähnlichen theoretischen Fluchtpunkten konvergieren.

Weitaus stringenter als in den *Grundlagentexten* stellt sich in diesen beiden Bänden somit die Frage nach der Textauswahl. Wenn sich darüber, welche Texte als Grundlagentexte der Disziplin angesehen werden können, wohl noch weitgehend Einigkeit erzielen lässt, so dürfte es sehr viel strittiger sein, welche Texte auf bedeutsame Weise weiterhin zur Diskussion beitragen und deswegen einen Neuabdruck verdienen. Wir stehen, nach einem bekannten Diktum, als relative Zwerge alle auf den Schultern von Riesen. Wenn die *Grundlagentexte* vor allem diesen Riesen gewidmet waren, so diese beiden Bände den Zwergen, die aber – eben weil sie auf den Schultern der Riesen stehen – gelegentlich weiter zu sehen und die gesellschaftlichen Zustände und Probleme der Gegenwart pointierter und schärfer zu analysieren vermögen. Es ging uns daher darum, eine Textauswahl vorzulegen, die solche Schärfe mit heutiger Relevanz verbindet. Das kann sowohl für eher theoretisch geprägte Texte wie auch für empirische Arbeiten gelten; diesbezüglich haben wir keine Ausschlusskriterien vorgegeben. Primäres Ziel der Auswahl war es vielmehr, einen annähernd repräsentativen Überblick eines Konzeptions- und Forschungsstandes zu geben, wie er die aktuellen Diskussionen dominiert.

Die Texte stammen weitgehend aus den letzten fünfzehn Jahren: das macht sie historisch und aktuell zugleich. Historisch insoweit, als angeführte Fakten und empirische Befunde den Stand zur Zeit der Entstehung widerspiegeln und deswegen im Einzelfall auch überholt sein können; das gilt in einem etwas anderen Sinne auch für die jeweiligen Literaturangaben, die oft heute bereits vergessene Titel enthalten, was sie aber nicht weniger aufschlussreich macht – gelegentlich lässt sich daraus auch lernen, dass heutzutage neu erscheinende Argumente und Interpretationsfiguren tatsächlich nicht gar so neu sind. Das ist ein Aspekt der unverminderten Aktualität dieser Texte. Zugleich spiegeln sie – das war unser wichtigstes Auswahlkriterium – einen auch gegenwärtig aussagekräftigen

Diskussions- und Interpretationsstand und belegen damit die thematischen und konzeptionellen Ausdifferenzierungen einer Kriminologie, die nun auch im deutschsprachigen Wissenschaftsbereich eine gewisse Anschlussfähigkeit an internationale Entwicklungen gewonnen hat. Deswegen enthalten diese beiden Bände – ganz im Gegensatz zu den *Grundlagentexten* – die Texte von vor allem hiesigen Autoren und – dies ebenfalls in eklatantem Gegensatz – auch von Autorinnen. Und wenngleich diese Texte nicht im gleichen Maße als klassisch gelten können, wie das in den *Grundlagentexten* der Fall war, so könnten manche von ihnen doch zukünftig diesen Status gewinnen.

Wir haben die Texte so wenig bearbeitet wie möglich. Bei vielen waren Kürzungen allerdings unumgänglich, die wir aber auf ein Mindestmaß beschränkt haben. Bei gekürzten Texten sind die Literaturangaben entsprechend angepasst worden. Offensichtliche Druckfehler sind stillschweigend korrigiert, und immer gekürzt sind alle Anmerkungen, die Danksagungen oder Hinweise auf die Entstehungsgeschichte enthalten.

Daniela Klimke
Aldo Legnaro

Inhaltsverzeichnis

Herausgeber- und Autorenverzeichnis

Über die Herausgeber

Aldo Legnaro Köln, Deutschland

Daniela Klimke Institut für Kriminalitäts- und Sicherheitsforschung, Polizeiakademie Niedersachsen, Nienburg, Deutschland

Autorenverzeichnis

Astrid Aengenheister Bonn, Deutschland

Zygmunt Bauman† Universität Leeds, Leeds, England

Katherine Beckett University of Washington, Washington, USA

Helga Cremer-Schäfer Goethe-Universität Frankfurt, Frankfurt am Main, Deutschland

Monika Frommel Universität Kiel, Kiel, Deutschland

Winfried Hassemer† Bundesverfassungsgericht, Karlsruhe, Deutschland

Henner Hess Goethe-Universität Frankfurt, Frankfurt am Main, Deutschland

Günther Jakobs Universität Bonn, Bonn, Deutschland

Daniela Klimke Institut für Kriminalitäts- und Sicherheitsforschung, Polizeiakademie Niedersachsen, Nienburg, Deutschland

Martin Kronauer HWR Berlin, Berlin, Deutschland

Karl-Ludwig Kunz Bern, Schweiz

Rüdiger Lautmann Berlin, Deutschland

Aldo Legnaro Köln, Deutschland

Nikolas Rose London, UK

Katharina Rutschky† Berlin, Deutschland

Fritz Sack Berlin, Deutschland

Sebastian Scheerer Universität Hamburg, Hamburg, Deutschland

Michael Schetsche Institut für Grenzgebiete der Psychologie und Psycho-hygiene e. V, Freiburg i. Br, Deutschland

Christina Schlepper Universität Duisburg-Essen, Essen, Deutschland

Johannes Stehr Evangelische Hochschule Darmstadt, Darmstadt, Deutschland

Heinz Steinert† Goethe-Universität Frankfurt, Frankfurt am Main, Deutschland

Charles Tilly† Columbia University, New York, USA

Bruce Western Columbia University, New York, USA

Zur Einführung

Aldo Legnaro und Daniela Klimke

Mit seiner Frage, „whose rules", „wessen Regeln" die Definition von Abweichung bestimmen, formuliert Howard S. Becker (siehe *Grundlagentexte,* S. 7 ff.) ein zentrales Problem jeglicher kritisch intendierten kriminologischen Analyse. Diese Frage stellt die Machtdifferentiale in den Mittelpunkt, ohne die eine effektive Zuschreibung von Devianz nicht zu denken ist, denn das Verleihen eines Etiketts *(label)* ist nicht lediglich eine folgenlos bleibende sprachliche Äußerung, sondern eine konkrete Handlung gesellschaftlicher Machtausübung, deren Möglichkeiten ganz ungleich verteilt sind. Becker hat dies in einer prägnanten Kürze angesprochen, die seinen Text zu einer klassischen Grundlegung sozialwissenschaftlich orientierter Kriminologie macht und geradezu als Abstract des vorliegenden Bandes zu lesen ist.

Howard S. Becker
Außenseiter. Zur Soziologie abweichenden Verhaltens, Frankfurt/M. 1973; Neuausgabe Wiesbaden 2014, S. 36–38
Übersetzung: Norbert Schultze in der Überarbeitung von Michael Dellwing

A. Legnaro (✉)
Köln, Deutschland
E-Mail: a.legnaro@t-online.de

D. Klimke
Institut für Kriminalitäts- und Sicherheitsforschung, Polizeiakademie Niedersachsen, Nienburg, Deutschland
E-Mail: klimke@uni-bremen.de

© Springer Fachmedien Wiesbaden GmbH, ein Teil von Springer Nature 2022
A. Legnaro und D. Klimke (Hrsg.), *Kriminologische Diskussionstexte I,*
https://doi.org/10.1007/978-3-658-22005-1_1

Original: Outsiders. Studies in the Sociology of Deviance, 1963, S. 15–18

Wessen Regeln?

Ich habe den Ausdruck „Außenseiter" benutzt, um Menschen zu bezeichnen, die von anderen als abweichend beurteilt werden und damit außerhalb des Kreises der „normalen" Gruppenmitglieder stehen. Aber der Begriff hat noch eine andere Bedeutung, deren Analyse zu einem weiteren wichtigen Bereich soziologischer Probleme führt: Vom Standpunkt des Menschen, der als abweichend etikettiert wird, können jene Menschen „Außenseiter" sein, welche die Regeln aufgestellt haben, deren Verletzung er für schuldig befunden wurde.

Gesellschaftliche Regeln sind das Werk spezifischer sozialer Gruppen. Moderne Gesellschaften sind keine einfachen Organisationen, in denen jedermann der gleichen Ansicht darüber ist, was die Regeln sind und wie sie in bestimmten Situationen angewandt werden sollen. Sie sind vielmehr höchst differenziert entlang sozialer Klassen, ethnischen, beruflichen und kulturellen Unterscheidungen. Diese Gruppen müssen nicht die gleichen Regeln teilen und tun dies häufig nicht. Die Probleme, die sich ihnen bei der Auseinandersetzung mit ihrer Umwelt stellen, ihre Geschichte und den Traditionen, die sie mit sich schleppen – alle diese Probleme führen zur Entwicklung verschiedener Regelkataloge. Insofern die Regeln verschiedener Gruppen einander widersprechen und sich gegenseitig ausschließen, werden Meinungsverschiedenheiten über die Art des Verhaltens bestehen, das in einer gegebenen Situation angemessen ist.

Italienische Einwanderer in den Vereinigten Staaten, die während der Prohibition für sich selbst und ihre Freunde Wein herstellten, verhielten sich nach den Erwartungen italienischer Einwanderer korrekt, brachen jedoch das Gesetz ihres neuen Heimatlandes (wie natürlich viele ihrer alteingesessenen amerikanischen Nachbarn auch). Patienten, die von einem Arzt zum anderen laufen, mögen unter dem Blickwinkel ihrer eigenen Gruppe tun, was notwendig ist, um ihre Gesundheit zu schützen, indem sie sichergehen wollen, den Arzt zu finden, der ihnen als der beste erscheint; doch vom Standpunkt des Arztes ist es falsch, was sie tun, weil es das Vertrauen bricht, das der Patient in seinen Arzt setzen sollte. Der Straftäter aus der Unterschicht, der sein Gebiet vor jenen schützen will, die ihn aus ihm vertreiben wollen, tut nur, was er für notwendig und richtig hält, doch Lehrer, Sozialarbeiter und die Polizei sehen dies anders.

Mag auch das Argument vorgebracht werden, über viele oder die meisten Regeln herrsche bei allen Mitgliedern einer Gesellschaft Einverständnis, fördert empirische Forschung über eine gegebene Regel im allgemeinen Unterschiede in der Einstellung der Menschen zutage. Formale Regeln, die von einer eigens gebildeten Gruppe durchgesetzt werden, können sich von denen unterscheiden, die von den meisten Menschen tatsächlich für angemessen gehalten werden (Rose und Prell 1955).[1] Fraktionen innerhalb einer Gruppe können über die von mir so genannten tatsächlich geltenden Regeln verschiedener Ansicht sein. Doch am wichtigsten für das Studium von gewöhnlich als abweichend bezeichnetem Verhalten ist: Der Blickwinkel der Menschen, die ein solches Verhalten an den Tag legen, unterscheidet sich wahrscheinlich von dem jener Menschen, die das Verhalten verurteilen. Im letzteren Fall kann ein Mensch das Gefühl haben, dass er nach Regeln verurteilt wird, an deren Aufstellung er nicht beteiligt war und die er nicht akzeptiert, nach Regeln, die ihm von Außenseitern aufgezwungen werden.

Bis zu welchem Ausmaß und unter welchen Umständen versuchen Menschen, ihre Regeln anderen aufzuzwingen, die sie nicht anerkennen? Wir wollen zwei Fälle unterscheiden. Erstens haben nur tatsächliche Gruppenmitglieder irgendein Interesse daran, bestimmte Regeln aufzustellen und durchzusetzen. Wenn ein orthodoxer Jude die Speisegesetze bricht, werden nur andere orthodoxe Juden dies als eine Übertretung betrachten; Christen und nichtorthodoxe Juden werden es nicht als abweichendes Verhalten ansehen und hätten kein Interesse an einer Einmischung. Im zweiten Fall halten es Mitglieder einer Gruppe für wichtig für ihr eigenes Wohlergehen, dass Mitglieder bestimmter anderer Gruppen bestimmten Regeln folgen. So halten Leute es für äußerst wichtig, dass sich an bestimmte Regeln hält, wer die Heilkunst ausübt; aus diesem Grund erteilt der Staat Ärzten, Krankenschwestern und anderen die Genehmigung zur Berufsausübung und verbietet jedem, der keine Genehmigung besitzt, sich heilend zu betätigen.

Umfang und Nachdruck, mit dem eine Gruppe versucht, anderen Gruppen der Gesellschaft ihre Regeln aufzuzwingen, stellen uns vor eine zweite Frage: Wer kann tatsächlich andere dazu zwingen, seine Regeln zu akzeptieren, und welches sind die Gründe einer erfolgreichen Durchsetzung? Das ist natürlich eine Frage politischer und wirtschaftlicher Macht. Wir werden später die politischen und wirtschaftlichen Prozesse untersuchen, die zur Bildung und Durchsetzung von Regeln führen. An dieser Stelle genügt der Hinweis, dass Menschen tatsächlich immer anderen Menschen ihre Regeln aufzwingen und sie mehr oder weniger gegen den Willen und ohne die Zustimmung der anderen anwenden. Allgemein werden zum Beispiel Regeln für Jugendliche von Älteren aufgestellt. Obwohl

---

[1] Rose, Arnold M. und Arthur E. Prell (1955), Does the Punishment Fit the Crime? – A Study in Social Valuation. In: American Journal of Sociology LXI, S, 247–259.

die Jugend der Vereinigten Staaten kulturell einen starken Einfluss ausübt – die Massenmedien sind beispielsweise auf ihre Interessen zugeschnitten –, werden viele wichtige Arten von Regeln für die Jugend von Erwachsenen aufgestellt. Regeln hinsichtlich des Schulbesuchs und des Sexualverhaltens werden ohne Bezug zu den Problemen der Heranwachsenden festgesetzt. Mehr noch: Jugendliche sehen sich umgeben von Regeln über diese Fragen, die von älteren und etablierteren Menschen aufgestellt wurden. Es wird als legitim erachtet, so zu verfahren, denn Jugendliche werden weder für klug noch verantwortlich genug gehalten, um passende Regeln für sich selbst aufstellen zu können.

Ebenso entspricht es in vieler Hinsicht der Wahrheit, dass in unserer Gesellschaft Männer die Regeln für Frauen aufstellen (auch wenn sich das in Amerika schnell ändert). Schwarze sehen sich Regeln unterworfen, die Weiße für sie aufgestellt haben. Im Ausland geborene Amerikaner und Menschen noch nicht normalisierter Ethnizität leben häufig nach Regeln, die von der protestantischen angelsächsischen Minderheit für sie aufgestellt wurden. Die Mittelschicht stellt Regeln auf, denen die Unterschicht gehorchen muss – in den Schulen, den Gerichten und anderswo.

Unterschiede in der Fähigkeit, Regeln aufzustellen und sie auf andere Leute anzuwenden, sind ihrem Wesen nach Machtunterschiede (entweder legale oder außerlegale). Die Gruppen, deren soziale Stellung ihnen Waffen und Macht gibt, sind am besten imstande, ihre Regeln durchzusetzen. Alters-, Geschlechts-, ethnische und Klassenunterschiede sind sämtlich mit Machtunterschieden verbunden, die ihrerseits verantwortlich sind für den Grad, mit dem verschiedene Gruppen in der Lage sind, für andere Menschen Regeln aufzustellen. Zusätzlich zur Einsicht, dass abweichendes Verhalten durch die Reaktionen von Menschen auf einzelne Verhaltensweisen geschaffen wird, nämlich durch die Kennzeichnung dieses Verhaltens als abweichend, müssen wir noch festhalten, dass die durch solche Kennzeichnung geschaffenen und aufrechterhaltenen Regeln nicht universell anerkannt werden. Sie sind vielmehr Gegenstand von Konflikt und Auseinandersetzung und mithin Teil des politischen Ablaufs gesellschaftlicher Prozesse.

Symbolische Funktionen des Strafens

Einleitung: Symbolische Funktionen des Strafens

Aldo Legnaro und Daniela Klimke

Was überhaupt ist Funktion und Zweck des Strafrechts? Die differenzierten Details der einschlägigen rechtlichen Diskussionen können hier nicht behandelt werden; erwähnt seien überblicksweise lediglich die Bestimmungen des Strafzwecks, die sich daraus ergeben. Dabei werden absolute Strafzwecktheorien, die (mit den Mitteln von Vergeltung, Sühne, Schuldausgleich) einem metaphysischen Prinzip von Gerechtigkeit folgen, von relativen Strafzwecktheorien unterschieden. Diese kreisen um Prävention als ihrem Begründungs- und Angelpunkt, die nach Generalprävention (positiv als Stärkung der Rechtstreue und des Vertrauens in die Rechtsordnung, negativ als Abschreckung von Straftaten aus Furcht vor Strafe) und Spezialprävention (positiv als Besserung und Resozialisierung der TäterInnen, negativ als Schutz der Allgemeinheit vor erneuten Straftaten von bereits straffällig Gewordenen) differenziert wird (siehe zu den Funktionen des Strafens etwa Hassemer 1997; Stehr 2002; Roxin 2006; Rössner 2010; Tonry 2011; Hörnle 2017). Nicht zuletzt werden auch gesellschaftliche Straf- und Vergeltungs-, wenn nicht sogar Rachebedürfnisse erfüllt (siehe das Kapitel *Die Lust am Strafen* in diesem Band). Die angestrebten Präventionsziele stehen also zum Strafrecht in einer Zweck-Mittel-Relation, welche – über diese zwar rationale, aber auch diffuse Beziehung hinaus – in inszenatorischer Vermittlung und Darstellung vielfältige symbolische Bedeutungshorizonte öffnet. Das lässt

A. Legnaro (✉)
Köln, Deutschland
E-Mail: a.legnaro@t-online.de

D. Klimke
Institut für Kriminalitäts- und Sicherheitsforschung, Polizeiakademie Niedersachsen, Nienburg, Deutschland
E-Mail: klimke@uni-bremen.de

© Springer Fachmedien Wiesbaden GmbH, ein Teil von Springer Nature 2022
A. Legnaro und D. Klimke (Hrsg.), *Kriminologische Diskussionstexte I*,
https://doi.org/10.1007/978-3-658-22005-1_2

sich an den Wandlungen des Strafens selbst und an den jeweils als angemessen geltenden Strafen ebenso ablesen wie an den Verschiebungen zwischen den einzelnen Strafzwecken. So hat in der Gegenwart in den westlichen Gesellschaften die negative Spezialprävention eine besondere, über ihre traditionelle Rolle hinausgehende Bedeutung gewonnen (siehe das Kapitel *Prävention als Steuerungsmechanismus in der späten Moderne* im Folgeband *Kontrollieren und Überwachen*). Die symbolische Dimension des Strafens lässt sich zudem historisch an der Vielfalt von Strafarten aufzeigen, wobei die europäische Entwicklung im Wesentlichen von Todesstrafe und drastischen Körperstrafen hin zu Formen des zeitlich limitierten Freiheitsentzugs in Gefängnissen und nach persönlichen Einkommens- und Vermögensverhältnissen bemessenen Geldstrafen verläuft (siehe zur Entwicklung der Sanktionen im deutschen Strafrecht Spieß 2013; zur Sozialgeschichte des Strafens in Europa grundlegend Foucault 1977; im Überblick hierzu Bogdal 2014; kritisch Steinert 1978; zur Geschichte des Gefängnisses Hahn Rafter 1985; Rothman und Morris 1996; Geltner 2008; zu den Beziehungen zwischen Gefängnis und Ghetto Wacquant 2001; zur Todesstrafe global International Affairs Forum 2015; Krey 2019; in den USA Bowers 1984; Banner 2002; Ogletree und Sarat 2006; Statista 2019; im Hinblick auf Frauen und die Konstruktion von Weiblichkeit Linders und Van Gundy Yoder 2008; zu ihrer Abschreckungswirkung Hermann 2010; im islamischen Recht Peiffer 2005; Kamali 2019; zur Darstellung der befürwortenden und ablehnenden Argumentationen Yost 2019; siehe auch das Kapitel *Die Lust am Strafen* in diesem Band).

Die realen Praxen und Auswirkungen des Strafens erwecken auf den ersten Blick nicht den Eindruck, lediglich symbolisch zu sein. Denn ein Symbol, definiert ein Wörterbuch der Semiotik (Bense und Walther 1973, S. 108), bezeichnet „sein Objekt unabhängig von Ähnlichkeiten oder Übereinstimmungen mit dem Objekt oder realen Beziehungen zu dem Objekt", es benenne „eine Gegenstandsart, keinen individuellen Gegenstand", und so seien etwa die Wörter eines Wörterbuchs hinsichtlich ihrer Objekte ein Symbol. In einem bestimmten Sinne ist Strafen aber somit, unabhängig von Ausführung und Auswirkung, immer symbolisch, denn die amputierte Hand des Diebes – eine in Saudi-Arabien übliche Strafe – macht den Diebstahl schließlich nicht ungeschehen. Hergestellt wird dadurch jedoch im Nachhinein eine ausgleichende Balance, die der Strafe einen symbolhaften Charakter für die durch die Tat verletzte und nun wiederhergestellte Rechtsordnung verleiht. Geht man davon aus, dass Verurteilte Gesellschaften als Sündenbock dienen (Ostermeyer 1970; Mechler 1971), dann sind auch sie Symbole, denn durch ihren realen Ausschluss wird symbolhaft das Heil der Gemeinschaft gesichert. Todesstrafe, Körperstrafen, Gefängnis, Geldstrafe, sogar die neueren Überlegungen zur Entkriminalisierung von Ladendiebstahl und anderen Kleindelikten unterscheiden sich zwar fundamental in der Qualität ihrer Symbolik, geben das Symbolische aber keineswegs auf; vielmehr bezeichnen sie jeweils Neujustierungen der Waage zwischen einer intakten Ordnung und ihrer Verletzung durch die Tat. Bezeichnenderweise spielt das Bild der Waage schon in altägyptischen Vorstellungen von Gerechtigkeit eine bedeutsame Rolle, und Waage und Schwert sind die Attribute der Iustitia in mittelalterlichen Darstellungen. Die Zweck-Mittel-Relation von Präventionszielen und Strafrecht verwirklicht sich in diesen Justierungen immer wieder neu als reale Konsequenz einer strafbaren Handlung. Eine amputierte Hand wird, als drastisches Beispiel effektiver negativer Spezialprävention, nie wieder stehlen und verdeutlicht zudem im Sinne einer negativen Generalprävention allen Mitgliedern einer Gesellschaft, was ihnen bei Diebstahl bevorstehen kann.

Wenn hier die symbolischen Funktionen des Strafens im Mittelpunkt stehen, dann nicht im Hinblick auf rechtliche und rechtsphilosophische Erörterungen. Vielmehr wird das Strafen als eine soziale Veranstaltung betrachtet, die einen gesellschaftlichen Sinn erfüllt. Dieser Sinn ergibt sich erst, wenn man das Symbolische und das Funktionale des Strafrechts gleichermaßen in den Blick nimmt. Dabei geht es nicht um die Analyse einzelner Straftatbestimmungen, sondern um eine Form der meta-rechtlichen Betrachtung, die sowohl die öffentliche Präsentation von Strafrecht, wie sie heute in gerichtlichen Hauptverhandlungen stattfindet, die instrumentelle Nutzung des Strafrechts im Rahmen von großen gesellschaftlichen Konflikten und zudem die sozialen Implikationen des geltenden Strafrechts vor allem unter Gender-Aspekten als Ausgangspunkt der Analyse nimmt. In diesen primär sozialwissenschaftlichen Perspektiven auf das Strafrecht artikuliert sich eine Symbolik, die dem Recht immanent ist, aber rechtlich nicht explizit gemacht wird, vielleicht auch nicht gemacht werden kann, um die Legitimation des gesamten Strafrechts und damit der Justiz und der sozialen Ordnung selbst nicht zu gefährden.

Das Symbolhafte des Strafrechts wird bereits an den Gerichtsgebäuden erkennbar, die, wenn sie noch aus der Zeit des Kaiserreichs stammen, unübersehbar Herrschaftsarchitektur darstellen und vorführen. Neuere Bauten sind, ebenso unübersehbar, Verwaltungsarchitektur, was das Symbolhafte zwar verändert, aber nicht aufhebt. Die Symbolik setzt sich im Geschehen des Strafprozesses fort, der seine eigenen Regeln, Rituale, Sprachformen und Kommunikationsabläufe – und nicht zuletzt auch blinde Flecken – ausgebildet hat und performativ entfaltet. Das lässt sich bereits beobachten, bevor die Verhandlung überhaupt begonnen hat, und prägt sie im Anschluss auf charakteristische Weise (Legnaro/ Aengenheister 1999, siehe den Text in diesem Kapitel). Solche Ritualisierungen

lassen sich als eine „Schutzwand zwischen Richter und Verbrecher" (Reiwald
1948/1973, S. 105), zwischen Konformität und Devianz auffassen; dem dienen
„die stereotypen Wendungen der Prozeßsprache, der majestätische Formelkram
des Gerichts, die Feierlichkeit einer gut geleiteten Schwurgerichtsverhandlung
[…]. Die Energie, die darauf verwandt werden müßte, um die Tat von ihrer
psychologischen und soziologischen Seite her zu verstehen, wird verschoben und
auf die genaue Bewahrung des Institutionellen, des Vermeidens formaler Fehler,
auf die paragraphengemäße Gründlichkeit des Urteils (das Urteil muß ‚revisionssicher' gemacht werden) verwandt. Dabei tritt eine außerordentliche Übung und
Fertigkeit im juristisch-technischen, und zugleich eine ängstliche Sorgfalt in der
korrekten Wahrnehmung alles Formalen zu Tage." (ebd: 105) Das wirkt richtig
und falsch gleichermaßen. Zwar ist es nach wie vor das Bestreben jedes Gerichts,
revisionssicher zu urteilen, was ohne die Beachtung aller Formalia nicht gelingen
kann; dass darüber jeglicher Versuch des Verstehens aufgegeben würde, scheint
aber doch überzeichnet, jedenfalls in der Mehrheit vor allem der Verfahren mit
gravierenden Anklagevorwürfen. Und wenn Reiwald das Zeremonielle des
Strafprozesses mit dem „Zwangszeremoniell des Neurotikers" (ebd: 105) vergleicht, verabsolutiert er die Funktion forensischer Ritualisierungen, Distanz
und Distanzierung herzustellen. Mindestens ebenso wichtig ist die affekt-
kontrollierende und somit rationalisierende Wirkung, die solchen Ritualen eingelassen ist (Jäger 1975). Die auratische Inszenierung, die die Erhabenheit des
Geschehens verdeutlicht, ist somit durch eine Ambivalenz von Abgrenzung und
Rationalität gekennzeichnet, die beide in unterschiedlicher Weise den Symbolcharakter des Strafrechts unterstreichen. Weit über diese performative Symbolik
hinaus gewinnt der Symbolcharakter des Strafrechts eine andere Qualität, wenn
es nicht mehr nur – wie das typischerweise im Rechtsstaat der Fall ist bzw. sein
sollte – als *ultima ratio* eingesetzt wird, sondern die Lösung von gesellschaftlichen Großproblemen bewirken soll. Dann ergeben sich vielfältige Möglichkeiten zur Definition neuartiger Tatbestände, wie das die Forderungen und
Vorschläge von Menschenrechts-, Friedens- und ökologisch orientierten
Gruppierungen zeigen (Kunz 2017). Der strafrechtliche Vorwurf solcher neuartigen Tatbestände, wie politisch notwendig und sinnvoll sie auch erscheinen,
lässt sich mit einem auf persönlicher Verantwortung und zurechenbarer Schuld-
haftigkeit beruhenden Strafrecht aber oft nur schwer gerichtsfest belegen.
Zunehmend soll das Strafrecht auch gesteigerte Präventions- und Kontrollbedürfnisse erfüllen und zudem als Ersatz für soziale Normen des Alltags dienen, die
damit als kodifiziertes Recht objektiviert werden. Das wirft zahlreiche Fragen und
spezifische juristische Probleme auf (Hassemer 2001, siehe den Text in diesem
Kapitel).

Bleibt man bei der performativen Symbolik, dann lässt sich das Strafverfahren in eine Reihe mit den Darstellungsweisen einer Politik stellen, die ritualisiert als „[s]trategische Rationalität und symbolische Mystifikation" (Kunz 2010, S. 356) stattfindet, auf einer Ebene der Inszenierung und einer Ebene der Wirklichkeit (Edelman 1976). Im Falle des Strafprozesses – auch hierin der Politik nicht unähnlich – verschwindet die Wirklichkeit weitgehend hinter der Inszenierung, die den Sinn des Strafens überwölbt. Dieser Sinn besteht in seiner Funktionalität für die Aufrechterhaltung sozialer Ordnung: „Die Symbolik der Strafe ist systemstützend. Durch Markierung der ‚Gegenwelt' des Illegalen wird ein sozialer Konsens beschworen, welcher sich unmittelbar auf die Unmaßgeblichkeit des Normbruchs bezieht und damit mittelbar ein einheitliches moralisches Weltbild erzeugt, welches von sozialen Differenzen und der Komplexität gesellschaftlicher Verhältnisse abstrahiert. Die Symbolik der Strafe verweist normativ auf das Gesollte einer unbestimmt ‚guten Ordnung', die nur durch Abgrenzung von der Straftat und dem Täter Gestalt gewinnt, in ihrer Offenheit von allen konsentierbar ist und dadurch Allgemeinverbindlichkeit gewinnt." (Kunz 2010, S. 364 f.) Anders als Kunz nahelegt, ist allerdings nicht der Normbruch an sich unmaßgeblich; vielmehr wird er erst durch die Strafe unmaßgeblich und damit in seiner Auswirkung auf die soziale Ordnung unwirksam gemacht. Ausschließung und durch Resozialisierungsmaßnahmen intendierte Integration sind dabei in doppelbödiger Weise miteinander verkoppelt, bei der Moral und Herrschaft gleichermaßen dargestellt werden (Cremer-Schäfer und Steinert 2014, siehe den Text in diesem Kapitel). In seiner Gesamtheit, lässt sich sagen, konstituiert Strafrecht einschließlich der auf seiner rechtlichen Grundlage durchgeführten Verfahren damit eine hegemoniale Erzählung (siehe das Kapitel *Kriminalität als Erzählung* in diesem Band), und diese Erzählung gewinnt durch ihre spezifischen Aussparungen einen ideologischen Aspekt. Das wird dann deutlich, wenn man sich sowohl die Inhalte einzelner strafrechtlicher Bestimmungen wie auch die Praxis des Strafrechts in seiner Auswirkung auf einzelne Bevölkerungsgruppen vergegenwärtigt.

Dier ideologische Aspekt lässt sich nämlich auch an anderen symbolhaften Aspekten des Strafrechts aufzeigen. Die Gleichheit vor dem Gesetz ist ein Fundament des modernen Rechtsstaats, wenngleich sie oft eher ein Ideal als eine tatsächliche Errungenschaft darstellt. Dieses Ideal hat die Französische Revolution auf ihre Weise verwirklicht, indem sie das bisherige adlige Privileg, durch Enthauptung hingerichtet zu werden, während Bürgerliche am Galgen hingerichtet wurden, auf die gesamte Bevölkerung ausdehnte und damit Gleichheit im Wortsinne exekutierte (zur vielfältigen Symbolik der Guillotine siehe Arasse 1988). Das Recht im Allgemeinen und das Strafrecht im Besonderen sind also nach

juristischem Eigenverständnis hinsichtlich Hautfarbe, ethnischer Zugehörigkeit, Klasse und Geschlecht wie überhaupt gegenüber sozialen Merkmalen vollkommen neutral und allen gesellschaftlichen Widersprüchen enthoben. Iustitia
trägt bekanntlich in den Darstellungen der europäischen Neuzeit eine Augen-
binde – wer Recht spricht und verurteilt, tut das aber keineswegs. Die Praxis
von Rechtsanwendung und Rechtsprechung kann diesem Anspruch schon deswegen nicht genügen, weil ohne ein Vorverständnis des Sozialen und die dieses
Verständnis begründenden Interpretationen, u. U. auch Vor-Urteile, Recht
definitiv nicht angewendet werden kann. Seine Anwendung enthält immer auch
Unebenheiten, Ungleichheiten, Vorannahmen, einen *bias*. Das liegt nicht am
bösen Willen derjenigen, die diese Anwendung betreiben, und es gilt auch dann,
wenn sie sich – wie das die Mehrheit tut – nach professionellen Kriterien um
strikte Unparteilichkeit bemühen. Unabhängig davon kann es sogar die Gleichheit vor dem Gesetz selbst sein, die der Ungleichheit Vorschub leistet. So hat
Anatole France in einem berühmten Diktum von der „majestätischen Gleichheit des Gesetzes" gesprochen, „das Reichen wie Armen verbietet, unter
Brücken zu schlafen, auf den Straßen zu betteln und Brot zu stehlen" (in *Le
Lys Rouge,* 1894). Armut als solche, lässt sich daraus lernen, ist kein Straftatbestand, aber ihre Korrelate können es sehr wohl sein, und das gilt heute unter
den Bedingungen einer investorenfreundlichen Stadtpolitik um so mehr (siehe
das Kapitel *Raum und Sicherheit* im Folgeband *Kontrollieren und Überwachen*).
Auch Hautfarbe und Herkunft sind an sich selbstverständlich nicht strafbewehrt,
doch zeigen vor allem die USA, welch bedeutsame Rolle sie nicht nur im Alltag,
sondern auch für die Justiz spielen (vgl. Sampson und Lauritsen 1997; Kennedy
2001; American Civil Liberties Union 2009; Mears et al. 2016; zur Politik des
Anti-Rassismus im Überblick Kivel 2017; siehe zur Situation in Europa auch das
Kapitel *Die Sekuritisierung des Lebens* im Folgeband *Kontrollieren und Überwachen*).

Die Frage, ob das Strafrecht ein Geschlecht hat, mutet deswegen – absurd wie
sie unter rechtlichen Gesichtspunkten erscheint – nicht abwegig an. Sie enthält
die Frage nach der Konstruktion des Weiblichen in strafrechtlichen Verfahren, wie
sie sich etwa anhand des Prozesses gegen Monika Böttcher aufrollen lässt, die in
einem ersten Verfahren 1988 lediglich aufgrund von Indizien wegen Mordes an
ihren beiden Kindern verurteilt wurde. Es schloss sich eine langwierige Prozess-
geschichte an; die Revision der Verteidigung wurde zurückgewiesen, eine Ver-
fassungsbeschwerde blieb erfolglos, aber aufgrund neuer Sachbeweise wurde
– ein seltenes Vorkommnis – ein Wiederaufnahmeverfahren angeordnet, das
1997 mit Freispruch endete. Aufgrund der erfolgreichen Revision der Staatsanwaltschaft erfolgte dann 1999 erneut eine (schließlich rechtskräftig gewordene)

Verurteilung wegen Mordes – eine bemerkenswerte Abfolge gerichtlicher Entscheidungen. Wenngleich der Fall großes mediales Interesse gefunden hat, sind die zugrunde liegenden Stereotypisierungen und Annahmen nur ansatzweise untersucht (Gransee und Stammermann 1992, deren Analyse allerdings lediglich vom ersten Verfahren ausgeht).

Über die Frage nach geschlechtsspezifischen Annahmen und Stereotypen hinaus geht es aber auch um die grundsätzliche Frage nach rechtsimmanenten geschlechtsspezifischen Diskriminierungen. Legt man die Vorstellung eines symbolischen Geschlechteruniversums zugrunde, dann richtet sich Strafrecht nur vordergründig an alle Gesellschaftsmitglieder, „in Wirklichkeit jedoch nur an ›die, die im Stande sind, bestimmte Handlungen auszuführen, bzw. die, die zu bestimmten Begehungsweisen überhaupt Zugang haben‹. Auf diese Weise kann man bei gleichzeitiger Kenntnis der gesellschaftlichen Struktur und der Organisation der Geschlechter voraussagen, bei welchen Delikten vornehmlich Männer (gender) und bei welchen hingegen Frauen (gender) in Frage kommen." (Smaus 2014, S. 37) So kann es nicht wundern, dass Wirtschaftskriminalität eine Männerdomäne darstellt (Ifsits und Stempkowski 2017) – zu ihrer Begehung müssten Frauen etwas zahlreicher als momentan der Fall in Managementpositionen vorgedrungen sein. Rechtsimmanente, die soziale Kategorie des Geschlechts enthaltende Spezifizierungen lassen sich vor allem bei Gewaltkriminalität (vgl. Legnaro und Aengenheister 1995a, 1995b, 1995c; Lamnek und Boatcă 2003) und bei Sexualkriminalität (siehe zur Abtreibung Flavin 2009; Cook et al. 2014; zur Vergewaltigung Kratzer 2014; allgemein zu sexueller Gewalt Whittier 2018) ausmachen. Sie werden nur verständlich als Problem sozialer Ungleichheit (Althoff 2014) und haben Bedeutung bei den Vorstellungen von Mütterlichkeit (Elizabeth et al. 2012; Prickett 2014), die auch in den (straf)rechtlichen Rahmungen der modernen Reproduktionsmedizin versteckt eine Rolle spielen (Trappe 2016). Das vermeintlich objektive Bild amtlicher Kriminalitätsstatistiken spiegelt solche Zusammenhänge nur dann, wenn man die unterschiedlichen Soziallagen von Frauen und Männern und die spezifischen Ungleichheiten miteinbezieht (Oberlies und Elz 2014), wobei Ungleichheiten nicht nur zwischen Männern und Frauen, sondern ebenso zwischen Männern wie zwischen Frauen existieren. Solche Fragestellungen stehen im Mittelpunkt einer feministischen Kriminologie, „a paradigm that studies and explains criminal offending and victimization, as well as institutional responses to these problems, as fundamentally gendered, and that emphasizes the importance of using the scientific knowledge we acquire from our study of these issues to influence the creation and implementation of public policy that will alleviate oppression and contribute to more equitable social relations and social structures." (Renzetti 2013, S. 13; Frommel 2007, siehe den Text in diesem Kapitel). Eine solche feministisch inspirierte Kriminologie hat sich in den letzten dreißig Jahren herausgebildet und vielfältig differenziert (vgl. Haug 1991; Lamott 1995; Daly 1997; Smaus und Löschper 1999; Mischau 2003; Burgess-Proctor 2006; Chesney-Lind 2006; Humphries 2009; Heidensohn 2012; Barberet 2014; Carrington 2014; Cook 2016; Feest und Pali 2020).

Wenngleich die feministische Kriminologie bemüht ist, die symbolischen Funktionen des Strafens hinsichtlich des sozialen Geschlechts kritisch zu analysieren und auf diesem Wege möglichst zu beseitigen, wird das Strafen seine symbolischen Funktionen in weiten Teilen weiterhin behalten. Das liegt an der psychosozialen Verankerung des Strafens in der Mentalität der überwiegenden Mehrheit der Bevölkerung, die solche Symbole ebenso wie ihre sehr realen Folgen für notwendig und selbstverständlich hält (siehe die Kapitel *Die Lust am Strafen* und *Inklusionen und Exklusionen* in diesem Band).

Literatur

Althoff, Martina (2014): Intersektionalität. Ein neues Paradigma zur Erfassung sozialer Ungleichheit im Strafrecht?, in: Temme/Künzel (Hg.), 255–268.
American Civil Liberties Union (2009): The Persistence of Racial and Ethnic Profiling in the United States, New York.
Arasse, Daniel (1988): Die Guillotine. Die Macht der Maschine und das Schauspiel der Gerechtigkeit, Reinbek.
Banner, Stuart (2002): The Death Penalty: An American History, Cambridge, Ma.
Barberet, Rosemary (2014): Women, Crime and Criminal Justice: A Global Enquiry, London-New York.
Bense, Max/Walther, Elisabeth (Hg.) (1973): Wörterbuch der Semiotik, Köln.
Bogdal, Klaus-Michael (2014): Überwachen und Strafen, in: Kammler, Clemens/Parr, Rolf/Schneider, Ulrich Johannes/Reinhardt-Becker, Elke (Hg.), Foucault-Handbuch. Leben — Werk — Wirkung, Wiesbaden: 68–80.
Bowers, W. J. (1984): Legal homicide – Death as Punishment in America, 1864-1982, Boston.
Burgess-Proctor, Amanda (2006): Intersections of Race, Class, Gender, and Crime. Future Directions for Feminist Criminology, in: Feminist Criminology 1 (1): 27–47.
Carrington, Kerry (2014): Feminism and Global Justice, London-New York.
Chesney-Lind, Meda (2006): Patriarchy, Crime, and Justice. Feminist Criminology in an Era of Backlash, in: Feminist Criminology 1 (1): 6–26.
Cook, Kimberly J. (2016): Has Criminology Awakened From Its "Androcentric Slumber"?, in: Feminist Criminology 11 (4): 334–353.
Cook, Rebecca J./Erdman, Joanna N./Dickens, Bernard M. (Hg.) (2014): Abortion Law in Transnational Perspective: Cases and Controversies, Philadelphia.

Daly, Kathleen (1997): Different ways of conceptualizing sex/gender in feminist theory and their implications for criminology, in: Theoretical Criminology 1 (1): 25–51.

Dölling, Dieter/Götting, Bert/Meier, Bernd-Dieter/Verrel, Torsten (Hg.) (2010), Verbrechen – Strafe – Resozialisierung, Festschrift für Heinz Schöch, Berlin.

Edelman, Murray (1976): Politik als Ritual. Zur symbolischen Funktion staatlicher Institutionen und politischen Handelns, Frankfurt/M.-New York.

Elizabeth, Vivienne/Gavey, Nicola/Tolmie, Julia (2012): ". . . He's just Swapped his Fists for the System" The Governance of Gender through Custody Law, in: Gender & Society 26.(2): 239–260.

Feest, Johannes/Pali, Brunilda (Hg.) (2020): Gerlinda Smaus: „Ich bin ich". Beiträge zur feministischen Kriminologie, Wiesbaden.

Flavin, Jeanne (2009): Our Bodies, Our Crimes: The Policing of Women's Reproduction in America,. New York.

Foucault, Michel (1977): Überwachen und Strafen. Die Geburt des Gefängnisses, Frankfurt/M.

Geltner, Guy (2008): The Medieval Prison. A Social History, Princeton-Oxford.

Gransee, Carmen/Stammermann, Ulla (1992): Kriminalität als Konstruktion von Wirklichkeit und die Kategorie Geschlecht, Pfaffenweiler.

Hahn Rafter, Nicole (1985): Gender, Prison, and Prison History, in: Social Science History 9 (3): 233–247.

Hassemer, Winfried (1997): Warum und zu welchem Ende strafen wir?, in: Zeitschrift für Rechtspolitik 30 (8): 316–321.

Haug, Frigga (1991): Krimis als Bausteine für eine feministische Kultur, in: Kriminologisches Journal 4: 281–293.

Heidensohn, Frances (2012): The future of feminist criminology, in: Crime Media Culture 8 (2): 123–134.

Hermann, Dieter (2010): Die Abschreckungswirkung der Todesstrafe – ein Artefakt der Forschung? in: Dölling, Dieter/Götting, Bert/Meier, Bernd-Dieter (Hg.), 791–808.

Hörnle, Tatjana (2017): Straftheorien, Tübingen.

Humphries, Drew (Hg.) (2009): Women, Violence, and the Media: Readings in Feminist Criminology. Boston.

Ifsits, Clara/Stempkowski, Monika (2017): Wirtschaftskriminalität und Männlichkeit, in: Juridikum 4: 534–540.

International Affairs Forum (2015): Capital Punishment Around the World, Heft 6 (1).

Jäger, Herbert (1975): Psychologie des Strafrechts und der strafenden Gesellschaft, in: Lüderssen, Klaus/Sack, Fritz (Hg.), Seminar: Abweichendes Verhalten II. Die gesellschaftliche Reaktion auf Kriminalität I, Frankfurt/M.: 107–127.

Kamali, Mohammad Hashim (2019): Crime and Punishment in Islamic Law: A Fresh Interpretation, New York.

Kennedy, Randall (2001): Racial Trends in the Administration of Criminal Justice, in: Smelser, Neil/Wilson, William Julius/Mitchell, Faith (Hg.), America Becoming: Racial Trends and Their Consequences, Volume II, Washington D.C.:1–20.

Kivel, Paul (2017): Uprooting Racism. How white people can work for racial justice, Gabriola Island.

Kratzer, Isabel (2014): »Unwiderstehliche Gewalt«, »ernsthafter Widerstand« und »minder schwerer Fall« als Schlüsselwörter der Geschichte des Vergewaltigungstatbestands, in: Temme/Künzel (Hg.), 119–137.

Krey, Volker (2019): About Death Penalty. Reflections on Legal History: From the Code of Hammurabi and Sumerian Precursors up to Gemanic Law, the Roman Empire and the Middle Ages; Stuttgart.

Kunz, Karl-Ludwig (2010): Zur Symbolik des Strafrechts, in: Dölling, Dieter/Götting, Bert/Meier, Bernd-Dieter (Hg.), 353–368.

Kunz, Karl-Ludwig (2017): Atypische Straferwartungen der Menschenrechts-, Friedens- und Umweltbewegungen, in Monatsschrift für Kriminologie und Strafrechtsreform 100 (1): 67–78.

Lamnek, Siegfried/Boatcă, Manuela (Hg.) (2003): Geschlecht - Gewalt – Gesellschaft, Opladen.

Lamott, Franziska (1995): Konstruktionen von Weiblichkeit und die male stream Kriminologie, in: Neue Kriminalpolitik 7 (1): 29–32.

Legnaro, Aldo/Aengenheister, Astrid (1995a): Geschlecht und Gerechtigkeit - Aspekte der Aburteilung von Tötungskriminalität, in: Kritische Justiz 2: 188–202.

Legnaro, Aldo/Aengenheister, Astrid (1995b): An der Notwehr vorbei – Aspekte der rechtlichen Verarbeitung von weiblicher Tötungskriminalität, in: Monatsschrift für Kriminologie und Strafrechtsreform 4/5: 203–211.

Legnaro, Aldo/Aengenheister, Astrid (1995c): „Die besondere Abscheulichkeit der Tat" – Aspekte der rechtlichen Verarbeitung von männlicher Tötungskriminalität, in: Monatsschrift für Kriminologie und Strafrechtsreform 4/5: 212–218.

Linders, Annulla/Van Gundy-Yoder, Alana (2008): Gall, Gallantry, and The Gallows. Capital Punishment and the Social Construction of Gender, 1840–1920, in: Gender & Society 22 (3): 324–348

Mears, Daniel P./Cochran, Joshua C./Lindsey, Andrea M. (2016): Offending and Racial and Ethnic Disparities in Criminal Justice: A Conceptual Framework for Guiding Theory and Research and Informing Policy, in: Journal of Contemporary Criminal Justice 32 (1): 78–103.

Mechler, Achim (1971): Der Verbrecher als Sündenbock der Gesellschaft, in: Zeitschrift für Rechtspolitik 4 (1): 1–3.

Mischau, Anina (2003): Frauenforschung und femninistische Ansätze in der Kriminologie, Herbolzheim.

Oberlies, Dagmar/Elz, Jutta (2014): Lesarten: Kriminalität, Geschlecht und amtliche Statistiken, in: Temme/Künzel (Hg.), 229–253.

Ogletree, Charles J./Sarat, Austin (Hg.) (2006): From Lynch Mobs to the Killing State, New York-London.

Ostermeyer, Helmut (1970): Die Sündenbockprojektion in der Rechtsprechung, in: Zeitschrift für Rechtspolitik 3 (11): 241–244.

Peiffer, Elizabeth (2005): The Death Penalty in Traditional Islamic Law and as Interpreted in Saudi Arabia and Nigeria, in: William & Mary Journal of Race, Gender, and Social Justice 11 (3): 507–539.

Prickett, David James (2014):»Hat die Schreckenstat ein Gesicht?«: Das Bild der ›ostdeutschen Mutter‹, in: Temme/Künzel (Hg.), 79–97.

Reiwald, Paul (1948/1973): Die Gesellschaft und ihre Verbrecher, Zürich bzw. Frankfurt/M.

Renzetti, Claire M. (2013): Feminist Criminology, London- New York.

Rössner, Dieter (2010): Empirische Perspektiven zur Legitimation der Kriminalstrafe, in: Dölling, Dieter/Götting, Bert/Meier, Bernd-Dieter (Hg.), 637–646.

Rothman David/Morris, Norval (Hg.) (1996): Oxford History of the Prison: the Practice of Punishment in Western Society, Oxford.

Roxin, Claus (2006): Strafrecht Allgemeiner Teil. Band 1, München.

Sampson, Robert J./Lauritsen, Janet L. (1997): Racial and ethnic disparities in crime and criminal justice in the United States, in: Crime and Justice 21 311–374.

Smaus, Gerlinda/Löschper, Gabi (Hg.) (1999): Das Patriarchat und die Kriminologie, 7. Beiheft des Kriminologischen Journals, Weinheim.

Smaus, Gerlinda (2014): Welchen Sinn hat die Frage nach dem ›Geschlecht‹ des Strafrechts?, in: Temme/Künzel (Hg.), 27–56.

Spieß, Gerhard (2013). Wenn nicht mehr, wenn nicht härtere Strafen - was dann? Die Modernisierung des deutschen Sanktionensystems und die Befunde der Sanktions- und Rückfallforschung, in: Soziale Probleme 24 (1): 87–117.

Statista (2019): Death penalty in the U.S. Hamburg-London u.a.

Stehr, Johannes (2002): Welche Funktion haben staatliches Strafen und der Ruf nach Bestrafung der Jugend?, in: Bettinger, Frank/Jansen, Mechtild/Mansfeld, Cornelia (Hg.), Gefährdete Jugendliche? Jugend, Kriminalität und der Ruf nach Strafe, Opladen: 103–116.

Steinert, Heinz (1978): Ist es aber auch wahr, Herr F.? „Überwachen und Strafen" unter der Fiktion gelesen, es handle sich dabei um eine sozialgeschichtliche Darstellung, in: Kriminalsoziologische Bibliographie 5 (19–20): 30–45.

Temme, Gaby/Künzel, Christine (Hg.) (2014): Hat Strafrecht ein Geschlecht?, Bielefeld.

Tonry, Michael (2011): Why Punish? How Much? A Reader on Punishment, New York.

Trappe, Heike (2016): Reproduktionsmedizin: Rechtliche Rahmenbedingungen, gesellschaftliche Relevanz und ethische Implikationen, in: Niephaus, Yasemin/ Kreyenfeld, Michaela/Sackmann, Reinhold (Hg.), Handbuch Bevölkerungssoziologie, Wiesbaden: 393–413.

Wacquant, Loïc (2001): Deadly Symbiosis: When Ghetto and Prison Meet and Mesh, in: Punishment & Society 3: 95–133.

Whittier, Nancy (2018): Frenemies: Feminists, Conservatives, and Sexual Violence, New York.

Yost, Benjamin S. (2019): Against Capital Punishment, New York

Die Texte

Aldo Legnaro und Astrid Aengenheister beschreiben mit ethnografischer Akribie, eng angelehnt an den Gang einer strafrechtlichen Hauptverhandlung, das gesamte Verfahren als eine symbolhafte Inszenierung, die sich in ihrem performativen Charakter sehr wohl mit einer Theateraufführung vergleichen lässt. Beide Aspekte von Formalisierung – Abgrenzung und Rationalität – werden dabei überaus deutlich.

Winfried Hassemer analysiert und kritisiert symbolisches Strafrecht in seiner historischen Genese und seinen gegenwärtigen funktionalen Aspekten und Systembedingungen. Es erscheint dabei als eine unreflektierte Ausweitung von Zuständigkeiten, wodurch massive Vollzugsdefizite produziert werden, dem Gesetzgeber aber der symbolische Gewinn verliehen wird, seine Handlungsfähigkeit unter Beweis stellen zu können. Diese Entwicklungen beschreibt Hassemer als eine Aufweichung traditioneller rechtsstaatlicher Verfahrensweisen des Strafrechts, wodurch zudem alternative Lösungsmöglichkeiten blockiert werden.

Helga Cremer-Schäfer und Heinz Steinert argumentieren, dass sich die Kriminologie zu einem Bestandteil des Systems „Verbrechen & Strafe" machen lasse, das nicht nur Herrschaft und Apparate der sozialen Ausschließung beinhaltet, sondern durch die Verschmelzung mit der Institution „Schwäche & Fürsorge" auch entschärft, wenn nicht sogar zur Integration benutzt werden kann. Wenngleich im Konflikt zwischen Ausschließung und Integration kritische Kriminologie im Zweifel auf der Seite letzterer stehe, bedeutet das zugleich, das Strafen als Sonderfall von sozialer Kontrolle zu sehen und nicht als Sonderfall von sozialer Ausschließung – was es doch sei.

Monika Frommel gibt einen Überblick zur Entwicklung, zu den Fragestellungen und zum Stand einer feministisch inspirierten Kriminologie, da kriminologische Standardtexte geschlechtsblind seien. In Übereinstimmung mit der kriminologischen Grundannahme, dass es sich bei Kriminalität um ein negatives Gut handelt, bestimmt sie die Differenzierungen, die bei Männern und Frauen nach Delikten und nach Verhaltensweisen typischerweise festzustellen sind.

Die Aufführung von Strafrecht – Kleine Ethnographie gerichtlichen Verhandelns (1999)

Aldo Legnaro und Astrid Aengenheister

Die Aufführung von Strafrecht – Kleine Ethnographie gerichtlichen Verhandelns, Baden-Baden 1999, S. 8–11; 14–15; 115.

1. Zur Symbolisierung von Regeln: Die Bühne

[…] Viele unterschiedliche Stücke mit vielen unterschiedlichen Akteurinnen und Akteuren. Aber immer die gleichen Rollen. Fast immer sitzt die Staatsanwaltschaft an der Längsseite vor dem Fenster, psychologisch günstig von hinten beleuchtet, Sachverständige daneben. Angeklagte und ihre Verteidigung auf der gegenüberliegenden Seite. Nur Spötter unter den Anwälten führen das darauf zurück, daß sie auf diese Weise, am Gericht vorbei, Reden zum Fenster hinaus halten dürfen, die nichts bewirken. Andererseits haben Staatsanwälte wahrscheinlich seltener den Eindruck, gegen eine Wand zu reden.

Kommen Angeklagte aus der Untersuchungshaft (und das tun angesichts einer Anklage wegen eines Tötungsdelikts nahezu alle), so betreten sie meistens den Saal durch eine Türe ausschließlich für sie, oft in der hinteren Querwand. Allerdings gibt es einen solchen Zugang nicht in allen Sälen, und wenn Angeklagte durch das Gerichtsgebäude geführt werden, tragen sie gelegentlich auch Handschellen. Müssen sie dann noch vor oder hinter ihrer Verteidigung

A. Legnaro (✉)
Köln, Deutschland
E-Mail: a.legnaro@t-online.de

A. Aengenheister
Bonn, Deutschland
E-Mail: aengenheister@anwaltsbuero-bonn.de

sitzen, innerhalb einer kleinen Holzbarriere, ist die Illusion eines Laufkäfigs für gefährliche Tiere komplett. Zwar hat die Verteidigung einen Anspruch darauf, neben ihrem Mandanten zu sitzen, um unkompliziert Kontakt halten zu können; wenn aber ein Saal anders konstruiert ist, nimmt das kaum jemand so genau, und die feine Distanz der Abtrennung stört manche Anwälte offenbar selbst dann nicht, wenn sie eine leise Verständigung im Sitzen nicht mehr erlaubt.

Doch erst langsam trudeln die Beteiligten ein, mit der gebotenen Lässigkeit professioneller Darbieter. Sie kommen in Straßenkleidung, einen dünnen schwarzen Mantel, Robe genannt, über Arm oder Handkoffer gehängt. Und dann beginnt die symbolische Verkleidung, die allen eine elegante Schlankheit verleiht; die physischen Unterschiede werden verwischt, und vor allem der Kopf und nicht die Gestalt markiert die Differenz zwischen Verschiedenen. Noch eine weiße bereits vorher geknotete Krawatte umgehängt, und fertig ist die Verwandlung vom Privatmenschen in ein Organ der Rechtspflege.

Dennoch machen Roben wie Uniformen nicht alle gleich, sondern stellen auch die Verschiedenheit innerhalb der Korpszugehörigkeit dar: die Vertreter des staatlichen Strafanspruches, Staatsanwalt und Gericht, tragen mit schwarzen Samtkragen gezierte Roben, Anwältinnen und Anwälte begnügen sich ohne diesen Schmuck, was dem breiten Kragen meistens einen etwas abgewetzten Anschein verleiht. Sie vertreten ja auch nicht die Hoheit des staatlichen Gewaltmonopols, sondern Private, die sich dagegen vergangen haben sollen.

Angeklagte werden hereingeführt, in der Bekleidung, die ihnen privat im Untersuchungsgefängnis oder aus den Beständen desselben zur Verfügung steht; sie als Laiendarsteller in dem aufzuführenden Stück brauchen keine Ver-Kleidung. Als Beweismittel werden auch Sachverständige und Zeugen ohne De-Privatisierung benötigt; ihre Funktion besteht gerade im Zustand ihrer Alltäglichkeit, aus dem heraus sie aussagen sollen. Alltäglichkeit und gerichtliche Hoheit verbinden sich dagegen in den Schöffen, die ebenfalls als Privatpersonen anwesend sind, jedoch als stimmberechtigte Mitglieder des Gerichts agieren; ihre peripheren Plätze in der Sitzordnung, links und rechts die professionellen Darsteller einrahmend, lassen sie eher als eine meistens stumme (und antizipativ schon gar nicht mit einem Mikrofon ausgestattete) Garnierung erscheinen, die der Justiz Legitimation verleiht. Die professionellen Akteure des Gerichts aber betreten bereits in ihre Roben gehüllt den Saal. Staatsanwaltschaft und Verteidigung, die einzigen, die sich öffentlich umwandeln von Privatleuten zu Rollendarstellern, sind derart markiert als Mediatoren zwischen diesen beiden wahren Kontrahenten, der Institution des staatlichen Strafanspruches und dem Rechtsbrecher.

Manchmal ein Vorspiel auf dem Theater: der Vorsitzende begrüßt, zwar noch ohne Robe und privat, aber ganz mit dem Gestus des Hausherrn, der die Honneurs macht, die Beteiligten des Verfahrens. Manchmal sogar, aber das ist eine seltene Ausnahme, Angeklagte: ‚Guten Morgen, ich bin der Vorsitzende dieses Gerichts'. Ansonsten Händeschütteln, Fragen nach dem Befinden, diverse Aktualitäten, nichts Revisionsträchtiges.

Schon die Verben der Bewegung kennzeichnen übrigens das Szenarium: Angeklagte werden hereingeführt, Staatsanwaltschaft und Verteidigung kommen, allein und ohne Begleitung, das Gericht betritt den Saal. Oder es erscheint. Dieser nicht ungewöhnliche Ausdruck für das Hereinkommen des Gerichts verweist semantisch vor das bürgerliche Zeitalter zurück: nicht dem Lever einer Majestät, aber dem Entrée der rechtsstaatlichen Gewalt wohnen wir bei.

Gerichte legen Wert darauf, diesen Akt des Betretens erst dann zu vollziehen, wenn alle anderen Beteiligten bereits ihre Plätze eingenommen haben. So lugen Vorsitzende durch die Türe und verständigen sich mit ihren Protokollführern: eine stumme Kasperiade zur Prüfung, ob auch alle da sind. Das sind schon die weniger Förmlichen; die Förmlichen bleiben vorher ganz unsichtbar und lassen sich benachrichtigen, daß ihr Auftritt erwartet wird.

Immer ein Wachtmeister (mindestens einer), der neben der Türe zum Gang, die das offene Quadrat zur Welt hin öffnet, seinem Kreuzworträtsel hinterherträumt und als Bote und Ausrufer dient. Über sie schreibt Tucholsky 1913, jedes Volk habe die Subalternen, die es verdient: „er gibt doch deutlich zu erkennen, daß eigentlich ER hier Recht spricht ...“ (1970, S. 49). Dieser Typus ist noch nicht ganz ausgestorben, wenngleich selten – dümmlich aufgeplustert und sich im umgekehrten Verhältnis zum Gehalt wichtig dünkend. Dann gibt es noch die Servilen, und, in der Mehrheit, die Lässigen: einige Veränderungen des gesellschaftlichen Klimas sind inzwischen in der Justiz angekommen.

Nur das Bundesverfassungsgericht, dessen Mitglieder sich mit einem Kostüm der toskanischen Renaissance bekleiden, hält sich einen Gerichtsdiener, der das Erscheinen des Gerichts „in einem souveränen Trompetenton“ (Wesel 1984, S. 133) ankündigt. Die Große Strafkammer eines schlichten Landgerichts, in der Hierarchie der Gerichte wirklich nichts Besonderes, muß sich nicht nur begnügen mit den schwarzen Roben der alltäglichen Rechtspflege, sondern auch mit einem standardgrün uniformierten Justizwachtmeister, dessen Blick beim Eintritt des Gerichts in den Saal kontrollierend über's Publikum schwenkt, ob denn auch alle aufgestanden sind. „Wenn's der Wahrheitsfindung dient...“, meinte Fritz Teufel damals. Es dient ungeheuer, steht doch das Volk, in dessen Namen, auf dessen Kosten und zu dessen generalpräventivem Nutzen die ganze Inszenierung stattfindet, nur aus Achtung vor sich selbst auf, in der Dritten Gewalt seine eigene Souveränität ehrend. Dies jedenfalls als eine vorläufige und vorsichtige Deutung; wir wollen nicht unterstellen, daß Gerichte solche Respektsbekundungen nur brauchen, um sich, wie die Klassenlehrer der fünfziger Jahre, von der eigenen

Bedeutung zu überzeugen. Immerhin sind Vorsitzende deutlich unterscheidbar nach ihren diesbezüglichen Bedürfnissen: manche begnügen sich mit einem
einmaligen Aufstehen beim täglichen Verhandlungsbeginn, die Würde anderer
erträgt ein sitzendes Publikum beim Hoheitsakt ihres Kommens nie, und sie
vermögen nur dem stehenden, dem disziplinierten, dem respektvoll erstarrten
Volk ins Auge zu sehen. Es sei doch, wie einmal ein Vorsitzender bemerkt, eine
„schöne Übung", wenn das Publikum beim Eintritt des Gerichts aufstehe. Das ist
rechtlich korrekt und kommunikativ vieldeutig: es ist tatsächlich nur eine Übung
und keine kodifizierte Verpflichtung, und in wessen Augen und aus welchem
Grunde sie schön ist, bleibt der Phantasie der Anwesenden überlassen.

　　Deutlich unterscheidbar sind Vorsitzende auch nach der Grandezza ihrer
Eröffnungsinszenierung: streben die einen routiniert auf ihren Platz in der Mitte
zu und machen vor allem deutlich, daß, wer schnell beginnt, auch schnell zum
Ende kommt, so verlangsamen sich andere in der Überdehnung der Pantomime,
warten ab, bis alle Mitglieder der Kammer an ihrem Sitz stehen, und derart ver-
harrt das gesamte Gericht einen winzigen Moment in wortlos-würdevoller
Unbewegtheit: das Volk, von dem alle Gewalt ausgeht, und fünf Vertreter der
Dritten Gewalt, davon zwei als Laien in das Gericht kooptiert, stehen sich gegenüber. Eine besondere Feinheit stellt es dar, wenn der Vorsitzende nun noch leicht
den Kopf neigt, damit seine eigene Unterworfenheit unter das Recht bedeutend
(so die Auslegung dieser Sequenz bei Pohl 1987, S. 70). Die Wirkung dieser
Eingangsszene ist allerdings, siehe oben, höchst unterschiedlich: symbolisieren
manche Vorsitzende dies als eine Konzentration auf die Idee des Rechts, das in
der kommenden Verhandlung im Namen aller im Saal und aller außerhalb des
Saales zu erkennen ist, so mustern andere autoritativ die im Saal Versammelten
und scheinen zu erwägen, ob die aufgebrachte Demut genüge. Und würdigen
die einen die Anwesenden eines Grußes oder sogar noch eines Dankes, so
raffen andere stumm die Robe zurecht und setzen sich hin. Wohl überflüssig zu
erwähnen, daß diese rituellen Feinheiten sich nur selten beobachten (oder sagen
wir gleich: erleben) lassen: sie gehen oft in der Gelangweiltheit des Alltäglichen
unter, und Autorität wird dann nicht dargestellt, sondern als Attribut der Robe
selbstverständlich beansprucht.

　　Wir sitzen jetzt wieder, der Vorsitzende läßt seinen Blick über die Anwesenden
schweifen, zwecks rechtlicher Kontrolle, ob alle Verfahrensbeteiligten erschienen
sind, und zur Kontrolle der Publizität: Schulklassen, nur einige müde drein-
blickende Rentner, Angehörige, besondere Vertreter der Presse, irgendeine Art
von Öffentlichkeit, die vielleicht Ärger machen könnte? Nur Alltägliches heute,
und ein oder zwei Angehörige der Universität Hamburg, deren Einführungs-
schreiben man eben in Händen hielt, fallen nicht weiter auf. Das Stück kann

beginnen, in einer immer wieder singulären Inszenierung, wenngleich das Skript in jeder Aufführung das gleiche bleibt. [...].

2. Facetten der forensischen Interaktionsdynamik

[...].

b) Miniatur II: Darstellungen vor Publikum.

Für den beobachtenden Teilnehmer gerichtlicher Hauptverhandlungen muß die Frage, ob die Anwesenheit von Öffentlichkeit einen Einfluß ausübt auf das Agieren der Akteurinnen und Akteure in der Verhandlung, notgedrungen offen bleiben. Als charakteristisch für die Verhandlung vor Großen Strafkammern kann ja angesehen werden, daß eine unsichtbare Wand zwischen den Prozeßbeteiligten und dem Zuschauerraum zu existieren scheint; die Interaktionen beziehen (ein ruhiges und das, was Gerichte für ihre Würde halten, achtendes Publikum vorausgesetzt) nicht offen die Zuhörenden ein. Wer jedoch einmal die unnachahmliche Art erlebt hat, in der manche Vorsitzende die Verhandlung zelebrieren, kann sich ohne weiteres vorstellen, daß die Anwesenheit von Publikum die Theatralik der gerichtlichen Aktion beeinflußt. Vorsitzende produzieren sich als Vorsitzende, und die meisten genießen diese Rolle sichtlich. Es finden sich dabei viele Beispiele für das, was Erving Goffman als ‚Performances‘ diskutiert hat: sowohl der Glauben an die Bedeutung der eigenen Rolle wie eine intentionale expressive Standardisierung, sowohl die dramatische Realisierung von Rollenaspekten wie die Kontrolle über expressive Verhaltensäußerungen (vgl. Goffman 1959, Kap. 1). Es lässt sich also annehmen, daß zumindest für die Theatralik der Inszenierung die Anwesenheit von Öffentlichkeit ihre Bedeutung hat. Zwar ist die Rolle, Öffentlichkeit in diesem Handlungsfeld darzustellen, durch erhebliche Einschränkungen definiert, besteht sie doch primär aus Stummheit und dem kindlich-respektvollen Aufstehen, wenn das Gericht den Saal betritt bzw. das Urteil verkündet; sie erfüllt jedoch auch in diesen Begrenzungen eine Funktion, die es den Prozeßbeteiligten erlaubt, *coram publico* zu argumentieren. Sie scheinen dann, gewissermaßen Brecht'schen Regieanweisungen folgend, Verfremdung darzustellen: „Immer/Bleibt er der Zeigende, selbst nicht Verwickelte." (Brecht 1964) Zwar scheidet die unsichtbare Wand den Gerichtssaal in agierende und passive Rollen-Spieler, aber gerade die Passivität der Zuhörerschaft stellt das reziproke Muster her, dessen die Agierenden nicht im juristischen, aber im sozialen Sinne bedürfen.[2]

---

[2] Das spricht übrigens dafür, die Beobachtung von Gerichtsverhandlungen für eine hoch restringierte Form der teilnehmenden Beobachtung zu halten.

Das schließt überhaupt nicht aus, daß insgesamt die Inszenierung der einzelnen Prozeßbeteiligten vor allem auch eine dramaturgische Funktion untereinander
und füreinander besitzt. Sie demonstrieren sich gegenseitig ihre Sach-Autorität
und ihre Beharrlichkeit beim Aufbau und der Behauptung von argumentativen
Positionen, dies alles unter den Augen von Vorsitzenden, die ihrerseits ihre
Autorität im Kollegialgremium des Gerichts ebenso inszenatorisch zu belegen
haben wie gegenüber den anderen Verfahrensbeteiligten. Es handelt sich hier um
eine ‚Legitimation durch Inszenierung‘, die innerhalb des Verfahrens selbst zur
Aufrechterhaltung und generellen Akzeptanz der Rollenstruktur dient. […].

12.1 Vom Ungesagten

a) Eine kleine nonverbale und deswegen mutmaßlich auch ein Mißverständnis
enthaltende Kommunikation zwischen dem Beobachter und einem Vorsitzenden.

Die Rechtsanwältin plädiert auf Freispruch, da ihre Mandantin den tödlichen
Messerstich in einer Notwehrsituation geführt habe. Bei ihrer Sachverhaltsdar-
stellung umreißt sie die vorhergehenden Geschehnisse und erwähnt dabei den
Satz des Ehemannes, der seine Frau auffordert, die Wohnung sofort zu verlassen.
Sie führe viele Scheidungsverfahren, sagt sie, und immer erlebe sie, daß Männer
solche Sätze zu Frauen sagten, nie das umgekehrte. Das müsse etwas mit Machtverhältnissen zu tun haben.

Der Beobachter verleiht seiner innerlichen Zustimmung einen äußeren Ausdruck und gestattet sich ein ganz leichtes Lächeln, wie es bei beobachtender
Sachlichkeit gerade noch als zulässig gelten darf. Einerseits ein ‚Genau-so-ist-es-
Lächeln‘: Sätze dieser Art hört man in den Verfahren tatsächlich immer wieder als
Sätze von Männern, nahezu nie als Sätze von Frauen. Andererseits ein ‚Sieh-mal-
an-Lächeln‘: der Begriff ‚Macht‘ ist forensisch selten zu vernehmen, obgleich
doch Strafverfahren nahezu immer (auch) mit Macht zu tun haben.

Der Beobachter, protokollierend und immer noch mit verhaltenem Lächeln,
wirft einen Blick auf den Vorsitzenden. Dessen Antlitz drückt Skepsis aus und
trägt einen Ausdruck, der ‚So-kann-man-das-aber-doch-nicht-sehen‘ zu besagen
scheint. Sein Blick fällt auf den Beobachter, und, dessen Lächeln auffangend,
huscht ebenfalls ein Lächeln über sein Gesicht. Dann widmen beide sich wieder
jenem sachlichen Zuhören, dem keine Reaktion abzulesen ist. Der Beobachter
denkt bei sich, dieser kurze Anschein männlicher Solidarität habe wohl auf einem
Mißverständnis beruht.

Das Urteil erkennt nicht auf Notwehr.

Literatur

Brecht, Bertolt, Über alltägliches Theater, in Schriften zum Theater, Frankfurt/M. 1964.

Goffman, Erving, The Presentation of Self in Everyday Life, Garden City, N.Y. 1959.

Pohl, Günter, Praxis des Strafrichters, Heidelberg 1987.

Tucholsky, Kurt, Politische Justiz, Reinbek 1970.

Wesel, Uwe, Nach Karlsruhe gehen, Kursbuch 77, 1984, S. 123-144.

Das Symbolische am symbolischen Strafrecht (2001)

Winfried Hassemer

Das Symbolische am symbolischen Strafrecht, in: Bernd Schünemann, Hans Achenbach, Wilfried Bottke, Bernhard Haffke und Hans-Joachim Rudolphi (Hg.), Festschrift für Claus Roxin zum 70. Geburtstag, Berlin 2001, S. 1001–1019 (leicht gekürzt).

[…]

II. Entstehung und Bedeutung

[…]

2. Konzept
Das Konzept des symbolischen Strafrechts ist systemisch komplett. Es arbeitet zugleich analytisch und kritisch. Es

- beschreibt einen bestimmten epochalen Zustand des Strafrechts,
- ordnet ihn in die Strafrechtsentwicklung ein,
- benennt seine Entstehungs- und Entwicklungsbedingungen,
- bewertet diesen Zustand vor dem Hintergrund normativer Annahmen und
- erarbeitet aufgrund dieser Bewertung Empfehlungen für die Entwicklung des Strafrechts.

W. Hassemer† (✉)
Bundesverfassungsgericht, Karlsruhe, Deutschland

© Springer Fachmedien Wiesbaden GmbH, ein Teil von Springer Nature 2022
A. Legnaro und D. Klimke (Hrsg.), *Kriminologische Diskussionstexte I,*
https://doi.org/10.1007/978-3-658-22005-1_4

Die Analyse von Zeitbezug und Systembedingungen wird also, was sich in der Strafrechtswissenschaft nicht von selbst versteht, ergänzt durch Bewertungen der Entwicklung symbolischen Strafrechts. Diese Bewertungen sind, je nach Standpunkt des Beobachters, strafrechtsdogmatischen, kriminalpolitischen oder verfassungsrechtlichen Ursprungs, oder sie schöpfen aus allen diesen Quellen zugleich. Man wird dem Konzept symbolischen Strafrechts bislang – jedenfalls im Ganzen – nicht vorwerfen können, es vernachlässige die analytische Arbeit am Phänomen zugunsten der Kritik. Man wird aber konstatieren dürfen, daß nicht der analytische, sondern der kritische Impetus das Konzept beflügelt.

3. Begriff
Diese Mischung von Analyse und Kritik kennzeichnet konsequenterweise auch den Begriff symbolischen Strafrechts. Auf eine knappe Formel gebracht, meint „symbolisches Strafrecht" ein Strafrechtssystem, welches

- seine Zuständigkeitsfelder auf aktuelle Großprobleme unreflektiert erweitert,
- seine empirischen Bewirkungspotenzen (strategisch, fahrlässig oder unbewußt) überschätzt,
- sich deshalb Aufgaben auflädt, die es in Wirklichkeit nicht erfüllen kann,
- sich über seine Bewirkungsprobleme nicht Rechnung legt und sie deshalb nicht verarbeitet,
- massive Vollzugsdefizite produziert, die nicht nur zu reduzierter, sondern auch zu selektiver Implementation der Strafrechtsnormen führen,
- für den Strafgesetzgeber gleichwohl politischen („symbolischen") Gewinn erbringt: Präsenz, Promptheit, Handlungsfähigkeit.

Das Konzept des symbolischen Strafrechts arbeitet also mit mehreren fundamentalen Begriffen der Strafrechtstheorie und Strafrechtssoziologie: Rechtsgüterschutz, Effizienz der Strafrechtskontrolle, Implementation von Normen, am Rande auch: Modernisierung, Gerechtigkeit, Gleichheit, Besonderheiten von Rechtspolitik.
    Die rechtswissenschaftliche und rechtspolitische Bewertung symbolischen Strafrechts hängt deshalb auch von der Bewertung dieser Grundbegriffe ab – ein komplexer Prozeß.
    Schon auf den ersten Blick freilich sieht man einen roten Faden, der auch zu einer – vorläufigen – verfassungsrechtlichen Einordnung des Konzepts weiterführen kann: Symbolisches Strafrecht ist das Produkt einer Auflösung begrifflicher und· systemischer Strenge und einer gelockerten Verbindung des

Strafrechtssystems zur Empirie. Hatte das traditionelle Konzept des Rechtsgüter-schutzes noch ernsthaft die Verpflichtung des Strafrechtssystems zur Bewirkung realer Folgen auf seiner Agenda,[18] so scheint unser symbolisches Strafrecht das nicht mehr so eng zu sehen und ohne Rücksicht auf seine Bewirkungspotenzen alle Aufgaben an sich zu ziehen, die ihm vom politischen System angeboten werden oder derer es sonst habhaft werden kann.

III. Entstehungsgründe
Das symbolische Strafrecht ist ein Kind der Modernisierung des Strafrechts.[19]

1. Modernisierung
Das Strafrecht modernisiert sich – nicht nur in Westeuropa – in Zeiten, die gekennzeichnet sind durch starke gesellschaftliche Kontrollbedürfnisse.[20] Instrument dieser Kontrollbedürfnisse ist vor allem der Rechtszwang. Instrumente des Rechtszwangs sind vor allem polizeiliche, strafprozessuale und strafrecht-liche Eingriffe in bürgerliche Freiheitsräume. Das Strafrecht entwickelt sich von einer fragmentarischen Antwort des Staates auf schuldhafte Verletzungen hervor-gehobener Rechtsgüter zu einem flexiblen Instrument der Krisenintervention; das nenne ich „Modernisierung" des Strafrechts.[21]

2. Kontrollbedürfnisse
Kontrollbedürfnisse werden in unseren Gesellschaften genährt durch eine Mischung von Risikoangst und Normenschwund.

a) Risikoangst
Wir rechnen mit Zusammenbrüchen zentraler Systeme unseres gesellschaftlichen Lebens, die wir nicht verhindern können und die wir, treten sie ein, als verheerend voraussehen.[22] Diese Mischung ist explosiv. Zu diesen Systemen gehören vor allem

---

[18] *Müssig* Schutz abstrakter Rechtsgüter und abstrakter Rechtsgüterschutz, 1994, 11.

[19] Ich wiederhole hier nicht, was ich zu Begriff, Entstehungsbedingungen und Konzept der Modernisierung des Strafrechts schon vorgetragen habe, sondern beschränke mich auf Stichworte. Vgl. etwa Innere Sicherheit im Rechtsstaat (1993), in: Strafen im Rechtsstaat, 2000, 248 ff., 258 ff.; Produktverantwortung im modernen Strafrecht, [2]1996, 3 ff.

[20] *Hassemer* Die Chancen der Privatheit angesichts neuer Kontrollbedürfnisse und Informationstechnologien. 2. Christian Broda Vorlesung, Wien 1997.

[21] Einzelheiten unter III.3.

[22] Paradigmatisch *Schünemann* Kritische Anmerkungen zur geistigen Situation der deutschen Strafrechtswissenschaft, GA 1995, 201, 206 ff.

- Umweltzerstörung
- Drogenmißbrauch
- Kriege, die nicht begrenzbar sind
- Nationale und international vernetzte Währungen
- Gewaltförmigkeit von Konfliktaustragung, vor allem unter Kindern und Jugendlichen
- Unbeherrschbarkeit der Produktion von Atomenergie
- international organisierte Kriminalität
- Korruption
- Migration
- Arbeitslosigkeit
- Renten und Soziales in überlasteten Haushalten.

Für dieses Phänomen hat sich bei uns der Begriff „Risikogesellschaft" (Ulrich Beck[23]) eingebürgert. Es gibt zwei Frankfurter Habilitationsschriften[24], die sich mit dem Strafrecht der Risikogesellschaft auseinandersetzen.

b) Normenschwund

Risikoangst wird kontrollproduktiv erst durch ihre Verbindung mit einer anderen Erfahrung der Moderne: daß die allgemein verbindlichen sozialen Normen des Alltagslebens schwinden.[25]

Ökonomisierung der traditionellen Werte und narzißtische Individualisierung der Menschen und Gruppen zerstören die Erwartung, daß die Allgemeinheit („wir alle") imstande – oder vielleicht auch nur willens – sei, sich der allgemeinen Probleme mit Entschlossenheit anzunehmen. Problemlösungen werden nicht mehr der informellen sozialen Kontrolle zugetraut, weil die nicht mehr funktioniert; sie können nur externalisiert werden: ins formelle System, also vordringlich zum Staat. Im Alltagsleben brauchen wir immer mehr staatliches Zwangsrecht, um angesichts narzißtischer Isolierung der Menschen und des Wegbrechens bisheriger Selbstverständlichkeiten von Freiheitsgrenzen und deren ubiquitärer Beachtung normativ zurechtzukommen.

---

[23] *Beck* Risikogesellschaft – Auf dem Weg in eine andere Moderne, 1986.

[24] *F. Herzog* Gesellschaftliche Unsicherheit und strafrechtliche Daseinsvorsorge. Studien zur Vorverlegung des Strafrechtsschutzes in den Gefährdungsbereich, 1991; *Prittwitz* Strafrecht und Risiko. Untersuchungen zur Krise von Strafrecht und Kriminalpolitik in der Risikogesellschaft, 1993.

[25] Vgl. dazu die Beiträge in *Frommel/Geßner* (Hrsg.), Normenerosion, 1996.

Das ist die Stunde von Kontrollbedürfnissen und Rechtszwang. Strafrecht und Polizeirecht sind die bevorzugten Orte, wo Ersatz für schwindende soziale Normen produziert werden soll.[26]

Das ist indes eine schlechte Verortung: Die sozialen Normen, nach deren Wiederkunft wir uns sehnen, haben Eigenschaften, die staatlichen Normen gerade abgehen; sie sind informell und gruppenbezogen, sie sind flexibel und vor allem nicht-positiviert; sie gelten, solange sie gelten, selbstverständlich und brauchen nicht iterativ legitimiert zu werden.[27] Staatliche Normen hingegen kommen starr und schwergewichtig daher; sie neigen dazu, Situationen zu formalisieren und zu komplizieren, anstatt sie unmerklich zu regulieren. Sie sind kein funktionales Äquivalent situationsgerechter Antwort auf Alltagskonflikte. Rechtszwang kann soziale Normen und soziale Kontrolle bestenfalls unvollkommen ersetzen.

3. Modernes Strafrecht

Das moderne Strafrecht stellt sich den geschilderten Herausforderungen von Kontrolle und Zwang als Mittel der Lösung moderner Großprobleme. Es reflektiert nicht, ob es sie auch erfüllen kann. In Wirklichkeit kann es sie nicht erfüllen. Also gibt es ungedeckte Schecks aus. Es symbolisiert sich.

a) Felder

Das moderne Strafrecht wird genau auf den Feldern eingesetzt, auf denen moderne Gesellschaften ihre Großrisiken sehen.[28]

Manche dieser Felder eignen sich kaum für strafrechtliche Intervention (etwa Kriege, Währungsverfall), manche nur am Rande (etwa Renten, Migration), manche zentral (etwa Korruption, organisierte Kriminalität). Diese Unterschiede aber führen derzeit nicht zu differenzierten rechtlichen Antworten. Die moderne Innenpolitik ist vielmehr gleichwohl bemüht, auf möglichst allen diesen Gebieten möglichst intensiven Rechtszwang einzusetzen, beispielsweise über Einschränkungen des Asylrechts und Vermehrung der flankierenden Verbote, über Verschärfungen im materiellen Nebenstrafrecht und im Recht der Ermittlungen beim Handel mit Kriegswaffen oder über eine Intensivierung von staatlichen Kontrollmöglichkeiten für den Mißbrauch von Sozialleistungen.

Aus sozialer Regulierung wird Ordnungsrecht, aus Ordnungsrecht Strafrecht.

---

[26] Dafür ist die Debatte um „Zero Tolerance" in Kommunalpolitik, Sicherheitspolitik, Polizeirechts- und Strafrechtswissenschaft ein anschaulicher Beleg. Vgl. dazu *meine* Studie „Zero Tolerance" – ein neues Strafkonzept?, FS für Kaiser, 1998, 793 ff.

[27] Zum Begriff sozialer Normen vgl. *Raiser* Das lebende Recht, 1995, 196 ff.

[28] Oben III.2.a.

b) Eigenschaften

Modernes Strafrecht hat die folgenden Eigenschaften: Es

* ist streng präventiv orientiert. Die klassischen Strafziele von Vergeltung und Sühne machen in einem Strafrecht, dem es auf die Lösung gesellschaftlicher Großprobleme ankommt, keinen Sinn;
* lebt von der verbreiteten – wissenschaftlich aber nicht weiter hinterfragten – Überzeugung, strafrechtliche Mittel seien zur Lösung von Großproblemen tatsächlich imstande;
* gibt den Grundsatz auf, strafrechtliche Mittel seien ultima ratio. Der Einsatz des Strafrechts wird prima und sola ratio, sobald die Risiken nur als hinreichend bedrohlich erscheinen;
* arbeitet fast ausschließlich auf dem Gebiet des Besonderen Teils des Haupt- und Nebenstrafrechts und dort fast ausschließlich kriminalisierend: durch neue Straftatbestände und Erhöhung von Strafdrohungen;
* neigt zu Universalrechtsgütern, die zudem noch vage formuliert werden (etwa, „Schutz der Volksgesundheit" im Drogenstrafrecht[29] oder das „Allgemeininteresse an einer wirksamen staatlichen Wirtschaftsförderung" beim Subventionsbetrug[30]), so daß die Maßstäbe angemessener Kriminalisierung verschwimmen und kaum noch ein Straftatbestand mit dem Argument kritisiert werden kann, er habe kein Rechtsgut zum Gegenstand;
* neigt zu opferlosen oder opferverdünnten Delikstypen (Wirtschaft, Umwelt, Drogen, Korruption etc.) und führt deshalb dazu, daß das inkriminierte Unrecht immer weniger sichtbar und fühlbar wird;
* neigt zur Ablösung des Verletzungsdelikts als Haupttyp der Straftatbestände durch das (abstrakte) Gefährdungsdelikt (etwa des Betrugs durch den Subventionsbetrug, welch letzterer die Strafbarkeit schon durch die Abgabe falscher Erklärungen eintreten läßt, während ersterer noch Täuschung, Irrtum, Vermögensverfügung und Vermögensschaden verlangt) und vermindert damit sowohl Strafbarkeitsvoraussetzungen als auch, spiegelbildlich, Verteidigungsmöglichkeiten;
* neigt zur Abkehr von zentralen strafrechtlichen Prinzipien, weil sie für die Effizienz der modernen Strafrechtskontrolle als störend gelten (z. B. die individuelle Zurechnung bei der Verfolgung von Kollektiven im Umwelt- oder Wirtschaftsstrafrecht).

---

[29] Kritisch dazu *Nestler* in: Kreuzer (Hrsg.), Handbuch des Betäubungsmittelstrafrechts 1998, § 11 Rn. 17 ff.

[30] *Lackner/Kühl* StGB, [23]1999, § 264 Rn. 1.

c) Folgen

Die Folgen einer Modernisierung des Strafrechts sind überwiegend negativ
– sowohl für das Strafrecht als auch für die Probleme, zu deren Lösung es eingesetzt wird. Diese Folgen sind vor allem

- massiver Druck auf zentrale Grundsätze eines rechtsstaatlichen Strafrechts,
  weil diese Grundsätze einem effizienten Einsatz strafrechtlicher Mittel eher
  hinderlich sind:
  – Tatstrafrecht und Legalitätsprinzip (als zu wenig flexibel);
  – Verhältnismäßigkeit des Eingriffs (als hinderlich für wirksame und ein-
    drückliche Krisenintervention);
  – Schuldprinzip und individuelle Zurechnung (als untauglich für die Ver-
    folgung moderner kollektiver Entscheidungsstrukturen und Verbrechens-
    organisationen);
  – nemo tenetur se ipsum prodere (als unvereinbar mit modernen Mitteln der
    heimlichen Ausforschung, ohne die man nicht mehr auskomme);
  – Eingriffsschwellen des strafprozessualen „Verdachts" oder der polizeirecht-
    lichen „Gefahr" (als Verpflichtung, mit der Intervention zuzuwarten, bis das
    Kind in den Brunnen gefallen ist, statt es daran rechtzeitig zu hindern);
- Implementationsprobleme und Vollzugsdefizite des materiellen Strafrechts:
  riesige und überdies selektive Dunkelfelder; Nichtausschöpfung der Straf-
  rahmen;
- Unfähigkeit, die Strafverfahren so durchzuführen und abzuschließen, wie
  das die Strafprozeßordnung vorsieht; auf den Feldern modernen Straf-
  rechts[31] herrscht die Praxis des vorzeitigen Abbruchs des Prozesses und der
  Absprachen („deal"), weil die Masse und Komplexität der Verfahren sonst
  nicht beherrschbar wären;
- Reaktion auf Vollzugsdefizite: „more of the same" statt neuer und besserer
  Lösungswege außerhalb des Strafrechts:
  – Verschärfungen des Strafrechts und der strafprozessualen Eingriffs-
    instrumente sind bisher die Antwort des modernen Strafgesetzgebers auf
    die Einsicht, daß das Strafrecht die Probleme, die es lösen soll, nicht so löst
    wie erwartet;
  – dadurch werden andere Wege der Problemlösung blockiert (etwa Steuer-
    politik im Umweltbereich oder Gesundheits- bzw. Marktpolitik im Drogen-
    bereich).

---

[31] Oben III.3.a.

Auf den Punkt gebracht: Symbolisches Strafrecht ist, vom strafrechtlichen Rechtsgüterschutz her gesehen, eher unwirksam. Es erwirtschaftet seinen Produzenten, bislang, eher Gewinne, wenn man es unter innenpolitischen Aspekten betrachtet. Es weist nämlich aus, daß der Gesetzgeber imstande ist, die drängenden gesellschaftlichen Probleme zu sehen und ihnen mit den schärfsten Instrumenten zu begegnen, die er zur Verfügung hat. Und es ist – verglichen mit anderen Instrumenten einer Problemlösung – billig.

IV. Kritik der Symbolismuskritik

Die Kritik am symbolischen Strafrecht[32] ist mittlerweile selber in die Kritik geraten.[33] Diese Kritik bringt insbesondere vor:

- Die Symbolismuskritik tut so, als habe erst das „moderne" Strafrecht Vollzugsdefizite und als sei das „klassische" Strafrecht imstande (gewesen), seine Rechtsgüter effektiv zu schützen. Das sei, wie etwa die „klassischen" Dunkelfelder (Wohnungseinbruch, Abtreibung, Ladendiebstahl) belegten, eine falsche Annahme;[34]
- das moderne Strafrecht mache endlich Schluß mit der Praxis, nur die Armen (blue collars)[35] der Strafrechtskontrolle zu unterwerfen; es erstrecke Strafdrohungen und Strafen auch in die Vorstände von Unternehmen (white collars) und schaffe so Gleichheit und Gerechtigkeit. Die Symbolismuskritik hingegen wolle mit ihrer Forderung nach einer Konzentration auf ein Kernstrafrecht das Strafrecht wieder ins Armenhaus zurücktreiben;[36]
- die vom modernen Strafrecht aufgegriffenen Großprobleme (etwa Umweltverschmutzungen zum Nachteil der künftigen Generationen) seien so

---

[32] Oben III.3.

[33] Fundamental die Frankfurter Dissertation von *Müller-Tuckfeld* Integrationsprävention. Studien zu einer Theorie der gesellschaftlichen Funktion des Strafrechts, 1998, insbes. 81 ff.;

[34] Zum Dunkelfeld und dessen Funktionen *Sack* Dunkelfeld in: Kaiser/Kerner/Sack/Schellhoss (Hrsg.), Kleines Kriminologisches Wörterbuch, [3]1993, 99 ff.; *Lüderssen* Strafrecht und „Dunkelziffer", in: Lüderssen/Sack (Hrsg.), Abweichendes Verhalten I, 1975, 244 ff.

[35] Zu dieser Differenzierung aus der klassischen US-Kriminologie, die, wie man sieht, auch uns noch lebendig beschäftigt, etwa *Sutherland* White-collar Kriminalität, in: Sack/König (Hrsg.), Kriminalsoziologie,1968, 187 ff. [in überarbeiteter Übersetzung ist der Text auch in den *Kriminologischen Grundlagentexten* abgedruckt, A.d.H.]

[36] Paradigmatisch *Lüderssen* Zurück zum guten alten, liberalen, anständigen Kernstrafrecht?, in: Böllinger/Lautmann (Hrsg.), Vom Guten, das noch stets das Böse schafft, 1993, 268 ff., 271 f.; *ders.* Moderne Wege kriminalpolitischen Denkens, in: ders. (Hrsg.), Aufgeklärte Kriminalpolitik oder Kampf gegen das Böse, Bd. I, 1998, 25 ff., 65 f.

bedrückend, daß zu ihrer Lösung jegliches Mittel eingesetzt werden müsse –
vor allem und gerade das scharfe Strafrecht;[37]
- jegliches Strafrecht, und nicht nur der moderne Typus, sei symbolisch, und das
  sei auch gut so:[38] Das Strafrecht erziele seine präventiven Wirkungen nicht
  an materiellen Objekten, sondern in den Köpfen und Herzen der Menschen;
  gerade die Theorie der positiven Generalprävention schreibe dem Strafrecht
  die Aufgabe zu, Normtreue und Normvertrauen zu schaffen, und das sei
  Ergebnis von – auch symbolischer – Kommunikation.[39] [...]

V. Konzept des symbolischen Strafrechts heute

[...]

1. Zwei Begriffe des Symbolischen
Durch Teile der Kritik an der Symbolismus-These[40] ist eine gewisse semantische
Verwirrung eingetreten. Die Verwirrung verdankt sich insbesondere denjenigen
Argumenten, die auf den symbolischen Charakter jeglichen Strafrechts verweisen. Diese Argumente beziehen ihre Überzeugungskraft aus zwei Annahmen:
   Die Symbolismuskritik habe einen zu engen Begriff des Symbolischen eingeführt, welcher verdecke, daß das gesamte Strafrecht die von ihr gerügte Eigenschaft trage. Diese Annahme beraubt die Symbolismuskritik ihres Objekts. Im
übrigen sei die Rüge unbegründet; symbolisches Strafrecht sei nicht ubiquitär,
sondern auch in Ordnung, jedenfalls unvermeidbar. Diese Annahme beraubt die
Symbolismuskritik ihrer Grundlage.
   Nach dieser Kritik gibt es nunmehr zwei Begriffe des „Symbolischen", die
sich hinter demselben Wort verstecken: einen eher analytisch-beschreibenden,
wie ihn die Kritik der Symbolismuskritik verwendet, und einen eher inhaltlich-
kritischen, wie ihn die Symbolismuskritik in die Diskussion eingeführt hatte.
Diese Unterscheidung ist, wie sich sofort zeigt, zwar nicht von schneidender
Trennschärfe; sie wird aber immerhin den zentralen Botschaften der beiden
Theoreme und dem Klima, aus dem sie stammen, gerecht:

---

[37] Paradigmatisch *Schünemann* (Fn. 22), 206 ff.

[38] So *Roxin*, Strafrecht AT I, § 2 Rn. 23, ³1997: „Da alle Strafgesetze einen mehr oder
mindergroßen symbolischen Einschlag haben, indem sie auf die Bewußtseinsbildung der
Bevölkerung einwirken sollen, sind symbolische Gesetzgebungselemente nicht generell
unzulässig."

[39] Paradigmatisch *Jakobs* Strafrecht AT, ²1991, Rn. 10 f.

[40] Oben IV.

Die Kritik an symbolischem Strafrecht hatte – auch wenn sie natürlich, als *wissenschaftliche* Aussage, auf Analysen aufbaut – zuvörderst ein kritisch- inhaltliches Interesse; sie wollte und will eine bestimmte, dem Grundsatz des Rechtsgüterschutzes nicht angemessene Entwicklung des Strafrechts entlarven und dieser Entwicklung Einhalt gebieten.[41] Die Kritik an der Kritik symbolischen Strafrechts hingegen verfolgt – auch wenn sie natürlich, als Aussage im Rahmen einer *praktischen* Wissenschaft, inhaltliche Konsequenzen einfordert – zuvörderst analytische Interessen.[42]

Der analytische Begriff des Symbolischen bezeichnet – aus strafrechtssoziologischer Distanz – im Symbolischen eine Eigenschaft des (modernen?)[43] Strafrechts; der kritische Begriff des Symbolischen bezeichnet – aus strafrechtspolitischem Engagement – im Symbolischen ein Defizit des modernen Strafrechts. Beim ersten geht es am Ende um den symbolischen Charakter jeglichen (modernen?) Strafrechts, beim zweiten geht es am Ende um den Vorwurf von Täuschung, von Bluff. So unterscheiden sich, auf den Punkt gebracht, die Symbolismuskritik und die Kritik an ihr in Herkunft, Zielrichtung und Struktur.

Beide Begriffe des Symbolischen können nur um den Preis allgemeiner Verwirrung gleichsinnig weiterverwendet werden; man muß sie unterscheiden.

Mit dieser Unterscheidung beginne ich. Ich reserviere[44] das Wort „symbolisch" weiterhin für den kritischen Begriff,[45] für die Eigenschaft jeglichen (modernen?) Strafrechts, symbolisch zu sein,[46] verwende[47] ich das Wort „kommunikativ". Damit ist das begriffliche Problem symbolischen Strafrechts markiert und – im Rahmen der Redeweise – gelöst.

Das inhaltliche Problem stellt sich sodann mit den Fragen, ob es – neben den kommunikativen – Strafrechtsphänomene gibt, die man, unterscheidend, mit dem Begriff „symbolisch" belegen kann[48] und was das für Theorie und Praxis erbringt.[49]

---

[41] Zu diesem Konzept oben II.2.

[42] Zu diesem Konzept oben IV.

[43] Ich werde dieses Fragezeichen sofort unter V.2.a. auflösen.

[44] Unten V.3.

[45] Oben II.3.

[46] Oben IV.

[47] Unten V.2.

[48] Unten V.3.a.

[49] Unten V.3.b.

2. Kommunikatives Strafrecht

a) Strafrecht und Kommunikation

Daß Strafrecht ein (selbstredend: nicht nur, sondern auch) kommunikatives Phänomen ist, darf jedenfalls vor dem Hintergrund der neuesten Vorstellungen vom Zweck der Strafe[50] als ausgemacht gelten. Frühere Varianten von Straftheorien[51] waren schon nicht imstande, diese Frage wissenschaftlich aufzunehmen, geschweige sie zu diskutieren oder gar zu beantworten. Sie hatten kein Auge und kein Ohr für die kommunikative Konstitution des Strafrechts. Das besagt freilich nichts über das Strafrecht und die Strafe, sondern etwas über die Theorien, die sich mit ihnen beschäftigen.

Ob die Kommunikativität eine Eigenschaft nur des modernen Strafrechts ist oder ob sie als Eigenschaft jeglichem Strafrecht zukommt, aber erst unter der Sonde der neuesten Straftheorien sichtbar wird, ist eine wichtige Frage. Sie ist, soweit ich sehe, bislang noch nicht traktiert.

Auch hier, wo es nur darum geht, den kommunikativen Charakter des Strafrechts aufzuweisen, muß diese Differenzierung von Objekt und Beobachtung nicht weit getrieben werden. Vier knappe Kennzeichnungen reichen hin:

Sicher ist, daß eine theoretische Sicht auf den Gegenstand Strafrecht, welche imstande ist, kommunikative Faktoren zu isolieren und einzuordnen, jedenfalls dem zeitgenössischen Strafrecht angemessen ist, ihm eher gerecht wird als eine begriffsorientierte Betrachtungsweise. Plausibel ist, daß auch die Theorie der positiven Generalprävention kommunikative Elemente des Strafrechts nicht erfindet, sondern entdeckt, und daß das an Verhaltensleitung interessierte Strafrecht in der Praxis mehr oder weniger immer auf den Austausch mit den Menschen angelegt war, auch wenn die Theorien zu Strafrecht und Strafe danach nicht gefragt haben. Des weiteren liegt nahe, daß kommunikative Elemente (nicht nur) des Strafrechts in Zeiten außengeleiteter Gesellschaften und massenmedialer Vermittlung eher in den Vordergrund treten als in Zeiten eines traditions- oder innengeleiteten Verhältnisses zur Welt.[52] Und endlich darf man annehmen, daß kommunikative Elemente des Strafrechts mit symbolischen in derjenigen Redeweise nahe verwandt sind, in der bisher kritisch von „symbolischem" Strafrecht gesprochen worden ist; beidesmal geht es um Botschaften an die Adressaten des Strafrechts und um die Erwartung, daß diese Botschaften verstanden werden und

---

[50] Das zielt auf die Straftheorie der positiven Generalprävention, hier unter V.2.d.

[51] Dazu sogleich unter V.2.b., c.

[52] Zu diesen Einteilungen – immer noch und auch bei uns bedenkenswert – *David Riesman* Die einsame Masse. Eine Untersuchung über die Wandlungen des amerikanischen Charakters, 1958.

dann verhaltensleitend wirken. Auf Inhalt der Botschaften und ihren Gehalt an Wirklichkeit und Wahrheit kommt es dabei zuerst einmal[53] nicht an.

Kurz: Die These, alle Strafgesetze hätten einen mehr oder minder großen symbolischen Einschlag,[54] gilt nicht nur, aber mit besonderem Nachdruck für das zeitgenössische Strafrecht.

b) Vergeltung und Sühne

Die klassischen, absoluten, Straftheorien von Vergeltung des Unrechts und Sühnung der Schuld[55] können, wenn man sie beim Wort nimmt, einen kommunikativen Charakter der Strafe schon gar nicht wahrnehmen. Ihr Blick ist nicht auf Kommunikation gerichtet, sondern auf eine Monade: den einzelnen, den – von ihnen – vereinzelten Täter. Um dessen angemessene Behandlung durch Urteil, Vollzug und Umkehr geht es ihnen, nicht aber um einen Austausch, um ein Hin und Her, um Senden und Empfangen, Reden und Verstehen. Allenfalls der verurteilte Täter soll verstehen, in Urteil und Vollzug.

Soweit die klassischen Straftheorien – theoretisch vielleicht nicht ganz konsequent, politisch aber vernünftig – von einer gerechten Behandlung der Täter durch das Strafrecht langfristig auch eine Stabilisierung der bürgerlichen Rechtstreue erwarten (und in diesem Gewande treten in der deutschen Tradition die meisten von Juristen vertretenen „absoluten" Straftheorien auf),[56] geben sie die strenge Observanz einer Strafzielbestimmung auf, welche sich den Folgen von Strafdrohung, Strafbemessung und Strafvollzug verweigert. Sie schielen, wenigstens aus dem Augenwinkel, beifällig auf heilsame Wirkungen angemessenen Strafens. Diese Wirkungen erwarten sie von kommunikativen Prozessen: daß die Bürger, beeindruckt von der Stetigkeit und Festigkeit ausgleichender staatlicher Antwort auf den Rechtsbruch, die im Verbrechen verletzte Norm als wiederaufgerichtet und deshalb als kontrafaktisch gesichert erfahren.

Diese Betrachtungsweise macht diese Art von Strafzielbestimmung zu einem frühen Muster positiver Generalprävention. Sie kann kommunikative Elemente

---

[53] Diese Frage wird bedeutsam, wenn es um die Möglichkeit und den Sinn einer Abgrenzung von kommunikativem und symbolischem Strafrecht geht; dazu sogleich unter V.3.

[54] *Roxin* (Fn. 38).

[55] Darstellung und Nachweise bei *Roxin* (Fn. 38), § 3 Rn. 2 ff.; *ders.* Sinn und Grenzen staatlicher Strafe, JuS 1966, 377; *Hassemer* Einführung in die Grundlagen des Strafrechts, ²1990, *Neumann/Schroth* Neuere Theorien von Kriminalität und Strafe, 1980, 11 ff.

[56] Zu dieser „Zerstörung absoluter Strafbegründung" schon *mein* Essay über Strafziele im sozialwissenschaftlich orientierten Strafrecht, in: Hassemer/Lüderssen/Naucke, Fortschritte im Strafrecht durch die Sozialwissenschaften?, 1983, 39 ff., 48 ff.

von Strafrecht und Strafe wissenschaftlich wahrnehmen, was den strengen, im engen Sinne „absoluten" Straftheorien verschlossen bleibt.

c) Abschreckung und Besserung

Den modernen, relativen, Straftheorien von Abschreckung der Verbrechens-geneigten (Generalprävention)[57] und Besserung der Gestrauchelten (Individual-prävention, Resozialisierung)[58] sind die kommunikativen Elemente des Strafrechts ebenfalls nicht fremd. Sie leben ja von Prozessen der kognitiven und emotiven Beeindruckung, die sie erwarten, damit das Strafrecht seine Zwecke erreiche: von der Strafdrohung, die, nach dem Rechtsbruch am Rechtsbrecher stetig vollzogen, ihre Adressaten davon überzeugt, daß der Rechtsbruch sich nicht lohne, und von den Botschaften von Strafvollzug und Strafvollstreckung, welche die Täter in die Gesellschaft zurückholen wollen.

Diese Vorstellungen erliegen aber, wenn man sie beim Wort nimmt, hin-sichtlich ihrer kommunikativen Elemente spezifischen Verengungen und Begrenzungen des Blicks. Sie sehen diese Elemente instrumentell, sie setzen auf Intimidation und Dressur. „Kommunikation" ist diesen Betrachtungsweisen nicht ein Austausch, ein Hin und Her. Sie sehen die von ihnen gemeinten Menschen ausschließlich als Adressaten der Strafbotschaft und der Erziehung.

Sie erwarten als Antwort auf Strafdrohung und Strafvollzug ja auch nicht ein kommunikatives Handeln, sondern ein schlichtes Unterlassen künftiger Rechts-verletzung. Nach den Lehren von General- und Individualprävention in ihrer herkömmlichen Formulierung nimmt das Strafrecht eine nur spezifisch reduzierte Kommunikation mit den Menschen auf. Es ist ihnen Instrument faktischer Ver-haltenslenkung, mehr nicht.

Gerade diese Verengung hat den relativen Straftheorien den Vorwurf ein-gebracht, sie behandelten den Menschen wie einen Hund, gegen den man den Stock hebt (Hegel), mengten ihn unter die Gegenstände des Sachenrechts (Kant), verletzten ihn in seiner Würde.[59] Das läßt sich auf ein Modell der Kommunikation des Strafrechts mit den Bürgern und dem Täter weiterdenken:

Wenn das Strafrecht, in der Sicht der relativen Straftheorien, mit Menschen „kommuniziert", dann nicht auf Augenhöhe.

---

[57] Darstellung und Nachweise bei *Roxin* (Fn. 38), § 3 Rn. 21 ff.; *ders.* JuS 1966, 377, 380 f.; *Hassemer* Einführung, § 30; *Neumann/Schroth* (Fn. 55), 33 ff.

[58] Darstellung und Nachweise bei *Roxin* (Fn. 38), § 3 Rn. 11 ff.; *ders.* Jus 1966, 377, 379 f.; *Hassemer* Einführung, § 29; *Neumann/Schroth* (Fn. 55), 19 ff.

[59] *Badura* Generalprävention und Würde des Menschen, JZ 1964, 337 ff.; *Köhler*. AT, 1997, 44 ff.

d) Positive Generalprävention

Das ändert sich erst mit den neuen Theorien der positiven Generalprävention.[60] Diese erwarten heilsame Wirkungen des staatlichen Strafrechts von einer personalen Reaktion der Menschen, die von Strafdrohung, Strafverfahren, Strafverhängung und Strafvollzug angesprochen werden. Positive Generalprävention setzt auf Kommunikation und initiiert kommunikative Prozesse. Nach ihrer Vorstellung[61] soll die Strafe in Strafandrohung und Strafvollzug:

- die Bestandskraft der durch das Verbrechen verletzten Norm dokumentieren und im Angesicht aller restituieren;
- den Menschen Vertrauen in die Geltung der staatlichen Rechtsordnung vermitteln;
- die grundlegenden Normen des Gemeinwesens öffentlich und in feierlicher Form behaupten und sichern;
- einen grundrechtsfreundlichen Umgang mit Normverletzung und Normverletzer sowie mit dem Umfeld der Normverletzung und ihrer Verarbeitung realisieren und dokumentieren.

Kurz: Die Ziele positiver Generalprävention setzen notwendig voraus, daß das Strafrecht mit dem Rechtsbrecher, mit den sonstigen Beteiligten an dem Verbrechen und an dem Verfahren sowie mit allen Bürgern einen nichtinstrumentellen Kontakt aufnimmt und aufrechterhält. Es soll nicht Schrecken verbreiten, sondern Einsicht. Das läßt sich nicht erreichen ohne das sichtbare, ernsthafte und stetige Bemühen um Glaubwürdigkeit. Und dies wiederum verlangt Öffentlichkeit und Transparenz, Austausch und Beidseitigkeit des Handelns: Kommunikation.

In der Betrachtungsweise der Lehren von der positiven Generalprävention ist das Strafrecht als eine Institution begriffen, die auf wechselseitigen Austausch mit den Menschen, und nicht nur mit dem Rechtsbrecher, angelegt ist, die auch hören und lernen kann.[62]

---

[60] Knappe Darstellung und Nachweise bei *Roxin* (Fn. 38), § 3 Rn. 26 f.; umfänglicher *Hassemer* Einführung, § 30 II, III; *ders.* (Fn. 26), 802 (Fn. 18); *Müller-Tuckfeld* (Fn. 33); 39 ff.

[61] Diese Zusammenstellung faßt Varianten positiver Generalprävention zusammen, die untereinander streiten (Einzelheiten und Nachweise umfänglich bei *Hassemer* Variationen der positiven Generalprävention, 1998 [Fn. 19], 199 ff.). Gleichwohl ist die Zusammenfassung nicht eine falsche Harmonisierung, sondern nur der rote Faden durch die kommunikativen Elemente der Theorien positiver Generalprävention; nichts anderes will sie sein.

[62] Umfänglicher dazu meine Einführung in die Grundlagen des Strafrechts, § 30 II, III.

3. Symbolisches Strafrecht

Ist damit die Symbolismuskritik erledigt? Sie ist es nur dann, wenn es an einer von zwei Voraussetzungen fehlt: „Symbolisches" Strafrecht läßt sich im Gesamt des „kommunikativen" Strafrechts als Teilbereich hinreichend deutlich aus-machen,[63] und die Markierung symbolischer Teile oder Elemente des Strafrechts bringt wissenschaftlich (und vielleicht auch praktisch-politisch) Gewinn.[64]

In meinen Augen sind im Ergebnis beide Voraussetzungen erfüllt. Es bleibt dabei, daß der Typ „symbolisches Strafrecht" die modernen Formen unseres Fachs in Theorie und Praxis dominiert.[65] Die Tatsache, daß jegliches Strafrecht kommunikativen Charakter und symbolische Elemente hat,[66] ist kein Beleg für die These, symbolisches Strafrecht gebe es nicht oder symbolisches Strafrecht sei wissenschaftlich jedenfalls nicht auffindbar.

a) Unterscheidungen

Vor jeglicher Bemühung um analytische Trennschärfe liegen nach den bisherigen Überlegungen zwei Umstände[67] auf der Hand, die eine klare Unterscheidung zwischen symbolischem und kommunikativem Strafrecht im Einzelfall schwierig machen. Faßt man diese Schwierigkeiten ins Auge, so läßt sich ein Begriff symbolischen Strafrechts finden, der sowohl seinem Gegenstand gerecht wird als auch hinreichende Klarheit bietet; er ist komparativ und setzt sich aus objektiven Merkmalen zusammen.[68]

(1) Es gibt keine qualitativ bestimmbare Grenze zwischen einem „normalen" und einem symbolischen Strafrecht. Die Übergänge sind fließend zwischen Typen von Strafrecht, die auf Rechtsgüterschutz angelegt sind, und anderen, die sich mit einer politischen Demonstration begnügen. Dies liegt im kommunikativen Charakter des Strafrechts[69] begründet sowie in dem Umstand, daß es keinem Strafrechtssystem jemals gelingen wird, den Schutz seiner Rechtsgüter vollständig sicherzustellen.[70] Kurz: Jegliches Strafrecht sendet symbolische Botschaften von Normbewahrung und Rechtsgüterschutz aus, und kein Strafrecht kann die Botschaft einlösen.

Also haben wir es nicht mit einem Entweder-Oder, sondern mit einem Mehr-oder-Weniger zu tun und deshalb mit der Aufgabe, einsichtige Faktoren

---

[63] Dazu unter V.3.a.

[64] Dazu unter V.3.b.

[65] Oben unter III.

[66] Oben unter V.2.

[67] Unten V.3.a. (1) und (2).

[68] Unten V.3.a. (3).

[69] Oben V.2.

[70] Zum Problem des Dunkelfeldes siehe bereits oben Fn. 34.

einer Grenzlinie zu bezeichnen. Es kommt darauf an, die kritische Masse zu bestimmen, die ein kommunikatives zu einem symbolischen Strafrecht macht. Diese Bestimmung kann nur eine quantitative sein.

(2) Der naheliegende und von manchen[71] beschrittene Weg, symbolisches Strafrecht über Dispositionen des Gesetzgebers von kommunikativem Strafrecht zu unterscheiden, führt nicht weit.[72]

Daß der Gesetzgeber „bezweckt" oder „es darauf angelegt" oder „billigend in Kauf genommen" habe, ein Strafrecht zu produzieren, das zum effektiven Schutz der jeweiligen Strafrechtsgüter nicht hinreichend imstande sei, dürfte praktisch in vielen Konstellationen moderner Strafgesetzgebung zwar ein berechtigter Vorwurf sein. Er läßt sich freilich kaum exakt belegen, weil er in seinem Kern auf eine „innere Tatsache" abstellt: auf Wissen und Wollen des Gesetzgebers. Dem Gesetzgeber nämlich kann man noch weniger hinter die Stirn sehen als einem Menschen, und deshalb sind die bekannten Probleme hinsichtlich der Feststellbarkeit von Dispositionen hier noch verschärft.

Im Übrigen sind solche Vorwürfe für den realen Wert solchen Strafrechts ziemlich gleichgültig. Entscheidend sind ja nicht die schlechten Absichten des Gesetzgebers, sondern die schlechten Ergebnisse seines Tuns.

(3) Aus allem folgt,[73] daß die Unterscheidung von kommunikativem und symbolischem Strafrecht am Unterschied von Wirklichkeit und Schein ansetzen muß, von manifesten und latenten Funktionen. „Wirklichkeit" kann für ein rechtsstaatliches Strafrecht nichts anderes sein als die Potenz zum Schutz der jeweiligen Strafrechtsgüter, „Schein" ist nach dem Vorangegangenen[74] die bloße Demonstration dieser Potenz.

Latente Funktionen, die Indikatoren symbolischen Strafrechts, reichen von der Demonstration staatlicher Handlungsfähigkeit angesichts dringender politischer Nachfrage bis zur Befriedigung eines aktuellen „Handlungsbedarfs" angesichts einer verschärften Problemlage. „Symbolisches Strafrecht", gemeinhin konnotiert[75] mit den Vorstellungen von Täuschung und Vorspiegelung, ist dann ein Typ von Strafrecht, dessen latente Funktionen die manifesten Funktionen überlagern.

---

[71] Am Beispiel der Verlängerung der Verjährungsfrist für NS-Verbrechen: *Monika Voß* Symbolische Gesetzgebung. Fragen zur Rationalität von Strafgesetzgebungsakten, 1989, 102 ff.

[72] Über die rechtstheoretischen und rechtspraktischen Probleme von Dispositionsbegriffen *meine* Einführung (Fn. 55), § 21 III; über Dispositionsbegriffe bei der Markierung symbolischen Strafrechts *meine* Studie über Symbolisches Strafrecht (Fn. 19), 178.

[73] Dazu schon *meine* Arbeit Symbolisches Strafrecht (Fn. 19), 179 f.

[74] Oben II., III.3.

[75] Aber eben nicht hinreichend erkennbar und deshalb für eine Definition untauglich: oben V.3.a.(2).

b) Erträge

[...] Folgende Wege zu *Grundproblemen* unseres Fachs kann der Topos „symbolisches Strafrecht" der Strafrechtswissenschaft und der wissenschaftlichen Kriminalpolitik heute öffnen:

- Erneuerung des Präventionskonzepts: Was schon die Straftheorie der positiven Generalprävention[81] begonnen hat, stellt die Erfahrung symbolischen Strafrechts dringlich zur Diskussion: ob mit „Prävention" die Aufgaben von Strafrecht und Strafe hinlänglich beschrieben[82] sind oder ob – und welche – Elemente gerechten Ausgleichs von Unrecht und Schuld wieder in die Strafzielbestimmungen aufgenommen werden müssen. Symbolisches Strafrecht ist ein praktischer Ausdruck einer strikten Präventionsorientierung; deshalb steht mit ihm auch diese Orientierung unter Kritik.[a]
- Empirie der Strafrechtsfolgen: Seit es präventiv ausgerichtete Straftheorien gibt, gibt es theoretischen Anlaß zur Folgenberücksichtigung im Strafrecht.[83] Damit gibt es zugleich forschungsstrategisch die Pflicht zu fragen, welches denn die realen Wirkungen der Strafrechtsfolgen „wirklich" seien: positive und negative, für die unmittelbar Betroffenen und für uns alle. Diese Pflicht bleibt bislang weitgehend unerfüllt; gegenüber den realen Wirkungen des Strafrechts ist dessen Theorie empirieresistent. Mit der Erfahrung und Analyse symbolischen Strafrechts aber wird die empirische Erforschung der Strafrechtsfolgen unabweisbar: Begriff und Konzept symbolischen Strafrechts[84] haben ja die Wirkungen des Strafrechts (rechtsgutbewahrende, symbolisch-politische) als zentralen Gegenstand.
- Neubewertung strafrechtlicher Grundprinzipien: Es zeigt sich,[85] daß das moderne Strafrecht, jedenfalls in seiner radikalen Form der symbolischen Folgenbewirkung, mit zentralen Wertungen des traditionellen Strafrechts Schwierigkeiten bekommt. Das damit entstehende Problem läßt sich nicht

---

[81] Oben V.2.d.

[82] *Grimm* Verfassungsrechtliche Anmerkungen zum Thema Prävention, KritV 1986, 38 ff.; *P.-A. Albrecht* Prävention als problematische Zielbestimmung im Kriminaljustizsystem, KritV 1986, 55 ff.

[a] Siehe hierzu auch *Prävention als Steuerungsmechanismus in der späten Moderne* im Folgeband *Kontrollieren und Überwachen* (A.d.H.).

[83] Ausführlich *mein* Aufsatz über Folgenberücksichtigung im Strafrecht (1982), in: Strafen im Rechtsstaat (Fn. 19), 34 ff.

[84] Oben II.2., 3., V.3.a.

[85] Oben III.3.

dadurch a limine abweisen, daß man mit Berufung auf diese Wertungen die
Entwicklungen des modernen Strafrechts pauschal verwirft, und natürlich
auch nicht mit dem schlanken Argument, ein modernes Strafrecht brauche
eben andere, moderne Wertungen. Eine ernsthafte wissenschaftliche Auseinandersetzung muß nicht nur die neuartigen Entwicklungen, sondern vielmehr auch die überkommenen Wertungen auf den Prüfstand stellen und
fragen, was sie uns heute, angesichts der Modernisierung unserer Welt,[86] noch
zu sagen haben.

Nicht nur neue Wege zu Grundproblemen, sondern auch neue *Fragestellungen*
kann die Kritik symbolischen Strafrechts eröffnen:

• Fragmentarischer Charakter des Strafrechts:[87] Wird dieses Prinzip – wenn
  es denn eines ist[88] den modernen Kontrollbedürfnissen[89] noch gerecht?
  Kann diesen Bedürfnissen, soweit sie gerechtfertigt und unabweisbar
  sind, möglicherweise durch außerstrafrechtliche und weniger interventive
  Instrumentarien Genüge getan werden?[90]
• Strafrecht als ultima ratio:[91] Muß man diesen Grundsatz, wie es die moderne
  Kriminalpolitik, ohne sich darüber Rechenschaft zu geben, bereits tut,[92] aufgeben, oder enthält er auch für die Risikogesellschaft[93] noch eine vernünftige
  Botschaft: mit mehr Nachdruck, Phantasie und Investitionsbereitschaft nach
  nicht-strafrechtlichen Lösungen zu suchen und sie auch auszuprobieren?
• Personale Schuld und individuelle Zurechnung:[94] Muß man diese Grundsätze
  angesichts der Phänomene kollektiver Verbrechensbegehung aufgeben, oder ist
  ein Rechtssystem denkbar, das, ohne einen individuellen Vorwurf zu erheben,
  sowohl dem Schuldprinzip als auch dem Kollektiv gerecht werden kann?

---

[86] Oben III.1., 2.

[87] *Jescheck/Weigend* Lehrbuch des Strafrechts. AT, [5]1996, 52 f.; *Prittwitz* Das Deutsche
Strafrecht: Fragmentarisch? Subsidiär? Ultima ratio?, in: Institut für Kriminalwissenschaften (Hrsg.), Vom unmöglichen Zustand des Strafrechts, 1995; 387, 388 ff.

[88] Zweifelnd wohl *Naucke* Strafrecht. Eine Einführung, [8]1998, § 2 Rn. 13, der den
fragmentarischen Charakter des Strafrechts als Ausprägung des Grundsatzes nullum crimen
sine lege sieht.

[89] Oben III.2.

[90] *Hassemer* Produktverantwortung (Fn. 20), 22 ff.

[91] *Prittwitz* (Fn. 87), 391 f.

[92] Oben III.3.b.

[93] Oben III.2.a.

[94] Siehe nur *Naucke* (Fn. 88), § 7 Rn. 22 ff.

- Rechtsfolgensystem: Macht die Freiheitsstrafe angesichts kollektivierender Tendenzen noch einen Sinn, gibt es wirksame und angemessene andere Sanktionen, vor allem unter dem Gesichtspunkt frühzeitiger Schadensprävention?

- Intensivierung der Strafrechtskontrolle hinsichtlich der white collars:[95] Welches Kontroll- und welches Gerechtigkeitskonzept steht hinter dieser Forderung? Wie verträgt sich die Forderung mit Bedürfnissen,[96] das Strafrecht tendenziell zurückzunehmen? Braucht das Strafrechtssystem Dunkelfelder, weil es bei vollständiger Ausleuchtung alsbald zusammenbräche,[97] und wie läßt sich das rechtfertigen?

Man sieht: Die Lehre vom symbolischen Strafrecht verspricht noch viele Einsichten.

---

[95] Oben IV.

[96] Siehe nur *P.-A. Albrecht* Kriminologie, 1999, 326 f.; *P.-A. Albrecht/W. Hassemer/Michael Voß* Rechtsgüterschutz durch Entkriminalisierung, 1992, 65 ff.

[97] *Lüderssen* Strafrecht und „Dunkelziffer", 1972; *Popitz* Über die Präventivwirkung des Nichtwissens. Dunkelziffer, Norm und Strafe, in: Zur Einheit der Rechts- und Staatswissenschaften, Ringvorlesung der Rechts- und Staatswissenschaftlichen Fakultät der Albert Ludwigs-Universität Freiburg/Brsg., 1965, 147 ff. [Oder siehe *Kriminologische Grundlagentexte*, A.d.H.]

Zum Funktionswandel der Institution „Verbrechen & Strafe" (2014)

Helga Cremer-Schäfer und Heinz Steinert

Zum Funktionswandel der Institution „Verbrechen & Strafe", in: Straflust und Repression. Zur Kritik der populistischen Kriminologie, Münster, 2. Aufl. 2014, S. 31–47 (gekürzt).

Ein reflexives Modell des kriminologischen Wissens als Teil des gesellschaftlichen Wissens über „Kriminalität" geht von den Konflikten und Kontroversen aus, mit denen wir es in der Geschichte der Kritischen Kriminologie zu tun haben, und rekonstruiert ihre gesellschaftlichen Hintergründe so, dass sie sich in dem so gewonnenen Rahmen aufheben lassen. Die These, von der die folgende Darstellung eines solchen Modells informiert ist, heißt auf der allgemeinsten Ebene, dass wir uns deshalb zu einem Bestandteil der Institution „Verbrechen & Strafe" machen lassen, weil sie uns nicht *nur* als Herrschaft und in Apparaten der sozialen Ausschließung entgegentritt, weil es vielmehr einen Konflikt darum gibt, ob diese Institution nicht durch die Verschmelzung mit der Institution „Schwäche & Fürsorge" entschärft, wenn nicht sogar zur Integration benutzt werden kann. In diesem Konflikt von Ausschließungs- und Integrations-Technokraten findet sich die Kritische Kriminologie im Zweifel auf der Seite letzterer. Theoretisch und begrifflich heißt das aber, dass in dieser Verschiebung auf die Seite der Institution „Schwäche & Fürsorge" die staatliche Bestrafung als Sonderfall von „sozialer Kontrolle" gesehen wird und nicht als Sonderfall von „sozialer Ausschließung".

H. Cremer-Schäfer (✉) · H. Steinert†
Goethe-Universität Frankfurt, Frankfurt am Main, Deutschland
E-Mail: cremer-schaefer@em.uni-frankfurt.de

© Springer Fachmedien Wiesbaden GmbH, ein Teil von Springer Nature 2022   47
A. Legnaro und D. Klimke (Hrsg.), *Kriminologische Diskussionstexte I,*
https://doi.org/10.1007/978-3-658-22005-1_5

Im hier präsentierten Modell werden die beiden Auffassungen auf verschiedenen Ebenen der Funktionen beider Institutionen im Herrschaftssystem angeordnet und damit für die notwendige Historisierung verfügbar gemacht. [...] Gesellschaftliche Institutionen sind komplexe Gebilde. Wir schlagen deshalb vor, auf verschiedenen Ebenen gesellschaftlichen Lebens unterschiedlichen Funktionen nachzugehen, die zusammen die Brauchbarkeit und die Stabilität der Institution „Verbrechen & Strafe" ausmachen und ihren Widerspruch bestimmen. Wir unterscheiden heuristisch vier Ebenen der Benützung und der Brauchbarkeit von „Verbrechen & Strafe":

- die interpersonelle Ebene,
- die Ebene der kollektiven Akteure,
- die Ebene der Organisationen und Apparate,
- und den Kontext von Produktionsweise und Herrschaftsform, die gesellschaftliche Ebene.[a]

„Verbrechen & Strafe" als „Problem": die interpersonelle Ebene
Das wissenschaftliche Problem besteht also darin, die begriffliche Klasse richtig zu identifizieren, zu der „Verbrechen" und verschiedene Formen von „Verbrechen" als Untergruppen und Spezialfalle gehören.

Christie hat vorgeschlagen, diesen Oberbegriff als „Konflikte" zu identifizieren. Das hat viel für sich: „Verbrechen" brauchen üblicherweise jemanden, der das Ereignis als „Verbrechen" skandalisiert, jemanden, der eine andere Person beschuldigt, etwas „Kriminelles" getan zu haben, womöglich ein „Verbrecher" zu sein. Das allein stellt schon einen Konflikt dar, auch wenn es keine Vorgeschichte von Auseinandersetzungen zwischen den beteiligten Personen geben sollte, die schließlich zu jener Beschuldigung geführt hätte.[2]

Es gibt aber „Verbrechen", die nicht einmal solche sekundären Konflikte sind: Wenn ich die Polizei nach einem Einbruch oder einem Diebstahl rufe, will ich

---

[a] Diesen Absatz hat die Autorin Helga Cremer-Schäfer nachträglich für diesen gekürzten Textabdruck verfasst (A.d.H.).

[2] Interessanterweise ist die schon vor langer Zeit von Garfinkel 1956, gegebene Anregung wenig weiterverfolgt worden. Seine Beschreibung der öffentlichen Degradierung kann verallgemeinert werden: Die „moralische" Reaktion auf einen Konflikt braucht die erfolgreiche Skandalisierung von Ereignis und Person, was wiederum voraussetzt, dass man die relevante Öffentlichkeit (und im Fall der Skandalisierung als „Verbrechen" die zuständige Staatsgewalt) auf seine Seite ziehen kann – eine Anstrengung mit unsicherem Ausgang und fraglichem pragmatischen Erfolg. [Siehe zu Garfinkel: *Kriminologische Grundlagentexte*, A.d.H.]

dieses Ereignis gewöhnlich nicht in einen Konflikt verwandeln. Ich möchte die Person, die das getan hat, gar nicht sehen, sondern ich möchte schlicht meinen Schaden kompensiert haben. Wir wissen alle, dass meine Chancen dafür gering sind, außer ich habe eine passende Versicherung. Es gibt auch keine zwischenmenschlichen Konflikte, wenn ich eine illegale Droge kaufe oder eine Abtreibung machen lasse, jedenfalls nicht zwischen mir und der Person, die mir die entsprechenden illegalen Dienste leistet (außer eventuell sekundär, wenn Preis und/oder Leistung nicht stimmen). In solchen Fällen ist es nur der Staat (und manchmal ein Moralunternehmer mit Unterstützung des Staates), der das Problem macht.

Eine weitere Komplikation mit „Verbrechen & Strafe" auf der interpersonellen Ebene besteht darin, dass viele, wahrscheinlich sogar die meisten einschlägigen Erfahrungen aus zweiter Hand stammen, dass sie tatsächlich Geschichten von Erfahrungen anderer Personen sind, die man manchmal persönlich kennt, häufig aber auch nicht. Das gesellschaftliche Phänomen, um das es hier geht, ist die Zirkulation von Geschichten über „Kriminalität", ist das Erzählen solcher Geschichten, um eine Moral zu illustrieren und in einer Situation Konsens über Moral herzustellen. Es gibt daher viel mehr Konflikte und „Lösungen" solcher Konflikte, über die wir aus zweiter, dritter, vierter Hand gehört haben, als selbst erlebte. Diese Geschichten führen zur Identifikation von Orten und Situationen, die man vermeiden muss, um die mögliche Erfahrung zu vermeiden. Sie sind „Moralgeschichten" so wie die „modernen Sagen", die als „städtische Folklore" gesammelt und untersucht werden (Wachs 1988; Sasson 1995; Stehr 1998; Stangl 1996; Hammerschick et al. 1996). Es gibt keine scharfe Grenze zwischen diesen Geschichten und den anderen, die wir unter der Überschrift „Kriminalberichterstattung" in den verschiedenen Medien lesen und sehen und die ähnlich als „Moralgeschichten" verwendet werden (Katz 1987).[b]

Ein größerer Teil unserer Beschäftigung mit „Problemen" auf dieser interpersonellen Ebene bezieht sich also auf *Geschichten* von solchen Problemen mit einem mehr oder weniger persönlichen Hintergrund. Sie sind das interpersonelle Gegenstück zu den Ideologien, die auf der nächsten, der organisatorischen Ebene dargestellt werden, und bedeuten eine aktive Aneignung und Umformung dieser von oben angebotenen Motive, damit die autonome Teilnahme an diesen ideologischen Produktionen.[4]

---

[b] Siehe auch das Kapitel *Kriminalität als Erzählung* in diesem Band (A.d.H.).

[4] Ideologien sind nach dieser Auffassung also umstrittene und oft widersprüchliche Angebote, die in einem „Normen & Werte-Verbund" gemacht und für Zwecke einer konkreten Situation und Interaktion angeeignet werden […].

„Konflikte" ist also eine ziemlich brauchbare Kategorie, der passende Oberbegriff für viele, besonders Alltagsereignisse „krimineller" Art, passt aber bei weitem nicht für alle einschlägigen Phänomenen. Man kann den Begriff, so wie wir es in unseren Untersuchungen über Alltagskriminalität getan haben, etwas erweitern zu „Schwierigkeiten" oder „Störungen der Routinen", sodass „Konflikte" schon als der Sonderfall von Problemen in einem interpersonellen Kontext erscheinen würde. Mit diesem Ausgangspunkt ist es auch offensichtlich, dass die Definition und Bearbeitung eines solches Ereignisses als „Verbrechen" eine seltene und voraussetzungsvolle Strategie ist. Viel häufiger sind wir einfach auf schnelle und pragmatische Lösungen des Problems aus und haben genug Lebenserfahrung, um zu wissen, dass die moralische Reaktion, in der das Ereignis zum „Verbrechen" stilisiert wird, ein Luxus ist, der üblicherweise die pragmatische Lösung verhindert.[5] Aber sogar dieser weitere Begriff deckt nicht alle Fälle ab, die uns interessieren: Z. B. der Konsum von illegalen Drogen oder homosexuelle Beziehungen werden häufig für alle Beteiligten völlige Routineereignisse sein. Außerdem mögen Konflikte zwar „Probleme" sein, sie sind aber auch der Stoff, aus dem gute Geschichten gemacht werden, durchaus willkommene Gelegenheiten für gemeinsame moralische Empörung und andere Unterhaltung.

„Verbrechen & Strafe" als Moral-Darstellung: die Ebene kollektiver Akteure
Auf der Ebene der kollektiven Akteure wird die Institution „Verbrechen & Strafe" hauptsächlich in Konflikten benützt, um Regeln als eine für alle verbindliche Norm abzusichern oder auch, um genau dies zu verhindern. Eine Kriminalnorm wird gelegentlich durchsetzbar, um andere staatliche Regulierungen zu verhindern, die Interessen wirksam tangieren würden. In der Theorie und Empirie des Moral-Unternehmertums sind beide Prozesse seit langem gut beschrieben. Auf der Ebene der kollektiven Akteure ist zu unterscheiden, in welchen gesellschaftlichen Konflikten bzw. bei welchen Problemen die Institution „Verbrechen & Strafe" in Anspruch genommen wird, wozu das dient und wem es nützt.

Die klassischen Moral-Unternehmer (die Beispiele sind immer noch die Prohibitionskampagnen, solche gegen Pornographie oder Drogengebrauch) wurden beschrieben als Bewegungen, die eine kleinstädtisch-puritanische Lebensweise staatlich als eine allgemeine und für alle verbindliche bestätigt haben wollten. Da es schwer möglich ist, die „Moral" einer Lebensweise auszuformulieren oder sie gar im einzelnen zu verrechtlichen, dient moral-unternehmerischen Bewegungen

---

[5] In manchen Fällen ist die Definition des Ereignisses als „Verbrechen" allerdings genau die a-moralisch pragmatische Lösung: nämlich in den erwähnten Versicherungsfällen, wenn es gar keinen Konflikt gibt.

oft eine Verbotsnorm dazu, einen Komplex von „Werten", „Gesinnungen", „Lebenshaltungen" oder „Tugenden" zu symbolisieren. Moral-Unternehmertum als soziale und „laienhafte", nicht-staatliche Bewegung bezieht sich „auf die Herrschaft bestimmter Normen und nicht auf die instrumentelle soziale Kontrolle" (Gusfield 1975, S. 178). Die Vorherrschaft der Lebensweise moralunternehmerischer Gruppen soll symbolisiert und als eine für alle verbindliche, moralische Norm staatlich anerkannt, nicht unbedingt durchgesetzt werden: „Selbst wenn die Gesetze übertreten wurden, so war doch klar, um wessen Gesetz es sich handelte" (Gusfield 1975, S. 170).[c]

Für die klassischen moral-unternehmerischen Bewegungen wurde festgehalten, dass sie vornehmlich an der öffentlichen „Skandalisierung" von Handlungen interessiert waren. Die Kategorie „Kriminalität" bzw. „Verbrechen" ist für eine „öffentliche Anklage" besonders geeignet, weil sich Aufmerksamkeit und Unterstützung von „desinteressierten Dritten" besser mobilisieren lassen, wenn es sich nicht nur um einen Konflikt oder die Abweichung von einer Norm handelt, sondern infrage stehende Handlungen als Bruch einer Kriminalnorm bestimmt werden können, deren Einhaltung im Interesse aller liegt. Nützlich ist vor allem die Personalisierung, die mit der Kategorisierung als „kriminell" verbunden werden kann. Wenn eine Partei verantwortlich bis schuldig an einem Problem ist, ist klar, auf wen sich eine staatliche Intervention zu richten hat.

Das klassische, auf Moral-Darstellung und Statuspolitik zielende Moralunternehmertum ist die sozialwissenschaftlich wohl am eingehendsten untersuchte, aber nicht einzige Form der Benützung der Institution „Verbrechen & Strafe" durch kollektive Akteure. Dass „Verbrechen & Strafe" uns nicht nur als ein Ausschlussapparat gegenübertritt, nicht nur auf ökonomische Interessen bezogen und auf vermeintlich „verderbte" oder gar „gefährliche Klassen" bzw. „gefährliche Staatsfeinde" gerichtet ist, sondern staatliche Strafgewalt rechtlich und durch Verpflichtung auf Zwecke begrenzt und zivilisiert wurde, dass es Schutzversprechen gibt, all das ist nicht der unsichtbaren Hand einer „Humanisierung" und „Demokratisierung" geschuldet. Es wurde durch soziale Bewegungen angestoßen, genauer: durch die von ihnen mehr oder weniger verselbstständigte aktive Öffentlichkeit, durch sozialadvokatorische Bewegungen, politische Zusammenschlüsse und Parteien. Weiterhin haben sich Teile des Herrschaftstabes, also der Akteure, die in den Apparaten der Institution oder anderen staatlichen und nicht strafenden Einrichtungen arbeiteten, zu rechts- und kriminalpolitischen

---

[c] Siehe zu Gusfield die *Kriminologischen Grundlagentexte*, S. 67 ff. (A.d.H.).

„Bewegungen" formiert. Mit dem Auftreten von verschiedenen Gruppen von Professionellen ist allerdings die Grenze zwischen der „privaten" Benützung von Institutionen und der organisatorischen Ebene nicht mehr trennscharf. Auch wenn es in der Kriminologie selten unter diesem Aspekt behandelt wird, haben auch sozial- und kriminalpolitische Reformbewegungen moralunternehmerische Elemente. Die öffentliche Diskussion über „Verbrechen" und „Kriminalität" als ein Symptom für eine (sozial)staatlich zu regulierende „soziale Frage" bzw. als Indikator für „soziale Probleme" und verschiedenste „Problemgruppen", die einer fürsorglichen und wirksamen Kontrolle bedürfen, hat eine lange Geschichte. Mit dieser öffentlichen Anklage und der Skandalisierung von „ungerechten" gesellschaftlichen Zuständen und einer „unfähigen" oder „undemokratischen" staatlichen Herrschaft weichen reformistische Bewegungen vom klassischen Moralunternehmertum ab. Sie behalten die Kategorie des „Verbrechens" zwar bei, aber die Unternehmung zielt nicht auf das staatliche Strafen. Diese Bewegungen waren im Hinblick auf die Transformation der Institution „Verbrechen & Strafe" auch bedingt erfolgreich. Als ein Beispiel für eine (eher seltene) Form der gelungenen Skandalisierung einer Institution interpretieren wir die Strafrechtsreformen der 60er und der 70er Jahre. Als die Darstellung einer „liberalen" und „sozialstaatlichen" Herrschaftsform zum ideologischen Klima gehörte, wurden einige seit langer Zeit von der Sozialdemokratie, der Frauenbewegung und von bürgerlichen rechts- und sozialreformerischen Gruppen artikulierte Strafrechtsreformen durchsetzbar.[6] Reformdebatten lassen sich in ihrer instrumentellen Folgenlosigkeit aber besser verstehen, wenn der unermüdliche „Kontroll-Diskurs" ebenfalls als eine Form des Erzählens von Geschichten interpretiert würde.[7] Eine Aneignung der von gesellschaftlichen Institutionen entwickelten und angebotenen Ideologien gibt es nicht nur auf der interpersonellen Ebene, sondern auch als kollektive Ideologie-Produktionen. Der Diskurs über Verbrechen, über Motive von Kriminellen oder Problemgruppen, über gesellschaftliche Ursachen der Kriminalität und Methoden der wirksameren Kriminalitätsbekämpfung ist eine Möglichkeit, Vorstellungen von einer „besseren" Gesellschaft zu äußern und einen künftigen und anvisierten „impliziten Gesellschaftsvertrag" zu entwerfen; d. h. es sind Darstellungen einer nicht herrschenden „Moral".

Besondere Aufmerksamkeit gilt in der Kriminologie inzwischen „atypischen Moralunternehmern" (Scheerer 1986). Der Unterschied zu den klassischen

---

[6] In der deutschen Entwicklung war dies erst mit der Durchsetzung der „fordistischen Gesellschaft" ab den 60erJahren gegeben (vgl. Cremer-Schäfer und Steinert 1986, 1991 […]).
[7] Cohen 1985, hat das „Control-talk" genannt.

Moralunternehmern wird weniger in den Praktiken der Bewegungen (z. B. dem Organisieren von öffentlichen Anklagen und Kampagnen) gesehen als in den Inhalten der Moral, die damit durchgesetzt bzw. bestätigt werden soll. Atypische Moralunternehmer versuchen aus einer nicht herrschenden (und reformorientierten bis progressiven) Position heraus, Herrschaftsverhältnisse zu skandalisieren. Strafrechtliche Verbote sollen das patriarchale Geschlechterverhältnis bzw. die Familie vor Machtdemonstrationen, Erniedrigungen, Ausbeutung und Gewalttätigkeiten von Frauen und Kindern durch Männer und Väter befreien, zumindest aber sollen Rechtsgleichheit und Demokratie als Werte im Verhältnis der (Ehe-) Paare und der Generationen bestätigt werden. Skandalisiert werden mit Forderungen nach Kontrolle, Sanktion und Strafe auch gesellschaftliche Probleme wie die Zerstörung von Natur. Atypische Moralunternehmer gelten als weniger kritisierbar, weil sie für verallgemeinerbare Interessen, für mehr an Gleichheit und Befreiung, strafrechtliche Intervention, „Normklärung" oder „Schutz" einklagen.

Die Folgen aktueller atypischer Moralunternehmungen schwanken mehr zwischen Folgenlosigkeit und dem Ermöglichen von symbolischer Politik (wie durch strafrechtlichen Umweltschutz) bzw. der Transformation moralunternehmerischer Initiativen in „Entrüstungskampagnen", die sich von den politischen Intentionen der Akteure weit entfernt haben. Zu einem Beispiel dafür wurde die Verdrängung feministischer Kampagnen gegen „Gewalt gegen Frauen" und der Kinderschutzinitiativen gegen „Kindesmisshandlung" durch die „Missbrauchsdebatte" der vergangenen Jahre. Im Gegensatz zu anderen Projekten der Ideologieproduktion ist die Debatte um den sexuellen Kindesmissbrauch soweit kritisch begleitet worden, dass genügend empirische Belege dafür zur Verfügung stehen, sie als Kampagne und ein Ritual zu verstehen, in dem mit der „Metapher Kindesmißbrauch" (Rutschky 1994) weit über die konkrete Problemsituation hinaus gesellschaftliche Konflikte und soziale Angst bearbeitet werden, die vor allem die intime, aber nicht herrschafts- und gewaltfreie Kleinfamilie und die selten vor Leiden schützenden sozialstaatlichen Apparate und helfenden Professionen erzeugen. Die mit dieser Debatte verbreiteten „Moralgeschichten" haben bisher allerdings weniger das Problem politisiert wie verschiedene „Herrschaftsfallen" gestellt.[8] Das zeigt, dass der Benützung von „Verbrechen & Strafe" Grenzen gesetzt sind, die auf den nächsten Ebenen zu erklären sind.

---

[8] Vgl. dazu die Ausführungen zu den „Skandalisierungsfallen", die der Gewaltbegriff für die Politisierung von Problemen impliziert in Cremer-Schäfer 1992 […]; Rutschky 1994, sprach bei der Missbrauchsdebatte von „Hilfe als Herrschaftsfalle" [s. hierzu auch den Text im Kapitel *Signal-Verbrechen: sex and crime* in diesem Band, A.d.H.].

„Verbrechen & Strafe" als „Darstellung von Herrschaft": die organisatorische Ebene

Neben den genannten empirischen gibt es auch theoretische Gründe, die „Konflikte" zu einem nicht ganz befriedigenden Kandidaten für den Oberbegriff machen, von dem „Verbrechen" der Unterbegriff wäre: „Konflikte" versetzt den Staat und sein Gewaltmonopol – nachdem sie „den Konflikt gestohlen" haben – in eine rein passive und Dienstleisterrolle. Der Staat bietet in diesem Verständnis seine guten Dienste an, sollten sie von einzelnen oder kollektiven Akteuren angefordert werden. Das trifft empirisch in einer großen Zahl der Fälle zu, aber nicht in allen. Außerdem ist die Dienstleistung, die da geboten wird, ziemlich eigenartig und häufig nicht genau das, was verlangt oder tatsächlich benötigt wird. Auf der organisatorischen Ebene wird deutlich, dass die (aktive) Benützung der Institution individuelle und kollektive Akteure der Selektivität der Institution unterwirft und dass es sich bei dem Angebot, das „Verbrechen & Strafe" macht, auch um eine „Formierung" der Partizipation handelt, um Herrschaft durch (begrenzte) Ressourcen, die zur Verfügung gestellt werden, und durch ideologische Effekte, die nicht nachgefragt wurden, aber schwer zurückzuweisen sind.

Der Staat teilt Bestrafungen aus, die häufig der Person, von der die Beschuldigung ausging, überhaupt nicht „helfen"; weder schlichten sie Konflikte noch regulieren sie Probleme. Und es gibt auch viele Fälle, in denen die einschlägigen Organisationen, üblicherweise die Polizei, tätig werden, ohne dass sie darum gebeten worden wären. Der Staat ist zunächst ein Herrschaftsapparat und zumindest nicht nur eine Dienstleistungsorganisation und wenn doch, dann nur für manche und nur bei manchen Gelegenheiten und unter der Bedingung von hohen Kompetenzen in der Benützung seiner Ressourcen.

Auf dieser organisatorischen Ebene beschreibt „Konflikte" daher durchaus nicht die Aktivitäten, von denen die Definition als „Verbrechen" der Spezialfall wäre. Eher ist die passende Kategorie hier „Ordnung herstellen", „mögliche Unordnung vermeiden", „Darstellung von Regeln" (in einer Demokratie die Regeln des Gesetzes), „Darstellung von Herrschaft" (gesetzmäßig und legitim). Das ist es, wofür es die staatlichen Bürokratien gibt, die die Etikette „Verbrechen" verwalten.

Historiker gehen selbstverständlich davon aus, dass die Grundlage des Staates Zwang ist, auch dann, wenn der Staat die dafür nötige Gewalttätigkeit „zivilisiert".[9] Die Institutionen „Verbrechen & Strafe" ist nur ein kleiner Beitrag

---

[9] Charles Tilly 1985, hat die europäische Staatenbildung als das Resultat von Krieg nach außen und Abpressung der dafür nötigen Mittel von der Bevölkerung nach innen beschrieben. In seinem Aufsatz von 1985 ist er noch deutlicher: Er vergleicht den Staat mit einer „kriminellen Organisation" und seine Tätigkeit mit „Schutzgelderpressung" [Siehe den Text

zu dieser staatlichen „Schutzgelderpressung" verglichen mit anderen Steuereinnahmen. Auch ist die Zahl der so behandelten Personen nicht groß genug, dass
wirklich fühlbare Auswirkungen zum Beispiel auf dem Arbeitsmarkt entstehen
könnten. Es handelt sich also nicht um ein effektives Kontroll- und Steuerungs-
instrument, sondern vielmehr um eine „Darstellung von Herrschaft", die als
solche von einigem Interesse ist.[10] Bei diesen Einrichtungen, die damit beschäftigt
sind, Ordnung herzustellen und in verschiedenen Gebieten und auf verschiedenen
Ebenen Herrschaft darzustellen, findet man eine wichtige Unterscheidung in der
Zugangsweise: Es gibt „individualisierende" oder „personalisierende" Arten,
Ordnung herzustellen einerseits, und „strukturierende" auf der anderen Seite. Es
sind häufig die höheren Ebenen von Verwaltung und Politik, auf denen Strukturen
als Gegenstand der Intervention gesehen werden, während die niedrigen Ebenen
sich mit Einzelfällen und der Anwendung der Regeln auf sie beschäftigen. Es gibt
aber natürlich Planungseinrichtungen, die einfach Infrastruktur erzeugen, wie zum
Beispiel Einrichtungen des öffentlichen Transports, Straßen, Schulen, neue Städte,
die Höhe der Bankzinsen oder Regulationen des Arbeitsmarktes. Diese abstrakte
Form, Ordnung herzustellen, unterscheidet sich grundlegend von der Tätigkeit der
Organisationen, die für Verkehrskontrollen, Steuerprüfungen oder Bestätigungen
von schulischer Leistung zuständig sind. Die individualisierenden Formen,
Ordnung herzustellen, bestehen auf der reaktiven Seite in der Zuschreibung
von „Krankheit" und „Schuld", auf der proaktiven Seite in „Disziplinierbar-
keit" und „Nützlichkeit". Die strukturierenden Formen sind im reaktiven Fall die
„Definition als soziales Problem", auf der proaktiven Seite Unternehmungen der
Planung und der Bereitstellung einer materiellen und kulturellen Infrastruktur,
die für die private Reproduktion innerhalb der vorherrschenden Produktions- und
Lebensweise notwendig ist.[11]

    Bei all dem gibt es mit der Institution „Strafe" nur ein Problem: Als
Instrument von sozialer Kontrolle funktioniert Strafe nicht besonders gut.[12]

---

im Kapitel *Kriminalität als Instrument des Regierens* in diesem Band (A.d.H.)]. Danach
ist Elias' Modell von einem „Prozeß der Zivilisation" in Schwierigkeiten und das einer
„Dialektik der Aufklärung" deutlich plausibler. Versuche zur Neuformulierung der Bedeutung
von „Zivilisation" im 20. Jahrhundert finden sich bei Breuer 1996, und Reemtsma 1996.

[10] Diese Position wurde theoretisch in der Auseinandersetzung mit Rusche und Kirchheimer 1938, und Foucault 1975, entwickelt [s. für beide Texte *Kriminologische Grundlagentexte*, A.d.H.]. Vgl. dazu Steinert 1981b u. c, 1983, 1986, 1991, Steinert und Treiber
1978, Treiber und Steinert 2005, jeweils mit weiteren Verweisen.

[11] Zur Unterscheidung von aktiver und reaktiver Kontrolle vgl. Hess 1983.

[12] Vgl. z. B. Abel 1991, Schumann et al. 1987, Schumann 1989.

Ordnung wird vielmehr durch Strukturen hergestellt, in die die Leute integriert sind, und nicht durch Bestrafungen. Sogar die meisten Abweichungen von anerkannten Regeln werden mit anderen Mitteln als durch Sanktion und staatliches Strafen gemanagt, besonders häufig durch Nichtbeachtung oder durch private (nach Möglichkeit sofortige) Kompensation. In vielen Fällen, wie zum Beispiel in Fragen der ökologischen- oder der Qualitätskontrolle von Lebensmitteln und anderen Waren, sieht der Versuch, das mit dem Instrument der Kriminalisierung zu kontrollieren, mehr wie ein gezieltes Manöver aus, das nicht tun zu müssen, was wirksam wäre (was aber der Produktion Schwierigkeiten bereiten und zumindest für die betroffenen Industrien die Kosten erhöhen würde).

All das, was als „symbolisches Strafrecht" empirisch untersucht und kritisiert wurde, bezieht sich auf verschiedene Formen von Verhinderung „strukturierender" Politik durch das Angebot von Strafe und Strafdrohung als personalisierende Problemlösung. Das bezieht sich auf Wirtschaft und Umweltschutz ebenso wie auf Familie und das Geschlechterverhältnis. Diskussionen über und Ankündigungen neuer Gesetze oder schärferer Verfolgung und Bestrafung z. B. von Steuerhinterziehung, Korruption oder Subventionsbetrug demonstrieren staatliche Handlungsbereitschaft ohne etwa das Steuersystem in eine Richtung verändern zu müssen, die das „Marktergebnis" tatsächlich kompensiert und nicht, wie zu erwarten, verstärkt. Diskussionen über Kindesmisshandlung und Missbrauch und Ankündigungen von Gesetzen und verbesserter Strafverfolgung demonstrieren Schutzbereitschaft ohne aktiv eine Familien- und Sozialpolitik anzugehen, die tatsächlich die problematischen Seiten der Kleinfamilie und der Intimität kompensiert. Die ideologische Wirkung ergibt sich daraus, dass gegenüber dem Wahlvolk (aber auch gegenüber interessierten und aktiven Öffentlichkeiten) Politikbereitschaft, Handlungs- und Schutzfähigkeit demonstriert werden kann. Das kann sich verdichten zur Darstellung als „Sicherheitsstaat", der aber typischerweise auf eine Nachfrage nach „Bekämpfung" von Kriminalität und Unsicherheitsgefühlen antwortet, bei deren Entstehung und Positionierung die Apparate der Institution „Verbrechen & Strafe" und die politischen Institutionen selbst einen entscheidenden Anteil haben.

Daraus ergibt sich als Folgerung, dass unter dem Aspekt von sozialer Kontrolle die Institution „Verbrechen & Strafe" nicht so sehr auf unmittelbare materielle Wirkungen zielt, sondern eher in die Kategorie „ideologischer Staatsapparat" fällt.[13] Ihre materiellen Wirkungen sind auf gesellschaftlicher Ebene

---

[13] Die Unterscheidung von Althusser 1970, zwischen dem „repressiven Staatsapparat" und den vielen „ideologischen Staatsapparaten" heißt tatsächlich, dass „Zwang" und „Ideologie" Aspekte jeder staatlichen Einrichtung sind, dass man die beiden nur in der Theorie voneinander trennen kann.

nicht sehr bedeutsam, sie ist nicht wirklich eine Einrichtung der Planung und Verwaltung, auch wenn ihre individuellen Auswirkungen sehr schmerzhaft sein mögen. Bedeutsam sind aber ihre ideologischen Wirkungen. Wir haben die ideologischen Funktionen der Institution als Darstellung einer jeweils gültigen bzw. sich verändernden „Arbeitsmoral" gefasst (Cremer-Schäfer und Steinert 1986 [...]). Das Konzept der „Arbeitsmoral" drückt aus, dass die Veränderungen der Institution „Verbrechen & Strafe" von der Produktionsweise und, zumindest in einer kapitalistischen Gesellschaft, von veränderten „Kapitalstrategien" ausgehen. Die damit wechselnden Anforderungen an die Arbeitskraft, die damit verbundene Politik der Integration bzw. der Ausschließung durch die Bildung von Klassen und deren internen Differenzierung (d. h. die Veränderungen der Sozialstruktur) müssen aber selbst politisch durch eine bestimmte Herrschafts- und Staatsform befördert und auch auf der Ebene der Kultur und Ideologie bearbeitet und abgesichert werden. Wenn man davon ausgeht, dass auf der organisatorischen Ebene die Institution „Verbrechen & Strafe" wie ein ideologischer Staatsapparat arbeitet, dann bedeutet es gerade nicht, dass ein konsistentes und widerspruchsfreies Feld geschaffen wird. Im Gegenteil.[14]

Das stimmt heute ganz besonders, angesichts der Tatsache, dass „Verbrechen & Strafe" wahrscheinlich das bei weitem populärste Thema der Unterhaltung ist. „Verbrechen & Strafe" ist auch zu einem umfänglichen Teil des Typs von Unterhaltung geworden, den wir immer noch „politische Debatte" oder sogar „Information" nennen. Law-and-order-Phantasien machen Spaß und sind aufregend. Was genau ist das Vergnügen? Und was bedeutet das für eine „politische Debatte"?

Auf der interpersonellen Ebene wissen wir aus Forschungsergebnissen und Selbstbeobachtung, dass jedenfalls ein wichtiger befriedigender Aspekt dieser Phantasien die „Schutzphantasie" ist: Das stärkste Gefühl dabei ist das Motiv, die Hilflosen zu beschützen, vor allem Kinder und Frauen, und zwar gegen den Unhold von außerhalb. Damit wird die Geschlechter- und die sexuelle Ordnung stabilisiert. Als nächstes folgt der Schutz von anderem Eigentum, dann die Verteidigung der Arbeitsmoral (der Verbindung von Lohnarbeit und Konsum) und der Regeln von „fairer" Konkurrenz. Die Phantasie von „Verbrechen & Strafe" ist patriarchisch und daher vor allem eine Männlichkeitsphantasie – bei der es frei-

---

[14]Vgl. dazu unsere Ausführungen zur Allianz von „Verbrechen & Strafe" und „Schwäche & Fürsorge" und die Interpretation der Modernisierung des Strafrechts in der Nachkriegszeit in vier europäischen Ländern in: Kriminalsoziologische Bibliografie: „Kriminalisierungsphasen", Heft 60, 1986 [...].

lich nicht notwendig um die Männlichkeit des (eher alten und weisen) Patriarchen selbst geht, sondern um die Männlichkeit, die zu der „Kriegerposition" gehört, die von den jüngeren Männern eingenommen wird. Und natürlich gibt es, wie Connell (1987) gezeigt hat, die komplementäre und unterstützende (mehr oder weniger „betonte") Weiblichkeit, die sich damit verbindet: der mütterliche Drang, die Kinder und das „Eigene" zu beschützen, die widersprüchliche weibliche Verpflichtung und das Interesse daran, männliche Aggressivität zu dämpfen und Moral hochzuhalten, wenn nötig mit Gewalt – und sich mit einem guten Versorger und Beschützer zu verbinden, solange und sofern der patriarchale Druck auf heterosexuelle Dauerverbindungen noch wirkt.

Die Phantasie von „Verbrechen & Strafe" ist daher eine, in der wir Ideale von patriarchaler Männlichkeit und Weiblichkeit genießen können, die beide in der zeitgenössischen Wirklichkeit so schwer zu leben sind, besonders angesichts der Unterminierung der Versorgerrolle von mehreren Seiten. Aber auch dieser Versorgerphantasie werden Befriedigungen geboten: Einerseits geht es bei Eigentumskriminalität gewöhnlich um den Besitz von großen Mengen von Geld, um die Möglichkeit, hemmungslos zu konsumieren und diese Fähigkeit auch vorzuführen, mit ihrer Hilfe Freunde zu gewinnen und Gegner zu beschämen – also darum, in der Konkurrenz Sieger zu sein und sich als guter und großzügiger Versorger auszuzeichnen. Die Zensur dieser auch verbotenen Wünsche wird gleichzeitig befriedigt: Am Ende solcher Geschichten und Filme ist es meistens doch die Stabilität der Verbindung von Lohnarbeit und Konsum und die wahre, selbstlose Freundschaft und Liebe, nicht die gekaufte, die sich im Kontrast als den Aufwand wert erweisen. Gewöhnlich geht das Geld, das in einem glücklichen und mutigen Streich gewonnen wurde, ähnlich schnell wieder verloren – oder man kann damit doch nicht das kaufen, was man wirklich möchte.

Die Phantasie von „Verbrechen & Strafe" stellt also den vorherrschenden „impliziten Vertrag" in Bezug auf Familie, Arbeit und Konkurrenz dar, sie spielt mit den wichtigsten Themen im Komplex der sozialen Bestimmung, „wer wie und wieviel unter welchen Bedingungen für welchen Lohn arbeiten soll", und spricht dabei vor allem die Normen und Beziehungen von Männlichkeit und Weiblichkeit an.[15]

---

[15] Es wird hier das Konzept des „impliziten Gesellschaftsvertrags" von Barrington Moore 1978, modifiziert und dafür verwendet, um die mit den Kapitalstrategien wechselnden Anforderungen an die Arbeitskraft zu benennen. Vgl. Steinert 1981a, Cremer-Schäfer und Steinert 1986, 1991, als empirischen Beleg dazu, wie Kriminalitätsgeschichten die Bewegungen im Geschlechterverhältnis ausdrücken vgl. Cremer-Schäfer 1995.

Es gibt noch eine abstraktere Ebene, auf der durch die kulturelle Bedeutung von „Verbrechen & Strafe" die Beziehungen zwischen Reich und Arm bestimmt werden. Dieses Stück Ideologie ist unabhängig von dem Schaden, der bei Ereignissen, die als „Verbrechen" kategorisiert werden, entstehen mag, unabhängig auch vom Inhalt der Verbote und der angedrohten Bestrafungen. Diese Bestimmung ergibt sich aus den formalen Qualitäten von „Verbrechen & Strafe": daraus nämlich, dass diese Kategorie personalisiert angewendet wird und in der Hauptsache sich auf Handlungen und Situationen bezieht, die typisch für die Lebenssituation der Unterschicht sind und unter diesen Unterschicht-Bedingungen leichter überwacht werden können. Nach diesen formalen Eigenschaften können nur Personen Schaden verursachen und müssen Personen daran gehindert werden, Schaden zu stiften; und es sind hauptsächlich Personen der Unterschicht, die solche Schadenshandlungen begehen – wie man ja auch jeder Statistik der Verurteilten und vor allem der Eingesperrten (sofern sie Informationen über den Berufs- und sonstigen Status enthalten) entnehmen kann. Wovor „wir" uns fürchten müssen, das sind junge Männer, Unterschichtmänner, ausländische Männer, besonders aber die Kombination dieser drei. Dementsprechend muss man sich nicht um soziale Strukturen kümmern, von denen Schaden angerichtet werden könnten, dementsprechend brauchen wir keinen Verdacht gegen die Reichen und Mächtigen zu haben, und am wenigsten gegen die Kombination beider: gegen mächtige Organisationen.[16]

Dieser Fehlschluss wird durch jede täterorientierte Ursachenforschung systematisiert. Das für die Kritische Kriminologie so zentrale Thema der „schichtspezifischen Selektivität des Strafrechts" hat inzwischen den Status eines „Diskriminierungsfaktors". Die Feststellung, dass Strafgesetz, Polizei und Justiz durch ihre Organisation und die formalen Regeln diskriminieren, gehört zu empirisch bestätigten Sachverhalten und mindestens zu den Lehrsätzen der Kritischen Kriminologie. Die Einsicht, dass junge und inzwischen hauptsächlich ausländische Männer der Unterschicht kriminalisiert und bestraft werden, wird nicht bestritten, sondern „toleriert": Die Feststellung bleibt schlicht kriminalpolitisch wie theoretisch folgenlos. Seit längerer Zeit wird jedoch im Rahmen der Soziale-Probleme-Kriminologie die Disposition der Armen/der Aussiedler/der Arbeitslosen/der Ausländer/der Ausgegrenzten/der Marginalisierten/der Ostdeutschen zur Kriminalität wieder in den Vordergrund der kriminologischen Debatte gestellt.

---

[16] Starke Evidenz und Argumente gegen diese verbreitete Auffassung finden sich bei Box 1983, Chambliss 1978.

Diese einseitige Zuschreibung von Gefährlichkeit oder „Sozialschädlichkeit" funktioniert sicher nicht ganz: Es gibt eine Menge Misstrauen gegenüber den Mächtigen und häufig wird dieses Misstrauen auch in der Terminologie von „Verbrechen & Strafe" ausgedrückt. Genau das ist aber mächtigen Organisationen sehr nützlich, denn es macht ihnen nichts aus, das sprichwörtliche „schwarze Schaf" zu opfern und ansonsten business as usual weiter zu betreiben. Umweltkriminalität ist hier wahrscheinlich der eklatanteste Fall: Es ist kein Geheimnis, dass die ökologische Balance der Welt vor allem von völlig legalen Produktionsformen ruiniert wird, deren Ergebnis wir alle nicht missen möchten.

Damit kommen wir zur „sozialen Kontrolle" zurück: Wäre das Ziel von „Verbrechen & Strafe" wirklich „soziale Kontrolle", wüssten wir meistens sehr genau, wie wir das machen müssten – und üblicherweise würden wir nicht schwerfällige Instrumente wie Bestrafung wählen, nicht die komplizierten moralischen, sondern die viel direkteren technischen, wirtschaftlichen und sonst präventiven Kontrollen.[17]

Als historische Bemerkung sollte man an dieser Stelle vielleicht anfügen, dass die Idee der „sozialen Kontrolle" durch „Verbrechen & Strafe" eine recht junge ist: Bis ins 19. Jahrhundert betrachtete niemand das Strafrecht als ein Instrument der sozialen Kontrolle. Strafe war vielmehr eine Darstellung und Unterstreichung von Herrschaft – wie das Verprügeln eines Sklaven durch den Herrn oder das Zusammentreiben von aufrührerischen Mitgliedern der Bevölkerung durch eine Abteilung einer Besatzungsarmee. Erst im 19. Jahrhundert wurde „Generalprävention" zu einem systematischen Anteil des Nachdenkens über Strafrecht und Bestrafung. Durch diese „instrumentelle Wendung" wurde erst begonnen, Bestrafung als ein Instrument der sozialen Kontrolle zu verstehen. Diese Idee wurde noch plausibler, nachdem Besserung, Erziehung und Resozialisierung als eine weitere oder sogar die wichtigste Funktion der Bestrafung behauptet wurde, was um die Jahrhundertwende geschah.

Ab diesem Zeitpunkt können wir eine Auseinandersetzung zwischen „weichen Technokraten", die staatliche Bestrafung in eine Gelegenheit für soziale Integration verwandeln wollen, und „harten Technokraten" beobachten, die sich für Maßnahmen der sozialen Ausschließung einsetzen. Vor allem erstere denken über die Bestrafung als ein Mittel der „sozialen Kontrolle" nach. Nachdem Bestrafung aber Degradierung ist, nachdem sie Nachteile zufügt, nach-

---

[17] Das gilt nicht nur für die „friedliche Nutzung" von lebensgefährlichen Technologien, sondern sogar für das klassische Gebiet der Prävention von „Alltagskriminalität". Vgl. Steinert 1995a, 1995b.

dem sie zumindest teilweise und zeitweise soziale Ausschließung darstellt, ist diese Bemühung zwar ehrenwert, aber ziemlich hoffnungslos. Neben ihren eklatanten Misserfolgen hat Resozialisierung auch noch die Ironie, dass dadurch die personalisierten Zuschreibungen verstärkt wurden und neue Kategorien von Menschen definiert wurden, die nun „unverbesserlich" oder „nicht besserbar" sind, was eine neue, machtvolle Legitimation für soziale Ausschließung darstellt. [...].

„Verbrechen & Strafe" als soziale Ausschließung: die gesellschaftliche Ebene
[...] Was immer sonst die Funktionen von „Verbrechen & Strafe" sein mögen, eines ist offensichtlich und kann nicht bestritten werden: Bestrafung stellt (graduell abgestufte Formen von) sozialer Ausschließung dar. An den Extremen der Todesstrafe, der Verbannung und der Exilierung finden wir totale Ausschließung zumindest für eine lange Zeit. Das „innere Exil" des Gefängnisses und ähnlicher totalen Institutionen ist fast totale Ausschließung, auch wenn die Person von Besuchern und Anwälten erreicht werden kann und auch wenn die Ausschließung nur auf Zeit erfolgt. Andere Bestrafungen wie körperliche Verletzungen und Schmerzzufügungen (auch in der Form von Zwangsarbeit, die solche Auswirkungen hat) stellen zumindest zeitweise Ausschließung dar – wenn nicht sogar dauerhafte infolge verlorener Ehre, Stigmatisierung und physischer oder psychischer Verkrüppelung. Geldstrafen kann man als die mildeste Form sozialer Ausschließung verstehen: Sie reduzieren die Mittel der sozialen Teilnahme. Auf dieser Ebene finden wir auch die unmittelbarsten und am deutlichsten „materiellen" Effekte der Bestrafung vor, während diejenigen, die wir auf den früher behandelten Ebenen fanden, dazu tendieren, immateriell und ideologisch zu sein.

Festzuhalten ist also: Bestrafung *ist* soziale Ausschließung.

Vielleicht können wir daher für den Moment das als die soziale Funktion von Bestrafung annehmen: (eventuell teilweise und zeitweise) soziale Ausschließung zu legitimieren. Als nächstes müssen wir zu dieser Annahme die Gegenprobe machen und uns fragen, welche anderen Formen von sozialer Ausschließung wir vorfinden. Es gibt viele Formen von sozialer Ausschließung, und Bestrafung ist weder die wichtigste noch die häufigste davon. Bestrafung hat aber eine spezielle und strategische Wichtigkeit: Sie stellt die Logik der sozialen Ausschließung an einem besonders legitimen Fall beispielhaft dar.

Diese Logik ist eine doppelte: Es gibt „internalisierende" soziale Ausschließung, die eine „Paria-Population" erzeugt, die genau in dieser Position nützlich ist. Und es gibt „externalisierende" soziale Ausschließung von Personen und Bevölkerungsteilen, die „überflüssig" und „verzichtbar" sind. [...]

Literatur

Abel, Richard L. (1991): The failure of punishment as social control, in: *Israel Law Review* 25 (3-4): 740-52.

Althusser, Louis (1970): Idéologie et appareils idéologiques d'Etat (Notes pour une recherche), *La Pensée* Nr. 151; zitiert nach der deutschen Übersetzung in: Althusser (1977) *Ideologie und ideologische Staatsapparate*. Hamburg: 108–153.

Box, Steven (1983): *Power, Crime, and Mystification*. London.

Breuer, Stefan (1996): Erinnerungen an die Zivilisation, in: *Mittelweg 36* 3 (6): 14–25.

Chambliss, William J. (1978): *On the Take: From Petty Crooks to Presidents*. Bloomington.

Cohen, Stanley (1985): *Visions of Social Control: Crime, Punishment and Classification*. Cambridge.

Connell, Robert W. (1987): *Gender and Power: Society, the Person and Sexual Politics*. Cambridge.

Cremer-Schäfer, Helga (1992): Skandalisierungsfallen: Einige Anmerkungen dazu, welche Folgen es hat, wenn wir das Vokabular „der Gewalt" nutzen, um auf gesellschaftliche Probleme und Konflikte aufmerksam zu machen, in: *Kriminologisches Journal* 24: 23–36.

Cremer-Schäfer, Helga (1995): Kriminalität als ein ideologischer Diskurs und der Moral-Status der Geschlechter, in: *Kriminologie und Geschlechterverhältnis. Kriminologisches Journal, 5. Beiheft*: 120–142.

Cremer-Schäfer, Helga und Heinz Steinert (1986): Sozialstruktur und Kontrollpolitik: Einiges von dem, was wir glauben, seit Rusche & Kirchheimer dazugelernt zu haben, in: *Kritische Kriminologie heute. Kriminologisches Journal, 1. Beiheft*: 77–118.

– (1991): Herrschaftsverhältnisse, Politik mit der Moral und moralisch legitimierter Ausschluss, in: *Kriminologisches Journal* 23: 17–188

Foucault, Michel (1975): *Surveiller et Punir: Naissance de la Prison*. Paris; deutsch (1976) *Überwachen und Strafen: Die Geburt des Gefängnisses*. Frankfurt.

Garfinkel, Harold (1956): Conditions of successful degradation ceremonies, in: *American Journal of Sociology* 61: 420–424; deutsch (1974) in: *Gruppendynamik* 5: 77–83.

Gusfield, Joseph (1975): Der Wandel moralischer Bewertungen: Devianzdefinitionen und symbolischer Prozess, in: Rüdiger Stallberg (Hg) *Abweichung und Kriminalität*. Hamburg: 167–181.

Hammerschick, Walter, Inge Karazman-Morawetz und Wolfgang Stangl (1996) (Hg) *Die sichere Stadt: Prävention und kommunale Sicherheitspolitik. Jahrbuch für Rechts und Kriminalsoziologie 1995*. Baden-Baden.

Hess, Henner (1983): Probleme der sozialen Kontrolle, in: H.-J. Kerner et al. (Hg) *Kriminologie – Psychiatrie – Strafrecht: Festschrift für Heinz Leferenz zum 70. Geburtstag*. Heidelberg: 3–24.

Katz, Jack (1987): What makes crime „news"?, in: *Media, Culture and Society* 9: 47–75.

Moore, Barrington Jr. (1978): *Injustice: The Social Bases of Obedience and Revolt*. White Plaints; deutsch (1982) *Ungerechtigkeit: Die sozialen Ursachen von Unterordnung und Widerstand*. Frankfurt.

Rusche, Georg und Otto Kirchheimer (1938): Punishment and Social Structure. New York; deutsch (1974 und 1981) *Sozialstruktur und Strafvollzug*. Frankfurt.

Rutschky, Katharina (1994): Sexueller Mißbrauch als Metapher: Über Krisen der Intimität in modernen Gesellschaften oder vom Umschlag der Aufklärung in Mythologie, in: Rutschky und Reinhard Wolff *Handbuch sexueller Missbrauch*, Hamburg: 13–31.

Sasson, Theodore (1995): *Crime Talk: How Citizens Construct a Social Problem*. New York.

Scheerer, Sebastian (1986): Atypische Moralunternehmer, in: *Kriminologisches Journal, 1. Beiheft*: 133–155.

Schumann, Karl F. (1989): *Positive Generalprävention: Ergebnisse und Chancen der Forschung*. Heidelberg.

Schumann, Karl F., Claus Berlitz, Hans-Werner Guth und Reiner Kaulitzki (1987): *Jugendkriminalität und die Grenzen der Generalprävention*. Neuwied.

Stangl, Wolfgang (1996): „Wien – sichere Stadt": Ein bewohnerzentriertes Präventionsprojekt, in: *Kriminologisches Journal* 28: 48–68.

Stehr, Johannes (1998): *Sagenhafter Alltag: Über die private Aneignung herrschender Moral*. Frankfurt.

Steinert, Heinz (1981a): Widersprüchliche Kapitalstrategien und Widerstand oder: Warum ich den Begriff „Soziale Probleme" nicht mehr hören kann. Versuch eines theoretischen Rahmens für die Analyse der politischen Ökonomie sozialer Bewegungen und „sozialer Probleme", in: Kriminologische Bibliografie 8 (32/33): 56–88.

Steinert, Heinz (1981b): Staatliche Kontrollpolitik oder wohlfahrtsstaatliche Ordnungsleistungen, in: *Österreichische Zeitschrift für Soziologie* 6 (2): 4–12.

Steinert, Heinz (1983): The development of „discipline" according to Michel Foucault: Discourse analysis vs. social history, in: *Crime and Social Justice* Nr. 20: 83–98.

Steinert, Heinz (1986): Beyond crime and punishment, in: *Contemporary Crises* 10: 21–38.

Steinert, Heinz (1991): „Is there justice? No – just us!". Justice as an attempt to control domination and the problem of state-organized pain infliction, in: *Israel Law Review* 25 (3-4): 710–728.

Steinert, Heinz (1995a): Prävention als kommunale Aufgabe: Jenseits von Polizei und Strafrecht, in: Rolf Gössner (Hg) *Mythos Sicherheit: Der hilflose Schrei nach dem starken Staat*. Baden-Baden: 403–414.

Steinert, Heinz (1995b): The idea of prevention and the critique of instrumental reason, in: Günter Albrecht und Wolfgang Ludwig-Mayerhofer (Hg) Diversion and Informal Social Control. Berlin: 5–16.

Steinert, Heinz und Hubert Treiber (1978): Versuch, die These von der strafrechtlichen Ausrottungspolitik im Spätmittelalter „auszurotten". Eine Kritik an Rusche/Kirchheimer und dem Ökonomismus in der Theorie der Strafrechtsentwicklung, in: Kriminologisches Journal 10: 81–106.

Tilly, Charles (1985): War making and state making as organized crime, in: Peter B. Evans, Dietrich Rueschemeyer und Theda Skocpol (Hg) Bringing the state back in. Cambridge: 169–191.

Treiber, Hubert und Heinz Steinert (²2005): Die Fabrikation des zuverlässigen Menschen: Über die Wahlverwandtschaft von Kloster- und Fabrikdisziplin. Münster.

Wachs, 1988. Eleanor Wachs 1988 Crime victim stories Bloomington

Feministische Kriminologie (2007)

Monika Frommel

Feministische Kriminologie, in: Karlhans Liebl (Hg.), Kriminologie im 21. Jahrhundert, Wiesbaden 2007, S. 107–123 (gekürzt).

Der niedrige und nur bei ganz jungen Frauen etwas steigende Anteil[1] an der registrierten Kriminalität lässt sich mit keiner der gängigen Kriminalitätstheorien erklären. In einem ersten Schritt wird gezeigt, dass auch ein etikettierungstheoretischer Ansatz dieses Phänomen nicht erklären kann und schon gar nicht die These einer doppelten Unterdrückung von Frauen; denn diese würde implizieren, dass zugeschriebene Kriminalität ein positives Gut ist, das soziale Aktivitäten indiziert, welche auch für positive Karrieren wichtig sind (etwa eine risikofreudige und auf Durchsetzung ausgerichtete Mentalität). Demgegenüber wird hier von der Annahme ausgegangen, dass zugeschriebene Kriminalität ein *negatives Gut* ist, das eher Abstiegsprozesse einleitet als Aufstiegsprozesse begleitet. *Anhaltende Kriminalisierungsprozesse sind danach eher typisch männliche Abstiegsprozesse.* Formelle Etikettierung kann sie auslösen, begleiten und/oder besiegeln. Wenn aber auch geschlechtsspezifisch unterschiedliche Etikettierung die registrierten Unterschiede nicht erklären kann, dann muss nicht nur eine feministische Kriminologie, sondern die Disziplin als solche ihr Theorieangebot nachbessern und die relevanten *Verhaltensunterschiede* differenziert erklären. Dass dies zurzeit niemand leisten kann, ist evident. […]

---

[1] Im Gegensatz zu den Knaben aber ein nicht nachhaltig steigender Anteil bei den Ladendiebstählen.

M. Frommel (✉)
Universität Kiel, Kiel, Deutschland
E-Mail: mfrommel@hotmail.de

© Springer Fachmedien Wiesbaden GmbH, ein Teil von Springer Nature 2022   65
A. Legnaro und D. Klimke (Hrsg.), *Kriminologische Diskussionstexte I*,
https://doi.org/10.1007/978-3-658-22005-1_6

1 Herrschaftskritische Ansätze der 1970er und 1990er Jahre
In den 1970er Jahren war die Kriminalsoziologie damit beschäftigt, die im 19. Jahrhundert dominierenden Tätertypologien zu desavouieren. Dies war erfolgreich. Aus heutiger Sicht sind sie nur noch eine dürftige Verkleidung der damaligen „Klassenjustiz"[2]. [...]
Angesichts der Überzeugungskraft der Etikettierungstheorie tendieren viele Autoren dazu, auch den Faktor Geschlecht in Anlehnung an Erklärungsmuster der kritischen Kriminologie als diskriminierendes Konstrukt zu interpretieren. Da das Registrierungsrisiko bei als strafbar definierbarem Verhalten auffällig alters- und schichtspezifisch gestaffelt ist, liegt es nahe, eine geschlechtsspezifische Erziehung zu mehr Passivität als Grund für sozialen Misserfolg und geringe Kriminalität anzusehen. Das weibliche Privileg bei kriminellen Karrieren also umzudeuten zu einem Nachteil in anderen gesellschaftlichen Bereichen. Insbesondere Lydia Seus verfolgt diesen Ansatz, während Gerlinda Smaus[5] versucht, die Nichtkriminalisierung von Delikten gegen Frauen herrschaftskritisch zu interpretieren.
Ich bin mir dennoch nicht sicher, ob die feministische Reformulierung gelungen
ist. [...]

2 Soziale Kontrolle und das Geschlechterverhältnis
Aus theoretischen Gründen werden im Folgenden Patriarchats-Thesen oder Konstruktionen einer doppelten Unterdrückung der Frau zur Erklärung des geringen Risikos, als kriminell etikettiert zu werden, ausgeklammert, da diese Annahmen

* Kriminalität als positives Gut wahrnehmen und deshalb nicht sehen, dass ein erhöhtes Kriminalisierungsrisiko ein geschlechtsspezifischer Nachteil ist, der allenfalls in anderen gesellschaftlichen Subsystemen als patriarchaler Vorteil diesen Nachteil kompensieren kann[14].

---

[2] Silviana Galassi, Kriminologie im Deutschen Kaiserreich, Geschichte einer gebrochenen Verwissenschaftlichung, Franz Steiner Verlag 2004.

[5] Lydia Seus, Soziale Kontrolle von Arbeitertöchtern, 1993; Gerlinda Smaus, Das Strafrecht und die gesellschaftliche Differenzierung, Nomos 1998.

[14] Die Annahme von Lydia Seus, wonach insb. Arbeitertöchter zu stark kontrolliert würden und deshalb zwar nicht kriminalisiert, aber auch nicht „erfolgreich" i.S.e. sozialen Aufstiegs sein können, ist interessant, erklärt aber nur, dass der Zugang zu Bildung und

• Außerdem knüpfen Patriarchatsthesen an Verhältnissen an, die wir tendenziell gerade verlassen.

Aber die Thesen von *Lydia Seus* und *Gerlinda Smaus*[15] könnten dennoch ausbaufähig sein. Schließlich versuchen sie die liberale bzw. Kritische Kriminologie der 1970-90er Jahre und die später entstandenen Ansätze einer feministischen Patriarchatskritik miteinander ins Gespräch zu bringen. Kann dies gelingen? Erste Erfolge sind zu verzeichnen. Die in den 1970er Jahren noch plausible Parteinahme für „Opfer" des Strafjustizsystems ist nicht mehr überzeugend, da sie die Opfer dieser bisweilen zweifellos marginalisierten Täter ignorierten. Eine solche Konstruktion wird sich in einer Gesellschaft, welche zunehmend egalitär ist und nicht nur Übergriffe der Staatsgewalt befürchtet, nicht mehr als angemessen positionieren können. Auch eine pauschale Kritik an allen Opferströmungen und Ansätze, welche feministische Fragen völlig ignorieren, werden insgesamt als zu hermetisch und somit als überholt empfunden[16].

Da weder das spezialpräventive Strafrecht, das von Cremer-Schäfer/Steinert[17] polemisch „Verbrechen & Strafe" genannt wurde, noch die Straffälligenhilfe, die von ihnen mit „Schwäche & Fürsorge" umschrieben wurde, Kontrollsysteme sind, in denen *Frauen als Täterinnen diskriminiert* werden, da sie dort – auffallend selten und unter der Rubrik „gefährliche Täterinnen" so gut wie gar nicht – auftauchen, hat die frauenpolitische Debatte nicht ohne Grund seit den 1990er Jahren unterschiedliche *Opferperspektiven thematisiert* und hat überdies – zumindest in den letzten 10 Jahren – erfolgreich Themen mobilisiert wie

---

damit zu sozialem Aufstieg schichtspezifisch ist. Aber dies ist eigentlich keine Neuheit. Interessant wäre daher dennoch zu untersuchen, ob Arbeitertöchter nicht doch etwas mehr Anreize haben, ihrer zu eng kontrollierten Lebenslage durch Bildung zu entkommen. Die geringere Präsenz in der Hauptschule wäre ein Indikator.

[15] Etwa in: Frehsee, Löschper, Schumann (Hrsg.), Strafrecht, soziale Kontrolle, soziale Disziplinierung, Jahrbuch f Rsoz und Rth Bd.15, 1993, S. 122 ff. Vgl. zum Kontext, Anina Mischau, Frauenforschung und feministische Ansätze in der Kriminologie, Centaurus, 1997. Ferner Lydia Seus, in: Geschlechterverhältnis und Kriminologie, KrimJ Beiheft 1995, S. 95 ff. und die Artikel in: Löschper, Smaus (Hrsg.), Das Patriarchat und die Kriminologie, KrimJ 7. Beiheft 1999.

[16] Dies gilt auch für das bemerkenswerte Buch von Winfried Hassemer/Jan Philipp Reemtsma, Verbrechensopfer, Gesetz und Gerechtigkeit 2002. Es nähert zwei unterschiedliche Paradigmen zu sehr an, um konservativen Straftheorien, ich würde sie Viktimagogien nennen, nicht zu viel Raum zu bieten.

[17] Helga Cremer-Schäfer/ Heinz Steinert, Straflust und Repression, zur Kritik der populistischen Kriminologie, 1998, rezensiert von Frommel, in: NK 2 (1999), S. 39–42.

- Netzwerke gegen sexuelle Gewalt und häusliche Gewalt,
- (mehrfache) Reformen des Sexualstrafrechts
- und im Kontext von häuslicher Gewalt und Stalking grundlegende Reformen der polizei- und zivilrechtlichen Instrumente.

Zwar positionieren sich Frauenpolitikerinnen eher nicht kriminalpolitisch, sondern agieren konkret Opfer schützend. Aber sie fordern auch strafrechtliche Interventionen. Somit differenziert sich die Opferschutzbewegung in verschiedene Strömungen mit jeweils eigenen Opferideologien.

Neben punitiven Strömungen (etwa der Weiße Ring), welche das Opfer zum Anlass für täterfeindliche Positionen nehmen, und einer Frauenpolitik, welche konkrete Opfer besser schützen will, verstärken Opferschutzbewegungen insgesamt den Blick auf die Opfer und befördern damit eher langfristig das Paradigma vom „Täter als dem eigentlichen Opfer der Gesellschaft". Bisweilen gelingt das so gründlich, dass die Kontrolle gefährlicher Delinquenten das kriminalpolitische Feld beherrscht und Themen wie die Sicherungsverwahrung und Vollverbüßung befördert – mit allen negativen Folgen (Überbelegung des Straf- und Maßregelvollzug). Daher ist es nur verständlich, wenn die liberale Strafrechtswissenschaft und die Kritische Kriminologie auch auf diese Perspektive stärkende frauenpolitische Aktionen polemisch reagiert und sie etwa, wie bei *Cremer-Schäfer/Steinert* nachzulesen, knapp unter dem Stichwort „Populismus und Viktimismus" nieder macht[18] oder – was häufiger ist – schlicht ignoriert als Disziplin. Aber erfolgreich kann eine solche Semantik der Polemik oder Missachtung nicht sein. Feminismus mag eine marginalisierbare Strömung sein, aber Antifeminismus ist peinlich.

Fehlende Interdisziplinarität macht es aber auch feministischen Autorinnen schwer, kriminologische und frauenpolitische Debatten anschlussfähig zu diskutieren. Daher habe ich immer wieder einen kriminalpolitischen Ausweg gewählt und praktische Politik in Teilbereichen gefestigt, statt zu abstrakt von geschlechtsspezifischer Betroffenheit von Kriminalität als solcher zu reden[19]. Meines Erachtens können die Erkenntnisse einer Kritischen Kriminologie – selbst einer modifizierten Version – nicht auf das hier interessierende Problem

---

[18] a. a. O. S. 210 ff.

[19] Meine strafrechtsdogmatische Darstellung der Reform des Sexualstrafrechts im Nomos-Kommentar zum StGB, 13. Abschnitt (1. Aufl. 2001, 2. Aufl. 2005) strebt eine angemessene Kontrolle an und wendet sich sowohl gegen opferignorante Begriffsfestsetzungen als auch gegen Strafrechtsgläubigkeit. Vgl. ferner Frommel, Prävention bei

der Selektivität des Strafrechts nach Geschlecht (zu Lasten von jungen Männern) übertragen werden. Wieso nicht? Weil beide Selektivitäten nach völlig gegensätzlichen Logiken ablaufen:

Im Unterschied zur schichtspezifischen Selektivität lässt es sich ausschließen, dass die ungleiche Verteilung der Registrierung von „Männer- und Frauenkriminalität" durch selektive Strategien der Polizei und durch Anwendungsregeln des Strafrechts verstärkt wird. Im Dunkel- und im Hellfeld gravierender Straftaten sind Mädchen und Frauen nicht präsent, und leichte Delikte werden bei Männern und Frauen entkriminalisiert.

Dies lässt sich gut belegen[20]. Beginnen wir mit der These, Strafrecht und Strafrechtsanwendung diskriminierten Frauen positiv und marginalisierten Männer negativ.

Eine entsprechende These löste in der Kölner Zeitschrift für Soziologie und Sozialwissenschaften 1988–1991/92 eine Kontroverse aus: Die Ritterlichkeitsthese wurde von *Geißler/Marißen* vertreten, in Fachzeitschriften rezipiert, von Dagmar Oberlies bestritten und von *Ludwig-Mayerhofer/Rzepka* widerlegt[21].

3 Zwischenergebnis

Die zunächst vertretene, leider immer noch als plausibel zitierte „Ritterlichkeitsthese" von *Geißler/Marißen* ist empirisch unhaltbar[22].

Der geringe Anteil der sog. Frauenkriminalität lässt sich ausschließlich mit dem unterschiedlichen *Verhalten (Dagmar Oberlies)* erklären. Ätiologische Theorien können auf allen Ebenen Unterschiede feststellen. Vermutlich sind makrosoziologische Annahmen am überzeugendsten: Innovatives Verhalten (etwa im Sinne der mittlerweile klassischen Typisierung von *Merton*) könnte bei jungen

---

Partnerschaftskonflikten. Ein Rückblick und ein Ausblick. In: Schöch, H. & Jehle, J.-M. (Hrsg.): Angewandte Kriminologie zwischen Freiheit und Sicherheit. Mönchengladbach 2004, S. 299–326, und gegen die Ansicht, häusliche Gewalt könne punitiv verarbeitet werden, vgl. unter www.kik-sh.uni-kiel.de (Wirkungsweisen von KIK in Kiel).

[20] Frommel, Kriminalität von Frauen, in: Robert Northoff (Hrsg.), Handbuch der Kriminalprävention, 1967, 6. Liefg. 2005.

[21] Geißler/Marißen, a. a. O. 1988, S. 504 ff.; Kritik von Oberlies, a. a. O. 1990, S. 129 ff; Replik auf Oberlies von Geißler/Marißen, S. 144 ff.; Ludwig-Mayerhofer/Rzepka, a. a. O. 1991, S. 542 ff.

[22] Ludwig-Mayerhofer/ Rzepka, a. a. O. 1991, S. 542 ff.: „Geschlecht" tritt als Selektionsfaktor vollständig hinter Deliktschwere und Vorstrafen zurück.

marginalisierten Männern leicht zu Bandenbildung motivieren, was mit dem Risiko der Kriminalisierung verbunden ist, während junge Mädchen sich jedenfalls von dieser „Lösung" nicht angezogen fühlen (oder zumindest so selten, dass es nur als exotisches Phänomen die Presse zu Schlagzeilen motivieren kann). Ein Verhalten also, das kulturell akzeptierte Werte auf innovative (ggf. illegale/strafbare/eindeutig kriminelle) Weise anstrebt (Geld, Macht hoher Status), dürfte eher für junge Männer typisch sein.

Frauen haben tendenziell eine andere kulturelle Präferenz und kommen daher bei illegalen/strafbaren/eindeutig kriminellen Verhaltensweisen zu einer anderen Risikoeinschätzung als marginalisierte Männer. Es wäre zu überlegen, ob nicht schon auf dieser Ebene die Strukturkategorie Geschlecht teilweise die Differenzierung der sozialen Kontrollsysteme erklären könnte.

These: Zugeschriebene Kriminalität ist ein negatives Gut und produziert, verstärkt (oder besiegelt) typisch männlich Abstiegsprozesse.

Nicht nur, aber insbesondere wenn Strafrecht schichtspezifisch selektiv wirkt, besiegelt es den sozialen Abstieg bei denjenigen, die etwa als Strafgefangene am stärksten durch Kriminalisierung degradiert werden. Dies sind aber typisch männliche *negative Karrieren.*

Frauenkriminalität und Vollzugsprobleme im Frauengefängnis könnten dennoch bei einer stärker kompensatorischen oder egalitären Rechtsetzung und Rechtsanwendung erheblich reduziert werden[23]. Aber die im Subsystem „Verbrechen & Strafe" oder „Schwäche & Fürsorge" (Cremer-Schäfer/Steinert) negativ bewerteten „männlichen Un-Tugenden" kennzeichnen dennoch einen Prozess der Marginalisierung, der in dieser Form fast ausschließlich Männer, meistens jüngere Vertreter der nicht integrierten Unterschichten, betrifft. Dieser Marginalisierungsprozess kontrastiert mit den positiven Karrieren und den positiv bewerteten Tugenden hegemonialer Männlichkeiten (Connell/Joachim Kersten).

Die Differenz der Geschlechter wird also dort produziert, wo männliche und weibliche Komplementärtugenden konstruiert und verfestigt werden.

Aus meiner Sicht gibt es hierzu noch keine plausible Darstellung, allenfalls Bruchstücke von theoretischen Ansätzen. Nicht überzeugend ist insbesondere die These von *Gerlinda Smaus,* es seien die „Güter", zu deren Schutz das „männliche" Subsystem Kriminalitätskontrolle herangezogen werde.

---

[23]Vgl. hierzu die Kieler Dissertation von Bernd Obermöller, Die Reform des Frauenstrafvollzugs durch problemorientierte Rechtsanwendung, 1999.

- Würde man den strafrechtlichen „Schutz" auf Guter erweitern, für die tendenziell eher Frauen zuständig sind, etwa: Verletzung der Fürsorge für Kinder u.ä., dann würden sich die strafrechtlich besiegelten negativen Karrieren von Männern erhöhen.
- Würde Gewalt gegen Frauen intensiver verfolgt und ggf. mit Freiheitsentzug geahndet werden, stiege der männliche Anteil der Strafgefangenen.
- Würde man typische Mittel- und Oberschichtdelikte stärker kriminalisieren, man denke an Geldwäsche, Untreue, Unternehmenskriminalität – alles aktuelle kriminalpolitische Themen – dann kämen eben Vertreter dieser Schichten verstärkt in das Blickfeld des Strafrechts. Sie würden zwar das spezialpräventive Sanktionenrecht durch kooperatives Verhalten besser nutzen (selbst das ist bei „Ehrenworten" neuerdings anzuzweifeln) als die Unterschichtklientel dies zu einem kleinen, aber beachtlichen Anteil eben nicht tut, aber an der Selektivität zu Lasten von Männern würde sich nichts ändern.

Zurzeit gibt es also noch keine plausible Beschreibung für die Verhaltensunterschiede, die dazu führen, dass das negative Gut Kriminalität fast ausschließlich von Männern erwirtschaftet wird. Auffällig ist aber, dass auch extreme Positivkarrieren (Geld, Macht, hoher Status) eher männlich sind, wobei es aber hier größere Durchlässigkeiten für gut ausgebildete, vermögende und/oder aktive Frauen gibt als in den kriminellen Subkulturen, in denen Frauen nur als Mutter/ Ehefrau oder Geliebte = Eigentum/Territorium/Prostituierte und schließlich als Opfer kursieren.

Es liegt auf der Hand, dass der Mythos vom Täter als „eigentlichem" Opfer der Gesellschaft und feministische Opfergeschichten nicht harmonieren können. Aber eine punitive Strategie biete sich für Frauenpolitikerinnen ebenfalls nicht an, weil sie ein Interesse daran haben, konkrete Probleme konstruktiv anzugehen. Symbolische Politik ist nur für diejenigen plausibel, welche ihr eigenes Opferrisiko eher gering schätzen.

4 Ergebnis

- Schichtspezifische Selektivität der Sozialkontrolle und geschlechtsspezifische Unterschiede bei den Täterraten haben völlig andere Gründe. Die Annahmen der Kritischen Kriminologie der 1970er Jahre können nicht fruchtbar gemacht werden für eine feministische Kriminologie. Vielmehr sind alle kriminologischen Standardtexte geschlechtsblind. Hingegen differenziert die Praxis mittlerweile und hat spezifische Strategien entwickelt, um asymmetrische (männlicher Täter/weibliches Opfer) Gewaltverhältnisse zu kontrollieren.

- Zur Beschreibung und Erklärung dessen, was formalisierte soziale Kontrolle leisten sollte und leisten kann, muss analytisch unterschieden werden zwischen empirisch ungleicher Betroffenheit und strukturbedingten ungleichen Anwendungsregeln.
- Schweigen bzw. Polemik bezüglich des feministischen Anliegens: Strafrecht – Gewalt – Geschlechter ist nicht zufällig („Populismus und Viktimismus"). Aber da sexuelle Gewalt und Gewalt in der Familie und in Beziehungen das einzige Anwendungsgebiet ist, in dem Frauen unmittelbar als aktuelle oder potentielle Opfer von einer *Nichtnutzung des Strafrechts* betroffen sind, verstärken sich hier lediglich die ansonsten nicht miteinander verbundenen Strategien des Opferschutzes. […]

Kriminalität als Erzählung

Einleitung: Kriminalität als Erzählung

Aldo Legnaro und Daniela Klimke

Erzählen ist eine der menschlichen Grundkonstanten – in allen Kulturen erzählen sich Menschen Mythen, Märchen, Legenden, Geschichten der Weltentstehung und aus dem Leben ihrer Gottheiten. Seit der „Entdeckung des Ich" (van Dülmen 2001) steht im Europa der frühen Neuzeit neben solchen Großerzählungen über die Welt an sich ein biografisches Erzählen des eigenen Erlebens als Modus der Selbstbeschreibung, der Selbsterklärung und der Selbstvergewisserung, der ein interaktives Feld des Verstehens und der Verständigung öffnet, aber auch das Missverstehen und das Unverständnis ermöglicht. Insofern der Mensch ein „homo narrans" (Lehmann 2009) ist, bildet Erzählen als sozialer Akt deswegen einen Gegenstand theoretischen sozialwissenschaftlichen Interesses (vgl. etwa Sacks 1971; Schütze 1976a; Fisher 1985; Gergen 1988; Cortazzi 1993; Maines 1993; Holstein und Gubrium 2000; Richardson 2000; Herman et al. 2005; Phelan und Rabinowitz 2005; Heinen und Sommer 2009; Klein und Martinez 2009; Polletta et al. 2011; Chihaia 2012; Erll und Sommer 2019); auch gesellschaftliche Großerzählungen wie der Brexit (Sommer 2019) oder das Genre der Katastrophenerzählung (Gymnich 2019) geraten dabei in den Blick. Erzählen ist aber auch von Bedeutung in Hinsicht auf das wissenschaftliche Erzählen verschiedener Disziplinen (Nash 1990) und v. a. auch das sozialwissenschaftliche Erzählen (siehe Richardson 1990; Bude 1993; Honegger 2010), ebenso

A. Legnaro (✉)
Köln, Deutschland
E-Mail: a.legnaro@t-online.de

D. Klimke
Institut für Kriminalitäts- und Sicherheitsforschung, Polizeiakademie Niedersachsen, Nienburg, Deutschland
E-Mail: klimke@uni-bremen.de

© Springer Fachmedien Wiesbaden GmbH, ein Teil von Springer Nature 2022
A. Legnaro und D. Klimke (Hrsg.), *Kriminologische Diskussionstexte I*,
https://doi.org/10.1007/978-3-658-22005-1_7

als Forschungsmethode (siehe etwa Schütze 1976b; Bruner 1987; Connelly und Clandinin 2010; Heinze 2010; Küsters 2019).

„Erzählen im Alltag" (Ehlich 1980) ist somit ubiquitär und für eben diesen Alltag konstitutiv, gleich ob es sich – wie Ehlichs Buch zeigt – um das Erzählen vor Gericht, das Erzählen eines Ehepaars als Konfliktmittel, das Erzählen im Unterricht, im psychoanalytischen Einzelinterview oder in gruppen-therapeutischen Situationen handelt. Ohne die Mitteilungsform des situativ produzierten und interpretierten Erzählens ist soziales Leben kaum denkbar. Unabhängig von seinem konkreten Inhalt mag das Aufsehen, das das kleine Buch von Jean-François Lyotard (1979) hervorrief, deswegen auch seiner These vom Ende der großen Erzählungen geschuldet sein: Die Formel fasste bündig Diagnose und Weltgefühl zusammen und verwendete mit dem Begriff der Erzählung ein ebenso verständliches wie vertrautes Bild, das sich als Erfahrung alltäglich verlebendigt. Im letzten Jahrzehnt ist es deswegen üblich geworden, ‚eine Erzählung' (oder, etwas überhöht, ein Narrativ) einzufordern, um Gestaltungsabsichten einsehbar und (möglichst auch emotional) nachvollziehbar zu machen, eine Problemkonstellation zu plausibilisieren oder eine Faktenlage zu erklären und zu kontextuieren: Erzählen heißt Sich-Eröffnen, zugleich aber auch Steuerung von Erwartungen, möglicherweise Manipulation der Wahrnehmung, Lenkung von Einordnung und Bewertung sowie soziale Kontrolle alltäglichen Lebens (für Einzelfallstudien unterschiedlichster Art siehe Mumby 1993). Erzählen gehört unmittelbar zum Regieren, eben weil es eine so veralltäglichte Form der Kommunikation darstellt und sich spontan erschließt. Vor diesem Hintergrund haben Ewick und Silbey (1995) „hegemomic tales", die existierende Machtgefälle und Ungleichheiten reproduzieren, von „subversive stories" unter-schieden, „stories which defy and at times politically transform" (217).

Das Erzählen von Kriminalität einerseits, Kriminalität als Erzählung anderer-seits kann manchmal die eine und manchmal die andere Form annehmen. Aber unabhängig von dem jeweiligen hegemonialen oder subversiven Charakter müssen Erzählen von Kriminalität und Kriminalität als Erzählung als gesonderte Strukturtypen unterschieden werden: Erzählte Kriminalität verweist auf eine literarische Narration oft ganz fiktiven Inhalts über einen Kriminalfall oder mehrere Fälle, wie das prototypisch in Kriminalnovelle und -roman, seit dem Beginn des 20. Jahrhunderts auch im Kriminalfilm und -hörspiel der Fall ist – ein Themenfeld, das die Kriminologie, mit wenigen Ausnahmen, merkwürdiger-weise weitgehend der Literaturwissenschaft überlassen hat (aus einer Fülle von Literatur siehe allgemeine Überblicke bei Herzog 2009; Evans und White 2012; Kniesche 2015; Peck und Sedlmeier 2015; Schönert 2015, S. 65–98; Sprecher 2015; Düwell et al. 2018; Analysen verschiedener Texte bei Lüderssen 1991;

Götting 2000; Krieg 2002; Ruggiero 2003; Kittstein 2016; zum Kriminalfilm Rafter 2006). Kriminalität als Erzählung bedeutet hingegen die soziale Herstellung von Kriminalität im forensischen Kontext und die Produktion eines (mehr oder weniger stereotypen) Bildes von Kriminalität in alltäglichen Kommunikationssituationen und vor allem in den Medien. Von Fiktionen handeln beide Strukturtypen, doch entfaltet der letztere im Unterschied zu literarischen Produktionen politische Diskursgewalt und kann dadurch erhebliche Wirkungen haben.

Das Erzählen von Kriminalität als erster Strukturtyp hat eine sehr lange Geschichte. *Crime sells,* und das wussten schon die Autoren (und sehr wenigen Autorinnen) des 18. und frühen 19. Jahrhunderts, als eine beeindruckende Fülle von Kriminalgeschichten erschien, die sich nach „sensationell-unterhaltenden, erbaulich-moralisierenden und räsonierend-informativen" (Schönert 1983a, S. 56) unterscheiden lassen. In welchem Ausmaß Literatur über Kriminalität einen Spiegel der gesellschaftlichen Verhältnisse bildet, wird bereits in dieser Frühphase deutlich, da eine anthropologisch-moralische Perspektive „mit einer Dramatisierung von Kriminalität einher[geht], weil das Verbrechen nun zur Chiffre für die als bedrohlich erfahrene Verletzlichkeit [...] der menschlichen und göttlichen Ordnung wird." (Dainat 1991, S. 195) Der Reiz erzählter Kriminalität mag eben darin liegen, solche Verletzlichkeit in gewissem Maße ruhigzustellen. Der Kriminalroman kann nämlich in einem psychoanalytischen Sinne Entlastung bieten, wie Lüderssen (1991) feststellt. Seine Analyse der fünf Bücher, in denen Patricia Highsmith aus dem Leben von Tom Ripley erzählt, kreist um die Frage, warum ein Gelegenheits-Mörder (dessen Taten manchmal absichtlich, manchmal unwillentlich und eher notgedrungen geschehen) so offensichtlich sympathisch wirkt: „Man hat allerhand Gründe, es ihm nicht einfach nachzutun, aber es wäre doch sehr schön, wenn man es könnte" (ebd.: 145), und so taucht man lesend ein in das Leben in der kleinen Villa *Belle Ombre* in der Nähe von Paris und verfolgt teilnehmend Ripleys kultiviertes Leben mit Gattin und der unermüdlichen Haushälterin Md. Annette. Ähnliche Wirkungen lassen sich den Geschichten um Sherlock Holmes (Dr. Watson nicht zu vergessen) zuschreiben, die Arthur Conan Doyle ab 1887 veröffentlichte, als die Morde des Jack the Ripper das Londoner Publikum verstörten: „a series of narratives that elide the reality of late Victorian urban crime in order to give succour to a bourgeois readership" (Willis 2007, S. 157). Diese Erzählungen etablieren „a comfortable middle-class detective fiction" (ebd.) und lassen das Publikum – und das dürfte ihr wichtigster Effekt sein – mit der Empfindung zurück, dass eine rationale Vorgehensweise und wissenschaftliche Analyse alle Probleme, zumindest aber die Kriminalprobleme, zu lösen vermag (siehe zum historischen und literarischen Kontext von Sherlock

Holmes Broich 1983; zu seiner Beziehung zur zeitgenössischen Soziologie Dwivedi 2018 und zu qualitativer Analyse Moring 2001; zur Wirkung des Textes auf unterschiedliche Publikumsgruppen Tobin 2006). Es sind solche Formen der Befriedung, die das gesamte Genre bis in seine heutigen Formen auszeichnen, und hier lässt sich auch der Grund dafür suchen, dass Kriminalität ein bevorzugtes Thema von massenmedialer Unterhaltung bildet und dabei im Lichte einer „semiotic aestheticisation" (Cheliotis 2010) vergoldet wird, wobei die Normgrenzen verdeutlicht, das Publikum in seiner Konformität bestätigt und (virtuell) Gemeinschaft hergestellt werden kann (Menzel 2011; Lautmann 2014, siehe den Text in diesem Kapitel). Zudem – und das kann dem Strukturtypus der erzählten Kriminalität eine Steuerungsfunktion verleihen – vermag er in medialen Darstellungen zur Selbstführung des Publikums anzureizen (Reichertz et al. 2012).

Neben der Beruhigung bürgerlicher Gemüter bietet der Kriminalroman bzw.--film jedoch auch zeitdiagnostische Schilderungen in aufklärerischer Absicht, wie – um nur zwei herausragende Namen des 20. Jahrhunderts und der Gegenwart zu nennen – bei Eric Ambler und Dominique Manotti deutlich wird. Nicht zufällig benannte Fritz Lang seine beiden Filme „Dr. Mabuse, der Spieler I und II" (1922) als „Der große Spieler, ein Bild unserer Zeit" und „Inferno, ein Spiel vom Menschen unserer Zeit", und auch der dritte Mabuse-Film („Das Testament des Dr. Mabuse", 1932) hat einen eindeutigen – von Propagandaminister Goebbels, der die Aufführung verbot, sehr wohl bemerkten – Zeitbezug. Ähnliches gilt auch für Fritz Langs Film „M" (1931), in dem ein Kindesmörder von Polizei und Unterwelt gleichermaßen gejagt wird. In seiner klassischen umfangreichen Studie zum Film der Weimarer Republik hat Siegfried Kracauer (1947/1979) diese Bezüge sehr prägnant herausgearbeitet.

Während der Strukturtypus der erzählten Kriminalität vielerlei Funktionen erfüllen und sowohl hegemonial-affirmierende wie subversiv-dekonstruierende Formen annehmen kann, lässt sich der Strukturtypus von Kriminalität als Erzählung nahezu ausschließlich den hegemonialen Erzählungen zurechnen. Das gilt schon für das Erzählen im Rahmen des Rechts, vor allem im Rahmen des auf Mündlichkeit angelegten Strafprozesses, in dem die Erzählung als die überzeugendste Form der Sachverhaltsfeststellung angesehen wird (Seibert 1991). Nachdem Beschuldigte bereits in polizeilichen Vernehmungen ihre Geschichte erzählt haben, wird in der Hauptverhandlung das Angeklagten grundrechtlich zustehende rechtliche Gehör durch die (jedenfalls als Ideal) eingeräumte Möglichkeit verwirklicht, das eigene Leben und die angeklagte Tat in eigener Darstellung und nach eigenen Relevanzkriterien zu erzählen (vgl. Legnaro 1991; Legnaro und Aengenheister 1995). Dass Angeklagte sich nicht selbst belasten müssen und deswegen schweigen oder, da sie folgerichtig nicht der Pflicht von Zeuginnen und Zeugen zur wahrheitsgemäßen Aussage unterliegen, auch nach Belieben lügen dürfen, gehört darüber hinaus zu den fundamentalen strafprozessualen Selbstverständlichkeiten des modernen Rechtsstaats. Wer schweigt, lässt allerdings ausschließlich andere über sich erzählen, was eine riskante Taktik darstellen kann. Wer lügt, sollte eine plausible und deswegen glaubhafte Alternativerzählung zur Anklage haben – schwierig und nur selten erfolgreich. Lügen, auch die von Angeklagten, können in einem ethnografischen Sinne jedoch eine ebenso aufschlussreiche Weltdarstellung bieten wie vermeintlich wahre Geschichten (Sandberg 2010). Unter den diversen Erzählungen in der Hauptverhandlung – auch die Verteidigung und die Staatsanwaltschaft präsentieren Erzählungen des Sachverhalts in eigener Interpretation – ist letztlich aber nur eine autoritativ, die des Gerichts nämlich. Dieses entscheidet über die forensische Wahrheit, und seine Erzählung ist nahezu immer eine solche, die existierende soziale (Macht-)Strukturen verteidigt und den Status quo festigen soll – Ausnahmen sind überaus selten.

Unabhängig von forensischen Zusammenhängen und nach durchaus eigenen Kategorien geschehen Erzählungen im Alltag, die Kriminalität in irgendeiner Form zum Gegenstand haben. Dabei wird – meistens ohne eigene Erfahrung und lediglich medial vermittelt – die Medienwelt in die lokale Alltagswelt integriert und ein unmittelbares Erfahrungswissen hergestellt, das einen Konsens über Moral vermittelt (Stehr 2016, siehe den Text in diesem Kapitel; vgl. auch Stehr 2016). Kriminalität als Erzählung gestaltet sich hier als die durch Veralltäglichung besonders einprägsame Aneignung hegemonialer Interpretationen, und es ließe sich sagen, dass gesellschaftliche Machtstrukturen dabei durch individuelle Kommunikationen privatisiert werden. Darin entfaltet sich die lenkende und steuernde Bedeutung des Strukturtypus, der hier Kriminalität als Erzählung genannt wird. Sie beginnt nicht damit, lässt sich aber an den Diskursen um den ‚Verbrechermenschen' besonders prägnant festmachen, die ein Bild vom Kriminellen als Monstrosität zeichnen (Strasser 1984; Schönert 1991, S. 497–531; Höcker 2011; Hofinger 2015) und die Grenze zwischen ‚dem Verbrecher' und ‚uns' eindeutig markieren – insgesamt ein Prozess von Mythenkreierung und -popularisierung (Robinson 2010), nicht zuletzt in Verbindung mit Migration und einer Vorstellung von ‚Rasse'. Das wiederum bildet ein dominantes Thema rechtsextremer Propaganda (für die AfD siehe Hestermann und Hoven 2019) (siehe auch das Kapitel *Inklusionen und Exklusionen* in diesem Band).

Die Darstellung von Kriminalität in den Medien, vor allem der Presse, ist kein prinzipiell neues Thema (siehe im historischen Kontext etwa Müller-Dietz 1991; Henning 1991; Siemens 2009; Schönert 2015, S. 99–114; zum frühen Radio Cheatwood 2010), doch gewinnt sie im Rahmen eines politisch-publizistischen

Verstärkerkreislaufs (Scheerer 1978, siehe den Text in diesem Kapitel) eine Bedeutung, die immer von neuem aktualisiert wird (vgl. Überblicke bei Sacco 2005, Kap. 4; Reiner 2007). Zudem kann sie Kriminalitätsfurcht befördern und dann politisch instrumentalisiert werden (siehe das Kapitel *Gefühlte Kriminalität: Kriminalitätsfurcht* im Folgeband *Kontrollieren und Überwachen*). Als Erzählung eigener Art lässt sich dabei die Polizeiliche Kriminalstatistik (PKS) ansehen, deren Wirkung ohne mediale Berichterstattung nicht denkbar wäre. Jährlich wird dabei etwas geliefert, das von Politik und Medien fälschlicherweise als Zustandsbericht über die Kriminalität im Lande betrachtet und in diesem Tenor jeweils – mit Genugtuung oder Besorgnis – verkündet wird. Tatsächlich stellt die PKS, da sie abhängig von polizeilichen Aktivitäten, Routinen und Codiergewohnheiten ist, eher einen Bericht über die Situation der Polizeibehörden als über Kriminalität dar, und erheblich divergierende Kriminalitätsraten (z. B. zwischen Hamburg und München) sind nicht zuletzt darauf zurückzuführen (Kreissl und Ostermeier 2007). Da die PKS darüber hinaus erheblich von der Anzeigebereitschaft der Bevölkerung beeinflusst wird, indiziert sie die Bewertung der Bevölkerung, welche Delikte der professionellen Bearbeitung durch die Instanzen der sozialen Kontrolle bedürfen. Als reales Lagebild jedenfalls ist sie, ebenso wie andere Justizstatistiken, zwar kaum brauchbar (siehe Derin und Singelnstein 2019), konstituiert jedoch, nimmt man ihr Bild des Hellfelds für bare Münze, einen wichtigen Bestandteil von Kriminalität als öffentlicher Erzählung und den möglichen (rechts-)politischen Folgen. Auch in dieser Hinsicht rückt der Strukturtypus von Kriminalität als Erzählung, der sich vor allem in hegemonialen Erzählungen verwirklicht, nahe an ein Regieren über Kriminalität heran (siehe auch das Kapitel *Kriminalität als Instrument des Regierens* in diesem Band). Reziprok zu diesem Hellfeld steht das Dunkelfeld, also die Gesamtheit jener meist im Rahmen von Befragungen angegebenen Handlungen, die gemäß der Laiendefinition der Befragten als Kriminalität gelten sollen, wenn sie zur öffentlichen Aufmerksamkeit gelangt wären (zu Hell- und Dunkelfeld Hess und Scheerer 2003, siehe den Text in diesem Kapitel). Der Natur der Sache nach sind verlässliche empirische Aussagen hierüber nur schwer zu gewinnen, etwa mithilfe von Opferbefragungen oder als *self reported behaviour*, der Befragung nach eigenem Verhalten (siehe zum Stand der Forschung Stock 2012; Eifler und Pollich 2014). Wirtschaftskriminalität und opferlose Delikte werden dabei weder in Opfer- noch in Täterstudien erfasst, was Angaben hierzu eher spekulativ macht.

Für die Kriminologie eröffnen Erzählungen insgesamt ein fruchtbares Forschungsfeld, wenn man sie etwa als eine erklärende Variable für abweichendes Verhalten nutzt (Presser 2009, 2016). Das ist der Ausgangspunkt einer sich in den letzten Jahren etablierenden narrativen Kriminologie, die die

beiden hier unterschiedenen Strukturtypen verbindet. Der inhaltlich weit aus-
greifende Sammelband, der die narrrative Kriminologie begründet hat (Presser
und Sandberg 2015), vereint etwa Analysen von Großerzählungen wie den
Rückgriffen auf das Alte Testament zur Rechtfertigung der Umsiedlung von
Indianern in den USA des 19. Jahrhunderts, eine Analyse der deliktbestimmten
sozialen Hierarchien unter Gefängnisinsassen oder eine Rekonstruktion der
Erzählungen, die Steuerhinterziehung zu rationalisieren suchen. Ein prägnantes
Beispiel einer narrativen Kriminologie bietet Sandberg (2013), der das Manifest
des rechtsextremen Massenmörders Breivik analysiert. Insoweit soziales Leben
ohne Erzählen nicht denkbar ist, wird im Rahmen einer narrativen Kriminologie
deutlich, dass auch Kriminalität eine erzählte und erzählbare Handlungsform in
vielerlei Ausprägungen bildet.

Literatur

Broich, Ulrich (1983): Von Inspektor Field zu Sherlock Holmes. Die englische Detektiv-
    literatur nach 1850 und die historische Realität, in: Schönert (1983b): 135–154.
Bruner, Jerome (1987): Life as Narrative, in: Social Research 54 (1): 11–32.
Bude, Heinz (1993): Die soziologische Erzählung, in Jung, Thomas/Müller-Doohm, Stefan
    (Hg.), „Wirklichkeit" im Deutungsprozeß: Verstehen und Methoden in den Kultur- und
    Sozialwissenschaften, Frankfurt/M.: 409–429.
Cheatwood, Derral (2010): Images of Crime and Justice in Early Commercial Radio –
    1932 to 1958, in: Criminal Justice Review 35 (1): 32–51.
Cheliotis, Leonidas K. (2010): The ambivalent consequences of visibility: Crime and
    prisons in the mass media, in: Crime Media Culture 6 (2): 169–184.
Chihaia, Matei (2012): Introductions to Narratology. Theory, Practice and the Afterlife of
    Structuralism, in: Diegesis 1 (1): 15–31.
Connelly, F. Michael/Clandinin, D. Jean (2010): Stories of Experience and Narrative
    Inquiry, in: Educational Researcher 19 (5): 2–14.
Cortazzi, Martin (1993), Narrative Analysis, London-New York.
Dainat, Holger (1991): „Wie wenig irgend ein Mensch für die Unsträflichkeit seiner
    nächsten Stunde sichere Bürgschaft leisten könne!" Kriminalgeschichten in der
    deutschen Spätaufklärung, in: Schönert (Hg.): Tübingen: 193–204.
Derin, Benjamin/Singelnstein, Tobias (2019): Amtliche Kriminalstatistiken als Daten-
    basis in der empirischen Polizeiforschung, in: Howe, Christiane/Ostermeier, Lars (Hg),
    Polizei und Gesellschaft. Transdisziplinäre Perspektiven zu Methoden, Theorie und
    Empirie reflexiver Polizeiforschung, Wiesbaden: 207–230.
Düwell, Susanne/Bartl, Andrea/Hamann, Christof/Ruf, Oliver (Hg.) (2018): Handbuch
    Kriminalliteratur. Theorien – Geschichte – Medien, Stuttgart.
Dwivedi, Ketaki (2018): Converging Precincts: Sociology and Sherlock Holmes, in:
    Sociological Bulletin 67 (1): 67–83.
Ehlich, Konrad (Hg.) (1980): Erzählen im Alltag, Frankfurt/M.

Eifler, Stefanie/Pollich, Daniela (Hg.) (2014): Empirische Forschung über Kriminalität. Methodologische und methodische Grundlagen, Wiesbaden.
Erll, Astrid /Sommer, Roy (Hg.) (2019): Narrative in Culture, Berlin-Boston.
Evans, Lucy/White, Mandala (2012): Crime narratives and global politics, in: The Journal of Commonwealth Literature 47 (2): 139–143.
Ewick, Patricia/Silbey, Susan S. (1995): Subversive Stories and Hegemonic Tales: Toward a Sociology of Narrative, in: Law & Society Review 2: 197–226.
Fisher, Walter R. (1985): The Narrative Paradigm. An Elaboration, in: Communication Monographs 52 (4): 347–367.
Gergen, Mary M. (1988): Narrative structures in social explanation, in: Antaki, Charles (Hg.): Analysing Everyday Explanation. A Casebook of Methods, London-Newbury Park: 94–112.
Götting, Ulrike (2000): Der deutsche Kriminalroman zwischen 1945 und 1970: Formen und Tendenzen, Marburg.
Gymnich, Marion (2019): The End of the World (as We Know It)? – Cultural Ways of Worldmaking in Contemporary Post-Apocalyptic Narratives, in: Erll/Sommer (Hg.): 57–74.
Heinen, Sandra/Sommer, Roy (Hg.) (2009): Narratology in the Age of Cross-Disciplinary Narrative Research, Berlin/New York.
Heinze, Carsten (2010). Zum Stand und den Perspektiven der Autobiographie in der Soziologie: sozialkommunikative Konzepte zur Beschreibung einer literarischen Gattung, in: BIOS – Zeitschrift für Biographieforschung, Oral History und Lebensverlaufsanalysen, 23(2): 201–231.
Henning, Jörg (1991): Gerichtsberichterstattung in deutschen Tageszeitungen 1850–1890, in: Schönert (Hg.): 349–367.
Herman, David/Jahn, Manfred/Ryan, Marie-Laure (Hg.) (2005), Routledge Encyclopedia of Narrative Theory, London-New York.
Herzog, Todd (2009): Crime Stories: Criminalistic Fantasy and the Culture of Crisis in Weimar Germany, Oxford.
Hestermann, Thomas/Hoven, Elisa (2019): Kriminalität in Deutschland im Spiegel von Pressemitteilungen der Alternative für Deutschland (AfD), in: Kriminalpolitische Zeitschrift 3: 127–139.
Höcker, Arne (2011): Epistemologie des Extremen. Lustmord in Kriminologie und Literatur um 1900, Leiden.
Hofinger, Veronika (2015): Die Konstruktion des Rückfalltäters. Von Lombroso bis zu den Neurowissenschaften, Weinheim-Basel.
Holstein, James A./Gubrium., Jaber F. (2000): The Self We Live By: Narrative Identity in a Postmodern World, Oxford.
Honegger, Claudia (2010): Erzählen in der Soziologie – Soziologische Erzählungen, in: Engler, Balz (Hg.): Erzählen in den Wissenschaften. Positionen, Probleme, Perspektiven, Fribourg: 113–122.
Ulrich Kittstein 2016 Gestörte Ordnung: Erzählungen vom Verbrechen in der deutschen Literatur Heidelberg
Klein, Christian/Martinez, Matias (Hg.) (2009): Wirklichkeitserzählungen. Felder, Formen und Funktionen nicht-literarischen Erzählens, Stuttgart.
Kniesche, Thomas (2015): Einführung in den Kriminalroman, Darmstadt.

Kracauer, Siegfried (1947/1979): Von Caligari zu Hitler. Eine psychologische Geschichte des deutschen Films, Frankfurt/M.

Kreissl, Reinhard/Ostermeier, Lars (2007): Globale Trends und lokale Differenzen – Kulturen der Kontrolle und politische Steuerung in Hamburg und München, in: 9. Beiheft Kriminologisches Journal: 137–151.

Krieg, Alexandra (2002): Auf Spurensuche. Der Kriminalroman und seine Entwicklung von den Anfängen bis zur Gegenwart, Marburg.

Küsters, Ivonne (2019): Narratives Interview, in: Baur, Nina/Blasius, Jörg (Hg.), Handbuch Methoden der empirischen Sozialforschung, Wiesbaden: 687–693.

Legnaro, Aldo (1991): Die gerichtliche Hauptverhandlung des Strafverfahrens als pädagogische Anstalt, in: Kriminologisches Journal 4: 272–280.

Legnaro, Aldo/Aengenheister, Astrid (1995): „Erzählen Sie mal" – zur Phänomenologie biographischer Rekonstruktionen in der Hauptverhandlung des Strafverfahrens, in: Kriminologisches Journal 1: 18–36.

Lehmann, Albrecht (2009), Homo narrans – Individuelle und kollektive Dimensionen des Erzählens, in: Brednich, Rolf Wilhelm (Hg.), Erzählkultur. Beiträge zur kulturwissenschaftlichen Erzählforschung, Berlin-New York: 59–70.

Lüderssen, Klaus (1991): Produktive Spiegelungen. Recht und Kriminalität in der Literatur, Frankfurt/M.

Lyotard, Jean-François (1979): La condition postmoderne: rapport sur le savoir, Paris; dt. Fassung: Das postmoderne Wissen: ein Bericht, Wien 2015, achte Auflage.

Maines, David R. (1993): Narrative's Moment and Sociology's Phenomena: Toward a Narrative Sociology, in: The Sociological Quarterly 34 (1): 17–38.

Menzel, Birgit (2011): Was Charles Manson und Gordon Gekko gemeinsam haben – und was sie voneinander unterscheidet, in: Peters, Helge/Dellwing, Michael (Hg.), Langweiliges Verbrechen. Warum KriminologInnen den Umgang mit Kriminalität interessanter finden als Kriminalität, Wiesbaden: 71–81.

Moring, Inka (2001): Detecting the Fictional Problem Solvers in Time and Space: Metaphors Guiding Qualitative Analysis and Interpretation, in: Qualitative Inquiry 7 (3): 346–369.

Müller-Dietz, Heinz (1991): Kriminalität und Kriminalitätsverarbeitung in der *Fackel*. Zur Justiz-, Strafrechts- und Pressekritik von Karl Kraus, in: Schönert (Hg.): 571–605.

Mumby, Dennis K. (Hg.) (1993): Narrative and Social Control: Critical Perspectives, Newbury Park-London.

Nash, Cristopher (Hg.) (1990): Narrative in culture: the uses of storytelling in the sciences, philosophy, and literature, London-New York.

Peck, Clemens/Sedlmeier, Florian (Hg.) (2015): Kriminalliteratur und Wissensgeschichte. Genres – Medien – Techniken, Bielefeld.

Phelan, James/Rabinowitz, Peter J. (Hg.) (2005): A Companion to Narrative Theory, Malden, Ma.

Polletta, Francesca/Chen, Pang Ching Bobby/Gardner, Beth Gharrity/Motes, Alice (2011): The Sociology of Storytelling, in: Annual Review of Sociology 37: 109–130.

Presser, Lois (2009): The narratives of offenders, in: Theoretical Criminology 13(2): 177–200.

Presser, Lois (2016): Criminology and the narrative turn, in: Crime, Media, Culture: An International Journal 12 (2): 137–151

Presser, Lois/Sandberg, Sveinung (Hg.) (2015): Narrative Criminology. Understanding Stories of Crime, New York-London.

Rafter, Nicole (2006): Shots in the Mirror: Crime Films and Society, New York.

Reichertz, Jo/Bidlo, Oliver/Englert, Carina Jasmin (2012): Vom Securitainment zum Media-Con-Act(ivat)ing – Die Bedeutung von Medien bei der Herstellung Innerer Sicherheit, in: Kriminologisches Journal 3: 181–197.

Reiner, Robert (2007): Media made criminality: the representation of crime in the mass media, in: Maguire, Mike/Morgan, Rod/Reiner, Robert (Hg.), The Oxford Handbook of Criminology, Oxford: 302–337.

Richardson, Brian (2000): Recent Concepts of Narrative and the Narratives of Narrative Theory, in: Style 34 (2): 168.

Richardson, Laurel (1990): Narrative and Sociology, in: Journal of Contemporary Ethnography 19 (1): 116–135.

Robinson, Matthew (2010): The Construction and Reinforcement of Myths of Race and Crime, in: Journal of Contemporary Criminal Justice 16 (2): 133–156.

Ruggiero, Vincenzo (2003): Crime in Literature: Sociology of Deviance and Fiction, London-New York.

Sacco, Vincent F. (2005): Mass Media and Crime Waves, in: Sacco, When Crime Waves, London.

Sacks, Harvey (1971): Das Erzählen von Geschichten innerhalb von Unterhaltungen, in: Kjolseth Rolf/Sack, Fritz (Hg.), Zur Soziologie der Sprache. Kölner Zeitschrift für Soziologie und Sozialpsychologie 15, Wiesbaden: 307–314.

Sandberg, Sveinung (2010): What can "Lies" Tell Us about Life? Notes towards a Framework of Narrative Criminology, in: Journal of Criminal Justice Education 21(4): 447–465.

Sandberg, Sveinung (2013): Are self-narratives strategic or determined, unified or fragmented? Reading Breivik's Manifesto in light of narrative criminology, in: Acta Sociologica 56 (1): 69–83.

Schönert, Jörg (1983a): Kriminalgeschichten in der deutschen Literatur zwischen 1770 und 1890, in: Geschichte und Gesellschaft/Zeitschrift für historische Sozialwissenschaft 9 (1): 49–68.

Schönert, Jörg (Hg.) (1983b): Literatur und Kriminalität. Die gesellschaftliche Erfahrung von Verbrechen als Gegenstand des Erzählens. Deutschland, England und Frankreich 1830–1880, Tübingen.

Schönert, Jörg (Hg.) (1991): Erzählte Kriminalität. Zur Typologie und Funktion von narrativen Darstellungen in Strafrechtspflege, Publizistik und Literatur zwischen 1770 und 1920, Tübingen.

Schönert, Jörg (2015): Kriminalität erzählen. Studien zu Kriminalität in der deutschsprachigen Literatur (1570–1920), Berlin-Boston.

Schütze, Fritz (1976a): Zur soziologischen und linguistischen Analyse von Erzählungen, in: Dux, Günter/Luckmann, Thomas (Hg.), Beiträge zur Wissenssoziologie – Beiträge zur Religionssoziologie, Opladen: 7–41.

Schütze, Fritz (1976b): Zur Hervorlockung und Analyse von Erzählungen thematisch relevanter Geschichten im Rahmen soziologischer Feldforschung: dargestellt an einem Projekt zur Erforschung von kommunalen Machtstrukturen, in Weymann, Ansgar (Hg.),

Kommunikative Sozialforschung: Alltagswissen und Alltagshandeln, Gemeindemacht-forschung, Polizei, politische Erwachsenenbildung, München: 159–260.

Seibert, Thomas-Michael (1991): Erzählen als gesellschaftliche Konstruktion von Kriminalität, in: Schönert (Hg.): 73–86.

Siemens, Daniel (2009): Explaining crime. Berlin newspapers and the construction of the criminal in Weimar Germany, in: Journal of European Studies 39 (3): 336–352.

Sommer, Roy (2019): Brexit as Cultural Performance: Towards a Narratology of Social Drama, in: Erll/Sommer (Hg.): 293–320.

Sprecher, Thomas (2015): Literatur und Verbrechen. Kunst und Kriminalitat in der europaischen Erzahlprosa um 1900, Frankfurt/M.

Stehr, Johannes (2016): Die alltägliche Rede über Kriminalität, in: Dollinger, Bernd/ Schmidt-Semisch, Henning (Hg.), Sicherer Alltag?, Wiesbaden: 81–96.

Stock, Jürgen (2012): Stand und Perspektiven der Dunkelfeldforschung in Deutschland und international, in: Hilgendorf, Eric/Rengier, Rudolf (Hg.), Festschrift für Wolfgang Heinz zum 70. Geburtstag, Baden-Baden: 317–332.

Strasser, Peter (1984): Verbrechermenschen. Zur kriminalwissenschaftlichen Erzeugung des Bösen, Frankfurt/M- New York.

Tobin, Vera (2006): Ways of reading Sherlock Holmes: the entrenchment of discourse blends, in: Language and Literature 15 (1): 73–90.

van Dülmen, Richard (Hg.) (2001): Entdeckung des Ich. Die Geschichte der Individualisierung vom Mittelalter bis zur Gegenwart, Köln-Weimar-Wien.

Willis, Martin (2007): Jack the Ripper, Sherlock Holmes and the narrative of detection, in: Warwick, Alexandra/Willis, Martin (Hg.), Jack the Ripper. Media, culture, history, Manchester-New York: 144–158.

Die Texte

Rüdiger Lautmann widmet sich der Frage, warum Kriminalität ein Genre all-gemein-vergnüglicher Unterhaltung darstellt. Er geht historisch zurück bis zu den Bänkelsängern der frühen Neuzeit, skizziert von Edgar Allen Poe bis ins Heute die Sozialgeschichte des ‚Krimis' und unterscheidet dabei, analog zur gebräuchlichen Unterscheidung anderer kultureller Produktionen, E- von U-Kriminalität, die jedoch beide von der Infragestellung der normativen Ordnung und der folgenden Wiederherstellung dieser Ordnung leben und damit ein ebenso spannendes wie unterhaltendes und zugleich beruhigendes Wechselspiel konstruieren.

Johannes Stehr analysiert die modernen Sagen danach, wie Moral im Alltag der Menschen produziert und kommuniziert wird. In den Geschichten, in denen es häufig darum geht, wie Menschen unerwartet in Gefahr geraten, wird erzählt, was alles passieren kann, wenn der Pfad der Tugend verlassen wird, wer als gefährlich und wer als gefährdet angesehen wird. Die Geschichten dienen dazu, die soziale Welt zu ordnen und dieser Ordnung Geltung zu verschaffen und nicht zuletzt dazu, sich selbst in Sicherheit zu fühlen, soweit man sich an die geltende Moral hält.

Sebastian Scheerer zeigt in seinem weithin rezipierten Text am Beispiel der Drogengesetzgebung auf, wie symbolische Strafgesetzgebung eingebettet ist in eine konzertierte Aktion des politisch-administrativen Systems zur Beeinflussung der öffentlichen Meinung. Die Medien – damals noch vor allem Presse und Fernsehen – spielen dabei eine bedeutsame Rolle, indem sie einen Echoraum für die amtlichen Argumentationen bieten und einen Rückbezug der Politik auf veröffentlichte Meinung ermöglichen. Die Formel vom politisch-publizistischen Verstärkerkreislauf ist seitdem sehr oft aufgegriffen worden und hat sich inzwischen unabhängig von ihrer Quelle nahezu verselbstständigt.

Henner Hess und Sebastian Scheerer entwerfen eine allgemeine Theorie der Kriminalität, die sie als Kulturtatsache auffassen. In einer handlungstheoretischen Herangehensweise integrieren sie Aussagen über die ursprüngliche und die alltägliche Entstehung der Kategorie Kriminalität mit solchen über die Entstehung und Entwicklung kriminellen Handelns und zeigen, wie aus kriminellem Handeln individueller Akteure in Interaktion mit dem Handeln von Kontrolleuren als Resultat wiederum neue überindividuelle Phänomene (illegale Märkte, Kriminalstatistiken, Kriminalitäts- und Kontrolldiskurse) entstehen. Hier abgedruckt sind lediglich die Passagen zum Hell- und Dunkelfeld, denen im Zusammenhang dieses Kapitels Bedeutung zukommt.

Kriminalität als gesellschaftliche Unterhaltung. Publikum, Massenkultur und Verbrechen (2014)

Rüdiger Lautmann

Kriminalität als gesellschaftliche Unterhaltung. Publikum, Massenkultur und Verbrechen, in: Henning Schmidt-Semisch/Henner Hess (Hg.), Die Sinnprovinz der Kriminalität. Zur Dynamik eines sozialen Feldes, Wiesbaden 2014, S. 257–274.

[…]

Die Unterhaltsamkeit der Kriminologie und der Kriminalität
Verbrechen ist langweilig für die Wissenschaft, aber gute Unterhaltung für das Publikum. Helge Peters meint nun, dass eine Reihe von Kriminalwissenschaftler*innen den Umgang mit Kriminalität interessanter findet als diese selbst. Er führt das auf die „Sozialdemokratisierung der Kulturpolitik" zurück; damit sei es indessen „in Deutschland nun wirklich längst vorbei" (2011, S. 20–22). Das Verbrechen ist jetzt wieder interessanter – innerwissenschaftlich. Hier hören wir den Schwanengesang der Kritischen Kriminologie. Spannend bleibt das Verbrechen, langweilig nur die Kriminologie.

Die Unterhaltungsindustrie benutzt nicht nur das Verbrechen, um ihre Waren herzustellen – nein, sie füttert es auch. Das arbeitet die *Cultural Criminology* heraus, wenn sie danach fragt, ob und wie kriminelle und kulturelle Prozesse im gesellschaftlichen Leben konvergieren, und frappierende Antworten liefert. Über die Massenmedien und ihre Krimi-Unterhaltung verbreitet sich das Wissen zu

R. Lautmann (✉)
Berlin, Deutschland
E-Mail: lautmannhh@aol.com

© Springer Fachmedien Wiesbaden GmbH, ein Teil von Springer Nature 2022
A. Legnaro und D. Klimke (Hrsg.), *Kriminologische Diskussionstexte I*,
https://doi.org/10.1007/978-3-658-22005-1_8

illegalen Subkulturen. Die Rede von den ‚Nachahmungstaten' unterstellt einen primitiven Lernvorgang, der der subtil wirksamen Formung abweichender Handlungen nicht gerecht wird.

Erst die massenmediale Berichterstattung führt zu den Kriminalitätspaniken, die ein fortlaufendes Interesse der Konsumenten erzeugen, das dann stets erneut befriedigt werden kann. Die Verbrechens- und Justizreportagen im Lokalteil jeder Zeitung liegen hier beständig auf der Lauer, damit ihnen (und dem Publikum) nur ja keine Devianzsensation entgehe. Die *Reality-crime*-Programme, vor allem in den privaten Fernsehanstalten, betreiben Ähnliches.

Hier scheinen sich gesellschaftliche Normalität und kriminelle Abweichung zu durchdringen. Dies entspricht nicht nur einer These kritischer Kriminologie, sondern auch einem verbreiteten Misstrauen gegen ‚die da oben'. Bereits die überaus erfolgreiche *Dreigroschenoper* (B. Brecht 1928) hat das auf die Bühne gebracht. Zwar werden Rechtstreue gegen Ende der Geschichte meist rein gewaschen; aber die Zuschauer wissen es besser und halten die Korruption für gut möglich. Das *Reality-Crime*-Format, mit seiner Mischung informativer und unterhaltender Momente, hatte weltweit seinen Start 1967 mit Eduard Zimmermanns *Aktenzeichen XY ... ungelöst*. Diese unglaublich langlebige Sendereihe zeugte Ableger in den Niederlanden und Großbritannien; in den USA fand sich das Format seit 1987 (Fishman und Cavender 1998, S. 9 f.).

Eine *Reality-Crime*-Sendung geht von Materialien der Polizei aus, recherchiert journalistisch und präsentiert das dann in einer Mischung von Dokumentaraufnahmen, Interviews und Spielszenen. Die Zeitabläufe werden kondensiert, die Aktionen hervorgehoben und mit Musik unterlegt. Aus den nüchternen Fakten der Tat und ihrer Aufklärung entsteht ein Spektakel (Fishman und Cavender 1998, S. 12). Die Boulevardpresse hat seit je (genauer: seit dem 19. Jahrhundert) das Verbrechen unterhaltsam vermarktet; die neuen Medien arbeiten weiter daran. Qualitätsmedien und Wissenschaften sehen mit Geringschätzung auf sie herab. Ein erfolgreicher Stoff sind auch die Fallschilderungen von forensischen Psychiatern (H.-L. Kröber, N. Nedopil, A. Marneros u. a.) und Strafverteidigern (F. v. Schirach, R. Bossi u. a.). Sie lesen sich als *real crime* in narrativer Fassung.

Zukünftig werden die Internetnutzer selbstproduzierte Kriminalstoffe verbreiten; Digitalkameras haben das technisch möglich gemacht. Sie filmen Überfälle – reale und gespielte – und stellen die bewegten Bilder ins Netz. Ein amüsiertes Publikum ist ihnen schon heute sicher. Nach der Moralgebundenheit früherer Krimis wird man sich zurücksehnen.

Der Weg des Kriminalgenres zum heutigen Erfolg
Das gesamte Mediengenre, wie es heute als ‚Krimi' umschrieben wird – ein Verbrechensfall und dessen Ermittlung –, geht zurück auf einen Roman von Edgar Allan Poe aus dem Jahr 1841, wobei die öffentliche Schaulust bis ins 16. Jahrhundert dokumentiert ist. Damals unterhielten Bänkel- und Moritatensänger das Publikum; mit Schauspiel, Rezitation, instrumental begleitetem Gesang und Bildertafeln erzählten sie von blutiger Gewalt und monströsen Verbrechen. „Je schrecklicher das Schauspiel, desto größer ist der Nervenkitzel, freilich unter der Voraussetzung, dass sich der Zuschauer selbst in Sicherheit weiß" (Holzmann 2001, S. 40).

Einen ersten Höhepunkt der Verbreitung erklommen Kriminalstoffe bereits in den Jahren der Weimarer Republik, nicht zuletzt mit den hochliteraturfähigen Titeln von Alfred Döblin und Bertolt Brecht. „Dies war eine Kultur, die fasziniert war von Verbrechern und ihren Verbrechen" (Herzog 2009, S. 2).

Und erst heutzutage! Verbrechensthematiken tummeln sich in allen Medienformaten. Wie stark der Fernsehkrimi sein Publikum einsammelt, darüber kann man deutliche Zahlen lesen. Zwar gehört der ‚Straßenfeger' den 1960er Jahren an. Dafür hat sich seit den 1980ern das Angebot vervielfacht. Bei einzelnen Krimis ist jedes vierte Gerät eingeschaltet, und das mögen dann über zehn Millionen Zuschauer sein, ungeachtet weiterer Krimis auf anderen Sendekanälen. Eine Gesamtaufstellung zählt über neunzig Krimi-Serien des Fernsehens.[1] Ein Viertel aller deutschen Neuproduktionen sind Krimis, wie es heißt, ein weit höherer Anteil als Liebesfilme. Nach einer Studie der Stiftung Lesen aus dem Jahr 2000 lasen 26 % der Befragten „häufig" oder „gelegentlich" Krimis, dabei etwas mehr Männer als Frauen (27 % zu 25 %, vgl. Hans-Bredow-Institut 2008, S. 37).

Am meisten fällt die Vorherrschaft von Krimis im Fernsehen auf, wie jeder Blick in die Programme zeigt. Manchmal gibt es sogar Tage, an denen beide öffentlich-rechtlichen Sender um 20.15 h je einen Kriminalfilm von anderthalb Stunden Dauer bringen. Der Krimi gilt als ‚Quotenfänger' und als das populärste Genre im deutschen Fernsehen.

Auch die DDR hatte ihre Kriminalromane und Fernsehkrimis wie »Blaulicht«, »Der Staatsanwalt hat das Wort« und »Polizeiruf 110«. Das Unterhaltungsziel konnte hier allerdings nur eingeschränkt erreicht werden: Weil die gesellschaftlichen (sprich: kapitalistischen) Bedingungen des individuellen Fehlverhaltens herauszustreichen waren, musste der Täter in seinem Kontext früh im Stück vorgestellt werden, auf dass im Publikum darüber nachgedacht werden konnte.

---

[1] Vgl. /www.serienjunkies.de/serien/krimi/Zugriff: 20.10.2012.

Belehrung und Langeweile schließen einander überhaupt nicht aus, wie wir leidvoll wissen.

Das Verbrechen gehört in das Kaleidoskop von Brüchen der Normalität kleineren und größeren Ausmaßes, ebenso wie Naturkatastrophen, Unfälle, Epidemien und viele weitere Irritationen. Solange sie einen nicht selbst betreffen, eignen sie sich ungemein gut zur individuellen Unterhaltung und als Treibstoff für gesellige Kommunikation.

E- und U-Kriminalität

Im Feuilleton wird zwischen E- und U-Kultur getrennt (bzw. die Aufteilung zu überwinden gesucht). Die ‚ernsthafte‘ Kultur genießt den höheren Rangwert, die ‚unterhaltende‘ hingegen gilt als bloß trivial. E-Kriminalität wäre die ‚echte‘, dem Anschein nach tatsächlich vorhandene. Oder auch: der Gegenstand des Strafrechts, der Kontrollinstitutionen und der Verbrechensangst. U-Kriminalität ist das zu Unterhaltungszwecken produzierte und rezipierte Verbrechen. Die beiden Sorten scheinen sich krass zu unterscheiden, wie die Tabelle glauben macht.

Unterschiede zwischen Echt- und Unterhaltungskriminalität

Dimension	E-Kriminalität	U-Kriminalität
Involviertsein der Betrachter	Weit entfernt von den Zuschauern	Mitten in der Phantasie der Betrachter
Skriptformat	Medienberichterstattung	Spiel, Film, Theater, Roman, Bild
Narration, Repräsentation	Polizeibericht, Hauptverhandlung	Szenario, Drehbuch
soziologische Kategorie	Rechtsdurchsetzung des Staats	Populärkultur
Thematisierung	Gefahr für die Innere Sicherheit	Ästhetisierung
Politisierung	Strafverschärfung, Polizeiverstärkung	Jugendschutz

Macht es einen Unterschied für das Publikum, ob es authentische oder fiktive Verbrechensdarstellungen vorgesetzt bekommt? Der Spaßwert dürfte sich nicht wesentlich unterscheiden. Erfundene Geschichten können dramaturgisch geschickter gestaltet werden. Hier ‚sieht‘ man den Verbrecher am Werk, in Gestalt eines Schauspielers. Bei der echten Geschichte ist vieles nicht bereits am Anfang bekannt, die Unvollständigkeit mindert das Vergnügen, ermöglicht aber eine wiederholte Berichterstattung. Und auch hier kann die Nachrichtenredaktion ihr Gestaltungsvermögen ausspielen. Im Effekt kitzeln beide den Genuss hervor, wie ihn Kriminalstoffe in den Massenmedien bereiten: Infragestellung der normativen Ordnung – Wiederherstellung der Ordnung. Dieses Wechselspiel ist spannend-unterhaltend und zugleich ungemein beruhigend.

Da die journalistische Berichterstattung sich übermäßig auf Auskünfte der Strafverfolgungsinstanzen stützt, haben die artifiziellen Unterhaltungsprodukte eine Chance zur Profilierung: Sie können das Bild erheblich erweitern. Die Autorenphantasie kann all das berücksichtigen, was die offiziösen Quellen vernachlässigen oder unterdrücken. Davon wird Gebrauch gemacht: polizeiinterne Pannen, hierarchische Querelen, kollegiale Konflikte, persönliche Nähe zum Täter, das Beziehungsleben der Ermitttler*innen usw. – all das macht so manchen Krimi erst interessant. Allerdings gilt das nur für den Typus Detektivstoff und kaum für den Typus Thriller. Vielleicht auch rückt den Konsumenten so die These vom Konstruktivcharakter der ‚Tat‘ näher.

Um *folk devils*[a] hervorzubringen, bedarf es der Kunst einer journalistisch-literarisch-bildnerischen Gestaltung. Erst wenn die Figur des Bösewichts kreiert und veröffentlicht ist, können sich Massenangst, Rachsucht *(vindictiveness)* und proaktive Polizei an ihre Fersen heften. Dann geht das anfängliche Entertainment in blutigen Ernst über. Da die übergroße Mehrheit der Leute – Bevölkerung ebenso wie Experten – die Verteufelung teilt, kann jene Figur nicht als das entlarvt werden, was sie ist: ein artifizielles Produkt.

Moralpaniken leben von diesem Zusammenhang. Der gefährliche Verbrecher entsteigt aus den Massenmedien, die ihn vermarkten, und bevölkert die Köpfe. Die Vielzahl konkurrierender Kanäle und Formate tut ein Übriges, Taten und Täter zu kommodifizieren. Sie können ja gar nicht zahlreich, nahe und gefährlich genug sein, um die Rezipienten zu sensibilisieren. Noch nicht Schaden genommen zu haben bedeutet jetzt bereits eine Gratifikation, eine Bestätigung für gute Eigenprävention.

Die massenmediale Berichterstattung erschafft ein Bild von Kriminalität, das vom Weltbild und von den Stilvorstellungen der Autor*innen, von deren Arbeitsbedingungen, von den Verlegerinteressen sowie von den Publikumsreaktionen am Kiosk bestimmt ist. Dieses Kriminalitätsbild kann weder ‚falsch‘ noch ‚richtig‘ oder ‚verzerrt‘ genannt werden; bloß unterliegt es den Rahmungsbedingungen der Medienproduktion und -rezeption. Da die Durchschnittsbevölkerung bekanntlich

---

[a] Siehe zum Konzept der *folk devils* den Abschnitt zu Stanley Cohen in den *Kriminologischen Grundlagentexten* (A.d.H.).

kaum über eigene Wahrnehmungen der Verbrechenswirklichkeit verfügt, muss sie jenes Bild für ‚die Realität' halten. In ihm mischen sich aber so viele Einflüsse und es wird selber so einflussreich, dass schon lange von einer Hyperrealität gesprochen wird, in der wir mediendominiert leben. Die U-Kriminalität ist zum integralen Bestandteil der medialen Hyperrealität des Verbrechens geworden.

Gefahren
Kriminalität in den Medien gehört zu den Besorgnisthemen. Da es hier gewöhnlich um Mord & Totschlag und weitere Kleinigkeiten geht, wird nach den Gefahren gefragt, die jugendlichen Zuschauern aus dem Konsum drohen. Der Anfangsverdacht lautet etwa so: Zwischen dem Konsum medialer Verbrechensdarstellungen und real deviantem Verhalten besteht ein Zusammenhang, zumindest bei einzelnen Problemgruppen. Zwar finden Feldstudien meist nur sehr niedrige Korrelationen; aber für einige Individuen (!) lässt sich der befürchtete Effekt nicht ausschließen.

Das medienpolitische Misstrauen gründete in der Vermutung, mit dem Genuss gewalthaltiger Darstellungen verrohe zunächst der Konsument und schließlich die gesamte Gesellschaft. Solange allerdings der gesellschaftliche Diskurs nach eindeutigen Ursache-Wirkungs-Relationen verlangt, kann er die Forschung dazu verleiten, ihre Suche nach einschlägigen Befunden und deren Interpretation jenem Bedarf anzupassen (vgl. Grimm 1999, S. 56). Die Medienwirkungsforschung beackert hier ein ergiebiges Feld für allerlei Projekte und dicke Berichte.

Einesteils wird vermutet, die in den Medien gezeigte Gewalt beeinflusse die kriminelle Entwicklung von Jugendlichen. Danach drohen Effekte der Nachahmung, Gewöhnung (Habitualisierung). Anderenteils werden schadensmindernde Mechanismen ausgemacht, allerdings ohne jemals eine wirkliche Entwarnung zu geben. Die ‚Kultivierungsthese' meint, ein hoher Fernsehkonsum gewöhne an das Weltbild des Mediums. Die ‚Katharsisthese' vermutet, mit der Ausführung eines aggressiven Akts (hier: Nachvollzug eines Verbrechens) vermindere sich der Anreiz zu weiterer Aggression. Erwogen wird ein ‚Robespierre-Affekt' – Gewaltausübung mit moralischem Anspruch –, womit die Angst vor Aggression sich in Mitleid mit dem Opfer verkehre (Grimm 1999, S. 706). Die größeren Studien enden regelmäßig mit den Hinweisen, a. es gebe keine einfache Übertragung der Medieninhalte auf das praktische Handeln, b. der Vorgang sei äußerst komplex, c. man wisse noch längst nicht genug. Medienwirkungsforschung bleibt also im Geschäft.

Da halbwegs einfache Kausaleffekte nicht zu ermitteln sind, werden die Faktoren zerlegt und die Operationalisierung der Begriffe ständig verfeinert. Das führt dann zu Hypothesen, die nur noch innerhalb der Medienwirkungsforschung interessant sind. Beispielsweise wird geprüft, ob „die Intensität der Krimnutzung (operationalisiert als Involvement während der Rezeption und Aktivität nach der Rezeption, d. h. Nachdenken und Reden über den Krimi, Bindung an das Krimigenre und Selbsteinschätzung als Krimifan) Kultivierungseffekte abschwächt (da die Quelle der Information besser erinnert werde). Die Hypothese, dass die Häufigkeit der Krimnutzung (über bessere Quellenerinnerung) die Übertragung (auch besonders gut erinnerter) lebhafter Krimi-Informationen auf die Realität abschwächt, wurde nicht widerlegt" (Kunczik und Zipfel 2004, S. 99 f.). Erfreulich immerhin die Erwägung, „dass Krimi-Vielseher aus dem Genre die Erkenntnis ableiten, dass Verbrechen bestraft werden, die Welt somit sicherer wird und daher geringere Kultivierungseffekte (Viktimisierungsangst) zeigen" (ebda.). Möglicherweise – !

Immerhin verabschieden weite Teile der Medienwirkungsforschung mittlerweile den alten Grundverdacht, wonach Gewalt- und Kriminalitätsdarstellungen das Verhalten der Rezipienten prägen. Neuerdings wird nicht mehr primär eine Gefahr unterstellt; denn man weiß jetzt, dass die Konsumenten den Medieninhalt für ihre eigenen, sehr verschiedenen Zwecke auswählen und einsetzen. Statt ,Was machen die Medien mit den Nutzern?' heißt es nun ,Was machen die Nutzer mit den Medien?' Die Kehrtwende verdankt sich den britisch-kritischen *Cultural Studies,* in deren Gefolge auch die *Cultural Criminology* entstanden ist. So zeigen einige Studien, dass Personen die Gewaltstoffe dazu konsumieren, um Ängste abzubauen (Kunczik und Zipfel 2006, S. 71). In der distanzierten Konfrontation könne das belastende Gefühl bearbeitet und manchmal reduziert werden, wird vermutet.

Die Gefahrenwarnungen ziehen sich also allmählich zurück, verschwinden aber nicht. So heißt es einmal, dass sich oft „der sittliche Stand einer Kultur" in der literarischen Beschreibung von Verstößen gegen gesellschaftliche Grundregeln zeige (Walter et al. 2004, S. 10). Welches Moralniveau signalisieren denn nun unsere Kriminalromane? Die Leserschaft wird wenig Appetit verspüren, als Kronzeuge der Verkommenheit aufzutreten. Die überschäumende Konjunktur des Kriminalgenres verheißt ja wohl nichts Gutes für den ,sittlichen Stand'. Doch auch in der herkömmlich-warnenden Forschung ist der Kulturalisierungseffekt bekannt: „Je länger ein Autor tot ist, desto höher ist die Chance, dass Gewalt als Kunst interpretiert wird" heißt es im Standardwerk zur Mediengewalt (Kunczik und Zipfel 2006, S. 29).

Heute variieren Medien, Formate, Charaktere, Themen, Realitätsnähe, Raumbezug, Historizität, Sozialkritik, Gewaltgehalt usw. des Krimi-Genres in höchstem Maße. Was indessen alle teilen: Sie knüpfen an einem Verbrechen an. Damit weben sie mit am Alltagswissen über Kriminalität.

Transgressio – die Kultur der Überschreitung

Man hat den Freizeitanteil errechnet, der mit Fernsehen und Rundfunk verbracht wird. Sollte es tatsächlich die Hälfte sein, wie Ferrell et al. (2008, S. 59) für Angloamerika behaupten? Den Konsumenten werden dabei zwei Sorten von Figuren vorgesetzt und einander kontrastiert: positiv die Zelebritäten und negativ die Devianten (ebd.). Der Fernsehkrimi zwingt sein Publikum von Anfang bis Ende vor die Mattscheibe; wer die ersten Sekunden versäumt hat, kommt vermeintlich nicht mehr hinein, und die Auflösung geschieht erst zum Schluss.

Es stellt sich die Grundfrage: Warum setzen sich die Leute beim Krimikonsum Situationen aus, mit denen sie im wirklichen Leben nicht konfrontiert sein wollen? Die Standardantwort lautet: Ein Krimi endet meist damit, dass das verletzte Recht wiederhergestellt und der Bösewicht bestraft wird. Entstandene Angst wird besänftigt, und ‚eine respektvoll erschütterte Welt' genießt die moralische Genugtuung. Aus der Ordnung ausbüchsen, eine Phantasiereise unternehmen – das ermöglicht die U-Kriminalität.

Den intensivsten Eindruck macht die ‚Extremdevianz': Totschlag ist ohnehin der Regelfall, hinzukommen Serienmord, Vergewaltigung, Kindesmissbrauch usw. Die Pop-Kultur erschafft schillernde Figuren wie Jack the Ripper, Hannibal Lecter, allerlei Mafia-Bosse sowie Thelma & Louise usw. Von der ‚Rote Armee Fraktion (RAF)' lässt man sich nach wie vor faszinieren. Die seltene Kreuzung von Weiblichkeit, bürgerlicher Herkunft und Befreiungsrhetorik bei Meinhof, Ensslin und Mohnhaupt macht diese zu heiligen Mörderinnen. Das Thema RAF ist in der Popkultur angekommen (Regener 2012, S. 200).

Kriminalstoffe in den Unterhaltungsmedien befördern härteste ‚Untaten' vor das Auge von Menschen, die sonst nie damit in Berührung kämen. Es findet eine zweifache Transgression statt: Der Konsument sucht diese Stoffe, der Produzent liefert sie ihm zu. Kein Tabu, kein Verbot, dessen Bruch hierbei nicht eindrucksvoll vergegenwärtigt würde. Darin liegt eine Komplizenschaft mit dem Verbrechen, die auf einer zweiten Ebene geschieht, zwar außerhalb der Realität, aber zweifellos in einem thematischen Verbund mit ihr. Gemeint ist nicht, dass eine Diskretionsnorm gebrochen würde, wenn das Schlimme vorgeführt wird, anstatt darüber zu schweigen. Die U-Kriminalität verdoppelt das blutige Geschehen. Dieses zu imaginieren bedeutet in einem gewissen Sinne, die Tat erneut zu begehen. Wie hässlich das Verbrechen auch dargestellt sein mag, wie eindringlich die Justizleute das Recht beschwören – ein solches Medienprodukt herzustellen und zu genießen kann nicht freibleiben von einer insgeheimen Identifikation mit Tat und Täter; anders würden weder die Inszenierung noch der Konsum gelingen. Alle Beteiligten überschreiten diese Grenze freiwillig. Sie tun das aus verschiedenen Gründen. Aufseiten der Medienmacher erklären es die Honorare unvollständig aber hinlänglich. Aufseiten der Nutzer wissen wir es nicht, nur: psychopathologisch zu würdigen ist der Krimikonsum nicht. Schon deswegen lohnt es, nach dem sozialen Kontext der U-Kriminalität zu forschen.

Das Vergnügen am Bösesein könnte eine autobiographische Erinnerung sein (Presdee 2000, S. 4). Es mag Zeiten in Kindheit und Jugend gegeben haben, die jemand als glücklich erlebt hat und in denen noch normfrei gehandelt wurde. Mit dieser emotionalen Assoziation könnten Erwachsene sich in eine aktuelle Täterperson einfühlen – vielleicht. Die einen tun's, die anderen lassen es sich berichten. Ihnen genügt es, sich auf irgendeine Weise in den Akt der Transgression zu involvieren; Voyeur zu sein reicht für den Spaß (Presdee 2000, S. 30). „In einem gewissen Sinne tun Andere unsere Verbrechen für uns, und die Multimedien liefern uns die Vergnügungen via Internet und das zunehmende ‚reality'-Fernsehen. Wir können im Geheimen zugucken ohne den missbilligenden ‚Blick' der geordneten, rationalen Welt der Autorität." (ebd.)

Unterhaltung in den Medien zu suchen bedeutet mehr als gegen die allgegenwärtige Langweile anzukämpfen. Die Medien der Unterhaltung ermöglichen: Erlebnissuche, Stimmungsmanagement, Gefühlsstimulation, Information, Wertvergewisserung, Beziehung zum virtuellen Gegenüber. Gerhard Schulze erwähnt die Vorliebe für Krimis als eines der Items, welche das Spannungsschema charakterisieren, also eines der drei alltagsästhetischen Modelle, die in der gegenwärtigen ‚Erlebnisgesellschaft' dominieren. Dieser Geschmackstypus sei aus den kulturellen Strömungen der 1960er Jahre entstanden; er bietet starke Reize und verbindet sich mit dem Schlagwort *action* (Schulze 1992, S. 154 f., 623). Das Spannungsschema wird bei Schulze auf ein bestimmtes sozialkulturelles Milieu festgelegt; für den Krimi als Genre lässt sich das aber kaum behaupten, denn längst hat es sich in verschiedene Formate ausdifferenziert, die passende Publikumssegmente bedienen. Schon in der Dreiteilung der ‚Erlebnisgesellschaft' – historischer Zeitpunkt: Ende der 1980er Jahre – bleibt der Krimikonsum nicht auf das junge ‚Selbstverwirklichungsmilieu' beschränkt; er findet sich auch im ‚Unterhaltungsmilieu' (Schulze 1992, S. 638).

Die Fiktionalisierung der U-Kriminalität ermöglicht es, das sonst gefürchtete Grauen und Schreckliche nunmehr angenehm dosiert zu erleben. Die Rezipient*innen identifizieren sich abwechselnd und wahlweise mit Opfer, Detektiv oder Täter. In den Bildmedien lesen sie in den Gesichtern der Akteure und in der physischen Szenerie. Lichtführung und Musik steuern weitere Reize bei. Sie denken den Handlungsablauf spielerisch weiter und werden so in das Geschehen einbezogen.

Fakt und Fiktion

Immer noch wird an das Kriminalgenre die Wahrheitsfrage gestellt und damit die Stoffstruktur verfehlt. Ob das Geschilderte mit dem Faktischen übereinstimme, das wollen nicht die Rezipienten sondern die Kritiker wissen. Kulturtheoretisch wird der Bezug eines Artefakts zur Realität diskutiert. Dazu dienen viele Konzepte, darunter Wirklichkeit(skonstruktion), Repräsentation, Mimesis, Authentizität und Simulation. Das ‚Verhältnis von Faktualität und Fiktionalität in Krimiserien' – so eines der hier verhandelten Probleme – wirft mehr erkenntnistheoretische als empirische Fragen auf. Denn beide Seinsdimensionen müssen in ganz verwickelten Beziehungen stehen und verschwimmen nur zu oft ineinander. Ob eine Kriminalitätsdarstellung nun fiktional oder faktenorientiert verfährt, sie bleibt in beiden Fällen eine Inszenierung.

Das zeigt sich nirgends deutlicher als an den besonders prominenten Beispielen des Genres, etwa *Aktenzeichen XY … ungelöst,* wo die reale Tätersuche unterhaltsam aufbereitet und zum Mitmachen aufgefordert wird. Das Reale wird hier insofern fiktionalisiert, als nüchternen Aktenberichte nachgestellt werden, oft genug ergänzt durch Mutmaßungen ‚wie es hätte gewesen sein können'. Ein Getöteter kann nicht mehr aussagen, Zeugen waren nicht zugegen – Texte und Bild müssen zweckdienlich Erfundenes hinzufügen.

Musterbeispiel und Vorbild für die Fiktionalisierung realer Kriminalität ist der Roman *In cold blood* (1965) von Truman Capote (allein von der englischsprachigen Ausgabe wurden fünf Millionen Exemplare gedruckt). Dass hier über ein reales Geschehen berichtet wurde, meisterlich aufbereitet (auch die Hinrichtung der beiden Täter gehörte dazu), erhöhte den Kitzel. Das kriminelle Geschehen (vier Morde) wäre allenfalls einen Illustriertenbericht wert gewesen, aber der sich persönlich involvierende Autor machte einen überaus lesenswerten Wälzer daraus. Taten und Tätersuche nahmen einen geringen Teil des Gesamtumfangs ein.

Was die Medienwissenschaft sagt

Verdienstvoll beschreibt die Medienforschung die zahlreichen Formate mit Verbrechensstoff und durchleuchtet deren semantische Struktur. Dabei ergeben sich weiterführende Einsichten, darunter diese: Drei wesentliche Elemente finden sich im typischen Krimi: *analysis* (die logisch aufgebaute Aufklärung der Ermittler*innen), *action* (Kampf, Flucht und Verfolgung) sowie drittens *mystery,* womit die Rezipienten über Irr- und Umwege zur Lösung des Rätsels geführt werden. Hieraus baut sich die gesuchte ‚spannende Unterhaltung' auf (vgl. Mikos 2002). Die literarische Erzählweise wurde um Muster aus Comic, Film und Fernsehen erweitert.

Die Kommunikationswissenschaft betont das *Mood-Management:* Individuen suchen Medienunterhaltung auf, um ihre Stimmung zu beeinflussen. Unangenehme Gefühlslagen sollen beendet, angenehme hergestellt werden (psychotechnisch gesprochen: Aversion minimieren, Gratifikation maximieren). Diese Analyse zum Gefühlshaushalt folgt erkennbar dem individualistisch-rationalen Modell eines Konsumenten-Hedonismus. Kann aber damit erklärt werden, warum Verbrechens-Polizei-Stoffe so populär geworden sind?

Die Popularität des Krimi-Genres: immanente Bedingungen
Wie das Christentum mit Sünder*innen und Sünde, so hält es auch die Krimileserschaft: Sie liebt den Verbrecher, aber nicht das Verbrechen. Schon die Hl. Schriften waren – ebenso wie griechische Mythologie – voller Verbrechenserzählungen. Der heutige Krimi entführt seine Leser nicht in entfernte Welten, sondern schildert ihnen Alltagsprobleme vor dem Hintergrund einer gesellschaftlichen Lagebeschreibung (Abt 2004). Das klassische Muster lautete: Ordnung – Störung – Reparatur. Heute entstehen zusätzlich weitere Muster. Den erfolgreichen Ermittler kennzeichnet der „Zweifel daran, dass man selbst die Ordnung der Dinge (das Typische, die Regeln) kennt, möglicherweise sogar der Zweifel, ob es überhaupt eine Ordnung der Dinge gibt" (Reichertz 2005, S. 187). Die klare Gleichung *Täter/Opfer=böse/gut* verschwimmt; beide Seiten werden psychologisiert.

Bemerkenswert ist die Wandelbarkeit und Anpassungsfähigkeit der Krimi-Erzeugnisse. Sie müssen immer wieder neu erfunden werden. Denn nach wenigen Jahrzehnten wecken die Romane und Filme nur noch dokumentarisches Interesse. Nicht, weil die verwendeten Autos veraltet aussehen ebenso wie die gesamten Lebensumstände der Akteure. Vor allem die Dynamik und Thematik folgen anderen Strukturen. Die Halbwertzeit eines Krimis beträgt nur wenige Jahre, danach langweilt er. Das Feld ist damit zu einer Kreativität gezwungen, die staunen macht. Die großen Namen stoßen jedes Jahr einen neuen Titel aus, der *Tatort* sogar jede Woche. Von allen narrativen Kunstformen schmiegt sich der Krimi am engsten an die soziale und technische Entwicklung an – er verkörpert Aktualität, stillt Informationsbedürfnisse und ermöglicht einen quasi ethnographischen Blick in ungewohnte Ecken der eigenen Gesellschaft.

Vieles am Krimi scheint seinen Erfolg zu erklären:

- Hier wird der Dualismus von Leben und Tod inszeniert.
- Der Täter operiert oftmals an den Grenzen des Menschseins.
- Frauen können (dürfen) hier eine Tat begehen, die man ihnen sonst nicht zutraut. Es muss ja nicht immer Gift sein ...

- Die Taten werden jetzt öfter als zuvor kontextualisiert: Biographie und Hintergrund des Täters, die Situation der Tat, die Verstrickungen zwischen Opfer und Täter.
- Die Vorgänge rücken näher denn je an die Konsument*innen, weil jedes räumliche Milieu bedacht wird: (fast) jede Provinz, Stadt, in den Metropolen sogar die Stadtteile.
- Einige Stücke wiederum ermöglichen die Reise in ferne Länder und unzugängliche Milieus.
- Die ‚Taten‘ spielen oft auf der Grenze zwischen Recht und Moral, und die ‚Schuld‘ liegt am Ende nicht mehr eindeutig auf Seiten des ‚Täters‘.

Im einzelnen mögen das keine Alleinstellungsmerkmale sein. Auch ist das meiste in dieser Liste nicht neu, sondern gehört zu den bewährten Rezepturen. Die Vielzahl der Saiten, die das Krimi-Instrument anschlagen und zum Klingen bringen kann, ermöglicht immer wieder neue und originell anmutende Melodien. Der Hinweis auf den *kommerziellen* Charakter der Kriminalmedien erklärt durchaus deren Strategien, nicht aber die Vorlieben des Publikums.

Die Popularität des Krimi-Genres: sozialstrukturelle Bedingungen
Schon weil eine Monokausalität nicht greift, steht hier eine ganze Reihe erklärender Hinweise bereit. Die Produktivität des Kriminalgenres gibt den Gedanken ein (Herzog 2009, S. 5), dass ‚die Gesellschaft‘ sich auch durch ihre Kriminellen zu verstehen sucht, ja dass Verbrechen und Krise zum Bestandteil des Diskurses der Gesellschaft über sich selbst werden. (Krasmanns Buch ‚Die Kriminalität der Gesellschaft‘ hatte den dazu passenden Titel.) Immer schon ließen sich die Menschen von Abweichung und Verbrechen faszinieren. Vieles ist einfach nicht wirklich neu. So waren Kriminalstoffe seit Anbeginn des Films vor einhundert Jahren erfolgreich. Die Popularität hat sich aber in den letzten Jahrzehnten so verstärkt, dass soziologische Gegenwartsdiagnosen greifen.

Eine naheliegende Formel besagt, wir leben in einer Gesellschaft der Spannungen, und diese verkörpern sich im *thrill* – also in den vielen Stoffen mit sensationellem, riskantem und schockierendem Gepräge. Die gegenläufig klingende Formel besagt, die Wohlstandsgesellschaften leiden unter Spannungslosigkeit und Langeweile; denn bald sieben Jahrzehnte währt der Frieden im Land. Nun bildet ein Konfliktbedarf keine anthropologische Konstante. Immerhin wird die kriegerische Vergangenheit in Europa erinnert, bei den Deutschen vor allem der mörderische Expansionismus und Militarismus aus zwei Jahrhunderten. Aus dem Land mit dem längstdauernden Frieden, nämlich Schweden, sollen besonders viele und auf grausige Details versessene Kriminalromane kommen. Die Spannungsmetapher führt nicht recht weiter.

Die Formel von der *Risikogesellschaft* steuert diese Idee bei: Die Idylle allseits gesicherter Lebensverhältnisse verfügt nicht mehr über die Anziehungskraft wie noch in frühmodernen Zeiten. In allen Tätigkeitsbereichen haben sich Risiken ausgebreitet und werden akzeptiert: in der Mobilität die Hochgeschwindigkeit, beim Reisen die fernen, exotischen Länder, bei den Hobbies die gefährlichen Sportarten, im Stoffbereich die Unmengen von Alkohol und Tabletten aller Art, im Internet die verbotenen Seiten. Krimis verdoppeln im Bilde die Risiken.

Die Formel von der *Governance* lässt sich mehrfach ins Spiel bringen. Die Grenzen zum Fremden werden im Krimi markiert und erneut befestigt. Die Vorliebe zum Krimi korrespondiert hintergründig mit dem Ausbau von Sicherheitsmentalitäten (Klimke 2008, S. 217–225). Wir sind immer enger kontrolliert – und gewinnen im Spannungserleben des Krimis ein Stück Kontrolle zurück. Crime Reality-TV arbeitet unterhaltsam an der Herstellung Innerer Sicherheit. Hier werden die Zuschauer zu freiwilliger ‚innerer Führung', also Selbstführung ermuntert, um Unruhe und Schaden von sich abzuwenden (Reichertz et al. 2012, S. 189 f.). Und das geschieht – genialer wäre es nicht zu erfinden – im Wege der Unterhaltung: Wer fremdem Verbrechen und Täterfang zusieht, steht ohne Zutun auf der Seite der Guten, Rechtstreuen und Opfer. Durch Massenkultur wird Gemeinschaft hergestellt.

Die Schule der *Cultural Criminology* entwickelt besonders ergiebige, wenngleich äußerst spekulative Erklärungsideen. Danach fasziniert Kriminalität, weil sie den Zugang zu offiziell streng gedeckelten Emotionen freisetzt. Das Verbrechen, wie es in den U-Stoffen auftaucht, handelt von Hass, Zorn, Enttäuschung, Erregung und Liebe. „In einer Gesellschaft wie der unseren, wo Emotionen sich gegen die rationale und materiale Welt stemmen, bleibt den Menschen ohne Wohlstand nur die Welt der Emotionen, um ihre Verletzungen und ihre Identität auszudrücken" (Presdee 2000, S. 4). Ferner liefert Presdee Hinweise auf die (bereits erwähnten) Mechanismen der Surrogathandlung und der Katharsis durch den Krimikonsum. Der Genuss, welchen heutige Kulturkonsumenten aus den Krimistoffen beziehen, spielt für ihn am Rande eines ‚Verbrechenskarnevals' (Presdee 2000, S. 30–33). Der übermäßig ökonomisierte Zustand ruft den Wunsch nach extremen und oppositionellen Vergnügungen hervor. Der Karneval, mit seinen ekstatischen, randständigen und chaotischen Szenen, „ist die ritualisierte Vermittlung zwischen Ordnung und Unordnung par excellence". Die postmoderne Gesellschaft veranstalte Karneval nicht ein- oder zweimal jährlich, sondern karnevaleske Akte würden unentbehrlich zum täglichen Überleben. In emotionstheoretischer Sicht: der Spaß am Phantasiespiel mit dem

Verbotenen entlastet vom Druck, den die hoch kontrollierten Arbeitsverhältnisse alltäglich ausüben. Der Konsum von Unterhaltungskriminalität dient als eine Ventilsitte, die Spannungen abbaut.

Die These von den *spätmodernen Unsicherheiten* verweist auf die sich ständig wandelnde Mischung moderner und postmoderner Merkmale. Sie besagt: „Wenn die persönliche Identität zerfällt, dann wird die virtuelle Identität willkommener, gefährlicher – und sogar ‚realer‘." (Ferrell u. a. 2008, S. 59) Flüchten die Menschen also in die Welt der Avatare, weil ihr Realleben dekomponiert? Überzeugend ist jedenfalls der Hinweis auf die Kultur des spätmodernen Pluralismus, gekennzeichnet durch Massenmigrationen und Globaltourismus; ständig kommen neue Leute und Ideen an. Dadurch verlieren die Eingeborenen „ihre Zitadellen symbolischer Sicherheit" (ebd.). Die Autoren beschwören die Zunahme an Kontingenz, Geschwindigkeit, Diversität, Willkürlichkeit. Daraus entstehe „eine Art von kulturellem Chaos". Eine Art von Verwirrung der Gefühle destabilisiert die festen Vorstellungen von Richtig/Falsch, womit die Reaktionen auf Normbrüche nicht mehr unter dem Ernsthaftigkeitszwang stehen. Wenn das Verbrechen jetzt nicht mehr als nüchterne Interessenskalkulation, sondern als Expression von Gefühlslagen angesehen wird, dann kann und muss auch das Publikum eine andere Haltung zu ihm einnehmen.

All diese Überlegungen bewegen sich vielleicht auf der Höhe einer plausiblen Spekulation. Nur, gemessen oder sonst empirisch überprüft hat's noch niemand.

Literatur

Abt, Stefanie 2004: Soziale Enquête im aktuellen Kriminalroman. Wiesbaden: Deutscher Universitätsverlag

Ferrell, Jeff; Hayward, Keith; Young, Jock 2008: Cultural Criminology. An Invitation, London: Sage

Fishman, Mark; Cavender, Gray (Hg.) 1998: Entertaining Crime: Television Reality Programs. New York: Aldine Transaction

Hans-Bredow-Institut für Medienforschung 2008: Zur Entwicklung der Medien in Deutschland zwischen 1998 und 2007. Hamburg: Universität

Herzog, Todd 2009: Crime Stories. Criminalistic Fantasy and the Culture of Crisis in Weimar Germany. New York: Berghahn Books

Holzmann, Gabriela 2001: Schaulust und Verbrechen. Eine Geschichte des Krimis als Mediengeschichte (1850–1950). Stuttgart: Metzler

Klimke, Daniela 2008: Wach- & Schließgesellschaft Deutschland. Sicherheitsmentalitäten in der Spätmoderne. Wiesbaden: VS Verlag für Sozialwissenschaften

Krasmann, Susanne 2003: Die Kriminalität der Gesellschaft. Konstanz: UVK

Kunczik, Michael; Zipfel, Astrid 2004: Medien und Gewalt. Projektbericht für das Bundesministerium FSFJ. Mainz: Institut für Publizistik

Kunczik, Michael; Astrid Zipfel 2006: Gewalt und Medien, Köln: Böhlau

Mikos, Lothar 2002: Dem Verbrechen auf der Spur. Ästhetik der Gewaltdarstellung im
Krimi. In: tv diskurs Nr. 20/2002: 18–23

Peters, H. 2011. Langweiliges Verbrechen. In Langweiliges Verbrechen. Warum
KriminologInnen den Umgang mit Kriminalität interessanter finden als Kriminalität,
hrsg. Ders. und M. Dellwing, 11–24. Wiesbaden: VS Verlag für Sozialwissenschaften.

Presdee, Mike 2000, Cultural Criminology and the Carnival of Crime, London: Routledge

Regener, Susanne 2012: RAF als Bild. In: Kriminologisches Journal 44: 198–214

Reichertz Jo 2005: Crime-Profiler. Legitime Nachfahren von Sherlock Holmes?, S. 161–
186. In: Jochen Vogt (Hg.): MedienMorde. Krimis intermedial. München: Fink

Reichertz, Jo; Bidlo, Oliver; Englert, Carina Jasmin 2012: Vom Securitainment zum Media-
Con-Act(ivat)ing. In: Kriminologisches Journal 44: 181–197

Schulze, Gerhard 1992: Die Erlebnisgesellschaft. Frankfurt/M.: Campus

Walter, Michael; Kania, Harald; Albrecht, Hans-Jörg 2004: Einführung. In: dies. (Hg.), Alltagsvorstellungen von Kriminalität, LIT Verlag Münster: 5–22

Sagenhafter Alltag (1998)

Johannes Stehr

Einleitung, Die private Aneignung herrschender Moral. Ergebnisse der Erzählanalyse (S. 9–13). Das Moment der Grenzüberschreitung (S. 83–87). Die Grenzüberschreitungsszene (S. 100–109), in: Ders., Sagenhafter Alltag. Über die private Aneignung herrschender Moral Frankfurt/M. 1998 (alle Textausschnitte in gekürzter Fassung).

[…] Die in diesem Buch entwickelte Theorie geht von einem komplizierteren Modell des Funktionierens von Normen aus und sie ist skeptisch gegenüber den behaupteten positiven Funktionen von Medien als Sozialisationsinstanzen. Das öffentliche, massenmediale Moralisieren wird nicht als notwendiges Ritual zur Erreichung gesellschaftlicher Konformität begriffen, sondern als ein Prozeß, in dem Moral-Ressourcen geschaffen und öffentlich zugänglich gemacht werden, die dann vom Publikum verwendet werden können, um mit ihnen seine eigenen Probleme und Konflikte zu bearbeiten. Ich begreife Normen & Werte als eine gesellschaftliche Veranstaltung, die *einen eigenen sozialen Handlungsbereich* darstellt. Diesen Handlungsbereich bezeichne ich als den des *Moralisierens*. Wenn Moral als ein kommunikativer Prozeß verstanden wird, stellen sich Fragen nach den Formen und Strukturen des Prozesses und den Inhalten der Kommunikation. Es läßt sich dann davon ausgehen, daß Moral gesellschaftlich über spezifische Moralisierungsformen konstituiert wird, daß sie durch Moralisierungsstrategien kommuniziert wird, und daß sie aus inhaltlichen *Ressourcen* besteht, mittels derer kommuniziert werden kann. *Moral läßt sich dabei fassen als eine*

J. Stehr (✉)
Evangelische Hochschule Darmstadt, Darmstadt, Deutschland
E-Mail: stehr@eh-darmstadt.de

© Springer Fachmedien Wiesbaden GmbH, ein Teil von Springer Nature 2022   103
A. Legnaro und D. Klimke (Hrsg.), *Kriminologische Diskussionstexte I*,
https://doi.org/10.1007/978-3-658-22005-1_9

soziale Praxis der Mitteilung von Bedeutungen, die es ermöglicht, Handlungen, Situationen und Personen zu klassifizieren und zu bewerten. Moral ist ebenso wie andere symbolische Formen und Güter untersuchbar als Prozeß der Produktion, Rezeption und Zirkulation von Bedeutungen. Eine soziologische Antwort auf die Frage, wie Normen funktionieren, muß sich daher mit diesem Produktions- und Verbreitungsprozeß von moralischen Bedeutungen beschäftigen. [...]

Das private und alltägliche Moralisieren kann unterschiedliche Formen annehmen. So wie die Massenmedien in der Präsentation ihrer Themen auf spezifische Rahmen und Scripts zurückgreifen (vgl. auch Luhmann 1996), so existieren auch auf der Benutzungsebene „kommunikative Gattungen" (Luckmann 1986, 1989) im Sinne sozial und kulturell vorgefertigter und verfestigter kommunikativer Muster, die die Moral-Kommunikation sozial und kulturell auf bestimmte Rahmungen festlegen: „In unserer Gesellschaft muß man nicht unbedingt klatschen – aber wenn man es tut, unterwirft man sich bestimmten Gattungsregeln" (Luckmann 1989, S. 38). Das alltägliche Moralisieren geschieht innerhalb kommunikativer Gattungen, in denen auch auf die öffentlich konstituierten Moral-Ressourcen zurückgegriffen werden kann. Wenn dies praktiziert wird, dann kann dies den Alltag selbst verändern. Denn im Vergleich mit den spektakulären Medienereignissen sieht der selbst erfahrbare Alltag relativ ereignislos aus. Das Moralisieren mit Medien-Ressourcen kann dem Alltag (quasi kompensatorisch) die Qualität des *„Sagenhaften"* verleihen, wenn der Bruch zwischen Medienwelt und Alltagswelt durch den Prozeß der Aneignung dieser Ressourcen überbrückt wird. Der Buchtitel *„Sagenhafter Alltag"* bezieht sich auf die Effekte eines Prozesses, in dem das Publikum die Medienebene mit der erfahrbaren Alltagsebene zusammenbringt, um dadurch die praktisch bedeutsamen Moralfragen des Alltags artikulieren und bearbeiten zu können. [...]

Ich stütze mich bei der empirischen Untersuchung der Formen und Funktionen des alltäglichen Moralisierens auf die von der volkskundlichen Erzählforschung als *moderne Sagen* bezeichneten Geschichten, die als Versatzstücke in Gesprächen dienen und im sozialen Raum zirkulieren. Mein empirischer Zugang ist folglich ein ethnographischer, der sich den Geschichten des Alltags und den Kontexten ihres Erzählens zu nähern sucht, in denen öffentlich verfügbar gemachte Moral eingesetzt und als Ressource verwendet wird. Die hiesige Soziologie hat dieses alltägliche Erzähl-Genre bislang nicht zur Kenntnis genommen. Das von der volkskundlichen Erzählforschung entdeckte Genre der modernen Sagen ist m. E. ein elementares Genre des alltäglichen Moralisierens, dessen Analyse und Interpretation wiederum wesentlichen Aufschluß geben kann über die Verbreitung und Relevanz des gesellschaftlichen Normen & Werte-Repertoires.

Theoretisch gehe ich damit von einem aktiven und produktiven Medien-
publikum aus, das sich einen eigenen Reim auf die Welt macht, die Medienwirklichkeit aber dabei zu sich „nach Hause" holt, um ihr eine Alltagsrelevanz zu
verschaffen. Wie diese Prozesse als Moralisieren faßbar werden, welcher Logik
das Moralisieren folgt und welche Funktionen es hat, das ist die empirische
Fragestellung dieser Arbeit. [...]

Das Moment der Grenzüberschreitung
Das Genre der modernen Sagen arbeitet mit dem Moment der *Grenzüberschreitung*. Die in den Geschichten vorgeführte Übertretung kultureller/sozialer/
moralischer Grenzen ist dadurch markiert, daß die Akteure in einen Bereich
der Zwischenräumlichkeit eintreten. Die Protagonisten verlassen den Raum der
Ordnung und geraten in einen „Schwellenzustand" bzw. befinden sich in einer
„liminalen" Situation (vgl. Turner, V. 1982, 1989). Die Grenzüberschreitung
stellt eine Durchbrechung des sozialen und kulturellen Klassifikationsschemas
dar. Mit Douglas (1966) läßt sich hier auch von „Verunreinigungen" sprechen,
von „Dingen am falschen Platz". Die Idee der Zwischenräumlichkeit geht auf
van Genneps „rites de passage" (1960) zurück. Van Genneps Konzept der Über-
gangsrituale bezieht sich auf drei Phasen, die bei einer Statuspassage zu durch-
laufen sind: Am Beginn steht die Trennungs- oder Separierungsphase, die vom
früheren Zustand ablöst; dann folgt die Schwellenphase, in der man sich gleichsam zwischen zwei Welten befindet; den Abschluß bildet die Angliederungs-
phase, die in einen neuen Zustand integriert. Die Schwellenphase, von Turner als
„anti-struktureller Bereich" bezeichnet, ist gekennzeichnet durch die Umkehrung
herrschender Normen & Werte, durch die ordnungsbedrohende Verwischung und
Durchkreuzung kultureller und sozialer Grenzen.

Die in den Sagen-Geschichten thematisieren Grenzüberschreitungen stellen
oftmals gleichzeitig Tabuverletzungen dar. Das zeichnet moderne Sagen formal
als karnevaleskes Genre aus (vgl. Bachtin 1995), als ein Genre, das durch die
Bereitschaft, die Eingrenzungen der offiziellen Rede zu durchbrechen, eine
inoffizielle, informelle und untergründige Qualität erhält. Zwischenräumlich-
keiten werden ständig betreten und Verwischungen der Kategorien herrschender
Ordnung finden statt. Doch diese formale Überschreitung von Grenzen, die das
Genre auszeichnet, sollte nicht dazu führen, es sogleich auch inhaltlich als ein
widerständiges anzusehen, als ein Genre, das sich über die herrschende Moral
lustig macht und die Normen als Kritik an der herrschenden Ordnung/Moral
umkehrt. Die Grenzüberschreitungen sind von der Struktur der Geschichten her
eher als „Rituale der Rebellion" (Gluckman 1956) angelegt, die zwar (auf ver-
gnügliche oder grauenvolle Weise) den Tabubruch thematisieren, doch dies

geschieht nur, um die soziale und moralische Ordnung um so deutlicher hervortreten zu lassen. […]

- Eine erste Form der Grenzüberschreitung führt in den *gefährlichen Zwischen-*
  raum. Die Grenzüberschreitung bewirkt eine Gefahrenfreisetzung, sie führt zur
  Öffnung des Zwischenraums, der hier dämonisiert wird. Die zwischenräum-
  lichen Kategorien und liminalen Wesen, die dann auftauchen, sind Schreckfiguren, die Angst erzeugen und die die Protagonisten auf den rechten Weg der
  gesellschaftlichen Ordnung und der herrschenden Moral „zurückschrecken"
  sollen. Die mythischen Figuren, die diesen Zwischenraum bewohnen, sind
  die eigentlichen „Folk Devils" (Cohen 1972[a]), die dann zur Gefahr für die
  gesellschaftliche Ordnung werden, wenn Akteure durch normbrechendes
  Handeln in diesen Zwischenraum eintreten, ihn damit öffnen und das Böse
  freisetzen. Mit ihnen werden die bestehenden moralischen Grenzen bestätigt,
  gefestigt und verteidigt. Sie dienen der Herausstellung der sozialen und
  kulturellen Klassifizierungsschemata, die durch das Handeln der Protagonisten
  durchbrochen worden sind. Im Plot haben sie zumeist die Funktion der
  Bestrafung der unmoralischen Protagonisten. Diese Dämonen werden in den
  Gefahren-Geschichten typisiert; sie stellen die in der konkreten Situation
  phantasierten Bedrohungsgestalten dar. Sie stehen in der Geschichte aber
  nicht im Vordergrund, sondern werden lediglich dazu benutzt, Protagonisten in
  ihrem Bewegungs- und Handlungsspielraum einzugrenzen. Die Dämonisierung
  des Zwischenraums legitimiert aber die Ausschließung oder Vernichtung
  zwischenräumlicher Kategorien bzw. liminaler Figuren und Wesen.
- Eine andere Form der Grenzüberschreitung führt in den *Zwischenraum der*
  Disziplin- und Verantwortungslosigkeit. In diesem Zwischenraum wohnen
  keine Dämonen; er ist im Gegenteil so beschaffen, daß der Aufenthalt in ihm
  lustvoll und vergnüglich gestaltet werden kann, weil die Protagonisten von
  allen Verpflichtungen entlastet und von Disziplinierungen befreit werden.
  Problematisch wird hier allerdings die Rückkehr in die Ordnung, denn die Zeit
  ist nicht stehengeblieben und die schlimmen Folgen der Grenzüberschreitung
  werden nun in aller Schärfe sichtbar. Der Zwischenraum besteht hier in der
  Verkehrung der moralischen Ordnung, in der symbolischen Inversion. In
  ihm herrscht die Unmoral, der Leichtsinn und die Achtlosigkeit, die Verantwortungslosigkeit, die Entblößung und die absichtsvolle Täuschung. Auf-

---

[a] Siehe *Kriminologische Grundlagentexte* (A.d.H.).

gezeigt werden die negativen Konsequenzen des normbrechenden Handelns der Protagonisten. Geschichten dieser Art sind Appelle zur Selbstdisziplinierung.

• Eine dritte Form der Grenzüberschreitung führt in den *Zwischenraum der Inkompetenz*. Grenzüberschreitungen führen hier zur Handlungsunfähigkeit. Der Zwischenraum ist ein Bereich oder Ort, in dem sich die Akteure nicht zurechtfinden; sie nehmen ihn mit ihren gewohnten Blicken wahr und versuchen ihn über ihre routinierten Handlungsmuster zu bewältigen und verkennen die Fremdheit und Andersartigkeit des Raumes. In diesem Zwischenraum herrscht die Naivität, das Verkennen, Vergessen, Vertauschen und der Reinfall auf die Täuschung, der Irrtum und die Torheit. Auch bei diesen Geschichten geht es um Eingrenzungen des Bewegungs- und Handlungsspielraums, aber auch um die soziale und kulturelle Abgrenzungen gegenüber anderen.

• Die Grenzüberschreitung kann aber auch in einen *karnevalesken Zwischenraum* führen. Sie wird dann zu einem „norm demolition derby" (Jewett und Lawrence 1976), in dem die Normen durch ironisierende Umkehrungen problematisiert werden. Hier werden nicht moralische Grenzen bestätigt, sondern kritisiert und infragegestellt; es wird zur Reflexion über sie aufgerufen. Die herrschenden binären Klassifizierungen werden verwischt und gekreuzt. Der Zwischenraum ist hier das Hybride, aus dem neue Kombinationen hervorgehen, und der die bisherige Ordnung instabil werden läßt. Die liminalen Figuren sind keine Dämonen mehr, sondern „Trickster", paradoxe Figuren, die durch das „Netz der Klassifikationen" (Turner, V.) schlüpfen; es sind amoralische Figuren der Unordnung, die z. B. das Böse wollen, aber dabei das Gute tun. Paradoxien und Ambivalenzen werden hier zugelassen, und die Norm wird selbst infragestellt. Die Trickster-Figuren personifizieren die normative Ambivalenz (vgl. Diamond 1976; Koepping 1984). Im Gegensatz zu ihnen sind Dämonen eindeutig negativ bewertete Schwellenwesen, deren Vorführung auf die Herausstellung der herrschender Ordnung zielt, auf binäre Klassifikationssysteme als Ordnungsmechanismen. [...]

Die Grenzüberschreitungsszene

In der Grenzüberschreitungsszene verlassen die Protagonisten das sichere Territorium und begeben sich in unbekannte Gefilde. Gefährlich wird dieser unbekannte Raum dadurch, daß er mit den herkömmlichen Kompetenzen und moralischen Sensibilitäten wahrgenommen wird, die hier aber nicht angebracht sind. Die Protagonisten gewinnen ihre Sicherheit nur durch die Umkehr in den beschützenden Raum der (alten) Ordnung zurück. Im Vordergrund der

Gefahren-Bearbeitung steht daher die Grundszene von Flucht und Rettung. Im folgenden präsentiere ich Beispiele aus der großen Sub-Kategorie von Gefahren-Geschichten, die die Grenzen des Bewegungsspielraums von Frauen aufzeigen. Die erste Geschichte wird von einer 25jährigen Studentin aus einer bundesrepublikanischen Großstadt erzählt.

> „Da fährt also eine Frau Richtung ... also abends nach Hause Richtung Heiligenhaus. Und da ist also schlechtes Wetter, und sie fährt also ganz langsam. Da sieht sie am Straßenrand so ein Kind dahergehen. Und sie ... das geht also vor ihr her auf der rechten Seite auch, und sie verfolgt das erst einen Augenblick. Da denkt sie: ‚Mein Gott, um diese Zeit...‘. Es war schon so elf Uhr. ‚Wieso geht denn da jetzt ein Kind her?‘ Dann hält sie also an, steigt aus, und in dem Moment fällt also das Kind um. Das war nur ein Puppe. Und da hatte sie also so einen irren Schrecken gekriegt, steigt ins Auto und fährt...wie wild fährt sie nach Hause. Und zuhause steigt sie aus, geht zu ihrem Mann und sagt: ‚Mensch, ich bin völlig fertig. Überleg dir, was mir passiert ist!‘ – ‚Ja‘, sagt der Mann, ‚kann das denn sein? Komm wir fahren da noch mal zurück. Vielleicht war das doch ein Kind!‘ Und da steigen... wollten sie gerade ... wollte ihr Mann fahren, steigt da ein, und da sieht er also am Auto unheimlich viel Blut. Und dann guckt er im Wagen nach, und da sieht er so einen abgerissenen Finger im Auto. Ja, und da waren sie dann auch völlig fertig. Und da haben sie sich dann auch gedacht, daß da jemand die Frau überfallen wollte und wohl in dem Moment da in die Tür griff, als sie dann zuschlug." (Fischer 1991, S. 47/48)

Die Protagonistin der Geschichte, das Beinahe-Opfer, ist spät abends alleine unterwegs. Doch sie hat schon in dieser Situation ihre Kompetenzen verloren und handelt entsprechend ihres „Mutterinstinkts", der der Situation aber völlig unangemessen ist. Außerhalb des noch sicheren Autos ist sie orientierungslos und unfähig, die Situation richtig zu deuten. Ihr Mitleid mit dem Kind bringt sie selbst in Gefahr. Sie hat sich täuschen lassen, ihr übliches Handlungsprogramm hat versagt. Zu ihrem Glück erkennt sie noch rechtzeitig die Falle und flüchtet in die Arme ihres Ehemannes. Sicherheit erlangt die Protagonistin durch die Rückkehr in die bestehende Ordnung des Geschlechterverhältnisses; weder wird diese Ordnung verändert noch gewinnt die Frau an Autonomie. Es werden klare Grenzen der Bewegungsfreiheit gezogen. Die Schreckfigur ist in dieser Szene nur angedeutet und bleibt unscharf. In anderen Geschichten ist von Frauenmördern, Rockern und von aus psychiatrischen Anstalten entflohenen Psychopathen die Rede. Sie alle spielen den männlichen Gegenpart zum schutzbietenden Ehemann, der aber seine Rolle aufgrund des weiblichen Autonomiestrebens (nicht die Frau wartet zuhause, sondern der Ehemann) nicht mehr vollständig erfüllen kann.

Grenzüberschreitungsszenen thematisieren Rollenunsicherheiten, sie diskutieren die Grenzen persönlicher Kompetenzen und moralischer Sensibilitäten

im Rahmen gesellschaftlicher Rollen-, Status- und Positionsanforderungen.
Das Erzählen solcher Geschichten hat vor allem zwei Funktionen. Die eine ist
die eher herrschaftliche Funktion der Warnung, sich nicht zu weit hinauszu-
wagen. Eigenständigkeit und Autonomie wird als Normabweichung begriffen,
vor deren negativen Konsequenzen in einem erzieherisch-moralisierenden
Ton gewarnt wird. Die Geschichten zeigen dann, was mit denjenigen passiert,
die sich nicht dem Schutz der für sie „Zuständigen" unterwerfen. Grenzüber-
schreitungs-Geschichten, die zu diesem Zweck erzählt werden, betonen die
schlimmen Folgen autonomen Handelns und legen als Lösung eher den Verzicht
auf Autonomie nahe. Die folgende männliche Version einer Gefahrenandrohungs-
geschichte erzählt ein 24jähriger Student aus Dinslaken:

> „Da waren mal so Voerder Frauen. Die waren alle in einem Kegelklub und wollten
> mal ohne Männer eine Tour machen. Da sind die mit alle Mann hoch nach Amster-
> dam und wollten da mal so richtig einen draufmachen, so richtig die Sau rauslassen.
> Und wie sie abends loszogen, da kamen sie in das Vergnügungsviertel in Amster-
> dam, da, wo die vielen Molukken sind und die Fixer und so Typen. Da gingen die
> in eine Kneipe und tranken wie die Berserker. Und auf einmal waren sie alle weg,
> so richtig weggetreten und wachten erst am anderen Morgen im Hotel auf. Und
> da dachten die: „Was war denn da los?" Und als sich die erste waschen wollte, da
> stellte die fest, daß ihr jemand ein großes rotes Herz auf die Brust gemalt hatte, und
> das wollte die abwaschen, und das ging nicht ab, das war nämlich eine Tätowierung.
> Und die ändern hatten das auch. Da wußten die nicht, was die ihren Männern
> erzählen sollten und fuhren mit solchen Gesichtern nach Hause. Die Männer fragten
> natürlich, was da los war. Und jetzt sind von den zehn neun geschieden. Die legen
> sich nicht mehr mit einem Bikini an den Strand, die tragen nur noch Rollkragen-
> pullover." (Fischer 1991, S. 90/91)

Diese Männergeschichte demonstriert Frauen, was passieren kann, wenn sie „mal
ohne Männer eine Tour machen". Die Schreckfiguren, die gegen die Frauen auf-
gefahren werden, sind die „gefährlichen Kategorien", die im Amsterdamer Vergnügungsviertel vermutet werden („Molukker",„fixer", „so Typen"); es sind
soziale Kategorien, von denen sich die erzählenden Männer abgrenzen, und die
in der Geschichte die Negation rechtschaffenen Ehemänner darstellen. Es genügt
der unscharfe Verweis auf die Bewohner des gefährlichen Zwischenraums, der
als Amsterdamer Vergnügungsviertel konkret benannt wird. Die Geschichte droht
mit Gefahren und Sanktionen, sie zieht enge moralische Grenzen und verweist
(rechtschaffene) Frauen an die Seite ihrer Ehemänner. Mit dieser Geschichte wird
aber auch – im Kontrast zu den bösen Männern – das Bild des guten Mannes
gezeichnet: Der rechtschaffene Ehemann versorgt und beschützt seine Frau.

Männer klären mit dem Erzählen dieser Geschichte auch ihre eigene Rolle vor dem Hintergrund eines zunehmenden weiblichen Emanzipationsstrebens[74]. Die folgende weibliche Variante des gleichen Themas enthüllt dagegen eine andere Erzählfunktion. Das weibliche Erzählpublikum gehört der potentiell gefährdeten Kategorie an. Es steht eher vor dem Problem, mit der männlichen Androhung von Gefahren umzugehen. Im Vordergrund steht dabei die Gefahreneingrenzung. Das weibliche Erzählpublikum versucht, für sich selbst Mittel und Wege zu finden, Gefahren auszuweichen, sie entweder auf bestimmte Orte und Räume, die das Erzählpublikum selbst nicht betritt, zu begrenzen, oder Gefahren als Folge von Handlungsweisen zu behaupten, die außerhalb des eigenen Handlungsrahmens liegen. Im folgenden Beispiel läßt sich zeigen, daß Frauen u. a. die Strategie der Differenzierung anwenden und die moralischen Grenzen dadurch nicht enger stecken, sondern weiter ausdehnen. Problematisch ist hier etwa nicht das Reisen in ein Vergnügungszentrum ohne Ehemänner, sondern das „Übertreiben" des Vergnügens. Durch das Erzählen einer solchen Geschichte kann das (weibliche) Erzählpublikum sich gegenseitig versichern, moralischer bzw. kompetenter zu sein als die vorgeführten Protagonistinnen. Die Grenzüberschreitung wird am unkontrollierten und exzessiven Alkoholkonsum in der (Halb-) Öffentlichkeit festgemacht. Die Erzählerin ist offensichtlich selbst Mitglied in einem (Frauen-) Kegelverein und berichtet über ein Erlebnis, von dem sie über eine Bekannte informiert wurde:

> „Wo wir gerade über Kegelausflüge reden, Ihr kennt doch die (....), jedenfalls, die kegelt manchmal noch bei einem anderen Kegelverein mit. Und der Verein ist vor ein paar Wochen nach Hamburg gereist. Abends sind die Damen dann natürlich über die Reeperbahn geschlendert. Als man zum verabredeten Zeitpunkt die Nachtfahrt nach Hause antreten wollte, fehlten drei Frauen. Alles Suchen war vergeblich. Daraufhin entschloß sich der Rest der Runde, eine Vermißtenanzeige aufzugeben und trat mit gemischten Gefühlen – die Damen waren ja alt genug und würden auch allein nach Hause finden – die Heimreise an. Die zu Hause wartenden Ehemänner fielen aus allen Wolken, als sie erfuhren, daß ihre Frauen auf St. Pauli abhanden gekommen waren. Am nächsten Tag dann der erlösende Anruf von der Davidswache auf der Reeperbahn: Die drei Frauen waren, allerdings betrunken, nackt und ausgeraubt, wieder aufgetaucht und warteten auf ihre Auslösung." (Brednich 1993, S. 78)

---

[74] Wenn diese Geschichte unter Männern erzählt wird, ist das eine Gelegenheit, Männlichkeit zu definieren und auszuhandeln (vgl. zur Aushandlung von Männlichkeit auch Steinert 1997). Mit den Bildern und Figuren von „schlechten" Männlichkeiten wird gegenwärtig die Krise der Männlichkeit bearbeitet (vgl. Kersten 1991).

Im Gegensatz zur vorherigen männlichen Geschichte fehlt hier das Moment der Sanktionierung durch die Männer. Die weibliche Version identifiziert die Grenzüberschreitung im Alkoholexzeß, und hier auch weniger in Form einer moralischen Übertretung, sondern eher als Hinweis auf die Klugheitsregel, im öffentlichen Raum nicht die Selbstkontrolle zu verlieren und sich dadurch nicht verletzbar zu machen. Die Geschichte gibt eher Handlungsanleitungen, wie negative Folgen von Eigenständigkeit verhindert werden können.

Während die männliche Version weibliche Autonomie im öffentlichen Raum grundsätzlich verneint, geht es in der weiblichen Version um Antworten auf die Fragen: Wo liegen die Grenzen weiblichen Vergnügens im (halb-) öffentlichen Raum? Über welche Kompetenzen sollten Frauen verfügen, wenn sie sich im öffentlichen Raum bewegen? Die Frauengeschichte betont weniger die moralische Dimension der Grenzüberschreitung und legt mehr Nachdruck auf die Vorführung von Inkompetenz: Frauen, unter denen diese Variante erzählt wird, können sich von den naiven Frauen distanzieren, die die Lokale auf der Reeperbahn mit dem eigenen Wohnzimmer verwechseln – ein verhängnisvoller Fehler, der den Erzählerinnen selbst sicher nie unterlaufen wäre[76]. Die Erzählerinnen entwickeln damit für sich einen Ausweg aus dem gezeichneten Dilemma. Im Aufzeigen von Wegen, Gefahren zu vermeiden, klären sie für sich selbst, wo die Grenzen des weiblichen Bewegens im öffentlichen Raum liegen, und was letztlich eine anständige Frau ausmacht.

Der öffentliche Moral-Diskurs liefert die Gefahren-Figuren, die dann in den Sagen-Geschichten für die Zwecke des Erzählpublikums „eingesetzt" werden. In den folgenden Beispielen läßt sich zeigen, inwiefern die massenmediale AIDS-Panik[77] die Konstruktion neuer Dämonen-Figuren ermöglicht hat, die für die

---

[76] Winick (1992) hat diese Erzählfunktion in der Analyse einer ähnlich gelagerten Männergeschichte herausgearbeitet. Heterosexuelle junge Männer warnen sich hier gegenseitig vor „gefährlichen Frauen", die ihnen zwar nicht direkt über deren eigene weibliche Sexualität gefährlich werden, dafür aber das von den heterosexuellen, weißen Männern erhoffte sexuelle Vergnügen durch ihre Vorbereitung und „Zuliefererdienste" umkehren in eine Vergewaltigung durch homosexuelle schwarze Männer.

[77] Die massenmediale AIDS-Berichterstattung läßt sich als Inszenierung einer Moral-Panik bezeichnen (vgl. dazu Steinert et al. 1990). Dabei geht es weniger um die Frage, ob die AIDS-Problematik quantitativ übertrieben wurde oder nicht, sondern um die Konstruktion des sozialen Problems „AIDS" als ein moralisches Drama von gut und böse, von lasterhaft und tugendhaft, und um die moralischen Metaphern, die im öffentlichen AIDS-Diskurs zur Anwendung kamen und immer noch präsent sind. Der öffentliche Moral-Diskurs hat über das Thema „AIDS" Sexualität wieder zu einem Schauplatz des politischen Kampfes um Hegemonie werden lassen (vgl. Ray 1989). AIDS ist öffentlich (durch Politik, Medien und Medizin) durch die Metapher der gefährlichen Verunreinigung (vgl. Sontag 1989) bekannt

Bearbeitung der Alltagsprobleme des Medienpublikums nützlich sind. Seit der öffentlichen AIDS-Panik haben sich eine ganze Reihe von AIDS-Geschichten verbreitet, die in den unterschiedlichsten Situationen zu ganz verschiedenen Zwecken erzählt werden. Gesellschaftlich verbreitet hat sich damit die Figur des gefährlichen AIDS-Kranken[78], der Sexualpartner nicht nur gefährdet, sondern bewußt und intentional mit ins Verderben reißt. Die folgende Geschichte (in der einschlägigen Literatur mit „Willkommen im AIDS-Club" betitelt) existiert in männlichen und weiblichen Varianten. Ich präsentiere zunächst eine Geschichte, die vor allem von Frauen erzählt wird, und in welcher der gefährliche AIDS-Kranke ein männlicher Dämon ist. Sie wird erzählt von einer 23jährigen Industriekauffrau aus einer Großstadt des Ruhrgebiets:

„Meine Arbeitskollegin hat mir folgende Geschichte erzählt: Ein Mädchen, achtzehn, neunzehn Jahre, hat von ihren Eltern zum Abitur eine Reise nach Rhodos geschenkt bekommen und hat dat dann natürlich auch gemacht, klar. Fliegt also nach Rhodos, lernt einen jungen Griechen kennen, verliebt sich tierisch und hat herrliche vierzehn Tage. Als dann der Rückflug … als der Tag des Rückfluges kam, bringt der Grieche sie zum Flughafen und überreicht ihr noch dazu ein wunderbar verpacktes Päckchen und sagte aber, sie möchte das erst wieder in Deutschland öffnen. Und das Mädchen war ganz aufgeregt, und hat es während des Flugs das Päckchen geöffnet und wurde ganz blaß, weil in dem Päckchen eine strangulierte Ratte lag mit einem Zettel, auf dem stand: ‚Herzlichen Glückwunsch! Du bist aufgenommen im Club der Aids-Kranken'. Und als sie dann zu Hause angekommen ist, mußt sie die Geschichte ja nun ihrer Mutter erzählen, und beide sind voller Panik zum Arzt gegangen. Und es stellte sich tatsächlich heraus, daß sie aidskrank ist." (Fischer 1991, S. 60)

Diese Geschichte wird vor allem jungen Frauen erzählt, die ihre Wege autonom bestimmen wollen und mittlerweile alleine in die Fremde reisen, um sich

---

gemacht und gleichzeitig als Instrument benutzt worden, der „permissiven Gesellschaft" Grenzen zu setzen. Im privaten Moral-Diskurs wird erkennbar, daß die politische Auseinandersetzung direkt wenig interessiert, sie aber offensichtlich einen neuen Dämonen-Typus konstruiert hat (der sich fast als „Super-Metapher" für gefährliche Verunreinigungen bezeichnen läßt).

[78] Die öffentliche Diskreditierung von Homosexuellen im Zusammenhang mit AIDS ist für die moderne Sage kein (großes) Thema. Die an AIDS erkrankten und dadurch zu Dämonen gewordenen Personen sind die für das breite (kleinbürgerliche) Publikum „traditionellen" Figuren der sexuellen Unmoral: Prostituierte, Liebhaber, Urlaubsbekanntschaften, Personen, die insgesamt das flüchtige und rein sexuelle Vergnügen symbolisieren. Zuletzt dazugekommen ist der eigene Partner, der mit AIDS nun ein neues und wirksames Mittel der Vergeltung für den traditionellen Ehebruch besitzt.

auch sexuell zu vergnügen[79]. Sie warnt vor den Folgen dieser Autonomie und schüchtert zugleich ein. So sind es denn auch oft Mütter junger Frauen, die diese Geschichte an ihre Töchter weitergeben, um sie vor den Gefahren „der weiten und fremden Welt" zu warnen. Die moralische Grenzüberschreitung der Protagonistin ist in dieser AIDS-Geschichte gleichzeitig eine Überschreitung territorialer Grenzen. Besonders Fremde sind gefährlich: Sie verstellen sich und verbergen ihre eigentlichen Intentionen, so daß junge Frauen zum Opfer ihrer eigenen Vergnügungssucht werden.

---

[79] Der Kriminalitäts-Diskurs, der die gefährliche Männlichkeit vorführt, hat vor allem die Funktion, Frauen auf ihre traditionelle Rolle zu verpflichten. Diese Rolle verweist sie auf die Privatsphäre als Ort der Geborgenheit und Sicherheit, und als Ort, in dem Frauen sich kompetent bewegen. In der Öffentlichkeit und vor allem in der „Fremde", drohen Frauen nur Gefahren. Dies insbesondere dann, wenn sie sich hier ohne legitime männliche Begleitung bewegen. Vgl. Roller 1986 zu den problematischen Implikationen einer fortschrittlichen Frauenpolitik, die sich auf genau diesen Diskurs stützt. Es ist notwendig, Kriminalitätsgeschichten danach zu unterscheiden, ob sie Hinweise zur besseren Bewältigung von problematischen Situationen geben, oder ob sie lediglich Gefahren benennen, die auf das Vermeiden von Orten und Handlungen zielen und Angst schüren statt Kompetenzen entwickeln zu helfen. Wachs (1988), die das Erzählen von „crimevictim-stories" in natürlichen Erzählsituationen untersucht hat, vermischt in ihrer Herausarbeitung der Erzählfunktionen Geschichten über eigene Schadens- und Beeinträchtigungserfahrungen mit Sagen-Geschichten [...]. Wenn man diese „Vermischung" analytisch rückgängig macht, kommen zwei unterschiedliche Erzählfunktionen zutage, die sich über jeweils verschiedene Geschichtensorten artikulieren: Geschichten über Erfahrungen anderer erfüllen eher die erzieherische Funktion der Warnung von Unerfahrenen vor den „Gefahren der Großstadt" (durch das Erzählen von „cautionary tales"); Geschichten über eigene Erfahrungen von Schädigungen und Beeinträchtigungen erfüllen dagegen eher die Funktion der gemeinsamen Erarbeitung von „streetwisdom", eines pragmatischen Wissens, wie mit problematischen Situationen (mit denen man selbst tagtäglich konfrontiert ist) am besten umgegangen werden kann. [...] In der erzählerischen Aushandlung von Gefahrenvermeidungsmöglichkeiten arbeiten die Frauen moralische Dimensionen mit ein, die diese Aushandlung anleiten: Gefährlich sind bestimmte städtische Regionen, in denen „die anderen" (in diesem Falle: „die Schwarzen") zu finden sind. Gefährlich ist es, sich als Frau überhaupt zu weit „herauszuwagen", sei es durch die Herausstellung von Weiblichkeit oder durch das Verlassen des vermeintlich sicheren Heimterritoriums. Mit dieser Aushandlung von Gefahrenvermeidungsmöglichkeiten bearbeiten die Frauen aber – was Wachs nicht sieht – letztlich ihr eigenes Frauenbild: Müssen Frauen von den guten Männern beschützt werden? Was macht Frau-sein überhaupt aus? Was sind legitime Betätigungen für Frauen? Geschichten über die „gefährliche (Groß-) Stadt", in der frau selbst lebt, bearbeiten die ambivalente Situation von Frauen, die sich selbst zwischen traditioneller Frauenrolle und den Ansprüchen auf dem Arbeitsmarkt mit seinen Gratifikationen verorten.

Die Geschichte konstruiert die Figur eines AIDS-Kranken, der seine Sexual-
partnerin nicht nur gefährdet und ihre Ansteckung riskiert, sondern ihre
Infizierung mitsamt Todesfolge beabsichtigt. Somit ergeben sich Ähnlichkeiten
mit dem Vampir-Mythos[80]. Der Vampir als „lebender Toter" (ein paradigmatisch
liminales Wesen) findet, meist wegen sexueller Sünden, keine Ruhe und saugt
andere (nahestehende) Personen aus, die kurz darauf ebenfalls sterben und selbst
zu Vampiren werden. Der Vampir handelt eher a- als unmoralisch: Aus eigenem
Interesse heraus versucht er sich zu erhalten, indem er andere aussaugt und diese
damit auch in die zwischenräumliche Position der „lebenden Toten" bringt[81].

Die Dämonen- bzw. Vampir-Figur der Geschichte verdichtet drei Gefahren-
Elemente: Sie enthält das Bild des gefährlichen Fremden, der gefährlichen
Sexualität und des gefährlichen Kranken. Für den Sagen-Diskurs, der Unsicher-
heiten und Ambivalenzen über Formgebungen bearbeitet, ist AIDS eine perfekte
moralische Metapher. AIDS steht für die Invasion von körperfremden Substanzen
in den eigenen Körper und damit für Verunreinigung (vgl. Sontag 1989)[83]. Über
AIDS lassen sich Geschichten konstruieren, die moralische Grenzen ziehen
und Orte der Reinheit und Sicherheit definieren. Nicht zufällig sind die in den
Geschichten aufgezeigten sicheren Orte die traditionellen Plätze, die beiden
Geschlechtern zugedacht werden. In der nächsten Geschichte werden die
Geschlechterrollen umgekehrt:

„Als wir auf die Krankheit AIDS zu sprechen kamen, erzählte mir ein Freund,
der von einem Teneriffa-Urlaub zurückgekommen war, die folgende Geschichte:

---

[80] Lenzen (1991) hat auf die Analogie von öffentlichem Aids-Diskurs und Vampir-Mythos
aufmerksam gemacht. Für ihn transportiert der Aids-Diskurs weniger medizinisches
Wissen als ein gesellschaftliches Wissen mit „stabilisierender Wirkung". Durch den
Aids-Diskurs wird „ … in erster Linie ein Mythos konstituiert, dessen Strukturen ebenso
rekonstruierbar sind wie diejenigen des Vampir-Mythos. (…) Der Aids-Mythos muß als
vorläufig (!) letzte Etappe einer Folge von Mythen gelesen werden, die in der Geschichte
der Infektionskrankheiten entstanden sind und von denen die Vampir-Legende nur einen
kleinen Teil ausmacht" (Lenzen 1991, S. 91/92).

[81] Ausschließung und Vernichtung von Vampiren war die gängigste historische
Bearbeitungsform (vgl. Lenzen 1991). In diesem Zusammenhang ist interessant, daß die
Geschichte „Willkommen im Aids-Club" durch die Politik wieder in den öffentlichen Diskurs gelangt ist. Der frühere bayerische Innenminister Gauweiler hat sie zur Legitimation
seiner Bekämpfungs- und Ausschließungspolitik zitiert (vgl. Brednich 1990).

[83] Die Aids-Metapher hat sich daher auf die Drogen-Metapher draufsetzen können. Aids
dringt wie die Droge von außen als fremde Substanz in den eigenen Körper ein, ver-
unreinigt ihn und zerstört bzw. korrumpiert ihn damit. In Erzählungen aus den 70er Jahren
wurden Mädchen und Frauen mit Gefahren-Geschichten, die sich das Bild der „gefährlichen Drogen" (und der gefährlichen Jugend) aneigneten, vor zuviel und zu früher Selb-

Ein Bekannter, der auf der Insel wohnte, hatte ihm berichtet, wie ein junger Spanier aus Santa Cruz in dem Badeort Puerto de la Cruz eine Touristin kennenlernte, mit der er die Nacht verbrachte. Als er am nächsten Morgen in dem Hotelzimmer, das sie sich genommen hatten, aufwachte, war sie schon fort. Er ging ins Bad, um zu duschen, als er auf dem Spiegel, mit Lippenstift geschrieben, den Satz las: ‚Willkommen im AIDS-Club!'. Zwei Monate später machte er einen AIDS-Test, der positiv ausfiel." (Brednich 1990, S. 59).

Geschichten mit gefährlichen Vampirinnen kursieren vor allem unter männlichem Erzählpublikum. In diesen männlichen Varianten erfolgt die Mitteilung der Aufnahme in den Club der lebenden Toten nicht durch das Symbol des Schmutzes (die Ratte im Geschenkkarton symbolisiert den Schmutz, mit dem sich die Frau eingelassen hat, und zu dem sie selbst nun bald wird), sondern durch die verführerische (und aus etlichen Filmen bekannte) Geste des Schreibens einer Lippenstift-Nachricht auf einen Spiegel. Doch die erhoffte Liebesbestätigung wird zur Todesnachricht. Die Vampirin hat dem jungen Mann über den Geschlechtsakt die Lebensgeister geraubt.

Die Furcht der patriarchalen Männlichkeit vor dem Verlust der Fortpflanzungsfähigkeit durch illegitime („flüchtige" und „zu viele") sexuelle Beziehungen ist ein traditionelles Erzählmotiv. Gegenwärtig wird aber mit diesen (und ähnlichen) Geschichten die Krise der Männlichkeit bearbeitet, die durch die feministische Herausforderung (mit-)entstanden ist. Die „gefährlichen Frauen" sind gerade emanzipierte Frauen, die es wagen, alleine zu reisen, und die es sich erlauben, auch sexuellen Vergnügungen nachzugehen. In der zuletzt dokumentierten Geschichte kommt wiederum das Moment des „gefährlichen Fremden" zum Tragen; diesmal aber ist die Touristin (aus dem Norden?) die fremde Täterin und nicht das Opfer. Der Spanier aus Teneriffa hat die Grenze seiner eigenen moralischen Gemeinschaft überschritten und ist dadurch zum Opfer geworden. Immer wird das Fremde als negative Projektionsfläche benutzt, anhand derer die eigenen moralischen Maßstäbe geklärt werden.

---

ständigkeit zurückgeschreckt. Klintberg (1990) präsentiert eine Geschichte, in der junge Mädchen – auf dem Weg zum Tanzvergnügen – in der (Stockholmer) U-Bahn von jungen Männern mit Spritzen „angestochen" werden, um sich ihrer zu bemächtigen. Seit der Aids-Panik der 80er Jahre werden Geschichten erzählt, die aus der gefährlichen Droge die gefährliche aids-infizierte Spritze machen (vgl. dazu Schneider 1992). Fischer (1991) dokumentiert eine Geschichte aus den USA, aus der deutlich wird, daß die Infizierung mit Aids durch einen „Spritzen-Überfall" auf Frauen die Funktion der Androhung von Vergewaltigungsgefahren übernommen hat.

Alle Geschichten warnen vor flüchtigen sexuellen Beziehungen, die das Ordnungsgefüge der herkömmlichen Geschlechterbeziehungen ins Wanken bringen. Sie ziehen eine moralische Grenze dort, wo die Bereitschaft, die herkömmlichen Geschlechterrollen auszufüllen, aufgegeben wird. Die Krise der Intimität, die hier vorgeführt wird, verweist auf die Krise der Männlichkeit und der Weiblichkeit. Was macht gegenwärtig eine anständige Männlichkeit aus, und was kennzeichnet – angesichts größerer Freiheiten von Frauen – eine anständige Weiblichkeit?

Literatur

Bachtin, Michel, Rabelais und seine Welt. Volkskultur als Gegenkultur, Frankfurt/Main 1995.

Brednich, Rolf Wilhelm, Die Spinne in der Yucca-Palme. Sagenhafte Geschichten von heute, München 1990.

Brednich, Rolf Wilhelm, Das Huhn mit dem Gipsbein. Neueste sagenhafte Geschichten von heute, München 1993.

Cohen, Stanley, Folk Devils and Moral Panics: The Creation of the Mods and Rockers, London 1972.

Diamond, Stanley, Kritik der Zivilisation. Anthropologie und die Wiederentdeckung des Primitiven, Frankfurt/New York 1976.

Douglas, Mary, Purity and Danger, London 1966. Deutsch: Reinheit und Gefährdung. Eine Studie zu Vorstellungen von Verunreinigung und Tabu, Berlin 1985.

Fischer, Helmut, Der Rattenhund. Sagen der Gegenwart, Köln/Bonn 1991.

Gennep, Arnold van, The Rites of Passage, London 1960.

Gluckman, Max, Custom and Conflict in Africa, Oxford 1956.

Jewett, Robert/Lawrence, John Shelton, Norm Demolition Derbies: Rites of Reversal in Popular Culture, in: Journal of Popular Culture 9, 1976, S. 976–982.

Kersten, Joachim, Kriminalität, Kriminalitätsangst und Männlichkeitskultur, in: Kriminalsoziologische Bibliografie 18, 1991, S. 41–64.

Klintberg, Bengt af, Die Ratte in der Pizza. Und andere moderne Sagen und Großstadtmythen, Kiel 1990a.

Koepping, Klaus-Peter, Trickster, Schelm, Pikaro: Sozialanthropologische Ansätze zur Problematik der Zweideutigkeit von Symbolsystemen, in: Müller, Ernst Wilhelm/König, René/Koepping, Klaus-Peter/Drechsel, Paul (Hg.), Ethnologie als Sozialwissenschaft, Sonderheft der Kölner Zeitschrift für Soziologie und Sozialpsychologie Nr. 26, Opladen 1984, S. 195–215.

Lenzen, Dieter, Krankheit als Erfindung. Medizinische Eingriffe in die Kultur, Frankfurt/Main 1991.

Luckmann, Thomas, Grundformen der gesellschaftlichen Vermittlung des Wissens: Kommunikative Gattungen, in: Neidhart, F. u.a. (Hg.), Kultur und Gesellschaft, Opladen 1986, S. 191–211.

Luckmann, Thomas, Kultur und Kommunikation, in: Haller, Max/Hoffman-Nowotny/Zapf, Wolfgang (Hg.), Kultur und Gesellschaft, Frankfurt/New York 1989, S. 39–45.

Luhmann, Niklas, Die Realität der Massenmedien, Opladen 1996.

Ray, Laurence J., AIDS as a moral metaphor, in: Arch. Europ. Sociol. 30, 1989, S.243–273.

Schneider, Ingo, Geschichten über Aids. Zum Verhältnis von Sage und Wirklichkeit, in: Österreichische Zeitschrift für Volkskunde 46, 1992, S. 1–27.

Sontag, Susan, Aids und seine Metaphern, München/Wien 1989.

Steinert, Heinz, Schwache Patriarchen – gewalttätige Krieger. Über Männlichkeit und ihre Probleme zwischen Warenförmigkeit, Disziplin, Patriarchat und Brüderhorde. Zugleich eine Analyse von „Dirty Harry" und anderen Clint Eastwood Filmen, in: Kersten, Joachim/Steinert, Heinz (Hg.), Starke Typen. Iron Mike, Dirty Harry, Crocodile Dundee und der Alltag von Männlichkeit, Jahrbuch für Rechts- und Kriminalsoziologie 1996, Baden-Baden 1997, S. 121–157.

Steinert, Heinz/Cremer-Schäfer, Helga/Stehr, Johannes/Hancke-Stehr, Roswitha, Sanktionieren als Moralisieren. Formen und Funktionen der öffentlichen und privaten moralischen Verurteilung, DFG-Forschungsbericht, Frankfurt/Main 1990.

Turner, Victor, From Ritual to Theatre. The Human Seriousness of Play, New York 1982, deutsch: Vom Ritual zum Theater. Der Ernst des menschlichen Spiels, Frankfurt/Main 1995.

Turner, Victor, Das Ritual. Struktur und Anti-Struktur, Frankfurt/New York 1989.

Wachs, Eleanor, Crime-Victim Stories. New York City's Urban Folklore, Bloomington/Indianapolis 1988.

Winick, Stephen, Batman in the closet: a New York Legend, in: Contemporary Legend, 1992, S. 1–21.

Der politisch-publizistische Verstärkerkreislauf. Zur Beeinflussung der Massenmedien im Prozeß strafrechtlicher Normgenese (1978)

Sebastian Scheerer

Der politisch-publizistische Verstärkerkreislauf. Zur Beeinflussung der Massenmedien im Prozeß strafrechtlicher Normgenese, in: Kriminologisches Journal 10, 1978, S. 223–227.

In der Gesetzgebungsroutine spielen die Massenmedien zumeist kaum eine Rolle. Gelegentlich finden jedoch strukturelle Konflikte ihren sozialen Austragungsort im Bereich des Strafrechts. Benachteiligte Gruppen fordern dann die tatbestandliche Neudefinition der allgemeinverbindlichen moralisch-juristischen Bewertung eines Sachverhalts wie etwa des nichtmedizinischen Konsums bewußtseinsverändernder Drogen oder der Abtreibung. Die öffentliche Auseinandersetzung um eine Strafrechtsnorm ist dann zu einem Gutteil symbolisch, d. h. sie repräsentiert wesentlich umfassendere und tiefergehende soziale Konflikte. Anläßlich solcher symbolischen Konflikte um die Neudefinition der „moralischen Grenzen" eines sozialen Systems wächst das Interesse der Medien an legislativen Fragen wie auch das reziproke Interesse der Normproduzenten an der (Beeinflussung der) Berichterstattung der Massenmedien. Die folgenden Bemerkungen sollen am Beispiel der Drogengesetzgebung in der Bundesrepublik Deutschland aufzeigen, wie symbolische Strafgesetzgebung unter den Bedingungen einer aktiven Verwaltung

S. Scheerer (✉)
Universität Hamburg, Hamburg, Deutschland
E-Mail: scheerer.sebastian@uni-hamburg.de

© Springer Fachmedien Wiesbaden GmbH, ein Teil von Springer Nature 2022   119
A. Legnaro und D. Klimke (Hrsg.), *Kriminologische Diskussionstexte I*,
https://doi.org/10.1007/978-3-658-22005-1_10

eingebettet ist in eine konzertierte Aktion des politisch-administrativen Systems zur Beeinflussung der öffentlichen Meinung.[2]

Die Ausgangslage: Seit 1968/69 hatte die von der Regierung verfolgte Prohibitionspolitik in bezug auf die „weichen" Drogen zusehends an Boden verloren. Zur schnellen Verbreitung des Haschischkonsums unter Studenten und Schülern gesellte sich der delegitimierende Einfluß zahlreicher Journalisten in Presse und Rundfunk, die offensiv für eine Entkriminalisierung des Haschischkonsums eintraten. Auf dem Taschenbuchmarkt setzten sich mehrere Publikationen sehr kritisch mit der Regierungspolitik auseinander. Für die Politiker aller Parteien stellte sich damit die Aufgabe, diese publizistischen Positionen zu „destabilisieren" und einem Umschwung in der moralischen Bewertung des Haschischkonsums und damit einem Legitimationsverlust der eigenen Politik vorzubeugen.

Die Strategien: Zunächst galt es, in öffentlich sichtbarer Form die bestehende, aber vielfach unterlaufene Rechtsnorm in ihrem Gültigkeitsanspruch symbolisch zu bekräftigen. Diesem Ziel diente die dramatische *Verschärfung der Strafandrohungen* des Opiumgesetzes.[3] Zur Legitimation dieser weitgehend symbolischen Zwecken verpflichteten Handlung bedurfte es jedoch noch der Verankerung eines Bewußtseins von der Gefährlichkeit der Hanfdrogen in der öffentlichen Meinung. Das Ziel der Einflußnahme auf die öffentliche Meinung kann in verschiedener Form über die Massenmedien erreicht werden. So verbreitete die Bundeszentrale für gesundheitliche Aufklärung in Millionenauflage Broschuren über die Gefahren des Haschischrauchens. In unzähligen Beiträgen und Annoncen in Tages- und Schülerzeitungen, Jugendzeitschriften, Filmen und. Wochenschaubeiträgen warnte das Gesundheitsministerium vor körperlichem und geistigem Verfall durch Haschischgenuß. Immer wieder war die Rede von jenem offenbar unkontrollierbaren „Umsteigeeffekt", der aus neugierigen Haschern tote Fixer machen sollte.

Die Landesregierungen zogen mit umfangreichen *Aufklärungsprogrammen* mit. In Broschuren wurden regelmäßig die Strafandrohungen des neuen Drogengesetzes dargestellt, gefolgt von abschreckenden Einzeltexten wie dem

---

[2] Zur Gesetzgebungsroutine vgl. vor allem G. Schmid/H. Treiber, Bürokratie und Politik, München 1975 und E. Blankenburg/H. Treiber, Der politische Prozeß der Definition von kriminellem Verhalten in: KrimJ 1975, S. 252–262.

[3] So sollte das Gesetz nach den Worten des Bundeskriminalamts „angesichts der noch weithin unterschätzten Gefährlichkeit der Rauschgiftkriminalität in weiten Bevölkerungskreisen einer angemessenen moralischen Bewertung dieser Verhaltensweisen den Weg bereiten" (Anlage 2 zum Protokoll der 54. Sitzung des Rechtsausschusses des Bundestages – 1971 –, S. 4/5).

Brief einer Mutter an ihr drogenabhängiges Kind und ähnlich strukturierten Geschichten.[4] Die Strategien *offener Einflußnahme* finden ihre Grenzen jedoch dort, wo die Regierung für die Adressaten der Information wenig glaubwürdig ist. Gerade gegenüber der jugendlichen Protestkultur bewirkten die administrativen Bemühungen daher oft genau das Gegenteil dessen, was sie erreichen sollten. Das Auftreten der Gesundheitsministerin in einer Fernsehdiskussion über das Haschischverbot hatte etwa zur Folge, daß sich nach der Sendung ein großer Teil des vorher neutralen jugendlichen Publikums gegen die offizielle Politik aussprach.[5]

In dieser Situation empfiehlt sich für die Regierung eine Hinwendung zu *Strategien verdeckter Einflußnahme*. Tatsächlich begann sie in der Folgezeit damit, in gezielten Aktionen die Rauschmittelberichterstattung der Tages- und Wochenzeitungen auf eine für den Leser unerkennbare Weise zu beeinflussen. Das Gesundheitsministerium bot allen Regional- und Heimatzeitungen den kostenlosen Abdruck druckfertig vorbereiteter Anti-Haschisch-Artikel an, in denen dargelegt wurde, daß das Haschischrauchen nach neuesten wissenschaftlichen Erkenntnissen genetische und Hirnschädigungen zur Folge habe.

Von diesen Artikeln, deren wissenschaftliche Grundlage mehr als fragwürdig war, verbreitete das Ministerium auf diese Weise über zwei Millionen Exemplare, ohne daß sich die Öffentlichkeit des Absenders und des Hintergrundes dieser „Nachricht" bewußt werden konnte.[6]

Das politisch-administrative System kann die Wirksamkeit derartiger meinungsbildender Maßnahmen wesentlich verstärken, wenn es sich zur öffentlichen Begründung seiner Politik – etwa in Reden vor dem Bundestagsplenum – wiederum auf die Berichterstattung der Presse beruft. Wie dieser *politisch-publizistische „Verstärkerkreislauf"* funktioniert, wird an einem anderen Beispiel deutlich. Zu Beginn der Anti-Haschisch-Kampagne um 1970 zählten die offiziellen Statistiken ganze 523 Opiatsüchtige in der Bundesrepublik, die sich zudem entgegen den Implikationen der offiziellen „Aufklärungsarbeit" nicht aus der Hascherszene, sondern hauptsächlich aus den Kreisen der Ärzteschaft

---

[4] Vgl. die Broschüre „High durch Hasch? Informationen über Rauschmittel", Minister für Arbeit, Gesundheit und Soziales des Landes Nordrhein-Westfalen, Düsseldorf o. J.

[5] Vgl. die ARD-Sendung „Pro und Contra" über das Haschischverbot vom 10.9.1971.

[6] Der Artikel „Haschisch ist doch gefährlich" wurde von 153 Heimatzeitungen mit einer Gesamtauflage von 905.900 Exemplaren gedruckt. Ähnlich erfolgreich war „Sehnsucht nach dem Gift – Flucht aus der Wirklichkeit" mit 716.800 Exemplaren bei insgesamt 119 Zeitungen.

rekrutierten. Um dem Mangel an „harten Fakten" zum Beweis der Umsteigehypo-
these abzuhelfen, griffen Regierung und Opposition die ebenso unspezifische
wie beliebige „Prognose" auf, daß in absehbarer Zeit mit über 60.000 jugendlichen Frührentnern durch Drogenkonsum zu rechnen sei. Durch die offiziöse
Verwendung glaubhaft gemacht, wurde die Zahl von 60.000 Frührentnern in
den Medien verbreitet. Schließlich gelangte sie in die Fachliteratur, in Polizei-
broschüren und selbst in allgemeinere wissenschaftliche Literatur über Rausch-
drogen.

Im parlamentarischen Prozeß dienten die „Frührentner" als Argument der
Befürworter einer drastischen Strafverschärfung, die jetzt auf „die Presse" oder
„die Medien" verweisen konnten: „Die Folgen, meine Damen und Herren, sind
verheerend. Die Presse berichtet darüber. Aus jungen Menschen werden hohl-
wangige, ausgebrannte Irrlichter, die nie eine Revolution machen werden. 60.000
Jungrentner gibt es schon, ... im nächsten Jahr werden es vielleicht schon
120.000 sein."[7] Als sich Jahre später tatsächlich eine Ökonomik organisierter
Heroinkriminalität entwickelte, konnten die 60.000 Invaliden noch einmal zur
Legitimation der Regierungspolitik herangezogen werden, schien es doch nun
wahrscheinlich, daß zumindest „in wenigen Jahren ... jene 60.000 Drogeninvaliden
tatsächlich vorhanden sind, von denen bereits jetzt häufig gesprochen wird."[8]

Der Erfolg: Es soll nicht auf die gesamte Kampagne gegen den Konsum und
die Konsumenten von Haschisch eingegangen werden. Es muß an dieser Stelle
der Hinweis auf den ungeheuren Umfang der Kampagne genügen. Die Auf-
klärungsaktionen umfaßten die Schulung von Pädagogen ebenso wie die direkte
verdeckte Beeinflussung 12–14iähriger Kinder durch Bilderbücher Filme etc.;
sie wurden von Bund, Ländern und Gemeinden getragen und kosteten allein
auf dem engen Sektor der Öffentlichkeitsarbeit 10 bis 20 Mio. DM. Der Erfolg
derartiger Kampagnen läßt sich mit den Kriterien der *Vereinheitlichung der ver-
öffentlichten Meinung* (Konsonanz der Medieninhalte), der *Intensität und Dauer
der massenmedialen Beschäftigung* mit dem Drogenthema (Kumulation) und der
Veränderung der demoskopisch meßbaren *öffentlichen Meinung* (Meinungsklima)
erfassen.[9] Nach allen drei Kriterien war die Kampagne erfolgreich: während in
anderen Staaten Entkriminalisierungsprozesse eingeleitet wurden, fand sich

---

[7] Plenarprotokoll des Deutschen Bundestages VI/142, 8170.
[8] Vgl. H. Ellinger, Betäubungsmittel und Strafbarkeit, Wiesbaden 1974, S. 41.
[9] Vgl. E. Noelle-Neumann, Kumulation, Konsonanz und Öffentlichkeitseffekt. Ein neuer
Ansatz zur Analyse der Wirkung der Massenmedien, in: Publizistik, Heft 1/1973, S. 26–55.

schon 1973 keine Rundfunkstation, keine Agentur und keine Zeitungsredaktion mehr, die sich für eine Liberalisierung der Drogengesetze einsetzte. Selbst die früheren Vorreiter einer Entkriminalisierung übernahmen nun die ministeriell vorgefertigten Artikel.

Anträge auf Indizierung der regierungskritischen Taschenbücher nach dem Gesetz über jugendgefährdende Schriften scheiterten zwar am Wissenschaftsvorbehalt des Grundgesetzes. Informelle Einflußnahme auf den Börsenverein des Deutschen Buchhandels und den Deutschen Presserat erbrachte auch keinen unmittelbaren Erfolg. Schließlich verzichteten die Verleger jedoch zumindest auf die Neuauflage der mißliebigen Schriften.[10] Als schließlich im August 1974 die Wochenzeitschrift, die noch 1970 das enfant terrible der Haschischdiskussion gespielt hatte, einen der amtlich vorgefertigten Artikel herausbrachte, war die Einstimmigkeit der Medienlandschaft in der Drogenfrage erreicht.[11]

Die Stigmatisierung der Drogenkonsumenten führte in der Bevölkerung zu *starken Distanzierungsreaktionen*. In einer Flut von Briefen an das Gesundheitsministerium forderten Bürger die Einrichtung von Arbeitslagern und/oder „Euthanasieprogramme" für Drogenkonsumenten. Gleichzeitig ging die Zahl der Probierwilligen in der Schülerpopulation kontinuierlich zurück.[12] – Die drohende gesellschaftliche Akzeptierung des Haschischkonsums als einer soziokulturellen Innovation war damit – nicht zuletzt dank der Kampagne der Instanzen sozialer Kontrolle – zumindest vorläufig und für den Bereich der Bundesrepublik Deutschland abgewehrt worden.

---

[10] Plenarprotokoll des Deutschen Bundestages VII/40, 2210. Bundesministerium für Jugend, Familie, Gesundheit (Hrsg.): Dokumente zum Drogenproblem, Bonn 1972, S. 169–171.

[11] Vgl. „DIE ZEIT" Nr. 36 v. 30.8.1974, „Und Haschisch schadet doch". Der Artikel ist gezeichnet: „Kolja Kater".

[12] Vgl. zum Einfluß der Maßnahmen der Instanzen sozialer Kontrolle auf die öffentliche Meinung in Deutschland und den Niederlanden die Dissertation des Verfassers über die Genese der Betäubungsmittelgesetze in der Bundesrepublik Deutschland und den Niederlanden: Recht als Instrument sozialer Kontrolle, Diss.jur., Münster 1978.

Theorie der Kriminalität (2003)

Henner Hess und Sebastian Scheerer

Theorie der Kriminalität, in: Oberwittler, D./Karstedt, S. (Hg.), Soziologie der Kriminalität, Sonderheft 43 der Kölner Zeitschrift für Soziologie und Sozialpsychologie, Opladen 2003, S. 69–92 (gekürzt).

[...]

I. Makro-Ebene: Kriminalität als Definition

[...]

2. Soziale Kontrolle
Den Handlungen, die als Risiken für die soziale Ordnung wahrgenommen werden, begegnen jene Kräfte, die an der Ordnung interessiert sind, mit Maßnahmen der sozialen Kontrolle. Es gehört bereits zur Strategie sozialer Kontrolle, unerwünschte Verhaltensweisen abstrakt (gewissermaßen in der Form von Diagnosefiguren) zu typisieren und auf diese Weise für die Zukunft handhabbar und im konkreten Einzelfall beantwortbar zu machen. So können gefährdende Handlungen z. B. je nach den Umständen als Sünde (mit Bearbeitung durch Kirche), als Revolte (Militär), Krankheit (Psychiatrie), Verwahrlosung (Erziehung)

H. Hess (✉)
Goethe-Universität Frankfurt, Frankfurt am Main, Deutschland
E-Mail: h.hess@em.uni-frankfurt.de

S. Scheerer
Universität Hamburg, Hamburg, Deutschland
E-Mail: scheerer.sebastian@uni-hamburg.de

© Springer Fachmedien Wiesbaden GmbH, ein Teil von Springer Nature 2022   125
A. Legnaro und D. Klimke (Hrsg.), *Kriminologische Diskussionstexte I*,
https://doi.org/10.1007/978-3-658-22005-1_11

oder eben Kriminalität stigmatisiert und den darauf spezialisierten Institutionen (Polizei, Justiz) überlassen werden. Welche Diagnosefigur jeweils Anwendung findet, ergibt sich nicht automatisch aus der Natur der Sache, sondern hängt auf jeder Ebene auch mit Machtverhältnissen und Interessenkonstellationen zusammen. (Das ließe sich übrigens heute sehr schön am Beispiel der Definition des Drogenkonsums als autonome Entscheidung, als Krankheit oder als Verbrechen illustrieren.)

Durch im Strafrecht geronnene Definitionsleistungen avancieren einige gefährdete Interessen (an der Würde eines Gottes, an der Staatsform, am Landfrieden, an Leib und Leben, am Eigentum, an einer bestimmten Moral, an der sexuellen Selbstbestimmung, an der Volksgesundheit usw.) zu *Rechtsgütern*. Aus den Handlungen, die als Risiken für die soziale Ordnung bzw. als Verletzungen oder Gefährdungen solcher Rechtsgüter wahrgenommen werden, wird mittels dieser Definitionsleistungen *Kriminalität*. [...]

3. Kriminalitätsbegriffe

Welche Handlungen unter Strafandrohung verboten werden, bestimmt der jeweilige Gesetzgeber mit verbindlicher Wirkung für seinen Zuständigkeitsbereich – und insofern bestimmt er auch, was Kriminalität ist und was nicht. Denn aus seiner Sicht ist Kriminalität nichts anderes als die Summe der Straftaten. Die gesellschaftlichen Kräfte, die sich im Strafrecht artikulieren können, haben aber nun keineswegs die alleinige Definitionsmacht. Andere Kräfte können die Stigmatisierungswirkung, die von dem Etikett ausgeht, für ihre oft divergierenden Zwecke zu nutzen suchen. Wir möchten daher vier Kriminalitätsbegriffe unterscheiden.

Als *Kriminalität* wird in der gesellschaftlichen Wirklichkeit zunächst einmal das bezeichnet, was im Gesetz als strafbare Handlung definiert ist. Kriminalität als Summe der strafbedrohten Handlungen. Das ist sozusagen die *strafrechtlich definierte* bzw. *theoretische Kriminalität*. Daneben gibt es aber auch das, was nach Ansicht des jeweiligen Sprechers sehr anstößig ist – im Sinne des empörten Ausrufs „Das ist ja kriminell!" – oder was nach anderen Kriterien und im Gegensatz zum positiven Recht „wirkliche Kriminalität" sein sollte. Das läßt sich vielleicht ganz gut als *moralunternehmerisch definierte Kriminalität* bezeichnen. Indem die Kriminologie beide Begriffsbildungen registriert und vergleicht, gewinnt sie einen unabhängigen Blick auf die Differenz zwischen positivem Recht und anderen Normen (z. B. dem Naturrecht oder dem Rechtsempfinden von Teilgruppen bzw. Subkulturen in der Gesellschaft) und kann vieles über die sozialen Konflikte lernen, aus denen dann Veränderungen im geschriebenen Recht erwachsen (können). Als *informell definierte Kriminalität* wäre die Masse jener

Handlungen zu registrieren, die unter die Kategorien der theoretischen Kriminalität subsumiert werden könnten, die aber noch nicht von den dazu autorisierten Instanzen, sondern vorerst nur von den Tätern selber, von Opfern, Beobachtern, Kriminologen etc. so klassifiziert werden, also Howard S. Beckers „rule-breaking behavior" oder Michel Foucaults „illégalismes". *Formell definierte Kriminalität* soll schließlich jene Menge von Handlungen heißen, die tatsächlich von den Kontrollinstanzen verarbeitet wird und in die Kriminalstatistik eingeht.[4]

Erst die vorurteilslose Anerkennung des wirklichen Sprachgebrauchs kann eine Vorstellung vermitteln von den Grenzen und der Beschaffenheit jener Sinnprovinz der Kriminalität, die sich an ihrer unteren Grenze vom erträglich Unguten (z. B. der Lüge) und an ihrer oberen Grenze vom Mega-Bösen (z. B. dem Vernichtungskrieg) unterscheidet und offenbar nicht leicht über diese Grenzen hinweg ausgedehnt werden kann (Frehsee 1991; Jäger 1989). Sie kann aber andererseits auch nicht so einfach von der Landkarte getilgt oder einfach umbenannt werden. Man kann zwar diese und jene konkrete Verhaltensweise umdefinieren und ihr das Etikett Kriminalität nehmen, doch die Kategorie als solche ist extrem resistent. […]

[…]

III. Makro-Ebene: Kriminalität als Institution

[…]

2. Die Selektion zur Statistik und zur Paria-Gruppe der Gefangenen

Zu den sozialen Tatsachen, die aus der Vielfalt von Interaktionen auf der Handlungsebene entstehen und als Makro-Phänomene eine eigene Bedeutung gewinnen, gehören auch die Kriminalstatistik und die Kriminalitätsraten. Es ist schwer bis unmöglich, über „wirkliche" Kriminalitätsraten etwas zu sagen. Was

---

[4] Aus der Perspektive eines konsequenten Labeling-Ansatzes mag nur diese letzte Gruppe von Handlungen, nämlich die von dazu autorisierten Instanzen als Kriminalität definierten und behandelten, als Kriminalität erscheinen. Aber eine solche Begriffsverengung wäre sicher unpraktisch, um es gelinde zu sagen. Denn damit trennte man sich ja auch von der Denkbarkeit von Dunkelfeld und Dunkelziffer, Klassenjustiz und Selektionsprozessen. Für eine sozialkonstruktivistische Kriminologie wie die unsere jedenfalls ist die Konstruktion von Kriminalität außerhalb der Instanzen ebenso interessant. Außerdem macht nur die Konfrontation der formell definierten mit der informell definierten Kriminalität z. B. Dunkelfelduntersuchungen oder eine Kritik der Kontrollapparate möglich.

Kriminalität ist, muss ja immer erst definiert werden, wenn auch keineswegs nur durch die offiziellen Instanzen Polizei und Justiz. Entsprechend unseren oben angeführten Kriminalitätsbegriffen könnte man verschiedene Kriminalitätsraten unterscheiden. Bedeutsam für den öffentlichen Diskurs sind vor allem Kriminalitätsraten, die sich in Dunkelfelduntersuchungen widerspiegeln, und solche, die in der Kriminalstatistik aufscheinen. In Dunkelfelduntersuchungen definieren Forscher, Täter und Opfer den zu messenden Faktor Kriminalität, in die Statistik gehen die offiziell definierten Taten und Täter ein. Über den Umfang potentiell als Kriminalität definierbarer Handlungen bzw. Handlungen, die überhaupt nur den Tätern und evtl. noch deren nahem Umfeld bekannt sind und nur von diesen als möglicherweise kriminalisierbar eingestuft (und deshalb z. B. geheimgehalten) werden, wissen wir wenig. Allerdings kann man zweifellos sagen, dass auch diese Masse in ihrem Umfang von Art und Grad der sozialen Kontrolle beeinflusst wird – und nicht nur von bestimmten sozialen Ausgangsbedingungen wie z. B. der ökonomischen Lage. […]

Die Dunkelfelduntersuchungen kommen den „wirklichen" Kriminalitätsraten näher als die Kriminalstatistik. Für den öffentlichen Diskurs und für die Kriminalpolitik bedeutsamer – und in ihrem Zustandekommen besser analysiert – ist allerdings das emergente Phänomen Kriminalstatistik. Im Gegensatz zur landläufigen Meinung handelt es sich bei der polizeilich registrierten Kriminalität nur um einen sehr kleinen Ausschnitt aus der Gesamtheit strafbedrohten Tuns. Wie die Selektion im einzelnen vorgenommen wird, ergibt sich weder aus dem Gesetz noch folgt es dem Zufallsprinzip, sondern wird durch ein Ensemble von Anwendungsregeln bestimmt *(second codes)*. Es handelt sich also um eine Art Filterung, an deren Schluss „die Kriminalität" ganz anders aussieht als sie aussähe, wenn das, was sichtbar gemacht wird, in allen wesentlichen Merkmalen dem entspräche, was an kriminalisierbaren (strafbaren) Handlungen passiert. Wenn wir die Transformation der Summe individueller strafbarer Handlungen in den Kollektivsingular der Kriminalität im landläufigen Sinne rekonstruieren wollen, bedeutet das, sich mit den Produktionsbedingungen der Statistik und den zahllosen Entscheidungen zu beschäftigen, die diesen Selektionsprozess bestimmen (Kerner 1973; Kürzinger 1978; Behr 2000). […]

3. Kriminalitätsdiskurse

Das in der Bevölkerung vorhandene Wissen beruht nur zum Teil auf unmittelbarer oder durch persönliche Kommunikation vermittelter Erfahrung. Es wird daneben auch aus dem *Mediendiskurs* bezogen, und vielen gilt offenbar das massenmediale Bild in Berichterstattung und Unterhaltung als die eigentliche Wahrheit über die Kriminalität. Betrachtet man die Arbeit der Kontrollapparate als primären Selektionsprozess, so lässt sich nunmehr von einer *sekundären Selektion* sprechen, die das Kriminalitätsbild der Massenmedien und den Alltagsmythos von der Kriminalität (Hess 1986) zustandebringt. Kriterien sind hier – neben dem an Aufklärung orientierten journalistischen Ethos – politische Interessen, die Auswahl, Modifizierung und Zensur von Nachrichten über Kriminalität und Kontrollapparate beeinflussen, weiterhin wirtschaftliche Erwägungen der konkurrierenden Medien wie Auflagenhöhe und Einschaltquote, organisatorische Besonderheiten der Medien wie z. B. Abhängigkeit von Informationen aus den Kontrollapparaten oder das Angewiesensein auf schnell erfassbare unerhörte Begebenheiten, die ihres umfassenden Kontexts entkleidet werden, sowie die Bedürfnisse der Konsumenten nach Sensation und Unterhaltung (wodurch wiederum Elemente des Alltagsdiskurses in die Medien eindringen). Ergebnis dieser Selektion sind spezifische Aussagen über Quantität, Qualität und Ursachen der Kriminalität sowie Stereotype von Straftätern und Kontrolleuren. Ein besonderes Kennzeichen des massenmedialen Diskurses ist das Zusammenfassen vieler Einzelereignisse zu demagogisch handhabbaren Entitäten (,die Kriminalität', ,der Terrorismus' oder ,das Drogenproblem').

Gefiltert wird der Mediendiskurs von den Rezipienten durch Informationen aus anderen Quellen, die ein Hintergrundwissen liefern, an dem die Glaubwürdigkeit der Medieninformationen gemessen wird – und das auch schon die selektive Wahrnehmung der Medieninhalte und der damit verbundenen Wertungen steuert. Solche anderen Quellen sind einerseits die eigene Erfahrung, andererseits die ,Volksweisheit', d. h. das allgemein kulturell oder schichtspezifisch oder subkulturell vorgegebene Wissen, das sich in Sprüchen, Redewendungen, gängigen Geschichten und Fallbeispielen, als selbstverständlich tradierte Aussagen über die Ursachen der Kriminalität oder die Wirkung von Kontrollen usw. manifestiert. Welche Art *Alltagsdiskurs* aus diesen Inhalten von den aktiv diese Inhalte verarbeitenden Diskursanten konstruiert wird, hängt u. a. vom sozialen Milieu ab, innerhalb dessen der Diskurs stattfindet. Die Aussagen des Alltagsdiskurses werden auch in der Regel durch gewisse Leitthemen geordnet bzw. in einen sinngebenden Interpretationsrahmen eingeordnet. Besonders erfolgreich sind dabei Leitthemen, die sich mit Material aus allen drei Hauptquellen des Alltagsdiskurses – Medien (einschließlich der Berichte über Statistiken), eigene Erfahrung und Volksweisheit – illustrieren und abstützen lassen (Sparks 1992; Sasson 1995).

Als *Kontrolldiskurse* im engeren Sinne könnte man jene Diskurse bezeichnen, die in den Kreisen der Politiker und Parteien und innerhalb der Verwaltungs- und Kontrollapparate geführt werden und Kontrollprobleme angesichts aktuell drohender Gefahren thematisieren. Im weiteren Sinne gehören dazu aber auch Kampagnen, die von außerhalb dieser Apparate stehenden Moralunternehmern ausgelöst werden und die typischerweise die schärfere Kontrolle bestimmter Bereiche, bestimmter von ihnen perhorreszierter Erscheinungen und bestimmter Personengruppen fordern – und meist zugleich akzentuierte Bilder der von ihnen anvisierten Kriminalität entwerfen und verbreiten. Um Wirkung zu erzielen, werden solche Diskurse meist in die Medien getragen und damit Teil des Mediendiskurses. Besonders dann können sie sich zu regelrechten moralischen Paniken auswachsen (Cohen 2002).[a]

Die bisher behandelten Diskurse sind in durchaus interdependenter Weise mehr oder weniger eng verquickt mit dem *Wissenschaftsdiskurs der Kriminologie* (zu dessen Entstehung vgl. Garland 1985; Strasser 1984). Die traditionelle Kriminologie bietet in dieser Hinsicht reiches Material. Sie nahm und nimmt unreflektiert ihren Ausgang vom Ergebnis des primären Selektionsprozesses, nämlich von den offiziellen Kriminalitätsraten und den erfassten bzw. verurteilten Tätern. Die anhand solchen schon ausgelesenen Materials entwickelten ätiologischen Theorien bestätigten lange Zeit eine stereotype Vorstellung vom typischen Kriminellen und von der Unterschicht-Kriminalität als typischer Kriminalität. Diese Theorien wirken dann als *self-fulfilling prophecy* über die pragmatischen Devianztheorien der Kontrolleure auf die Produktion der Statistik zurück, an deren Material sie wiederum überprüft werden usw.

Wer von „dem" Wissenschaftsdiskurs spricht, sollte allerdings nicht vergessen, dass es sich dabei auch (nur) um eine sekundäre, aus sehr widersprüchlichen Teilen zusammengesetzte Konstruktion handelt. So gibt es natürlich im Wissenschaftsdiskurs auch die Stimme der kritischen Kriminologie. Sie kritisiert gerade das gängige Bild – etwa, indem sie auf die im gängigen Bild lange Zeit unterbelichtete Kriminalität der Mächtigen hinweist. Zudem sieht sie die Kontrollorgane nicht nur als Produzenten der Statistik, sondern auch schon der Ereignisse auf der Mikro-Ebene. D. h. sie thematisiert das Handeln der Agenten sozialer Kontrolle, die Aktenvorgänge in den Instanzen, die Strafprozesse etc. als Zuschreibungsprozesse, die „Kriminelle" überhaupt erst zustandebringen.

Für sie sind diese Kriminellen nicht nur wie bisher auch oft in der traditionellen Kriminologie Opfer ihrer sozialen Bedingungen, sondern vor allem Opfer der Kontrollapparate. Das Strafrecht und die Apparate der sozialen Kontrolle werden zum eigentlichen sozialen Problem, und es entwickelt sich auch – im Anschluss an Huxley und Marcuse oder Orwell und Foucault – ein ganz spezifischer, teilweise geradezu paranoider Kontrolldiskurs über Meinungsmanipulation, den gläsernen Menschen und den Computerstaat. [...]

---

[a] Siehe *Kriminologische Grundlagentexte* (A.d.H.).

Der reflexive Blick auf unsere Wissenschaft offenbart eine Reihe von Wahlver-
wandtschaften zwischen den normativen Voraussetzungen von Menschenbildern
und Kriminalpolitiken einerseits und theoretischen Aussagen andererseits, die
sich in folgendem Schema zusammenfassen lassen (Hess 1999, S. 172):

Menschenbilder	Täter als Opfer von Herrschaft	Täter als Opfer sozialer Bedingungen	Täter als Kosten-Nutzen-Kalkulierer	Täter als Anderer, Fremder, Böser
Kriminal-politiken	Abolitionismus, radical non-intervention	Resozialisierung; Kriminalpolitik als Sozialpolitik	Rational kalkulierende Kriminalpolitik, situational crime prevention	Punitive Kriminalpolitik, Medizinalisierung
Kriminologien	Labeling approach	Kriminologien des Sozial-determinismus (kriminalsoz. Theorien)	Kriminologien des Alltags-handelns, routine activities theory, rational choice	Kriminalbio-logie, Kriminal-psychiatrie, Kulturkonflikt-theorie

4. Kriminalität als Ideologie: Funktionen des Alltagsmythos

Die Wirkungen der Kriminalitätsdiskurse (und indirekt der Kriminalstatistik,
soweit die Diskurse darauf aufbauen) sind komplex und ambivalent. Wie der
massenhafte Bruch einer Norm zu Sanktionsverzicht und schließlich sogar zur
Aufhebung der Norm führen und Kriminalität also (wie schon Durkheim[b] betont
hat) Zeichen sozialer Veränderung sein kann (wie im Falle der Abtreibung), so
können auch die Diskurse durchaus Komponenten von Gesellschaftskritik (wie
einst den Mythos vom edlen Räuber) und doppeldeutige Wertungen (der Verbrecher hat auch Züge eines Helden und bietet häufig Anhaltspunkte für Identi-
fizierungen) enthalten. Sie transportieren jedoch andererseits immer auch von
vornherein eine fundamentale Grundvoraussetzung: nämlich den Begriff von
der Kriminalität. Und wirkungsmächtig wird vor allem die Selbstverständlichkeit,
mit der eine Kategorie von Handlungen abgesondert und perhorresziert wird, als
eigene Kategorie abgetrennt von anderen Handlungen, die genauso oder stärker

---

[b] Siehe *Kriminologische Grundlagentexte* (A.d.H.).

Leiden und Unterdrückung oder den Verlust von Leben, Gesundheit und Eigentum zur Folge haben.

Kriminalität als Ideologie ist also eine widersprüchliche Erscheinung, doch überwiegen letztlich zweifellos die konservativen, die Ordnung konservierenden Wirkungen, was auf die Kräfteverteilung zurückzuführen ist, die die Transformationsprozesse bestimmt. Unter den Stichworten *Triebentlastung, Grenzbestimmung* und *Herrschaftssicherung* sind einige der ordnungsstabilisierenden Wirkungen thematisiert worden.

Die psychoanalytische Theorie geht im Rahmen ihrer sogenannten *Psychologie der strafenden Gesellschaft* von der anthropologischen Variante des Widerspruchs Individuum-Gesellschaft aus. Ein gewisses Maß an Triebverzicht, Unterdrückung libidinöser und aggressiver Antriebe erscheint ihr für die Existenz der Kultur und die soziale Anpassung des einzelnen unerlässlich. Die verbotenen Begierden bleiben aber nur mangelhaft ins Unbewusste verdrängt, immer wieder regt sich das Verlangen nach ihrer Befriedigung. Zugleich und deshalb werden sie vom Über-Ich mit heftigen Schuldgefühlen belegt. Am Verbrecher kann man nun einerseits, indem man seine Tat durch Identifikation mit ihm erlebt, die verbotene Lust genießen und in der an ihm vollzogenen Strafe Aggressionen ausleben, andererseits, wieder in der Strafe, auch dem passiven Strafbedürfnis Genüge tun und die eigenen Schuldgefühle mildern. Der zum Sündenbock im biblischen Sinne zugerichtete Verbrecher, die Paria-Minorität der Gefängnispopulation und die Darstellung von Verbrechen und Strafe in den Medien, haben also eine stabilisierende Funktion, indem die Majorität mit ihrer Hilfe ihre potenziell für die Ordnung riskanten Handlungen nur symbolisch ausführt[c] (Reiwald 1973; für eine stärker soziologisch orientierte Interpretation des Strafbedürfnisses vgl. Ranulf 1964).

Durch Abweichung von den Normen und vor allem durch die Sanktionen, die diese Abweichungen treffen, werden – nach der Ansicht funktionalistischer Autoren (Durkheim 1976, S. 156–164; Erikson 1966) – die *Grenzen des sozial tolerierbaren Verhaltens* immer wieder ins Bewusstsein gerufen und dadurch die Normen gestärkt. Die gemeinsame Reaktion auf den Außenseiter stärkt außerdem die Solidarität der Konformen, frischt Kollektivgefühle auf und erhöht die Bereitschaft zur Konformität. Abweichung und Sanktion tragen also dazu bei, Gleichgewicht und Kohäsion der Gesellschaft zu wahren.

Herrschaftssoziologisch ist die Rolle von Kriminalität und Kriminalitätsmythos vor allem im Anschluß an die Paria-Theorie einerseits, an Gramscis

---

[c] Siehe hierzu das Kapitel *Symbolische Funktionen des Strafens* in diesem Band (A.d.H.).

Hegemonie-Theorie andererseits thematisiert worden. Ihren Beitrag zur Erhaltung von Herrschaft können die Metaphänomene direkt im politischen Bereich leisten. So werden die von Kontrollapparaten produzierten stigmatisierten Kriminellen beispielsweise als wegen ihrer Außenseiterposition leicht handhabbare Werkzeuge in den Machtapparat eingefügt oder sonstwie in seinen Dienst genommen: sie dienen als Denunzianten, agents provocateurs, Meuchelmörder, Streikbrecher, milices patronales etc. Bedeutsamer ist aber die Rolle des Mythos im ideologischen Bereich. Die Thematisierung der Kriminalitätsgefahr und noch stärker natürlich Kriminalitäts- und Kontrollpaniken legitimieren eine Expansion der Kontrollapparate und Kontrollmaßnahmen. Wo der Wohlfahrtsstaat als Instrument direkter sozialer Befriedung, aber auch als Instrument der ideologischen Hegemonie abgebaut wird, kann der Sicherheitsstaat mit direkter Repression, aber auch mit deren spezifischer Legitimierung, die an das Sicherheitsbedürfnis der Bevölkerung anschließt, teilweise in die Funktionen des Wohlfahrtsstaats eintreten (Beckett und Sasson 2000). Je größer die Probleme verschiedenster Art, desto größer das Sicherheitsbedürfnis, desto nötiger der Mythos von der Kriminalität. Deshalb treten Aggressionswellen gegen Kriminelle und andere Außenseiter meist in Situationen wirtschaftlicher Not und erhöhten Herrschaftsdrucks auf (Sigrist 1965; Christie und Bruun 1991; Beckett 1997; Hagan 1995; Simon 1997).

Der latente Sinn der Prozesse, die die Metaphänomene zustande bringen, offenbart sich also als eine Umdeutung von Handlungen, die eine spezifische soziale Ordnung gefährden, in Erscheinungen, die, so ambivalent sie stets bleiben, auch (und meist vor allem) zu ihrer Stabilisierung beitragen. Sie werden – so kehren wir zu unserem Ausgangspunkt zurück – funktional für die soziale Kontrolle.

Literatur

Beckett, Katherine, 1997: Making Crime Pay. New York: Oxford University Press.
Beckett, Katherine, und Theodore Sasson, 2000: The War on Crime as Hegemonic Strategy. A Neo-Marxian Theory of the New Punitiveness in U.S. Criminal Justice Policy, S. 61–84 in: Sally S. Simpson (Hg.), Of Crime and Criminality. The Use of Theory in Everyday Life, Thousand Oaks, London, New Delhi: Pine Forge Press.
Behr, Rafael, 2000: Cop Culture. Der Alltag des Gewaltmonopols. Opladen: Leske + Budrich.
Cohen, Stanley, 2002: Folk Devils and Moral Panics. 3. Aufl. London: Routledge.
Christie, Nils und Kettil Bruun 1991: Der nützliche Feind. Die Drogenpolitik und ihre Nutznießer. Bielefeld: AJZ.

Durkheim, Émile, 1976: Die Regeln der soziologischen Methode. Darmstadt-Neuwied: Luchterhand (1895).
Erikson, Kai T., 1966: Wayward Puritans. A Study in the Sociology of Deviance. New York: John Wiley and Sons.
Frehsee, Detlev, 1991: Zur Abweichung der Angepassten, Kriminologisches Journal 23: 25-45.
Garland, David, 1985: The Criminal and His Science, British Journal of Criminology 25: 109-137.
Hagan, John, 1995: Crime and Disrepute. Thousand Oaks, London, New Delhi: Pine Forge Press.
Hess, Henner, 1986: Kriminalität als Alltagsmythos. Ein Plädoyer dafür, Kriminologie als Ideologiekritik zu betreiben, Kriminologisches Journal, 1. Beiheft: 24-44.
Hess, Henner, 1999: Zur Wertproblematik in der Kriminologie, Kriminologisches Journal 31: 167-186.
Jäger, Herbert, 1989: Makrokriminalität. Studien zur Kriminologie kollektiver Gewalt. Frankfurt a.m.: Suhrkamp.
Kerner, Hans-Jürgen, 1973: Verbrechenswirklichkeit und Strafverfolgung. München: Goldmann.
Kürzinger, Josef, 1978: Private Strafanzeige und polizeiliche Reaktion. Berlin: Duncker & Humblot.
Ranulf, Svend, 1964: Moral Indignation and Middle Class Psychology. A Sociological Study. New York: Schocken Books (1938).
Reiwald, Paul, 1973: Die Gesellschaft und ihre Verbrecher. Frankfurt: Suhrkamp (1948).
Sasson, Theodore, 1995: Crime Talk: How Citizens Construct a Social Problem. New York: Aldine de Gruyter.
Sigrist, Christian, 1965: Max Weber und der heutige Stand der Paria-Forschung, S. 325-336 in: Max Weber und die Soziologie heute. Verhandlungen des 15. Deutschen Soziologentages in Heidelberg. Tübingen: Mohr (Siebeck).
Simon, Jonathan, 1997: Governing through Crime, S. 171-190 in: Lawrence Friedman, Hg., George Fisher (Contributor), The Crime Conundrum: Essays on Criminal Justice. Boulder: Westview Press.
Sparks, Richard, 1992: The Television and the Drama of Crime. Moral Tales and the Place of Crime in Public Life. Buckingham: Open University Press.
Strasser, Peter, 1984: Verbrechermenschen. Frankfurt a.M./New York: Campus

Kriminalität als Instrument des Regierens

Einleitung: Kriminalität als Instrument des Regierens

Aldo Legnaro und Daniela Klimke

„Governing through Crime" – das Regieren durch und über Kriminalität bzw. das, was als solche definiert wird – ist historisch keine völlig neuartige Erscheinung. Charles Tilly (1985, siehe den Text in diesem Kapitel; vgl. auch Tarrow 2016) hat den gesamten Prozess der europäischen Staatenbildung als ein solches Regieren durch Kriminalität beschrieben, und die Hexenverfolgungen in Europa und Nordamerika (siehe etwa van Dülmen 1987; Erikson 1978; Federici 2004; Quensel 2017) stehen ebenfalls dafür. Unter völlig veränderten ökonomischen und sozialen Rahmenbedingungen hat sich diese Formel heute, nach der Veröffentlichung zweier diesbezüglicher Aufsätze von Jonathan Simon (1997b,2001) und vor allem seines gleichnamigen Buches (2007), als Bezeichnung einer punitiv und repressiv orientierten Kriminalpolitik etabliert, die Kriminalität an sich bzw. einzelne kriminelle Vorkommnisse stereotyp und generalisierend nutzt, um das gesellschaftliche Andere zu kennzeichnen. Das schafft öffentlichkeitswirksam Binnenfeinde und lässt sich als ein Mittel der Aufmerksamkeits- und Verhaltenslenkung der Bevölkerung einsetzen. Wenngleich Simon die USA im Blick hatte, lassen sich seine Analysen ohne große Abstriche auf die Staaten der EU übertragen (Baker 2010). Auch hier findet eine „Renaissance des Strafrechts" statt, wie Sack in einem thematischen Überblick formuliert (2003b, S. 15). Dem liegt ein komplexes Geflecht unterschiedlicher, sich ergänzender sozio-ökonomischer

A. Legnaro (✉)
Köln, Deutschland
E-Mail: a.legnaro@t-online.de

D. Klimke
Institut für Kriminalitäts- und Sicherheitsforschung, Polizeiakademie Niedersachsen, Nienburg, Deutschland
E-Mail: klimke@uni-bremen.de

© Springer Fachmedien Wiesbaden GmbH, ein Teil von Springer Nature 2022   137
A. Legnaro und D. Klimke (Hrsg.), *Kriminologische Diskussionstexte I*,
https://doi.org/10.1007/978-3-658-22005-1_12

und sozio-kultureller Entwicklungen – u. a. Vermarktlichung unterschiedlicher Lebensbereiche, die angestrebte Minimierung staatlicher Eingriffe in ökonomische Prozesse, Ästhetisierung und Individualisierung von Lebensstilen – zugrunde, die eine „Flexibilisierung, Ökonomisierung und Entformalisierung des strafrechtlichen Zugriffs" (Singelnstein 2011, S. 15) mit sich bringen (Klimke 2013, siehe den Text in diesem Kapitel; vgl. auch De Giorgi 2006). Eine solche neuartige Fassung der Kriminalpolitik in ökonomischen Begrifflichkeiten vollzieht den dominanten Trend von Ökonomisierung und die Hegemonie einer bestimmten ökonomischen Theorierichtung nach. Wenn die damalige Bundeskanzlerin Merkel davon gesprochen hat, dass parlamentarische Entscheidungen marktkonform gestaltet werden müssten (Deutschlandfunk 2. September 2011), dann ist damit die Tendenz bezeichnet, die nun auch für Kriminalpolitik – gewissermaßen als marktkonformes Strafen – richtungweisend wird.

Das hat gravierende Konsequenzen sowohl für die Gestaltung von Kriminalpolitik wie auch für das Handeln der Kontrollinstanzen und der Bevölkerung. Denn eine solche Übertragung polit-ökonomisch konstruierter Zusammenhänge verwandelt, wie Sack (2003a) analysiert, die herkömmliche nachfrageseitig orientierte Kriminalpolitik, die reaktiv, also im Nachhinein, auf einzelne Taten gerichtet war und einen Strafvollzug unterhielt, der zumindest programmatisch die Resozialisierung von TäterInnen in den Mittelpunkt stellte, in eine angebotsseitig orientierte Kriminalpolitik, in der Kriminelle (wie alle Anderen auch) als rational handelnde Individuen konzipiert sind, die die Maximierung ihrer Vorteile suchen. Daraus folgt bündig, dass kriminelle Handlungen weniger lukrativ gemacht werden müssen, also die Kosten-Nutzen-Relation einer Straftat, wie sie sich aus der Sicht potenzieller TäterInnen darstellt, so zu verschieben ist, dass die zu erwartenden Kosten (die Strafe) den etwaigen Nutzen der Straftat übersteigen. Eine solche Abschreckungsvariante der Kriminalpolitik reicht von der Erhöhung der Strafrahmen über die Erhöhung der Entdeckungswahrscheinlichkeit einer Tat bis hin zur Geschwindigkeit, mit der eine Strafe auf die Straftat folgt. Der Todesstrafe kann dabei eine symbolische Schlüsselrolle zugeschrieben werden (Simon 1997a; Garland 2018). Neben dem Strafen befördert eine solche Politik vielfältige Formen der situationalen Prävention, etwa durch *target hardening,* also vor allem technische Vorkehrungen zur Sicherung von Eigentum und eine sicherheitsorientierte Gestaltung von Umwelt und Architektur (vgl. Clarke 1997) sowie durch die Schaffung von *defensible space* (vgl. Newman 1970, 1996) und neuartige Vorkehrungen der Prävention, wie etwa das *community policing* (siehe auch das Kapitel *Prävention als Steuerungsmechanismus in der späten Moderne* im Folgeband *Kontrollieren und Überwachen*). Nicht zuletzt stehen die Entwicklungen hin zu einer Sicherheitsgesellschaft, wie sie nahezu alle

Staaten des Westens charakterisieren, in diesem Zusammenhang (siehe auch das Kapitel *Die Sekuritisierung des Lebens* im Folgeband *Kontrollieren und Überwachen*).

Auf dieser programmatischen Grundlage wird Kriminalpolitik zu angewandtem ökonomischem Denken, prototypisch bei Gary S. Becker (1968), und die Entwicklung verläuft – bezeichnet durch die herausragenden Vertreter der jeweiligen ökonomischen Lehrmeinungen – von John Maynard Keynes, dem Begründer einer die Nachfrage in den Mittelpunkt stellenden Wirtschaftspolitik, zu Milton Friedman. Wie der letztere (zusammen mit seiner Schule der sogenannten Chicago Boys) die Wirtschaftspolitik der westlichen Welt seit den 1980er Jahren entscheidend prägte, da er das Angebot als die wirtschaftspolitische Kerngröße ausgab, so entstehen auch die neuen Formen der Kriminalpolitik zuerst in den USA. Das sich dort vollziehende *governing through crime* wird durch ihre außerordentlich hohe Inhaftierungs-Quote (Zahl der Inhaftierten auf 100.000 Personen der nationalen Bevölkerung) von 675 Personen belegt (Penal Reform International 2019), während mehr als die Hälfte aller Staaten eine Quote von bis zu 150, Deutschland eine solche von 75 aufweist (vgl. Institute for Criminal Policy Research 2018; Penal Reform International 2018) (siehe auch das Kapitel *Die Lust am Strafen* in diesem Band). Zudem liegt die Quote der inhaftierten AfroamerikanerInnen weit über ihrem Bevölkerungsanteil. Das war schon im Massachusetts des 18. Jahrhunderts so (Nagl 2019, S. 261), was Gefängnisse in eine historische Reihe mit dem Ghetto als Institution der Kontrolle von Minderheiten stellt (Wacquant 2000). Insgesamt führt das zu Formen der „carceral citizenship" (Miller und Stuart 2017; siehe auch Hetey und Eberhardt 2018) und einer Dehumanisierung der afroamerikanischen Minderheit (Owusu-Bempah 2017), wobei Rassismus eine symbolische narrative Ressource bildet (Scherschel 2006).

Eine zunächst einmal abstrakte Programmatik von präventiver Orientierung und Abschreckung hat also sehr konkrete Folgen sowohl für Einzelne wie für die gesamte Gesellschaft. Ihre Umsetzung geschieht für das Bewusstsein der Öffentlichkeit vor allem durch Darstellungen einzelner krimineller Akte in Medien und sozialen Netzwerken, die dadurch beförderten moralischen Paniken und einer sich dieser Paniken bedienenden politischen Instrumentalisierung, die sich in einem politisch-publizistischen Verstärkerkreislauf (Scheerer 1978, siehe den Text im Kapitel *Kriminalität als Erzählung* in diesem Band) herstellt. Darauf folgen dann strafrechtliche Verschärfungen, die einen – oft lediglich medial inszenierten – Volkswillen exekutieren. Eine solche Programmatik trägt nicht zuletzt der gestiegenen Bedeutung des Opfers von Kriminalität Rechnung (siehe das Kapitel *Die Subjektivierung des Opfers* im Folgeband *Kontrollieren und Überwachen*), und sie etabliert eine Form der ‚actuarial justice', die vor allem darum bemüht ist, als gefährlich angenommene und ausgemachte Gruppen strafrechtlich zu kontrollieren (Feeley und Simon 1992). „Post-Keynesian policing" (O'Malley und Palmer 1996) bildet die entsprechende Strategie, wenn die Forderung von Politik und Medien „Making Crime Pay" (Beckett 1997) lautet. Sie ist besonders unter der Bedingung erfolgreich, dass öffentliche Diskurse die „essentialized difference" von Kriminalität (Garland 1996: 461, siehe auch *Kriminologische Grundlagentexte*, S. 353 ff.) zum Ausgangspunkt allen Räsonierens machen und Kriminelle und ihre Handlungen durch ein „essentializing the Other" (Young 1999: 104 ff.) zum Gegenbild der bürgerlichen Ordnung stilisiert werden. Eine erhebliche soziale Distanz der Mittelschichten gegenüber Kriminalität und Kriminellen bei gleichzeitigen Abstiegs- und Prekaritätsängsten, eine Stereotypisierung der Unterschicht als ‚gefährliche Klasse' und die neu betonte Präventionsorientierung der Kriminalpolitik, wie Garland (2003) die Entwicklungen zusammenfasst, liefern dabei die gesellschaftlichen und kulturellen Grundlagen, um ein solches *governing through crime* in Szene setzen zu können. Es scheint bezeichnend, dass im Gefolge dieser Entwicklungen die Erzählung von Resozialisierung, wie sie bisher vor allem in Mitteleuropa Strafe begleitet hat, zunehmend verschwindet, zugleich jedoch eine Erzählung von Arbeit etabliert wird, die diese als ein Aktionsfeld persönlicher Freiheit auffasst (Legnaro 2008). Auf diese Weise ergänzen sich eine positive und eine negative Folie gesellschaftlicher Integration, wie überhaupt ‚Freiheit' und ‚Strafe' in einem komplementären, durch ‚Furcht' miteinander verbundenen Verhältnis zueinander stehen (Legnaro 2000, siehe den Text in diesem Kapitel). Solche Entwicklungen bewirken, dass „[c]rime governs not only those on one end of the structure of inequality, but actively reshapes how power is exercised throughout hierarchies of class, race, ethnicity, and gender" (Simon und Silvestre 2018, S. 75).

Doch geht es nicht nur um Veränderungen des Strafrechts, sondern generell um eine diskursive Beeinflussung des öffentlichen Bewusstseins. Das gilt in mehrfacher Hinsicht: Die Stabilisierung des Status quo in einer Gesellschaft, die von zentrifugalen Tendenzen gekennzeichnet ist, gelingt am ehesten, wenn alle sich bei der Verurteilung des Verbrechens in einem moralischen Konsensus als „penal spectator" (Brown 2009) einen. Das ist die heutige individualisierte Form des *Two Minutes Hate,* jenes gemeinschaftlich agierten Ausbruchs von Ängsten, Hass und Abscheu gegenüber dem auf eine Leinwand projizierten Feindbild, wie ihn George Orwell in seinem Roman *Nineteen eighty-four* beschreibt, in einer über dem einprägsamen Bild des *Big Brother* oft überlesenen Stelle. Und eine solche Stabilisierung beruht nicht zuletzt darauf, dass trotz der ökonomischen Verwerfungen der Gesellschaft, wie sie sich im Gefolge einer zunehmenden Marktorientierung ergeben, und ungeachtet aller sozialen Ungleichheiten und Benachteiligungen den Individuen unumschränkte Verantwortlichkeit zugeschrieben wird – sie gelten als die auf eigene Rechnung handelnden AkteurInnen ihrer Lebensumstände (vgl. Rose 1996, siehe den Text in diesem Kapitel). Das etabliert eindeutige (soziale und psychologische) Trennungen zwischen denjenigen, die solche Anforderungen erfolgreich bewältigen, und denjenigen, denen das nicht gelingt. Solche Abgrenzungen richten sich primär gegen besonders leicht kriminalisierbare Lebens- und Verhaltensweisen wie die Erscheinungsformen von Armut (Simon 1993; Mijs et al. 2016; vgl. auch Wacquant 2009, siehe *Kriminologische Grundlagentexte,* S. 219 ff., Wacquant 2011; Albrecht 2011). Auch der ‚Krieg gegen Drogen‘, der in den USA rassistische Züge aufweist, lässt sich in diesen Zusammenhang stellen (exemplarisch Gerber und Jensen 2001; Nunn 2002; Jensen et al. 2004; Whitford und Yates 2009; Lynch 2012; Linnemann und Wall 2013). Solche Kriminalisierungen des Marginalen bezeugen eine Verlagerung der (politischen und gesellschaftlichen) Prioritäten von Sozialpolitik hin zur Kontrolle des Devianten (O'Neill und Loftus 2013).

Der Mechanismus ist vielseitig anwendbar, wie sich in den letzten Jahren beobachten lässt, in denen zur Bedrohung stilisierte Migranten (siehe etwa Aliverti 2012; Hogan und Haltinner 2015; Barker 2017; Goebel 2017), tatsächlich vor allem die Männer, im Mittelpunkt der Aufmerksamkeit standen und Anlass für unzählige mediale Spiegelungen, Vergrößerungen und Verzerrungen gaben. Ein besonders herausragendes Exempel bildet die Silvesternacht 2015/2016 in Köln, während der es zu zahlreichen sexualisierten Übergriffen junger, oft nordafrikanischer Männer gegen Frauen kam. Die anschließende Skandalisierung der Geschehnisse ging allerdings weit über die tatsächlichen Vorkommnisse hinaus und bot ein beredtes Beispiel für die Instrumentalisierungen, die sich damit verbinden lassen (vgl. etwa Dietze 2016; Drüeke 2016; Arendt et al. 2017; siehe auch Hall et al. 1978 als klassische Analyse eines älteren britischen Beispiels). Ersichtlich wird an solchen Ereignissen zudem, wie sich Differenz angesichts der vielfältigen Verflechtungen von Sexismus, Rassismus und Feminismus als Herrschaftstechnik nutzen lässt (Hark und Villa 2017).

Solche als Auslöser dienenden Ereignisse und ihre mediale Verarbeitung tragen zu jener frei flottierenden Unsicherheit bei, die Bauman (2016) ausmacht, und vor diesem Hintergrund entfalten sich dann auch gegenüber MigrantInnen dieselben Prozesse von Panik, Abgrenzung und rechtlichen Verschärfungen (vgl. etwa Eckert 2008; Palidda 2011; Zatz und Smith 2012; Aas und Bosworth 2013; Melossi 2015; Crimmigration in Europe 2017). Derart äußert sich *governing*

through crime sowohl in Diskursen, die einen Konsens über ‚das Böse' herzustellen suchen, in politischen Handlungen, die gegenüber wechselnden Feind-
bildern (im Überblick Belina 2018) durch repressive Aktionen beruhigende
Wirkungen beabsichtigen, und in praktischer Alltäglichkeit, etwa in der polizeilichen Kontrollintensität gegenüber ethnischen Minderheiten, wie das vor allem
in Frankreich zu beobachten ist (Lukas und Gauthier 2011; siehe auch Oeur
2016). Die damit verbundenen Projektionen ermöglichen es tendenziell, die ökonomischen Verwerfungen weitgehend zu ignorieren, durch die Verunsicherungen
befördert werden, und zusammengenommen erschließt dies den sozialen Sinn
dieser Art des Regierens: die Herstellung gesellschaftlicher Kohäsion und eines
entsprechenden Wir-Gefühls durch die Konstruktion des Feindbilds ‚Kriminalität', deren Bekämpfung dann als politischer Aktivitätsnachweis dient.

Literatur

Aas, Katja Franko/Bosworth, Mary (Hg.) (2013): The Borders of Punishment. Migration,
   Citizenship, and Social Exclusion, Oxford.
Albrecht, Hans-Jörg (2011): Bestrafung der Armen? Zu Zusammenhängen zwischen
   Armut, Kriminalität und Strafrechtsstaat, in: Dollinger, Bernd/Schmidt-Semisch,
   Henning (Hg.), Gerechte Ausgrenzung? Wohlfahrtsproduktion und die neue Lust am
   Strafen, Wiesbaden: 111–129.
Aliverti, Ana (2012): Making people criminal: The role of the criminal law in immigration
   enforcement, in: Theoretical Criminology 16 (4): 417–434.
Arendt, Florian/Brosius, Hans-Bernd/Hauck, Patricia (2017): Die Auswirkung des
   Schlüsselereignisses „Silvesternacht in Köln" auf die Kriminalitätsberichterstattung, in:
   Publizistik 62: 135–152
Baker, Estella (2010): Governing through crime – the case of the European Union, in:
   European Journal of Criminology 3: 187–213.
Barker, Vanessa (2017): Penal power at the border: Realigning state and nation, in:
   Theoretical Criminology 21 (4): 441–457.
Bauman, Zygmunt (2016): Die Angst vor den anderen. Ein Essay über Migration und
   Panikmache, Berlin.
Becker, Gary S. (1968): Crime and Punishment. An Economic Approach, in: Journal of
   Political Economy 2: 169–217.
Beckett, Katherine (1997): Making Crime Pay. Law and Order in Contemporary American
   Politics, New York.
Belina, Bernd (2018): Perioden der Kriminalisierung im und durch den (west-) deutschen
   Staat. Zum Wert marxistischer Analysen, in: Puschke, Jens/Singelstein, Tobias (Hg.),
   Der Staat und die Sicherheitsgesellschaft, Wiesbaden: 171–192.
Brown, Michelle (2009): The Culture of Punishment. Prison, Society, and Spectacle, New
   York.

Crimmigration in Europe (2017): Themenheft des European Journal of Criminology 1/2017.

Clarke, Ronald V. (Hg.) (1997): Situational Crime Prevention. Successful Case Studies, Albany.

De Giorgi, Alessandro (2006): Re-Thinking the Political Economy of Punishment. Perspectives on Post-Fordism and Penal Politics, Aldershot.

Dietze, Gabriele (2016): Das ‚Ereignis Köln‘, in: Femina politica 1: 93–102.

Drüeke, Ricarda (2016): Die TV-Berichterstattung in ARD und ZDF über die Silvesternacht 2015/16 in Köln, hg. von der Heinrich-Böll-Stiftung, Berlin.

Eckert, Julia M. (Hg.) (2008): The Social Life of Anti-Terrorism Laws. The War on Terror and the Classifications of the »Dangerous Other«, Bielefeld.

Erikson, Kai T. (1978): Die widerspenstigen Puritaner. Zur Soziologie abweichenden Verhaltens, Stuttgart.

Federici, Silvia (2004): Caliban and the Witch, New York.

Feeley, Malcolm M./Simon, Jonathan (1992): The New Penology: Notes on the Emerging Strategy of Corrections and its Implications, in: Criminology 30 (4): 449–474.

Garland, David (1996): The Limits of the Sovereign State. Strategies of Crime Control in Contemporary Society, in: British Journal of Criminology 4: 445–471.

Garland, David (2003): Die Kultur der ‚High Crime Societies‘. Voraussetzungen einer neuen Politik von ‚Law and Order‘, in: Oberwittler, Dietrich/Karstedt, Susanne (Hg.), Sonderheft 43 der Kölner Zeitschrift für Soziologie und Sozialpsychologie, Wiesbaden: 36–68.

Garland, David (2018): Peculiar institution: America's death penalty today, in: Carlen, Pat/França, Leandro Ayres (Hg.), Alternative Criminologies, London-New York: 423–432.

Gerber, Jurg/Jensen, Eric L. (Hg.) (2001): Drug War, American Style: The Internationalization of Failed Policy and Its Alternatives, New York-London.

Goebel, Simon (2017): Politische Talkshows über Flucht. Wirklichkeitskonstruktionen und Diskurse. Eine kritische Analyse, Bielefeld.

Hall, Stuart/Critcher, Chas/Jefferson, Tony/Clarke, John/Roberts, Brian (1978): Policing the Crisis. Mugging, the State, and Law and Order, London-Basingstoke.

Hark, Sabine/Villa, Paula-Irene (2017): Unterscheiden und herrschen. Ein Essay zu den ambivalenten Verflechtungen von Rassismus, Sexismus und Feminismus in der Gegenwart, Bielefeld.

Hetey, Rebecca C./Eberhardt, Jennifer L. (2018): The Numbers Don't Speak for Themselves: Racial Disparities and the Persistence of Inequality in the Criminal Justice System, in: Current Directions in Psychological Science 27 (3): 183–187.

Hogan, Jackie/Haltinner, Kristin (2015): Floods, Invaders, and Parasites: Immigration Threat Narratives and Right-Wing Populism in the USA, UK and Australia, in: Journal of Intercultural Studies 5: 520–543.

Institute for Criminal Policy Research (2018): World Prison Population List, 12. Ausgabe, London.

Jensen, Eric L./Gerber, Jurg/Mosher, Clayton (2004): Social Consequences of the War on Drugs: The Legacy of Failed Policy, in: Criminal Justice Policy Review 15 (1): 100–121.

Legnaro, Aldo (2008): Arbeit, Strafe und der Freiraum der Subjekte, in: Berliner Journal für Soziologie 18 (1): 52–72.

Linnemann, Travis/Wall, Tyler (2013): 'This is your face on meth': The punitive spectacle of 'white trash' in the rural war on drugs, in: Theoretical Criminology 17: 315–334.

Lynch, Mona (2012): Theorizing the role of the 'war on drugs' in US punishment, in: Theoretical Criminology 16: 175–199.

Lukas, Tim/Gauthier, Jérémie (2011): Warum kontrolliert die Polizei (nicht)? – Unterschiede im Handlungsrepertoire deutscher und französischer Polizisten, in: Soziale Probleme 23 (2): 175–205.

Melossi, Dario (2015): Crime, Punishment and Migration, London-Thousand Oaks.

Mijs, Jonathan J. B./Bakhtiari, Elyas/Lamont, Michèle (2016): Neoliberalism and Symbolic Boundaries in Europe: Global Diffusion, Local Context, Regional Variation, in: Socius: Sociological Research for a Dynamic World 2: 1–8.

Miller, Reuben Jonathan/Stuart, Forrest (2017): Carceral Citizenship: Race, Rights and Responsibility in the Age of Mass Supervision, in: Theoretical Criminology 21 (4): 532–548.

Nagl, Dominik (2019): Émile Durkheim in Massachusetts – Kriminalität, Strafpraxis und soziale Kontrolle im kolonialen Boston, in: Howe, Christiane/Ostermeier, Lars (Hg.) Polizei und Gesellschaft. Transdisziplinäre Perspektiven zu Methoden, Theorie und Empirie reflexiver Polizeiforschung, Wiesbaden: 251–273.

Newman, Oscar (1970): Defensible Space, New York.

Newman, Oscar (1996): Creating Defensible Space, Washington D.C.

Nunn, Kenneth B. (2002): Race, Crime and the Pool of Surplus Criminality: Or Why the "War on Drugs" Was a "War on Blacks," in: Journal of Gender Race and Justice 6: 381–445.

Oeur, Freeden (2016): Recognizing Dignity: Young Black Men Growing Up in an Era of Surveillance, in: Socius: Sociological Research for a Dynamic World 2: 1–15.

O'Mally, Pat/Palmer, Darren (1996): Post-Keynesian policing, in: Economy & Society 2: 137–155.

O'Neill, Megan/Loftus, Bethan (2013): Policing and the surveillance of the marginal: Everyday contexts of social control, in: Theoretical Criminology 17 (4): 437–454.

Owusu-Bempah, Akwasi (2017): Race and policing in historical context: Dehumanization and the policing of Black people in the 21st century, in: Theoretical Criminology 21 (1): 23–34.

Palidda, Salvatore (Hg.) (2011): Racial Criminalization of Migrants in the 21st Century, London-New York.

Penal Reform International (2018): Global Prison Trends 2018, London.

Penal Reform International (2019): Global Prison Trends 2019, London.

Quensel, Stephan (2017): Hexen, Satan, Inquisition. Die Erfindung des Hexen-Problems, Wiesbaden.

Sack, Fritz (2003a): Von der Nachfrage- zur Angebotspolitik auf dem Feld der Inneren Sicherheit, in: Dahme, Heinz-Jürgen/Trubel, Achim/Wohlfahrt, Norbert (Hg.), Soziale Arbeit für den aktivierenden Staat, Opladen: 249–276.

Sack, Fritz (2003b): Governing through crime? in: Oldenburger Universitätsreden Nr. 147: 7–37.

Scherschel, Karin (2006): Rassismus als flexible symbolische Ressource. Eine Studie über rassistische Argumentationsfiguren, Bielefeld.

Singelnstein, Tobias (2011): Strafrecht und neoliberales Regieren. Entwicklungstendenzen des Strafrechts als Einschreibung von Regierungstechniken im Sinne der Gouvernementalität, in: Kritische Justiz 1: 7–15.

Simon, Jonathan (1993): Poor Discipline: Parole and the Social Control of the Underclass, 1890–1990, Chicago.

Simon, Jonathan (1997a): Gewalt, Rache und Risiko. Die Todesstrafe im neoliberalen Staat, in: Trotha, Trutz von (Hg.), Soziologie der Gewalt. Sonderheft 37 der Kölner Zeitschrift für Soziologie und Sozialpsychologie, Opladen: 279–301.

Simon, Jonathan (1997b): Governing through Crime, in: Friedman, Lawrence M./Fisher, George (Hg.), The Crime Conundrum: Essays on Criminal Justice, New York: 171–190.

Simon, Jonathan (2001): Governing through Crime Metaphors, in: Brooklyn Law Review 67: 1035–1070.

Simon, Jonathan (2007): Governing through Crime. How the War on Crime Transformed American Democracy and Created a Culture of Fear, Oxford.

Simon, Jonathan/Silvestre, Giane (2018): Governing through Crime, in: Carlen, Pat/França, Leandro Ayres (Hg.), Alternative Criminologies, London-New York: 73–91.

Tarrow, Sidney (2016): War, States, and Contention: From Tilly to the War on Terror, in: Mobilization: An International Quarterly 1: 1–22.

van Dülmen, Richard (Hg.) (1987): Hexenwelten. Magie und Imagination vom 16.-20. Jahrhundert, Frankfurt/M.

Wacquant, Loïc (2009): Bestrafen der Armen, Opladen & Farmington Hills.

Wacquant, Loïc (2000): The new 'peculiar institution': On the prison as surrogate ghetto, in: Theoretical Criminology 3: 377–389.

Wacquant, Loïc (2011): Die neoliberale Staatskunst: Workfare, Prisonfare und soziale Unsicherheit, in: Dollinger, Bernd/Schmidt-Semisch, Henning (Hg.), Gerechte Ausgrenzung? Wohlfahrtsproduktion und die neue Lust am Strafen, Wiesbaden: 77–109.

Whitford, Andrew B./Yates, Jeff (2009): Presidential Rhetoric and the Public Agenda: Constructing the War on Drugs, Baltimore.

Young, Jock (1999): The Exclusive Society. Social Exclusion, Crime and Difference in Late Modernity, London-Thousand Oaks-New Delhi.

Zatz, Marjorie S./Smith, Hilary (2012): Immigration, Crime, and Victimization: Rhetoric and Reality, in: Annual Review of Law and Social Science 8: 141–159.

Die Texte

Charles Tilly, dessen bedeutsamer Aufsatz hier erstmals in deutscher Übersetzung vorgelegt wird, beschreibt nicht lediglich ein Regieren durch und über Kriminalität, sondern im Rückblick auf die Geschichte europäischer Staatenbildung ein Regieren *als* Kriminalität. Die Gleichsetzung der komplexen Prozesse der Schaffung von zentral regierten Staaten und der Monopolisierung von Gewalt in solchen Territorien mit organisierter Kriminalität wirkt auf den ersten Blick verblüffend, erhellt jedoch eindringlich, auf welche Weise die Errichtung von einheitlichen Nationalstaaten vor sich ging – kein in sich abgeschlossener historischer Prozess, sondern sowohl im Blick auf die Entkolonialisierung in der Mitte des 20. Jahrhunderts wie auch auf heutige Staatenbildungsprozesse in Europa (z. B. beim Zerfall Jugoslawiens) eine weiterhin relevante analytische Betrachtungsweise, die zudem eine Erklärung für Entstehung und Bestand heutiger Militärdiktaturen und die Auseinandersetzungen in afrikanischen *failed states* liefert.

Daniela Klimke analysiert in einem weit gefassten Panorama die umfassende Ökonomisierung der Kriminalpolitik und akzentuiert vor allem den gesellschaftspolitischen Rahmen, der sich – vor dem Hintergrund einer Ideologie freier Märkte und dem verbundenen Zwillingskonzept eines ausgeprägt individualistischen Ethos – als paralleler Umbau zur Markt- und Sicherheitsgesellschaft auf der Grundlage geteilter neoliberaler Strukturprinzipien fassen lässt. Dabei werden meritokratische Gerechtigkeitsideale, schon in der Vergangenheit eher Illusion als Realität, mehr und mehr zu einem Prinzip der sozialökonomischen Verlierer. Eine solche strukturelle Veränderung hat kriminalpolitische Folgen für Täter und Opfer, die detailliert in den Blick genommen werden, um die Entwicklungen in eine umfassende Analyse gesellschaftlicher Befindlichkeiten einordnen zu können.

Aldo Legnaro liefert am Beispiel der USA eine Konkretisierung der komplexen Verschränkungen von Freiheit, Furcht und Strafe. Der als Freiheit firmierende Wahlzwang unter vielfältigen Optionen, eine forcierte Marktteilnahme und der Bilanzdruck des notwendigen eigenen Unternehmertums bei insgesamt prekären sozialen und ökonomischen Verhältnissen gebieren eine Sehnsucht nach Sicherheit, die jedoch kaum noch gewährleistet erscheint. Furcht ist dann eine sinnhafte Verarbeitung der Zumutungen an ein rationales Selbst, indem sie ein kollektiv geteiltes Wissen über ‚gefährliche Klassen‘ und ‚unsichere Orte‘ und entsprechende Strafbedürfnisse erzeugt. Wenngleich in den letzten Jahren Veränderungen zu beobachten sind – einige US-Bundesstaaten haben de facto die Todesstrafe abgeschafft, Volksabstimmungen haben in Kalifornien die ‚three strikes‘-Gesetzgebung erheblich relativiert – so lässt sich der beschriebene Mechanismus doch keineswegs als obsolet betrachten und entfaltet auch in Europa Wirkungsmacht.

Nikolas Rose geht von der gesellschaftlichen Ökonomisierung aus, wenn er eine Neubestimmung der Grenzen des Regierens versucht. Er beschreibt einen tiefgreifenden Wandel von Denk- und Verhaltensweisen, die traditionell durch ‚das Soziale‘ definiert wurden, sich nun jedoch auf andere Art und Weise artikulieren, indem sie die Selbstverantwortung der Individuen betonen. Es entwickeln sich Rationalitäten und Techniken des Regierens, die ohne Gesellschaft auskommen und von autonomen Akteuren im Rahmen vernetzter Familien- und Gemeindestrukturen vollzogen werden. Das definiert sowohl die Subjekte des Regierens wie gesellschaftliche Marginalität; während die konformen (und integrierten) Subjekte zur Übernahme allgemeiner Risikovorsorge angehalten sind, unterliegen die Marginalisierten disziplinarischen Mechanismen durchaus traditioneller Art. Zum Zeitpunkt dieses Textes war allerdings noch nicht abzusehen, in welchem Maße solche Disziplinierung durch Techniken der Aktivierung und Kundenorientierung kaschiert werden kann.

Kriegsführung und Staatenbildung als organisierte Kriminalität (1985)

Charles Tilly

Übersicht

War Making and State Making as Organized Crime, in: Peter Evans, Dietrich Rueschemeyer und Theda Skocpol (Hg.): Bringing the State Back In, Cambridge 1985, S. 169–191.

Reproduced with permission of the Licensor through PLSclear.

Übersetzung: Aldo Legnaro.

Warnung

Wenn Schutzgelderpressungen die schlichteste Erscheinungsform organisierter Kriminalität darstellen, dann lassen sich Kriegsführung und Staatenbildung – beides im Wesentlichen Schutzgelderpressungen mit dem Vorzug der Legitimität – als unsere größten Beispiele organisierter Kriminalität ansehen. Ohne alle Generäle und Staatsmänner als Mörder und Diebe brandmarken zu wollen, möchte ich doch den Wert dieser Analogie betonen. Zumindest nach der europäischen Erfahrung der letzten Jahrhunderte weist eine Porträtierung von Kriegsherren und Staatengründern als Gewalt androhenden und selbstsüchtigen Unternehmern sehr viel mehr Ähnlichkeit mit den Tatsachen auf als die hauptsächlichen Alternativen: die Vorstellung eines Sozialkontraktes, die Vorstellung eines offenen Marktes, auf dem die Betreiber von Armeen und Staaten willigen Konsumenten ihre Dienste anbieten, und die Vorstellung einer Gesellschaft, deren

C. Tilly† (✉)
Columbia University, New York, USA

© Springer Fachmedien Wiesbaden GmbH, ein Teil von Springer Nature 2022   149
A. Legnaro und D. Klimke (Hrsg.), *Kriminologische Diskussionstexte I,*
https://doi.org/10.1007/978-3-658-22005-1_13

geteilte Normen und Erwartungshaltungen eine bestimmte Art der Regierung hervorbringen.

Die folgenden Reflektionen illustrieren lediglich die Analogie von Kriegsführung und Staatenbildung mit organisierter Kriminalität, und zwar aus der europäischen Erfahrung der letzten Jahrhunderte heraus; sie bieten einige vorläufige Argumente, die sich auf die dieser Erfahrung zugrundeliegenden Prinzipien von Wandel und Variation beziehen. Meine Überlegungen erwachsen aus der Sorge über heutige Entwicklungen: der Beunruhigung über die zunehmende Destruktivität des Krieges, über die immer wichtigere Rolle großer Mächte als Lieferanten von Waffen und militärischer Organisation an arme Länder und über die wachsende Bedeutung der Herrschaft des Militärs in diesen Ländern. Diese Überlegungen entspringen der Hoffnung, dass die europäische Erfahrung, versteht man sie nur richtig, uns beim Verständnis dessen helfen könnte, was heutzutage geschieht, vielleicht sogar helfen könnte, etwas dagegen zu tun.

Die Dritte Welt des zwanzigsten Jahrhunderts ähnelt dem Europa des sechzehnten oder siebzehnten Jahrhunderts nicht sonderlich, und die Zukunft von Ländern der Dritten Welt lässt sich nicht einfach aus der Vergangenheit der europäischen Länder ablesen. Aber eine wohl überlegte Untersuchung der europäischen Erfahrung wird uns dennoch sehr dienlich sein. Sie zeigt uns, dass bei der Bildung der europäischen Staaten unter Zwang stattfindende Ausbeutung eine große Rolle spielte. Sie zeigt uns, dass ein vom Volk getragener Widerstand gegen diese zwangsweise Ausbeutung die Möchtegern-Machthaber nötigte, Schutzrechte zuzugestehen und ihren Handlungen Beschränkungen aufzuerlegen. Das wird uns daher helfen, implizit vorgenommene fehlerhafte Vergleiche zwischen der heutigen Dritten Welt und dem Europa von Gestern auszuschließen. Diese Klarstellung macht es dann einfacher, die Andersartigkeit der heutigen Welt genau zu verstehen und derart auch zu verstehen, was wir überhaupt zu erklären haben. Das mag uns sogar helfen, die sich derzeitig drohend abzeichnende Allgegenwart militärischer Organisation und dementsprechender Handlungsweisen in der ganzen Welt zu erklären. Wenn mich auch ein solches Ergebnis sehr erfreuen würde, verspreche ich doch nicht etwas so Großartiges.

Dieser Aufsatz befasst sich also mit der Bedeutung organisierter Gewaltausübung für Entwicklung, Expansion und Wandel jener besonderen Formen der Regierung, die wir Nationalstaaten nennen: vergleichsweise zentralisierte, differenzierte Organisationen, deren Beamte mehr oder weniger erfolgreich die Kontrolle über die wesentlichen militärischen Waffenarsenale innerhalb einer Bevölkerung beanspruchen, die ein großes zusammenhängendes Territorium bewohnt. Die hier vorgeführte Argumentation erwächst aus historischen Arbeiten zur Formierung der Nationalstaaten in Westeuropa, vor allem zur Entstehung des französischen Staates seit 1600. Doch braucht es eine wohl überlegte gedankliche Distanz zu diesen Arbeiten, eine Wende und eine konzentrierte Betrachtung von einer theoretischen Grundlage aus. Die Argumentation ist mit wenigen Illustrationen und nicht mit Beweisen versehen, die den Namen verdient hätten.

Gerade so wie man einen eilig gepackten Rucksack nach einigen Tagen des Wanderns neu packt – man wirft den Müll weg, sortiert die Sachen nach ihrer Wichtigkeit und balanciert die Last aus – habe ich mein theoretisches Gepäck für den kommenden Anstieg neu gepackt; der wahre Test für dieses neue Packen kommt erst mit den nächsten Schritten vorwärts auf dem Pfad. Die Argumentation betont, fasst man sie abgespeckt zusammen, die gegenseitige Abhängigkeit von Kriegsführung und Staatenbildung, die Analogie zwischen beiden Prozessen und dem, was wir – sofern es weniger erfolgreich und in kleinerem Maßstab stattfindet – organisierte Kriminalität nennen. Der Krieg bringt den Staat hervor, behaupte ich. Banditentum, Piraterie, Rivalitäten von Gangs um ein Territorium, die Vorgehensweisen der Polizei und das Führen von Krieg sind alle Erscheinungen ein- und desselben Kontinuums – das behaupte ich ebenfalls. Für die historisch begrenzte Periode, in der der Nationalstaat die dominante Organisationsform der westlichen Länder wurde, behaupte ich zudem, dass merkantiler Kapitalismus und Staatenbildung sich gegenseitig verstärkten.

Die Zweischneidigkeit von Schutz
Im heutigen amerikanischen Sprachgebrauch hat das Wort „Schutz" *(protection)* zwei kontrastierend getönte Bedeutungen. Die eine ist tröstlich, die andere ominös. In der einen Tönung ruft „Schutz" Bilder eines Schutzschirms gegen Gefahren hervor, wie er von einem mächtigen Freund, einer hohen Versicherungspolice oder einem festen Dach bereitgestellt wird. Die andere Tönung beschwört das Bild einer Erpressung herauf, bei der ein starker Mann am Ort Händler zur Zahlung eines Schutzgelds zwingt, um Schaden zu vermeiden – ein Schaden, den der starke Mann androht selbst anzurichten. Der Unterschied ist eindeutig einer des Grades: Ein Hölle und Verdammung predigender Priester wird wohl nur in dem Maße Gelder von seinen Gemeindemitgliedern einsammeln können, in dem sie seinen Vorhersagen von Pech und Schwefel für Ungläubige glauben; der Gangster von nebenan mag tatsächlich, wie er behauptet, für ein Bordell die beste Garantie darstellen, ohne Einmischung durch die Polizei arbeiten zu können.

Welches Bild das Wort „Schutz" hervorruft, beruht hauptsächlich auf unserer Einschätzung der Realität und Dauerhaftigkeit der Bedrohung. Jemand, der die Gefahr sowohl selbst darstellt wie auch gegen eine Zahlung Schutz davor bietet, ist ein Erpresser. Jemand, der einen benötigten Schutzschild bereitstellt, aber nur geringe Kontrolle über das Eintreten von Gefahr ausübt, lässt sich als ein legitimer Beschützer ansehen, vor allem dann, wenn sein Preis nicht höher liegt als der der Mitbewerber. Und jemand, der verlässlichen und preiswerten Schutz sowohl gegen lokale Erpresser wie gegen Plünderer von außerhalb anbietet, macht das beste Angebot überhaupt.

Die Apologeten einzelner Regierungen wie auch von Regierung im Allgemeinen argumentieren gemeinhin ebenso, dass nämlich Regierungen Schutz gegen lokale und äußere Gewalt anbieten. Sie behaupten, dass die verlangten Preise kaum die Kosten des Schutzes decken. Sie nennen Leute, die sich über die Preise für diesen Schutz beschweren, „Anarchisten", „Subversive" oder beides auf einmal. Aber man sollte sich die Definition eines Erpressers vor Augen halten: er ist jemand, der zuerst eine Bedrohung schafft und dann für ihre Verminderung einen Preis verlangt. Die Bereitstellung von Schutz, wie Regierungen sie leisten, lässt sich nach diesem Standard oft als Erpressung qualifizieren. In dem Ausmaß, in dem die Bedrohungen, gegen die eine bestimmte Regierung ihre Bürger schützt, imaginär oder Ergebnisse des Regierungshandelns selbst sind, hat die Regierung eine Schutzgelderpressung organisiert. Da Regierungen gewöhnlich von sich aus die Bedrohung durch einen auswärtigen Krieg simulieren, stimulieren oder sogar aktiv herstellen und da repressive und ausbeuterische Handlungen von Regierungen oft die größten aktuellen Bedrohungen für die Lebensmöglichkeiten ihrer eigenen Bürgerschaft darstellen, arbeiten viele Regierungen im Wesentlichen in der gleichen Weise wie Erpresser. Es gibt natürlich einen Unterschied: Erpresser nach herkömmlicher Definition arbeiten ohne die Unantastbarkeit von Regierungen.

Wie aber erlangen erpresserische Regierungen Autorität? Im Hinblick auf Tatsachen und Ethik ist dies eines der ältesten unergründlichen Rätsel politischer Analyse. Bis zurück zu Machiavelli und Hobbes haben politische Beobachter allerdings anerkannt, dass Regierungen, was sie auch sonst noch tun mögen, Gewalt organisieren und wenn irgend möglich auch monopolisieren. Es spielt nur eine geringe Rolle, ob wir dabei Gewalt in einem engen Sinne verstehen, etwa als einen Personen oder Sachen zugefügten Schaden, oder in einem weiten Sinne, etwa als Verletzung der Wünsche und Interessen der Menschen; nach jedem Kriterium zeichnen sich Regierungen gegenüber anderen Organisationen durch ihre Tendenz aus, die verfügbaren militärischen Waffenarsenale zu monopolisieren. Überdies bedeutet die Unterscheidung nach „legitimer" und „illegitimer" Gewalt hinsichtlich dieser Tatsache keinen Unterschied. Wenn wir Legitimität als abhängig von der Übereinstimmung mit einem abstrakten Prinzip oder der Zustimmung der Regierten (oder beidem zugleich) auffassen, dann mögen diese Bedingungen die Tendenz zur Monopolisierung von Gewalt rechtfertigen, vielleicht sogar erklären, aber sie widersprechen nicht der Tatsache selbst.

In jedem Falle dient Arthur Stinchcombes erfreulich zynische Behandlung der Probleme von Legitimität den Zielen einer politischen Analyse sehr viel wirkungsvoller. Legitimität hängt nach Stinchcombe nur wenig von abstrakten Prinzipien oder der Zustimmung der Regierten ab: „Die Person, *über die Macht ausgeübt wird,* ist gewöhnlich nicht so bedeutsam wie *andere Machthaber.*"[1] Legitimität beruht auf der Wahrscheinlichkeit, dass andere Autoritäten die Entscheidungen einer bestimmten Autorität bestätigen werden. Andere Autoritäten, füge ich hinzu, werden mit viel größerer Wahrscheinlichkeit die Entscheidungen einer in Frage gestellten Autorität bestätigen, sofern diese substanzielle Gewaltmittel kontrolliert; nicht nur die Furcht vor Vergeltung, sondern auch der Wunsch, stabile Verhältnisse aufrechtzuerhalten, legen diese allgemeine Regel nahe. Die Regel unterstreicht die Bedeutung, die das Gewaltmonopol für eine Autorität hat. Eine Tendenz zur Monopolisierung der Waffengewalt macht den Anspruch einer Regierung, Schutz in der tröstlichen oder der ominösen Bedeutung des Wortes gewähren zu können, glaubhafter und Widerstand schwieriger.

Die unumwundene Anerkennung der zentralen Bedeutung, die Gewalt für Regierungshandeln hat, verlangt nicht von uns zu glauben, dass die Autorität einer Regierung „nur" oder „letztlich" auf Gewaltandrohungen beruht. Noch hat sie die Annahme zur Folge, dass die einzigen Dienstleistungen einer Regierung in Schutzgewährung bestehen. Sogar wenn die Gewaltanwendung einer Regierung der Bevölkerung hohe Kosten auferlegt, könnten einige Menschen sehr wohl zu dem Schluss kommen, dass andere Dienstleistungen der Regierung die Kosten aufwiegen, die es mit sich bringt, ihrem Gewaltmonopol zuzustimmen. Erkennt man diese Zentralität von Gewalt an, so öffnet das den Weg für ein Verständnis der Entwicklung und des Wandels von Regierungsformen.

Vorab die argumentative Linie in groben Zügen. Das Kriegsstreben der Machthaber war notgedrungen mit der Beschaffung der Mittel zur Kriegsführung verbunden, was zunächst einmal die Bevölkerung betraf, die sie kontrollierten. Es führte aber ebenfalls zur Förderung der Kapitalakkumulation bei denjenigen, die ihnen bei Kreditaufnahme und Güterkauf behilflich sein konnten. Kriegsführung, Mittelbeschaffung und Kapitalakkumulation beeinflussten sich bei der europäischen Staatenbildung gegenseitig. Die Machthaber unternahmen diese folgenschweren Aktivitäten nicht in der Absicht, Nationalstaaten zu schaffen – zentralisierte, differenzierte, autonome, extensive politische Organisationen. Und gewöhnlich sahen sie auch nicht voraus, dass aus Kriegsführung, der Aufbringung

---

[1] Arthur L. Stinchcombe, Constructing Social Theories (New York: Harcourt, Brace & World, 1968), S. 150 [Zitatstelle im Original kursiv, A.d.Ü.].

der dazu notwendigen Ressourcen und der Akkumulation von Kapital Nationalstaaten hervorgehen würden.

Stattdessen bekriegten sich die Machthaber der europäischen Staaten und
der gerade entstehenden Staaten, um ihre Mitbewerber in Schach zu halten oder
zu bezwingen und derart die Vorzüge der Macht innerhalb eines sicheren oder
expandierenden Territoriums genießen zu können. Um Krieg effektiver führen
zu können, versuchten sie, mehr Kapital in ihre Verfügungsgewalt zu bringen.
Auf kurze Sicht hätten sie sich dieses Kapital durch Eroberung, durch den Verkauf von Besitztümern oder durch Zwang und Enteignung der Kapitalbesitzer
beschaffen können. Auf lange Sicht war es für dieses Bestreben jedoch unver-
meidlich, sich einen regulären Zugang zu Kapitalisten zu verschaffen, die Kredit
bereitstellen und vermitteln konnten. Mit dem gleichen Ziel führten sie innerhalb
ihres Machtbereichs die eine oder andere Form der Besteuerung von Menschen
und deren Aktivitäten ein.

Als dieser Prozess sich fortsetzte, entwickelten die Staatengründer ein
anhaltendes Interesse an der Förderung von Kapitalakkumulation, die manchmal
als direkter Ertrag ihrer eigenen geschäftlichen Unternehmungen getarnt wurde.
Unterschiedlich große Schwierigkeiten bei der Steuererhebung, bei den Kosten
der jeweils angewendeten militärischen Gewalt, im Ausmaß der Kriegsführung,
die zur Abwehr der Konkurrenten notwendig war, und manches andere brachten
die grundsätzlichen Formvariationen der europäischen Staaten hervor. Alles
begann aber mit dem Bemühen, innerhalb eines räumlich begrenzten, der Basis
des Machthabers benachbarten Territoriums die alleinige Verfügung über die
Waffenbestände zu erlangen.

Gewalt und Regierung
Was unterschied die von Staaten ausgeübte Gewalt von der durch irgendwelche
Andere angewendeten Gewalt? Auf lange Sicht genug, um die Aufteilung
nach „legitimer" und „illegitimer" Gewalt glaubhaft zu machen. Letztendlich fanden die Gewalthandlungen der staatlichen Akteure verglichen mit denen
anderer organisierter Akteure in größerem Maßstab statt, sie waren effektiver
und effizienter, erfuhren größere Unterstützung durch die ihnen untertanen
Bevölkerungen, und benachbarte Autoritäten waren eher zu einer Zusammenarbeit bereit. Aber es brauchte lange Zeit, ehe diese vielfältigen und aufeinander
bezogenen Unterscheidungen anerkannt wurden. In der frühen Phase des Staatenbildungsprozesses teilten viele Parteiungen das Recht der Gewaltanwendung, die
Praxis der routinemäßigen Gewaltanwendung zur Durchsetzung ihrer Ziele oder
beides zugleich. Das Kontinuum reichte von Banditen und Piraten über Steuerein-
nehmer, regionale Machthaber und professionelle Soldaten bis hin zu Königen.

Die ungewisse, elastische Grenze zwischen „legitimer" und „illegitimer" Gewalt machte sich in den oberen Regionen der Macht bemerkbar. In der frühen Phase des Staatenbildungsprozesses teilten viele Parteiungen das Recht auf Gewaltanwendung, tatsächliche Gewaltanwendung oder beides zugleich. Die lang andauernde Hassliebe zwischen hoffnungsvollen Staatengründern und Piraten oder Banditen illustriert diese Trennlinie. „Im Hintergrund der Meerespiraterie agierten Städte und Stadtstaaten", schreibt Fernand Braudel über das sechzehnte Jahrhundert. „Hinter dem Banditentum, der Piraterie zu Lande, stand die kontinuierliche Hilfe der Fürsten."[2] In Kriegszeiten warben die Herrschenden vollwertiger Staaten tatsächlich oft Freibeuter an, beauftragten Banditen damit, ihre Feinde zu überfallen und ermutigten ihre regulären Truppen zum Beutemachen. Von Soldaten und Seeleuten im königlichen Dienst wurde meistens erwartet, sich durch Ausrauben der Zivilbevölkerung selbst zu versorgen: durch Beschlagnahmung, Vergewaltigung, Plünderung, Geldeintreibung. Demobilisiert setzten sie dann meistens diese Praktiken fort, dann allerdings ohne königlichen Schutz; aus außer Dienst gestellten Schiffen wurden Piratenboote, aus demobilisierten Truppen Banditen.

Das funktionierte auch anders herum. Die Welt der Rechtlosen bildete für Könige manchmal die beste Quelle, um bewaffnete Unterstützer anzuwerben. Robin Hoods Verwandlung in einen königlichen Bogenschützen mag ein Mythos sein, aber der Mythos erinnert an eine Praxis. Die Unterscheidungen nach „legitimen" und „illegitimen" Gewalttätern wurden nur sehr langsam deutlich, und zwar während des Prozesses, in dessen Verlauf die Streitkräfte des Staates weitgehend einheitlich organisiert und zu ständigen Armeen wurden.

Bis zu diesem Punkt boten, wie Braudel sagt, Seestädte und Machthaber zu Lande Freibeutern gewöhnlich Schutz oder förderten sie sogar aktiv. Viele Adlige, die gar nicht vorgaben, König zu sein, beanspruchten darüber hinaus erfolgreich das Recht, Truppen auszuheben und ihre eigenen bewaffneten Gefolgsleute zu unterhalten. Ohne einige dieser Adligen aufzurufen, ihre Truppen zur Verfügung zu stellen, konnte kein König einen Krieg führen; doch zugleich bestand derselbe bewaffnete Adel aus Rivalen und Gegnern des Königs, den potenziellen Verbündeten seiner Feinde. Aus diesem Grunde führten Regentschaften für Kinder als nominelle Herrsche vor dem siebzehnten Jahrhundert verlässlich zu Bürgerkriegen. Aus demselben Grund stand für jeden Möchtegern-Staatengründer die Entwaffnung des Adels ganz oben auf der Tagesordnung.

---

[2] Fernand Braudel, La Méditerranée et le monde méditerranéen à l'époque de Philippe II (Paris: Armand Colin, 1966), Vol. 2, S. 88–89.

Die Tudors zum Beispiel verfolgten diese Programmatik in nahezu ganz England. „Der größte Triumph der Tudors", schreibt Lawrence Stone, „war die letztendlich erfolgreiche Errichtung eines sowohl öffentlichen wie privaten königlichen Gewaltmonopols, eine Leistung, die nicht nur die Natur der Politik von Grund auf änderte, sondern auch die alltägliche Lebensqualität. Es erfolgte ein Wandel der englischen Gewohnheiten, der nur mit dem nächsten, dann im 19. Jahrhundert vollzogenen Schritt verglichen werden kann, als die Vergrößerung der Polizei dieses Monopol endgültig konsolidierte und in den größten Städten und kleinsten Dörfern verwirklichte."[3]

Die Demilitarisierung des Adels durch die Tudors bestand aus vier komplementären Aktionen: dem Ausschalten seiner in großer Zahl vorhandenen bewaffneten persönlichen Gefolgsleute, der Schleifung seiner Festungen, der Zähmung seiner habituellen Neigung, Meinungsverschiedenheiten mit Gewalt zu klären, und der Entmutigung seiner Abhängigen und Pächter, weiter mit ihm zusammenzuarbeiten. In den Marschen von England und Schottland war diese Aufgabe etwas heikler, denn die Percys und Dacres, die Armeen und Schlösser entlang der Grenze unterhielten, bedrohten zwar die Krone, dienten aber zugleich als ein Puffer gegen schottische Invasoren. Doch auch sie fügten sich schließlich.

In Frankreich begann Richelieu die große Entwaffnung in den 1620-Jahren. Nach Richelieus Ratschlag zerstörte Louis XIII. systematisch die Burgen der rebellierenden großen protestantischen wie katholischen Adligen, gegen die seine Armeen unaufhörlich kämpften. Er begann damit, das Duell, das Tragen tödlicher Waffen und die Unterhaltung privater Armeen zu ächten. In den späteren 1620-Jahren erklärte Richelieu das königliche Gewaltmonopol zur Doktrin. Diese Doktrin brauchte allerdings ein halbes Jahrhundert, ehe sie wirksam wurde:

„Einmal mehr hatten die Auseinandersetzungen der Fronde[a] Armeen der ‚Großen' gesehen. Lediglich die letzte der Regentschaften, diejenige nach dem Tode Louis XIV., führte nicht zu bewaffneten Aufständen. Zu dieser Zeit war Richelieus Prinzip Realität geworden. Nach dem Dreißigjährigen Krieg hatten im Reich gleichfalls nur die Herrscher über ein Territorium das Recht, Truppen

---

[3] Lawrence Stone, The Crisis of the Aristocracy (Oxford: Clarendon Press, 1965), S. 200.

[a] Als Fronde werden die inneren Unruhen in Frankreich bezeichnet, die – nachdem 1643 Louis XIV. im Alter von vier Jahren König geworden war – zwischen 1648 und 1653 während der Regentschaft seiner Mutter Anna von Österreich und der Regierung des leitenden Ministers Kardinal Mazarin ausbrachen. Träger waren in einer ersten Phase die Versammlung der Pairs von Paris, die Stadt selbst und das Bürgertum, die sich gegen Kriegssteuern wehrten und mehr Mitsprache einforderten, in einer zweiten Phase die Prinzen von Geblüt, um Einfluss auf die Regierung zu nehmen (A.d.Ü.).

auszuheben und Festungen zu unterhalten ... Überall hatten das Schleifen von Burgen, die hohen Kosten der Artillerie, die Attraktionen des höfischen Lebens und die sich daraus ergebende Domestizierung des Adels ihren Anteil an dieser Entwicklung."[4]

Im späten achtzehnten Jahrhundert hatten die Monarchen fast überall in Europa die Verfügungsgewalt über ständige professionelle Streitkräfte inne, die mit denen der Nachbarn rivalisierten und jede andere organisierte militärische Macht im eigenen Territorium bei weitem übertrafen. Das Monopol des Staates auf größere Gewalthandlungen entwickelte sich langsam von der Theorie zur Realität.

Die Ausschaltung lokaler Rivalen bot allerdings ein ernsthaftes Problem. Kein Monarch konnte alleine mit seinen eigenen Streitkräften über die Bevölkerung herrschen, wenn sein Territorium über die Größe eines kleinen Stadtstaates hinausging, noch konnte irgendein Monarch sich die Errichtung einer professionellen Verwaltung leisten, die groß und stabil genug gewesen wäre, um von ihm selbst bis zum gewöhnlichen Bürger zu reichen. Bis in die jüngste Zeit verwirklichte keine europäische Regierung auch nur näherungsweise ein so vollständiges Durchregieren von oben nach unten, wie es das kaiserliche China erreichte. Selbst das Römische Reich kam diesem Ideal nicht nahe. Auf die eine oder andere Weise beruhte jede europäische Regierung vor der Französischen Revolution auf einer indirekten Herrschaft durch lokale Magnaten. Diese Magnaten arbeiteten mit der Regierung zusammen, ohne in irgendeinem Sinne des Wortes ihre offiziellen Repräsentanten zu sein, sie hatten einen gewissen Zugang zu regierungsamtlich gestützter militärischer Gewalt und übten über ihre Territorien ein weit gefasstes Ermessen aus: Junker, Friedensrichter, Adlige. Doch waren diese Magnaten zugleich potenzielle Rivalen, mögliche Verbündete eines rebellischen Volkes.

Schließlich verringerten die europäischen Regierungen ihre Abhängigkeit von indirekter Herrschaft durch zwei aufwendige, aber effektive Strategien: a) durch die Ausdehnung ihrer Regierungsmacht auf die Ebene der Ortsgemeinde und b) indem sie die Schaffung von Polizeikräften beförderten, die eher der Regierung als lokalen Machthabern untergeordnet waren. Diese unterschieden sich zudem deutlich von kriegsführenden Streitkräften, was sie als Werkzeug für dissidente Magnaten weniger brauchbar machte. Zwischendurch folgten die Begründer

---

[4] Dietrich Gerhard, Old Europe: A Study of Continuity, 1000–1800 (New York: Academic Press, 1981), S. 124–25.

nationaler Macht jedoch alle einer gemischten Strategie: sie schalteten Gegner aus, unterwarfen sie, trieben einen Keil zwischen sie, eroberten sie, redeten ihnen gut zu, kauften sie, je nachdem welche Gelegenheiten sich ergaben. Das Kaufen äußerte sich in Steuerbefreiungen, in der Schaffung ehrenvoller Ämter, dem Einräumen von Ansprüchen auf das nationale Vermögen und einer Vielzahl anderer Vorkehrungen, die die Wohlfahrt eines Magnaten von der Aufrechterhaltung der existierenden Machtstruktur abhängig machten. Auf lange Sicht lief alles auf eine massive Pazifizierung und Monopolisierung der Mittel des Zwangs hinaus.

Schutz als Geschäft
In der Rückschau erscheint die Pazifizierung, Kooptierung oder Ausschaltung von aufsässigen Rivalen des Souveräns als eine eindrucksvolle, noble und die Zukunft bereits vorweg ahnende Unternehmung, dazu bestimmt, den Menschen Frieden zu bringen, doch folgte sie nahezu unausweichlich der Logik einer expandierenden Macht. Wenn ein Machthaber aus der Bereitstellung von Schutz Gewinn ziehen können sollte, dann nur durch das Sich-Fügen seiner Konkurrenten. Wie der Wirtschaftshistoriker Frederic Lane es vor fünfundzwanzig Jahren ausdrückte, betreiben Regierungen den Verkauf von Schutz als Geschäft … ob die Menschen das wollen oder nicht. Lane argumentierte, dass gerade Aktivitäten zur Ausübung und Kontrolle von Gewalt ein Monopol begünstigten, denn Wettbewerb in diesem Bereich erhöhte im Allgemeinen die Kosten anstatt sie zu senken. Pure ökonomische Größe, so seine These, war für Gewaltausübung von Nutzen.

Davon ausgehend, unterschied Lane zwischen a) dem Monopolprofit oder *Tribut,* der den Eigentümern der zur Gewaltausübung notwendigen Mittel als Ergebnis der Differenz zwischen Produktionskosten und dem von den „Kunden" erhobenen Preis zukommt, und b) der *Schutzrente,* die Kunden – beispielsweise Händler – einstreichen, wenn sie wirksamen Schutz gegen Konkurrenten von außen in Anspruch nahmen. Lane, ein überaus aufmerksamer Historiker von Venedig, zog dabei besonders den Fall einer Regierung in Betracht, die Schutzrenten für ihre Händler erzeugt, indem sie deren Konkurrenten vorsätzlich angreift. In ihrer Weiterentwicklung von Lanes Schema ersetzen Edward Ames und Richard Rapp schließlich Lanes „Tribut" durch das treffende Wort „(Schutzgeld-)Erpressung". In diesem Modell teilen Raub, Zwang, Piraterie, Banditentum und erpresserische Gaunereien zusammen mit ihren rechtschaffenen Cousins dieselbe Heimstatt in einer verantwortungsvollen Regierung.

Lanes Modell funktionierte folgendermaßen: Wenn ein Fürst für 50 Mio. Pfund eine genügend große Streitmacht zusammenbringen konnte, um die äußeren Feinde seiner eigenen Person und seiner Untertanen abzuwehren und zudem seine Untertanen in Schach zu halten, er aber zugleich in der Lage war, ihnen zu diesem Zweck 75 Mio. Pfund an Steuern abzupressen, dann erlöste er einen Tribut von (75 − 50 =) 25 Mio. Pfund. Wenn einer der dem Fürsten untertanen Händler 10 Pfund zu diesen Steuern beitrug und ihm das einen sicheren Weltmarktzugang zu geringeren Kosten verschaffte, als der 15-Pfund-Steueranteil betrug, den seine ausländischen Konkurrenten ihren Fürsten zahlten, dann nahm der Händler dank der größeren Effizienz seines Fürsten eine Schutzrente von (15 − 10 =) 5 Pfund ein. Diese Überlegungen unterscheiden sich nur graduell und im Maßstab von den Überlegungen gewalttätiger Krimineller und ihrer Kunden. Erpressung am Arbeitsmarkt (bei der sich beispielsweise ein Schiffseigner vor den Widrigkeiten, wie Hafenarbeiter sie verursachen können, schützt, indem er rechtzeitig eine Zahlung an den lokalen Gewerkschaftsboss leistet) funktioniert nach genau demselben Prinzip. Der Gewerkschaftsboss erhält einen Tribut, um Druck auf die Hafenarbeiter auszuüben, damit sie nicht streiken, während der Schiffseigner die Streiks und die Verzögerungen vermeidet, durch die die Hafenarbeiter seinen Konkurrenten schädigen.

Lane wies auf das unterschiedliche Verhalten hin, das sich von den Amtsträgern einer Schutz bereitstellenden Regierung erwarten lässt, wenn diese

1. von der Bürgerschaft in ihrer Gesamtheit,
2. von einem einzelnen, lediglich seinen eigenen Interessen verpflichteten Monarchen,
3. von den Amtsträgern selbst ausgeübt wird.

Wenn die Bürgerschaft in ihrer Gesamtheit die effektive Regierungsgewalt selbst ausübte – o fernes Ideal! – dann stünde zu erwarten, dass die Amtsträger Schutzkosten und Tribut minimieren und derart die Schutzrente maximieren. Im Gegensatz dazu würde ein einzelner, eigennützig handelnder Monarch den Tribut maximieren, die Kosten so veranschlagen, dass sie diese Maximierung gewährleisten, und wäre gegenüber der Höhe der Schutzrente gleichgültig. Wenn Amtsträger selbst die Regierung ausübten, würden sie tendenziell durch Maximierung ihrer eigenen Gehälter die Kosten hoch halten und durch einen hohen Preis, den sie den Untertanen abverlangen, den über diesen Kosten liegenden Tribut maximal vergrößern. Gegenüber der Höhe der Schutzrente wären sie ebenfalls gleichgültig. Das erste Modell nähert sich einer Demokratie à la Jefferson, das zweite einem beschränkten Despotismus und das dritte einer Militärjunta.

Lane diskutierte nicht die offensichtliche vierte Kategorie von Eigentümern, in deren Besitz eine Regierung sein kann: eine herrschende Klasse. Hätte er das getan, dann böte sein Schema interessante empirische Kriterien für die Untersuchung der Behauptung, dass eine bestimmte Regierung „relativ autonom" oder strikt den Interessen der herrschenden Klasse unterworfen sei. Vermutlich würde eine solchen Interessen verpflichtete Regierung dazu neigen, die Monopolprofite zu maximieren – Zahlungen an die herrschende Klasse, die sich aus der Differenz zwischen den Schutzkosten und dem dafür erhobenen Preis ergeben – ebenso wie sie die Schutzrenten bestens den ökonomischen Interessen der herrschenden Klasse anpassen würde. Eine autonome Regierung würde im Gegenteil dazu tendieren, ebenso wie die Gehälter der Amtsträger auch die eigene Größe zu maximieren, und sie wäre gleichgültig gegenüber den Schutzrenten. Lanes Analyse legt so unmittelbar neue Thesen und die Mittel ihrer Überprüfung nahe.

Lane vermutete spekulativ zudem, dass die Logik der Situation zu vier aufeinander folgenden Perioden in der allgemeinen Geschichte des Kapitalismus führe:

1. einer Periode der Anarchie und Plünderung,
2. einer Phase, in der die Tributempfänger Kunden anwarben und ihre Monopole errichteten, indem sie um die Schaffung in sich abgeschlossener und dauerhaft stabiler Staaten kämpften,
3. einer Phase, in der Händler und Landbesitzer durch Schutzrenten mehr einzunehmen begannen als die Regierenden durch Tributzahlungen,
4. einer (ziemlich neuen) Periode, in der technologischer Wandel als Profitquelle die Schutzrenten von Unternehmern überstieg.

In ihrer neuen Wirtschaftsgeschichte der westlichen Welt erkennen Douglass North und Robert Paul Thomas in den Phasen 2 und 3 – den Phasen, in denen Staatengründer ihr Gewaltmonopol schufen und Eigentumsrechte etablierten, die es Einzelnen erlaubten, den Großteil der Gewinne aus ihren eigenen wachstumsfördernden Innovationen einzustreichen – das entscheidende Moment für anhaltendes wirtschaftliches Wachstum. Das Gewähren von Schutz übertrifft zu diesem Zeitpunkt die Tributzahlungen an Bedeutung. Wenn wir uns vor Augen halten, dass die geschützten Eigentumsrechte vor allem dem Kapital zugute kamen und dass die Entwicklung des Kapitalismus auch die Akkumulation der erforderlichen Mittel erleichterte, um das Funktionieren ganzer Staaten sicherzustellen, dann führt diese Erweiterung der Lane´schen Analyse zu beträchtlichen Einsichten in die Koinzidenz von Kriegsführung, Staatenbildung und Kapitalakkumulation.

Unglücklicherweise zog Lane aus seiner eigenen Einsicht keinen rechten Nutzen. Da er seine Analyse auf eindeutige Weise innerhalb der neoklassischen Theorie der industriellen Organisation verorten wollte, engte er seine analytische Betrachtung von Schutzgewährung ein. Er behandelte alle Steuerzahler als „Kunden" jener „Dienste", die Regierungen als Schutzgewährung anboten, und fegte Einwände gegen die Vorstellung eines erzwungenen Kaufs beiseite – vielmehr bestand er darauf, dass der „Kunde" immer die Wahl habe, nicht zu zahlen und die Konsequenzen des Nichtzahlens auf sich zu nehmen. Damit minimierte er die Probleme der Teilbarkeit, die durch den Charakter von Schutzgewährung als einem öffentlichen Gut entstehen, und vernachlässigte vorsätzlich die Unterscheidung nach den Produktionskosten der zur Gewaltausübung erforderlichen Waffen im allgemeinen und den Kosten, den „Kunden" Schutz durch eben diese Waffengewalt zu gewähren. Lanes Ideen werden innerhalb der engen neoklassischen Gedankenwelt erstickt und kommen erst außerhalb dieser Welt zum Atmen. Des ungeachtet führen sie – ob von innen oder von außen betrachtet – die ökonomische Analyse von Regierungshandeln zurück auf die hauptsächlichen Aktivitäten, die Regierungen historisch jemals erbracht haben: Krieg, Repression, Schutzgewährung, Rechtsprechung.

Vor kurzem hat Richard Bean eine ähnliche Logik auf den Aufstieg der europäischen Nationalstaaten zwischen 1400 und 1600 angewendet. Er beruft sich auf die bei der Produktion wirkungsvoller Militärausrüstung entstehenden positiven Größeneffekte, denen negative Größeneffekte bei Befehlssträngen und Kontrolle gegenüberstehen. Er behauptet dann, dass die Verbesserung der Artillerie im 15. Jahrhundert (die Kanone erhöhte die Verwundbarkeit kleiner mittelalterlicher Festungen gegenüber den Angriffen einer organisierten Militärmacht in besonderem Maße) die Kurve von Größenvorteilen und -nachteilen verlagerte und die Aufstellung größerer Armeen, die Haltung eines ständigen Heeres und die Errichtung eines zentralisierten Regierungsapparats zum Vorteil der jeweiligen Herrscher möglich machte. Daher beförderte militärische Innovation, folgt man Bean, die Schaffung großer, kostspielig zu unterhaltender und militärisch gut ausgerüsteter Nationalstaaten.

Die Geschichte spricht
Beans Schlussfolgerung hält allerdings einer genauen historischen Prüfung nicht stand. In der Praxis geschah die Umstellung auf eine infanteriegestützte Belagerung befestigter Städte erst während des sechzehnten und siebzehnten Jahrhunderts. Die Artillerie wurde im Lauf des fünfzehnten Jahrhunderts verbessert, aber die Erfindung neuartiger Befestigungsanlagen, vor allem der *trace italienne*,[b] machte den Vorteil der Artillerie schnell zunichte. Die Entwicklung einer effektiven Artillerie fand zu spät statt, um die Zunahme der

---

[b] Die *trace italienne* ist eine sternförmig angelegte kleinere Festung (A.d.Ü.).

tragfähigen Größe eines Staates verursacht zu haben. (Die vergrößerten Kosten von Befestigungsanlagen, die sich gegen Artillerie verteidigen ließen, brachten allerdings Staaten mit größerer fiskalischer Basis einen Vorteil.)

Darüber hinaus ist auch nicht offensichtlich, dass den Veränderungen des Landkrieges jene überragende Bedeutung zukam, die Bean ihnen zuschreibt. Die sich gleichzeitig herausbildende und zunehmend entscheidende Bedeutung des Seekrieges könnte sehr wohl den militärischen Vorteil auf kleine Seemächte wie die Holländische Republik verlagert haben. Und wenn auch viele Stadt-staaten und andere mikroskopisch kleine Staatsgebilde vor 1600 in größeren politischen Einheiten aufgingen, lassen solche Ereignisse wie die Fraktionierung des Habsburger-Reiches und solche Tatsachen wie das anhaltende Bestehen von großen, aber nur lose zusammengefügten Ländern wie Polen und Russ-land die Behauptung einer signifikanten Zunahme an räumlicher Größe fraglich erscheinen. Mit einem Wort: sowohl die von Bean vorgeschlagene Erklärung wie seine Darlegung des überhaupt zu Erklärenden wecken historische Zweifel.

Lässt man jedoch den technologischen Determinismus beiseite, dann stellt Beans Logik eine nützliche Ergänzung zu Lanes Logik dar, denn unterschied-liche militärische Ausrüstungsformate haben substanziell unterschiedliche Her-stellungskosten und bieten substanziell unterschiedliche Kontrollreichweiten über einheimische und ausländische Opponenten. Nach 1400 führte das europäische Streben nach größeren, dauerhafteren und teureren Formen der militärischen Organisation tatsächlich zu spektakulären Zunahmen der fürstlichen Budgets, Steuern und Verwaltungsstäbe. Ungefähr nach 1500 waren Fürsten, denen die Schaffung einer kostspieligen militärischen Organisation gelang, tatsächlich in der Lage, größere Territorien zu erobern.

Der Begriff „Territorium" sollte uns nicht in die Irre führen. Bis zum acht-zehnten Jahrhundert waren die größten Mächte maritim, und der Krieg zur See blieb für die jeweilige internationale Position entscheidend. Dazu muss man nur Fernand Braudels Auflistung der innerhalb der kapitalistischen Welt auf-einander folgenden hegemonialen Mächte betrachten: Venedig und sein Reich, Genua und sein Reich, Antwerpen-Spanien, Amsterdam-Holland, London-England, New York-Vereinigte Staaten. Wenngleich Brandenburg-Preußen eine teilweise Ausnahme bietet, haben erst in unserer Zeit solche im Wesentlichen landgebundenen Staaten wie Russland und China im Weltsystem der Staaten herausragende Bedeutung erlangt. Maritimer Krieg war keineswegs der einzige Grund für diese Tendenz zur See. Vor dem späten neunzehnten Jahrhundert war Transport auf dem Landweg überall in Europa so kostspielig, dass kein Land es sich leisten konnte, ohne leistungsfähige Transportmöglichkeiten zu Wasser eine große Armee oder eine große Stadt mit Weizen oder anderen schweren Gütern zu versorgen. Die Herrscher schafften die Lebensmittel für größere inländische Zentren wie Berlin oder Madrid nur mit großem Aufwand und erheblichen Kosten für deren Hinterland heran. Die außergewöhnliche Leistungsfähigkeit der Wasserwege in den Niederlanden verschaffte den Holländern in Krieg und Frieden zweifellos große Vorteile. Zugang zum Wasser spielte noch in anderer Hinsicht eine wichtige Rolle. Die Metropolen auf Braudels Liste waren alle große Seehäfen, bedeutende Handelszentren und besonders wichtige Knotenpunkte von Kapitalströmen. Sowohl Handel wie Kapital dienten den Zwecken ehrgeiziger Herrscher. Diese Beobachtung bringt uns umwegig zu den Argumenten von Lane und Bean zurück. Berücksichtigt man, dass beide als Wirtschaftshistoriker schrieben, dann bietet die größte Schwäche ihrer Analysen allerdings eine Überraschung: Beide unterschätzen die Bedeutung der Akkumulation von Kapital für die militärische Expansion. Wie Jan de Vries über die Periode vor 1600 schreibt:

„In der Rückschau kann man über die anscheinend symbiotische Beziehung nur erstaunen, wie sie im Zeitalter des Absolutismus zwischen dem Staat, der Militärmacht und der Effizienz der privaten Ökonomie existierte. Hinter jeder erfolgreichen Dynastie stand eine stattliche Reihe finanziell potenter Bankiersfamilien. Zugang zu diesen Ressourcen in bürgerlichem Besitz erwies sich als entscheidend für die auf Staatenbildung und Zentralisierung abzielende Politik der Fürsten. Diese brauchten auch einen direkten Zugang zu landwirtschaftlichen Ressourcen, der sich nur dann eröffnete, wenn die Produktivität der Landwirtschaft wuchs und eine effektive administrative und militärische Macht existierte, die die Anforderungen des Fürsten durchsetzen konnte. Aber die Kausallinien liefen auch in die entgegengesetzte Richtung. Erfolgreiche Staaten- und Reichsgründung und die damit verbundene Tendenz zur Konzentration der städtischen Bevölkerung und der Regierungsausgaben eröffnete dem privaten Wirtschaftshandeln einzigartige und unschätzbare Gelegenheiten, um ökonomische Größenvorteile einzuheimsen. Diese Größenvorteile wirkten sich gelegentlich auf die industrielle Produktion aus, waren aber besonders bedeutsam für die Entwicklung von Handel und Finanzwesen. Zusätzlich sorgte der schiere Druck der Besteuerung durch die Zentralregierung mindestens soviel wie jeder andere ökonomische Zwang dafür, die Produktion der Bauern auf den Markt zu bringen und auf diese Weise die Gelegenheiten zum Handeltreiben und für wirtschaftliche Spezialisierung zu erweitern."[5]

Die „symbiotische Beziehung" besteht auch nicht nur für die Periode nach 1600. Für den besonders frühzeitig entwickelten Fall Frankreich müssen wir nur den Anstieg der königlichen Ausgaben und Einkünfte zwischen 1515 und 1785

---

[5] Jan de Vries, The Economy of Europe in an Age of Crisis, 1600–1750 (Cambridge: Cambridge University Press, 1976).

betrachten. Wenngleich sich die Wachstumsraten beider nach 1600 entsprechend beschleunigten, stiegen sie auch während des 16. Jahrhunderts substanziell an. Nach 1550 hemmten die internen Religionskriege die internationale Expansion, die François I. vorher in diesem Jahrhundert begonnen hatte, aber von den 1620-Jahren an nahmen Louis XIII. und Louis XIV. (selbstredend unterstützt und begünstigt von Richelieu, Mazarin, Colbert und anderen Hexenmeistern der Staatenbildung) diese Aufgabe mit Nachdruck wieder auf. „Wie immer", kommentiert V. G. Kiernan, „ging Krieg mit allgemeiner politischer Befürwortung und allgemeinem finanziellen Rückschlag einher."[6]

Verschuldung und die folgenden Zinszahlungen auf die Schuldsumme erklären einen erheblichen Teil der Unterschiedlichkeit beider Kurven. Große Kapitalisten spielten auf beiden Seiten der Transaktion eine bedeutende Rolle: als hauptsächliche Quellen des königlichen Kredits, vor allem des kurzfristigen, und als die wichtigsten Auftragnehmer beim riskanten, aber lukrativen Geschäft der Einziehung der königlichen Steuern. Aus diesem Grund verdient es festgehalten zu werden, „dass aus praktischen Zwecken heraus die nationale Verschuldung unter der Herrschaft von François I. begann. Nach dem Verlust von Mailand, dem Schlüssel zu Norditalien, am 15. September 1522 lieh sich François I. 200.000 Francs ... zu 12,5 % von den Pariser Händlern, um den Krieg gegen Karl V. intensivieren zu können. Dieser Kredit, der von der Stadtregierung verwaltet wurde, setzte die berühmte Serie von Schuldverschreibungen in Gang, die auf Kapitaleinkünften basierten und als *rentes sur l'Hotel de Ville* bekannt waren."[7] (Nebenbei trug das Unvermögen der Regierung, diese *rentes* zu bezahlen, dazu bei, dass sich das Pariser Bürgertum ungefähr zwölf Jahrzehnte später während der Fronde gemeinsam gegen die Krone stellte.) Im Jahre 1595 war die nationale Verschuldung auf 300 Mio. Francs gestiegen; trotz diverser Bankrotte der Regierung, Währungsmanipulationen und gewaltiger Steuererhöhungen war beim Tode Louis XIV. 1715 die kriegsbedingte Verschuldung inflationär auf die Summe von ungefähr drei Milliarden Francs angeschwollen, was den königlichen Einkünften von ungefähr achtzehn Jahren entsprach.[8] Krieg, Staatsapparat, Besteuerung und Schuldenaufnahme entwickelten sich in einem festen Rhythmus.

---

[6]V. G. Kiernan, State and Society in Europe, 1550–1650 (Oxford: Blackwell, 1980), S. 104. Für die französischen Finanzen siehe Alain Guery, „Les Finances de la Monarchie Française sous l'Ancien Régime", Annales Economies, Societes, Civilisations 33 (1978), S. 227.

[7]Earl J. Hamilton, „Origin and Growth of the National Debt in France and England," in Studi in onore di Gino Luzzato (Mailand: Giuffre, 1950), Vol. 2, S. 254.

[8]Ebd., S. 247, 249.

Wenngleich Frankreich ein besonders frühes Beispiel bildet, war es keineswegs das einzige. „Mehr sogar als in Frankreich", berichtet der immer brauchbare Earl J. Hamilton, „rührte die nationale Schuld Englands von größeren Kriegen her und wuchs mit ihnen an. Mit der Ausnahme eines unbedeutenden Übertrags bei den Stuarts begann die Verschuldung 1689 unter der Regierung von William und Mary. In den Worten von Adam Smith: ‚In dem Krieg, der 1688 begann und mit dem Vertrag von Ryswick 1697 beendet wurde, wurde das Fundament der gegenwärtigen enormen Verschuldung von Großbritannien zuerst gelegt.'"[9]

Hamilton fährt dann allerdings mit einem Zitat des Merkantilisten Charles Davenant fort, der sich 1698 über die durch die Regierungsverschuldung beförderten hohen Zinsen beschwerte, die den Handel behinderten. Davenants Beschwerde legt aber nahe, dass England schon im Begriff war, in Frederic Lanes dritte Phase der Beziehungen zwischen Staat und Kapital einzutreten, in der Händler und Landbesitzer mehr am Überschuss teilhaben als diejenigen, die den Schutz bereitstellen.

Bis zum sechzehnten Jahrhundert erwarteten die Engländer, dass ihre Könige von den Einkünften ihrer eigenen Besitztümer lebten und Steuern nur im Kriegsfall erhoben. G. R. Elton unterstreicht die große Neuerung, die die Gesetzesvorlagen über Finanzbeihilfen für Henry VIII., wie Thomas Cromwell sie in den Jahren 1534 und 1540 vorlegte, bedeuteten: „1540 wurde sehr sorgsam die tatsächliche Innovation von 1534 weitergeführt, dass nämlich außerordentliche Abgaben auch aus anderen Gründen als einem Krieg erhoben werden konnten."[10] In der Zeit danach bildete jedoch wie vorher schon Kriegsführung den Hauptgrund für Erhöhungen der Steuerbelastung wie auch der Schulden. Selten wurden Steuern und Schulden gesenkt. Es geschah, was A. T. Peacock und J. Wiseman einen „Verdrängungseffekt" nennen (und andere manchmal als „Sperreffekt" bezeichnen): Wenn die öffentlichen Einnahmen und Ausgaben während eines Krieges abrupt stiegen, begründeten sie ein neues höheres Niveau, unter das dann in Friedenszeiten Einnahmen und Ausgaben nicht sanken. Während der napoleonischen Kriege stiegen die britischen Steuern von 15 auf 24 % des Nationaleinkommens und damit auf nahezu das Dreifache der französischen Steuerbelastung.[11]

---

[9] Ebd., S. 254.

[10] G.R. Elton, „Taxation for War and Peace in Early-Tudor England", in: War and Economic Development: Essays in Memory of David Joslin, Hg. J.M. Winter (Cambridge: Cambridge University Press, 1975), S. 42.

[11] Peter Mathias, The Transformation of England: Essays in the Economic and Social History of England in the Eighteenth Century (New York: Oxford University Press, 1979), S. 122.

Es ist wahr, dass Britannien den doppelten Vorteil hatte, weniger als die kontinentalen Rivalen auf kostspielige Landstreitkräfte angewiesen zu sein und einen größeren Teil seiner Steuereinnahmen aus Zöllen und Verbrauchssteuern zu beziehen – Steuern, die trotz der Steuervermeidung entschieden kostengünstiger zu erheben waren als Steuern auf Land und Eigentum oder eine Kopfsteuer. Nichtsdestotrotz stiegen in England wie auch anderswo vom siebzehnten Jahrhundert an sowohl die Schulden wie die Steuern massiv an Sie stiegen vor allem in Abhängigkeit von den steigenden Kosten der Kriegsführung.

Was tun Staaten?

Wie jetzt deutlich geworden sein sollte, versäumt Lanes Analyse von Schutzgewährung, zwischen verschiedenen unterschiedlichen Anwendungsformen staatskontrollierter Gewalt zu differenzieren. Unter dem allgemeinen Oberbegriff der organisierten Gewalt betreiben staatliche Akteure charakteristischerweise vier unterschiedliche Aktivitäten:

1. Kriegsführung: Die Ausschaltung oder Neutralisierung ihrer eigenen Rivalen außerhalb der Territorien, in denen sie als Machthaber eine eindeutige und kontinuierliche Vorherrschaft innehaben;
2. Staatenbildung: Die Ausschaltung oder Neutralisierung ihrer Rivalen innerhalb dieser Territorien;
3. Schutzgewährung: Die Ausschaltung oder Neutralisierung der Feinde ihrer Kunden;
4. Aushebung von Ressourcen: Die Beschaffung der Mittel, um die ersten drei Aktivitäten – Kriegsführung, Staatenbildung, Schutzgewährung – durchführen zu können.

Der dritte Punkt entspricht der Schutzgewährung, wie Lane sie analysierte, aber die anderen drei beinhalten ebenfalls die Anwendung von Zwang. Sie überlappen sich nicht vollständig und in unterschiedlichem Grade; zum Beispiel führt Krieg gegen die kommerziellen Konkurrenten der lokalen Bourgeoisie zur Schutzgewährung für diese Bourgeoisie. In dem Ausmaß, in dem eine Bevölkerung in verfeindete Klassen gespalten ist und der Staat parteiisch die eine oder andere Klasse begünstigt, reduziert der Aufbau eines Staates aber tatsächlich den Schutz, der manchen Klassen zuteilwird.

Kriegsführung, Staatenbildung, Schutzgewährung und die Beschaffung der entsprechenden Mittel nehmen jeweils unterschiedliche Formen an. Die Aufbringung von Ressourcen beispielsweise reicht von gänzlicher Plünderung bis zu regulärem Tribut und bürokratisierter Besteuerung. Aber alle vier Aktivitäten beruhen auf der Tendenz des Staates, die jeweiligen Zwangsmittel zu bündeln und zu monopolisieren. Aus der Perspektive derjenigen, die den Staat beherrschen, festigt im Allgemeinen jede dieser Aktivitäten – sofern sie effektiv durchgeführt wird – die anderen. So stärkt ein Staat, der erfolgreich seine internen Rivalen vernichtet, seine Fähigkeit, Ressourcen auszuheben, Krieg zu führen und seinen hauptsächlichen Unterstützern Schutz zu gewähren. Im Großen und Ganzen waren in der älteren europäischen Geschichte diese Unterstützer typischerweise Landadlige, bewaffnete Gefolgsleute des Monarchen und Angehörige des Klerus.

Jede der hauptsächlich vorkommenden Formen von Gewaltanwendung brachte auch charakteristische Formen der Organisation hervor. Kriegsführung hatte Armeen, Seestreitkräfte und unterstützende Dienste zur Folge. Staatsaufbau führte innerhalb des Territoriums zu dauerhaften Instrumenten der Überwachung und Kontrolle. Schutzgewährung beruhte auf der jeweiligen Organisation von Kriegsführung und Staatenbildung, fügte dem aber einen Apparat hinzu, mit dessen Hilfe die Beschützten den ihnen zustehenden Schutz anfordern konnten, vor allem durch Gerichte und repräsentative Versammlungen. Die Beschaffung der notwendigen Geldmittel führte zur Entstehung fiskalischer und buchhalterischer Strukturen. Die Organisation von Gewalt und die Art und Weise, in der sie sich entwickelte, bieten schon für sich genommen ein wichtiges Erklärungsmoment für die charakteristische Struktur europäischer Staaten.

Das scheint regelhaft folgendermaßen funktioniert zu haben: Je kostspieliger eine Aktivität war, desto größer fiel – bei ansonsten gleichbleibenden Umständen – der organisatorische Überbau aus. In dem Ausmaß beispielsweise, in dem eine Regierung in große stehende Armeen investierte – eine sehr teure, aber effektive Art der Kriegsführung – wurde die den Bedürfnissen dieser Armee dienende Bürokratie wahrscheinlich aufgebläht und schwerfällig. Darüber hinaus ging eine Regierung, die eine stehende Armee unterhielt, aber nur eine kleine Bevölkerung kontrollierte, wahrscheinlich höhere Kostenverpflichtungen ein und baute demzufolge eine aufwendigere Struktur auf, als dies eine Regierung in einem bevölkerungsreichen Land tun musste. Brandenburg-Preußen war der klassische Fall, bei dem die Bereitstellung der notwendigen Ressourcen mit hohen Kosten verbunden war. Das preußische Unterfangen, eine Armee aufzubauen, die den Armeen der größeren kontinentalen Nachbarn gewachsen war, schuf eine überdimensionierte Struktur; es militarisierte und bürokratisierte einen Großteil des sozialen Lebens in Deutschland.

Bezogen auf die Beschaffung der Mittel gilt, dass, je kleiner die Menge an vorhandenen materiellen Ressourcen und je weniger die Ökonomie marktförmig organisiert war, es bei ansonsten gleichbleibenden Umständen desto schwerer fiel, die Mittel zur Kriegsführung und anderen Aktivitäten der Regierung aufzubringen; daher war dann der fiskalische Apparat um so extensiver. England illustriert die logische Folge dieses Satzes, denn es verfügte über eine relativ große und marktförmig verfügbare Menge an Ressourcen, auf die ein vergleichsweise kleiner fiskalischer Apparat zugriff. Wie Gabriel Ardant argumentiert hat, bedeutete die Wahl der fiskalischen Strategie wahrscheinlich einen zusätzlichen Unterschied. Insgesamt waren Steuern auf Land im Vergleich zu Steuern auf den Handel kostspielig zu erheben, was vor allem bei großen Warenmengen galt, die sich an Kontrollstationen leicht überprüfen ließen. Seine Lage rittlings an der Einfahrt der Baltischen See verschaffte Dänemark so eine außerordentliche Möglichkeit zur Einnahme von Zöllen.

Bezogen auf den Aufbau eines Staates (in dem engen Sinne einer Ausschaltung oder Neutralisierung von lokalen Rivalen der über den Staat Herrschenden) legte ein Territorium, in dem große Landbesitzer ansässig waren oder das von unterschiedlichen religiösen Gruppen bevölkert wurde, dem Eroberer im allgemeinen höhere Kosten auf als eines mit fragmentierten Machtstrukturen oder einer homogenen Kultur. Die logische Folge illustriert hier das fragmentierte und homogene Schweden mit seinem vergleichsweise kleinen, aber effektiven Kontrollapparat.

Endlich stiegen die Kosten der Schutzgewährung (verstanden als Ausschaltung oder Neutralisierung von Feinden der Kunden des Staatengründers) mit der Größe des Gebiets, über das sich diese Schutzgewährung erstreckte. Die Anstrengungen Portugals, das Mittelmeer für die Konkurrenten seiner Gewürzhändler zu sperren, bieten den Schulbuchfall eines erfolglosen Versuchs, Schutz bereitzustellen, bei dem desungeachtet eine große organisatorische Struktur aufgebaut wurde.

Derart variierte die schiere Größe einer Regierung direkt mit dem Aufwand, der zur Beschaffung der erforderlichen Mittel, zum Aufbau des Staates, zur Schutzgewährung und vor allem zur Kriegsführung betrieben werden musste, invers jedoch mit der Marktförmigkeit der Ökonomie und dem Ausmaß der materiellen Ressourcenbasis. Mehr noch, die relative Größe der unterschiedlichen für eine Regierung charakteristischen Merkmale variierte mit dem jeweiligen Verhältnis von Kosten und erforderlichen Ressourcen, das für die Beschaffung der (finanziellen) Mittel, den Staatsaufbau, die Schutzgewährung und die Kriegsführung maßgebend war. In Spanien sehen wir als Ergebnis einer jahrhundertelangen Anstrengung zur Unterwerfung interner Feinde eine wasserkopfartige Entwicklung des königlichen Hofes und der Höfe der Adligen, wogegen wir in Holland zu unserem Erstaunen sehen können, ein wie kleiner fiskalischer Apparat bei hohem Steueraufkommen innerhalb einer reichen marktförmig organisierten Ökonomie ausreicht.

Eindeutig standen Kriegsführung, die Beschaffung der erforderlichen Mittel, Staatenbildung und Schutzgewährung in einem Verhältnis gegenseitiger Abhängigkeit. Überaus allgemein gesprochen folgte die klassische europäische Praxis der Staatenbildung dem folgenden kausalen Muster:[c]

In einer idealisierten Abfolge führte ein mächtiger Fürst derart wirkungsvoll Krieg, dass er schließlich ein beträchtliches Gebiet beherrschte, doch erhöhte die Kriegsführung die Notwendigkeit, der Bevölkerung dieses Territoriums die zum Krieg benötigten Mittel abzupressen – Menschen, Waffen, Lebensmittel, Unterkünfte, Transportmittel, Vorräte und/oder die Geldmittel, all dies zu kaufen. Der Aufbau von Kapazitäten zur Kriegsführung vergrößerte gleichermaßen die Kapazitäten, um diese Mittel zu beschaffen. Schon diese Beschaffungsmaßnahmen hatten, sofern sie erfolgreich waren, die Ausschaltung, Neutralisierung oder die Kooptation der lokalen Rivalen des Fürsten zur Folge: derart führte dieser Prozess zur Staatenbildung. Als Nebenprodukt schuf er Organisationen in Form von Steuerbehörden, einer Polizei, Gerichten, Schatzämtern, Buchhaltungen; auf diese Weise führte dieser Prozess wiederum zur Staatenbildung. In geringerem Ausmaß führten selbst Kriege zur Staatenbildung, indem durch die Ausweitung der militärischen Organisation stehende Armeen, Rüstungsindustrien, zuarbeitende Verwaltungen und (allerdings eher spät) Schulen als Teil des Staatsapparats entstanden. Alle diese Strukturen hielten potenzielle Rivalen und Gegner in Schach. Im Verlauf eines Krieges, bei der Ausbeutung der Ressourcen und beim Aufbau eines Staatsapparats bildeten die Funktionsträger der Staaten Allianzen mit bestimmten sozialen Klassen. Die Angehörigen dieser Klassen vergaben finanzielle Mittel als Darlehen, stellten technische Dienste bereit oder halfen dabei, die Mitwirkungsbereitschaft der übrigen Bevölkerung zu sichern, dies alles als Gegenleistung für Schutzmaßnahmen gegen ihre eigenen Rivalen und Feinde. Als Resultat dieser vielfältigen strategischen Wahlmöglichkeiten bildete sich innerhalb jeder der hauptsächlichen Regionen Europas ein ganz bestimmter Staatsapparat heraus.

Wie sich Staaten bildeten
Diese Analyse hat, sofern sie richtig ist, für die Entwicklung von Nationalstaaten zwei bedeutsame Implikationen. Erstens machte öffentlicher Widerstand gegen Kriegsführung und Staatenbildung einen Unterschied aus. Wenn gewöhnliche Leute hartnäckig Widerstand leisteten, dann machten die Autoritäten Zugeständnisse: Garantien von Rechten, die Einrichtung repräsentativer Institutionen

---

[c] Eine Grafik, die die gegenseitigen Abhängigkeiten von Kriegsführung, Schutzgewährung, Mittelaufbringung und Staatenbildung illustriert, ist hier nicht abgedruckt (A.d.H.).

und von Berufungsgerichten. Diese Zugeständnisse begrenzten ihrerseits die späteren Möglichkeiten von Kriegsführung und Staatenbildung. Mit Sicherheit wurde die Wirkung von Aktionen der Bevölkerung durch Allianzen mit Teilen der herrschenden Klasse erheblich vergrößert; die breite Mobilisierung des Landadels gegen Charles I. führte im Falle der englischen Revolution von 1640 zu weitaus größeren Auswirkungen auf die politischen Institutionen als in einer der vielen Rebellionen während der Tudorzeit.

Zweitens beeinflusste das relative Gleichgewicht der Faktoren Kriegsführung, Schutzgewährung, Beschaffung der erforderlichen Mittel und Staatenbildung in bedeutsamem Grade die Organisation der Staaten, die aus diesen vier Aktivitäten hervorgingen. In dem Ausmaß zum Beispiel, in dem die Führung eines Krieges mit vergleichsweise geringer Ressourcenausbeutung und Schutzgewährung und einem wenig ausgeprägten Staatsaufbau einherging, spielte die Militärmacht eine größere und eher autonome Rolle in der nationalen Politik. Spanien ist vielleicht das beste europäische Beispiel. In dem Ausmaß, in dem Schutzgewährung gegenüber Kriegsführung, Ressourcenaufbringung und Staatenbildung vorherrschte, wie das in Venedig oder Holland der Fall war, tendierten aus den beschützten Klassen stammende Oligarchien dazu, die nationale Politik zu dominieren. Aus dem relativen Übergewicht von Staatenbildung erwuchs die disproportionale Ausgestaltung von Polizeitätigkeit und Überwachung; der Papststaat illustriert dieses Extrem. Vor dem zwanzigsten Jahrhundert war der Spielraum, bei einem Ungleichgewicht dieser Faktoren lebensfähig zu bleiben, ziemlich klein. Jeder Staat, der nicht in der Lage war, beträchtliche Mittel für die Kriegsführung aufzubringen, ging wahrscheinlich unter. Im Verlauf des zwanzigsten Jahrhunderts wurde es jedoch zunehmend üblich, dass ein Staat die zur Kriegsführung notwendigen Mittel an andere Staaten verlieh, übergab oder verkaufte; in diesen Fällen konnte der Empfängerstaat disproportionale Anstrengungen auf Ressourcenausbeutung, Schutzgewährung und/oder Staatenbildung verwenden und dennoch überleben. In unserer Zeit bieten Klientelstaaten der Vereinigten Staaten und der Sowjet-Union unzählige Beispiele.

Dieses vereinfachte Modell vernachlässigt jedoch die auswärtigen Beziehungen, die jeden Nationalstaat formten. In einer frühen Phase des Prozesses blieb die Unterscheidung zwischen „intern" und „auswärtig" so undeutlich wie die Unterscheidung zwischen der Staatsmacht und der Macht, die den mit dem Staat verbündeten Fürsten zugewachsen war. Später dann banden drei ineinander verwobene Prozesse jeden Nationalstaat in das Netzwerk europäischer Staaten ein. Erstens gab es einen Strom von Ressourcen in der Form von Anleihen und Versorgungsgütern, vor allem Anleihen und Versorgungsgüter zur Kriegsführung. Zweitens existierte unter den Staaten in umstrittenen Territorien ein Wettbewerb um die Vorherrschaft, der die Kriegsführung begünstigte und zeitweise die Unterschiede zwischen Kriegsführung, Staatenbildung und Ressourcenausbeutung aufhob. Drittens entstanden periodisch Koalitionen von Staaten, die zeitweise ihre Mittel und Anstrengungen vereinten, um einen bestimmten Staat zu einer bestimmten territorialen Form und Position innerhalb des internationalen Netzwerks zu zwingen. Die Kriegskoalition ist hier ein Beispiel, aber die Koalition bei einem Friedensschluss spielt dabei eine noch bedeutsamere Rolle. Von 1648 an, wenn nicht schon früher, koalierten bei Kriegsende alle europäischen Staaten von Bedeutung eine Zeitlang miteinander, um über die Grenzen und Herrscher der bisherigen Kriegsparteien zu verhandeln. Von diesem Punkt an fanden Phasen einer größeren Neuorganisation des europäischen Staatensystems schubweise anlässlich der Befriedung nach ausgedehnten Kriegen statt. Im allgemeinen gingen aus jedem großen Krieg weniger Nationalstaaten hervor als den Krieg begonnen hatten.

Krieg als eine Form der internationalen Beziehungen
Unter diesen Umständen wurde Krieg der normale Zustand des internationalen Staatensystems und die normale Vorgehensweise, die eigene Position innerhalb dieses Systems zu verteidigen oder zu verbessern. Warum gerade Krieg? Darauf gibt es keine einfache Antwort; Krieg bildete ein machtvolles Instrument und diente mehr als einem Zweck. Aber mit Sicherheit weist ein Teil der Antwort zurück auf die zentralen Mechanismen der Staatenbildung. Es ist eben die Logik, wie sie den Handlungen eines lokalen Herrschers zugrundelag: Er dehnte das Gebiet aus oder verteidigte es, innerhalb dessen er als Einziger die Befehlsgewalt über die Streitkräfte besaß und dadurch seine Einkünfte aus Tributen vergrößerte. Das setzte sich in größerem Maßstab als eine Logik des Krieges fort. In einer frühen Phase dieses Prozesses waren externe und interne Rivalen in hohem Grade deckungsgleich. Lediglich die Errichtung großer Territorien, in denen mächtige Fürsten ihre Rivalen in Schach halten konnten, machte die Linie zwischen intern und extern trennschärfer. George Modelski fasst die Logik dieses Wettbewerbs überzeugend zusammen:

„Globale Macht ... stärkte diejenigen Staaten, die dieses Ziel erreicht hatten, relativ gegenüber allen anderen politischen und sonstigen Organisationen. Und darüber hinaus entwickelten andere Staaten, die an den Konkurrenzen des globalen Machtspiels teilnahmen, ähnliche organisatorische Formen und ähnliche Widerstandsfähigkeit: auch sie wurden Nationalstaaten – als eine defensive Reaktion, weil sie gezwungen waren, sich mit einer globalen Macht auseinanderzusetzen oder in Gegnerschaft zu einer solchen standen, so wie Frankreich gegen Spanien und später gegen Britannien stand, oder als Imitation deren offensichtlichen Erfolgs und ihrer

Effektivität. So folgte Deutschland dem Beispiel von Britannien als Weltmacht;[d] zeitlich vorher hatte Peter der Große Russland nach holländischen Vorgaben und Beispielen neu geformt Derart wurden nicht nur Portugal, die Niederlande, Britannien und die Vereinigten Staaten Nationalstaaten, sondern auch Spanien, Frankreich, Deutschland, Russland und Japan. Die kurze und zugleich sparsamste Antwort auf die Frage, warum das diesen Ländern glückte, während ‚die meisten der europäischen Anstrengungen zur Staatenbildung misslangen', ist, dass sie entweder globale Mächte waren oder erfolgreich mit ihnen oder gegen sie kämpften."[12]

Diese Logik der internationalen Staatenbildung verwirklicht die Logik der lokalen Gebietsvergrößerung in großem Maßstab. Das Externe ergänzt das Interne.

Wenn wir die fragile Unterscheidung nach „internen" und „externen" Staatenbildungsprozessen zugestehen, dann ließe sich die Geschichte der europäischen Staatenbildung als ein Dreiphasen-Modell schematisieren: a) Der unterschiedliche Erfolg einiger Machthaber in „externen" Kämpfen stellt den Unterschied zwischen einer „internen" und einer „externen" Arena für die Anwendung von Gewalt her; b) „externe" Konkurrenz generiert „interne" Staatenbildung; c) „externe" Verträge zwischen Staaten beeinflussen Gestalt und geografische Lage einzelner Staaten immer wirkmächtiger. Aus dieser Perspektive haben Organisationen wie der Völkerbund und die Vereinten Nationen, die die Existenz von Staaten beglaubigen, den Prozess, der in Europa seinen Anfang nahm, einfach auf die ganze Welt ausgedehnt. Dekolonisierung, ob erzwungen oder freiwillig, blutig oder friedlich, vervollständigte einfach diesen Prozess, indem existierende Staaten sich verbündeten, um neue Staaten zu schaffen.

Die Ausdehnung jenes Staatenbildungsprozesses, wie er in Europa stattgefunden hatte, auf den Rest der Welt mündete jedoch nicht in der Schaffung von Staaten genau nach europäischem Ebenbild. Ganz allgemein gesprochen waren interne Kämpfe wie die Ruhigstellung mächtiger regionaler Fürsten und die Eintreibung von Steuern in Bauerndörfern für bedeutsame organisatorische Eigenheiten der europäischen Staaten verantwortlich: die relative Unterordnung militärischer Macht unter zivile Kontrolle, die extensive Bürokratie der Steuererhebung, die Repräsentation verletzter Interessen durch Petition und Parlament. Insgesamt entwickelten sich anderswo die Staaten auf andere Weise. Dieser Unterschied zeigt sich besonders aussagekräftig in der militärischen

---

[d] Im Original deutsch (A.d.Ü.).

[12] George Modelski, „The Long Cycle of Global Politics and the Nation State", Comparative Studies in Society and History 20 (1978), S. 231.

Organisation. Europäische Staaten bauten ihre Militärapparate in anhaltenden Kämpfen mit ihren Untertanen und durch eine selektive Ausdehnung der Schutzgewährung auf verschiedene Klassen innerhalb dieser Bevölkerung auf. Die Vereinbarungen über solche Schutzgewährung engten den Handlungsspielraum der Herrschenden selbst ein, machten sie mithilfe von Gerichten und parlamentarischen Versammlungen angreifbar und gegenüber dem Entzug von Kredit und der Stornierung von Dienstleistungen und fachlicher Beratung anfällig.

Staaten, die erst kürzlich durch Dekolonisierung oder als territoriale Neuordnungen durch dominante Staaten entstanden sind, haben ihre militärische Organisation in größerem Maße von außerhalb erhalten, ohne intern eine gegenseitige Einschränkung von Herrschenden und Beherrschten herausgebildet zu haben. In dem Maße, in dem auswärtige Staaten fortgesetzt militärische Güter und entsprechende Expertise als Gegenleistung für Waren, militärische Allianzen oder beides liefern, beherbergen die neuen Staaten ein mächtiges, in seinem Handlungsspielraum nicht eingeschränktes Militär, das leicht alle anderen Institutionen innerhalb dieser Territorien in den Schatten stellt. In dem Maße, in dem auswärtige Staaten ihre Grenzen garantieren, üben die verantwortlichen Akteure dieser Militärmacht außergewöhnliche Macht innerhalb der Staaten aus. Das Übergewicht einer solchen militärischen Macht wird dann außerordentlich groß, und die Anreize, die Macht über den Staat als Ganzes zu ergreifen, werden durch eben diese Überlegenheit sehr stark. Trotz der großen Bedeutung der Kriegsführung im Prozess der europäischen Staatenbildung haben die alten europäischen Nationalstaaten nahezu nie die Unverhältnismäßigkeit von militärischer Organisation auf der einen und allen anderen Formen institutioneller Organisation auf der anderen Seite erlebt, wie sie das Schicksal von Klientelstaaten in der ganzen gegenwärtigen Welt zu sein scheint. Vor einem Jahrhundert hätten sich die Europäer zur Ausbreitung ziviler Regierungen in der gesamten Welt gratulieren können. Zu unserer eigenen Zeit aber wird die Analogie zwischen Kriegsführung und Staatenbildung einerseits und organisierter Kriminalität andererseits auf tragische Weise treffend.[e]

---

[e] Die umfangreiche Bibliographie ist hier nicht abgedruckt (A.d.H.).

Die politische Ökonomie der Sicherheit (2013)

Daniela Klimke

Die politische Ökonomie der Sicherheit, in: Soziale Probleme 1, 2013, S. 137–163

Einleitung

Wie sich die gegenwärtige politische Ökonomie in das Feld der Sicherheit übersetzt, ist bislang von der Kriminologie und Soziologie kaum aufgegriffen worden. Die politische Ökonomie als wesentliches strukturierendes Prinzip der Wandlungen westlicher Gesellschaften zu verstehen, mag anachronistisch wirken. Ökonomische Kategorien, erst recht das Konzept des Neoliberalismus, werden nur mit spitzen Fingern aufgenommen. Mag man in der erklärenden Variablen des Neoliberalismus auch eine „chaotische' Abstraktion" erkennen, so votiert Hall (2011, S. 706) trotz aller Vorläufigkeit dafür, „dass die Benennung des Neoliberalismus politisch notwendig ist, um dem Widerstand gegen seinen fortschreitenden Marsch einen Inhalt, einen Schwerpunkt und eine Schärfe zu geben". Gleichwohl herrscht gerade in der deutschen Diskussion eine aversive Haltung vor, das Erkenntnispotenzial des Konzepts des Neoliberalismus zu nutzen. Die Beschreibung von Megatrends wie dem Neoliberalismus bietet allerlei Einfallstore für die Kritik, in der auch berechtigt etwa die Berücksichtigung von (internationalen) Differenzen und Spezifika eingefordert wird. Tatsächlich werden mit der Behauptung eines gemeinsamen politisch-ökonomischen Nenners, auf dem ein Teil der internationalen kriminalpolitischen Entwicklungen

D. Klimke (✉)
Institut für Kriminalitäts- und Sicherheitsforschung, Polizeiakademie Niedersachsen,
Nienburg, Deutschland
E-Mail: klimke@uni-bremen.de

© Springer Fachmedien Wiesbaden GmbH, ein Teil von Springer Nature 2022
A. Legnaro und D. Klimke (Hrsg.), *Kriminologische Diskussionstexte I,*
https://doi.org/10.1007/978-3-658-22005-1_14

beruht, sehr unterschiedliche historische Bedingungen und Entwicklungen der Neoliberalisierung und der Sicherheitspolitik in den einzelnen Ländern eingeebnet. Gleichwohl scheint es, eine ausreichende gemeinsame Basis neoliberaler Gestaltungsprinzipien jenseits der nationalen Ausformungen und Brechungen zu geben, wodurch einige grundlegende Pfade der Sicherheitspolitiken bestimmt werden. Das Konzept des Neoliberalismus umfasst außerdem eine Vielzahl sozialer Gegenstände, etwa die ökonomische Doktrin, die Interessenpolitik, das Weltsystem, die globale kulturelle Formation und die gouvernementale Rationalität (Ferguson 2009, S. 170 f.). Die Verwendung dieses Begriffs rechtfertige sich aber dann, wenn das Einende seiner verschiedenen Bedeutungen herausgearbeitet werden soll in dem Sinne eines „Reflektierens darüber, wie die eigentlich unterschiedlichen Dinge, auf die es [das Wort ‚Neoliberalismus', DK] sich bezieht, zusammengehören können", etwa wenn es um die Korrespondenz geht zwischen marktbasierten Techniken, mit denen sich sowohl Staatlichkeit verändert als auch der „‚responsibilisierte' Bürger" als „Miniatur-Firma" konstruiert wird (ebd.: 172). Eben jener parallele Umbau zur Markt- und Sicherheitsgesellschaft auf der Grundlage derselben neoliberalen Strukturprinzipien soll im Folgenden herausgearbeitet werden.

Die Zurückhaltung und Distanzierung der Soziologie gegenüber dem Konzept des Neoliberalismus überrascht umso mehr, als seine Vertreter es in ihren Worten einst nicht an entschiedener Deutlichkeit ihrer Forderungen mangeln ließen. *There is no such thing as society* lautete ein Zitat, in dem Margaret Thatcher die neoliberalen Grundprinzipien aufzeigte. Im Kern ginge es darum, dass „die Gesellschaft im neoliberalen Weltbild nur als Rahmenbedingung des Marktes" existiert, „die Gesellschaft keine eigenständige Kategorie" mehr bildet (Ptak 2007, S. 51). *It's the economy, stupid,* so hieß die eindringliche Formel, auf die Bill Clinton den Wandel der gesellschaftlichen Organisationsprinzipien auf den Punkt gebracht hat. Nach der neoliberalen Doktrin solle sich der „Herrschaftsbereich des Marktes auf alle Felder menschlichen Handelns ausdehnen" (Harvey 2007, S. 10). Die außerökonomischen Bereiche seien nach ökonomischen Prinzipien umzugestalten. Der „ökonomische Imperialismus" (G.S. Becker 1993) kolonisiere hiernach die Gesellschaft, er werde zum „operativen Mechanismus" (Demirović 2008, S. 25). Dem Markt und den ökonomischen Gestaltungsprinzipien wird eine über das Wirtschaften hinausreichende Überlegenheit zugeschrieben, gesellschaftliche Prozesse besser zu steuern.

Der neoliberale Umbau zielt mithin auf den gesellschaftlichen Kernbestand. Es besteht wohl keine zufällige Koinzidenz zwischen der Neoliberalisierung einer Gesellschaft und ihrer Betonung von *law and order.* Wacquant (2012, S. 690, 692) macht einen „zweifachen ‚Rechtsdrall'" des „neoliberalen Leviathan" aus, der in einer Bewegung die Märkte liberalisiert und das Strafregime verschärft. Eindrücklich zeigt sich dies an dem Indikator der Gefangenenraten, der umso höher ausfällt, je neoliberal avancierter eine Gesellschaft ist (Cavadino und Dignan 2007, S. 448). Die Autoren dieser Studie erklären, die „neoliberalen Gesellschaften tendieren dazu, beides zu exkludieren: Diejenigen, die im ökonomischen Marktplatz durchfallen und diejenigen, die darin versagen, das Recht einzuhalten" (Cavadino und Dignan 2006, S. 448), denn „punitive Haltungen sind im ökonomischen System nicht nur verkörpert, sondern eingebettet" (Cavadino und Dignan 2007, S. 88). Neoliberalisierte Gesellschaften zeichnen sich durch eine Ideologie freier Märkte und – als Zwillingskonzept – einem ausgeprägt individualistischen Ethos aus. *„Als oberster Wert gilt das Prinzip der Konkurrenz, und dies auf allen Ebenen: zwischen Individuen, Unternehmen und territorialen Einheiten [...]. Die Grundregeln der Marktkonkurrenz sind natürlich strikt einzuhalten. Wo diese Regeln nicht eindeutig [...] sind, muss der Staat seine Macht nutzen, um Marktsysteme durchzusetzen oder zu erfinden"* (Harvey 2007, S. 84). Die hierfür einschlägigen Stichworte lauten ‚Privatisierung', ‚Wettbewerb' und ‚Deregulierung', die mit einer gewissen Übersetzung auch das Feld der Inneren Sicherheit bestimmen.

Privatisierung

Auf der sozialstrukturellen Ebene lässt sich unter Privatisierung eine Form der Individualisierung als Herauslösung bis hin zur Vereinzelung der Individuen aus ihren sozialen Bezügen verstehen (Honneth 1994, S. 24). Jeder als seines Glückes Schmied „jenseits von Stand und Klasse" und auch abseits der *root causes* gesellschaftlicher Kriminalitätserklärungen entspricht der privatisierten Daseinsform der Subjekte, die nun als Unternehmer ihrer selbst handeln sollen. Mit der Privatisierung ändern sich die Zurechnungsregeln der Verantwortung für Erfolg, Scheitern und auch für Delinquenz, die nun jenseits sozialer Ursachen allein auf dem Konto der Handelnden zu verbuchen sind (Garland 2008, S. 195). Die Kriminalitätsursachen werden konsequent entsozialisiert. Der unter wohlfahrtsstaatlichen Bedingungen als *homo sociologicus* gedachte Abweichler wird durch zwei Typen von Kriminalitätsvorstellungen verdrängt: den *homo oeconomicus* und den *homo monstrosus*. In beiden Figuren werden Normbrüche nicht mehr als Folge zeitweiligen Ausscherens aus einer allgemein geteilten sozialen Ordnung, als Straucheln gefasst. Stattdessen wird die rechtswidrige Neigung verallgemeinert, entweder als eine normale und moralisch weitgehend neutrale Nutzung einer günstigen Gelegenheit oder als stabiles Merkmal der Persönlichkeit des Handelnden, als ‚Hang'.

Die Alltagskriminologie erklärt Devianz als eine vor dem Hintergrund der gestiegenen Bedeutung von Kriminalität normale und routinisierte Gefahr spätmodernen Lebens. Kriminalität sei hiernach ein „kalkulierbares Risiko (sowohl für den Täter als auch für das potenzielle Opfer) [...], statt einer moralischen Abweichung, die speziell erklärt zu werden bräuchte" (Garland 1996, S. 451). Dienten zuvor die autoritär vermittelten gemeinsam geteilten Werte und Normen der Konformität der Gesellschaftsmitglieder, wandelt sich die ehemalige Werteordnung in einen Marktplatz der Gelegenheiten und ihrer ökonomisch angeleiteten Steuerung. Die entmoralisierte Alltagskriminalität gedeiht entlang der Rational Choice Theorie, die aus den Subjekten nutzenorientierte Handelnde konstruiert. Damit entfallen weitgehend gesellschaftliche Erklärungsansätze für Kriminalität (Garland 2008, S. 195). Die ätiologische Krise (Young 1986) der 1970er Jahre, in der die soziale Verursachung von Kriminalität und damit zugleich der Rehabilitationsansatz („nothing works") in Verruf kamen, verhalf der Ökonomisierung von Kriminalität auf die Sprünge.

Die Idee rational Vor- und Nachteile einer Handlung abwägender Subjekte grundiert die Responsibilisierungsstrategie. Heruntergebrochen auf die Vernunft, den gesunden Menschenverstand, werden die ehemals anerkannten gesellschaftlichen Bedingungen des menschlichen Handelns außer Kraft gesetzt. Nicht mehr die großen Fragen von Gerechtigkeit, Lebenschancen, sozialökonomischer Ressourcenverteilung und Disziplin, die die paternalistischen Großstrategien bewegten, bilden das Eingriffsfeld kriminalpräventiver Arbeit. Nun ist jeder auf sich selbst und seine Kompetenz zurückgeworfen, den Alltag zu bewältigen und die Zukunft zu berechnen. Erfolg (im Gegensatz zu Leistung) wie auch ein Misslingen muss individuellen Fähigkeiten und der Willensentscheidung zugeschrieben werden.

Doch diese konsequente Ökonomisierung des Sozialen bleibt in Teilen programmatisch und weist manche Brüche sowohl in den Alltagsvorstellungen als auch in den politischen Verlautbarungen auf. Vermischt wird die Neoliberalisierung nicht nur in den USA mit neokonservativen Elementen, die vor allem den Sozialstaat und eine Umverteilungspolitik von oben nach unten als Problem ausmachen. Der Wohlfahrtsstaat sei nicht nur unfähig, Benachteiligungen der sozialökonomischen Randlagen aufzufangen, er würde sie sogar erst erschaffen haben, indem durch sie der „unmittelbare Zusammenhang von Arbeit bzw. individueller Leistung und Gegenleistung aufgelöst" werde (Bischoff 1990, S. 1232). In der Kritik scheint einerseits eine alte Leistungsmoral auf, die nicht mehr zum neoliberalen Nutzenmaximierer in einer Erfolgsgesellschaft passt. Andererseits schafft nach neoliberaler Doktrin erst die Abschaffung oder wenigstens eine minimale Versorgung durch staatliche Sozialleistungen die

‚freien' Wettbewerbsbedingungen, unter denen sich die abhängig Beschäftigten unabhängig von der ‚Gegenleistung' verdingen müssen.

Das meritokratische Gerechtigkeitsideal, das schon in wohlfahrtsstaatlichen Zeiten mehr kleinbürgerliche Illusion als Realität war, wird unterdes mehr und mehr zu einem Prinzip der sozialökonomischen Verlierer. Gerade im Management sozialer Marginalität und im pönalen Sektor erfährt der Leistungsbegriff eine Renaissance, und dies in Zeiten, da im Erwerbsleben hiervon immer weiter abgerückt wird, Gratifikation eher der Zufälligkeit guter Gelegenheiten geschuldet ist (Neckel 1991, 2000; Steinert 2008). Der Entrepreneur als Leitlinie der Subjektivierung zeichnet sich gerade nicht durch Mühsal und geduldige Investition in eine ferne Zukunft aus, sondern dadurch, dass er spontan Chancen ergreift, sich als ‚findig' erweist und Konkurrenten ausstechen kann (Bröckling 2004, S. 273). Auch wenn zeitweilig Wellen der Empörung über ‚gierige Manager' aufsteigen, beschreibt das Prinzip „getting something for nothing" gerade das erfolgreiche Markthandeln. Denn das Wirtschaften richtet sich ergebnisorientiert aus, während der ‚Input' nicht belohnt wird (Neckel und Dröge 2002, S. 105). Je weniger Leistung für einen Erfolg eingesetzt werden musste, als desto gelungener erscheint das Markthandeln.

Ganz anders dagegen wird gerade das Handeln der sozialen Randlagen gerahmt. Die Idee des Verdienstes als Relation zwischen eingesetzter Leistung und der Gegenleistung grundiert den Zugriff auf Arme und Kriminelle. Die Figur des *undeserving poor,* der die eines *undeserving criminal* zur Seite gestellt werden kann, da beide demselben Komplex an Ressentiments und derselben Sündenbockfunktion entspringen (Hogan et al. 2005, S. 405), wird leistungsmoralisch verstanden. Diese für eine Marktgesellschaft unpassende Perspektive auf ihre Verlierer markiert einen der Brüche mit der ökonomischen Strukturlogik und greift stattdessen auf Disziplinarideen zurück, um die ‚Nutzlosen' aus der Marktteilnahme auszuschließen. Das meritokratische Gerechtigkeitsideal, das für das normale Wirtschaften abgelöst wird, wird in Teilen wiederbelebt, wenn es um die Zugangsbedingungen zum Markt geht. Je weniger Orientierungsmarken der entfesselte Markt bietet, desto leichter scheint es zu fallen, „ein breites Geflecht von sozialen Kompromissen zu zerreißen. Dafür wird eine Strategie verwendet, die sehr häufig an elementare Alltagserfahrungen anknüpfen kann, soziale Verhältnisse moralisiert und auf überraschende Weise Gerechtigkeitsgesichtspunkte mobilisiert" (Demirović 2008, S. 20).

Das überkommene Leistungsideal scheint umso mehr als sicherheitsstiftende Illusion in unübersichtlichen Zeiten zu wirken, wie der sozialökonomische Status auch der Mittelschichten prekär wird. In dem Maße, wie der nicht nur gefährdet ist, sondern eine Deklassierung als individueller Abstieg infolge persönlicher Inkompetenz erscheint, dient die moralische Verachtung gegenüber devianten Lebensformen als Leistungsverweigerer auch der Selbstvergewisserung, das eigene Leben im Griff zu haben. Hall (2011, S. 715 f.) macht zwei diskursive Figuren aus, die der Neoliberalismus produziert: den Steuerzahler als hart arbeitenden Mann, der mit seinen hohen Abgaben das Leben der „Sozialschmarotzer" finanzieren muss und den Kunden, verkörpert durch die „glückliche Hausfrau", die den Konsummarkt nutzt; ausgeschlossen sei damit die Vorstellung eines „ehrenwerten Bürgers", der auf öffentliche Unterstützung angewiesen ist.

So verschiebt sich das Unbehagen an den anomischen Strukturen des Erfolgs auf die individuelle Ablehnung der Erfolglosen. „Es ist die Erfahrung von Einschränkung und Aufopferung, wodurch ein einfaches Missfallen (ein Gefühl der Ungerechtigkeit) in Rachsucht umschlägt" (Young 2003, S. 405). Die gefährlichen und unwürdigen Armen werden leicht zur Projektionsfläche misslungener Lebensführung – „a body beyond governance" (Skeggs 2005, S. 965). In Zeiten der Pflicht zur Selbstaktivierung dienen dann solche Figuren der Warnung, dass dort unten der Moloch nichtresponsibilisierbarer Daseinsweisen lauert. Denn wenn das Lebensgeschick als eine Frage der redlichen individuellen Anstrengung gedacht werden will, legitimiert sich damit zugleich die unnachgiebige Bestrafung derjenigen, die diesen Anforderungen auszuweichen scheinen. Von der Politik werden diese Ressentiments gerne bedient, denn indem „sie die Armen den Wölfen vorwerfen, können die Staatseliten das ideologische Primat des meritokratischen Individualismus gerade zu dem Zeitpunkt behaupten, zu dem die Verallgemeinerung der sozialen Unsicherheit, die nunmehr bis tief in die Mittelschicht hineinreicht, ihren Glauben […] in der Praxis zu erschüttern droht" (Wacquant 2009, S. 127). Der unwürdige Arme und Kriminelle ist derjenige, der nicht leistet und trotzdem bekommt und dem gerade diese zeitgemäße Marktgängigkeit vorgeworfen wird.

Auf beide moralisch gebildeten Kategorien unverdienter Staatsklienten, die freilich eine große Schnittmenge bilden, wird dann aber auf ökonomische Weise reagiert. Erscheint der Arme nicht mehr so sehr als Bedürftiger, denn als Kunde mit eigener Leistungsverpflichtung („Fordern und Fördern"), dem Ansprüche versagt bleiben, wenn er seinen kontraktuellen Verpflichtungen nicht nachkommt, wird auf das Nutzenkalkül des Kriminellen ebenfalls mit negativer Kostenerhöhung eingewirkt. Die marktförmige Regulation der Kriminalität geschieht über ihre Verteuerung. Der Abschied von der nachfrageorientierten Kriminalpolitik zum angebotsorientierten Konzept Innere Sicherheit (Sack 2003) zielt darauf ab, die Kosten einer Straftat für die potenziellen Täter zu erhöhen, um den verbrecherischen Gewinn zu schmälern. Diese Politik fasst Kriminalität als Markt, auf dem nicht auf die Parameter der Nachfrage nach Kriminalität eingewirkt, sondern auf der Angebotsseite reguliert wird. Eine nachfrageorientierte Kriminalitätskontrolle würde an den Ursachen von Verbrechen ansetzen (Armut, soziale Ausschließung o.ä.). Die angebotsorientierte Kriminalpolitik wirkt stattdessen auf die Kostenseite für die Straftatbegehung ein, indem beispielsweise das Entdeckungsrisiko und die Strafrahmen erhöht werden. „Ein solcher Ansatz passt gut zu einer Sozial- und Wirtschaftspolitik, die ganze Gruppen von Menschen ausschließt, solange eine solche Segregation dafür sorgt, dass das soziale System reibungsloser funktioniert", kommentiert Garland (2008, S. 327).

Mit der Strategie einer Ökonomisierung von Kriminalität wird zugleich die Kriminalprävention marktförmig umgebaut und in Teilen privatisiert. Denn erst wenn sich die Mittel zur Kriminalitätsprävention an die bekannten Strategien des Wirtschaftshandelns angleichen, können verschiedene Akteure in den Prozess der Sicherheitsherstellung miteinbezogen werden. Während die sozialtechnologischen Großstrategien zur Kriminalitätsprävention paternalistisch-monopolistische Strukturen voraussetzen, wie sie im Wohlfahrtsstaat bestanden, wurde mit der Abspaltung der Kriminalität von ihren sozialen Bezügen ein Problembereich erschaffen, dessen präventive Bearbeitung auch Laien abverlangt werden kann. Die alltagstheoretischen Erklärungsmodelle von Rational Choice, Routine Activity etc. machen das Risiko zumindest der Alltagskriminalität zu einer Frage der Vorsorge mithilfe situativer Kriminalprävention. Die wohlfahrtsstaatliche Strategie einer staatlichen „souveränen Kriminalitätskontrolle" wird für diesen Kriminalitätssektor durch die „präventive Partnerschaft" verdrängt (Garland 1996, S. 451 ff.). Privatisierung umfasst mithin auch die Responsibilisierung der Bürger, einen Teil der kriminalpräventiven Aufgaben für sich und für andere (das reicht von den internationalen Aktionen „Wachsamer Nachbar", der Zivilcourage bis hin zu den in Deutschland seltenen Bürgerwehren und Gated Communities) selbst in die Hand zu nehmen. Ähnlich wie es auch in den Bereichen sozialer Risiken, wie Arbeitslosigkeit, Altersversorgung und Krankheit geschieht, dient das Herunterbrechen umfassender, ehemals von staatlichen Institutionen übernommener Sicherungsaufgaben auf individuell bewältigbare persönliche Vorsorge der staatlichen Entlastung, aber stellt darüber hinaus auch „eine neue Form des ‚Regierens aus der Distanz'" dar, wie sie für andere Politikbereiche ebenfalls eingeführt sind (Garland 2008, S. 236).

Die staatliche Kriminalitätskontrolle wird unter ein ökonomisches Regime des Qualitätsmanagements gestellt, womit „Ökonomie, Effizienz, und Effektivität im Gebrauch der Ressourcen der Kriminaljustiz" betont werden (Garland 1996, S. 455). Für staatliche Organisationen bedeutet Privatisierung deren Umbau und „Verschlankung", indem ehemals staatliche Aufgaben auf private Akteure übertragen (Outsourcing) und staatliches Eigentum, das Familiensilber, an nicht-staatliche Akteure veräußert werden. Auf die Innere Sicherheit übertragen, bedeutet Privatisierung die teilweise Delegation von Sicherheitsaufgaben an private Anbieter. Damit bereitet Privatisierung Wettbewerb vor, indem es staatlich-monopolistische Strukturen aufbricht und einen Markt verschiedener Anbieter auf dem Feld der Inneren Sicherheit schafft mit den bekannten Auswirkungen, „das staatliche Gewaltmonopol selbst zur Disposition" zu stellen (von Trotha 2010b).

Wettbewerb

Wettbewerb beschreibt die natürliche Strukturbedingung des unternehmerischen Handelns, zu dem Individuen und Organisationen angehalten sind. Konkurrenz gilt als Schlüsselkonzept des Neoliberalismus (Harvey 2007, S. 84), dem zugetraut wird, Kräfte zu mobilisieren und Innovation anzureizen. Für die staatliche Bearbeitung von Devianz zeitigen die Wettbewerbsbedingungen ambivalente Folgen. Die Souveränität des Staates ist mit einem umfassenden Sicherheitsversprechen vor allerlei Risiken verbunden worden (Garland 2008, S. 207; von Trotha 2010b, S. 221). Aber diese Schutzfunktion, auch vor Kriminalität stößt an Grenzen der Bezahlbarkeit, Machbarkeit und insbesondere der politischen Rationalität. Hiernach stände die exzessive Kriminalitätskontrolle entgegen den ökonomisierten Vorgaben, die lediglich eine Art Gleichgewichts-zustand, nicht aber die Eliminierung von Kriminalität bezwecken. Das moralfreie Management von Kriminalität basiert auf einer ökonomischen Kosten-Nutzen-Rechnung, die sowohl dem Straftäter als Kalkül unterstellt wird wie sie auch die kriminalpräventiven Strategien anleitet. Die Verwaltung von Kriminalität zielt gemäß den Marktregeln darauf ab, eine Balance zwischen Kriminalitäts-kosten auf der einen Seite und Präventions- und Sanktionskosten andererseits aufrecht zu erhalten. Ist diese Kriminalpolitik ihrer Funktion nach ökonomisch orientiert, sind es die Investitionen in die Sicherheit allerdings nicht immer, so dass hier leicht das ökonomisch vernünftige Maß überschritten wird. Betrachtet man die Ergebnisse internationaler Wirkungsforschung, lässt sich die Straf-politik leicht als Fehlinvestition erkennen. Hallsworth (2000, S. 148) ordnet dies einer „economy of excess" zu, die auf einer „Nullsummen-Risiko-Logik" beruht, wonach „praktisch jede Erhöhung der Sicherheit, ganz gleich wie klein und spekulativ, für die Öffentlichkeit ausreicht, nahezu jeden Anstieg des Risikos für Straftäter zu rechtfertigen, ganz gleich wie substanziell und sicher" er ausfällt (Simon 2007, S. 195).

Es ist gerade das Aufgeben umfassender integrativer Sicherheitsstrategien wohlfahrtsstaatlicher Prägung zugunsten kleinräumlich ansetzender und die Kriminalität nur situativ erschwerender Vorkehrungen, die die Kommodifizierung von Sicherheit erst ermöglicht, indem sie die Kriminalitätskontrolle in Teilen entprofessionalisiert und auf die Schultern staatlicher, privatwirtschaftlicher und ziviler Akteure verteilt. Der Staat zieht sich dabei aber nicht zurück, wie so oft behauptet. Staatliche Herrschaft dehnt sich sogar aus „durch Deregulierung und Privatisierung, durch Lokalisierung und ‚contracting out' seiner Aktivitäten" (Brown 1995, S. 18). Dabei verändert Staatlichkeit ihre Bestimmung „vom Herrschaftsmonopolisten zum Herrschaftsmanager" (Genschel und Zangl 2007, S. 10). Damit passt die Konzeption des souveränen Staates als Inhaber des Gewaltmonopols nicht zum Wettbewerbsprinzip, das ebenso für die staatliche Kriminalitätskontrolle gilt und durch einen Multi-Agency-Approach gewährleistet wird: „Die umfassende Vorsorge soll in wachsendem Maße nicht mehr durch den Staat, sondern durch den Markt geregelt werden. Mit Blick auf die Reorganisation des Gewaltmonopols heißt das, daß seit Jahren die private Sicherheitsindustrie und private Sicherheitsdienstleistungen auf der Binnen- wie auf der Außenseite des Gewaltmonopols anwachsen" (von Trotha 2010b, S. 222). Die „limits of sovereignty" (Garland 1996) sind mithin in der Vermarktlichung von Sicherheit bereits angelegt. Mit dem Verständnis des Staates als ein dezentralisiertes sicherheitsproduzierendes Unternehmen, das freilich nach wie vor an den Schalthebeln der Macht sitzt, sind alle auch aus der Marktwirtschaft bekannten ökonomischen Mechanismen verbunden.

Eine der schwerwiegenden Folgen der Ökonomisierung des Sicherheitsmarktes ist die weniger faktische als diskursiv hergestellte Verknappung von Sicherheit. Gefahrlosigkeit wird zum raren Gut, das zum Tausch – zum Kauf, aber auch gegen Wählerstimmen – feilgeboten wird. Sicherheit kann nie in ausreichendem Maße gewährleistet sein. In dem Maße, wie Sicherheit zum lautstarken Argument einer popularisierten Kriminalpolitik wird (Sack 2004, S. 32 ff.), wie Städte miteinander um den Faktor Schutz vor Kriminalität konkurrieren, wie nachbarschaftliche Wachsamkeit zur Bürgeraufgabe erklärt wird usw., wird der Preis für Sicherheit in die Höhe getrieben, ohne sie jemals in gewünschtem Umfang gewährleisten zu können. Die Folge ist ein prinzipielles Ungleichgewicht zwischen (hoher) Nachfrage und (geringem) Angebot, ganz gleich wie umfassend das Sicherheitsengagement der einzelnen Akteure auch sein mag. Die marktförmige Sicherheitsproduktion führt nur räumlich und situativ zu mehr Sicherheit. Jede geschlossene Sicherheitslücke verweist auf die vielen noch offenen. Dies ist ein strukturelles Problem von Sicherheit, wie Foucault (2004, S. 73) bemerkt. Sicherheit tendiert dazu, sich auszudehnen und „immer weiträumigere Kreisläufe zu organisieren oder sich jedenfalls entwickeln zu lassen."

Eine weitere Folge der Marktkonkurrenz zwischen Sicherheitsanbietern, wozu nicht allein die prosperierenden privatwirtschaftlichen Unternehmen auf diesem Sektor zu zählen sind, sondern alle Akteure, die sich auf dem Feld der

Sicherheitsherstellung profilieren, führt darüber hinaus zu einer Verstärkung einer Serviceorientierung mit Blick auf den Kundenkreis – die faktischen und potenziellen Kriminalitätsopfer. Dies gilt in besonders fataler Weise für die Politik, die mit legislativem Aktionismus und harscher Strafrhetorik auf die Gunst der Wählerschaft schielt. „In einem Wettbewerb der Demonstration von Loyalität gegenüber Opfern als abstrakte und verallgemeinerte Öffentlichkeit" werde die nachhaltigste Strafe – das Gefängnis, wenn die Todesstrafe nicht möglich ist – bevorzugt (Simon 2007, S. 164). Nicht nur für britische Verhältnisse trifft daher die Diagnose zu, dass „das Strafrechtssystem immer ausdrücklicher ein Strafrechtsservice für Opfer und die „moralische Majorität" wird. Gerechtigkeit für die Opfer bekommt eine höhere Priorität, als den Tätern Gerechtigkeit widerfahren zu lassen" (Squires 2006, S. 151).

Der Wettbewerb hat sich unterdes derart verallgemeinert, dass er als Deutungsrahmen auch auf die Strafjustiz übertragen wird. So wird etwa das Verhältnis zwischen Polizei und Verdächtigen als Konkurrenzverhältnis gedacht, in dem die Rechte der einen Seite denen der anderen gegenüber gestellt werden. Mit derselben punitiven Aufrechnung werden auch die Rechte des Verdächtigen beschnitten zugunsten seines Gegenparts, dem Kriminalitätsopfer (Simon 2007, S. 115). „Die Heiligsprechung der Opfer macht jeden Gedanken an die Täter weitgehend null und nichtig. Das Nullsummenspiel, das angeblich zwischen beiden stattfindet, sorgt dafür, dass jedes Zeichen des Mitgefühls für Straftäter, jeder Hinweis auf ihre Rechte, jedes Bemühen, ihre Strafen zu humanisieren, problemlos als Beleidigung der Opfer und ihrer Angehörigen hingestellt werden kann" (Garland 2008, S. 264).

Das Publikum dieser viktimistischen Kriminalpolitik mag wohl weniger durch echtes Mitgefühl oder durch Furcht vor eigener Betroffenheit von Kriminalität in seiner Solidarität mit den neuen Protagonisten des Strafverfahrens angeleitet sein, als durch schiere Straflust. Wurden die Strafreformen im 20. Jahrhundert wesentlich von den Mittelschichten getragen, haben sich unterdessen ihre Strafmentalitäten grundlegend gewandelt. Die kulturelle Basis für die einst geübte Nachsicht mit dem Täter bestand in jenem Nachweis der Rationalität, mit „Höflichkeit" und „internalisierter Selbstkontrolle" die Rachegefühle gegenüber Delinquenten im Zaum zu halten (Vaughan 2002, S. 201–203; Garland 2004, S. 47 ff.). Zu dieser Zeit waren die Mittelschichten wesentlich Nutznießer des Wohlfahrtsstaats als Gewinner der Bildungsreform und als Arbeitnehmer im öffentlichen Sektor.

Unter verschärften Wettbewerbsbedingungen, denen sich gerade die Mittelschichten mit der objektiv begründeten Angst vor der Deklassierung ausgesetzt sehen, wie es unlängst das Deutsche Institut für Wirtschaftsforschung festgestellt hat (Goebel 2010), nähren sie die punitiven Einstellungen. Der Niedergang des

Wohlfahrtsstaates führte zu einem Statusverlust und zu „Selbstzweifeln" dieser professionellen Eliten (Garland 2004, S. 49–51). Die gesellschaftliche Mitte ist in ökonomisch unsicheren Verhältnissen nicht mehr der Hort von Stabilität, sondern gerade hier ist „die Expansion einer sozial sehr vielfältigen Zone der Instabilität und Brüchigkeit" (Vogel 2005, S. 38) zu beobachten. Die Abstiegsängste beschränken sich nicht auf die untere Mittelschicht, sondern sind v. a. in der Mitte dieser Schicht besonders ausgeprägt, weil sie „Prekarisierungstendenzen in der unteren Mittelschicht und in den Unterschichten beobachtet, deren Eintreten sie auch bei sich selbst für wahrscheinlich hält" (Lengfeld und Hirschle 2010, S. 198).

Diese Erfahrung von sozialen Abstiegsängsten in der immer weitere Bevölkerungsteile umfassenden „Zone der Prekarität" (Castel 2000) hat einen tiefgreifenden Einstellungswandel zur Folge, der Solidarität durch Konkurrenz-, Effizienz- und Nützlichkeitsdenken ersetzt. In der Bielefelder Langzeitforschung zur „Gruppenbezogenen Menschenfeindlichkeit" wurde der Einfluss dieser ökonomistischen Einstellung auf die Bewertung von Randgruppen untersucht. Eine sozialökonomisch prekäre Lage der Befragten führe zur Abwertung von sozialen Gruppen über Nützlichkeitskriterien (Heitmeyer und Endrikat 2008, S. 62 f.). In Teilen der Mittelschicht nehme dieser „Sozialdarwinismus" die Gestalt eines „radikalen Individualismus" an, der entsolidarisierende Einstellungen beinhalte und die Schaffung einer „geschlossenen Gesellschaft" wünsche (Hradil und Schmidt 2007, S. 214).

Überdies sorgt der Abschied vom Leistungsideal der alten Mittelschichten hin zum Bestreben nach Selbstverwirklichung für einen Umschwung der Strafmentalitäten. Die um die ehemals in Aussicht gestellten Aufstiegschancen „geprellte Generation" (Bourdieu 1982, S. 241) der jüngeren und gebildeten Mittelschicht wendete die alte kleinbürgerliche Pflichthaltung individualistisch-reflexiv zur „Pflicht zum Genuss" (ebd.: 576). Das „Neue Kleinbürgertum" (Bourdieu 1982), die „Ganzheitlichen" (Vester et al. 1993) oder das von Schulze (1992) so bezeichnete „Selbstverwirklichungsmilieu" verabschieden sich sowohl persönlich wie auch hinsichtlich der gesellschaftlichen Einstellungen vom Disziplinierungsideal des Wohlfahrtsstaates.

Nicht die Anpassung an eine äußere Wirklichkeit wird erstrebt, sondern die Hervorbringung eines inneren Kerns. Diese „neue Innerlichkeit" mit ihrer Vereinigung von „Körper und Geist, Gefühl und Intellekt, Politik und Person" (Vester et al. 1993, S. 212, 219) befördert einen Kult um Gesundheit und Sexualität (Bourdieu 1982, S. 578). „Doch ist der Innere Kern empfindlich; seine Entwicklung kann leicht gestört werden. Fast immer ist das subjektive Modell des Inneren Kerns verbunden mit Vorstellungen seiner Beschädigung" (Schulze 1992,

S. 314). Die „Vulnerabilität" (vgl. Skogan und Maxfield 1981; Hale 1996, S. 95), die sich in der Viktimologie zur Generalformel bei der Erklärung von Kriminalitätsfurcht entwickelt hat, geht so wesentlich auf die veränderten kleinbürgerlichen Befindlichkeiten zurück. Dieses kleinbürgerliche Milieu hat sich häufig (mit einem großen Frauenanteil) in den neueren Berufsfeldern der „Sozialarbeit, der Erwachsenenbildung, Kulturarbeit, Erziehungs- und Sexualberatung" etabliert (Bourdieu 1982, S. 581; vgl. auch Schulze 1992, S. 313). Eben jene Berufe arbeiten mit großem Erfolg an der Bedarfsherstellung der von ihnen angebotenen Dienstleistungen. Vermarktet wird hier oft genug die eigene kleinbürgerliche Problemsicht verletzbarer Persönlichkeitsentwicklungen. Und von eben jenen Berufsfeldern geht wesentlich die viktimistische Punitivierung, v. a. im Sexualfeld aus.

Die Angst vor dem Abstieg wird nun mit Ressentiments gegen jene bewältigt, denen man in der Sozialhierarchie gefährlich naherückt. Während der Fordismus eine „segregierte Struktur, eine Arbeitsteilung spezialisierter Bereiche" umfasste, ist die Spätmoderne gerade durch „verschwommene Grenzen" gekennzeichnet (Young 2003, S. 397). Die ehemals geübte Nachsicht mit Devianz und ihrer nun erbitterten Bekämpfung folgt demselben Distinktionsmuster, wonach Abgrenzungsgewinne aus der Behauptung eigener moralischer Höherwertigkeit gezogen werden. Sowohl die punitive Abgrenzung gegenüber Straftätern als auch das Votum für einen toleranten und großzügigen Umgang mit den Abweichlern vermag die eigene Tugendhaftigkeit gleichermaßen ins rechte Licht zu rücken (A. Cohen 1965, S. 6 f.). Es ist jedoch anzunehmen, dass die letztgenannte Haltung, durch die sich die Mittelschichten während der prosperierenden Periode des Wohlfahrtsstaates auszeichneten, ein gewisses Maß an Statussicherheit voraussetzt, wie sie sich aus der klassengemäßen Sozialstruktur ergab. Inzwischen sind die Grenzen der Zugehörigkeit unscharf, Inklusion ist prekär geworden (Young 2003, S. 399). Eine punitive Radikalisierung der Mittelschichten folgt hiernach aus existenziellen Unsicherheiten, die sich aus den sich verwischenden sozialökonomischen Grenzen ergeben. Punitivität käme so die Funktion zu, durch harsche Strafforderungen der Verschärfung von Konkurrenz und ‚Transgression' eine moralische Hierarchie entgegen zu setzen, der wenigstens eine ideelle Statusüberlegenheit abgetrotzt werden kann.

Deregulierung

Ein weiterer, den vorangegangenen Stichwörtern zugrundeliegender Prozess hin zur Ausdehnung und Stärkung des Markthandelns umfasst den Abbau staatlicher Regelungen, die das Nutzenmaximieren begrenzt haben. Die Deregulierung des Arbeitsmarktes etwa dient der flexiblen Umgestaltung, indem historisch erkämpfte Schutzrechte der Arbeitnehmer in Richtung bedarfsgerechter Beschäftigung abgebaut werden. Prekäre Beschäftigungsbedingungen, befristete Stellen und dergleichen sind der Preis für die mit der Deregulierung erwartete Stärkung von Innovation und Wettbewerbsfähigkeit. Doch das Prekaritätsrisiko ist nicht etwas, das notgedrungen in Kauf genommen wird, sondern fester Bestandteil der Beschäftigungsbedingungen, die den Antrieb für Flexibilität erst mit der Bedrohung durch Prekarisierung schaffen. „Flexibilität erzwingt prekarisierte und prekäre Verhältnisse, wie solche Verhältnisse Flexibilität erst ermöglichen" (Legnaro 2010, S. 61).

Die Deregulierung wirkt sich damit zum einen unmittelbar als gesellschaftliche Instabilität und Transgression aus mit den oben skizzierten Wirkungen auf das Sanktionsklima als Instrument moralischer Abgrenzung von den Verlierern des Marktes. Eine weitere Folge dieses durchgesetzten Primats der Marktprinzipien gegenüber sozialpolitischer Regulation und Begrenzung unternehmerischen Handelns liegt in einer Verlagerung des sichtbaren politischen Geschehens auf das Feld der Inneren Sicherheit. Staatliche Macht zieht sich zwar durch Deregulierung nicht zurück. Die Herstellung der Marktordnung folgt ja gerade politischen Entscheidungen und geschieht nicht naturwüchsig (Wacquant 2012, S. 688 ff.). Es ist überdies fraglich, ob Deregulierung überhaupt eine Reduktion staatlicher Regeln bedeutet (Ptak 2008, S. 67). Gerade im Bereich der Privatisierung bedürfen die eintretenden Interessenkonflikte zwischen Gewinnstreben und Sicherung ehemals öffentlicher Aufgaben einer Reregulierung der Deregulierung, etwa im Fall der Privatisierung der Arbeitsvermittlung (Hickel 1991, S. 715).

Staatsinterventionen sind also nach wie vor und in verstärktem Maß notwendig. Sie dienen jedoch nun einem anderen Zweck. Sie sollen den Markt nicht mehr sozialpolitisch durchdringen und einhegen, sondern die Marktfreiheit politisch herstellen und schützen. Auch wird der Staat durch die Stärkung des Marktes nicht geschwächt, sondern im Gegenteil, der Neoliberalismus bedarf eines starken Staates. Denn es obliegt ihm, die Marktfreiheit zu erschaffen, auszudehnen und zu sichern, indem er etwa restaurative politische Kräfte zurückdrängt und den Markt vor Kriminalität schützt, soweit sie als Bedrohung des Marktes wahrgenommen wird (und nicht etwa selbst Teil des normalen Wirtschaftens ist). Damit „operiert die politische Rationalität des Neoliberalismus mit dem ‚gewalttätigen Schatten des Leviathan'" (Virchow 2008, S. 225).

Ist das globalisierte Wirtschaften aber erst einmal von einigen Fesseln politischer Einflussnahme befreit und vertraglich fixiert, lässt sich seine Dynamik schwerlich aufhalten. „Neoliberale Grundsätze werden so verankert, dass sie unwiderruflich sind", indem internationale Verträge mit faktisch unveränderbaren

Regeln die Nationalstaaten auf den einmal beschlossenen Neoliberalisierungs-
kurs festlegen (Altvater 2008, S. 53). Was einst politisch beschlossen wurde,
scheint später als Systemzwang in Gestalt von *TINA – There is no alternative –*
wieder auf mit der Folge, dass der „Staat an Autonomie und Handlungsfähigkeit
sowie an demokratischer Substanz einbüßt" (Habermas 2006, S. 150). Nicht nur
reduzieren sich die Steuerungsressourcen der Nationalstaaten, sondern sie werden
überdies durch die Exit-Option globaler Unternehmen noch weiter in die zuvor
eingeschlagene Richtung gedrängt in einem „Unterbietungswettkampf bzw. *race
to the bottom* im Arbeitsrecht, bei den Steuern und somit auch bei der Qualität der
öffentlichen Leistungen" (Crouch 2008, S. 49).

Das abgegebene Terrain der Regierungskunst wird durch eine Politik der
Inneren Sicherheit wettzumachen versucht. Die Kriminalitätskontrolle bietet
einen verlockenden (Neben)-Schauplatz in postdemokratischen Zeiten, der
gleich mehrere Vorteile politischer Darstellung verspricht: Jenseits der ver-
minderten staatlichen Steuerungsmöglichkeiten im ehemaligen Kerngeschäft
der Regierungskunst, der Wirtschafts- und Sozialpolitik, bleibt das Aktionsfeld
der Kriminalitätskontrolle, auf dem wirkmächtig und entschlossen durchregiert
werden kann. Hier lässt sich mühelos der Mythos vom starken Staat aufrechterhalten, denn „Strafe ist ein Akt souveräner Macht, eine performative Handlung,
welche exemplifiziert, was absolute Macht bedeutet" (Garland 1996, S. 461).
Überdies steckt der Nationalstaat weitgehend noch immer das Feld der Inneren
Sicherheit ab. Was sich an Regierungsmacht und demokratischem Willen in
den supranationalen Organisationen verliert und verwässert, lässt sich mit der
Kriminalitätskontrolle überwiegend innerhalb der territorialen Grenzen halten.

Politik bedeutet aber auch und vor allem Kommunikation. Unter post-
politischen Bedingungen bestehen die demokratischen Formen weiter und werden
sogar optimiert, wenngleich sich parallel dazu vermehrt Politikaktivitäten jenseits
der demokratischen Verfahren v. a. in Gestalt der NGOs etablieren. Die demokratischen Institutionen sind unterdes vor allem eines, ein Ritual, das kaum noch
Politik beinhaltet. Die demokratischen Verfahrensweisen werden aufrechterhalten
als Fassade und Spektakel, ohne indes noch mit den wichtigen politischen Entscheidungen verknüpft zu sein. „Im Schatten dieser politischen Inszenierung
wird die reale Politik hinter verschlossenen Türen gemacht: von gewählten
Regierungen und Eliten, die vor allem die Interessen der Wirtschaft vertreten"
(Crouch 2008, S. 10). Das Wahlpublikum bekommt nunmehr expressive Symbol-
politik präsentiert, die sich an die Regeln des Marketings anlehnt, indem zuvor
ermittelt wird, „was die ‚Kundschaft' haben will", um diesen Bedarf als Politik zu
inszenieren (ebd.: 32).

In der „Postdemokratie" schreibt Colin Crouch für die postindustrielle Gesellschaft in Teilen fort, was Murray Edelman in seiner Studie „Politik als Ritual" so überzeugend herausgestellt hat. Hiernach seien es „Entfremdung, Orientierungsverlust und die fehlende Aussicht, in dieser komplexen und verunsichernden Welt, sein Schicksal selbst in die Hand nehmen zu können", die dazu führten, dass man „Zuflucht zu abstrakten Symbolen, die einem Sicherheit versprechen und Identifizierung ermöglichen", sucht (Edelman 2005, S. 58). Damit verstärke sich die Anfälligkeit für politische Führung, die sich „als Protagonist gegen einen fiktiven Feind" geriert (ebd.: 62). In ähnlicher Weise kennzeichnet Garland (2008, S. 209) die Erfolgskriterien der aktuellen Kriminalpolitik, in der die politischen Reaktionen attraktiv erscheinen, „die sich am leichtesten als stark, klug und entweder effektiv oder expressiv darstellen lassen" und nah an der Stimmung der Bevölkerung operieren. Diese Unsicherheitsabsorption über stark erscheinende Führer ist nicht auf die Politik begrenzt, sondern lässt sich ebenso auf Strafverfolgungsinstanzen übertragen, soweit sie „Lagebeherrschung" imstande sind zu kommunizieren (Kunz 2010, S. 16).

Ein Ventil der Unsicherheit bieten nach Edelman (2005, S. 138) die „Verdichtungssymbole", „die unterschiedliche Ängste und Emotionen vereinen", ohne sich an der Wirklichkeit messen lassen zu müssen (ebd.: 5). Als solche Symbole eignen sich die Gefährdungen der Inneren Sicherheit und hierbei insbesondere Delikte körperlicher Gewalt. Die größte metaphorische Verdichtung kommt hierbei den Sexualdelikten zu, weshalb sich Sexualkriminalität als *signal crime* (Innes 2004) „zum Motor der Kriminalpolitik" aufschwingen konnte (Duttge et al. 2004, S. 1072). Sexualkriminalität, eine kriminalstatistische Marginalie von nicht einmal einem Prozent der Hellfeldkriminalität, kommt in erster Linie ein symbolischer Wert zu. Man erahnt an ihr den Verfall moralischer Ordnung. Am Werk ist hier „assoziative Logik, magisches Denken, die Logik der Panik", die sich „nach älteren Ideen von Gefahr, Tabu und ritueller Beschmutzung" ausrichten (Lancaster 2011, S. 80). Zugleich produziert Sexualkriminalität infolge der feministischen und neokonservativen Neubestimmung sexueller Adressierungen eine märchenhafte Konstellation, in der das vollkommen Böse, Degenerierte und Mächtige dem Guten, Ursprünglichen und Wehrlosen (Janssen 2008, S. 21) in einer moralischen Eindeutigkeit gegenübergestellt wird, wie sie soziale Vorgänge sonst nicht zu bieten haben. Gerade dem Kind als Opfer kommt eine emblematische Bedeutung zu, insofern es die dem Kriminalitätsopfer ohnehin zugeschriebenen Attribute von Unschuld, Reinheit, Hilflosigkeit, Zuwendungsbedürftigkeit noch überhöht (Pratt 2005, S. 266).

Diese reinen Opferlagen lassen sich in Ansprüche umwandeln. Sie entsprechen einer Regression auf die Stufe von Zuwendungsberechtigung ohne Vorleistung und Gemeinschaftlichkeit abseits jeglicher Selbstverantwortung. Der Viktimismus entschärft die persönlichen Risikozumutungen. Er hebt die Vereinzelung individueller Selbstsorge zugunsten einer Gemeinschaft von Betroffenen auf – auch wenn sie nur als gedachtes Kollektiv aus gefühlten und potenziellen Opfern besteht. „Das Opfer stellt in gewissem Sinne einen viel repräsentativeren Charakter dar, dessen Erfahrung als allgemein und kollektiv statt als individuell und atypisch betrachtet wird. Wer immer im Namen des Opfers spricht, spricht im Namen von uns allen [...]" (Garland 2008, S. 56). Gemeinsame Feinde können als essentiell Andere betrachtet werden, die durch eine moralische Schneise von Gut und Böse von der vorgestellten Gemeinschaft sicher geschieden sind, womit das „Endziel postmoderner Strafgesetzgebung" erreicht ist, das „in der Reinstitutionalisierung der uralten Dialektik von Befleckung/Reinigung und der sie begleitenden Opfermechanismen liegt" (Bauman 2000, S. 81) – „ein utopisches Experiment: eine soziale Reinigung mit den Mitteln des Strafrechts" (Downes 2001, S. 65).

Diese Personifizierung des verursachenden Bösen folgt der Tendenz von Marktgesellschaften, alle „politischen Kategorien in psychologische" umzuwandeln (Sennett 1986, S. 329). Dabei verschiebt sich die Wahrnehmung von Risiken, womit kollektiv erlittenes Unrecht individualisiert und in Objekten wiedererscheint, die sich als spontane Gefühlsanker eignen (Günther und Honneth 2008, S. 15). Atavistische Rachsucht (Young 2003) und Vergeltung dürfen sich angesichts der Gefahren gegen die Gemeinschaft der Opfer Geltung verschaffen und die ansonsten abverlangte Rationalität für einen Moment vergessen machen. Unsicherheit entlädt sich mithin dort, wohin die Individualisierung noch nicht vorgedrungen ist und sich noch Kräfte des Kollektivbewusstseins mobilisieren lassen. Folgt man der Argumentation Durkheims, trägt sich das kollektive Bewusstsein mit der Individualisierung von den Rändern her ab, bis der Kernbestand gesellschaftlich geteilter normativer Vorstellungen freiliegt. Der lässt sich als eine Art atavistische Restmoral verstehen, die die ursprünglichsten Unrechtsempfindungen beinhaltet – eine Art „pönaler Regression" (Radzinowicz 1991). Und nicht zuletzt lässt sich ein Adressat der Forderungen nach Ausschluss und Bestrafung der Feinde ausmachen. Für die Abwehr »des Bösen« zeigt sich der Staat verantwortlich, der von den Opfern dort angerufen wird, wohin er seine Ansprechbarkeit verlagert hat: auf das Feld der Inneren Sicherheit.

Aktionsmächtig tritt der Gesetzgeber auf, nicht zufällig durch eine Vielzahl von strafrechtlichen Verschärfungen gerade im Sexualstrafrecht, der „imstande ist, die drängenden gesellschaftlichen Probleme zu sehen und ihnen mit den schärfsten Instrumenten zu begegnen" (Hassemer 2001, S. 1009).[a] Wobei vom Strafrecht nicht tatsächliche Problemlösungen zu erwarten sind. Dieser Konnex zur Wirksamkeit, der in der „evidenzbasierten Kriminalprävention" beschworen wird, ist für den Bereich des Strafrechts gelöst worden in dem Maße wie sich das Strafrecht vom begrenzenden Rechtsgüterschutz zum Allheilmittel gegen gesellschaftliche Problemlagen entwickelt. „Verbrechen und Strafen werden zu komplexitätsreduzierenden Chiffren für die sich diskursiv mit ihrer Befindlichkeit befassende Angstkultur" (Kunz 2010, S. 16). Das symbolische Strafrecht scheint „ohne Rücksicht auf seine Bewirkungspotenzen alle Aufgaben an sich zu ziehen, die ihm vom politischen System angeboten werden" (Hassemer 2001, S. 1004). Das Strafrecht gibt „ungedeckte Schecks aus. Es symbolisiert sich" (ebd.: 1006).

Die Suche nach Sicherheit über Strafrecht verengt und fixiert das kriminal-politische Terrain auf *law and order*. Die Besessenheit von dem Thema ‚Innere Sicherheit' und ihre einseitige Behandlung als alternativloser Wertstandpunkt mündet in eine Depolitisierung der Innenpolitik. In fast trauter parlamentarischer Einigkeit werden – besonders eindrücklich im Sexualstrafrecht (Bühler-Nieder-berger 2005) – Verschärfungen durchgepeitscht, als kenne man keine Parteien mehr. So erscheinen Sicherheitskonzepte leicht als Heilsbotschaft, der Anbieter von Sicherheit als Retter in der Not. ‚Sicherheit' wird zum Widerpart oder Ausfall von ‚Politik' (Wæver 1995, S. 56 f.) und resultiert aus einem sekuritisierenden Sprechakt als eine „selbstreferenzielle Praxis, da es diese Praxis ist, die aus einem Sachverhalt ein Sicherheitsproblem macht [...], indem das Thema als eine solche Bedrohung dargestellt wird" (Buzan et al. 1998, S. 24). Damit umschreiben die Autoren der Kopenhagener Schule ähnlich wie Agamben (2004, S. 22) die Aus-hebelung des politischen Betriebs über die Innere Sicherheit: „entsprechend der gegenwärtigen Tendenz in allen westlichen Demokratien wird die Erklärung des Ausnahmezustands zunehmend ersetzt durch eine beispiellose Ausweitung des Sicherheitsparadigmas als normaler Technik des Regierens."

Ein permanenter Ausnahmezustand, zu dessen Ausrufung der Souverän bemächtigt ist und der Souveränität begründet, lässt sich in der steten Erosion des rechtsstaatlichen Strafrechts erkennen. Die rechtsstaatliche „Freiheitslogik" werde von einer „präventiven Sicherheitslogik" ersetzt (Haffke 2005, S. 20). Am eindrücklichsten hat Günther Jakobs diese Entwicklung des Strafrechts vom begrenzten Rechtsgüterschutz zum umfassenden gesellschaftlichen Steuerungs-programm mit dem Begriff des Feindstrafrechts auf den Punkt gebracht. Danach

---

[a] Siehe den Text im Kapitel *Symbolische Funktionen des Strafens* in diesem Band (A.d.H.).

werde der Straftäter, der die staatliche Rechtsordnung auf Dauer nicht respektiert und ihr zuwiderhandelt, zum nicht ansprechbaren Adressaten des Strafrechts erklärt, der bekämpft werden müsse. Das Mittel, welches das Feindstrafrecht hierfür vorsieht, ist das der Exklusion (Jakobs 2000).[b] Die zentralen Kennzeichen des Feindstrafrechts seien (ebd.: 51 f.) eine Vorverlagerung der Strafbarkeit von der Begehung einer Tat auf deren Vorbereitung, keine dieser Vorverlagerung entsprechende Reduktion der Strafe, eine Bekämpfungsgesetzgebung im Hinblick auf bestimmte Delikte, die Einschränkung prozessualer Garantien sowie die Einführung abstrakter Gefährdungsdelikte und sog. „Klimaschutzdelikte" (Straftaten, die ein rechts(staats)feindliches Klima schaffen). Die Besserung und Wiedereingliederung der Straftäter, jedenfalls soweit es sich um „Feinde" handelt, sind keine durchgängigen und vorrangigen Ziele von Strafe mehr.

Jakobs begründet eine Unvermeidlichkeit des Feindstrafrechts mit zwei Entwicklungen: Einmal hebt er auf die „international agierende Wirtschaft" ab, die das Strafrecht zwinge, ihr eine kurzfristig verwertbare und effektive Rechtsbasis für die „Gütersicherheit" zur Verfügung zu stellen (2000, S. 49). Sodann betont Jakobs (ebd.: 54) aber auch die Ökonomisierung des Sozialen, unter deren Schwergewicht das Recht unter Druck stehe, auf die veränderten sozialen Bedingungen zu reagieren, um nicht in einer „wirtschaftlich dominierten Gesellschaft mangels Effektivität marginalisiert" zu werden und das Feld der Politik zu überlassen. Altvater (2008, S. 57) kommentiert das Verhältnis von Ökonomie und Politik, in dem sich die Deregulierung des Wirtschaftens auf den Bereich des Rechts überträgt: „Die Nationalstaaten fungieren im Zeitalter neoliberaler Globalisierung eher als ‚Hüter des Standorts' denn als ‚Hüter der Verfassung', sorgen für die Wettbewerbsfähigkeit des jeweils ‚eigenen' Wirtschaftsstandortes im globalen Wettbewerb und ordnen diesem Ziel alle anderen Politikoptionen unter".

Die partielle Entkoppelung des Strafrechts von rechtsstaatlichen Prinzipien entspricht der Logik der Deregulierung in der Wirtschaft. Und beide Entwicklungen scheinen sich aus derselben Quelle zu speisen. Die Deregulierungen in der Wirtschafts- und in der Rechtssphäre werden eingeführt und begründet mit dem oben schon als *TINA* bezeichneten Systemzwang, der sich aus einem breiten Krisenbewusstsein speist. Krisen der Wirtschaft wie auch die krisenhaft bedrohte Innere Sicherheit verallgemeinern den Opferstatus, der nach Rettung aus der Not verlangt und dabei nicht mehr viel auf abstrakte Prinzipien und Formen

---

[b] Siehe den Text im Kapitel *Inklusionen und Exklusionen* in diesem Band (A.d.H.).

gibt. Das umfassende Schutzversprechen, das vom Strafrecht auszugehen scheint, hebelt dessen Restriktionen auf, die nun „als zu ‚streng' geschmäht" und „ihre ‚Flexibilisierung" gefordert wird (Silva-Sánchez 2003, S. 14).

In etwa gleicher Weise werden die historisch errungenen Sozialstaats-prinzipien, mit denen das freie Spiel des Marktes eingehegt wurde, leichtfertig suspendiert mit dem Versprechen auf globale Wettbewerbsfähigkeit und damit auf Wohlstand und Arbeitsplätze. Sowohl für die Wirtschafts- als auch für die Kriminalpolitik trifft daher zu, dass das „‚naive' Verlangen nach Wirksamkeit bei der Erlangung der ersehnten Sicherheit und Zufriedenheit von Seiten einer menschlichen Gemeinschaft, die sich selbst vor allem als Opfer sieht, zu einer Abneigung gegenüber Formen und Verfahren [führt]" (ebd.: 33).

Rechtsstaatlichkeit bedarf des Citoyens, der selbstbewusst die Machtbe-grenzung, die Zähmung des Leviathans fordert (von Trotha 2010a, S. 35).[c] Das Opfer dagegen verlangt umfassenden Schutz durch den Staat, nicht vor dem Staat. Der Bürger der Spätmoderne will keine politische Teilhabe, „die neuen Modell-Bürger sind Überlebende, welche immer in einem Trauma leben; das geschädigte Opfer verlangt nach blutiger Gerechtigkeit; das politische Subjekt definiert sich eher über Vulnerabilität und Gefährdungen als über Rechte und Freiheiten. Diese Bürger können den Staat nur für Schutz oder Strafe in Anspruch nehmen, können nur zwischen den emotionalen Registern von Furcht und Wut schwanken" (Lancaster 2011, S. 16).

Sind die Marktmechanismen mit der Neoliberalisierung nicht mehr in den Kategorien von Gerechtigkeit erfassbar, sondern abstrakter in den Bereich des Rechts gestellt, wird der kollektive Kampf durch die freie Vertragsaus-handlung der einzelnen Marktteilnehmer verdrängt. Damit entzieht sich der Markt der politischen Beurteilung und des Streits kollektiver Akteure um ihren Anteil (vgl. Rancière 2002, S. 118 ff.). Aber das Gerechtigkeitsgefühl erscheint andernorts mit umso größerer Vehemenz wieder, nämlich auf dem Feld der Kriminalität. Hier versammelt sich das Leid, das sich an Opfer bindet, denen Gewalt angetan wurde. Mit ihnen ist die Solidarität möglich, die im Rahmen der Individualisierung der Soziallage entzogen wurde. Hier kann mühelos und spontan eine Gemeinschaft Mitleidender hergestellt werden, aus der entschiedene kriminalpolitische Forderungen artikuliert und von der Politik erhört werden. Auf dem Feld der Kriminalität entladen sich die Gefühle der Ungerechtigkeit, die der

---

[c] Siehe den Text im Kapitel *Prävention als Steuerungsmechanismus in der späten Moderne* im Folgeband *Kontrollieren und Überwachen* (A.d.H.).

Sphäre des Wirtschaftens entzogen wurden – erscheint jene als Privatangelegenheit der individuellen Kompetenz, wird die Innere Sicherheit zum zentralen gemeinsamen politischen Anliegen.

Literatur

Agamben, Giorgio, 2004: Ausnahmezustand, Frankfurt/M.: Suhrkamp.
Altvater, Elmar, 2008: Globalisierter Neoliberalismus. S. 50–68 in: Butterwegge, C./ Lösch, B./ Ptak, R. (Hrsg.), Neoliberalismus, Wiesbaden: VS – Verlag für Sozialwissenschaften.
Bauman, Zygmunt, 2000: Krise der Politik. Hamburg: Hamburger Edition.
Becker, Gary S., 1993: Economic Imperialism (Interview mit Gary S. Becker). Religion & Liberty 3: 301–313.
Bischoff, Joachim, 1990: Kapitalistische Gesellschaftsformation und „Moderne". Blätter für deutsche und internationale Politik 1227–1233.
Bourdieu, Pierre, 1982: Die feinen Unterschiede. Kritik der gesellschaftlichen Urteilskraft. Frankfurt/M.: Suhrkamp [fr. org. 1979: La Distinction. Critique sociale du jugement. Paris: Éd. de Minuit].
Bröckling, Ulrich, 2004: „Unternehmer". S. 271–276 in: Bröckling, U./Krasmann, S./ Lemke, T. (Hrsg.), Glossar der Gegenwart. Frankfurt/M.: Suhrkamp.
Brown, Wendy, 1995: States of Injury. Princeton: Princeton University Press.
Bühler-Niederberger, Doris, 2005: „Stumme Hilferufe hören" – Naturalisierung und Entpolitisierung deutscher Politik an der Wende zum 21. Jahrhundert. S. 227–260 in: Bühler-Niederberger, D. (Hrsg.), Macht der Unschuld. Das Kind als Chiffre. Wiesbaden: VS – Verlag für Sozialwissenschaften.
Buzan, Barry/Wæver, Ole/de Wilde, Jaap, 1998: Security: A New Framework for Analysis. Boulder, CO: Lynne Rienner.
Castel, Robert, 2000: Die Metamorphosen der sozialen Frage: Eine Chronik der Lohnarbeit. Konstanz: UVK . [fr. orig.: Les métamorphoses de la question sociale. Une chronique du salariat. Paris: Fayard, 1995].
Cavadino, Michael/Dignan, James, 2006: Penal Policy and Political Economy. Criminology & Criminal Justice 6: 435–456.
Cavadino, Michael/Dignan, James, 2007: The Penal System (4. Auflage). London: Sage.
Cohen, Albert K., 1965: The Sociology of the Deviant Act. Anomie Theory and Beyond. American Sociological Review 30: 5–14.
Crouch, Colin, 2008: Postdemokratie. Frankfurt/M: Suhrkamp.
Demirović, Alex, 2008: Neoliberalismus und Hegemonie. S. 20–33 in: Butterwegge, C./ Lösch, B./Ptak, R. (Hrsg.), Neoliberalismus. Wiesbaden: VS – Verlag für Sozialwissenschaften.
Downes, David, 2001: The Macho Penal Economy. Punishment & Society 3: 61–80.
Duttge, Gunnar/Hörnle, Tatjana/Renzikowski, Joachim, 2004: Das Gesetz zur Änderung der Vorschriften über die Straftaten gegen die sexuelle Selbstbestimmung. Neue Juristische Wochenschrift: 1065–1072.

Edelman, Murray, 2005: Politik als Ritual. Die symbolische Funktion staatlicher Institutionen und politischen Handelns (3., erweiterte Auflage). Frankfurt/M.: Campus.

Ferguson, James, 2009: The Uses of Neoliberlism. Antipode 41: 166–184.

Foucault Michel, 2004: Geschichte der Gouvernementalität II. Die Geburt der Biopolitik (hg. von M. Sennelart). Frankfurt/M.: Suhrkamp.

Garland, David, 1996: The Limits of the Sovereign State. Strategies of Crime Control in Contemporary Society. British Journal of Criminology 4: 445-471.

Garland, David, 2004: Die Kultur der „High Crime Societies". Voraussetzungen einer neuen Politik von „Law and Order". S. 36–68 in: Oberwittler, D./Karstedt, S. (Hrsg.), Soziologie der Kriminalität (Sonderheft 43 der Kölner Zeitschrift für Soziologie und Sozialpsychologie). Wiesbaden: VS-Verlag.

Garland, David, 2008: Kultur der Kontrolle. Verbrechensbekämpfung und soziale Ordnung in der Gegenwart. Frankfurt/M.: Campus [am. Org. 2001: The Culture of Control. Crime and Social Order in Contemporary Society. Chicago, Oxford: University of Chicago Press].

Genschel, Philipp/Zangl, Bernhard, 2007: Die Zerfaserung von Staatlichkeit. Aus Politik und Zeitgeschichte 20/21: 10–16.

Goebel, Jan, 2010: Polarisierung der Einkommen: Die Mittelschicht verliert. Wochen-bericht des DIW Berlin 24: 2–8.

Günther, Klaus/Honneth, Axel, 2008: Vorwort. S. 7–16 in: Garland, D., Kultur der Kontrolle. Verbrechensbekämpfung und soziale Ordnung in der Gegenwart. Frankfurt/M.: Campus.

Habermas, Jürgen, 2006: Der europäische Nationalstaat unter dem Druck der Globali-sierung. 148–159 in: Blätter für deutsche und internationale Politik (Hrsg.), Der Sound des Sachzwangs. Bonn: Blätter-Verlagsgesellschaft.

Haffke, Bernhard, 2005: Vom Rechtsstaat zum Sicherheitsstaat? Kritische Justiz 38: 17–35.

Hale, Chris, 1996: Fear of Crime: A Review of the Literature. International Review of Victimology 4: 79–150.

Hall, Stuart, 2011: The Neo-liberal Revolution. Cultural Studies 25: 705–728.

Hallsworth, Simon, 2000: Rethinking the Punitive Turn. Punishment & Society 2: 145–160.

Harvey, David, 2007: Kleine Geschichte des Neoliberalismus. Zürich: Rotpunktverlag.

Hassemer, Winfried, 2001: Das Symbolische am symbolischen Strafrecht. S. 1001–1020 in: Schünemann, B./Achenbach, H./Bottke, W./Haffke, B./Rudolphi, H.-J. (Hrsg.), Fest-schrift für Claus Roxin zum 70. Geburtstag am 15. Mai 2001. Berlin: de Gruyter.

Heitmeyer, Wilhelm/Endrikat, Kirsten, 2008: Die Ökonomisierung des Sozialen. Folgen für „Überflüssige" und „Nutzlose". S. 55–72 in: Heitmeyer, W. (Hrsg.), Deutsche Zustände. Folge 6. Frankfurt/M.: Suhrkamp.

Hickel, Rudolf, 1991: Befreite Arbeitsmärkte. Blätter für deutsche und internationale Politik: 708–716.

Hogan, Michael J./Chiricos, Ted/Gertz, Marc, 2005: Economic Insecurity, Blame, and Punitive Attitudes. Justice Quarterly 22: 392–411.

Honneth, Axel, 1994: Desintegration. Bruchstücke einer soziologischen Zeitdiagnose, Frankfurt/M.: Fischer.

Hradil, Stefan/Schmidt, Holger, 2007: Angst und Chancen. Zur Lage der gesellschaft-lichen Mitte aus soziologischer Sicht. S. 163–226 in: Herbert-Quandt-Stiftung (Hrsg.),

Zwischen Erosion und Erneuerung. Die gesellschaftliche Mitte in Deutschland. Ein Lagebericht. Frankfurt/M.: Societäts-Verlag.

Jakobs, Gunther, 2000: Das Selbstverständnis der Strafrechtswissenschaft vor den Herausforderungen der Gegenwart. S. 47–56 in: Eser, A./Hassemer, W./Burkhardt, B. (Hrsg.), Die deutsche Strafrechtswissenschaft vor der Jahrtausendwende. München: Beck.

Janssen, Diederik F., 2008: Sexueller Kindesmissbrauch und die Wirkmacht der Kultur. Zeitschrift für Sexualforschung 21: 56–75.

Kunz, Karl-Ludwig, 2010: Strafrechtsmodelle und Gesellschaftsstruktur. Kriminologisches Journal 42: 9–23.

Lancaster, Roger N., 2011: Sex Panic and the Punitive State. Berkeley: University of California Press.

Legnaro, Aldo, 2010: Prekarität, Strafe und die Ökonomie der Freiheit. Kriminologisches Journal 42: 59–67.

Lengfeld, Holger/Hirschle, Jochen, 2010: Die Angst der Mittelschicht vor dem sozialen Abstieg. Eine Längsschnittanalyse 1984–2007. S. 181–200 in: Burzan, N./Berger, P.A. (Hrsg.), Dynamiken (in) der gesellschaftlichen Mitte. Wiesbaden: VS – Verlag für Sozialwissenschaften.

McDonald, Matt, 2008: Securitization and the Construction of Security. European Journal of International Relations 14: 563–587.

Neckel, Sighard, 1991: Status und Scham. Zur symbolischen Reproduktion sozialer Ungleichheit, Frankfurt/M: Campus.

Neckel, Sighard, 2001: ,Leistung' und ,Erfolg'. Die symbolische Ordnung der Marktgesellschaft. S. 245–265 in: Barlösius, E./Müller, H.-P./Sigmund, S. (Hrsg.), Gesellschaftsbilder im Umbruch. Soziologische Perspektiven in Deutschland. Opladen: Leske + Budrich.

Neckel, Sighard/Dröge, Kai, 2002: Die Verdienste und ihr Preis: Leistung in der Marktgesellschaft. S. 93–116 in: Honneth, A. (Hrsg.), Befreiung aus der Mündigkeit. Paradoxien des gegenwärtigen Kapitalismus. Frankfurt/M.: Campus.

Pratt, John, 2005: Child Sexual Abuse: Purity and Danger in an Age of Anxiety Crime, Law & Social Change 43: 263–287.

Ptak, Ralf, 2007: Grundlagen des Neoliberalismus. S. 13–85 in: Butterwegge, C./Lösch, B./ Ptak, R., Kritik des Neoliberalismus. Wiesbaden: VS – Verlag für Sozialwissenschaften.

Radzinowicz, Leon, 1991: Penal Regression. Cambridge Law Journal 50: 422–444.

Rancière, Jacques, 2002: Das Unvernehmen. Frankfurt/M.: Suhrkamp.

Sack, Fritz, 2003: Von der Nachfrage- zur Angebotspolitik auf dem Feld der Inneren Sicherheit S. 249–276 in: Dahme, H.-J./Otto, H.-U./Wohlfahrt, N. (Hrsg.), Soziale Arbeit für den aktivierenden Staat. Opladen: Leske + Budrich.

Sack, Fritz, 2004: Wie die Kriminalpolitik dem Staat aufhilft. Governing through Crime als neue politische Strategie. S. 30–50 in: Lautmann, R./Klimke, D./Sack, F. (Hrsg.), Punitivität (8. Beiheft zum Kriminologischen Journal). Weinheim: Juventa.

Schulze, Gerhard, 1992: Die Erlebnisgesellschaft. Kultursoziologie der Gegenwart. Frankfurt/M.: Campus.

Sennett, Richard, 1986: Verfall und Ende des öffentlichen Lebens. Die Tyrannei der Intimität. Frankfurt/M.: Fischer.

Silva-Sánchez, Jesús-María (2003): Die Expansion des Strafrechts. Kriminalpolitik in postindustriellen Gesellschaften, Frankfurt/M.: Klostermann.

Simon, Jonathan, 2007: Governing through Crime. Oxford: Oxford University Press.
Skogan, Wesley G./Maxfield, Michael G., 1981: Coping with Crime. Beverly Hills, Cal.: Sage.
Skeggs, Bev, 2005: The Making of Class and Gender through Visualizing Moral Subject Formation. Sociology 39: 965–982.
Squires, Peter, 2006: New Labour and the Politics of Antisocial Behaviour. Critical Social Policy 26: 144–168.
Steinert, Heinz, 2008: ‚Soziale Ausschließung'. Produktionsweisen und Begriffs-Konjunkturen. S. 19–30 in: Klimke, D. (Hrsg.), Exklusion in der Marktgesellschaft. Wiesbaden: VS – Verlag für Sozialwissenschaften.
Trotha, Trutz von, 2010a: Die präventive Sicherheitsordnung. Weitere Skizzen über die Konturen einer ‚Ordnungsform der Gewalt'. Kriminologisches Journal 42: 24–40.
Trotha, Trutz von, 2010b: Vom Wandel des Gewaltmonopols oder der Aufstieg der präventiven Sicherheitsordnung. Kriminologisches Journal 42: 218–234.
Vester, Michael/Oertzen, Peter von/Geiling, Heiko, 1993: Soziale Milieus im gesellschaftlichen Strukturwandel. Zwischen Integration und Ausgrenzung. Köln: Bund-Verlag.
Wacquant, Loïc, 2009: Bestrafen der Armen. Zur neoliberalen Regierung der sozialen Unsicherheit. Opladen: Barbara Budrich.
Wacquant, Loïc, 2012: Der neoliberale Leviathan. Eine historische Anthropologie des gegenwärtigen Gesellschaftsregimes. PROKLA 42: 677–98.
Wæver, Ole, 1995: Securitization and Desecuritization. S. 46–86 in: Lipschutz, R.D. (Hrsg.), On Security. New York: Columbia University Press.
Virchow, Fabian, 2008: Der neoliberale Staat, die private Produktion von „Sicherheit" und die Transformation der Bürgerrechte. S. 224–242 in: Butterwegge, C./Lösch, B./Ptak, R. (Hrsg.), Neoliberalismus. Wiesbaden: VS – Verlag für Sozialwissenschaften.
Vaughan, Barry, 2002: The Punitive Consequences of Consumer Culture. Punishment & Society 4: 195–211.
Young, Jock, 1986: The Failure of Criminology: The Need for a Radical Realism. S. 4–30 in: Matthews, Roger/Young, J. (Hrsg.), Confronting Crime. London: Sage.
Young, Jock, 2003: Merton with Energy, Katz with Structure: The Sociology of Vindictiveness and the Criminology of Transgression. Theoretical Criminology 7: 389–414.

Aus der Neuen Welt: Freiheit, Furcht und Strafe als Trias der Regulation (2000)

Aldo Legnaro

Aus der Neuen Welt: Freiheit, Furcht und Strafe als Trias der Regulation, in: Leviathan Bd. 28 Nr. 2, 2000, S. 202–220.

Seit den siebziger Jahren beherrschen, ausgehend von Milton Friedman, theoretische Vorstellungen des Neoliberalismus die ökonomischen und inzwischen auch die politischen Diskurse und Entscheidungen. In dieser Programmatik soll ‚Staat' durch ‚Markt' ersetzt werden, was im Ökonomischen Flexibilisierung von Produktion und Arbeitsrecht und eine möglichst geringe Steuerbelastung, im Politischen De-Regulierung, Privatisierung bisher staatlich wahrgenommener Aufgaben und eine weitgehende Reduktion sozialstaatlicher Leistungen bedeutet. Das stellt kein Parteiprogramm im engeren Sinne dar, das – für die USA – etwa von den Republikanern vertreten und von den Demokraten abgelehnt würde; vielmehr handelt es sich hier um einen ‚strategischen Diskurs' (O'Malley 1993), der längst parteiübergreifend geführt wird und ein hegemoniales Argumentationssyndrom bildet. ‚Freiheit' im Sinne von marktförmig organisierter Vertraglichkeit stellt die Essenz dieses Programms dar und richtet sich an alle Individuen, die zugleich Marktteilnehmer darstellen und auch im Alltagsleben als Unternehmer ihrer selbst zu handeln haben. Das schafft eine Fülle von ‚Vertragsgemeinschaften' und ‚kontraktuellen Räumen', in deren Rahmen Individuen (etwa als Bewohner eines Hauses oder einer Gemeinde oder als Benutzer einer Einrichtung) miteinander in vertraglichen Verbindungen stehen

A. Legnaro (✉)
Köln, Deutschland
E-Mail: a.legnaro@t-online.de

© Springer Fachmedien Wiesbaden GmbH, ein Teil von Springer Nature 2022
A. Legnaro und D. Klimke (Hrsg.), *Kriminologische Diskussionstexte I*,
https://doi.org/10.1007/978-3-658-22005-1_15

(Shearing 1997). Solche Vertraglichkeiten schließen eine Logik der Risikoregulierung ein, bei der Individuen nach dem Versicherungsprinzip Risikoklassen zugeordnet werden. Als Risiko kann in dieser Betrachtungsweise eine Fülle sozialer Merkmale gelten: Alter, ökonomisches Potenzial, ethnische Herkunft etc. Mit solchen Merkmalen verbinden sich jeweils differentielle Risikoprofile (vgl. Feeley und Simon 1994), anhand derer Gemeinschaften von Individuen vergleichbarer Risikoeigenschaften hergestellt werden. Sowohl die Konstruktion von ‚Freiheit' als Vertragsfreiheit und als marktförmig organisierte Eigenverantwortung der Individuen für ihr soziales und ökonomisches Geschick (etwa im Hinblick auf Krankheit und Altersversorgung) wie der angestrebte Rückzug des Staates aus zahlreichen Aufgabenbereichen bewirken auch im Handlungsfeld der sozialen Kontrolle Privatisierung und Kommerzialisierung.

Freiheit, Furcht und Strafe geraten dadurch in einen neuartigen Zusammenhang. Auf den ersten Blick bilden diese Begriffe eine höchst ungleiche Dreiheit, und unter den Bedingungen einer sozialstaatlich geprägten Moderne hat sie auch nicht viel miteinander verbunden. Unter den Bedingungen neoliberal organisierter Regulierung hängen sie in ihren Funktionen und Bedeutungen jedoch eng zusammen und bilden in ihrer Gesamtheit einen Regulierungscode, und ‚Freiheit', so meine These, ist in dieser Funktion der Regulation ohne ‚Furcht' und ‚Strafe' gar nicht denkbar.

Wie ‚Freiheit' richtet sich auch ‚Furcht' prinzipiell an alle – als ein Verhaltensregulativ der Absicherungen gegenüber Fremden und gegenüber Kriminalität, die der „homo prudens" (O'Malley 1992) zu treffen hat, und als eine Aufforderung zu nüchterner Antizipation der alltäglichen Gefahren der Risikogesellschaft. Als ‚fear of falling' (Ehrenreich 1994) beinhaltet ‚Furcht' auch ein Bewusstsein der ökonomischen Risiken und Unwägbarkeiten, die das gesellschaftlich geforderte Unternehmertum impliziert. ‚Freiheit' hingegen enthält Versprechungen: Versprechungen auf multiple Optionen, vielfältige Chancen, den thrill des Sich-Selbst-Unternehmens. Das setzt beide in ein komplementäres Verhältnis, und in ‚Furcht' als einer individuellen Verunsicherung werden die Kosten jener ‚Freiheit' sichtbar, die allen einen Markt der Möglichkeiten verspricht.

‚Strafe' bzw. das Bedürfnis nach Bestrafung steht ebenso mit der ‚Furcht' in Zusammenhang wie die ‚Furcht' mit der ‚Freiheit'. Nicht nur artikulieren sich im Bedürfnis nach Bestrafung atavistische Rachewünsche, ‚Strafe' bietet in ihrer personalen Ausrichtung auch Benennung und soziale Verortung des in Tätern verkörperten ‚Bösen' und konstruiert kausale Zusammenhänge zwischen Verhalten und Folgen, die die Zurechenbarkeit von Verantwortung ermöglichen – sehr im Gegensatz zu den anonymisierten Marktprozessen, denen die Individuen ausgeliefert sind. Aggressive Strafwünsche lassen sich dieser These nach dann als Indikator für das Unbehagen an der Universalisierung solcher Marktprozesse lesen.

Im folgenden sollen einige empirische Details zusammengetragen werden, die die Gegenwart der USA kennzeichnen und den Ausgangspunkt weiterer analytischer Überlegungen über die möglichen Zusammenhänge der drei zentralen Begriffe bilden.

1. Furcht

Vor einigen Jahren ist Mike Davis auch hierzulande mit seinem fulminanten Buch über Los Angeles (1995) bekannt geworden; darin schildert er diese Stadt als den paradigmatischen Entwurf einer späten Moderne, in der Prozesse des Gegeneinander-Abschließens und Ausschließens Hand in Hand mit dem Sicherheitsbewusstsein der Individuen gehen. In seinem neuen – in Los Angeles sehr umstrittenen – Buch „Ecology of Fear" (1998), einer Mischung aus Stadt- und Katastrophensoziologie, führt er diese Beschreibungen fort und gibt eine lückenlos anmutende Aufzählung jener Ängste, die man haben kann, wenn man Angst haben will: Erdbeben, Tornados, Haus- und Waldbrände, Dürren, Giftschlangen, Mäuse-, Ratten-, Eichhörnchenplagen und die durch sie verursachten Infektionsgefahren, Bienenvölker, die Menschen angreifen, Berglöwen.[1]

Was auf den ersten Blick dem nahenden Millennium und der dadurch beförderten Weltuntergangsstimmung geschuldet scheint, ist freilich akribisch mit Statistiken und Schilderungen der historischen Entwicklungen belegt und hebt die Sozialität ‚natürlicher' Katastrophen hervor, sowohl was ihre Ursachen wie was ihre Auswirkungen angeht. Dies mischt sich mit der Angst vor dem Verbrechen, die im Rahmen eines solchen Szenarios als das Indiz eines permanenten Gefährdungsbewusstseins erscheint; ‚Kriminalität' verkörpert gerade die Unsicherheit, gegen die man Präventionsmaßnahmen ergreifen kann. Und so wird Kriminalitätsprävention zum Maßstab architektonischer und urbaner Gestaltung. Davis listet einige besonders absurd wirkende Beispiele auf: öffentliche Toiletten werden abgeschafft, Straßenverkäufer nicht mehr toleriert, Alleen abgeholzt,

---

[1] Die Szenarien eines „Apocalypse Theme Park" (so eine Zwischenüberschrift bei Davis) an Los Angeles zu heften, ist nicht neu. Davis selbst rechnet vor (1998, S. 276), daß die Stadt seit 1909 in Roman und Film 138mal zerstört worden ist, und die heutige Stadtsoziologie sieht die Stadt in einer „Doppelrolle von Utopie *und* Dystopie für den fortgeschrittenen Kapitalismus" (Davis und Keil 1992, S. 267). So bildet die ‚City of Quartz' gegenwärtig Modell und Vision von Entfaltung und Untergang des Urbanen gleichermaßen.

dies alles polizeilich angeratene Maßnahmen der Kriminalprävention (S. 366).
Prävention wird zum zentralen Motiv politischen Handelns; das gilt keineswegs
nur für architektonische Maßnahmen zur Herstellung eines ‚defensible space‘
(Newman 1973), sondern zunehmend für Sozialpolitik generell, deren Rechtfertigung einzig noch in ihrem Beitrag zur Prävention zu bestehen beginnt.

Angesichts der alltäglichen Gefährdung wird – ebenfalls ein Begriff von Davis
– ‚scanscape‘ hergestellt: der lückenlos einsehbare und lückenlos kontrollier-
bare Raum. Der Videoüberwachung des öffentlichen Raumes kommt dabei
besondere Bedeutung zu. Sie versetzt Benthams Vision vom Panopticon in den
öffentlichen Raum der Städte. Als Hauptwirkung dieses ‚Panoptismus‘ hat
Foucault (1977, S. 258)[a] „die Schaffung eines bewussten und permanenten
Sichtbarkeitszustandes beim Gefangenen, der das automatische Funktionieren
der Macht sicherstellt“ benannt. Die optische Überwachung ganzer städtischer
Zonen, seien sie im traditionellen Sinne öffentlich oder ‚mass private property‘
(Shearing und Stenning 1983), stellt potenziell diesen Sichtbarkeitszustand her.
Ein Unterschied liegt allenfalls darin, daß Gefangene kraft ihres Status als Straftäter überwacht werden müssen, die Passanten der Stadt hingegen nicht alle in
gleichem Maße verdächtig sind. Was ursprünglich – in Benthams Vorstellung
und Foucaults Ausdeutung – lediglich die Kontrolle Vieler durch Wenige an
eigens dafür eingerichteten Orten bedeutete, ist zum einen ergänzt worden durch
die massenmediale Betrachtung. Weniger durch Viele (Mathiesen 1997); zum
anderen ermöglichen die Techniken der Kontrolle inzwischen im ‚scanscape‘
die Universalisierung des Überblicks für alle, wobei die Rollen von Beobachter
und Beobachtetem andauernd ausgetauscht werden: wer eben noch via Internet
im Kindergarten kontrollierte, wie das Personal die eigenen Kinder beschäftigt,
wird gleich beim Gang über die Straße selbst via Videoüberwachung von anderen
kontrolliert. Hergestellt wird damit unter der Allgegenwart des Verdachts eine
Demokratisierung des Panopticons.

Dank einer Kontrollstrategie, die Bevölkerungsgruppen nach ihrem Risiko-
potenzial sortiert und differentieller Kontrollintensität unterwirft, sind es in den
USA vor allem schwarze junge Männer, auf die sich die Kontrolle richtet. Nicht
zufällig umschreibt die *Drug Enforcement Agency* die Erkennbarkeit von Drogen-
kurieren anhand der typischen Eigenheiten schwarzer Expressivität in Kleidung
und sonstigem Outfit. „The urban landscape is invisibly mapped, both physically
and conceptuallly, into areas where a Black presence is known to be normal or

---

[a] Siehe *Kriminologische Grundlagentexte*, S. 333 ff. (A.d.H.).

abnormal, where the Black body can be seen to be in place or out of place. [...] Racial identity is a prime identifier of someone out of the ordinary in the suburb." (Fiske 1998, S. 85) Das Weiße hat die Macht, sich selbst als ‚das Normale' zu setzen, und Überwachung „makes the city operate as a machine of whiteness." (a. a. O., S. 86). Die Technologie der Überwachung funktioniert keineswegs sozial neutral, sondern impliziert einen „non-racist racism".[2]

a. Vigilantismus

Vigilantismus ist in den USA nichts Neues, vielmehr ein seit 1767 gut dokumentiertes Phänomen, das sich ursprünglich gegen Pferdediebe, *outlaws* und die ländliche Unterklasse richtete (Johnston 1999). Damals wie heute rührt er aus dem Bewusstsein, das Recht und die Pflicht zu haben, anstelle staatlicher Stellen selbst zu richten. Ein Beispiel: Im Januar 1995 schießt ein Mann auf zwei Jugendliche, die er beim Sprayen von Graffiti beobachtet; einer der Jugendlichen ist tot, der andere verletzt; es erhebt sich eine Woge der Solidarität mit dem Täter, da er, dies die artikulierte Meinung, der Gemeinschaft einen Dienst getan hat; verhaftet wird – der überlebende Jugendliche (Davis 1998, S. 391). Dies scheint kennzeichnend für eine Atmosphäre, in der moralische Paniken handlungsleitend werden können und zugleich ein waches Empfinden dafür vorherrscht, dass der Bürger selbst Verantwortung für die Wiederherstellung der moralischen Ordnung trägt. „Civilians can deal with crime more easily because we are not hampered by constitutional restrictions like the police. We can slam and jam." (Aussage eines Mitglieds des Republican Central Committee in Hollywood, zitiert nach Davis 1998, S. 391) Diese Aussage bringt beredt zum Ausdruck, dass letztlich die Regularien des Rechtsstaats für die effektive Bekämpfung von Kriminalität nur hinderlich sind; was der so vielfach geknebelte Staat nicht leisten kann, das müssen die Gesellschaftsmitglieder eben selbst leisten.

b. ‚gated communities'

Der Begriff, hierzulande erst eine sozialwissenschaftliche Terminologie, als soziale Realität aber noch weitgehend unbekannt, bezeichnet eine neuartige Wohnform, nämlich eine abgeschlossene und abschließbare Siedlung. Gibt man ihn in eine der Suchmaschinen des Internets ein, landet man auf einem gigantischen Immobilienmarkt – quer durch die USA werden Wohnungen und

---

[2] Was wiederum auch die Herstellung einer ‚moralischen Ordnung' beinhaltet, wie sich etwa an der ebenfalls mithilfe ‚neutraler Technik' durchgeführten Drogenkontrolle am Arbeitsplatz zeigt; vgl. O'Malley und Mugford (1991).

Häuser angeboten, wahlweise in Gemeinden mit ‚guarded gate' oder ‚electronic gate'. Daraus lässt sich ersehen, dass es sich für heutige US-Verhältnisse weniger um eine kritisch gewertete Entwicklung handelt denn um eine soziale Routine, die mit Selbstverständlichkeit dem Sicherheitsbedürfnis der Bevölkerung ebenso Rechnung trägt wie ihrem Wunsch nach sozialer Homogenisierung. Zugleich bildet sie den Inbegriff dessen, was als Privatisierung der sozialen Kontrolle verstanden werden kann – eine Kontrolle, die von den Individuen getragen und verantwortet wird und eben daraus ihre partikularistische Orientierung gewinnt.

In den USA wird diese Entwicklung zwar als ‚Balkanisierung' der Städte kritisiert, und die Privatisierung bislang öffentlichen Straßenraumes ist heftig umstritten; gelegentlich ist auch schon gerichtlich gegen die *gated communities* entschieden worden (Blakely und Snyder 1997, S. 156 ff., 104 ff.). Dennoch entwickelt sich das Bedürfnis nach dieser Wohnform parallel zur Karriere von ‚urban disorder' als öffentliches Thema. Seit den 1980er-Jahren etablieren sich in den USA *gated communities* in vielerlei Formen: manche mit rund um die Uhr besetzten Wachtürmen am Eingang, andere mit Videoüberwachung, elektronischen Zugangssperren oder eher schlichten Barrieren in innerstädtischen Wohngebieten. Niemand kennt die Gesamtzahl solcher *communities;* für 1997 wird sie auf 20.000 geschätzt, was etwa drei Millionen Wohneinheiten oder etwa 8,4 Mio. Einwohnern entspricht (Blakely und Snyder 1997, S. 7, 180).

Die Preise sind nicht einmal höher als in *non-gated communities,* und die Varianz reicht von exklusiver Abgeschiedenheit zu extravaganten Preisen bis zu abgeriegelten Wohnvierteln der Unterschicht. Die Zäune und Mauern, die diese Mikrowelten einschließen, erzeugen innerhalb dieser Welten spezifische Arten der Selbstverwaltung, meistens wahrgenommen von Homeowner Associations, so dass sich eine kontraktuelle Sozialität ausformt, deren Vertraglichkeit nicht lediglich Eigentums-, sondern vor allem Nutzungsregeln beinhaltet: Regeln über die äußere Gestaltung und Farbgebung der Häuser, Regeln über Haustiere, die nur bis zu einem Höchstgewicht gehalten werden dürfen, Regeln über die Höhe von Bäumen und Sträuchern, die mit Blumenlisten empfohlene Gestaltung des Vorgartens, sogar Regeln über die Inneneinrichtung, soweit sie von außen wahrgenommen werden kann, oder „the hours after which residents may not socialize outside their own houses." (Blakely und Snyder 1997, S. 21) Man sieht, die Regeln bei dieser Art des Wohnens übertreffen an Rigidität die Regeln eines deutschen Kleingartenvereins, und die Selbstverwaltung solcher *communities* sichert vor allem die Konformität der Einwohner.

Die Erhöhung der Sicherheit bildet das primäre Motiv, in solchen *communities* zu wohnen, wenngleich – ein geläufiger Kritikpunkt – die Einzäunungen dazu verführen, die objektive Sicherheit für höher zu halten, als sie tatsächlich ist. Doch selbst anfängliche Skepsis kann sich nach ersten Erfahrungen wandeln: die Bewohner von *Potomac Gardens* in Washington D.C. protestierten zwar gegen die Errichtung eines Zaunes um ihr Wohngebiet, der sich nur mit Identitätskarten passieren ließ und rund um die Uhr bewacht wurde; als Drogenverkauf und Vandalismus jedoch zurückgingen, unterstützten sie die Einzäunung mehrheitlich (Blakely und Snyder 1997, S. 102). Nicht nur die Erschwerung und damit oft auch der Rückgang bestimmter Delikte machen jedoch die Attraktivität aus; ebenso ist es soziale Uniformität, die meistens mit ethnischer Homogenität einhergeht. Es ist der wesentlich nicht-urbane Charakter solcher Siedlungen, der sie so begehrt macht, der Charakter von Ent-Mischung der Differenzen verbunden mit einem Sicherheitsstandard, der das Fremde und alle flirrenden und vieldeutigen Erscheinungen des urbanen Lebens aussperrt. Die Zäune bestärken lediglich den Eindruck, ‚draußen' herrsche ein zerstörerisches Chaos. Konstruiert wird ein exklusiver nach innen gewendeter Raum, der autarke Homogenität mit hohem Konformitätsdruck verbindet: „The dystopian dream is certainly one of control, but of a particular kind: the control of cultural space, the construction of image as ideology." (Ferrell 1997, S. 32).

Ähnlichen Zielen dienen Zusammenschlüsse in ‚Neighborhood Watches', die unter dem Slogan „Be on the Look Out for Strangers" stehen. Im Hinblick auf tatsächliche Kriminalitätsraten sind die Folgen von Neighborhood Watches eher gering, subjektiv hingegen sind sie bedeutsam: die Furcht vor Kriminalität sinkt, das Empfinden sozialer Kohäsion steigt (Bennett 1990). Das geschieht freilich um den Preis der Abgrenzung, ein Prozess, bei dem jeder zum Fremden und damit zum Feind erklärt werden kann. ‚Neighborhood' wie (gated) ‚community' werden damit zum Mechanismus der Herstellung einer kulturellen und moralischen Ordnung, deren Mitglieder sich am Merkmal ihrer geteilten Differenz gegenüber Außenfeinden definieren. Gegen alle Empirie wird die Gefahr ausschließlich als von ‚Draußen" herrührend wahrgenommen, während die von ‚Drinnen' ausgehenden Gefahren systematisch unterschätzt werden (vgl. insgesamt auch Crawford 1997, S. 148–201). Konstruiert werden mentale Wagenburgen, deren Bewohner nicht einmal mehr die von Simmel (1903) beschriebene Blasiertheit des Großstadtmenschen aufbringen; sie wollen nicht auf Differenzen reagieren müssen, sondern unter ihresgleichen sein.

An diesen wenigen Beispielen lässt sich der regulatorische Gehalt von ‚Furcht' ablesen: Furcht liefert die motivische Energie zur Herstellung eines neuartigen kontraktuellen Konsensus und splittert zugleich Gesellschaft in partikulare Homogenitäten auf (vgl. auch Legnaro 1997), in Gemeinschaften von sozial, ethnisch und ökonomisch Gleichen, unter denen die Vermutung von ‚Nicht-Gefährlichkeit' regiert. Das zugrundeliegende Risikokalkül wirkt somit fragmentierend und erzeugt *in-* und *out-groups,* wobei letztere durch ‚Strafe' im Zaum gehalten werden.

2. Strafe

„Ein einziger StaupPfahl, mit Einsicht benützt, wird mehr dazu beitragen, die Sitten in einer Gegend zu verbessern, als hundert Gefängnisse mit ihren Einsperrungen auf 20 oder 30 Tage. Ich bin, wenn ich mich anders selbst kenne, wohl auch geneigt, mich um die Besserung von Verbrechern zu kümmern, soweit das in gesunden Schranken bleibt; aber der große Zweck aller Strafen die die Gesellschaft verhängt – nämlich ihre eigene Sicherheit ! – sollte nie und nimmer einer solchen, nur secundären Überlegung aufgeopfert werden. Man stelle doch zuerst einmal den Ruf, die Person und das Eigentum des Bürgers so sicher wie möglich; danach dann kann man so viele Experimente in Philanthropie anstellen, als man Lust hat." (James Fenimore Cooper, Tausendmorgen, Frankfurt/M. 1983, S. 315 f., in der deutschen Übersetzung von Arno Schmidt [dessen eigenwillige Rechtschreibung ist hier beibehalten worden – A.d.H.]).

Cooper veröffentlichte den Roman „Tausendmorgen" im Jahre 1845, das erklärt den Stauppfahl; von dieser historisch überholten Kleinigkeit abgesehen, artikuliert er hier geradezu die Essenz US-amerikanischer Strafrechtspolitik der letzten beiden Jahrzehnte. Diese kennt inzwischen als strukturelles Pendant des Stauppfahls im Internet veröffentlichte Strafregister (siehe unten) und hat ehrwürdige Strafformen wie ‚chain gangs' (das Aneinanderketten von Sträflingen) und ‚boot camps' wiederbelebt. Letztere, eine Imitation militärisch organisierter Ausbildungslager, nennt Simon (1995, S. 36) „an exercise in nostalgia", und so beschwören manche Formen des Strafens jene ‚gute alte Zeit', die durch das Strafen selbst wieder hergestellt werden soll. Die „secundäre Überlegung" eines Bemühens um Resozialisierung wird dabei längst für obsolet gehalten.

a. Verschärfungen des Strafens: ‚Three strikes and you're out'
Unter dieser Bezeichnung wird eine Fülle von Sanktionierungsstrategien zusammengefasst, die alle in der Formel zusammengefasst werden können: „You do the third crime, you do a lifetime." Unter der Voraussetzung, dass – so die kalifornische Regelung – die beiden vorhergehenden Taten „violent" oder „serious" gewesen sind, kann bei einer dritten Tat eine Strafe von 25 Jahren bis Lebenslänglich ausgesprochen werden. Regelungen dieser Art gelten (Stand von 1996) in siebzehn US-Bundesstaaten, und ihre Einführung wird in weiteren fünf Staaten erwogen. Zwar sind sie rechtlich umstritten; der Achte Zusatz der Verfassung von 1791 verbietet Strafen, die „cruel and unusual" sind, und die Frage der Angemessenheit eines solchen Automatismus wird kontrovers diskutiert, jedoch in der Regel zugunsten dieser Gesetzgebung beantwortet (vgl. hierzu wie zum vorhergehenden Zeigler und del Carmen 1996).

Allerdings muss man berücksichtigen, dass vergleichsweise wenige der potenziell Betroffenen tatsächlich nach dieser Regel verurteilt werden. Das liegt daran, dass das System des *plea bargaining* das Aushandeln einer niedrigeren Strafe gegen Schuldanerkenntnis ermöglicht (vgl. allgemein zu diesem Rechtsprinzip Schumann 1977); außerdem hat nach einer Entscheidung des California Supreme Court vom Sommer 1996 der Richter die Möglichkeit, vorhergehende Taten bei der Strafzumessung außer acht zu lassen (Shichor und Sechrest 1996, S. xiii). Die Zunahme der Gefangenenpopulation fällt aus diesen Gründen nicht ganz so dramatisch aus, wie ursprünglich erwartet, obgleich man immerhin als Ergebnis der 'Three Strike'-Gesetzgebung in Kalifornien bis 2005 einen Anstieg der Gefängnispopulation von 22.500 Insassen im Jahr 1980 auf 341.420 annimmt (Davis 1998, S. 417). Allerdings zeigt Austin (1996), dass ein großer Teil dieser Steigerungen einerseits auf abnehmenden Raten bei vorzeitigen Entlassungen beruht, eine Politik, die unter dem Etikett des *truth-in-sentencing* firmiert, andererseits auf einer Steigerung der Zahl der Bewährungswiderrufe. Auch solche Maßnahmen, wenngleich weniger drakonisch als die Gesetzgebung der 'three strikes', fügen sich harmonisch in die allgemeine Politik der Strafverschärfung ein.

Daneben kennen weiterhin 38 der 50 US-Bundesstaaten die Todesstrafe als Sanktion. Momentan warten ca. 3.500 Sträflinge auf die letzte Entscheidung über die Hinrichtung (Daten nach Pressemitteilungen von Amnesty International, 6.10.1998; 22.2.1999). Seitdem der Supreme Court sie 1976 für verfassungskonform erklärte, sind in den USA insgesamt 523 Menschen – alleine 171 in Texas – hingerichtet worden, darunter Minderjährige und geistig Behinderte (Stand März 1999).[3]

Die 'three strikes'-Gesetzgebung fügt sich ein in die Politik der moralischen Panik, die nicht nur in den USA vorherrscht. Einige reale Ereignisse dienen gleichsam als 'Pilot-Verbrechen'; in der medialen Vergrößerung nehmen sie das Format einer ubiquitären Bedrohung an, die dann unter öffentlich aufgebautem Druck politisch bearbeitet werden muß – gleichgültig, ob die eingeleiteten Maßnahmen einen rationalen Sinn haben oder nicht (vgl. zu diesem Prozess Surette 1996). Besonders der Eindruck, die 'moralische Kohäsion' der Gesellschaft sei gefährdet, trägt in der öffentlichen Meinung der USA zu einer Befürwortung der *three-strikes*-Gesetzgebung bei; „people are concerned about the symbolic harms that develop from the lack of a clear, shared set of moral values as well as from declining social ties among people" (Tyler und Boeckmann 1997, S. 256). Dieser Eindruck macht sich zum einen an der

---

[3] Die jeweils aktuellen Daten im Internet unter,www.agitator.com/dp/'.

Vorstellung fest, dass die Familie als Institution im Niedergang begriffen sei, zum anderen an der Empfindung einer steigenden gesellschaftlichen Verschiedenheit. Diese Faktoren subjektiver Verunsicherung schlagen um in Strafwünsche, nicht zuletzt deswegen, weil die Vorstellung des moralischen Niedergangs auch die Vorstellung impliziert, dass sich bei Kriminellen nicht an geteilte Werte appellieren lasse; so bleibt eine lange oder gar lebenslängliche Haft die einzige rationale Antwort auf Verbrechen (Tyler und Boeckmann 1997). Die Strafrechtspolitik der Clinton-Administration trägt diesen öffentlichen Stimmungslagen und Bedürfnissen Rechnung, denn obgleich der Präsidentschaftskandidat Clinton, so heißt es, mit einer ‚velvet tongue‘ gesprochen habe, sei die Politik des Präsidenten Clinton durch eine ‚iron fist‘ gekennzeichnet (Kramer und Michalowski 1995). Inzwischen hat das dazu geführt, dass das Gefängniswesen in den USA eine boomende Branche bildet.

b. ‚Incapacitation‘ – Bevölkerungen hinter Gittern
Calipatria State Prison ist ein kalifornisches Hochsicherheitsgefängnis mit 1200 Insassen. Statt der Wachen am Tor und auf den Türmen verfügt es über einen dreizehn Fuß hohen Zaun, der mit 5000 V geladen ist. Nach anfänglichen Protesten von Vogelschützern, da der Zaun eine Gefahr für Vögel sei, ist er inzwischen „the world's only birdproof, ecologically responsible death fence" (Davis 1998, S. 412). Innen sind die Gefangenen – bei zweifacher Überfüllung – weitgehend sich selbst überlassen, und der Besucher unterzeichnet am Eingang sein Einverständnis mit der kalifornischen Linie, bei Geiselnahmen nicht zu verhandeln (Davis 1998, S. 414). Das kennzeichnet bereits beim Eintritt auch diese Schnittstelle von ‚in‘ und ‚out‘ als einen kontraktuellen Raum, in dem das Risikokalkül eine gegenüber der Außenwelt veränderte Qualität annimmt und entsprechend neu bewertet werden muß.

Nach Berechnungen des National Council on Crime and Delinquency wird die Zahl der Gefangenen in den USA von einer Million (1994) auf ca. 1,6 Mio. im Jahre 2000 steigen, wenn alle Staaten die erwähnten Gesetzgebungen (‚three strikes‘, ‚truth-in-sentencing‘) einführen (Austin 1996, S. 169). Diese Hochrechnung ist schnell von der Wirklichkeit überholt worden: schon Mitte 1998 betrug die Zahl der Inhaftierten in Bundes-, Staats- und Gemeindegefängnissen 1,802 Mio., was einer Inhaftierungsrate von 668 Personen auf 100.00 Einwohner entspricht. Oder anders herum: einer von 150 US-Einwohnern ist inhaftiert (alle Angaben nach Bureau of Justice Statistics Bulletin 1999). Diesen Zahlen hinzuzuzählen sind die Personen, die auf Bewährung *(on probation)* oder auf Ehrenwort *(on parole)* nicht im Gefängnis leben, aber unter justitieller Überwachung stehen und ihre relative Freiheit jederzeit einbüßen können: das sind *on parole* (1995) 3,1 Mio., *on probation* weitere 700.000 Verurteilte (Wacquant 1998).[b]

Innerhalb des Systems von Einsperrung und Überwachung spielt der Staat Kalifornien eine Sonderrolle (vgl. Petersilia 1992). Nach einer weltweit vergleichenden Berechnung der Inhaftierungsraten betrug diese Rate in Kalifornien (1993/1994) 626 Inhaftierte auf 100.000 Erwachsene, womit der Staat weltweit den ersten Platz einnimmt. Auf Rang 2 liegen die USA ohne Kalifornien mit 517 Inhaftierten auf 100.000 Einwohner. Zum Vergleich: die Bundesrepublik nimmt mit 80 Inhaftierten auf 100.000 Einwohner Rang 13 ein (Koetting und Schiraldi 1997). Kalifornien hat heute, nach China und den USA als Gesamtheit, das drittgrößte Gefängnissystem der Welt, und während im kalifornischen Universitätswesen in den letzten Jahren 8000 Stellen abgebaut wurden, sind 26.000 Gefängniswärter neu eingestellt worden (Davis 1998, S. 416). Der Jahreshaushalt des California Department of Correction liegt höher als der Etat der Universität von Kalifornien, woraus Wacquant (1998) folgert: „Die Vereinigten Staaten haben sich also de facto entschieden, für ihre Armen anstelle von Einrichtungen der Gesundheitsversorgung, Kindergärten und Schulen lieber Haft- und Strafanstalten zu bauen."

So entwickelt sich das Gefängnis zur Schule der Nation, dies allerdings keineswegs gleich verteilt, sondern vor allem für schwarze Männer. Fast ein Drittel (32,2 %) der schwarzen Männer der Altersgruppe zwischen 20 und 29 Jahren unterliegt der Kontrolle durch das Justizsystem, entweder als Inhaftierter oder in irgendeiner Form der Bewährungsüberwachung (Mauer und Huling 1995). Trotz der partiellen Standardisierung der Strafzumessung durch Sentencing Guidelines lassen sich somit in der Anwendung des Strafrechts nach wie vor alle ‚klassischen' Ungleichheiten nach ethnischer Herkunft, Geschlecht und Ausbildung ausmachen (Albonetti 1997). Je nach politischem Standpunkt handelt es sich hier allerdings nicht um rassistisch motivierte Ungleichbehandlung, sondern um rationale Vorsorge und das präzis gesteuerte Unschädlichmachen des besonders gefährlichen Teils der Nation, denn – so die National Rifle Association, die einflußreiche Lobbyvertretung für individuellen Waffenbesitz – ‚guns don't kill people, African Americans kill people'.[4] Die Kontrolle schwarzer junger Männer stellt in dieser Logik eine effiziente Kriminalitätsprävention dar und erübrigt die tradierte Minderheitenpolitik der *affirmative action* völlig.

---

[b] Siehe auch *Kriminologische Grundlagentexte*, S. 219 ff. (A.d.H.).

[4] Diese Position findet sich im Internet unter ‚www.nraila.org' in vielen Facetten ausgebreitet.

c. *share-holder value* hinter Gittern

„Third quarter net income up 54 %", teilt der Letter to Shareholders der Corrections Corporation of America[5] (CCA) begeistert über den Geschäftsverlauf im Jahre 1998 mit: die Firma verfügt über 64.956 Betten in den USA, Puerto Rico, Australien und Großbritannien, hat alleine im Jahre 1998 die Kapazität um 18.000 Betten ausgeweitet, die Belegung lag für die ersten drei Quartale des Jahres bei 95,2 %. Die Unterbringungskosten für einen Tag betragen $ 30,30, die Einnahmen hingegen $ 43,56. Was daherkommt wie die Bilanz eines Hotelkonzerns, bezieht sich auf die Gefängnisse, die die CCA höchst effizient betreibt.

CCA ist der größte Vertreter jenes „Criminal-Justice-Industrial Complex", der sich inzwischen etabliert hat. Unter den Prämissen neoliberaler Regulierung, die auf Privatisierung bislang öffentlich wahrgenommener Aufgaben und die Deregulierung staatlicher Funktionen hinauslaufen, gelten privat errichtete und betriebene Gefängnisse als effizienter, kostengünstiger, flexibler, innovativer und unbürokratischer als staatliche Institutionen; hervorgehoben wird auch, dass zu den politischen Kontrollmechanismen noch die Kontrolle durch Marktmechanismen hinzukomme (zum Vergleich der Vor- und Nachteile des kommerziellen Gefängniswesens Logan 1990, S. 254 ff.). Der Ausdruck ‚Privatisierung' für solche Entwicklungen erweckt allerdings einen völlig falschen Eindruck; tatsächlich handelt es sich um eine Kommerzialisierung des Gefängniswesens und seine Verwandlung in eine Ware (vgl. Nogala 1995).

Bei näherer Betrachtung erweisen sich viele der gerühmten Vorzüge als Mythen. So ist die Kostenüberlegenheit privater Gefängnisse, wenn überhaupt vorhanden, höchst gering; das U.S. General Accounting Office kam schon 1991 zu dem Schluss, daß klare Vorzüge privat betriebener Gefängnisse gegenüber öffentlichen nicht erkennbar seien (Shichor 1995, S. 231). Zudem werden private Betreiber in der Regel pro Tag und Häftling bezahlt, sind also an voller Belegung interessiert und werden Lobby-Anstrengungen unternehmen, um diese Belegung zu gewährleisten (Shichor 1995, S. 158).

Unabhängig von solchen grundsätzlichen Überlegungen lohnt sich ein Blick auf die Realitäten des kommerzialisierten Gefängniswesens und den dort betriebenen Vollzug. Da die Anbieter unabhängig von den tatsächlich entstehenden Kosten eine garantierte Summe für jeden Inhaftierten erhalten, ist der Anreiz groß, die Kosten zu minimieren, vor allem durch Reduktion des Personals. Eben deswegen zieht es die Corrections Corporation of America vor, die Gefängnisse auch selbst zu bauen, damit die Anlage nach Sicherheitsgesichtspunkten errichtet werden kann. So wird eine neue Anlage tagsüber mit fünf Aufsehern und

---

[5] Abzurufen unter www.streetlink.com.

nachts mit zwei Aufsehern für 750 Häftlinge auskommen. Das Kostenbewusstsein der Beschäftigten wird zusätzlich angeregt, indem man ihre Altersversorgung auf Aktien des Konzerns umstellt. Dann sind sie von sich aus daran interessiert, zum einen Kosten zu sparen – bis hin zum Essen –, zum anderen die Einnahmen zu erhöhen. Das geschieht etwa, indem man Häftlinge auch bei kleinen Vergehen in abgesonderte Zellen sperrt, was automatisch zu einer dreißigtägigen Verlängerung ihrer Haftzeit und entsprechend länger gesicherten Einnahmen führt – eine ganz besondere Form der *public–private-partnership,* bei der der Staat die strafrechtlichen Grundlagen bereitstellt, die Gefängnisbetreiber die Erfüllung des Tatbestandes feststellen. Es versteht sich, daß solche energischen Kostensenkungen nicht an den staatlichen Auftraggeber weitergegeben werden; die Corrections Corporation räumt ein, dass man absichtlich nur minimal billiger sei als staatliche Anstalten, weil eine Weitergabe der eigenen Kostensenkung die Gewinne schmälern müßte (alles nach Bates 1998).

Christie (1993, S. 116) resümiert bitter, in seinen Tendenzen kehre das US-Strafrechtssystem damit zu seinen historischen Ursprüngen zurück: zur privaten Strafverfolgung und Strafvollstreckung und zur Sklavenhaltung, alles wie zu den Zeiten der Pilgrim Fathers. Mit dem Unterschied allerdings, daß die Formen privater Strafjustiz in jenen Zeiten nicht börsennotiert waren und insofern vielleicht tatsächlich – sehr im Gegensatz zu heute – privat genannt werden können.

Nicht nur das kommerzialisierte Gefängniswesen boomt, sondern auch der Dienstleistungssektor ,Sicherheit'. Für das Jahr 2000 wird die Zahl der in diesem Sektor Beschäftigten auf etwa 1,4 Mio. geschätzt (Cunningham et al. 1990, S. 197). Vergleicht man die Zahl privater Sicherheitsdienstleister mit den staatlichen Beschäftigten ähnlicher Aufgabengebiete, so ergibt sich eine Relation von 3:1 (S. 236). Während die staatlichen Ausgaben für „law enforcement" zwischen 1970 und 2000 mit einer jährlichen Durchschnittsrate von sieben Prozent steigen, steigen die Ausgaben für privat hergestellte Sicherheit um durchschnittlich zwölf Prozent (S. 238). Diese Ausweitung wird allerdings paradoxerweise kaum zu einer erhöhten ,Sicherheit' führen (wie man diese auch definieren mag), sondern eher die beständige Unterversorgung mit diesem Gut verdeutlichen: „[t]he expansion of commercial policing will ensure that the demand for security will continue to outstrip supply" (Johnston 1999, S. 232). Das hält einen dynamischen Prozess in Gang, der zu völliger Verselbständigung tendiert.

Eine Folge solcher kommerziell betriebenen Herstellung von Sicherheit ist ihre ungleiche Verteilung nach der ökonomischen Leistungskraft derjenigen, die diese Dienstleistung bezahlen können. Die damit verbundenen Ungleichheiten von subjektiver und objektiver Sicherheit ebenso wie von Lebens- und Entfaltungschancen addieren sich zum einen mit den Ungleichheiten, die eine neoliberale Ökonomie mit ihrem Credo der Gleichsetzung von Ungleichheit und Dynamik sowieso erzeugt, zum anderen mit den Ungleichheiten, die die staatliche Strafrechtspolitik bewirkt, indem sie bestimmte Personengruppen (Junge, Männer, Schwarze, Arme) als Risiken definiert. Das bringt Bayley und Shearing (1996, S. 602) zu dem düsteren Ausblick: „Western democratic societies are moving inexorably, we fear [...] into a world where both the market and the government protect the affluent from the poor – the one by barricading and excluding, the other by repressing and imprisoning – and where civil society for the poor disappears in the face of criminal victimization and governmental repression."

d. Öffentliche Ausstellung der Bestraften

Das hierzulande von konservativer Seite gern geäußerte Diktum, Datenschutz sei Täterschutz, steigert die Strafrechtspolitik vieler US-Bundesstaaten durch die völlige Aufhebung aller Regelungen, die auch nur ein Minimum an Datenschutz bewirken. Einige Bundesstaaten stellen, sortiert nach Orten, das vollständige Vorstrafenregister aller Sexualstraftäter ins Internet, komplett mit Bild, einer steckbriefähnlichen Beschreibung und der Wohnadresse; alle Daten ohne Gewähr, wie vermerkt wird. Freilich steht der „unlawful use of the information for purposes of intimidation or harassing" (z. B. in Virginia) unter Strafe – ein letzter Rest von Persönlichkeitsschutz, der den öffentlich Denunzierten wenig nützen dürfte. Andere Staaten machen immerhin die Mitteilung der Daten von einem berechtigten Interesse abhängig, das aber bereits „any community member who lives near the residence where the offender resides" (Washington) geltend machen kann.[6] Die öffentliche Ausstellung von Strafregistern stellt eine Extremform der sozialen Kontrolle der eigenen Umgebung dar. ‚Kontrolle' und ‚Übersicht', in diesem Falle durch Wissen über die Diskreditierbarkeit des Nachbarn, sind die wesentlichen und angestrebten Effekte.

Die zahlreichen Verschärfungen des Strafens indizieren sowohl gestiegene Strafbedürfnisse wie auch den Wunsch nach Bekräftigung eines kollektiv geteilten Wertehorizonts. Dessen Aufkündigung wird zwar bei den Tätern verortet – sie brechen den Konsens durch ihr Verbrechen –, tatsächlich aber geschieht diese Aufkündigung durch die das Strafen stützende Mehrheit: ‚Strafe' als Regulationsmechanismus befestigt nicht nur die Grenzen zwischen ‚gut' und ‚böse', sondern

---

[6] Links zu allen US-Bundesstaaten und den entsprechenden Registern finden sich im Internet unter, www.chillicothe.com/online/national_list.htm'.

schreibt ‚gut' und ‚böse' als soziale Eigenschaften auf Dauer fest und verbaut den Rückweg in die Gesellschaft der Konformität. Das ist auch die Intention: es geht nicht (mehr) um Rehabilitation, auch nicht einmal um Generalprävention, sondern um den dauerhaften Wegschluss und Befestigung der (moralischen) Grenzen.

3. Freiheit

‚Freiheit', verstanden als eine Form nicht-staatlich organisierter Gemeinschaftlichkeit, macht einen der Gründungsmythen der USA aus. Dazu kommt der Mythos der ‚frontier', und beide tragen zu einer anti-etatistischen Stimmungslage bei. Beide formen auch eine traditionale Einstellung, die Selbstverwaltung favorisiert, staatliche Interventionen als Einmischung wahrnimmt und ein stetes Mißtrauen gegen Big Government unterhält. ‚Governing by freedom' als die Essenz der neoliberalen Regulationsmechanismen (vgl. Garland 1997; Lemke 1997; Krasmann 1999) trifft somit in den USA bereits auf eine Kultur von Selbstverantwortung, in der die Individuen zum eigenen Unternehmertum angehalten werden. Dem korrespondiert die neoliberal-konservative Kritik am Sozialstaat, wonach staatliche Transferleistungen lediglich zur Abhängigkeit und Passivität der Empfänger führen. Zu ihrem eigenen Besten ebenso wie zum Besten der Staatskasse müssen solche Transferleistungen demnach weitgehend begrenzt werden (vgl. Murray 1984).

Unter dem kennzeichnenden Titel Personal Responsibility Act ist deswegen 1996 eine weitgehende Reform der Sozialhilfe beschlossen worden, die die Empfangsdauer staatlicher Leistungen auf maximal fünf Jahre über ein Leben begrenzt. Die dazu notwendigen administrativen Kontrollen schaffen eine „Kombination von Strafvollzug und Sozialhilfe" (Wacquant 1997, S. 64); sie etablieren ein umfassendes Kontrollsystem der ‚gefährlichen Klassen'. Dennoch lässt sich mit Fug und Recht diese Reform, de facto der Abbau eines sowieso nicht sonderlich ausgebauten sozialstaatlichen Hilfesystems, nicht unter ‚Strafe', sondern unter ‚Freiheit' abhandeln: hergestellt wird hier die Marktfreiheit aller. Sie sichert das Marktangebot von Arbeit zu Schleuderpreisen, sie ermöglicht die Senkung der Staatsquote und damit auch eine möglichst niedrige Steuerquote, sie erwirtschaftet in den Dienstleistungsbetrieben der Armenverwaltung solide Renditen und wird den ideologischen Prämissen von Selbstverantwortlichkeit gerecht. Zugleich führen die Armen allen vor Augen, was ihnen geschieht, wenn sie die Anforderungen des Marktes nicht zu erfüllen vermögen (vgl. zu den positiven Funktionen der ‚unwürdigen Armen' Gans 1992).

‚Freiheit' als private Marktfreiheit verschärft allerdings – auf der Grundlage bereits bestehender eklatanter Ungleichheiten – die ökonomischen Unterschiede. Sie befördert soziale Fragmentierungen und gefährdet das prekäre

Bewusstsein eines gesellschaftlichen Ganzen. Doch eben weil dies so ist, werden die Mechanismen der Abschottung („Furcht') und die Mechanismen der Kontrolle („Strafe') um so bedeutsamer.

4. Von der Trias der Regulation

„Modern political power does not take the form of the domination of subjectivity [...] Rather, political power has come to depend upon a web of technologies for fabricating and maintaining self-government." (Miller und Rose 1993, S. 102) In diesem ‚web of technologies' spielt ‚Freiheit' die bedeutsamste Rolle; innerhalb der autonomen Handlungsspielräume der Individuen werden die Optionen erlebt und ausgelebt, die subjektiv als Selbststeuerung erfahren werden und zu ‚doing freedom' anhalten. Nicht nur das Ständische verdampft unter diesen Bedingungen, auch die sozialstaatlichen Sicherungssysteme tun es, und die Individuen sind – in aller Doppeldeutigkeit des Begriffs – wahrhaft ‚freigesetzt', zur urbanen Selbststilisierung als Konsumbürger ebenso wie als nicht mehr benötigter Produktionsfaktor Arbeit. Freiheit dieser Art – als Wahlzwang zwischen den Optionen, als forcierte Marktteilnahme, als Notwendigkeit von ‚impression management' und unter dem Bilanzdruck des eigenen Unternehmertums immer von der Gefahr des Scheiterns bedroht – gebiert eine Sehnsucht nach Sicherheit, die eben durch diese Art der Freiheit permanent gefährdet ist. ‚Furcht' wiederum mitsamt ihren Handlungsfolgen von Absicherung und Abkapselung erscheint dann als eine sinnhafte Verarbeitung der Zumutungen an ein rationales Selbst, indem sie ein kollektiv geteiltes Wissen über ‚gefährliche Klassen', ‚unsichere Orte', ‚steigende Kriminalität' und andere Topoi der Verunsicherung erbringt.

George Orwells 1949 erschienene Utopie „Nineteen eighty-four" wird immer wieder als eine Parabel der totalitären Moderne verstanden. Aber nicht Big Brother überwacht uns; vielmehr stehen wir im Blickfeld von Big Other, wobei – erhabene Gleichheit – ich selbst für die Anderen, die mich beobachten, der Andere bin, der sie beobachtet. Das ist das Konstruktionsprinzip sowohl der *gated communities* wie auch von *neighborhood watches:* die Binnenkontrolle von allen durch alle. Ein anderer Aspekt der Orwell'schen Vision bleibt allerdings in aller Regel unbeachtet, wenngleich er konkrete strukturelle Parallelen zum Heute aufweist. Das sind die Two Minutes Hates, zu denen man sich täglich versammelt und kollektiv in eine Hasstirade ausbricht. Die Entsprechungen bestehen selbstredend nicht in kollektiven Handlungen, die unter einem Regime von Freiheit kaum angemessen wären, sondern in der Konstruktion der wechselnden moralischen Paniken. ‚Das Monster', die alltägliche mediale Phantasie des Unbekannten, Absonderlichen und Bedrohlichen, „dwells at the gate of difference" und „polices the borders of the possible" (Cohen 1996), seine imaginierte Existenz legitimiert die staatliche Strafpraxis und ermöglicht das ‚Regieren durch Verbrechen' (Simon 1997); in diesen Funktionen beherrscht es täglich Schlagzeilen und Bildschirme, durch deren Botschaften die Monster ständig aktualisiert werden. ‚Furcht'' wird derart Medium der Kommunikation und reguliert die Integration des Fragmentarischen.

Nicht nur die irdische Omnipräsenz von Monstern fördert das Bedürfnis nach Kontrolle. Den urbanen Gemengelagen ist dieses Bedürfnis geradezu inhärent, denn eine „society of strangers is one of immense personal privacy. Surveillance is the cost of that privacy." (Nock 1993, S. 1) Die Überwachung und Eingrenzung der Umgebung, wie sie sich in *gated communities* und allen Einrichtungen des *scanscape* äußert, dient der ‚Verpolizeilichung' von sozialen, ökonomischen und ethnischen Grenzen. „The major dangers of crime in modern societies are not the crimes, but that the fight against them may lead societies towards totalitarian developments", stellte Christie (1993, S. 14)[c] fest und versah den Untertitel seines Buches – „Towards GULAGS, Western Style?" – damals noch mit einem Fragezeichen. Inzwischen scheint sich dieses Fragezeichen, jedenfalls für die USA, zu erübrigen; mit welcher Rabiatheit und Vigilanz sich dieser Strafwunsch äußert und welche Ausmaße er angenommen hat, wird oben mit diversen Beispielen belegt. Die totalitären Entwicklungen, die sich daraus ergeben, haben freilich eine andere Qualität, als der Begriff in seinen traditionellen Konnotationen nahelegt: es geht ‚nur' um Kontrolle, ‚nur' um die Herstellung von Übersichtlichkeit qua Segregation, nicht um politisch motivierte Verfolgung oder die Sanktionierung von Abweichung mit dem Ziel der Umerziehung.

‚Strafe' stellt auch ein Regulationssystem eigener Art für den Arbeitsmarkt dar. Volkswirtschaftlich gesehen macht sich das Gefängniswesen, ob kommerziell oder staatlich betrieben, durchaus bezahlt. Über den Zeitraum von 1975 bis 1994 hätte die Erwerbslosenquote der USA für Männer um zwei Prozent höher und damit über der Quote der europäischen Länder gelegen, wenn man die Inhaftiertenpopulation miteinbezieht (Western und Beckett 1998).[d] Dem Strafvollzug, folgert Wacquant (1998), komme deshalb eine zentrale Stellung zu „am Schnittpunkt zwischen Billiglohn, städtischem Ghetto und umgebautem Sozialsektor, der in Zukunft die flexibilisierten Lohnarbeiter besser disziplinieren soll." Das lässt sich nicht bezweifeln, beschreibt jedoch lediglich den traditionalen Aspekt von Repression. ‚Strafe' als Disziplinierung hat immerhin noch die Möglichkeit von Reintegration im Hintergrund; Disziplinierung erfolgt mit einem

---

[c] Siehe auch *Kriminologische Grundlagentexte*, S. 47 ff. (A.d.H.).

[d] Siehe den Text im Kapitel *Inklusionen und Exklusionen* in diesem Band (A.d.H.).

pädagogischen Ziel. Die Strafen und Strafformen der sich etablierenden Kontroll-gesellschaft (vgl. Deleuze 1992;[e] Lindenberg und Schmidt-Semisch 1995) geben ein solches Ziel weitgehend auf; es geht, zynisch in technisch-ökonomischen Termini formuliert, weniger um Recycling als um Endlagerung.

Während diese Verfassung der Gesellschaft einerseits mit drakonischen Mitteln die Kontrolle jener ‚gefährlichen Klassen' gewährleistet, die erst durch das Medium der ‚Furcht' definiert werden, etabliert sie andererseits im Rahmen der öko-nomischen Märkte und der Symbolmärkte der Distinktion den Raum der ‚Freiheit', der zu tun erlaubt was gefällt. An die Stelle disziplinierender Normalisierung treten hier die beschriebenen panoptischen Vergegenwärtigungen und Sanktionierungen ohne das Ziel von Resozialisierung. Nicht zuletzt die darin eingelassene situative und entmoralisierte Orientierung erlaubt es, ‚Strafe' als eine Ware anzubieten, ebenso die Mittel gegen ‚Furcht' – von der aufwendigen Haussicherung bis zum Wohnen in der homogenisierten Trutzburg. Unter dem Regime von ‚Freiheit' wird beides – ‚Strafe' und ‚Furcht' – dem kommerziell-privaten Angebot bzw. der Selbstregierung der Individuen und ihrer privaten Vorsorge überlassen.

‚Freiheit', ‚Furcht' und ‚Strafe' wirken in komplementärer Weise daran mit, die radikale Marktgesellschaft regulierend zu steuern und zugleich ent-scheidend zu verändern. „[The] normalizing of the totalitarian is one of the more frightening features of our willed and willing development of a surveillance society. Any increase in the social tolerance of totalitarianism in one domain dulls the vigilance necessary to spot its creeping advances in others: it constantly moves the line of acceptability in a direction that reduces the democratic." (Fiske 1998, S. 86) Unter den Bedingungen solcher Regulation löst sich der Anspruch auf gesellschaftliche Zugehörigkeit und Teilnahme zunehmend auf, und an dessen Stelle treten Formen des freiwilligen Einschließens *(gated community)* oder des erzwungenen Ausschlusses (Gefängnis). Hergestellt wird eine Freiheit, die Differenzen belässt und diese durch die Handlungsfolgen von ‚Furcht' und ‚Strafe' reguliert.

Literatur

Albonetti, Celesta A., Sentencing under the Federal Sentencing Guidelines: Effects of Defendants Characteristics, Guilty Pleas, and Departures on Sentence Outcomes for Drug Offenses, 1991–1992, Law & Society Review 4, 1997, S. 789–822

Austin, James, The Effect of "Three Strikes and You're out" on Corrections. In: Shichor und Sechrest (1996), S. 155–174

---

[e] Siehe *Kriminologische Grundlagentexte*, S. 345 ff. (A.d.H.).

Bayley, David H. und Clifford D. Shearing, The Future of Policing, Law & Society Review 3, 1996, S. 585–606

Bates, Eric, US : Private Prisons, The Nation, Januar 1998

Bennett, Trevor, Evaluating Neighbourhood Watch, Aldershot-Brookfield, Vermont 1990

Blakely, Edward J. und Mary Gail Snyder, Fortress America. Gated Communities in the United States, Washington-Cambridge, Ma. 1007

Bureau of Justice Statistics Bulletin, Prison and Jail Inmates at Midyear 1998, NCJ-173414, März 1999

Cohen, Jeffrey Jerome, Monster Culture (Seven Theses). In: Cohen (1996), S. 3–25

ders. (Hrsg.), Monster Theory. Reading Culture, Minneapolis-London 1996

Christie, Nils, Crime Control as Industry. Towards GULAGS, Western Style?, London-New York 1993

Crawford, Adam, The Local Governance of Crime. Appeals to Community and Partnerships, Oxford 1997

Cunningham, William C., John J. Strauchs und Clifford W. Van Meter, Private Security Trends 1970 to 2000. The Hallcrest Report II, Boston-London-Singapore-Sydney-Toronto-Wellington 1990

Davis, Mike, City of Quartz. Ausgrabungen der Zukunft in Los Angeles, Berlin 1995

ders., Ecology of Fear. Los Angeles and the Imagination of Disaster, New York 1998

Davis, Mike und Roger Keil, Sonnenschein und schwarze Dahlien. Die ideologische Konstruktion von Los Angeles. In: Prigge (1992), S. 267–297

Deleuze, Gilles, Das elektronische Halsband. Innenansicht der kontrollierten Gesellschaft, Kriminologisches Journal 3, 1992, S. 181–186

Ehrenreich, Barbara, Angst vor dem Absturz. Das Dilemma der Mittelklasse, Reinbek 1994

Ferrell, Jeff, Youth, Crime, and Cultural Space, Social Justice 4, 1997, S. 21–38

Feeley, Malcolm und Jonathan Simon, Actuarial Justice: the Emerging New Criminal Law. In: Nelken (1994), S. 173–201

Fiske, John, Surveilling the City. Whiteness, the Black Man and Democratic Totalitarianism, Theory, Culture & Society 2, 1998, S. 67–88

Foucault, Michel, Überwachen und Strafen. Die Geburt des Gefängnisses, Frankfurt/M. 1977

Gane, Mike und Terry Johnson (Hrsg.), Foucault's New Domains, London-New York 1993

Gans, Herbert J., Über die positiven Funktionen der unwürdigen Armen. Zur Bedeutung der „underclass" in den USA. In: Leibfried und Voges (1992), S. 48–62

Garland, David, ‚Governmentality' and the problem of crime: Foucault, criminology, sociology, Theoretical Criminology 2, 1997, S. 173–214

Johnston, Les, Private Policing: Uniformity and Diversity. In: Mawby (1999), S. 226–238

Koetting, Mark und Vincent Schiraldi, Singapore West: The Incarceration of 200.00 Californians, Social Justice 1, 1997, S. 40–53

Kramer, Ronald und Raymond Michalowski, The Iron Fist and the Velvet Tongue: Crime Control Policies in the Clinton Administration, Social Justice 2, 1995, S. 87–100

Krasmann, Susanne, Regieren über Freiheit. Zur Analyse der Kontrollgesellschaft in foucaultscher Perspektive, Kriminologisches Journal 2, 1999, S. 107–121

Legnaro, Aldo, Konturen der Sicherheitsgesellschaft: Eine polemisch-futurologische Skizze, Leviathan 2, 1997, S. 271–284

Leibfried, Stephan und Wolfgang Voges (Hrsg.) (1992), Armut im modernen Wohlfahrts-
staat, Kölner Zeitschrift für Soziologie und Sozialpsychologie, Sonderheft 32, Opladen
Lemke, Thomas, Eine Kritik der politischen Vernunft. Foucaults Analyse der modernen
Gouvernementalität, Berlin-Hamburg 1997
Lindenberg, Michael und Henning Schmidt-Semisch, Sanktionsverzicht statt Herrschafts-
verlust: Vom Übergang in die Kontrollgesellschaft, Kriminologisches Journal 1, 1995,
S. 2–17
Logan, Charles H., Private Prisons. Cons and Pros, New York-Oxford 1990
Mathiesen, Thomas, The viewer society. Michel Foucault's ‚Panopticon‘ revisited,
Theoretical Criminology 2, 1997, S. 215–234
Mauer, Marc und Tracy Huling, Young Black Americans and the Criminal Justice System
Five Years Later, hrsg. von The Sentencing Project, Washington D.C. 1995
Mawby, R. I. (Hrsg.), Policing Across the World. Issues for the Twenty-First Century,
London 1999
Miller, Peter und Nikolas Rose, Governing economic life. In: Gane und Johnson (1993), S.
75–105
Murray, Charles, Loosing Ground : American Social Policy, 1950–1980, New York 1984
Nelken, David (Hrsg.), The Futures of Criminology, London-Thousand Oaks-New Delhi
1994
Newman, Oscar, Defensible Space: Crime Prevention Through Environmental Design,
New York 1973
Nock, Steven L., The Costs of Privacy. Surveillance and Reputation in America, New York
1993
Nogala, Detlef, Was ist eigentlich so privat an der Privatisierung sozialer Kontrolle? In:
Sack et al. (1995), S. 234–260
O'Malley, Pat und Stephen Mugford, Moral Technology: The Political Agenda of Random
Drug Testing, Social Justice 4, 1991, S. 122–14
O'Malley, Pat, Risk, Power, and Crime Prevention, Economy and Society 21, 1992, S. 252–
275
ders., Containing our Excitement: Commodity Culture and the Crisis of Discipline, Studies
in Law, Politics, and Society vol. 13, 1993, S. 159–186
Petersilia, Joan, Crime and Punishment in California: Full Cells, Empty Pockets, and
Questionable Benefits. In : Steinberg et al. (1992), S. 175–205
Prigge, Walter (Hrsg.), Städtische Intellektuelle. Urbane Milieus im 20. Jahrhundert,
Frankfurt/M. 1992
Sack, Fritz, Michael Voß, Detlev Frehsee, Albrecht Funk, Herbert Reinke (Hrsg.),
Privatisierung staatlicher Kontrolle : Befunde, Konzepte, Tendenzen, Baden-Baden
1995
Schumann, Karl F., Der Handel mit Gerechtigkeit. Funktionsprobleme der Strafjustiz und
ihre Lösungen – am Beispiel des amerikanischen plea bargaining, Frankfurt/M. 1977
Shearing, Clifford D. und Philip C. Stenning, Private Security: Implications for Social
Control, Social Problems 3, 1983, S. 493–506
Shearing, Clifford, Gewalt und die neue Kunst des Regierens und Herrschens.
Privatisierung und ihre Implikationen. In: Trotha (1997), S. 263–278
Shichor, David, Punishment for Profit. Private Prisons/Public Concerns, Thousand Oaks-
London-New Delhi 1995

Shichor, David und Dale K. Sechrest (Hrsg.), Three Strikes and You're out. Vengeance as Public Policy, Thousand Oaks-London-New Delhi 1996

Simmel, Georg, Die Grossstädte und das Geistesleben, Jahrbuch der Gehe-Stiftung 9, 1903, S. 185–206

Simon, Jonathan, They Died with Their Boots On: The Boot Camp and the Limits of Modern Penality, Social Justice 2, 1995, S. 25–48

ders., Gewalt, Rache und Risiko. Die Todesstrafe im neoliberalen Staat. In: Trotha (1997), S. 279–301

Steinberg, James B., David W. Lyon und Mary E. Vaiana (Hrsg.), Urban America. Policy Choices for Los Angeles and the Nation, Santa Monica, Ca. 1992

Surette, Ray, News from Nowhere, Policy to Follow. Media and the Social Construction of „Three Strikes and You're out". In: Shichor und Sechrest (1996), S. 177–202

Trotha, Trutz von (Hrsg.), Soziologie der Gewalt. Sonderheft 37 der Kölner Zeitschrift für Soziologie und Sozialpsychologie, Opladen 1997

Tyler, Tom R. und Robert J. Boeckmann, Three Strikes and Your Are Out, but Why? The Psychology of Public Support for Punishing Rule Breakers, Law & Society Review 2, 1997, S. 237–265

Wacquant, Loïc J. D., Vom wohltätigen Staat zum strafenden Staat: Über den politischen Umgang mit dem Elend in Amerika, Leviathan 1, 1997, S. 50–66

ders., In den USA wird die Armut bekämpft, indem man sie kriminalisiert, Le Monde Diplomatique Nr. 5578 vom 10.7.1998

Western, Bruce und Katherine Beckett, Der Mythos des freien Marktes. Das Strafrecht als Institution des US-amerikanischen Arbeitsmarktes, Berliner Journal für Soziologie 2, 1998, S. 159–180

Zeigler, Frank A. und Rolando V. del Carmen, Constitutional Issues Arising from „Three Strikes and You're out" Legislation. In: Shichor und Sechrest (1996), S. 3–23

Tod des Sozialen. Eine Neubestimmung der Grenzen des Regierens (2000)

Nikolas Rose

Übersicht

Tod des Sozialen. Eine Neubestimmung der Grenzen des Regierens, in: Ulrich Bröckling, Susanne Krasmann und Thomas Lemke (Hg.), Gouvernementalität der Gegenwart. Studien zur Ökonomisierung des Sozialen, Frankfurt/M. 2000, S. 72–109 (gekürzt)

Original: The death of the social? Re-figuring the territory of government, in: Economy & Society Vol. 25 Nr. 3, 1996, S. 327–356.

Übersetzung: ÜbersetzerIn nicht nachgewiesen

[…]

Subjekte des Regierens

Diese Veränderungen, welche das Regieren des Wirtschaftslebens im Kern betreffen, stehen im Zusammenhang mit einem allgemeineren Wandel, der die Art und Weise betrifft, wie Individuen sich selbst regieren oder ihr Leben führen. Dabei zeichnen sich neue Formen ab, diejenigen, die regiert werden sollen, als Subjekte zu verstehen, zu klassifizieren und zu steuern. Mit diesen neuen Formen verändern sich wiederum die Relationen zwischen der Weise, wie Menschen über Menschen regieren, und der Weise, wie sie angehalten werden, sich selbst zu regieren. Grundlegend für dieses generelle Problem ist die Neucodierung der gesellschaftlichen Separierungspraktiken in der Form, dass die Unterschiede zwischen den *Eingegliederten* und den *Marginalisierten* revidiert werden. Unter

N. Rose (✉)
London, UK

© Springer Fachmedien Wiesbaden GmbH, ein Teil von Springer Nature 2022   221
A. Legnaro und D. Klimke (Hrsg.), *Kriminologische Diskussionstexte I,*
https://doi.org/10.1007/978-3-658-22005-1_16

Eingegliederten verstehe ich diejenigen, die gesellschaftlich integriert sind: Personen und deren Familien, die über ausreichende finanzielle, bildungsmäßige und moralische Möglichkeiten verfügen, um die Rolle von aktiven Bürgern in selbstverantwortlichen sozialen Zusammenhängen zu übernehmen. Um weiter dazuzugehören, muss der Einzelne sich bewusst entschließen, sein Leben als »Unternehmen« zu führen. Dabei hat er sich im Rahmen jener verbindlichen Begriffe und Grenzen zu bewegen, die mittlerweile das gesamte Alltagsleben durchziehen und von vielfältigen Bildern und Entwürfen zur Kultivierung des eigenen Lebensstils untermauert werden. Bei der Erziehung der Kinder, in Fragen der schulischen Bildung, bei der Berufsausbildung und im Arbeitsleben sowie beim unablässigen Konsum müssen jene, die integriert sind, ihr Handeln nach Maßgabe einer »Investition« in die eigene Person und ihre Familie kalkulieren und diese Investition unter Berufung auf die Codes der eigenen »Community« maximieren. Demgegenüber sind die Marginalisierten diejenigen, denen man die Zugehörigkeit zu diesen anerkannten und zivilisierten kulturellen Gemeinschaften abspricht. Entweder gelten sie aufgrund ihrer Unfähigkeit, ihr Leben selbstbestimmt in den Griff zu bekommen, als grundsätzlich in *kein* Kollektiv integrierbar, oder sie werden als zu irgendeiner »Anti-Gemeinschaft« gehörig betrachtet, deren Moralvorstellungen, Lebensstil und Gebaren als Bedrohung oder Vorwurf an die Adresse öffentlicher Zufriedenheit und der politischen Ordnung wahrgenommen werden. An diese Separierung in Eingegliederte und Marginalisierte knüpfen zwei deutlich unterschiedene Argumentationsstränge sowie zwei nicht weniger unterschiedliche Strategien des Regierens an, die beide nicht unter dem Gesichtspunkt des Sozialen konzipiert wurden.

Als Einstieg in die Untersuchung dieser neuartigen, »post-sozialen« Strategien der Verhaltensregulierung soll der Begriff des Risikos dienen. Viele Autoren haben auf die Bedeutung des Risikobegriffs für das Verständnis der Schwierigkeiten hingewiesen, denen der Einzelne und die sozialen Kollektive konfrontiert sind. Historisch argumentierende Soziologen vertreten die These, die weite Verbreitung der Risikoterminologie sei eine Folge der Veränderungen in den gegenwärtigen Lebens- und Existenzbedingungen der Menschen und ihrer Umwelt (Beck 1986). Im Gegensatz dazu interpretierten genealogisch orientierte Untersuchungen das Risiko als Moment einer *besonderen Denkweise,* die im Verlauf des 19. Jahrhunderts entstand (Ewald 1991) und ein neues Verständnis von und neue Formen der Einflussnahme auf Schicksalsschläge, eben in Kategorien des Risikos, nach sich zog: Risikodenken bezog die Zukunft in die Gegenwart ein und machte sie im Rückgriff auf statistische Berechnungen kalkulierbar, die sich offensichtlich auf das kollektive Gesetz der großen Zahl stützten (Hacking 1991). Sehr erhellend waren in diesem Zusammenhang historische Untersuchungen zur Sozialversicherung, in denen nachgezeichnet werden konnte, wie im Verlauf des 20. Jahrhunderts der *Schutz* vor dem Risiko sozialisiert wurde. Im späten 19. Jahrhundert sahen sich die rechtschaffenen Arbeiter zur Vorsorge genötigt; man erwartete von ihnen, etwas zu ihrem eigenen Schutz sowie zum Schutz ihrer Familien und der von ihnen Abhängigen vor künftigen Schicksalsschlägen zu unternehmen: durch Beitritt zu Versicherungen auf Gegenseitigkeit, die von Arbeitgeberverbänden oder Versicherungsgesellschaften bereitgestellt wurden, durch persönliche Auswahl der Versicherungsleistungen, regelmäßige Prämienzahlungen und so fort (Defert 1991). Diese durch Wirtschafts- oder Unternehmensverbände vermittelten Versicherungsformen begründeten eine quasi unmittelbare Beziehung zwischen der individuellen Verantwortung des einzelnen Mitglieds und der gegenseitigen Haftung, die auf die gesamte Mitgliedschaft verteilt wurde. Die auf Gegenseitigkeit beruhenden Modelle individueller Vorsorge waren relativ kurzlebig. Bereits gegen Ende des 19. Jahrhunderts traten in Großbritannien, Australien und den Vereinigten Staaten kommerzielle Unternehmen an ihre Stelle, die profitorientiert arbeiteten und Sicherheit dadurch garantierten, dass der Einzelne Privatversicherungsverträge abschloss (O'Malley 1995). In den meisten europäischen Ländern erfuhren diese auf Gegenseitigkeit beruhenden oder kommerziell betriebenen, freiwilligen Rechtsverhältnisse individueller Vorsorge mit der landesweiten Einführung der gesetzlichen Sozialversicherung um die Jahrhundertwende eine weitere Veränderung. Etliche Faktoren wirkten hierbei mit, dazu gehörten auch politische Querelen über die Wirtschaftlichkeit und Verlässlichkeit der Versicherungsgesellschaften sowie die politisch begründete Sorge hinsichtlich der Folgen, die denjenigen oder die von seiten derjenigen drohten, die als Folge eines Unternehmenszusammenbruchs oder wegen ihres Unwillens beziehungsweise ihrer Unfähigkeit zur Sparsamkeit aus jeder Versicherung herausfallen würden. Aber letztlich wurde, wie Ewald schreibt, »das Versicherungswesen zu einer *sozialen* Angelegenheit, [...] weil die europäischen Gesellschaften an den Punkt gelangten, sich selbst und ihre Probleme unter dem Gesichtspunkt einer allgemeinen Risikotechnologie zu analysieren« (Ewald 1991): Risiko, Verantwortung und Sparsamkeit wurden so zu Vektoren einer Regierung des Sozialen.

Die Sozialversicherung wurde ein Bestandteil der staatsbürgerlichen Rechte. Bekanntlich wurde das System so organisiert, dass dessen Nutznießer nicht durch die Festschreibung ihrer Abhängigkeit »demoralisiert«, sondern im Gegenteil zu verantwortlichem Handeln, zu einem habitualisierten Arbeitsverhalten und sozialem Pflichtbewusstsein angehalten wurden (Gilbert 1966). Selbstverständlich trat im Verlauf des 20. Jahrhunderts jenes ältere Gebot persönlicher Vorsorge zum

eigenen Wohl und dem seiner Angehörigen nicht völlig in den Hintergrund. Gleichwohl lässt sich sagen, dass es heute zu einer strategischen Wende in der Politik
der sozialen Sicherheit gekommen ist. Erneut fordern Politiker und andere den
Einzelnen auf, *selbst* die Verantwortung für seine soziale Sicherung und die seiner
Familie zu übernehmen, sich also gegen die Kosten einer Erkrankung mit einer
privaten Krankenversicherung zu schützen, zur Altersvorsorge eine private Renten-
versicherung abzuschließen und sich in Eigeninitiative gegen alle möglichen
Gefährdungen des einmal erreichten Lebensstandards abzusichern. Diese »neue
Vorsorgerhetorik« (O'Malley 1992) nutzt die aus der Konsumtionssphäre vertrauten Techniken – Werbung, Marktforschung, Marktnischen ausnutzen und dergleichen –, um die Zukunftsängste des Einzelnen um sich und seine Nächsten
zu schüren, um uns dazu zu bringen, diese Risiken unter Kontrolle zu halten und
unser Schicksal durch den Erwerb einer für uns und unsere spezielle Situation
maßgeschneiderten Versicherung zu meistern. Ganz offensichtlich ist hier eine
»Risikoindustrie« am Werk, die im eigenen Profitinteresse für ihre Produkte
nach Märkten sucht und solche schafft. Doch es gibt daneben auch eine Politik
des Risikos, wenn sich etwa Politiker in Warnungen über die Zukunft der Alters-
rente und der sozialen Sicherungssysteme ergehen und an das Verantwortungs-
bewusstsein der Einzelnen appellieren, das Management der Risiken, die seine
eigene Sicherheit und die seiner Familie bedrohen, in erster Linie selbst in die
Hand zu nehmen und im Interesse künftigen Wohlstands sein aktuelles Einkommen entsprechend einzusetzen. Auf diese Weise ist, wie schon bei anderen
Techniken der Konsumsteuerung zu beobachten, ein Sammelsurium unterschiedlicher Kräfte und Konzepte zusammengekommen, die darauf hinwirken, die Entscheidung des Einzelnen in dem sich angeblich wechselseitig befördernden Interesse
von persönlicher Sicherheit, privatem Profitstreben und öffentlichem Wohl zu
dirigieren.

    Die derzeitige Vorsorgerhetorik unterscheidet sich in vieler Hinsicht von
ihren Vorläufern des 19. Jahrhunderts. Wer heute zur Vorsorge angehalten wird.,
tritt nicht mehr in ein Verhältnis der Gegenseitigkeit ein, sondern soll autonom handeln. Sparsamkeit wird umgedeutet in eine Investition zugunsten eines
zukünftigen sorgenfreien Lebens. Sachverstand in Versicherungsangelegenheiten
ist nicht länger eine Sache der Versicherungsmathematik, des Versprechens von
Stabilität und Rechtschaffenheit und der persönlichen Beziehung zu demjenigen,
der die Beiträge kassiert. Er beruht vielmehr darauf – jedenfalls wird darauf
unter Einsatz sämtlicher Reklame- und Marketingtechniken hingewirkt –, eben
jene Ängste zu verstärken, gegen die soziale Sicherheit Schutz bieten soll, und
zugleich Träume zu erwecken, die ein durch die Privatversicherung ermög-
lichtes Leben in Sorglosigkeit und eine goldene Zukunft verheißen. Zudem bieten

sich die Versicherungsmakler jetzt als versierte Berater in Fragen der Reduzierung und des Managements von Risiken an. Insoweit Risiken einerseits drastisch aufgebauscht und zugleich andererseits als potenziell beherrschbar präsentiert werden, weitet sich der private Markt für »Sicherheitsbelange« mächtig aus: Er umfasst nicht nur persönliche Altersrenten und private Krankenversicherungen, sondern auch Warnsysteme gegen Einbrecher, Geräte zur Überwachung schlafender Kinder, einfache Cholesterinmessgeräte für zu Hause und vieles andere mehr. Schutz vor Risiken durch die Investition in Sicherheit gehört zu den Obliegenheiten eines jeden aktiven Bürgers, wenn er nicht in sich das Schuldgefühl aufkommen lassen will, sich und die Seinen nicht ausreichend gegen drohende Schicksalsschläge geschützt zu haben. Die Moral einer Lebensstil-Optimierung, an die sich eine Logik anschließt, nach der ein Schuldiger für alles gefunden werden muss, was die »Lebensqualität« des Einzelnen zu gefährden droht, setzt den unerbittlichen Imperativ des Risikomanagements frei. Dabei geht es bei weitem nicht nur um den Abschluss eines Versicherungsvertrages, vielmehr erstreckt sich das Risikomanagement auch auf das Alltagsleben, zum Beispiel auf die Frage, wo man wohnen oder einkaufen soll, was man isst und trinkt, oder auch auf Themen wie Stressmanagement, Gymnastik und so weiter. Natürlich setzt das eine potenziell unendliche Spirale weiterer Risiken in Gang, und da diese sich in bestimmten Bereichen und hinsichtlich bestimmter Verhaltensformen durchaus beherrschen lassen (zum Beispiel in Einkaufsmeilen, die von Kameras überwacht werden; bei der Ultraschalluntersuchung von Föten; bei fettarmer Ernährung im Zusammenhang mit Herzerkrankungen), erscheinen die Risiken, die von den ungesicherten Bereichen ausgehen, eher noch größer (Drogenmeilen; Schwangerschaften ohne medizinische Betreuung; unaufgeklärte Essgewohnheiten von Kindern und Armen). Diese Mechanismen, durch die der Einzelne wiederum für das Management der ihn bedrohenden Risiken verantwortlich gemacht wird, eröffnen ein Feld, dessen Kennzeichen Unsicherheit, Unübersichtlichkeit und Angst sind und das infolgedessen förmlich dazu einlädt, beständig neue Probleme zu konstruieren und neue Lösungen marktmäßig zu präsentieren.

In dieser neuen Konstellation kommt dem »Sozialsystem« nicht mehr die Rolle eines zentralen Bestandteils einer umfassenden Rationalität sozialer Solidarität zu, vielmehr gelten die Steuern, die für die Zwecke des Allgemeinwohls entrichtet werden, als jener Minimalaufwand, den rechtschaffene Bürger und die »Communities«, denen sie angehören, aufzubringen bereit sind, um sich gegen Risiken abzusichern, die ihrer Wahrnehmung nach in gewissen Problembereichen nunmehr massiert auftreten.

Wie regiert man Marginalität?

Meiner Einschätzung nach können die sich abzeichnenden neuen Formen, wie marginalisierte Subjekte in den Blick genommen und regiert werden, nur in Verbindung mit jener Logik sozialer Inklusion verstanden werden, die auf Entscheidungsfreiheit, Autonomie und Konsum aufbaut. Die Marginalisierten leben in den gesellschaftlichen Zonen, die Lord Beveridge einst »die fünf Kolosse, die auf dem Weg zum Wiederaufbau überwunden werden müssen«, nannte: Armut, Krankheit, Unwissenheit, Verwahrlosung und Faulheit – fünf Gegner, die mit einer »umfassenden Politik sozialen Fortschritts« auf der Grundlage der Zusammenarbeit zwischen dem Staat und seinen Bürgern bekämpft werden sollten (Beveridge 1942, S. 6). Es wäre ohne Zweifel irreführend, würde man in dem derzeitigen Abstecken neuer Grenzen des Politischen lediglich eine Beschränkung der Rolle des Staates in der Gesellschaft sehen. Wir haben bereits auf die Ausbreitung jener Mechanismen hingewiesen, die Deleuze mit dem Begriff »Kontrollgesellschaft« gekennzeichnet hat. Diese unterwerfen sämtliche Bereiche individueller Lebensführung ständiger Kontrolle und richten sie entsprechend einer Logik zu, die ausnahmslos allen Praxiszusammenhängen inhärent ist. Die Stichworte lauten: »lebenslanges Lernen«, »permanente Fort- und Weiterbildung«, »Flexibilität bei der Job-Suche«, Konsum als Daueraktivität (Deleuze 1993).[a] Allerdings kommen diese Prozesse kontinuierlicher Verhaltensmodulation in Bezug auf bestimmte Zonen und Personen nicht ohne eine Intensivierung unmittelbarer, auf Disziplinierung gerichteter Maßnahmen aus, oftmals handelt es sich dabei um Zwangsmittel und Methoden des Wegsperrens, wie die Tatsache belegt, dass überall in Europa die Gefangenenzahlen steigen. Da »anständiges« Verhalten mit der Integration qua Konsum zusammenfällt, werden erneut Separationsmechanismen in die Wege geleitet, um bestimmte »verrufene« Personen, Sektoren und Orte als Objekte spezieller Fürsorge zu problematisieren: die Unterklasse, die Ausgeschlossenen und Randständigen.

Es wäre unangemessen, allzu sehr auf das Neuartige dieser Separationstendenzen abzuheben. Denn ohne weiteres ließe sich eine Geschichte der Verhaltenssteuerung unter dem Gesichtspunkt der nach und nach durchgesetzten Taxinomien und Separationspraktiken schreiben: im 18. Jahrhundert etwa das Separieren von Armut und Pauperismus; in der viktorianischen Ära die rasante Ausbreitung von Fürsorgeeinrichtungen für bestimmte Bevölkerungsgruppen – »gefallene« Frauen, Seeleute ohne Heuer, blinde Kinder. Am Ende des 19. Jahrhunderts kam es dann zu Auseinandersetzungen zwischen denen, welche die soziale Frage auf das Problem der »angeborenen Entartung« reduzieren

---

[a] Siehe *Kriminologische Grundlagentexte*, S. 345 ff. (A.d.H.).

zu können glaubten, und jenen, welche die entscheidende Aufgabe darin sahen, ein bürokratisches Selektionssystem aufzubauen: In sozialer Hinsicht problematische Personen sollten in exakt definierte Kategorien eingeteilt werden, für die jeweils eigens abgestimmte Sozialmaßnahmen bereitzustellen waren. Es wäre abwegig, die Kontinuität in Abrede zu stellen, mit der sich jene diagnostischen Verfahren und klassifikatorischen Imperative im Zentrum der sozialpolitischen Apparate des Wohlfahrtsstaates durchgehalten haben, wie er sich in der Mitte des 20. Jahrhunderts herausbildete.

Zwar gab es auch im Rahmen einer allgemein verbindlichen Auffassung über das soziale Sicherungssystem Menschen, die sich den bürgerlichen Pflichten durchaus entzogen, man braucht nur an die Kontroversen der 60er Jahre über den »Deprivationskreislauf« zu denken. Aber mit dem Ende der 70er Jahre in den Vereinigten Staaten entstandenen Begriff der »Unterklasse« scheint sich ein Wendepunkt anzudeuten, an dem das gesellschaftliche Modell *quantitativer* Abstufungen von »Anständigkeit« im Sinne einer *qualitativen* Unterscheidung rekodiert wurde. »Hinter den zerbröckelnden Mauern [des Ghettos] lebt eine große Gruppe von Menschen, die unansprechbarer, der Gesellschaft stärker entfremdet und ihr feindlicher gesonnen sind, als man sich das bisher großenteils vorgestellt hat. [...] Ihre freudlose Umgebung lässt Wertvorstellungen aufkommen, die denen der Mehrheit, auch der Mehrheit der Armen, diametral entgegenstehen. Auf diese Weise stellt die Unterklasse in unserem Land eine unverhältnismäßig große Anzahl der jugendlichen Delinquenten, Schulabbrecher, Drogenabhängigen und allein erziehenden Mütter, und ebenso hat damit ein großer Teil der Erwachsenenkriminalität, des Auseinanderbrechens der Familien, des Verfalls der großen Städte und des Bedarfs an Sozialaufwendungen zu tun« (*Time*, 29.8.1977, zit. n. Katz 1993, S. 4). Die Unterklasse war ein explosives Gemisch aus Langzeitsozialhilfeempfängern, aggressiven Straßenkriminellen, Kleinkriminellen aus einer alternativen Untergrundökonomie, traumatisierten Alkoholikern, Obdachlosen und psychisch Kranken ohne jede medizinische Betreuung, die auf den Ödflächen der verfallenden industriellen Kerngebiete der amerikanischen Städte hausten. In Großbritannien wurde ein weniger düsteres Bild gezeichnet, aber auch hier werden Sozialhilfeempfänger als Problemfälle in moralischen Kategorien beschrieben als diejenigen, die letztlich durch die sozialen Sicherungssysteme selbst zur Abhängigkeit von öffentlicher Unterstützung verleitet wurden, die aus Gründen einer psychischen oder sonstigen in ihnen selbst liegenden Unfähigkeit nicht in der Lage sind, ihre bürgerlichen Pflichten anzuerkennen, oder als diejenigen, die möglicherweise unternehmerischen Geist besitzen, sich aber bewusst dem bürgerlichen Wertekanon oder einem verantwortungsbewussten

Selbstmanagement verweigern wie etwa Adepten der New-Age-Bewegung oder Drogenkonsumenten.

Zwar wurde diese im Kern moralische Stigmatisierung – als Abhängigkeit, Bedrohung oder Verderbtheit – vonseiten der Sozialliberalen und Linken kritisiert, und zunächst bewegte sich diese Kritik in den vertrauten Bahnen: Sie identifizierte gesellschaftliche Ursachen und forderte sozialstaatliche Maßnahmen. Indessen zeichnete sich in den Konzepten der britischen wie der kontinentaleuropäischen Sozialdemokratie im Verlauf des letzten Jahrzehnts eine neue Denkhaltung ab, in der die überkommenen Probleme der Ungleichheit und sozialen Gerechtigkeit auf eine besondere und neue Weise analysiert werden. Dabei wird die These vertreten, die säkularen wirtschaftlichen Veränderungen, die durch eine unter Berufung auf konkurrierende Steuersysteme und Ähnliches auf das Herunterfahren der Sozialausgaben vereidigte Politik allererst zugespitzt wurden, hätten zu einer Zwei-Drittel-Gesellschaft geführt und eine immer größere Kluft zwischen der »inkludierten« Mehrheit, deren Lebensstandard steigt, und den verarmten, »ausgeschlossenen« Minderheiten aufgerissen (Levitas 1996). Wenngleich die genannten sozialpolitischen Rationalitäten sich erheblich unterscheiden, was ihre Vorstellungen von ökonomischen Ursachen und persönlicher Verantwortung angeht, so zeichnen sie doch ein überraschend ähnliches Bild der zutiefst hoffnungslosen Menschen und Personengruppen, auf die sie gerichtet sind: Zum einen leben diese äußerst zerstreut. Sie treten nicht mehr als eine einzige, zusammenhängende Bevölkerungsgruppe mit gemeinsamen sozialen Merkmalen in Erscheinung, die von einem einheitlichen Sozialdienst gemanagt und von rundum zuständigen Sozialarbeitern versorgt werden, welche die gemeinsame Wurzel aller sozialen Probleme zu erkennen in der Lage sind. Die Marginalisierten, Ausgeschlossenen, Unterschichtsangehörigen sind fragmentiert und voneinander getrennt. Um ihre jeweils spezifischen Schwierigkeiten muss sich daher eine Vielzahl von Spezialisten kümmern, von denen jeder ein Experte für ein bestimmtes Problem ist: Weiterbildungsangebote für diejenigen, die durch die Arbeitslosigkeit aus der Bahn geworfen wurden; besondere Sozialdienste, die sich um Behinderte kümmern; Reha-Maßnahmen für Drogenabhängige durch spezielle Suchttherapeuten; Unterricht für allein stehende Obdachlose, denen Sozialarbeiter soziale Fähigkeiten beibringen; spezielle Heime für misshandelte Frauen, für Alkoholiker etc. Auf der anderen Seite allerdings werden diese Ausgestoßenen ethisch und räumlich zugleich wieder zusammengefasst. *Ethisch,* insoweit ihnen eine neue aktive Rolle in Bezug auf ihren Status zugesprochen wird, die sich auf ihre Strategien und Fähigkeiten bezieht, ein selbstbestimmtes Leben zu führen: Entweder haben sie die Übernahme staatsbürgerlicher Pflichten und eigenverantwortlicher Lebensgestaltung verweigert oder sie streben danach, verfügen aber weder über die Bildung noch über die Fähigkeiten und Mittel dazu. *Räumlich,* insoweit der einheitliche Raum des Sozialen reorganisiert wird und die Ausgestoßenen in der allgemeinen Wahrnehmung und Strategie in »marginalisierten« Räumen untergebracht werden, etwa in verfallenden, gemeindeeigenen Sozialwohnungen, in der chaotischen Ein-Eltern-Familie, in innerstädtischen Ladeneingängen. Es scheint, als gebe es außerhalb des Gemeinwesens der Inkludierten, außerhalb der Überwachungsgesellschaft eine Vielzahl von Mikrosektoren, in denen sich diejenigen aufhalten, die unfähig oder nicht willens sind, ihr Leben in die eigenen Hände zu nehmen oder Risikomanagement zu leisten, die nicht in der Lage sind, verantwortlich ein selbstbestimmtes Leben zu führen, und die entweder keiner Gesinnungsgemeinschaft oder einer Gemeinschaft mit Antigesinnung angehören.

In diesem Sinne kann man die Meinung vertreten, daß sich anstelle des Wohlfahrtsstaats ein neuer Bereich des Managements dieser Mikrosektoren herausbildet, der durch eine Fülle quasi-autonomer Einrichtungen markiert wird, die in den »wilden Räumen« tätig sind, in den »Antigemeinschaften« an den Rändern der Gesellschaft, oder die mit denen arbeiten, welche wegen ihres Mangels an Kompetenz oder Fähigkeit zu einem gesitteten und eigenverantwortlichen Leben ausgestoßen wurden: »freiwillige« Initiativen (oftmals von Betroffenen, ehemals Betroffenen oder freiwilligen Helfern betrieben, aber durch diverse Zuschüsse finanziert, wie die Projekte der »akzeptierenden Drogenarbeit«, Behindertenorganisationen, Selbsthilfegruppen und ähnliche gegengesellschaftliche Kräfte, die zu Anbietern von Dienstleistungen wurden. Private und profitorientierte Organisationen – Seniorenheime, Wohnheime und Ähnliches – verdienen ihr Geld durch Privatversicherungen oder dadurch, dass sie staatliche Leistungen für ihre Insassen eintreiben. In der gigantischen und undurchsichtigen »Fortbildungsindustrie« wird Arbeitslosigkeit erneut zu einem Problem gemacht, das auf einem Mangel an persönlichen und auf dem Markt vermittelbaren Fähigkeiten der Arbeitslosen selbst beruht und das mit einer Vielzahl von Weiterbildungseinrichtungen angegangen werden soll, die privat organisiert sind und um öffentliche Aufträge und öffentliche Zuschüsse konkurrieren. Durch diese neuen Praktiken der Ausschließung macht die soziale Logik der Wohlfahrtsbürokratien das Feld frei für die neue Logik des Wettbewerbs, der Marktsegmentierung und des Leistungsmanagements; einmal mehr könnte sich das Management des Elends und der Rückschläge im Leben des Einzelnen als ein profitträchtiges Unternehmen erweisen.

[...]

Literatur

Beck, U. (1986), Risikogesellschaft. Auf dem Weg in eine andere Moderne, Frankfurt/M.

Beveridge, W. (1942), Social Insurance and Allied Services, London.

Defert, D. (1991), »Popular life« and insurance technology. In: G. Burchell et al. (Hrsg.), The Foucault Effect. Studies in Govermentality, Chicago, S. 211–234.

Deleuze, G. (1993), Postskriptum über die Kontrollgesellschaften. In: Deleuze, Unterhandlungen 1972–1990, Frankfurt/M.

Ewald, F. (1991), Insurance and Risk. In: G. Burchell et al. (Hrsg.), The Foucault Effect. Studies in Govermentality, Chicago, S. 197–210.

Gilbert, B. (1966), The Evolution of National Insurance in Great Britain, London.

Hacking, I. (1991), The Taming of Chance, Cambridge.

Katz, M. B. (1993), The Underclass Debate: Views from History, Princeton N.J.

Levitas, R. (1996), The concept of social exclusion and the new Durkheimian hegemony. In: Critical Social Policy Bd. 16, Nr. 1, S. 5–20.

O'Malley, P. (1992), Risk, power and crime prevention. In: Economy and Society Bd. 21, Nr. 3, S. 252–275.

O'Malley, P. (1995), The prudential man cometh: life insurance, liberalism and the government of thrift, Ms. für das Annual Meeting of the Law and Society Association, Toronto.

Die Lust am Strafen

Einleitung: Die Lust am Strafen

Aldo Legnaro und Daniela Klimke

Öffentliche Hinrichtungen sind in Europa lange Zeit unterhaltsames Spektakel und gesellschaftliches Ereignis gleichermaßen gewesen, wenn sich auch ihre Gestaltungsformen und die damit verbundenen Bedeutungen historisch gewandelt haben (Schild 2011). William Thackeray, der aus seinem Abscheu gegenüber der Prozedur keinen Hehl macht, schildert 1840 anlässlich einer Londoner Hinrichtung, die 40.000 Menschen anlockte, eine geradezu jahrmarktsähnliche Stimmung: „The character of the crowd was as yet, however, quite festive. Jokes bandying about here and there, and jolly laughs breaking out. Some men were endeavouring to climb up a leaden pipe on one of the houses. The landlord came out, and endeavoured with might and main to pull them down. Many thousand eyes turned upon this contest immediately. All sorts of voices issued from the crowd, and uttered choice expressions of slang. When one of the men was pulled down by the leg, the waves of this black mob-ocean laughed innumerably; when one fellow slipped away, scrambled up the pipe, and made good his lodgment on the shelf, we were all made happy, and encouraged him by loud shouts of admiration. [...] We were all, as far as I could judge, in just such a frame of mind as men are in when they are squeezing at the pit-door of a play, or pushing for a review or a Lord Mayor's show. We asked most of the men who were near us, whether they had seen many executions – most of them had, the philosopher

A. Legnaro (✉)
Köln, Deutschland
E-Mail: a.legnaro@t-online.de

D. Klimke
Institut für Kriminalitäts- und Sicherheitsforschung, Polizeiakademie Niedersachsen, Nienburg, Deutschland
E-Mail: klimke@uni-bremen.de

© Springer Fachmedien Wiesbaden GmbH, ein Teil von Springer Nature 2022
A. Legnaro und D. Klimke (Hrsg.), *Kriminologische Diskussionstexte I*,
https://doi.org/10.1007/978-3-658-22005-1_17

especially; whether the sight of them did any good -- 'For the matter of that, no; people did not care about them at all; nobody ever thought of it after a bit.' A countryman, who had left his drove in Smithfield, said the same thing; he had seen a man hanged at York, and spoke of the ceremony with perfect good sense, and in a quiet sagacious way." (Thackeray 1840, S. 154–155)

Hinrichtungen sind, als ein „Theater des Schreckens" (van Dülmen 1985), für das damalige Publikum ein abwechslungsreiches Schauspiel, ein Event, heutig ausgedrückt. Mit befremdeter Verwunderung vermerkt das Tagebuch der Henker von Paris: „Niemals hatte eine solche Menschenmenge die Place de Grève bedeckt; auf dem ganzen Platz gab es kein Fenster, das nicht dicht mit Neugierigen besetzt gewesen wäre. An den Kostümen einiger unter ihnen erkannte man, daß sie zu den höchsten Klassen der Gesellschaft gehörten. Hier und da sah man sogar einige reiche Frauentoiletten; ich kann aber nicht glauben, daß in einem Jahrhundert, welches sich der Philosophie und Menschlichkeit rühmte, vornehme Damen wirklich den Gedanken gehabt hätten, sich eines Schauspiels zu freuen, das schon im voraus die Henker erzittern ließ." (Sanson 1862/2004, S. 214) Der Tag ist der 28. März 1757, und hingerichtet werden soll Robert François Damiens, der mit einem Messer ein Attentat auf Louis XV. versucht hatte, wobei dem König lediglich die Hand geritzt wurde. Doch auf die Person des Königs verübte Attentate werden, nach zahlreichen Folterungen bei den Vernehmungen, mit der Vierteilung bestraft: vier Pferde, an Hände und Füße des Delinquenten gekettet, zerren in die jeweils entgegengesetzte Richtung. Allerdings besaß man mit dieser Methode keine Erfahrungen mehr, da die letzte Vierteilung 1610 am Mörder von Henri IV. stattgefunden hatte. Das machte diese Hinrichtung zu einem ebenso unbarmherzigen wie dilettantischen Geschehen; die Pferde, schließlich sogar sechs, zerrten erfolglos, und die Vierteilung gelang erst, nachdem man die Sehnen von Damiens' Armen und Beinen durchtrennt hatte.

In einer kleinen Gesellschaft von Damen und Herren steht an einem der Zuschauerfenster auch Giacomo Casanova. Das Brüllen Damiens', „obwohl nur noch die Hälfte seines Körpers übrig war", veranlasst ihn, die Augen abzuwenden. Er erzählt dann, dass Madame XXX dies keineswegs tat, „da sie für ein derartiges Scheusal nicht das geringste Mitleid empfinden" könne. „Allerdings nahm Tiretta Madame XXX während der ganzen Zeit der Hinrichtung auf so seltsame Weise in Anspruch, daß sie möglicherweise nur seinetwegen nie wagte, sich zu rühren oder den Kopf abzuwenden. Da er hinter ihr stand, und zwar ganz dicht, hatte er ihr Kleid aufgehoben, um nicht daraufzutreten, und das war gewiß richtig. Bei genauerem Hinsehen merkte ich jedoch, daß er es etwas zu hoch gehoben hatte […] Volle zwei Stunden lang hörte ich das Geraschel des Kleides

[...] Im Stillen bewunderte ich Tirettas guten Appetit noch mehr als seine Kühnheit" (Casanova 1822 ff./1964, S. 82 f.).

Dass Gewalt und Sexualität in unter- und manchmal auch vordergründigen Beziehungen zueinander stehen, ist nicht unbekannt; dennoch bietet dieses Exempel der erotisierenden Wirkung von voyeuristischem Sadismus einen bemerkenswerten Einblick in die psychologischen Korrelate des öffentlichen Hinrichtens. (Das Genre des Splatter-Films tut bei Bedarf inzwischen ähnliche Dienste). Nicht nur kann das Töten selbst Attraktion entfalten (Eickhoff 2011), sondern auch die passive Anwesenheit beim Akt des Tötens. Hier herrscht sichtlich nicht nur die Lust am Strafen, sondern vor allem eine durch das Strafen erregte Lust.

Michel Foucault (1977) hat die Hinrichtung von Damiens als Beispiel für ein „Fest der Martern" eingehend beschrieben und folgert: „Es ist häßlich, straffällig zu sein – und wenig ruhmvoll, strafen zu müssen"; deswegen werde der Strafvollzug „allmählich zu einem autonomen Sektor, welcher der Justiz von einem Verwaltungsapparat abgenommen wird" und „die Strafe in Bürokratie vergräbt." (ebd., S. 17) Zwar bleibt die Todesstrafe im 19. Jahrhundert noch eine mehrheitlich als legitim angesehene Strafe, aber öffentliche Hinrichtungen erscheinen nun zunehmend als unzivilisiert. Man betrachtete sie ähnlich wie William Thackeray, „that the sight has left on my mind an extraordinary feeling of terror and shame. It seems to me that I have been abetting an act of frightful wickedness and violence, performed by a set of men against one of their fellows; and I pray God that it may soon be out of the power of any man in England to witness such a hideous and degrading sight." (ebd., S. 156) Ab 1868 finden dann in England Hinrichtungen nicht mehr öffentlich statt, eine Änderung, die nicht von den Gegnern der Todesstrafe durchgesetzt wurde, sondern im Versuch, diese Strafe mit den neuen Forderungen nach zivilisierter Humanität zu vereinen, von deren Anhängern. So sprach sich das Parlament, als es 1868 den *Capital Punishment Amendment Act* (Untertitel: *An Act to provide for carrying out of Capital Punishment within Prisons*) verabschiedete, denn auch entschieden gegen die Abschaffung der Todesstrafe aus (McGowen 1994; siehe auch Cooper 1974; Wilf 1993; zur Bedeutung der Presse für die öffentliche Meinung bei Mord in viktorianischer Zeit Weiner 2007). In den deutschen Staaten stellte man in den frühen 1850er-Jahren die öffentlichen Hinrichtungen nahezu gänzlich ein (zur Geschichte in den deutschen Territorien Evans 1984, 2001; generell Cohen 1989; Martschukat 2004; Nowosadtko 2005). In Frankreich fand die letzte öffentliche Hinrichtung allerdings erst 1939 statt, in Saudi-Arabien sind öffentlich vorgenommene Enthauptungen bis heute ebenso üblich wie Steinigungen (siehe als Überblick zum Strafrecht und zur Todesstrafe in islamischen Ländern Otto 2010).

Die Lust am Strafen ist also nichts Neues, und der Kampf gegen die Todesstrafe hält bis heute an und ist global keineswegs gewonnen worden. Schon
1766 hatte Cesare Beccaria diese Strafe als einen „Krieg der Nation gegen
einen Bürger" bezeichnet, der nur in seltenen gravierenden Ausnahme-
fällen gerechtfertigt sei (Beccaria 1766/1998, S. 123 f.). Unter dem Einfluss
der aufklärererischen Ideen sind denn auch inzwischen archaisch anmutende
Strafprinzipien – jedenfalls in vielen westlichen Gesellschaften – abgeschafft
und durch Einsperrungsstrafen ersetzt worden (siehe als Überblick der Entwicklung Kobbé 2010), eine Humanisierung, die auf die körperliche Aus-
löschung zugunsten von Degradierung und Isolation verzichtet (siehe das Kapitel
Inklusionen und Exklusionen in diesem Band). Haben sich also die Strafen ihrer
Qualität und Rigorosität nach geändert, so erfüllen sie doch weiterhin ein Strafbedürfnis, das bei Delikten nach Konsequenzen verlangt. Reiwald führt das
darauf zurück, dass der Vater der erste Richter eines jeden Kindes sei: „Der gute,
schützende Vater und der gefürchtete, strafende ist eine unlösliche Einheit […]
Wir haben die Furcht vor seiner Macht gespürt, haben uns trotzig gegen ihn auf-
gelehnt oder um Nachsicht und Gerechtigkeit gefleht." (Reiwald 1948/1973,
S. 81) In Sprachformeln wie der vom ‚Vater Staat' klingt das noch nach; eine
alttestamentarische Gottheit steht hier Rollenmodell, die verurteilt und möglicherweise auch begnadigt, aber das erwachsen gewordene Kind dann zur Identifikation einlädt. Das verweist auf die dem Strafen eingelassenen psychosozialen,
psychosexuellen und sozioökonomischen Machtverhältnisse (Böllinger 2010;
siehe auch Hochheimer 1969; Valier 2000; klassisch zum Thema Federn et al.
1931; Fromm 1931/2019; Meng 1934; zu den Bezügen zwischen Christentum
und Strafen Murphy 2003). Solche Machtgefälle bestimmen die Etikettierung
(labeling) und Sanktionierung von Verhaltensweisen (siehe zu den psychoanalytischen Bezügen des Etikettierungs-Ansatzes Engelhardt 1975).

Punitive Empfindungen und Gefühle sind somit von einer gewissen Normalität, weil alle Menschen sie in manchen Situationen entwickeln können. Die
Psychologie der Straflust (Punitivität) steht hier jedoch nicht im Mittelpunkt; weswegen nur einige summarische Verweise genügen mögen. Punitive
Empfindungen haben eine emotionale Bedeutung für die jeweilige Gruppe wie
auch für die Individuen (Deigh 2016). In hoch individualisierten Gesellschaften
nehmen notwendigerweise die Kollektivgefühle und damit ihre Repräsentation
durch das Strafrecht an Bedeutung ab (Durkheim 1893/1976). Andererseits
werden zugleich gesellschaftliche Verursachungsannahmen von Kriminalität zugunsten einer rein selbstverantwortlichen Handlungsentscheidung verdrängt, womit die Nachsicht mit den Tätern klaren Schuldzuweisungen weicht.
Kriminalität mag überdies eine der wenigen noch verbliebenen Quellen von

gemeinschaftlich geteilten Anliegen widerspiegeln (Bauman 2000). Vor diesem Hintergrund kann Bestrafen Vergnügen machen, weil es als nützlich wahrgenommen wird und dabei die Entwicklung einer Solidarität ermöglicht, die emotional ein Gefühl des Zugehörigseins mit Feindseligkeit verbindet (Carvalho/ Chamberlen 2018). Solches Vergnügen stillt zugleich in gewisser Weise einen Appetit, betrachtet man ihn „as a metaphor; by thinking about sensibilities towards security, and demands for punishment, as if they were like (other) mundane consumer pleasures and cravings." (Loader 2009, S. 246) Strafen bringt zudem ein erhöhtes Selbstwertgefühl mit sich: „desiring to punish a perpetrator was associated with a heightened sense of moral self-worth, which, in turn, was positively associated with momentary well-being." (Hofmann et al. 2018, S. 1708) Des Weiteren haben kulturelle Unterschiede – gemessen allerdings an kleinen Stichproben – vor dem Hintergrund eher kollektiver oder eher individualistischer Orientierungen offenbar eine Bedeutung (Zhang et al. 2017; siehe auch Melossi 2001).

Auch neigen manche mehr als andere zum Strafen, wie eine verzweigte psychologische Persönlichkeitsforschung zeigt (Sargent 2004; Eldakar/ Wilson 2006; Oswald et al. 2009; Roberts et al. 2013; Reeves 2019), und die Motivationen können unterschiedlich sein (Carlsmith und Darley 2002; siehe auch Darley 2010). Eher selten werden dabei Bezüge zum Konzept der autoritären Persönlichkeit hergestellt (Adorno et al. 1950/1964), obgleich Punitivität sowohl in den Skalen zum Ethnozentrismus („24. A large-scale system of sterilization would be one good way of breeding out criminals [...]"; „25. An occasional lynching in the South is a good thing [...]") wie in den Skalen zu antidemokratischen Trends („25. Sex crimes, such as rape and attacks on children, deserve more than mere imprisonment; such criminals ought to be publicly whipped, or worse"; „39. Homosexuals are hardly better than criminals and ought to be severely punished.") (ebd., S. 111; 255) angesprochen wird. Empirische Prüfungen und kritische Erweiterungen des Konzepts hinsichtlich der Bedingungen von Punitivität sind jedoch rar (siehe aber Ryckman et al. 1986; Mühler und Schmidtke 2012).

Insgesamt lässt sich die Geschichte des Strafens als ein Bestandteil der kulturellen Identität betrachten, durch den Vorstellungen von Gerechtigkeit und Moralität konzeptualisiert werden (so anhand einer Ethnografie einschlägiger Museen Thurston 2017). Punitivität erfüllt also auf der individuellen und der sozialen Ebene Bedürfnisse nach Identität und Gruppenzugehörigkeit, und mit einem gewissen Niveau an Punitivität ist deswegen immer zu rechnen, ohne dass sich dafür ein Normalmaß bestimmen ließe (und obgleich die Abschreckungswirkung hoher Strafen empirisch keineswegs eindeutig feststeht, vgl. Dölling et al. 2006; 2009). Seit dreißig Jahren mehren sich allerdings in der Kriminologie die Stimmen, die eine steigende Punitivität konstatieren. Empirisch ist dies ein komplexes Problem; neben kulturellen, gesellschaftlichen und persönlichen Unterschieden, die zu berücksichtigen sind, ist die Vorentscheidung, wen man auf welche Weise danach fragt, von entscheidender Bedeutung für das Ergebnis. Die Befragung einer repräsentativen Bevölkerungsstichprobe dürfte zu anderen Ergebnissen kommen als die Befragung von Professionellen, etwa AnwältInnen oder RichterInnen; die Vorgabe eines Delikts und die Frage nach der für angemessen gehaltenen Bestrafung könnte andere Ergebnisse zeitigen als die Frage nach der Befürwortung der Todesstrafe oder eine allgemeine Frage nach der Beurteilung gerichtlicher Entscheidungen; eine Einstellungsskalierung zur Punitivität oder eine Analyse von Gerichtsurteilen bei vergleichbaren Fällen im Zeitverlauf fördern möglicherweise andere Ergebnisse zutage als eine Analyse der Strafgesetzgebung. „Sanktionseinstellungen hängen offensichtlich nicht nur in erheblichem Ausmaß von der Art deren Erfassung ab, sondern auch vom Wissen und Informationsstand der Befragten zu den erhobenen Deliktsbereichen, von demographischen Faktoren, von Persönlichkeitseigenschaften der Probanden wie auch von deren Einstellungen" (Kury und Obergfell-Fuchs 2008, S. 253; siehe auch Reuband 2010a; zu den Problemen der Einstellungsmessung bei Punitivität Stalans 2003; Simonson 2009, 2011; Armborst 2014). Unter wiederum anderem Aspekt erscheint Punitivität deswegen, stellt man strafrechtliche Veränderungen, etwa durch die Schaffung neuartiger Tatbestände oder verschärfte Sanktionierung bestehender Tatbestände, in den Mittelpunkt oder untersucht den „shadow carceral state", wie er sich durch administrative Maßnahmen, die einer Inhaftierung gleichkommen, ohne so benannt zu werden, oder die Integration strafrechtlicher Bestimmungen in behördliche Regulierungen ergibt (Beckett und Murakawa 2012). Dieser Gefängnisstaat im Schatten beschreibt zwar primär die Situation in den USA, aber ordnungs- und polizeirechtliche Bestimmungen erfüllen hierzulande manchmal den gleichen Zweck. Das ist der Alltag des institutionellen Strafens, der oft aus dem Blick gerät (Dollinger 2018). Ebenso aus dem Blick geraten Alternativen zum Strafsystem, wozu eine auf Punitivität fokussierte sozialwissenschaftliche Beschreibung beitragen mag (Braithwaite 2003; siehe auch das Kapitel *Inklusionen und Exklusionen* in diesem Band).

Punitivität ist insgesamt also ein höchst komplexes Konzept und Phänomen, und diese Komplexität spricht für die Notwendigkeit von „multi-dimensional accounts of the causes and consequences of penal practices" (Garland 2006, S. 436). Dieses Unterfangen wird nicht einfacher, wenn Veränderungen in den Blick genommen werden sollen, die eine Zeitreihe mit vergleichbarer Datenerhebung voraussetzen. Angesichts dieser methodischen Schwierigkeiten kann es nicht wundern, dass empirische Studien zu unterschiedlichen Einschätzungen und Befunden kommen. Keinen Hinweis auf einen *punitive turn* findet etwa Reuband (2010b – Repräsentativbefragung BRD; Messpunkte 1989, 2002, 2009; Fragestellung: wie ein 21jähriger Täter zu bestrafen sei, der wiederholt in Privatwohnungen eingebrochen ist). Baier et al. (2017 – Repräsentativbefragung BRD, Messpunkte 2004, 2006, 2010, 2014; Vier-Item-Skala: Abschreckung erneuter Straffälligkeit durch harte Strafen, generell härtere Strafen, härterer Umgang in Gefängnissen, Notwendigkeit harter Strafen zur Prävention) stellen sogar eine rückläufige Punitivität fest, die sie in signifikantem Zusammenhang sehen mit dem zunehmenden Bildungsniveau der Bevölkerung, dem Rückgang der Gewaltanwendung in der Erziehung, dem Rückgang des Konsums von Fernsehnachrichten privater Sender sowie dem Rückgang des Lesens von Boulevardzeitungen.

Untersuchungen an Jura-Studierenden kommen zu einem anderen Ergebnis (Streng 2006, 2014; 2019 – Befragung von Erstsemestern seit 1989 in Zwei- bis Vierjahresabständen, Einstellungen zur lebenslangen Freiheitsstrafe, fallbezogene Sanktionseinschätzungen, Strafmaß für einen Affekttotschlag). Dabei erweist sich das Befragungsjahr als zentral und indiziert eine im Zeitverlauf ansteigende Punitivität. Das wirkt wie eine Reaktion auf den Befund (Hoven 2018a, Inhaltsanalyse von fast 2000 Kommentaren in Online-Ausgaben von *Zeit, FAZ, Focus* und *Welt* zu Berichten über Sexual-, Wirtschafts- und Gewaltdelikte), dass getroffene Strafmaßentscheidungen offenbar das Punitivitätsbedürfnis nicht hinreichend erfüllen. Solche Untersuchungen illustrieren nicht nur exemplarisch die Unterschiedlichkeiten der Befunde, sondern auch die Vielfalt der methodischen Vorgehensweisen. Als einzige Gemeinsamkeit weisen sie den Raum ihrer Erhebung auf, nämlich die Bundesrepublik, sind aber ansonsten kaum vergleichbar. Sie geben Punitivität als das jeweils Gemessene aus, was die Empirie der Punitivität vergleichbar mit derjenigen zur Intelligenz macht: beides komplexe Konzepte, die lediglich in Einzelaspekten operational erfasst, dabei aber als vollständige Beschreibung des Phänomens angesehen werden (siehe Überblicke zur deutschen Situation und zur theoretischen Konzeptionalisierung von Punitivität bei Kury et al. 2003; Kury und Obergfell-Fuchs 2006; Kury et al. 2004, 2008; Heinz 2009, 2011; Sessar 2010; Dollinger 2011; Kemme und Hanslmaier 2012; Dünkel und Geng 2013; Kunz 2013; Adriaenssen und Aertsen 2015; Neubacher und Schmidt 2018; Hoven 2019; Hoven und Weigend 2019; ein Überblick der internationalen Situation bei Kury und Shea 2011).

Um einen präziseren Einblick in die Frage ansteigender Punitivität zu gewinnen, ist eine Betrachtung der historischen Ausgangslage ebenso sinnvoll wie ein Bezug auf frühere theoretische Erörterungen (Lautmann und Klimke

2004, siehe den Text in diesem Kapitel). Die Diskussion um Punitivität nimmt ihren Anfang vor allem in den USA, die sich durch eine weltweit besonders hohe Inhaftierungsrate und die in 29 Bundesstaaten (Stand 2020) weiterhin legale Todesstrafe auszeichnen. Damit nehmen sie eine Sonderstellung ein, die als *penal exceptionalism* gekennzeichnet wird (Garland 2019; zur Punitivität in den USA siehe auch Doble 2003; Ferdinand und Kury 2008; Nellis und Lynch 2008; Olson 2010; Schaerff 2018; siehe auch die Kapitel *Kriminalität als Instrument des Regierens* und *Inklusionen und Exklusionen* in diesem Band). Bedeutsame Referenzen in diesem Zusammenhang bilden Garland (1985, 2001) und Wacquant (2009; siehe auch Lynch 2011; Lorca 2018; Stückler 2020), die Punitivität in den Kontext einer neoliberalen Agenda gestellt haben. Diese läuft auf Kommodifizierung sozialer Dienstleistungen, eine weitreichende Vermarktlichung des Sozialen und eine Verschlankung des Staates hinaus, stellt Flexibilität und Flexibilisierung ökonomischer Prozesse in den Vordergrund und baut auf das Unternehmertum der Einzelnen und bisher behördlich organisierter Institutionen. Das produziert Verunsicherungen vielfältiger Art, die sich projektiv in Sündenbockphantasien und Bestrafungswünschen äußern. Punitivität wird dabei zur Herrschaftsform, die – durch verschärfte Strafgesetze und die Ausweitung strafrechtlicher Bestimmungen und polizeilicher Rechte – staatliche Handlungsfähigkeit signalisiert, was sich sowohl an die direkt davon Betroffenen wie auch an die allgemeine Bevölkerung richtet, die mit punitiven Einstellungen, Wünschen und Forderungen auf die neuartigen Zumutungen reagiert, sie auf diese Weise verarbeitet und nun staatlich anerkannt findet. In diesem Sinne lässt sich Punitivität als eine Technologie des Regierens (Krasmann 2003), eine Form der Klassenjustiz (Raoult und Derbey 2018) und als Ausdruck von „staging sovereignty" (Shammas 2019) begreifen, und das Strafen dient instrumentell dazu, Machtverhältnisse zu reproduzieren (Dübgen 2017) und sich als „buddy-state" (Simon 2001), als hilfreichen staatlichen Kumpel, zu präsentieren, der den Wunsch nach Innerer Sicherheit machtvoll durchzusetzen imstande ist.

Ein Erklärungsmodell primär ökonomisch bestimmter Verunsicherungen dominiert die Feststellungen steigender Punitivitat weitgehend (siehe Tyler und Boeckmann 1997; Hogan et al. 2005; Pratt et al. 2005; King und Maruna 2009). Als weitere Einflussfaktoren werden genannt ein steigendes Misstrauen gegenüber der Regierung (Zimring und Johnson 2006), ein Misstrauen gegenüber der Justiz, eine Präferenz für *law&order*-Politiken und Vorbehalte gegenüber Minderheiten (Cochran und Piquero 2011), Furcht vor Kriminalität gepaart mit xenophoben Einstellungen (Hirtenlehner et al. 2016), Aversion gegen Kriminalität in Abhängigkeit von Bildung und Lebensstil (Armborst 2014). Es ist also eine Vielfalt von Werthaltungen und Einstellungssyndromen, die Punitivität begünstigen

(siehe auch das Kapitel *Gefühlte Kriminalität: Kriminalitätsfurcht* im Folgeband *Kontrollieren und Überwachen*). Das macht ihre Untersuchung so komplex,
plausibilisiert jedoch zugleich, dass gravierende soziale, kulturelle und ökonomische Veränderungen, wie sie eine neoliberale Programmatik mit sich bringt,
sich in der Lust am Strafen niederschlagen.

Einen anderen Zugang zum Thema eröffnet Joas (2011), der anhand der Überwindung der Folter, die seit den 1830-Jahren in den europäischen Staaten nicht
mehr als zulässig gegolten habe, eine Sakralisierung der Person konstatiert (siehe
zur Verbindung von Sakralisierung und Punitivität Peters 2014a, 2015; zu unterschiedlichen kulturellen Sensibilitäten gegenüber Gewalt Kivivuori 2014). Zeitlich trifft diese Delegitimierung der Folter etwa mit der Abschaffung öffentlicher
Hinrichtungen zusammen, was ebenfalls als ein Indiz für eine veränderte
Bedeutung der Person gelesen werden kann. Welche Ambivalenz dies dennoch
hat, ergibt sich schon aus der Tatsache, dass lediglich der öffentliche Vollzug,
keineswegs aber die Hinrichtungen selbst delegitimiert wurden. Die Annahme
der Sakralisierung wird ebenfalls relativiert dadurch, dass Folter in Mitteleuropa
zwar verboten und geächtet ist, in den USA aber gegenüber des Terrorismus Verdächtigen praktiziert wurde und auch in Europa in Extremfällen immer wieder als
sinnvolle Vorgehensweise erwogen und gerechtfertigt wird (siehe etwa Krasmann
2011; Stübinger 2015). Die Sakralisierungs-These lässt sich jedoch in direkten
Zusammenhang bringen mit den zahlreichen strafrechtlichen Verschärfungen, die
in der Bundesrepublik vor dem Hintergrund einer zunehmenden, aber vor allem.
auf das Opfer von Kriminalität bezogenen Gewaltsensibilität in allen westlichen
Gesellschaften in den letzten dreißig Jahren stattgefunden haben (Schlepper
2014; siehe auch das Kapitel *Die Subjektivierung des Opfers* im Folgeband
Kontrollieren und Überwachen), vor allem in Bereich des Sexualstrafrechts.
Diese Verschärfungen lassen sich zwanglos vor dem Hintergrund der These interpretieren und indizieren diesbezüglich eine punitive Tendenz des Gesetzgebers
(siehe Seifert 2014; Fischer 2018; Hoven 2018b; Frommel 2018; Schmid 2019;
siehe auch das Kapitel *Signal-Verbrechen: sex and crime* in diesem Band).

Abgesehen von solchen strafrechtlichen Verschärfungen ist die Frage einer
Zunahme der allgemeinen Punitivität in der Bundesrepublik, wie schon die oben
erwähnte Empirie zeigt, allerdings umstritten (skeptisch Peters 2014b; für Frankreich entschieden ablehnend Whitman 2011). Ein energischer Verfechter der
These ansteigender Punitivität hält denn auch der deutschen Kriminologie vor, sie
befleißige sich diesbezüglich „einer geradezu heroisch-kollektiven Leugnung und
Ignorierung" (Sack 2006, S. 163). In dieser Absolutheit entspricht das heute nicht
mehr ganz den Fakten (Klimke et al. 2013, siehe den Text in diesem Kapitel),
zumal sich enge Zusammenhänge zwischen Strafrechtsmodellen und Gesell-

schaftsstruktur ausmachen lassen und gegenwärtig ein kontrollorientiertes Präventionsstrafrecht dominiert (Kunz 2010, siehe den Text in diesem Kapitel). Ein solches Strafrechtsmodell aber setzt ebenso kühl-kalkulierend auf Prävention und Risikoerkennung (siehe auch das Kapitel *Prävention als Steuerungsmechanismus in der späten Moderne* im Folgeband *Kontrollieren und Überwachen*) wie auf affektgetriebene Punitivität, die einen inhärenten Bestandteil der damit verbundenen Gesellschaftsvorstellung bildet.

Literatur

Adorno, Theodor W./Frenkel-Brunswick, Else/Levinson, Daniel J./Sanford, R. Nebitt (1950/1964): The Authoritarian Personality Part One, New York.

Adriaenssen, An/Aertsen, Ivo (2015): Punitive attitudes: Towards an operationalization to measure individual punitivity in a multidimensional way, in: European Journal of Criminology 12 (1): 92–112

Armborst, Andreas (2014). Kriminalitätsfurcht und punitive Einstellungen: Indikatoren, Skalen und Interaktionen, in: Soziale Probleme 25 (1): 105–142.

Baier, Dirk/Fleischer, Stephanie/Hanslmaier, Michael (2017): Entwicklung der Punitivität und ausgewählter Einflussfaktoren in der deutschen Bevölkerung in den Jahren 2004 bis 2014, in: Monatsschrift für Kriminologie und Strafrechtsreform 100 (1): 1–25.

Bauman, Zygmunt (2000): Krise der Politik. Hamburg.

Beccaria, Cesare (1766/1998): Über Verbrechen und Strafen, Frankfurt/M.-Leipzig.

Beckett, Katherine/Murakawa, Naomi (2012): Mapping the shadow carceral state: Toward an institutionally capacious approach to punishment, in: Theoretical Criminology 16 (2) 221–244.

Böllinger, Lorenz (2010): Staatliches Strafen: eine psychosoziale Rekonstruktion, in: Psychologie und Gesellschaftskritik 34 (3): 57–80.

Braithwaite, John (2003): What's wrong with the sociology of punishment?, in: Theoretical Criminology 7 (1): 5–28.

Carlsmith, Kevin M./Darley, John M. (2002): Why Do We Punish? Deterrence and Just Deserts as Motives for Punishment, in: Journal of Personality and Social Psychology 83 (2): 284–299.

Carvalho, Henrique/Chamberlen, Anastasia (2018): Why punishment pleases: Punitive feelings in a world of hostile solidarity, in: Punishment & Society 20 (2): 217–234.

Casanova, Giacomo (Chevalier de Seingalt) (1822 ff./1964): Geschichte meines Lebens, Band V, Frankfurt/M.-Berlin.

Cochran, Joshua C./Piquero, Alex R. (2011). Exploring Sources of Punitiveness Among German Citizens, in: Crime & Delinquency 57 (4): 544–571.

Cohen, Esther (1989): Symbols of Culpability and the Universal Language of Justice: The Ritual of Public Executions in Late Medieval Europe, in: History of European Ideas 11: 407–416.

Cooper, David D. (1974): The Lesson of the Scaffold: The Public Execution Controversy in Victorian England, Athens

Darley, John M. (2010): Citizens' Assignments of Punishments for Moral Transgressions: A Case Study in the Psychology of Punishment, in: Ohio State Journal of Criminal Law 8 (1): 101–117.

Deigh, John (2016): The Emotional Significance of Punishment, in: Emotion Review 8 (1): 56–61.

Doble, John (2003): Attitudes to punishment in the US – punitive and liberal opinions, in: Roberts/Hough (Hg.): 148–162.

Dölling, Dieter/Entorf, Horst/Hermann, Dieter/Häring, Armando/Rupp, Thomas/Woll, Andreas (2006): Zur generalpräventiven Abschreckungswirkung des Strafrechts: Befunde einer Metaanalyse, in: Soziale Probleme 17 (2): 193–209.

Dölling, Dieter/Entorf, Horst/Hermann, Dieter/Rupp,Thomas (2009): Is Deterrence Effective? Results of a Meta-Analysis of Punishment, in: European Journal on Criminal Policy and Research 15 (1–2): 201–224.

Dollinger, Bernd (2011): Punitivität in der Diskussion. Konzeptionelle, theoretische und empirische Referenzen, in: Dollinger, Bernd/Schmidt-Semisch, Henning (Hg.), Gerechte Ausgrenzung? Wohlfahrtsproduktion und die neue Lust am Strafen, Wiesbaden 25–73.

Dollinger, Bernd (2018): Punitivität, in:.Kriminologisches Journal 50 (3): 188–196.

Dollinger, Bernd/Schmidt-Semisch, Henning (Hg.) (2018): Handbuch Jugendkriminalität. Interdisziplinäre Perspektiven, 3., vollständig überarbeitete und aktualisierte Auflage, Wiesbaden.

Dübgen, Franziska (2017): Strafe als Herrschaftsmechanismus. Zum Gefängnis als Ort der Reproduktion gesellschaftlicher Machtverhältnisse, in: Kritische Justiz 50 (2): 141–152.

Dünkel, Frieder/Geng, Bernd (2013): Die Entwicklung von Gefangenenraten im nationalen und internationalen Vergleich – Indikator für Punitivität? in: Soziale Probleme 24 (1): 42–65.

Durkheim, Émile (1893/1988): Über soziale Arbeitsteilung, Frankfurt/M.

Eickhoff, Hajo (2011): Auf Leben und Tod. Töten als Attraktion, in: Paragrana Internationale Zeitschrift für Historische Anthropologie 20: 51–63.

Eldakar, Omar Tonsi/Wilson, David Sloan (2006): Emotions and Actions Associated with Altruistic Helping and Punishment, in: Evolutionary Psychology 4: 274–286.

Engelhardt, Knut (1975). Eine psychoanalytische Rekonstruktion des labeling approach, in: Kritische Justiz 8 (3): 266–294.

Evans, Richard J. (1984): Öffentlichkeit und Autorität. Zur Geschichte der Hinrichtungen in Deutschland vom Allgemeinen Landrecht bis zum Dritten Reich, in: Reif, Heinz (Hg.), Räuber, Volk und Obrigkeit: Studien zur Geschichte der Kriminalität in Deutschland seit dem 18. Jahrhundert, Frankfurt/M.: 185–258.

Evans, Richard J. (2001): Rituale der Vergeltung. Die Todesstrafe in der deutschen Geschichte 1532–1987, Berlin-Hamburg.

Federn, Paul/Freud, Anna/Meng, Heinrich/Schneider, Ernst/Storfer, A. J. (Hg.) (1931): Zeitschrift für psychoanalytische Pädagogik V (8/9): Themenheft »Strafen«.

Ferdinand, Theodore N./Kury, Helmut (2008): Punitivity in the United States, in: Kury/Ferdinand, (Hg.), Bochum: 79–106.

Fischer, Thomas (2018): Sexualstrafrecht, Sexualmoral, Medienmoral. Gesellschaftspolitik zwischen Vergeltung und Pathologisierung, in: Forensische Psychiatrie, Psychologie, Kriminologie 12: 294–302.

Foucault, Michel (1977): Überwachen und Strafen. Die Geburt des Gefängnisses, Frankfurt/M.

Fromm, Erich (1931/2019): Zur Psychologie des Verbrechers und der strafenden Gesellschaft, in: Imago. Zeitschrift für Anwendung der Psychoanalyse auf die Natur- und Geisteswissenschaften 17: 226–251; Wiederabdruck 2019 in Erich Fromm, Analytische Sozialpsychologie und Gesellschaftstheorie, Gießen: 121–152.

Frommel, Monika (2018): Die Reform des Sexualstrafrechts, in: Neue Kriminalpolitik 30 (4): 368– 391.

Garland, David (1985): Punishment and Welfare.A History of Penal Strategies, Aldershot..

Garland, David (2001): The Culture of Control. Crime and Social Order in Contemporary Society, Oxford.

Garland, David (2019): Penal controls and social controls: Toward a theory of American penal exceptionalism, in: Punishment & Society, DOI: https://doi.org/10.1177/1462474519881992.

Garland, David (2006): Concepts of culture in the sociology of punishment, in: Theoretical Criminology 10 (4): 419–447.

Heinz, Wolfgang (2009): Zunehmende Punitivität in der Praxis des Jugendkriminalrechts? Analysen aufgrund von Daten der Strafrechtspflegestatistiken, in: BMJ (Hg.): Das Jugendkriminalrecht vor neuen Herausforderungen?, Berlin: 29–80.

Heinz, Wolfgang (2011): Neue Straflust der Strafjustiz – Realität oder Mythos? in: Neue Kriminalpolitik 23 (1): 14–27.

Hirtenlehner, Helmut/Groß, Eva/Meinert, Julia (2016): Fremdenfeindlichkeit, Straflust und Furcht vor Kriminalität. Interdependenzen im Zeitalter spätmoderner Unsicherheit, in: Soziale Probleme 27: 17–47.

Hochheimer, Wolfgang (1969): Zur Psychologie von strafender Gesellschaft, in: Kritische Justiz 2 (1): 17–49.

Hofmann, Wilhelm/Brandt, Mark J./Wisneski, Daniel C./Rockenbach, Bettina/Skitka, Linda J. (2018): Moral Punishment in Everyday Life, in: Personality and Social Psychology Bulletin 44 (12): 1697–1711.

Hogan, Michael J./Chiricos, Ted/Gertz, Marc (2005): Economic Insecurity, Blame, and Punitive Ideology, in: Justice Quarterly 22 (3): 392–412.

Hoven, Elisa (2018a): Die öffentliche Wahrnehmung von Strafzumessungsentscheidungen – Anlass für Reformen?, in: Kriminalpolitische Zeitschrift 5: 276–290.

Hoven, Elisa (2018b): Reform des Sexualstrafrechts – Ad-hoc-Gesetzgebung und Diskursstrategien, in: Neue Kriminalpolitik 30 (4): 392–409.

Hoven, Elisa (2019): Strafzumessung und Medienberichterstattung, in: Monatsschrift für Kriminologie und Strafrechtsreform 102 (1): 65–80.

Hoven, Elisa/Weigend, Thomas (2019): Strafzumessung in den Augen der Bevölkerung. Empirische Forschung und rechtspolitische Uberlegungen, in: Kaspar/Walter (Hg.): 263–274.

Joas, Hans (2011): Die Sakralität der Person. Eine neue Genealogie der Menschenrechte, Frankfurt/M.

Kaspar, Johannes/Walter, Tonio (Hg.) (2019): Strafen „im Namen des Volkes"? Zur rechtlichen und kriminalpolitischen Relevanz empirisch feststellbarer Strafbedürfnisse der Bevölkerung, Baden-Baden.

Kemme, Stefanie/Hanslmaier; Michael (2012): Recht, Strafe und Kriminalität in der öffentlichen Wahrnehmung, in: Soeffner, Hans-Georg (Hg.), Transnationale Vergesellschaftungen. Verhandlungen des 35. Kongresses der Deutschen Gesellschaft für Soziologie in Frankfurt am Main 2010, Wiesbaden. CD-ROM.

King, Anna/Maruna, Shadd (2009): Is a Conservative Just a Liberal Who Has Been Mugged? Exploring the Origins of Punitive Views, in: Punishment & Society 11 (2): 147–169.

Kivivuori, Janne (2014): Understanding Trends in Personal Violence: Does Cultural Sensitivity Matter, in Crime & Justice 43: 289–340.

Kobbé, Ulrich (2010). Verbrechen und Strafen: Beccaria con Foucault: eine Re-Lektüre rechts- und gesellschaftsphilosophischer Grundlagen, in: Psychologie und Gesellschaftskritik 34 (3): 7–37.

Krasmann, Susanne (2003): „Punitivität" als Regierungstechnologie, in: Stangl, Wolfgang/Hanak, Gerhard (Hg.): Innere Sicherheiten (Jahrbuch für Rechts- und Kriminalsoziologie), Baden-Baden: 81–98

Krasmann, Susanne (2011): Imagination und Zerstörung. Beobachtungen zur Folter-Debatte, in: Görling, Reinhold (Hg.), Die Verletzbarkeit des Menschen. Folter und die Politik der Affekte, München: 99–123.

Kunz, Karl-Ludwig (2013): Zum Konzept der „Punitivität" und seiner Entwicklung im internationalen Vergleich, in: Boers, Klaus/Feltes, Thomas/Kinzig, Jörg/Sherman, Lawrence W./Streng, Franz/Trüg, Gerson (Hg.), Kriminologie – Kriminalpolitik – Strafrecht, Festschrift für Hans-Jürgen Kerner, Tübingen:113–126.

Kury, Helmut/Kania, Harald/Obergfell-Fuchs, Joachim (2004): Worüber sprechen wir, wenn wir über Punitivität sprechen? in: Lautmann, Rüdiger./Klimke, Daniela/Sack, Fritz. (Hg.),. Punitivität, 8. Beiheft des Kriminologischen Journals: 51–88..

Kury, Helmut/Obergfell-Fuchs, Joachim (2006): Zur Punitivität in Deutschland in: Kury (Hg.), Härtere Strafen – weniger Kriminalität? Zur Verschärfung der Sanktionseinstellungen, Soziale Probleme 17 (2): 119–154.

Kury; Helmut/Ferdinand, Theodore/Obergfell-Fuchs, Joachim (2008): Punitivity in Germany: Attitudes to Punishment, Sentencing, and Prison Rates, in. Kury/Ferdinand (Hg.): 107–138.

Kury, Helmut/Ferdinand, Theodore N. (Hg.) (2008): Crime and Crime Policy Vol. 4, International Perspectives on Punitivity, Bochum.

Kury, Helmut/Obergfell-Fuchs, Joachim (2008): Methodische Probleme bei der Erfassung von Sanktionseinstellungen (Punitivitat) – Ein quantitativer und qualitativer Ansatz, in: Groenemeyer, Axel/Wieseler, Silvia (Hg.), Soziologie sozialer Probleme und sozialer Kontrolle. Realitäten, Repräsentationen und Politik. Festschrift für Günter Albrecht, Wiesbaden: 231–255.

Kury, Helmut/Obergfell-Fuchs, Joachim/Smartt, Ursula (2003):The evolution of public attitudes to punishment in Western and Eastern Europe, in: Roberts/Hough (Hg.): 93–114.

Kury, Helmut/Shea, Evelyne (Hg.) (2011): Punitivity. International Developments, Vol.2 Insecurity and Punitiveness, Bochum.

Loader, Ian (2009): Ice cream and incarceration. On appetites for security and punishment, in: Punishment & Society 11 (2): 241–257.

Lorca, Rocio (2018): Punishing the Poor and the Limits of Legality, in: Law, Culture and the Humanities: 1–20.

Lynch, Mona (2011): Theorizing Punishment: Reflections on Wacquant's Punishing the Poor, in: Critical Sociology 37 (2): 237–244.

Martschukat, Jürgen (2004): Diskurse und Gewalt: Wege zu einer Geschichte der Todesstrafe im 18. und 19. Jahrhundert, in: Keller, Reiner/Hierseland, Andreas/Schneider, Werner/Viehöver, Willy (Hg.), Handbuch Sozialwissenschaftliche Diskursanalyse Band 2: Forschungspraxis, Wiesbaden: 67–95.

McGowen, Randall (1994): Civilizing Punishment: The End of the Public Execution in England, in Journal of British Studies 33 (3): 257–282.

Melossi, Dario (2001): The cultural embeddedness of social control: Reflections on the comparison of Italian and North-American cultures concerning punishment, in: Theoretical Criminology 5 (4): 403–424.

Meng, Heinrich (1934): Zur Psychologie der Strafe und des Strafens, in: Zeitschrift für psychoanalytische Pädagogik 8 (5–8): 262–270.

Mühler, Kurt/Schmidtke, Christian (2012). Warum es sich lohnt, Alltagstheorien zum Strafen ernst zu nehmen: zur Vermittlung zwischen autoritären Einstellungen und Strafverlangen, in:. Soziale Probleme 23 (2): 133–166.

Murphy, Jeffrie G. (2003): Christianity and criminal punishment, in: Punishment & Society 5 (3): 261–277.

Nellis, Ashley M./Lynch, James P. (2008): Crime, Fear, and the Demand for Punishment in the United States, in: Kury/Ferdinand (Hg.), Bochum: 33–54.

Neubacher, Frank/Schmidt, Holger (2018): Von punitiven Tendenzen, knappen Behandlungsressourcen und der Schwierigkeit, dem Einzelnen gerecht zu werden. Neuere Forschungsbefunde zum Jugendstrafvollzug, in: Dollinger/Schmidt-Semisch (Hg.), 767–786.

Nowosadtko, Jutta (2005): Hinrichtungsrituale: Funktion und Logik öffentlicher Exekutionen in der Frühen Neuzeit, in: Schmitt, Sigrid/Matheus, Michael (Hg.), Kriminalität und Gesellschaft in Spätmittelalter und Neuzeit, Stuttgart: 71–94.

Olson, Greta (2010): Issues in American Punitivity, in: Pólemos: 45–66.

Oswald, Margit E./Bieneck, Steffen/Hupfeld-Heinemann, Jörg (Hg.) (2009): Social Psychology of Punishment of Crime, Malden.

Otto, Jan Michiel (Hg.) (2010): Sharia Incorporated. A Comparative Overview of the Legal Systems of Twelve Muslim Countries in Past and Present, Leiden.

Peters, Helge (2014a): Zunahme der Punitivität? Überlegungen zu einer alternativen Erklärung neuerer Strafrechtsentwicklungen, in: Zeitschrift für Rechtssoziologie 34 (1–2): 309–319.

Peters, Helge (2014b): Die Punitivität und die atypischen Moralunternehmer, in: Schmidt-Semisch, Henning/Hess, Henner (Hg.), Die Sinnprovinz der Kriminalität. Zur Dynamik eines sozialen Feldes, Wiesbaden: 155–164.

Peters, Helge (2015): Punitivität und Sakralität, in: Dollinger, Bernd/Groenemeyer, Axel/Rzepka, Dorothea (Hg.), Devianz als Risiko. Neue Perspektiven des Umgangs mit abweichendem Verhalten, Delinquenz und sozialer Auffälligkeit, Weinheim: 138–148.

Pratt, John/Brown, David/Brown, Mark/Hallsworth, Simon/Morrison, Wayne (Hg.) (2005): The New Punitiveness. Trends, Theories, Perspectives. Cullompton.

Raoult, Sacha/Derbey, Arnaud (2018): La justice de classe, la nouvelle punitivité et le faux mystère de l'inflation carcérale, in: Revue de science criminelle et de droit pénal comparé 1: 255–265.

Reeves, Craig (2019): What Punishment Expresses, in: Social & Legal Studies 28 (1): 31–57.

Reiwald, Paul (1948/1973): Die Gesellschaft und ihre Verbrecher, Zürich bzw. Frankfurt/M.

Reuband, Karl-Heinz (2010a): Dimensionen der Punitivität und sozialer Wandel: Eine Bestandsaufnahme bundesweiter Umfragen zur Frage steigender Punitivität in der Bevölkerung, in: Neue Kriminalpolitik 22 (4): 143–148.

Reuband, Karl-Heinz (2010b). Steigende Punitivität oder stabile Sanktionsorientierungen der Bundesbürger? Das Strafverlangen auf der Deliktebene im Zeitvergleich, in: Soziale Probleme, 21 (1): 98–115.

Roberts, Julian V./Hough, Mike (Hg.) (2003): Changing Attitudes to Punishment. Public opinion, crime and justice, London.

Roberts, Craig S./Vakirtzis,Antonios/Kristjánsdóttir, Lilja/Havlíček, Jan (2013): Who Punishes? Personality Traits Predict Individual Variation in Punitive Sentiment, in: Evolutionary Psychology 11 (1): 186–200.

Ryckman, Richard M./Burns, Michael J./Robbins, Michael A. (1986): Authoritarianism and Sentencing. Strategies for Low and High Severity Crimes, in: Personality and Social Psychology Bulletin 12 (2): 227–235.

Sack, Fritz (2006). Gesellschaftliche Entwicklung und Sanktionseinstellungen: Anmerkungen zur deutschen kriminalpolitischen Diskussion, in: Soziale Probleme 17 (2); 155–173.

Sanson, Henri (1862/2004): Tagebücher der Henker von Paris 1685–1847, Hamburg.

Sargent, Michael J. (2004): Less Thought, More Punishment: Need for Cognition Predicts Support for Punitive Responses to Crime, in: Personality and Social Psychology Bulletin 30 (11): 1485–1493.

Schaerff, Marcus (2018): Jugendkriminalität und der „punitive turn" im U. S.-amerikanischen Jugendkriminalrecht, in: Dollnger/Schmidt-Semisch (Hg.): 137–158.

Schild, Wolfgang (2011): Töten als Rechtsakt. Zur Geschichte der Hinrichtung, in: Paragrana Internationale Zeitschrift für Historische Anthropologie 20: 32–50.

Schlepper, Christina (2014): Strafgesetzgebung in der Spätmoderne. Eine empirische Analyse legislativer Punitivität, Wiesbaden.

Schmid, Anja (2019): Zum Zusammenhang von Recht, Moral, Moralpolitik und Moralpanik am Beispiel der Reform des Sexualstrafrechts, in: Zeitschrift für Rechtssoziologie 38 (2): 244–271.

Seifert, Simone (2014): Der Umgang mit Sexualstraftätern. Bearbeitung eines sozialen Problems im Strafvollzug und Reflexion gesellschaftlicher Erwartungen, Wiesbaden.

Sessar, Klaus (2010): Kriminalitätseinstellungen und sozialer Wandel. Gleichzeitig Auseinandersetzung mit Forschungen zur Verbrechensfurcht und Punitivität, in: Monatsschrift für Kriminologie und Strafrechtsreform 93 (5): 361–581.

Shammas, Victor L. (2019): Staging sovereignty: Punitivity, xenophobia, and the frail society, in: Journal of Theoretical & Philosophical Criminology 11: 38–51.

Simon, Jonathan (2001): Entitlement to Cruelty: The End of Welfare and the Punitive Mentality in the United States, in Stenson, Kevin/ Sullivan, Robert R. (Hg.), Crime,

Risk and Justice: The Politics of Crime Control in Liberal Democracies, London: 125–143.

Simonson, Julia (2009): Punitivität: Methodische und konzeptionelle Überlegungen zu einem viel verwendeten Begriff, in: Zeitschrift für Jugendkriminalrecht und Jugendhilfe 20: 30–37.

Simonson, Julia (2011): Problems in measuring punitiveness – results from a German study, in: Kury, Helmut/Shea, Evelyne (Hg.), Punitivity. International developments. Vol. 1: Punitiveness – a global phenomenon? Bochum: 73–96.

Stalans, Loretta J. (2003): Measuring attitudes to sentencing, in: Roberts/Hough (Hg.): 15–32.

Streng, Franz (2006): Sanktionseinstellungen bei Jura-Studierenden im Wandel, in: Soziale Probleme 17 (2): 210–231.

Streng, Franz (2014): Kriminalitätswahrnehmung und Punitivität im Wandel. Kriminalitäts- und berufsbezogene Einstellungen junger Juristen – Befragungen von 1989 bis 2012, Heidelberg.

Streng, Franz (2019): Studien zu Strafbedürfnissen der Bevölkerung. Methoden und aktuelle Ergebnisse, in: Kaspar/Walter (Hg.): 131–160.

Stübinger, Stephan (2015): Notwehr-Folter und Notstands-Tötung? Studien zum Schutz von Würde und Leben durch Recht, Moral und Politik, Göttingen.

Stückler, Andreas (2020): Überwachen und Strafen im 21. Jahrhundert. Zur Rückkehr des repressiven Strafrechts in der Krise der Arbeitsgesellschaft, in: Kritiknetz – Zeitschrift für Kritische Theorie der Gesellschaft (https://www.kritiknetz.de/soziologie/1453-ueberwachen-und-strafen-im-21-jahrhundert).

Thackeray, William (1840): Going to see a man hanged, in: Fraser's Magazine Vol. XXII Nr. CXXVIII (August 1840): 150–158.

Thurston, Hannah (2017): Museum ethnography: Researching punishment museums as environments of narrativity, in: Methodological Innovations 10 (1): 1–12.

Tyler, Tom R./Boeckmann, Robert J. (1997): Three Strikes and You Are Out, but Why? The Psychology of Public Support for Punishing Rule Breakers, in: Law & Society Review 31 (2): 237–266.

Valier, Claire (2000): Looking daggers. A psychoanalytical reading of the scene of punishment, in: Punishment & Society 2 (4): 375–394.

van Dülmen, Richard (1985): Theater des Schreckens. Gerichtspraxis und Strafrituale in der frühen Neuzeit, München.

Wacquant, Loïc (2009): Punishing the Poor: The Neoliberal Government of Social Insecurity,.Durham.

Weiner, Martin. J. (2007): Convicted Murderers and the Victorian Press: Condemnation vs. Sympathy, in: Crimes and Misdemeanours: Deviance and the Law in Historical Perspective, 1 (2): 110–125.

Whitman, James Q. (2011): Of Neo-Liberalism and Comparative Punishment, in: Critical Sociology 37 (2): 217–224.

Wilf, Steven (1993): Imagining Justice: Aesthetics and Public Executions in Late Eighteenth-Century England, in: Yale Journal of Law & the Humanities 5 (1): 51–78.

Zhang, Yanyan/Chen, Chuansheng/Greenberger, Ellen/Knowles, Eric D. (2017): A Cross-Cultural Study of Punishment Beliefs and Decisions, in: Psychological Reports 120 (1): 5–24.

Zimring, Franklin E./Johnson, David T. (2006): Public Opinion and the Governance of Punishment in Democratic Political Systems, in: The Annals – The American Academy of Political and Social Science 605: 266–280.

Die Texte

Rüdiger Lautmann und Daniela Klimke zeichnen Punitivität in Soziogenese und gesellschaftlicher Bedeutung nach und entwickeln sie als Schlüsselbegriff einer sich kritisch verstehenden Kriminologie. Beginnend mit George H. Mead rollen sie den Stellenwert des Begriffs für die sozialwissenschaftliche Analyse bis in die Gegenwart auf und betten ihn umfassend ein in wissenschaftliche und populäre Diskurse.

Daniela Klimke, Fritz Sack und Christina Schlepper beleuchten in kritischer Abwägung abweichender Positionen die Frage, ob und inwieweit eine gestiegene Punitivität in der Bundesrepublik feststellbar ist. Dafür sprechen sowohl eine Expansion des Strafrechts und eine Fülle von strafrechtlichen Verschärfungen wie auch die gerichtliche Sanktionspraxis. Exemplifiziert wird das durch Beispiele zum strafrechtlichen Umgang mit Jugendlichen und Sexualstraftätern.

Karl-Ludwig Kunz analysiert die Bezüge zwischen unterschiedlichen Strafrechtsmodellen und der jeweiligen Gesellschaftsstruktur. Unterschieden werden das Tatstrafrecht, das Täterstrafrecht, das wohlfahrtsstaatlich inspirierte Resozialisierungsstrafrecht und das kontrollorientierte Präventions- oder Risikostrafrecht. Dies letztere, in dem Bezüge auf Tat und Täter verkümmern und eine Vorverlagerung der Strafbarkeit auf abstrakte Gefährdungen dominiert, macht er als typisch für die Gegenwart aus.

Punitivität als Schlüsselbegriff für eine Kritische Kriminologie (2004)

Rüdiger Lautmann und Daniela Klimke

Punitivität als Schlüsselbegriff für eine Kritische Kriminologie, in: Lautmann, R./Klimke, D./Sack, F. (Hg.), Punitivität, 8. Beiheft zum Kriminologischen Journal, Weinheim 2004, S. 9–29 (gekürzt).

I. Theoretischer Gehalt

‚Punitiv' im Wortsinne verhält sich eine Person oder Institution, welche das Handeln einer anderen Person oder Institution unter normativen Gesichtspunkten als vom Normalen abweichend bezeichnet und sich für eine negative Sanktion ausspricht. ‚Punitivität' ist die verallgemeinerte Haltung oder Tendenz, mit belastenden Sanktionen auf wahrgenommene Normabweichungen zu reagieren. Soweit kann die der Umgangssprache entnommene Bedeutung umschrieben werden; sie besitzt nur deskriptiven Charakter, ebenso wie das dann äquivalente Wort ‚Pönalisierung' (vgl. lat. *poena* = Strafe, *punire* = strafen; frz. *pénal* = Straf-; engl. *punish* = strafen, *punitive* = strafend). All diese Wörter bezeichnen ersichtlich das Gleiche, ohne einen besonderen Akzent zu setzen. Punitivität als Handlungsmöglichkeit mit verschiedenen Ausprägungen gehört ebenso wie

R. Lautmann (✉)
Berlin, Deutschland
E-Mail: lautmannhh@aol.com

D. Klimke
Institut für Kriminalitäts- und Sicherheitsforschung, Polizeiakademie Niedersachsen, Nienburg, Deutschland
E-Mail: klimke@uni-bremen.de

© Springer Fachmedien Wiesbaden GmbH, ein Teil von Springer Nature 2022
A. Legnaro und D. Klimke (Hrsg.), *Kriminologische Diskussionstexte I*,
https://doi.org/10.1007/978-3-658-22005-1_18

der Verstoß gegen soziale Normen zur Grundausstattung des Menschen; Verbrechen zu begehen und Strafen zu vollziehen sind anthropologisch vorgefundene Tatsachen. Kriminaltheoretisch wird der Begriff des Punitiven spezieller gefasst. Er verweist auf die Tendenz, vergeltende Sanktionen vorzuziehen und versöhnende zu vernachlässigen. In einem Kontinuum punitiv-permissiv gibt es ein Mehr-oder-Weniger an Strafforderungen, und man stellt für Personen oder Institutionen Vergleiche an, die sich auf Zeitpunkte, Milieus oder Kulturen beziehen. Punitiv ist eine bestimmte Art, Strafsanktionen einzusetzen, nämlich mit Härte und Schärfe. Das archaische Motiv der Rache siegt über die rationalisierende Art einer Wiedergutmachung.

Die Punitivitätsvariable ist alles andere als neu. Der Gedanke zieht sich durch viele Theorien, recht eigentlich seit Anbeginn von Soziologie und Sozialpsychologie. Meist tritt er innerhalb eines Kontinuums auf, dessen beide Pole charakteristisch bezeichnet sind.

Polaritäten der Punitivität

Retaliation (Vergeltung)	Restitution (Ausgleich)
Rächend	Versöhnend
Vorurteilsvoll	Vorurteilsfrei
Autoritär	Liberal
Rigide	Flexibel
Repressiv	Permissiv
Herrschaftsorientiert	Verständigungsorientiert
Strafschärfung	Entkriminalisierung
Intervention	Mediation
Segregation	Integration
Legalität	Abolition

Auch mit dieser dimensionalen Erläuterung bleibt Punitivität ein bloßer Bezeichnungsbegriff, bar eines Hinweises, wie und warum Kriminalpolitik sich auf die eine oder die andere Seite der Wippe setzt. Die bipolaren Vorstellungen haben sich bis in das allgemeine Bildungswissen etablieren können. Sie stammen aus zwei Denklinien. Soziologisch legte Émile Durkheim die Grundlagen mit seiner sozialstrukturellen These, im Zuge des Übergangs von mechanischer zu organischer Solidarität würden Strafsanktionen zunehmend von zivilrechtlichem Ausgleich abgelöst. Das Strafrecht ist solchermaßen ein atavistischer Rest des auf die Grundfeste geschrumpften Kollektivbewusstseins einer arbeitsteiligen Gesellschaft. Sozialpsychologisch entwickelte die Vorurteilsforschung das Konzept des Autoritarismus (Theodor W. Adorno, Milton Rokeach). Ausgelöst durch die Rassenfrage in den USA (Richard T. La Piere 1934) und aufgerüttelt durch die Genozide des 20. Jhdts. lebt die Figur heute in Studien über Rassismus und Ausländerfeindlichkeit.

Als punitiv gilt danach nicht bereits irgendeine Anwendung von Strafe und anderen Sanktionen im korrektiven Austausch. Gemeint ist vielmehr der Ruf von Gesellschaft, Öffentlichkeit und Politik nach mehr, härterer und längerer Strafe (Dinges und Sack 2000, S. 10). Befürchtet wird der Rückfall in überwunden geglaubte Strukturen – eine Entformalisierung im Sinne der Zivilisationstheorie von Norbert Elias. *Punitiv* ist für Jonathan Simon (2004) etwas Unmittelbares, Hartes, nicht Judizierbares. Es wird unnachsichtig jede Abweichung verfolgt *(Wehret den Anfängen ...); * das früher übliche Ermessen und die Flexibilität im Einschreiten gelten als kontraproduktiv. Auf die vorgeblich kleinen Ungezogenheiten des Alltags *(incivilities)*, angefangen bei dem auf den Gehweg gespuckten Kaugummi oder dem liegen gelassenen Hundekot, soll reagiert werden, notfalls drastisch und stets spürbar.[a]

George H. Mead, einer der Väter interpretativer Kriminalsoziologie, hat 1918 in einer großen Abhandlung Strukturen und Folgen der strafenden Rechtsfindung dargelegt. (In der Überschrift heißt es übrigens nicht *Strafjustiz,* wie in der verdienstvollen deutschen Ausgabe, sondern bezeichnender Weise *punitive Justiz.*) Die meisten seiner Bemerkungen sind noch heute (oder heute wieder) bedenkenswert.

Die feindselige Reaktion gegen widersetzliche Individuen erwächst nicht aus Instinkten, sondern aus der Organisation sozialen Lebens. Ein ökonomisch, rechtlich usw. überlegener Mensch „fühlt in sich nicht den Antrieb, seinen Gegner physisch zu vernichten. Letzten Endes kann das bloße Gefühl der Sicherheit im Hinblick auf seine gesellschaftliche Position dem Reiz eines Angriffs seine gesamte Macht nehmen" (1918, S. 258). Danach ist das Ausmaß punitiver Reaktionen gesellschaftlich kontingent. „Wenn die Vergeltung die einzige Rechtfertigung der Bestrafung wäre, dann ist nicht einzusehen, warum die Strafe nicht ihrerseits in dem Augenblick verschwunden ist, als die Gesellschaft gewahr wurde, dass eine mögliche Theorie der Bestrafung auf der Grundlage der Vergeltung weder ausgearbeitet noch aufrechterhalten werden konnte. Das gilt insbesondere, wenn wir anerkennen, dass ein System von Strafen, das im Hinblick

---

[a] Siehe hierzu den Text von Wilson und Kelling (1996) im Kap. *Raum und Sicherheit* im Folgeband *Kontrollieren und Überwachen* (A.d.H.).

auf seine abschreckende Wirkung entworfen worden ist, Verbrechen nicht nur sehr unzureichend unterbindet, sondern eine Klasse von Verbrechern produziert" (ebda, S. 261).

Damit beginnt Mead, die ungewollt negativen Seiteneffekte eines Rechts herauszuarbeiten, welches einseitig punitiv gegen Abweichler vorgeht.

„Wo immer die Strafjustiz, diese moderne, kunstvolle Ausarbeitung von Tabu und Bann mit deren Konsequenzen in primitiven Gesellschaften, die öffentliche Meinung zur Verteidigung sozialer Güter und Institutionen gegen wirkliche oder vermeintliche Feinde organisiert und formuliert, bemerken wir, dass die Definition der Feinde, mit anderen Worten, der Verbrecher, eine Definition der Güter und Institutionen mit sich bringt. Diese Definition ist die Rache des Verbrechers an der Gesellschaft, die ihn vernichtet. Die Konzentration der öffentlichen Meinung auf den Verbrecher, die die Institution der Rechtsprechung mobilisiert, lähmt die Versuche, eine sinnvolle Vorstellung von unseren gemeinschaftlichen Gütern im Hinblick auf ihre nützliche Verwendung zu entwerfen" (ebda, S. 269).

Zwar betont auch Mead, wie bereits Durkheim, die Bedeutung ,des Verbrechers' für den Zusammenhalt der Gesellschaft („ein Gefühl von Solidarität"). Doch eine „übertriebene Einschätzung der Bedeutung des Verbrechers" verhindert die Einsicht, „welche Folgen die Haltung der Feindseligkeit innerhalb unserer Gesellschaft hat. […] Im selben Ausmaß, in dem wir uns aufgrund von Feindseligkeit organisieren, unterdrücken wir unsere Individualität" (ebda, S. 270 f.). Mead formuliert deutlich das Bipolare in der Punitivität. *Verurteilen* und *Verstehen* schließen einander aus; denn „die beiden Haltungen einer Verbrechenskontrolle durch ein aggressives Rechtsverfahren und einer Kontrolle durch Verständnis der sozialen und psychologischen Ursachen eines Verbrechens lassen sich nicht miteinander verbinden" (ebda, S. 271 f.). Es besteht kein Zweifel, auf welche der beiden Waagschalen dieser demokratische Intellektuelle seine Argumente legte – welche er mit einem verfassungsgerechten Staatswesen im Einklang sah.

Meads Analyse der Punitivität gewinnt ihre Aktualität daraus, dass der gegenwärtige Umschwung der Strafmentalität als *Rückkehr der Gefühle* in die Kriminalpolitik gewürdigt wird. Jock Young entwirft eine Soziologie der Rachsucht im Rahmen einer kulturellen Kriminologie (2003). Und Lawrence W. Sherman propagiert 2002 in seiner präsidentiellen Ansprache vor den amerikanischen Kriminologen „emotional intelligente Systeme" als neues Paradigma, praktisch anzuwenden auf alle Interaktionen mit Tätern, Opfern und Gemeinschaften (ebda, S. 25). Neu daran dürfte weniger die *Art* der evozierten Emotionen sein, schließlich haben Rechtsverletzungen zu allen Zeiten starke Reaktionen entfesselt. Am Umkippen der Punitivitätswippe interessiert, *wie* es den Emotionen gelingt, die gesellschaftliche Antwort auf Kriminalität umzugestalten, also wie sie die Konstruktionen von Tat, Täter und Sanktion lenken. Im Viererschema der Bestimmungsgründe sozialen Handelns bei Max Weber gesehen erleben wir einen Übergang von *zweckrationalem* Handeln zur *wertrationalen* und *affektuellen* Bestimmung kriminalpolitischer Entscheidungen. (Nicht hingegen kehrt man zu einer *traditionellen* Bestimmung zurück; denn diese Linie ist gültig abgebrochen worden.) Die Verfechter der neuen Punitivität könnten sich gegen die Einordnung wehren; denn ihre Begründungen geben sich hyper-zweckrational. Doch wird das durch den offensichtlichen Populismus dieser Richtung widerlegt. Umstritten ist (in Großbritannien), ob die öffentliche Meinung zur Strafe eher utilitaristisch und pragmatisch denn emotiv gestimmt ist.

Die wieder belebte Affektualität gibt einige Rätsel auf. *Norbert Elias' Zivilisationstheorie* hatte angenommen, die Affekte unvermittelter Aggression zwischen Kontrahenten würden zur Moderne hin gedämpft und in staatsseitig geführten und rechtlich geregelten Verfahren absorbiert. Die Racheimpulse des Verletzten und seiner Sympathisanten wurden gemäßigt, die Sanktionen in gemeinschaftsverträglicher Weise bürokratisch organisiert. All die Theorien der Modernisierung, Rationalisierung und Zivilisierung scheinen für die westlichen Gesellschaften der Neuzeit zuzutreffen – aber nur bis zum Jahr 1939, dem Beginn des Zweiten Weltkrieges und der mit ihm verbundenen Menschenopferungen. Holocaust, Genozid, Kriegsgräuel und wohl auch Vertreibung bedeuten einen *Zivilisationsbruch*. Freigesetzt wurden destruktive Tendenzen, die vorher nicht zu spüren gewesen waren und sich nun mit den Errungenschaften von Bürokratie und Technik aufluden. Seither haben die Sozialwissenschaften manchen Erklärungsversuch für die ungeheuerlichen Ereignisse angeboten, das Grauen aber nicht intellektuell bewältigt. Erinnert sei nur an die Verzweiflung in der ‚Dialektik der Aufklärung‘ (Horkheimer/Adorno), an den Ruf nach Moral gegen die ‚Dialektik der Ordnung‘ (Bauman 1992) oder die Beschwörung der Heiligkeit nackten Menschenlebens (Agamben 2002). Nach einer Verschnaufpause von wenigen Jahrzehnten holen die neuen punitiven Möglichkeiten den Strafbetrieb ein; auch hier wird jetzt auf effiziente Organisation und technische Aufrüstung gesetzt (und insofern bleibt die Entwicklung im Rahmen des Eliasschen Zivilisationsprozesses, meint John Pratt 2002). Nils Christie (1996) hat viel zitiert darauf hingewiesen, wie die Systeme von Recht und Ordnung neuerdings endgültig der zweckrationalen Logik des modern-bürokratischen Staates unterworfen werden, und darin eine Verwandtschaft zum Totalitarismus erblickt.

Das Erschrecken über die Menschheitsverbrechen des letzten Jahrhunderts erreicht die Kriminalitätstheorien mit erheblicher Verspätung. Man hatte wohl geglaubt, nach der ‚Unterbrechung‘ durch den Faschismus fortfahren zu können,

womit zu republikanischen Zeiten begonnen worden war: Den Strafvollzug zu
humanisieren, das Strafgesetzbuch zu entrümpeln, den Strafprozess höflich zu
gestalten, die Polizei zu professionalisieren. Außer Betracht blieben zunächst die
ungeplanten Konsequenzen der Modernisierung, die inzwischen umso deutlicher
hervortreten (ironischerweise unter brutalst-liberalen Verhältnissen). Was versäumt worden ist: Die Tatsachen von Gestapo, Konzentrationslagern, Gulags usw.
gehören *in* den Bereich der Kriminalitätstheorie, statt sie in die Zeitgeschichte
auszulagern. Denn Kriminalitätstheorien sind nicht dazu da, den Sachwaltern des
Strafens ein gutes Gewissen zu verschaffen.

Die wissenschaftliche Analyse strafender Sozialkontrolle muss also viel weiter
ausgreifen, als es in der praxistauglichen Kriminologie üblich ist. Sie dient nicht
(nur) dafür, die Verfolgung zu erleichtern und den Entscheidungen Begründungs-
hilfen zu liefern. Für ein umfassendes Verständnis muss, es sei an die Trivialität
erinnert, der kulturelle, politische und ökonomische Kontext betrachtet werden.
Ein Buchtitel wie *The culture of control* (Garland 2001[b]), kaum zu glauben,
konnte hier noch eine Überraschung bedeuten. Schon früher hatte Garland mit
dem Stichwort *criminology of the other* einen viel beachteten Hinweis gegeben,
wie wenig die neue Punitivität den Bahnen von Aufklärung und Rationalität folgt, sondern überwundene Stereotype und dämonisierte Bilder vom ‚Verbrecher' wieder belebt. Diese Denkbewegung verbindet sich mit einer ‚Ökonomie
des Exzesses' (Hallsworth 2000, S. 151 f., der damit einen Begriff von Georges
Bataille aufgreift).

Die kulturellen Kräfte, welche die Einrichtungen des Strafens hervorbringen,
sind wenig beachtet worden; sie gehören ungerechtfertigterweise nicht zum Kern
der kriminologischen Diskussion. Ohne eine punitive Mentalität und Sensibilität kann keine Strafverfolgung stattfinden (Cook und Powell 2003, S. 72). Die
härtere Gangart im us-amerikanischen Kontrollzugriff wird auf den religiösen
Puritanismus zurückgeführt, der in Deutschland nicht besteht (Savelsberg 2000,
S. 205 f.). So klären ideengeschichtliche und denkstrukturelle Erörterungen den
Strafbetrieb über sich selbst auf.

Als punitiv müssen vor allem *Entwicklungen* der Verfolgungs- und Sanktionspraxis sowie der Strafforderungen und -theorien angesehen werden, mit denen
zuvor erreichte Niveaus der Humanisierung, Resozialisierung und Liberalisierung
aufgegeben werden, um zu härteren Antworten zurückzukehren. Solche

---

[b]Dieses wichtige Werk ist inzwischen ins Deutsche übersetzt worden: David Garland,
2008, Kultur der Kontrolle, Frankfurt/M. Siehe hierzu die *Kriminologischen Grundlagentexte* (A.d.H.).

Reaktionen der Härte sind aus allen Stadien der Strafrechtsgeschichte bekannt; das Alltagswissen verklärt sie gern zu Mythen des wohlgeordneten Lebens (ohne sich dabei jemals den rechtspolitischen Kontext früherer Lebenswelten klar zu machen: Absolutismus, Polizeistaat, Willkür usw.). Seit der Aufklärung haben die klassischen Instrumente der Ordnungsproduktion unter der ständigen Kritik gestanden, den abweichenden Menschen zum Täter, Delinquenten und Objekt der Vergeltung zu machen. *Wie du mir …* – das Talionsprinzip (aus dem Alten Testament) wurde zu überwinden gesucht, weil man es als unmenschlich und grausam empfand. Vor allem die Rückkehr zu den alten Sanktionsformen wird mit dem Begriff der Punitivität getroffen.

Mit dem Konzept eines *Feindstrafrechts* hat der Rechtsdogmatiker Günther Jakobs eine Debatte entfacht, welche die Strafrechtstheorie ebenso irritiert wie spürbar fasziniert. Für einen bestimmten Täterkreis – alle, die sich von der Sanktion nicht beeindrucken lassen (wollen) – ist die „rechtsstaatlich bestimmte Strafe […] zu wenig". Anders als im „Bürgerstrafrecht" hilft hier nur die Exklusion (2000, S. 50–54).[c] Der Täter wird zum Feind, und diesen gilt es zu bekämpfen. Auch wenn das Konzept einstweilen nur benennen will, was in Gesetzgebung und Sanktionenpraxis geschieht, so verschafft es der um sich greifenden Punitivität doch auch eine starke Begründung. Damit wird ein Kurswechsel in der Strafrechtstheorie eingeleitet, der eine epochale, humanitär ausgerichtete Tendenz zu beenden droht. Der Grundsatz vom *Ultima-ratio-Strafrecht*, die „möglichste Sparsamkeit seiner Verwendung" (v. Liszt) oder gar der Gedanke an seine Ersetzung (Scheerer 2001) wären verlassen.

In der *Soziologie abweichenden Verhaltens* wird die Strafe als eine unter mehreren Möglichkeiten im Köcher gesellschaftlicher Reaktionen betrachtet. Helga Cremer-Schäfer und Heinz Steinert präparieren zwei große Komplexe heraus: Verbrechen & Strafe sowie Schwäche & Fürsorge, beide strukturanalog und eng verbunden im Sozialstaat des 20. Jhdts. (1998, S. 29–75, 55). Kriminalpolitik wird als die (negative) Kehrseite von Sozialpolitik verstanden, ihre Allianz wurzele in einer fordistisch-wohlfahrtsstaatlichen Sozialstruktur (ebda, S. 65). Nach einem wenige Jahre währenden Traum ist die Humanisierung des Strafens bereits wieder zu Ende (ebda, S. 71–75). Axel Groenemeyer entwirft ein fünfgliedriges Schema, worin Verbrechen/Strafe neben Sünde/Opfer, Krankheit/Behandlung usw. als Erscheinungsform von Devianz/Kontrolle auftritt (2003, S. 53). Punitivität erhält hier einen zwar eingegrenzten, aber festen Platz in der Typologie von „Repräsentationen" sozialer Abweichung. Zur Erklärung der Punitivitätsentwicklung skizziert Groenemeyer fünf theoretische Modelle, deren mangelnde

---

[c] Siehe den Text im Kapitel *Inklusionen und Exklusionen* in diesem Band (A.d.H.).

empirische Grundlage gerügt wird (ebda, S. 66–78). Immerhin wird hier ein reiches und multidisziplinäres Einzugsgebiet eröffnet.

Die *Strafrechtswissenschaft* thematisiert Punitivität, indem sie die Gesamttendenz von Gesetzgebung und Rechtsanwendung mit einem freiheitlichen Verfassungsverständnis konfrontiert. Die neueren Gesetze und Verfolgungspraxen schneiden dabei deutlich schlecht ab: Die Garantien für eine rechtsstaatliche Behandlung der Angeklagten sind eingeschränkt worden. Die Bestimmtheit der Strafdrohung weicht auf, wenn konkret formulierte Schutzgüter von „wolkig formulierten Universalrechtsgütern" (Hassemer)[d] abgelöst werden. An die Stelle präziser Konditionalprogramme treten offen gehaltene Zweckprogramme (berüchtigtster Vorläufer: die nationalsozialistische Umprogrammierung des Strafrechts). Einige neuere Strafdrohungen im Pornographiebereich schützen nicht unmittelbar die Kinder, sondern vor unterstellten bzw. eventuell kommenden Übergriffen; auch wird gestraft, um volkspädagogisch aufzuklären und wachzurütteln. Am Ende einer derartigen Entwicklung würde das Strafrecht in dehnbarer Weise übergeordneten Zielen dienen. Die Balance zwischen dem Schutz der Bürger vor Verfolgungswillkür und Strafwut einerseits und dem Rechtsgüterschutz andererseits wäre gestört. Mit einem einzigen Stichwort lässt sich die Nähe zum Punitivitätsproblem aufweisen: „Entgrenzung des Strafrechts" (Smaus 1998, S. 307, 320).

Kritische Stimmen zu diesen Tendenzen sind zumeist aus dem langjährig etablierten Kreis der ‚Frankfurter Schule' zu hören. Besonders deutliche Worte finden hier Winfried Hassemer, Peter-Alexis Albrecht, Wolfgang Naucke und Klaus Günther (vgl. die zusammenfassende Darstellung bei Smaus 1998, S. 305–310). Im Strafrechtsdiskurs sind das geachtete Namen, gleichwohl schlagt deren Kritik wenig Wellen. Denn Kriminalpolitik gehört in Deutschland nicht zu den Stärken dogmatisch verfahrender Jurisprudenz. Und der Abstimmungsmechanismus mit den Stufen ‚herrschende Meinung/vertretbar/anderer Ansicht' verbannt den Streit in die Fußnoten.

Angloamerikanische Kriminologen äußern sich viel unbefangener (haben allerdings eine imposantere Tendenz vor Augen). Nach *Jonathan Simon* wird Punitivität als Allzweckmittel der Politik genutzt; das Verbrechen wird zum Mittel des Regierens *(governing through crime)*. Man verspricht sich etwas von harten Strafen, Einschränkungen der Privatsphäre und frühestem Intervenieren: Die (längst verlorene) Sicherheit soll wieder aufleben, das Vertrauen in die Politik

---

[d] Siehe hierzu auch den Text von Hassemer im Kapitel *Symbolische Funktionen des Strafens* in diesem Band (A.d.H.).

(und in die Parteien der Punitivität) wieder hergestellt werden. Simon prognostiziert das genaue Gegenteil solcher Verheißungen: „Regieren mittels Verbrechen erodiert das demokratische Vermögen, indem Sozialvertrauen und Sozialkapital zerstört werden" (2004, S. 37) [...].

Der Gebrauch des Strafrechts auf immer neuen Feldern wäre als machiavellistisches Kalkül machtbesessener Politiker unzureichend erklärt. Überzeugender ist er als Politiktechnik im Rahmen einer systemimmanenten *gouvernementalité* eingeordnet. Mit diesem Begriff bezeichnete der späte Foucault die Lenkung von Menschen, wie sie sowohl die Regierung als Fremdführung als auch die Unterworfenen in Gestalt von Techniken der Selbstführung verinnerlicht haben. Er deutet die Strafpraktiken nicht als unmittelbares Resultat von Interessen oder Ideen, sondern als einen Effekt von Kräfteverhältnissen und daraus hervorgehenden strategischen Notwendigkeiten. Die hieraus sich entwickelnden Regierungsprogramme rationalisieren die Macht. Susanne Krasmann (2003, S. 253–272) analysiert danach Punitivität als Effekt von Technologien, die einen Raum der Machtausübung erst eröffnen und die je spezifische Formen der *Subjektivierung* erst hervorbringen. Punitivität ist ein Ereignis im Felde der Macht; das Verhältnis zwischen Staat, Tätern und Bevölkerung wird neu bestimmt. Nicht Positionen, Akteure und Situationen werden untersucht, sondern die sie konstituierenden Praktiken. Von dieser ontologisch grundierten Perspektive leiten sich nicht neue Theorien und Erklärungen für Punitivität her, sondern neue Fragestellungen – vielleicht solche, mit denen man aus den Aporien bisheriger Forschung herausfindet.[e]

In der Konsequenz wäre eine perspektivische Verengung zu überwinden, welche die Routine-Kriminologie in ihrer Reichweite einschränkt: die allzu säuberliche Fokussierung auf das Duo von Verbrechen und Verfolgung. Punitivität entfaltet sich gegenüber einer langen Reihe sozialer Abweichungen (nicht nur gegen die strafbedrohten), und sie operiert mit vielen Reaktionen des Ausschließens (nicht nur den strafprozessualen). Keineswegs soll damit der Begriff der Kriminalität aufgegeben werden, aber von einem breiteren gedanklichen Einzugsgebiet könnte die kriminalwissenschaftliche Analyse profitieren. Nicht nur die Struktur der staatlichen Instanzen stünde zur Debatte, sondern das Handeln sämtlicher gesellschaftlicher Akteure. Denn diese ragen nicht nur an den Außengrenzen in den Kontrollapparat hinein (beispielsweise durch private Anzeigen, durch Laienrichter). Die legalen und institutionellen Akteure der Sozialen Kontrolle sind mit weitaus mehr gesellschaftlichen Kräften verbunden als nur mit

---

[e] Siehe hierzu das Kapitel *Fremd- und Selbstüberwachung* im Folgeband *Kontrollieren und Überwachen* (A.d.H.).

den drei Gewalten, Professionen, Jurisprudenz und Hilfswissenschaften. Eine so verstandene Punitivität macht sich nicht allein am zählbaren Output der Instanzen fest, sondern berücksichtigt den gesellschaftlichen Normalismus im Ganzen und den Umgang mit Devianzen im Einzelnen. Sozialtheoretisch spielt Punitivität nicht (nur) im Dreieck Kontrollinstanz-Täter-Opfer, sondern in einem viel umfassenderen Ensemble.

Zahlreiche Analysen beziehen den gegenwärtigen Punitivitätsschub auf die neuen Schwierigkeiten der gesellschaftlichen Integration. Der ‚punitive Populismus' (Roberts et al. 2002) führe einen öffentlichen Diskurs, worin es um die Versicherung der bestehenden moralischen Ordnung geht, oder zumindest dessen, was man dafür hält (Karstedt 2003). Er wird als Indiz und Resultat von Verwerfungen in der sozialen und politischen Struktur postmoderner Gesellschaften gedeutet. Der punitive Reflex in der Sympathie mit dem Opfer kristallisiere sich als eine neue Solidarbeziehung und in paradoxer Weise geradezu als zivilgesellschaftliche Geste heraus, die in anderen Bereichen prekär geworden ist, und bietet damit ein wichtiges Integrationspotenzial für postmoderne Gesellschaften (Sparks 2000).[f]

Aus Mängeln der gesellschaftlichen Integration und dem Nachlassen demokratischer Kräfte wollen auch Wilhelm Heitmeyer und Jürgen Mansel ihre Befunde zur.

„Gruppenbezogenen Menschenfeindlichkeit" erklären. Demokratie entleere sich allmählich entlang von fünf Problemlinien: Ermäßigung, Aushöhlung, Vernachlässigung, Missachtung und Zweifel. Für jeden Teilprozess werden die Stimmen prominenter Warner zitiert (Heitmeyer 2003, S. 38–41). Man kann nur hoffen, dass das von den Autoren beschworene Thomas-Theorem einen Aussetzer hat; denn wenn die Beschreibung der Demokratieentleerung geglaubt würde, dann hätten wir sie.

Und sie wird bereits geglaubt – dem Item ‚Die demokratischen Parteien zerreden alles und lösen die Probleme nicht' stimmen neun von zehn telefonisch Befragten zu (ebda, S. 44). Die Autoren nennen das einerseits „unangemessen pauschale Vorwürfe der Ineffektivität" (ebda, S. 41), andererseits machen sie dafür die Unmoral der politischen Eliten (Spendenskandale) verantwortlich (ebda, S. 46). Zudem beanspruchen sie das Resultat als Bestätigung ihrer Warnung. Es kann der ‚Demokratie' gar nicht schlecht genug gehen, damit diese Theorie Recht behält. Ein zwiespältiger, letztlich hoffnungslos machender Standpunkt.

Hier besteht eine merkwürdig verdinglichte Vorstellung von Demokratie – gewissermaßen als eines intakten Gebäudes, das zu verfallen droht (statt eines

---

[f] Siehe hierzu im Folgeband das Kapitel *Die Subjektivierung des Opfers* (A.d.H.).

Arrangements verschiedener Verfahren, die immer erneut legitimiert werden müssen, um sich in den wechselnden Zuständen einer Gesellschaft zu bewähren). Positiv an der GMF-Forschung ist, dass sie ihr Thema ausdrücklich *nicht klinisch* fasst; Vorurteile sind für sie kein Persönlichkeitsdefekt. Vielmehr verbindet sie die teilweise erschreckenden Befunde mit dem Zustand der deutschen Gegenwartsgesellschaft, vor allem mit den wirtschaftlichen und politischen Verhältnissen. Die einzelnen Ressentiments der Individuen werden zueinander in Beziehung gesetzt und als übergreifendes Phänomen interpretiert. Die jährlich angesetzten Befragungen fungieren wie ein Barometer der sozialpolitischen Wetterlage. Sozialtheoretisch steht das Projekt in der Tradition der Theorie sozialer Probleme: Subjektive Werturteile bezeichnen Konflikte und grenzen abgelehnte Populationen aus, und dies geschieht im jeweiligen politisch-ökonomischen Kontext.

Das Konzept Integration/Desintegration tut sich allerdings schwer, innergesellschaftliche Feindseligkeiten zu erklären und einen politischen Weg zu weisen. Wie könnte eine der modernen (»offenen«) Gesellschaften so integriert sein, dass es allen ihren Mitgliedern objektiv und subjektiv gut geht und damit jeder Anlass für Aggressivität entfiele? Konflikte gehören geradezu zum Grundbestand dieser Gesellschaften, und sie sind stets von wechselseitiger Entwertung begleitet. Weniger das *Vorhandensein* von Negativurteilen und Normalismen stört das Zusammenleben, sondern das *Prozedieren* damit, also ob subjektive Ressentiments zu objektiven Spaltungen gemacht werden. Es müssen nicht alle Menschen einander mögen und schätzen. Der innergesellschaftliche Frieden – ohne Vorurteile und GMF – könnte derjenige eines Friedhofs sein. Um Anerkennung bräuchte dann niemand mehr zu kämpfen, und einer der Motoren gesellschaftlichen Wandels stünde still.

Nachdem der theoretische Raum des Punitivitätskonzepts in einigen Richtungen durchmessen ist, stellt sich die schwierigere Frage, wie es empirisch zu vermessen ist. Wenn es denn zuträfe, dass es sich bloß um einen Beschreibungsbegriff handelt, müsste es leicht fallen, es mit Daten auszufüllen.

II. Empirischer Gehalt

Gestraft wird immer. Gesellschaften ohne strikte Verhaltensnormen und negative Sanktionen sind nicht nachgewiesen. Strafrechtsfreie Räume in unserer Gesellschaft sind knapp und eher subkulturell – dann aber umso eher von strafender Abgrenzung eingehegt. Was also kann mit ‚Punitivität' vermessen werden? Sämtliche Bedeutungsebenen des Begriffs verweisen auf Indikatoren, zu denen empirische Erhebungen stattfinden können:

- Inhalte der Strafgesetze,
- Begründungen neuer Gesetze und angemeldeter Strafforderungen,
- Programme der Parteien und Reden der Politiker,
- Zahl der Gefängnisinsassen,
- Merkmale des Strafvollzugs und der Umfang von ‚Hafterleichterungen‘,
- Art und Dichte des polizeilichen Vorgehens,
- Anträge der Staatsanwaltschaft und das Maß der verhängten Strafen,
- Tendenziösität der Berichterstattung in den Medien (z. B. Unschuldsvermutung vs. Vorverurteilung),
- Anzeigeverhalten der Bevölkerung,
- Strafwünsche der Bevölkerung,
- Paradigmen der Strafrechtsdogmatik und der übrigen Kriminalwissenschaften.

Umfassende Studien finden sich selten. Sie bereiten Schwierigkeiten, weil die Dimensionen so zahlreich sind, sodass mit nur einem Indikator (z. B. Gefangenenpopulation) noch keine Gesamtaussage getroffen werden kann. Zusätzlich erschweren die notwendigen Vergleiche das empirische Vorgehen: Wenn Punitivität nur als komparatives Konzept taugt, dann benötigt man Daten über jeweils mindestens zwei Zeitpunkte, Gesellschaften oder Milieus.

Einige Studien jedoch genügen diesen Anforderungen. *David Garland* belegte mit *The culture of control* (2001) die epochale Tendenz, die vom Wohlfahrtsstaat (etwa von 1890 bis 1970) zum Strafstaat in der *high crime society* (seither) führt. Garland benennt zahlreiche Änderungen der Straf- und Vollzugspraxis für seine These: „Es gibt jetzt eine lange Liste von Maßnahmen, die eine punitive Wende des gegenwärtigen Strafens anzukündigen scheinen" (ebda, S. 142). Für den angloamerikanischen Raum (neben den USA also auch Großbritannien, Kanada und Australien) kann als nachgewiesen gelten, dass in den meisten Dimensionen der Strafdruck zugenommen hat. Insbesondere für die Bevölkerungsmeinung und Medieninhalte wird das in zahlreichen Untersuchungen belegt, wozu hier nur die Namen einiger Autoren genannt seien: Anthony N. Doob, Mike Hough, David Indermaur, Julian V. Roberts, Richard Sparks, Loretta J. Stalans.

Laufend erscheinen jetzt Abhandlungen, welche die an einer zeithistorischen Betrachtung entwickelte These von David Garland für die Gegenwart empirisch überprüfen. Beispielsweise wird für Kanada die These einer ‚Punitiven Segregation‘ belegt; nationale Umfrage zeigen, dass die Unterstützung für rehabilitierende, reintegrierende und resozialisierende Strategien der Strafkontrolle auch in der (früher weniger punitiven) Elite abgenommen hat (Cesaroni und Doob 2003). – Eine qualitative Untersuchung zeigt, dass die judäo-christliche Tradition eine punitive Mentalität nährt (Cook und Powell 2003) […].

Anglophone Länder (mit sprunghaft zugenommener Punitivität) einerseits und Kerneuropa andererseits (mit gleichgerichteter, aber weit weniger dramatischer Tendenz) bilden einen Kontrast, der hierzulande viele Beobachter glauben macht, für uns stelle sich das Problem gar nicht. Gewissermaßen eine Kontinentalsperre halte den Strafvirus ab, über Atlantik und Kanal zu uns herüber zu springen. Wenn dem je so gewesen wäre! Die Unterschiedlichkeit der Entwicklungen darf als empirische Tatsache nicht geleugnet werden; aber die Sozialstrukturen und die auf sie einwirkenden Kräfte ähneln sich viel zu sehr, um an eine Immunität glauben zu können. Nur zeitliche Verzögerungen und nationale Besonderheiten erklären den Kontrast. Dazu gehören: die deutlichere Gewaltenteilung, insbesondere Distanz zwischen Justiz und Politik hier (Ludwig-Mayerhofer 1998, S. 268), die größere Wertbindung und Durchschlagskraft der öffentlichen Meinung dort (Savelsberg 2000, S. 204). Auf weltpolitischer Ebene spiegelt sich die politisch-kulturelle Differenz in der Bereitschaft zur ‚strafenden Kriegsführung', die hierzulande fehlt, im angloamerikanischen Bereich aber anwächst [...].

Zerlegt man den Punitivitätsbegriff in einzelne Dimensionen und ermittelt empirisch uneinheitliche Befunde, dann ergibt sich die Vorstellung einer *sektoralen Punitivität,* mit der gegen ausgewählte Randgruppen und Personenkategorien vorgegangen wird (Ludwig-Mayerhofer 1998, S. 266–269). Die schwer begreifliche Erregung, die seit einigen Jahrzehnten von den Straftaten gegen die sexuelle Selbstbestimmung ausgeht, und die Strafhärte, die im Pädophiliekomplex waltet, markieren die Speerspitze dieser Punitivität. Demgegenüber werden weite Bereiche der Kriminalität mit Gelassenheit betrachtet und bürokratisch verwaltet, sodass man glauben könnte, die soziologische Botschaft ‚Kriminalität ist normal'[g] werde gehört. Aus diesem Nebeneinander von Härtung und Routine erklärt sich das Achselzucken, mit dem viele Kriminologen der These vom neoliberalen Punitivitätsschub begegnen [...].

Literatur

Agamben, Giorgio (2002): Homo sacer. Die souveräne Macht und das nackte Leben, Frankfurt/M.

Bauman, Zygmunt (1992): Dialektik der Ordnung. Die Moderne und der Holocaust, Hamburg.

Cesaroni, Carla/Doob, Anthony N. (2003): The decline in support for penal welfarism, in: British Journal of Criminology 43, S. 434–441.

---

[g] Diese eigentlich banale, aber berühmte Feststellung stammt von Émile Durkheim (1968), Kriminalität als normales Phänomen, in: Fritz Sack/René König, Kriminalsoziologie, Frankfurt/M., S. 3–8, siehe hierzu die *Kriminologischen Grundlagentexte* (A.d.H.).

Christie, Nils (1996): Crime Control as Industry: Towards GULAGs Western Style, London.

Cook, Kimberly J./Powell, Chris (2003): Christianity and punitive mentalities, in: Crime, Law & Social Change 39, S. 69–89.

Cremer-Schäfer, Helga/Steinert, Heinz (1998): Straflust und Repression. Zur Kritik der populistischen Kriminologie, Münster.

Dinges, Martin/Sack, Fritz (2000): Unsichere Großstädte?, in: dies. (Hrsg.), Unsichere Großstädte? Vom Mittelalter bis zur Postmoderne, Konstanz, S. 9–65.

Garland, David (2001): The Culture of Control. Crime and Social Order in Contemporary Society, Oxford.

Groenemeyer, Axel (2003): Soziale Probleme und politische Diskurse, in: Soziale Probleme, Gesundheit und Sozialpolitik, Nr. 3. Bielefeld, Fakultät für Soziologie.

Hallsworth, Simon (2000): Rethinking the punitive turn, in: Punishment & Society 2, S. 145–160.

Heitmeyer, Wilhelm (Hrsg.; 2003): Deutsche Zustände. Folge 2, Frankfurt/M.

Jakobs, Günther (2000): Das Selbstverständnis der Strafrechtswissenschaft vor den Herausforderungen der Gegenwart, in: Eser, A./Hassemer, W./Burkhardt, B. (Hrsg.), Die deutsche Strafrechtswissenschaft vor der Jahrtausendwende, München, S. 47–56.

Karstedt, Susanne (2003): Moral und Skandal: Die Macht der öffentlichen Moral. Ein Vergleich der Kriminalitätsdiskurse in Deutschland und Großbritannien, in: Junge, M. (Hrsg.), Macht und Moral, Wiesbaden.

Krasmann, Susanne (2003): Die Kriminalität der Gesellschaft. Zur Gouvernementalität der Gegenwart, Konstanz.

Ludwig-Mayerhofer, Wolfgang (1998): Das Strafrecht und seine administrative Rationalisierung, Frankfurt/M.

Mead, George H. (1918): The Psychology of Punitive Justice. Zuerst in AJS 1918. Zitiert nach ders., Gesammelte Aufsätze, Band 1, Frankfurt/M., S. 253–284.

Pratt, John (2002): Punishment and Civilization, London.

Roberts, Julian V./Stalans, Loretta, J./Indermaur, David/Hough, Mike (Hrsg.; 2002), Penal Populism and Public Opinion. Lessons from Five Countries, Oxford.

Savelsberg, Joachim J. (2000): Kulturen staatlichen Strafens: USA und Deutschland, in: Gerhards, J. (Hrsg.), Die Vermessung kultureller Unterschiede, Wiesbaden, S. 189–209.

Scheerer, Sebastian (2001): Kritik der strafenden Vernunft, in: Ethik und Sozialwissenschaften 12, S. 69–83.

Sherman, Lawrence W. (2003): Reason for emotion, in: Criminology 41, S. 1–37.

Simon, Jonathan (2004): Introduction, in: ders. (Hrsg.), Governing Through Crime. Criminal Law and the Reshaping of American Government 1965–2000, Manuskript.

Smaus, Gerlinda (1998): Das Strafrecht und die gesellschaftliche Differenzierung, Baden-Baden.

Sparks, Richard (2000): Bringing it all back home: populism, media coverage, and the dynamics of localitiy and globality in the politics of crime control, in: Stenson, K./Sullivan, R.R (Hrsg.), Crime, Risk and Justice, London, S. 196–213.

Young, Jock (2003): Merton with energy, Katz with structure: The sociology of vindictiveness and the criminology of transgression, in: Theoretical Criminology 7, S. 388–414.

Wie der punitive turn an den deutschen Grenzen Halt machen soll (2013)

Daniela Klimke, Fritz Sack und Christina Schlepper

Wie der punitive turn an den deutschen Grenzen Halt machen soll, in: Klimke, Daniela/Legnaro, Aldo (Hg.), Politische Ökonomie und Sicherheit, Weinheim/Basel 2013, S. 94–153 (gekürzt).

D. Klimke (✉)
Institut für Kriminalitäts- und Sicherheitsforschung, Polizeiakademie Niedersachsen, Nienburg, Deutschland
E-Mail: klimke@uni-bremen.de

F. Sack
Berlin, Deutschland
E-Mail: sack@uni-hamburg.de

C. Schlepper
Universität Duisburg-Essen, Essen, Deutschland
E-Mail: christina.schlepper@uni-due.de

© Springer Fachmedien Wiesbaden GmbH, ein Teil von Springer Nature 2022
A. Legnaro und D. Klimke (Hrsg.), *Kriminologische Diskussionstexte I*,
https://doi.org/10.1007/978-3-658-22005-1_19

I   *Deutsche Verhältnisse*

[...]

2   Bevölkerung

[...] Immerhin eine Replikationsstudie, die die von Garland ins Feld geführten Indikatoren[a] für eine punitive Wende aufgreift und für die Bundesrepublik überprüft, halten Dietrich Oberwittler und Sven Höfer (2005) zwar für angebracht, jedoch liegt die Ziellinie schon zuvor fest. Es gehe darum, Garlands Thesen zu widerlegen und den kritischen Kriminologen damit den Wind aus den Segeln nehmen zu können. Die Autoren gehen der Punitivitätsthese in ihrem „Country Survey" über „Crime and Justice in Germany" ebenfalls – trotz der massiven Gegenindikation – vorrangig auf der Bevölkerungsebene nach und kommen zu dem Schluss, dass es in der deutschen Strafpraxis und der Einstellung der Bevölkerung keine Anzeichen für eine punitive Wende gäbe. Einen maßgeblichen Faktor hierfür sehen sie darin, dass die Kriminalpolitik hierzulande noch immer fest in den Händen von Experten und Bürokraten sei (ebd., S. 478). Sie konstatieren, dass Deutschland weit davon entfernt sei, eine ähnliche Struktur wie die von Garland so beschriebene ‚high crime society' herausgebildet zu haben und diese Klassifizierung lediglich von kritischen Kriminologen vorgenommen würde, die allerdings ihrer Ansicht nach „a distant kind of ‚armchair' research" (ebd., S. 493) betrieben,[10] weil sie zu sehr den Ideen und großen Theorien verhaftet seien, welchen oft jegliche empirische Evidenz fehle. Nach Oberwittler und Höfer (ebd., S. 494)

---

[a] Der Abschnitt zu den Indikatoren des Wandels ist in den *Kriminologischen Grundlagentexten* abgedruckt. Kurz zusammengefasst hält Garland folgende Veränderungen für wesentlich, die er in den USA und in Großbritannien wahrnimmt, aber deren grundsätzliche Geltung er auch für andere Länder konstatiert: „Niedergang des rehabilitativen Ideals", „Wiederkehr der Punitivität", „Veränderungen in der emotionalen Tonlage der Kriminalpolitik", „Rückkehr des Opfers", Primat des Bevölkerungsschutzes, „Politisierung und neuer Populismus", „Neuerfindung des Gefängnisses", „Wandel im kriminologischen Denken", Ausweitung der „Verbrechensprävention und kommunale Sicherheit", „Zivilgesellschaft und die Kommerzialisierung der Verbrechenskontrolle", neue „Managementstile und Arbeitspraktiken" sowie ein „ständiges Krisenempfinden" (Garland, David, 2008, Kultur der Kontrolle, Frankfurt/M., S. 47–70, A.d.H.).

[10] In dasselbe Horn bläst auch Michael Tonry (2007, S. 39): „much of the armchair 'theoretical' writing is useless, assuming that a „punitive turn" has occurred, which it then tries to explain without bothering to establish, whether policies and practices have changed and in what ways. David Garland's work (e.g., 2001) has inspired much armchair theorizing".

zeichnen kritische Kriminologen ein maßlos übertriebenes Bild eines punitiven und repressiven Kriminaljustizsystems, das bürgerliche Freiheiten untergrabe.

Exemplarisch für den »deutschen Sonderweg« bei der Untersuchung von Punitivität dürften auch die Arbeiten von Karl-Heinz Reuband (2004, 2006) stehen. Er kommt in seinen repräsentativen Befragungen zum Sanktionsverlangen der Bevölkerung zu dem Schluss, dass kein eindeutiger Trend in eine punitive Richtung feststellbar sei. Er bezeichnet die These von einer steigenden Punitivität in der deutschen Bevölkerung gar als „Mythos" und verzeichnet für den Zeitraum zwischen 1998 und 2006 rückläufige Tendenzen, was die Forderungen der befragten Bundesbürger nach Gesetzesverschärfungen angeht. Auch bei der Betrachtung des Indikators „Befürwortung der Todesstrafe" sei nach Reuband (2004) sowie Helmut Kury und Joachim Obergfell-Fuchs (2006) seit den 1950er Jahren ein Rückgang erfolgt.[11]

Dieses ‚Wegrechnen' von Punitivität lässt sich nur mit einer Datenunsensibilität erklären, aufgrund derer Relationen zwischen differenten Straftaten als „additiv" unterstellt und behandelt werden, wodurch sich scharfe Sanktionsforderungen gegenüber Sexualstraftaten mit milden Sanktionsforderungen gegen Drogen mühelos „verrechnen" lassen. Diese Studien zeichnen sich überdies durch ein etwas unbeschwertes Methodenbewusstsein aus. Sie lassen es an einer sorgfältigen Gültigkeitsprüfung ihrer Indikatoren fehlen: messen die gewählten Indikatoren tatsächlich, was sie zu messen vorgeben, nämlich „Punitivität" in der Bevölkerung? Sie präferieren methodisch das sogen. „Vignetten-Prinzip", weil es realitätsnäher sei, obwohl „Kriminalität" eine wesentlich medial vermittelte Wirklichkeit darstellt, die sich eher in Schlagworten präsentiert, denn in differenzierten, nüchtern formulierten Fallbeschreibungen. So werden auf diese Sachverhaltsdarstellungen in Vignetten eher gemäßigte Sanktionsforderungen durch die Befragten geäußert, womit die harschen Bestrafungswünsche, die dem vorreflexiven Gefühlshaushalt entspringen und die sich etwa entscheidend auswirken können, wenn den markigen politischen Reden zur Inneren Sicherheit gefolgt wird oder es an die Wahlurnen geht, systematisch vernebelt werden.

Die bislang aufwändigste Untersuchung stammt von Klaus Sessar (1992), deren Erhebungszeitpunkt allerdings bereits mehr als zwei Jahrzehnte zurückliegt und noch im geteilten Deutschland stattfand. Befragt wurden damals Stichproben der Hamburger Bevölkerung und Richterschaft nach ihren Einstellungen zur Sanktionierung ausgewählter Delikte und inwieweit diese bestrafungswürdig

---

[11] Kury und Obergfell-Fuchs (vgl. 2006, S. 1028 f.) bezweifeln allerdings, dass die Todesstrafe ein geeigneter Indikator zur Messung von Punitivität in Deutschland sei, da es sich hierzulande dabei um keine tatsächlich verhängbare Sanktion handele.

D. Klimke et al.

oder ausgleichsfähig seien. Sessar wollte strafrechtstheoretisch klären, ob und inwieweit Wiedergutmachung an die Stelle von Bestrafung treten könne. Er macht keinen Hehl aus der kriminalpolitischen Wünschbarkeit einer solchen Entwicklung. Im Ergebnis sieht er sich darin von der Bevölkerung unterstützt: Das Strafkonzept des Rechtssystems kollidiere indessen mit einem Ausgleichskonzept des Sozialsystems (ebd., S. 242–244).[12] Die Differenz zwischen (punitivem) Justizpersonal und (eher liberaler) Bevölkerung veranlasst Sessar zu kritischen Bemerkungen über die Eigentheorien der Strafrechtsprechung, wonach die Bevölkerung angeblich eine deutliche Bestrafung des Täters erwarte. Hier werde, sagt Sessar (ebd., S. 235), dem Opfer der eigene Strafanspruch untergeschoben. Ob sich allerdings in dem Befund nicht eher eine Kosten-Nutzen-Erwägung und eine moralische Neutralisierung des vom Strafrecht gemeinten „sozialethischen Makels" verbirgt, ist ebenso offen wie die Frage, wie eine heutige Follow-up-Studie ausfallen würde. Angesichts des weit zurückliegenden Erhebungsdatums der Studie lässt sie sich nur bedingt gegen die kritisierten aktuellen Studien von Kury u. a. und Reuband ausspielen. Die in diesen Forschungen zutage geförderte „Wirklichkeit" von Punitivität ist eine durch und durch methodendeterminierte. Sie setzen sich nicht in Beziehung zu oder gar auseinander mit alternativen Forschungen und Befunden, die den ihren zu widersprechen scheinen. Letzteres sei an einigen Beispielen demonstriert.

Der Erlanger Rechtswissenschaftler Franz Streng (2006) etwa, der seit zwanzig Jahren regelmäßig Studienanfänger der Rechtswissenschaften befragt, konstatiert eine Zunahme punitiver Einstellungen. Diese Punitivitätssteigerung äußere sich sowohl darin, dass die lebenslange Freiheitsstrafe als für manche Straftaten zu milde Sanktion bewertet werde als auch darin, dass dem spezialpräventiven Zweck der Sicherung gegenüber der Besserung von den Befragten zunehmend der Vorrang eingeräumt werde.

In eine gleiche Richtung wie die von Streng deuten auch die Ergebnisse der Längsschnittuntersuchung zur Frage nach den Zielen staatlichen Strafens von Hans-Dieter Schwind et al. (2001, S. 204). In dieser Studie konnte für einen Zeitraum von 1975 bis 1998 festgestellt werden, dass die Bevölkerung immer weniger dem Resozialisierungszweck zustimmt und stattdessen zunehmend Abschreckung und Sühne/Vergeltung als Strafzwecke angibt. In den Befragungszeitpunkten in den Jahren 1975, 1986 und 1998 fand sich ein Rückgang des

---

[12]Auf einer fünfstufigen Skala von ‚sehr restitutiv' bis ‚sehr punitiv' zeigten alle befragten Gruppen Mehrheiten bei ‚sehr punitiv'. Am häufigsten antworteten so die Staatsanwälte (zwei Drittel), gefolgt von den Strafrichtern (gut die Hälfte), Zivilrichtern und Bevölkerung (nur ein Drittel; Sessar 1992, S. 219). Eine Faktorenanalyse untermauert und verfeinert dieses Resultat (ebd., S. 245 f.).

Resozialisierungszwecks von 70,2 % Zustimmung, auf 51,4 % bis zu 42,2 %, eine Zunahme des Zwecks der Abschreckung von 16,3 %, 29,0 % zu 34,5 % und die Zunahme des Zwecks der Sühne/Vergeltung von 13,5 %, auf 19,6 % bis zu 23,3 % Zustimmung.

Ein weiteres Beispiel konträrer Befunde zu Kury u. a. sowie zu Reuband ist das auf zehn Jahre angelegte, durch Drittmittel (VW, DFG) und Medien (ZEIT, Suhrkamp) geförderte Forschungsprojekt unter der Leitung von Wilhelm Heitmeyer (2002–2010). Dieses nähert sich dem Thema Punitivität zumindest unter dem Begriff ‚gruppenbezogene Menschenfeindlichkeit'. Seit 2002 werden jährlich repräsentative Telefonumfragen durchgeführt und interpretiert, um Zeitvergleiche zu gewinnen. In den Antworten verrät sich ein großes Potenzial an Ressentiments v. a. gegen Ausländer, Juden, Behinderte.

3 Strafrecht und seine rechtstatsächliche Realität

Während die meisten Studien zur Strafmentalität der Bevölkerung als Einheit der Analyse das Individuum wählen, gibt es weit weniger Untersuchungen, die als Einheit der Analyse kollektive Gebilde, wie den Staat oder die Gesellschaft, fokussieren. Das Strafrecht selbst ist als ein „kollektives Merkmal" von Staat und Gesellschaft der Bundesrepublik – oder jedes anderen staatlichen Gebildes – zu betrachten. Dieses lässt sich an einer Reihe von Parametern des Strafrechts als statisches normatives Gefüge sowie an seiner Realisierung erfassen und analysieren – als „law in the books" und als „law in action". Inwieweit diese im Punitivitätsdiskurs eine Rolle spielen, soll kurz beleuchtet werden. Wir werfen zunächst einen Blick auf das Strafrecht als normatives Gefüge, und danach soll die „Rechtsanwendungsrealität" etwas näher betrachtet werden.

3.1 Die Veränderung des strafrechtlichen Normengefüges („law in the books")

Staatliche Punitivität manifestiert sich nicht nur in der Art und Härte der von den Gerichten verhängten Sanktionen und der Zahl der der Freiheit Beraubten, sondern auch in der Entwicklung des Strafrechts, deren Kernstück die Strafgesetzgebung ist. Die Reihe prominenter Strafrechtslehrer, die das Wachsen des Strafrechts seit langem der Politik und der Öffentlichkeit nicht nur ins Bewusstsein zu heben sich bemühen, sondern vor dieser Entwicklung auch nachdrücklich warnen, ist lang. Wolfgang Naucke (1975) macht als Hauptentwicklungstendenz des

Strafrechts seit der Strafrechtsreform im Jahre 1969 schon früh einen Trend zum ungenauen Strafrecht aus, der mit der liberalen, rechtsstaatlichen Zielrichtung nicht vereinbar sei und diese abgelöst habe.[13] Er identifiziert bereits vor mehr als drei Jahrzehnten eine Reihe teilweise gegenläufiger, von individueller Fürsorge bis zu vergeltungsähnlicher Zwangsanpassung reichender Einzeltrends, die unter dem Deckmantel der „Resozialisierung" stehen, in deren Zusammenschau es aber deutlich auf einen Fortbestand des Vergeltungsstrafrechts hinauslaufe (ebd., S. 61). Im Mittelpunkt steht für Naucke (1999, S. 340 ff.) die Zunahme der präventiven Orientierung des Strafrechts, die sich durch die Auflösung von Tatbestandsgrenzen durch Tatbestandserweiterungen und die Ausdehnung von Strafbarkeiten,[14] Strafrahmenerhöhungen, beschleunigte Verfahren, Erleichterung der Anwendung von Zwangsmitteln, verschwimmende Grenzen zwischen Straf- und Polizeirecht auszeichnet. Hierin erkennen wir eine zentrale Stoßrichtung des Strafrechts, welche die punitive Wende in der Strafgesetzgebung indiziert.

In der Festschrift für Heinz Müller-Dietz registriert und dokumentiert Hans-Heiner Kühne (2001, S. 419) zur etwa gleichen Zeit den „erstaunlichen Bedeutungszuwachs des Strafrechts" und fragt nach dessen „Wachstumsgrenzen". Die Belege dafür entnimmt er sowohl dem materiellen Recht, und dort insbesondere der Strafzumessung, wo er „bloße Repression und Sühne" und eine Reduktion auf „Vergeltung" beobachtet (ebd., S. 424), als auch – und nachhaltiger noch – im Strafverfahrensrecht. Dort macht er ein Ende „von deutlicher Liberalität" bis zum Ende der 1960er Jahre aus. Diese Kehrtwende erfolgte im Zuge des deutschen Terrorismus, bei der es indessen „[i]nteressanterweise […] nach Beendigung dieses terroristischen Phänomens […]" verblieb (ebd., S. 426). Hier sind es die Stichworte: „mehr Eingriffsrechte", „Eingriffe gegen Unbeteiligte und Unverdächtige, einst der StPO völlig fremd" sowie das ermächtigende „Polizeirecht der Länder", das ihn insgesamt zu der Feststellung

---

[13] Auch Theodor Leuckner (vgl. 1989, S. 331 ff.) konstatiert, dass die Entwicklung des Strafrechts zwar grundsätzlich in Richtung einer Liberalisierung verlaufen sei, ab Mitte der 1970er Jahre jedoch eine gegenteilige Tendenz angenommen habe, die durch Neukriminalisierungen und Strafverschärfungen gekennzeichnet sei. Als nicht ausschließliche, aber zum größten Teil verantwortliche Triebkraft dieser Veränderung sieht er den technischen, wissenschaftlichen und wirtschaftlichen Fortschritt.

[14] Auch Burkhard Hirsch (1999) stellt seit Beginn der 1960er Jahre eine fortlaufende Ausdehnung der Strafbarkeit im materiellen Recht fest. Ebenso diagnostiziert Michael Hettinger (1997, S. 2) in seinem allgemeinen Überblick über die Strafgesetzgebung seit 1984 eine Tendenz zur Strafverschärfung und Ausdehnung der Strafbarkeit, die er mit dem Begriff „Normenlawine" umschreibt.

veranlasst, dass „das Eingriffspotenzial des Staates zu Zwecken der Strafverfolgung in den letzten 25 Jahren drastisch gestiegen" sei (ebd., S. 427 f.).
Unzweifelhaft ist eine „Expansion des Strafrechts" (Silva Sánchez 2003) festzustellen. Der spanische Autor dieser Diagnose bezieht seine Belege für die These
nicht nur aus der deutschen Entwicklung, sondern sieht darin einen internationalen
Trend, dessen Interpretation ihn in die Nähe des Jakobschen Feindstrafrechts[b]
bringt. Als deutsche Fundstelle für die These von Silva Sánchez ließe sich auch
die Chronologie der strafrechtlichen Novellierungen der letzten Jahrzehnte heran-
ziehen, die Thomas Vormbaum in verdienstvoller Weise zusammengetragen
hat und die Wolfgang Heinz zu Recht als „Schreckenskatalog" (2009, S. 235)
charakterisiert hat, obwohl er sie eher als Beispiel alarmistischer Übertreibung
denn abbildender Realität sehen will.

Um eine letzte Stimme zur allgemeinen Entwicklung des Strafrechts zu Wort
kommen zu lassen, möchten wir auf die eindringliche Intervention des ehemaligen
Vizepräsidenten des Bundesverfassungsgerichts, Winfried Hassemer, hinweisen.
Neben neuen und verschärften Ermittlungsmethoden im Strafprozessrecht (vgl.
Hassemer 2001, S. 416 f.) manifestiere sich im materiellen Strafrecht eine Tendenz
zu Reformen, „welche die verbotenen Bereiche ausdehnen, die Strafdrohungen
erhöhen, die Nachweise der Strafbarkeit erleichtern, die Verteidigungschancen
mindern und die Kontrolle der Gesetzgebung erschweren" (Hassemer 2002, S. 11).

Als zweite zentrale Veränderungstendenz neben der präventiven Orientierung
des Strafrechts ist die zunehmende Vorfeldkriminalisierung hervorzuheben, die
die punitive Wende in der Strafgesetzgebung markiert. Diese erfolgt insbesondere
über die Erweiterung abstrakter Gefährdungsdelikte (als staatliche Antwort auf
den Terrorismus etwa), bei denen nicht auf die Verursachung eines bereits ein-
getretenen Schadens, sondern lediglich auf das Risiko eines Schadens abgestellt
wird (Rzepka 2004; Hassemer 2006). Auf die Tendenz zur flächendeckenden
Vorfeldkriminalisierung wird in den Diskursen um das Risikostrafrecht und das
symbolische Strafrecht abgestellt. Mehr noch wird der Akzent darauf aber im
Diskurs um das Feindstrafrecht gesetzt. Die höchst kontroverse Diskussion um
dieses Konzept[15] zur Erfassung der Entwicklung des Strafrechts wurde von dem
renommierten Strafrechtswissenschaftler Günther Jakobs (1985, 2000, 2004, 2006)
ausgelöst. Danach werde der Straftäter, der die staatliche Rechtsordnung auf Dauer

---

[b] Siehe dessen Text im Kapitel *Inklusionen und Exklusionen* in diesem Band (A.d.H.).

[15] Vormbaum (2009) hat eine Reihe kritischer Beiträge zum Feindstrafrecht zusammengetragen, leider aber Jakobs nicht zu einer Aufnahme seiner wichtigsten Beiträge und zu
einer Stellungnahme zu seinen Kritikern bewegen können.

nicht respektiert und ihr zuwiderhandelt, zum nicht ansprechbaren Adressaten des Strafrechts erklärt, der bekämpft werden müsse. Das Mittel, welches das Feindstrafrecht hierfür vorsieht, ist das der Exklusion (Jakobs 2000). Die zentralen Kennzeichen des Feindstrafrechts seien (ebd., S. 51 f.) eine Vorverlagerung der Strafbarkeit von der Begehung einer Tat auf deren Vorbereitung, keine dieser Vorverlagerung entsprechende Reduktion der Strafe, eine Bekämpfungsgesetzgebung im Hinblick auf bestimmte Delikte, die Einschränkung prozessualer Garantien (z. B. durch eine Kontaktsperre für Beschuldigte und deren Anwälte) sowie die Einführung abstrakter Gefährdungsdelikte und sog. „Klimaschutzdelikte" (Straftaten, die ein rechts(staats)feindliches Klima schaffen [z. B. das Aufstacheln zum Angriffskrieg, § 80a StGB, oder Volksverhetzung, § 130 StGB]). Jakobs lässt offen, inwieweit er die Entwicklung des Feindstrafrechts als notwendige oder als lediglich festzustellende Konsequenz gesellschaftlicher Entwicklungen sieht. Klar macht er aber die punitive Wende im Strafrecht, im Zuge derer die Besserung und Wiedereingliederung der Straftäter, jedenfalls soweit es sich um „Feinde" handelt, keine durchgängigen und vorrangigen Ziele von Strafe mehr seien.

Die präventive Orientierung und die Vorverlagerung vereinen sich im Diskurs um ein neues Sicherheitsrecht, das viele Strafrechtswissenschaftler diagnostizieren (Naucke 1999, 2004; Denninger 2008; Albrecht 2005). Auch der Strafrechtswissenschaftler Ulrich Sieber (2007, S. 27) spricht von einer Entgrenzung des Strafrechts und einem neuen Sicherheitsrecht: das Strafrecht richte sich stärker an Prävention und Sicherheit aus, und diese Entwicklung sei durch Vorverlagerungen der Strafbarkeit sowie die Erweiterung präventiver Überwachungskonzepte gekennzeichnet. Zum anderen sieht er eine Tendenz zu alternativen Maßnahmen der Kriminalprävention (ebd., S. 40 ff.), die aus dem Strafrecht ausgelagert seien. Hierunter fasst er einerseits proaktiv wirkende alternative Schutzmaßnahmen (z. B. Selbstschutzmaßnahmen potenzieller Opfer), aber auch alternative Kontrollsysteme jenseits des Strafrechts (z. B. Diversionsstrategien). Damit beschreibt Sieber eine Entwicklung, die sich in großen Teilen mit der von Garland diagnostizierten Spaltung der Kriminalpolitik deckt, ohne sich auf diesen zu beziehen oder diese als Indikatoren für eine punitive Wende zu deuten.

Die Kritik an der Entwicklung des Strafrechts von Seiten der Strafrechtswissenschaft orientiert sich meist an den Kriterien der Rechtsstaatlichkeit,[16]

---

[16]Als Ausnahmen, die diese Verbindung sehr wohl herstellen, den Schwerpunkt aber auf den Aspekt der Rechtsstaatlichkeit legen, sind Detlev Frehsee und Winfried Hassemer anzusehen. So fragt Frehsee (1999): „Verschwindet der Rechtsstaat?" und Hassemer (vgl. 1994, S. 10) diagnostiziert, dass das Strafrecht seine kriminalisierenden Kapazitäten erweitere und dabei rechtsstaatlichen Ballast abwerfe, der die Erfüllung seiner neuen Aufgaben behindere.

ohne einen ausdrücklichen Bezug zur wachsenden Punitivität herzustellen.[17] So betrachtet Albrecht (2005) die verschiedenen Entwicklungsstufen des Strafrechts als sukzessive Erosion des rechtsstaatlichen Strafrechts, welche im Diskurs um das oben bereits erwähnte Feindstrafrecht kulminiere. Speziell den Akzent auf das rechtsstaatlich sensible Strafverfahrensrecht gerichtet, stellt auch Bernd Schünemann (2007) seine Überlegungen zu der „Zukunft des Strafverfahrens" unter die Frage: „Abschied vom Rechtsstaat?" Keine Fragezeichen finden sich hinter den Stichworten der Untertitel seiner Überlegungen: „Verpolizeilichung des Ermittlungsverfahrens", „Vergeheimdienstlichung des Ermittlungsverfahrens", „De-facto-Abschaffung der Hauptverhandlung" – mit zum Teil gar nicht feiner, sondern ätzender Ironie und wenig zimperlichen Kraftausdrücken charakterisiert er den rechtsstaatlichen Verfall des Strafverfahrensrechts und seinen Pessimismus bezüglich der Möglichkeit einer Umkehr dieser Entwicklung.

Es gibt nur wenige Autoren, die die Veränderungen des Strafrechts mit dem *punitive turn* in Zusammenhang bringen. Dies trifft gleichermaßen für die rechtswissenschaftlichen Kollegen von Jakobs wie für die Vertreter der Kriminologie zu. Erstere vermögen in der Diagnose von Jakobs nichts anderes zu sehen als ein vorwerfbares Abweichen vom rechtsstaatlichen und strafrechtsdogmatischen, grundgesetzlich verbürgten Pfad der Tugend. Kriminologen trauen sich nicht, ihren rechtswissenschaftlichen Kollegen in den Arm zu fallen, erst recht nicht den Ton anzuschlagen, mit dem sie ihr Mütchen an der kritischen Kriminologie kühlen.

Indessen erfordert eine genauere Analyse eine gewisse Differenzierung. Bezüglich der ablehnenden Front der Rechtswissenschaft gegenüber Jakobs

---

Als weitere Ausnahme von (rechts)soziologischer Seite sind auch neuere ethnologisch orientierte und rechtsstaatstheoretisch höchst kritische wie brisante Analysen von v. Trotha (2003; Hanser und Trotha 2002) zu nennen.

[17] Auch den dahinter stehenden Kräften wird in der deutschen Kriminologie keine Beachtung geschenkt. Diese sind vor allem im Niedergang des kriminalpolitischen Liberalismus und Aufstieg des kriminalpolitischen Populismus wiederzufinden, den Ian Loader (2006) treffend für Großbritannien analysiert hat und in dessen Kern der „Fall of the ‚Platonic Guardians'" steht. Diese Ablösung des distanzierten Expertentums von Praktikern und Wissenschaftlern zugunsten einer politisierten und öffentlichen Kriminalpolitik, die sich insbesondere zu Wahlkampfzeiten und im Anschluss an spektakuläre Straftaten, etwa aus dem Bereich von Sexualstraftaten oder besonders brutaler Gewaltdelikte, beobachten lässt, ist zweifellos auch in der deutschen Entwicklung festzustellen. Aber die Kriminologie hält nicht nur kontrafaktisch und gegen alle Evidenz an einem kriminalpolitisch liberalen Modell fest, dessen außerkriminellen, gesellschaftlichen Bedingungen nicht mehr existieren oder nachhaltig erodiert sind. Sie nimmt auch gar nicht erst die Fragen nach diesen außerkriminellen Voraussetzungen und Bedingungen liberaler Kriminal- und Sicherheitspolitik in ihre Agenda auf.

Feindstrafrecht ist diese nahezu geschlossen. Zu den wenigen Ausnahmen gehört Bernhard Haffke (2005), der das aktuelle Strafrecht als Sicherheitsstrafrecht im Sinne des Feindstrafrechts bezeichnet. Dieses besitze eine polizeiliche und präventive Orientierung und löse das freiheitlich orientierte Schuldstrafrecht ab. Die dem Strafrecht originär zugrunde liegende rechtsstaatliche „Freiheitslogik" werde von einer „präventiven Sicherheitslogik" ersetzt (vgl. Haffke 2005, S. 20). Als Triebkraft dieser Entwicklung sieht er die „neue Lust am Strafen", welche sich vordergründig über den Imperativ des Opferschutzes rationalisiere und vor allem das Sexualstrafrecht dominiere. Auch Winfried Hassemer (2001) – ein dezidierter Kritiker des Feindstrafrechts – sieht die Entwicklung des Strafrechts im Sog einer gesellschaftsweiten „Straflust", die sich im prozessualen wie im materiellen Strafrecht seit Jahren manifestiere. Diese Entwicklungen würden von Kontrollbedürfnissen der Bevölkerung und von einem punitiven, auf Prävention und Risikobeherrschung ausgerichteten Strafklima getragen (Hassemer 2002, S. 13), und der kriminalpolitische Diskurs werde seit den 1970er Jahren dominiert durch Sicherheitsbedürfnisse und Bestrafungswünsche der Bevölkerung (vgl. Hassemer 2006, S. 132).

Eric Hilgendorf (2007, S. 204), ebenfalls ein Strafrechtler und Rechtshistoriker, stützt seine Analyse des Strafrechts von 1975 bis 2005 auf die bereits erwähnte Dokumentation sämtlicher Änderungsgesetze und Neubekanntmachungen des Strafgesetzbuchs durch das Institut für juristische Zeitgeschichte (Vormbaum und Welp 1999, 2000, 2002, 2006) und identifiziert zwei Großtrends. Erstens eine Strafrechtsausweitung (durch Neukriminalisierung und Verschärfung): „Während 1975 noch Forderungen nach Entkriminalisierung vorherrschten, hat sich der Zeitgeist heute in Richtung auf immer mehr und immer schärfere Kriminalisierung gedreht" (Hilgendorf 2007, S. 203). Den zweiten Trend bezeichnet er als eine Strafrechtsflexibilisierung. Als Ursache dieser Entwicklungsrichtung betrachtet Hilgendorf den demographischen Wandel: Strafrechtsausweitung als Anpassungsprozess an die erhöhten Sicherheitsbedürfnisse einer älter werdenden Gesellschaft. Darüber hinaus nimmt er als weiteren Grund eine Haltung der Bevölkerung an, nach der der Staat für die Bearbeitung aller sozialer Probleme zuständig sei, die er mit dem Begriff „Staatsorientierung" umschreibt.

Den Trend zur Strafrechtsflexibilisierung führt er darauf zurück, dass sich die deutsche Strafrechtswissenschaft seit den 1960er Jahren zur Hauptaufgabe gemacht habe, klare Regeln und Begrifflichkeiten zu beseitigen. Als Phänomen hinter beiden Entwicklungen sieht er eine erhöhte Punitivität, die er an elf Ursachen festmacht. Dabei nennt er teilweise dieselben Indikatoren, die auch

Garland für die punitive Wende identifiziert (Medien- und Öffentlichkeits-
wirksamkeit punitiver Strafgesetzgebung, Populismus, Einflussverlust der
Experten), ohne sich allerdings auf seine Analyse zu beziehen.
Insgesamt lässt sich mit Bezug auf die Kontroverse über die kriminalpolitische
Kehrtwendung auch in der Bundesrepublik, soweit sie sich auch an der Entwicklung des strafrechtlichen Normengefüges ablesen lässt, den Kritikern der
Punitivitätsthese ein Befund entgegenhalten, dessen Eindeutigkeit und Deutlichkeit kaum zu leugnen ist. Offensichtlich aber ficht dieser Befund die kriminologischen Kritiker der Punitivitätsthese in keiner Weise an. Sie polemisieren
gegen die kritische Kriminologie, als hätten sie alle Nietzsches Diktum im Kopf,
dass man stoßen solle, was ohnehin fällt. Vielleicht aber sehen sie sich auch nur
in der Rolle des moralberufenen Dogmatikers, den Schünemann am Schluss
seines defätistischen Artikels dem moralresignativen Soziologen entgegenstellt
– allerdings tun es die Kriminologen mit einem Schuss Realitätsleugnung, der
die eigene Reputation aufs Spiel setzt. Oder halten sie sich nur heraus, wenn es
ums Strafrecht geht, als deren Hilfswissenschaftler sich die deutschen Kriminologen über die meiste Zeit ihrer bisherigen Existenz verstanden? Oder verstummt
gar alle kritische Vernunft und Empirie vor der Autorität eines hohen Gerichts-
funktionärs und dessen wacher und professioneller Beobachtung des Gangs des
Strafrechts, wie dies wohl unwidersprochen von dem bereits mehrfach erwähnten
Hassemer gesagt werden kann: da ist man versucht, den Kritikern der Punitivitätsthese ein lautes „Mannesmut vor Königsthronen" zuzurufen. Wie verhält es
sich, um auf den oben bereits erwähnten methodologischen Einwand zurückzu-
kommen, mit der differenziellen Gültigkeit der Beobachtung von Hassemer und
anderen rechtswissenschaftlichen Autoren im Vergleich zu der der Kritiker der
Punitivitätsthese? Das Stillschweigen zu dieser Frage ist ein wenig verräterisch.

3.2   Das institutionelle Gefüge des Strafrechts

Die gesetzlichen und normativen Regeln strafrechtlicher Kontrolle beschreiben
lediglich deren Potenzial und Bedingungen der Möglichkeit ihrer rechtswirk-
lichen Manifestation. Der Umsetzung und Anwendung dieses Potenzials dienen
bekanntlich eigens dafür existierende staatliche Institutionen und Funktionsträger. An ihrem Handeln sollten sich deshalb ebenfalls kriminalpolitische Entwicklungen ablesen lassen. Allerdings geschieht dies in der deutschen Diskussion
höchst selektiv und unvollkommen, wenn man sich die „institutionelle Karriere"

einer Tat und eines Täters durch die Instanzen der strafrechtlichen Kontrolle – von der Polizei über das Untersuchungsgefängnis, die Gerichte bis hin zu den freiheitsentziehenden und strafvollstreckenden Institutionen – vergegenwärtigt. Bei den dazu vorliegenden Untersuchungen handelt es sich überwiegend um rein deskriptive Analysen von Rechtspflegestatistiken (Groenemeyer 2003; Kury et al. 2004; Obergfell-Fuchs 2005; Kury und Obergfell-Fuchs 2006; Streng 2006; Köllisch 2007; Heinz 2009a, b), betreffen also weitgehend lediglich das rechtsstaatliche Vorzeige- und Herzstück des Strafrechts, die Gerichte und deren Urteile und Entscheidungen. Weder die Eintritts- noch die Austrittsstation der strafrechtlichen Kontrolle werden ernsthaft für die Frage punitiver Aufrüstung herangezogen. Darauf ist gleich noch einzugehen.

Die Ergebnisse dieser Studien unterstützen gleichwohl die These einer zunehmenden Punitivierung der deutschen Sanktionspraxis. So kommen auch Kury und Obergfell-Fuchs (2006, S. 1035) zu dem Schluss, dass bei der gefährlichen Körperverletzung und bei Sexualdelikten die Sanktionen im Laufe der Zeit härter geworden seien. Als gegenläufig zu dieser punitiven Tendenz deuten sie ihren Befund, dass leichtere Delikte mit geringem Strafmaß häufiger mit Freiheitsstrafen zur Bewährung sanktioniert werden. Legt man hier allerdings Garlands Interpretationsfolie zugrunde, ist dieses Resultat keineswegs als widersprüchlich zu einem punitiven Trend, sondern als Element des „defining deviance down" zu deuten, das unter der Doktrin der Ressourcenschonung im Kontext der adaptiven, also ökonomistischen, Strategie steht.

Auch Streng (2006) stellt einen Anstieg der Strafhöhen insbesondere bei Sexualdelikten fest. Bezugnehmend auf Garlands Analyse führt er diesen Befund auf eine zunehmende Opferorientierung zurück, nach der „das Strafrecht nicht nur den öffentlichen Strafanspruch geltend machen, sondern auch ideellen Genugtuungsbedürfnissen und Entschädigungsanliegen der Opfer gerecht werden" (ebd., S. 219) solle.

Wolfgang Heinz (vgl. 2009a, S. 259) teilt ebenfalls den Befund einer zunehmenden Punitivität, sieht diesen jedoch auf einige Delikte (Vergewaltigung, sexueller Missbrauch von Kindern, vorsätzliche Tötungsdelikte, gefährliche Körperverletzung, Handeltreiben mit Betäubungsmitteln) begrenzt. Daraus folgert er, dass aus den amtlichen Statistiken keine „*durchgehende* Punitivität" (Hervorh. Verf.) hervorginge, weil sie eine „quantitativ kleine Gruppe" beträfe – eine etwas befremdliche Argumentation, die von „Punitivität" nur sprechen will, wenn sie „quantitativ" zu Buche schlägt und wenn sie lückenlos gilt. Damit wird implizit eine Skalierung bzw. eine Indexbildung des Merkmals Punitivität vorgenommen, ohne nähere methodologische oder theoretische Erläuterungen zur Gewichtung der einzelnen Indikatoren zu geben. Allerdings steht Heinz nicht an, in Bezug auf andere Aspekte der Kriminalpolitik – der Gesetzgebung, der Medien, der Opferorientierung, der Instrumentalisierung der Kriminalpolitik für externe Zwecke, der auch bei uns zunehmenden „Kampfrhetorik" im Strafrecht etc. – durchaus von einer „Trendwende" zu sprechen (ebd.).

3.3 Einige markante Einzelbeispiele deutscher Punitivität

Es verkennt die Logik von Gesellschaft ebenso wie die Möglichkeit ihrer – auch wissenschaftlichen – Erfassung und Beschreibung, wer von Punitivität nur sprechen will, wenn sich diese gleichsam ohne jeden Rest nachweisen lässt. Dies aber charakterisiert die Position derjenigen, die ihre Existenz leugnen oder auch nur relativieren. Eher erscheint uns eine theoretische und empirische Strategie der Analyse angezeigt, die besonders geeignete „Kandidaten" punitiver und repressiver Reaktion zu identifizieren sucht.

Im Folgenden soll auf drei solcher Kandidaten hingewiesen werden. Dabei handelt es sich nicht nur um Kandidaten im personenbezogenen Sinn, sondern auch um institutionelle Bezüge. Es geht um den strafrechtlichen Umgang mit jugendlichen Rechtsbrechern; es geht um die „Endstation" der Karriere des straffällig Gewordenen, um das Gefängnis; und um Sexualstraftäter, insbesondere die Figur des „Pädophilen", den modernen „Alien" als perfektes Hassobjekt schlechthin.

1. John Muncie, einer der führenden englischen Experten-Kriminologen zum strafrechtlichen und staatlichen Umgang mit jugendlichen Straftätern hat kürzlich für „Western Europe" und die „USA" eine Bilanz über das Jugendstrafrecht unter den Titel gestellt: „The ‚Punitive Turn' in Juvenile Justice" (2008). In einer Art tour d'horizon trägt Muncie eine Reihe von Indikatoren und Urteilen über die einschlägige Entwicklung in westlichen Ländern diesseits und jenseits des Atlantiks zusammen. Bei aller Diversität und lokaler Relativität im Einzelnen findet er weit- und durchgehend „arguments in support of the ‚punitive turn' thesis […]" (ebd., S. 108).

Seine länderspezifischen Vergleiche schließen auch die deutsche Situation ein, der er nächst den Niederlanden und England und Wales einen dritten Rang als „the most ‚custody prone'" (ebd., S. 114) Länder zuweist. Für dieses Urteil bezieht sich Muncie u. a. auf eine errechnete Gefangenenquote der jugendlichen Altersgruppe sowie auf die Versuche der Instrumentalisierung jugendstrafrechtlicher Verschärfungen im hessischen Wahlkampf im Jahre 2008, die auch von

der deutschen Bundeskanzlerin zum Anlass genommen worden seien, die Einführung von „boot camps and ‚warning shot arrests', particularly for immigrant
youth" (ebd., S. 109)[18] anzukündigen.

Das Bild, das dagegen deutsche Beobachter zum Jugendstrafrecht zeichnen
– Experten der Materie allemal –, liest sich deutlich anders und gefälliger. Der
bereits oben erwähnte Heinz, sicherlich der profundeste und intimste Kenner der
jugendkriminalstatistischen Messzahlen offizieller und wissenschaftlicher Art,
Mitglied der beiden regierungsamtlichen Kommissionen zur Erarbeitung eines
„Periodischen Sicherheitsberichts" (PSB) aus den Jahren 2001 und 2006, gelangt
auch in Bezug auf seine Untersuchung der Praxis des Jugendkriminalrechts zu
keinem eindeutigen Ergebnis (Heinz 2009b, S. 78 ff.). Obwohl er auf der Ebene
der Legislative sowie des Diskurses punitive Tendenzen ausmacht und konzediert,
stellt er für den jugendstrafrechtlichen Bezug etwas kleinteilig 14 Einzel-
ergebnisse nebeneinander, die kein einheitliches Bild eines Für oder Wider der
Punitivitätsthese erkennen lassen. Ganz anders allerdings liest sich etwa der Blick
von dem gleichermaßen wissenschaftlichen wie praktischen Experten Heribert
Ostendorf (2010) auf das Jugendstrafrecht, der ohne Fragezeichen von – so der
Titel seines jüngsten unter seinen zahlreichen vorangegangenen Beiträgen zum
Jugendstrafrecht – „Strafverschärfungen im Umgang mit Jugendkriminalität"
spricht und dies ebenso an den legislativen Veränderungen wie der Justizpraxis
der letzten Jahre ausweist.

Obwohl von den Leugnern der Punitivitätsthese als nicht oder nicht voll
„satisfaktionsfähig" akzeptiert, mögen doch noch einige Stimmen und Argumente zugunsten der Triftigkeit der These hinzugefügt werden. Zum einen lohnt
ein Blick auf die Rolle der Medien in unserem Zusammenhang. Insbesondere
aus den Reihen der Politik werden die Medien vornehmlich für die zunehmende
Verhärtung der Kriminalpolitik verantwortlich gemacht. Allerdings lassen sich
mehr und mehr auch andere mediale Töne vernehmen. Beispielhaft sei auf die
ZEIT verwiesen, die in früheren Jahren durchaus auch schon mal wenig zimperlichen Rat in Sachen Jugendkriminalität und -devianz zur Hand hatte, inzwischen
jedoch den punitiven Zahn der Zeit zur Kenntnis genommen hat. 2006 identifizierte Sabine Rückert in der ZEIT in einem Dossier unter dem Titel „Ab in den
Knast" am Beispiel eines justiziellen Umgangs mit einer Straftat die Tendenz der

---

[18] Muncie bezieht sich für seine Informationen über die Behandlung der Jugendkriminalität
durch die deutsche Politik zum einen auf einen Bericht im Guardian vom 8. Januar 2008,
zum anderen wertet er länderspezifisch die Umsetzung von UN- und EU-Empfehlungen
zur Etablierung und Wahrung von Kinderrechten aus. In beiderlei Hinsicht nimmt Deutschland einen unrühmlichen negativen Platz ein.

Gerichte, der Resozialisierung zunehmend den Rücken zu kehren. Die „tageszeitung" kommentiert auf der Aufschlagseite ihrer Ausgabe vom 10. März 2010 mit dem Aufmacher: „Unbegrenzte Haft für Jugendtäter" die gerade vom Bundesgerichtshof erklärte Zulässigkeit nachträglicher Sicherungsverwahrung auch für Jugendliche unter der Überschrift „Urteil gegen die Resozialisierung" mit den folgenden Worten: „Mit seinem gestrigen Urteil zum Jugendstrafrecht liegt der Bundesgerichtshof ganz im politischen Trend – und der geht seit Jahren weg vom Gedanken der Resozialisierung und hin zu einer härteren Gangart auch im Umgang mit jugendlichen Straftätern".[19]

Zum anderen mag die in der taz vom 20./21. März nachzulesende Stimme von Josef Koch, dem Geschäftsführer der internationalen Gesellschaft für erzieherische Hilfen, kurz zu Wort kommen. Unter dem Eindruck der geplanten bzw. bereits existierenden Einrichtung geschlossener Heime für Kinder ab zehn Jahren in Niedersachsen und Schleswig–Holstein stellt dieser Experte des Umgangs mit straffälligen Kindern und Jugendlichen lapidar fest, „dass die ganze Heimerziehung wieder härter wird." Koch bringt damit eine Beobachtung auf den Nenner, der sich auch aus anderen Texten aus dem Bereich der Praxis der Sozialpädagogik und Jugendarbeit belegen lässt.

Ein Stichwort aus den vorangegangenen Zitaten verdient eine besondere Unterstreichung: das Prinzip der „Resozialisierung" wird in der Diskussion über die kriminalpolitische Wende auch in der Bundesrepublik von ihren Gegnern gleichsam als deutsches „Alleinstellungsmerkmal" des strafrechtlichen Umgangs mit insbesondere jugendlichem Fehlverhalten behandelt. Dies sahen wir schon bei der Rezeption der Studie von Garland, der der Entwertung des Prinzips der Resozialisierung ein ganzes der insgesamt sieben Buchkapitel gewidmet hat (2001: Kap. 3). In etwas polemischer Zuspitzung lässt sich die Position von deutschen Kritikern der Punitivitätsthese auf den Nenner bringen: das Bundesverfassungsgericht bzw. das Grundgesetz wird es schon richten, nämlich über die weitere empirische Gültigkeit und Geltung der Resozialisierung wachen.

2. Das zweite markante Einzelbeispiel der punitiven Wende auch in der Bundesrepublik betrifft den Strafvollzug. Entgegen der von vielen Kriminologen kontrafaktisch nach Palmströmscher Logik hoch gehaltenen Punitivierungsbremse der angeblich hierzulande immer noch lebendigen Resozialisierungsidee mehren

---

[19] In der gleichen Ausgabe stellt der Rechtsexperte der „taz", Christian Rath, ein sorgfältiger und abwägender Journalist, den gleichen Vorgang unter die Überschrift: „Für immer drin. Die Strafgesetze werden immer restriktiver. Die Sicherungsverwahrung ist ein Beispiel dafür." Darin beruft er sich auf diese Feststellung des Präsidenten des Bundesgerichtshofs, Klaus Tolksdorf: „Leichter rein, länger drin, schwerer raus".

sich in letzter Zeit Stimmen, die gerade im Strafvollzug eine härtere Gangart[20] infolge einer zunehmenden Abkehr vom Rehabilitationsideal und einem Übergang zum bloßen Verwahr- und Sicherungsvollzug wahrnehmen (Sack 2007). Frieder Dünkel und Bernd Geng (vgl. 2007, S. 16) beklagen, dass der offene Vollzug sowie Resozialisierungsmaßnahmen wie Vollzugslockerungen und Hafturlaub Opfer einer „restaurativen" Vollzugspolitik geworden seien. Die Entwicklung der Lockerungspolitik hat auch Johannes Feest (2004) untersucht und dabei seit 1989 einen offensichtlichen und drastischen Rückgang von Lockerungen (Hafturlaub, Ausgang, Freigang, offener Vollzug) in vielen Bundesländern festgestellt, der allerdings schon Anfang der 1990er Jahre (aufgrund steigender Gefangenenzahlen) verdeckt begonnen habe. Dabei sei der Rückgang angesichts äußerst geringer (von anfänglich vier Prozent auf unter ein Prozent gesunkener) Missbrauchsquoten nicht etwa auf negative Erfahrungen mit Vollzugslockerungen zurückzuführen, sondern mit dem Wandel hin zu einem populistischen kriminalpolitischen Klima und dessen restriktiven Folgen auf die Vollzugspraxis sowie auf die justiziellen Entscheidungen in Zusammenhang zu bringen.

Frieder Dünkel und Horst Schüler-Springorum (2006) befürchten darüber hinaus, dass sich die durch die Föderalismusreform nunmehr bedingte Länderzuständigkeit für den Strafvollzug zu einem „Wettlauf der Schäbigkeit" entwickle. Offensichtlich war Dünkel diese Charakterisierung der durch die Föderalismusreform ausgelösten Novellierungshektik auf dem Gebiet des Strafvollzugs dann doch etwas zu reißerisch und peinlich: In einem allerjüngsten Beitrag in einem Themenheft „Strafvollzug" in der politiknahen Beilage zum „Parlament" heißt es eingangs sowie resümierend, dass „der befürchtete ‚Wettbewerb der Schäbigkeit' [...] bislang ausgeblieben" bzw. „nicht eingetreten" (Dünkel 2010b, S. 7, 14) sei – ein deutliches „Zurückrudern" gegenüber der Titelbehauptung des Artikels mit Horst Schüler-Springorum aus dem Jahre 2006, in der es hieß, dass der besagte Wettbewerb „schon im Gange" sei. An anderer Stelle geht Dünkel (2010a, S. 10) sogar noch einen Schritt weiter und hält einer repressiven Trendwende in der deutschen Kriminalpolitik einen „humanen Strafvollzug" entgegen, welcher der Rechtsprechung des Bundesverfassungsgerichts zur Resozialisierung im Strafvollzug zu verdanken sei. Die verfassungsgerichtliche Rechtsprechung, die neben der Kompromisspolitik der Koalitionsregierungen „extreme Ausschläge in die eine

---

[20] Diese „Neue deutsche Härte" (Plewig 2007, 2008) macht sich nicht zuletzt im Zugriff auf delinquente Jugendliche bemerkbar. Im Bereich der Jugendhilfemaßnahmen befinden sich Anti-Aggressivitäts-Trainings auf dem Vormarsch, die sich als Methode der „Konfrontativen Pädagogik" verstehen, welche durchaus umstritten ist (Krasmann 2000; Plewig 2007, 2008, 2010). Für den punitivitätsinduzierten Wandel in der Sozialarbeit in Deutschland insgesamt vgl. Lutz (2010).

oder andere Richtung" verhindere, betrachtet er als „Markenzeichen deutscher Rechtspolitik" und in Europa einzigartigen „Stabilisierungsfaktor" (ebd., S. 10). Für den hier interessierenden Zusammenhang lassen diese Diagnosen keinen Zweifel daran, dass das Resozialisierungsstrafrecht über die Reformbemühungen der 1960er Jahre hinaus keinen Bestand hatte, wie dies der ehemalige Richter am Bundesgerichtshof, Hartmuth Horstkotte, bereits 1973 feststellte. Die Entwicklung des Strafrechts in der Bundesrepublik hat während der letzten drei Jahrzehnte weiterhin die entgegengesetzte Richtung eingeschlagen.

Ein weiterer, auch von der Politik als kriminalpolitischer und damit als Indikator für staatliche Punitivität verwendeter und geeigneter Indikator ist die Entwicklung der Gefangenenzahlen im Zeitverlauf – üblicherweise als Gefangenenquote bzw. -rate gemessen (Suhling et al. 2002; Suhling 2003; Tonry 2004; Streng 2006; Kury und Obergfell-Fuchs 2006). Die Gefangenenrate stellt die zentrale Rahmenbedingung des freiheitsentziehenden Strafvollzugs dar. Bekanntlich ist das explosive Hochschnellen der Gefangenenquote seit Mitte der siebziger Jahre in den USA der bedeutendste Einzelindikator, der die kriminalpolitisch punitive Kehrtwendung markiert und die darüber weltweit ausgelöste Diskussion losgetreten hat (Dinges und Sack 2000)[21]. Seit Beginn der 1990er Jahre schwillt die Gefangenenpopulation auch in der Bundesrepublik kontinuierlich bis zu einem Drittel an, um danach zu stagnieren und leicht zurückzugehen. Dabei fällt insbesondere der Anteil nichtdeutscher Gefangener auf (Suhling et al. 2002; Kury und Obergfell-Fuchs 2006). Von stabilen Gefangenenraten in den 1970er, 1980er und 1990er Jahren in der Bundesrepublik, von denen Tonry (2004) als Beleg für einen „punitiven Exzeptionalismus" Deutschlands spricht – „so far, Germany is not among Garland's ‚and elsewhere, too'"[c] (ebd., S. 1188) – kann keine Rede sein.

Eine allgemeine Anmerkung zur Behandlung des Strafvollzugs in der deutschen kriminalpolitischen Diskussion erscheint uns abschließend angebracht. Bei den Kritikern der Punitivitätsthese spielt diese „vollziehende" Institution der strafrechtlichen „Schmerzzufügung" (Nils Christie) für ihre Argumentation so gut wie keine Rolle [...]. Anderseits gewinnt man jedoch den Eindruck, dass es eine Art „Subtext" des Strafvollzugs gibt, der auf eine äußerst empfindliche

---

[21] In diesem Beitrag haben Dinges und Sack schon frühzeitig und vor der Monographie von Garland die amerikanische Situation rezipiert, ohne dass die deutsche Kriminologie davon Kenntnis genommen hat.
[c] Tonrys Kritik bezieht sich auf Garlands Feststellung, die Kriminalpolitik gestalte sich in Großbritannien, Australien, den USA „und anderswo auch" zunehmend repressiver (Garland, David, 1996, The Limits of the Sovereign State: Strategies of Crime Control in Contemporary Society, in: British Journal of Criminology 36, S. 445–471), A.d.H.

Symptomatik dieser Institution sozialen Ausschlusses verweist. Jeder „Frei-
heitswille" in Form eines Ausbruchs aus dem Gefängnis ist sich des medialen
Zugriffs sicher, jede Gewalttätigkeit und jeder Selbstmord im Gefängnis macht
das Amt des(der) Justizministers(in) zum Schleudersitz. Und ebenso – obwohl
nicht systematisch erforscht, wohl aber „qualitativ" zugänglich – sind boshafte
und schmähende Worte wie „Kuschel- bzw. Hotelvollzug" zur Kritik des Strafvollzugs gang und gäbe, wie sich mühelos „ergooglen" lässt: eine moderne Aufforderung zur Wiedereinführung bzw. Einhaltung des „eligibility principle" aus
der Arbeitshausordnung des England im neunzehnten Jahrhundert.[d] Es ist der
gleiche Mechanismus des „Abstandsgebots" aus der Welt der Sozialleistungen,
der im Gefängniswesen dazu aufruft, die Welt innerhalb der Mauern auf
„Abstand" gegenüber der schlechtest denkbaren außerhalb der Mauern zu halten
– unabhängig und gegen das offizielle Prinzip, die Lebensverhältnisse innen und
außen zum Zwecke der Reintegration soweit wie möglich anzunähern. Als ob
nicht die bloße Tatsache des Freiheitsverlusts schon den ganzen unaufhebbaren
Unterschied ausmacht – das negative „Alleinstellungsmerkmals" überhaupt des
Gefängnisses.

Von alledem ist in der deutschen Diskussion über die wiederentdeckte punitive
Gangart der Kriminalpolitik keine Rede. Wie der Strafvollzug insgesamt in der
Kriminologie – von nur wenigen Ausnahmen abgesehen – wie ein ungeliebtes
und marginales Stiefkind behandelt wird, so kommt er bei den tonangebenden
Stimmen zur punitiven Entwicklung der Kriminalpolitik nicht vor. Allerdings ist
der Strafvollzug dennoch eine Institution und ein Gelände, über das sich mühelos unterschiedliche Bilder verbreiten lassen. So hat sich etwa das vom gleichen
Autor – dem bereits erwähnten Dunkel – gezeichnete Bild über Stand und Entwicklung des Strafvollzugs innerhalb nur weniger Jahre von „einem Wettbewerb
der Schäbigkeit" (Dünkel und Schüler-Springorum 2006) zu einem „Wettbewerb
um eine bestmögliche Praxis" (Dünkel 2010a, S. 14) gewandelt – so nachzulesen in einem offiziösen Organ bundesdeutscher Politik. Dagegen überschreiben
zwei gleichermaßen renommierte Experten des Strafvollzugs von der Universität
Bochum ihren Beitrag in einer bilanzierenden Sammlung von Texten „Auf der
Suche nach neuer Sicherheit": „Von der Pathogenie des Strafvollzugs" (Alex
und Feltes 2009). Darin finden sich u. a. diese Feststellungen: „Die deutlichen
Veränderungen im Strafvollzug [...] sind ausschließlich Ausdruck punitiverer
Einstellungen in Politik und Medien" (ebd., S. 92) und halten als Ergebnis fest:

---

[d]Als ‚less eligibility' wurde das Prinzip bezeichnet, wonach die Armen in den Arbeits-
häusern materiell nicht besser gestellt werden dürften als die ärmsten Arbeiter außerhalb.
Dahinter stand die Überzeugung, Arme seien für ihre Lage selbst verantwortlich und ihre
Lebensbedingungen so (schlecht) zu gestalten, um sie zur Arbeitsaufnahme zu disziplinieren.

„Auch im Strafvollzug sind das neue Sicherheitsdenken und Elemente eines Feindstrafrechts [...] bereits fest verankert" (ebd., S. 98). Von einem neugierigen neutralen Beobachter vor die Frage gestellt, welcher der beiden Stimmen der wahrheitsgemäße Vorzug zu geben ist, könnte man vielleicht mit Erläuterungen zu Autor und Erscheinungsort ausweichen sowie nach der auch in der Wissenschaft – die Kriminologie durchaus nicht ausgenommen – existierenden Hierarchie der Glaubwürdigkeit und der Definitionsherrschaft Ausschau halten.

3. Das dritte Punitivität indizierende Beispiel erschließt sich bei genauerem Hinsehen aus Sonderentwicklungen der Kriminal- und Rechtspflegestatistiken. Ihr verharmlosendes oder beschwichtigendes Kleinreden kann nur von Interessenpolitik oder Zynismus diktiert sein. Die repressive Verschiebung innerhalb des jugendstrafrechtlichen Sanktionsspektrums findet sich in dem bereits erwähnten Aufsatz von Ostendorf statistisch belegt. Dass sich die Zahl der Sicherungsverwahrten seit den achtziger Jahren nahezu verdreifacht hat (1984, S. 182, 2009, S. 491), ebenso die in die sonstigen freiheitsentziehenden Institutionen des Maßregelvollzugs eingewiesenen Straftäter erheblich zugenommen haben (1987, S. 3746; 2008, S. 9538)[e], kann zwar zahlenmäßig als „quantité négligeable" angesichts einer Gefängnispopulation von mehr als 70.000 abgetan werden, aber als Beleg für eine Haltung „keine besonderen Vorkommnisse" auf dem Feld des Freiheitsentzugs kaum geeignet sein.[22] Zumindest für diesen „Indikator" der Kriminalpolitik spricht etwa Heinz (2006, S. 893) schon vor einigen Jahren von einer „unerwarteten Renaissance" im Kontext einer „Kriminalpolitik der Sicherheit" und tut dies fast in der Rhetorik von Garland, der freilich für das Strafrecht und die Kriminalpolitik als Ganzes spricht.

Dieser Entwicklung gebührt für unsere Fragestellung eine gesonderte Herausstellung. Die Sicherungsverwahrung – unter dem Nationalsozialismus als neues Instrument der staatlichen Sozialkontrolle ins Strafrecht eingeführt – verweist auf ein „Dispositiv" neuer und eigener Art der Kriminalpolitik. Seit Mitte der 1990er Jahre ist in einer geradezu hektischen Abfolge das Institut der Sicherungsverwahrung im Takt und Rhythmus einiger spektakulärer tödlicher Sexualstraftaten

---

[e] Im Trend sinken die Gefangenenraten in Deutschland seit 2004 und steigen seit 2015 nur leicht an. Im Jahr 2020 betrug die Anzahl der Gefangenen in Deutschland 57.600 Personen, was einer Gefangenenrate von 69 auf 100.000 Einwohner entspricht und deutlich unter dem europäischen Schnitt liegt – die höchste Gefangenenrate weist inzwischen Belarus mit 345 auf und liegt damit leicht über Russland (www.prisonstudies.org). Im Jahre 2020 hat sich nach Statistischem Bundesamt die Anzahl der Sicherungsverwahrten auf 593 erhöht. Diese Zahl steigt konstant seit 2012 (A.d.H.).

[22] Vgl. hierzu die detaillierte Auswertung der einschlägigen Rechtspflegestatistiken von Heinz (2006).

verschärft, aufgerüstet und ausgedehnt worden. Dieser Prozess ist von mehreren Autoren detailliert dokumentiert und analysiert worden (u. a. Haffke 2005; Rzepka 2003a, b) und kann hier nicht in seinen Einzelheiten dargelegt werden.

Der Ausbau der Sicherungsverwahrung ist für unsere Frage in verschiedener Hinsicht bemerkenswert. Er signalisiert erstens eine Spontaneität und Unmittelbarkeit kriminalpolitischer Reaktion durch die Legislative, die sich keine Zeit mehr gibt, den Regeln rationaler Gesetzgebung nach den Prinzipien der Erforderlichkeit, Geeignetheit und Angemessenheit bzw. Verhältnismäßigkeit neuer Gesetze oder deren Novellierung zu folgen, sondern die sich z. B. „tagesaktuelle Reaktionen auf Sexualmorde an Kindern" ja: zuletzt „nurmehr fiktive Fälle" zum „Anlass für 'Vorratsgesetzgebung'" nehmen (Heinz 2009a, S. 243). Dieser legislative Formwandel in der Kriminalpolitik ist typisch für eine Politik von „law and order" und steht nicht für eine rationale Kriminalpolitik im herkömmlichen Sinne.

Zweitens verweisen die Sicherungsverwahrung und deren verschärfender Ausbau auf die punitive Sensibilität insbesondere in Bezug auf Sexualstraftaten, in Sonderheit der „Pädophilie". Damit ist auch für die Bundesrepublik ein wesentlicher Mosaikstein des „punitive turn" zu registrieren, der u. a. auch von Garland in seiner „Culture of Control" (2001, S. 136 f.) als Beispiel des „dämonisierenden" Parts des Strafrechts herangezogen wird[23]. Bei Bauman (2000) wird der Umgang von Staat und Gesellschaft mit der Pädophilie geradezu zum Signum einer Gesellschaft, deren struktureller Mangel an „Hassobjekten" durch diese Straftäter gleichsam „kompensiert" würde, weil ein pädophiler Täter „die seltene Gelegenheit (bietet), jemanden wirklich zu hassen, laut, öffentlich und absolut ungestraft". „Es gibt nur noch wenige Gruppen von Menschen, die man auf ehrenhafte Weise hassen darf. Pädophile sind genau das richtige."[24]

Schließlich handelt es sich bei den Insassen der Sicherungsverwahrung, die fast ausschließlich für Sexualstraftäter sowie gewalttätige Wiederholungstäter genutzt wird, um eine gesellschaftliche Minorität, die wie keine andere die Opferorientierung des punitiven und repressiven Strafrechts erzeugt und nährt.

---

[23]Vgl. hierzu auch die Monografie von Laurie Boussaguet, einer französischen Politologin, die in ihrer Doktorarbeit die Kriminalisierung der Pädophilie in Belgien, Frankreich und Großbritannien komparativ analysiert hat.

[24]Die hier aus Bauman (2000, S. 20) abgedruckten Zitate sind Passagen aus Berichten einer Reporterin („die in soziologischer Hinsicht über einen sechsten Sinn verfügt" – ebd., S. 19) im Guardian über die tagelange Belagerung einer Polizeistation durch aufgebrachte Frauen in einer von drei englischen Städten, in der sich ein entlassener Sexualstraftäter aufhielt. [Siehe ausführlicher hierzu den Text von Bauman im Kapitel *Signal-Verbrechen: sex and crime* in diesem Band, A.d.H.].

Das Kind als Opfer verkörpert in geradezu prototypischer Weise die Essenz und das Dispositiv des Opfermechanismus. „The return of the victim" stellt für Garland einen der zwölf Indikatoren dar, an denen er seine These der kriminalpolitischen Wende demonstriert (Garland 2001, S. 10 f.). Und auch für v. Trotha macht die gesellschaftsweite Opferorientierung einen entscheidenden Bestandteil der „Erzeugungsgrammatik" der von ihm identifizierten „Präventiven Sicherheitsordnung" aus (v. Trotha 2003, S. 60 und passim).[f]

II   *II. Kausale Annäherungen an die Punitivität: Hinter- und Abgründe*

[...]

2.   Kriminalität und Medien als Treibsätze der kriminalpolitischen Wende?

Wo es keine punitive Wende gibt, da gibt es natürlich auch keine Notwendigkeit, über ihre Gründe und Hintergründe nachzudenken. Folglich ist die Suche nach Erklärungen der kriminalpolitischen Kehrtwende in der deutschen Diskussion nicht sehr ertragreich. Diesseits der Wende gibt es indessen kriminalpolitische Bewegung und Initiativen. Auch diese finden natürlich Eingang in die kriminologische Diskussion. Ihre analytische Verarbeitung folgt einem Muster und einer Logik, die dem staatlichen und alltagsweltlichen Commonsense folgt, wonach die Kriminalpolitik das Instrument zur Lösung des gesellschaftlichen Problems der Kriminalität darstellt. Quantitative oder qualitative Veränderungen der Kriminalität zögen entsprechende Änderungen und Reaktionen der Kriminalpolitik nach sich.

Diesem Muster staatlichen Handelns begegnet man jedoch dort, wo ausnahmsweise ein verschärftes Strafklima auch hierorts bejaht wird. Die rechtfertigende Begründung verweist dann meist auf eine veränderte Kriminalitätswirklichkeit, die die härtere Kriminalpolitik wie die punitiven Einstellungen der Bevölkerung geradezu zwangsläufig nach sich zögen. Stefan Suhling et al. (2002, S. 171) etwa sehen – neben unterschiedlichem Entscheidungsverhalten der Staatsanwaltschaften und Gerichte sowie makrostrukturellen Wandlungen im Sinne Garlands – die

---

[f] Siehe hierfür das Kapitel *Prävention als Steuerungsmechanismus in der späten Moderne* im Folgeband (A.d.H.).

möglichen Ursachen der heftigeren Bestrafung zum einen in steigender Kriminalität und zum anderen in sich qualitativ verändernder Delinquenz. Sie stehen stellvertretend für Vertreter der Politik, der Medien und auch für eine Reihe von Kriminologen.

Selbst Garland hat im Widerspruch zu seiner eher konstruktivistischen Perspektive auf Punitivität mit dem Argument der *high crime society* auf diese objektivistische Ebene der Kriminalität verwiesen, ohne diesen Aspekt allerdings detailliert auszuarbeiten. Gleichwohl ist dies einer der wenigen Punkte, in dem ihm von Kritikern widersprochen wurde. So auch auf der Frankfurter AJK-Tagung „Kriminalpolitik in High Crime Societies: David Garlands Culture of Control im Lichte deutscher Entwicklungen" vom 14. bis 16. Juli 2006.[26] Der Kritik entgegen kommend, plädierte Garland dort für eine Ersetzung des Begriffs „High-Crime-Society" durch den der „Crime-Salient-Society". Dies ließe sich übersetzen als „Kriminalitäts-Dramatisierungs-Gesellschaft", womit Garland an die Diagnose von Jonathan Simon (1997) heranrückt, wonach die spätmodernen Gesellschaften über Kriminalität regiert würden.[27]

Auch Wacquant betont, dass mit dieser Art kriminologischer Stimulus–Response-Perspektive bzw. – wie er es ebenso plastisch wie treffend nennt – *„Verbrechen-und-Strafe-Paradigma"* (2009, S. 291 – kursiv i. O.) der punitiven Wende nicht auf die Spur zu kommen sei. Sie lasse sich nicht „von der Häufigkeit und dem Charakter der Gesetzesverstöße ableiten". Das „zwanghafte, vom gewöhnlichen wie vom wissenschaftlichen Commonsense unterstützte Starren auf die Kriminalität" verstelle stattdessen den Blick auf punitive soziale Kontexte. Dass die Kriminalitätswirklichkeit – wenn auch mit Ausnahmen[28] – in der

---

[26] Die dort präsentierten Beiträge sind – zusammen mit einigen zusätzlich eingeworbenen sowie einer Antwort Garlands auf seine Kritiker – im Beiheft 9 des Kriminologischen Journals nachzulesen (Hess et al. 2007).

[27] Eine etwas süffisante Bemerkung zu diesem Aspekt von Garlands Analyse findet sich in Nils Christies (2005) normale Kriminologen und Politiker verstörender Frage: „Wieviel Kriminalität braucht die Gesellschaft?": „Ich hoffe," – so Christies Einlassung nach der Feststellung, dass „Garland sich in diesem Punkt in seinem interessanten Buch meiner Meinung nach unklar ausdrückt" – „seine grundlegende Auffassung ist die, unsere soziale Situation hat sich in einer Weise entwickelt, dass man den Eindruck einer zunehmenden Kriminalität haben muss und dass dieser Eindruck alle möglichen Konsequenzen hat" (ebd., S. 26).

[28] So weist Heinz (2006, S. 894) in seiner Analyse der Zunahme der „freiheitsentziehenden Maßregeln der Besserung und Sicherung" einen Zusammenhang mit den „kriminalstatistischen Daten" zurück, wie er auch den notorisch aus der Welt der Politik – wegen angeblich quantitativ wie qualitativ gestiegener Werte – geforderten jugendstrafrechtlichen Verschärfungen vielfach mit genau entgegen gesetzten, außerordentlich gut recherchierten Befunden in den Rücken gefallen ist. Ebenso hält Dünkel (2010a, S. 7) in einem kürzlich

deutschen Diskussion immer noch als maßgebliche Referenz für die strafende Reaktion gilt, verdankt sich wohl der bis heute nachwirkenden Dominanz der Jurisprudenz und der oben beschriebenen kriminalpolitischen Nähe und Affinität zum normativen Habitus von Recht und Praxis.

Ob diese nachwirkende institutionalisierte juristische Dominanz der Kriminologie bis in die Region der Sprache hineinragt und als Rezeptions- oder gar: Kulturschwelle für nichtdeutsche Forschung und Literatur fortwirkt – auf diese Frage kann man kommen, wenn man registriert, dass eine so bedeutsame Studie wie die von Katherine Beckett (1997) nicht die geringste Resonanz in der deutschen Kriminologie gefunden hat. Der sonst so empirieversessenen deutschen Kriminologie ist eine Studie entgangen, die für die USA jedenfalls die Vermutung aus dem Wege räumt, die Kriminalpolitik sei die „demokratische" Antwort auf die Entwicklung der Kriminalität.[29] Beckett konfrontiert in ihrer Studie verschiedene Zeitreihen der Kriminalität, des Drogenkonsums, der medialen Thematisierung des Kriminalitäts- und Drogenproblems sowie der einschlägigen Programmatik der politischen Parteien und Akteure über eine längere Periode miteinander. Diese empirischen Daten falsifizieren eine kausale Sequenz, an deren Beginn die Veränderungen der „Gegenstände" der Kriminalpolitik stehen. Vielmehr legt der Vergleich der Zeitreihen eine kausale Abfolge nahe, die mit der politischen Tagesordnung anhebt, medial weitervermittelt wird, gesellschaftliche Verunsicherung schürt und in die Welt setzt, die schließlich in größeres gesellschaftliches Interesse, gesteigerte Achtsamkeit und in Gefühle der Unsicherheit mündet.

Ein solches kausales Modell findet seine Plausibilität aus der Fundamentallogik staatlichen Handelns und staatlicher Funktion: Der „Austausch" zwischen Staat und Gesellschaft besteht bekanntlich in der Schutzgewährung des Staates gegen die den Mitgliedern der Gesellschaft abverlangten Gebühren und Steuern. Charles Tilly, der renommierte Sozialhistoriker und Politologe der Entstehung und Stärkung der europäischen Nationalstaaten, hat diesen Zusammenhang auf einen ebenso provokanten wie pointierten Titel gebracht: „War Making and State Making as Organized Crime" (1985). Darin vergleicht Tilly auf der Basis einer Reihe historischer Befunde staatliches Handeln unter bestimmten Bedingungen

---

erschienenen komparativen Beitrag über Gefangenenraten den erklärenden Rekurs auf „Kriminalitätsbelastungsraten" für „bestenfalls eine vereinfachende und unzulängliche Erklärung", auch wenn er meint, dass „in Deutschland in bestimmten Phasen ein entsprechender Zusammenhang erkennbar wird".

[29] Die Studie von Beckett ist in die kriminologische Diskussion als die Zurückweisung der von der Verfasserin so genannten „Democracy-at-work-hypothesis" eingegangen (Beckett 1997, S. 4, 15 ff.).

mit der Aktivität krimineller Schutzkartelle („the definition of a racketeer as someone who creates a threat and then charges for its reduction", 171). Zu dieser Analogie schreibt Tilly: „To the extent that the threats against which a given government protects its citizens are imaginary or are consequences of its own activities, the government has organized a protection racket." (ebd.)[g] Nicht die Kriminalität und Unsicherheit als objektive und unbefangene Fakten sind danach das Schwungrad kriminalpolitischer Prozesse, sondern die Art und Weise ihres politischen Einsatzes und ihrer machtbestimmten Instrumentalisierung. Hier etwas detaillierter darzustellen, wie dies unter Bedingungen eines seiner Steuerungsressourcen zunehmend beraubten Staates unter aller Augen und in wahlkampfnahen Zeiten geschieht, würde ein neues Kapitel erfordern. Es ist u. a. in der erwähnten Studie von Beckett nachzulesen, wird sich dem wachen Leser außerdem mühelos selbst erschließen. Nur soviel sei abschließend gesagt, dass die Kriminalität wegen ihrer gesellschaftlichen „Normalität", wie man seit Émile Durkheim weiß, einen geradezu unerschöpflichen und profitablen „Rohstoff" politischer und sonstiger Erregbarkeit und Instrumentalisierung abgibt und daran interessierte Akteure nicht unbedingt auf deren quantitativen oder qualitativen Wandel warten müssen. Unabweisbar lässt sich dies an Einzeldelikten ablesen, wofür ein besonders eindrucksvoller „Kandidat" das Delikt des Kindesmiss-brauchs darstellt. In einer Grafik aus dem Magazin Nr. 53 der Süddeutschen Zeitung aus dem Jahre 1998 sind zwei sich kreuzende Kurven über den zunächst leicht abfallenden, dann ansteigenden Verlauf der Fälle verurteilten Kindesmiss-brauchs und die Anzahl der Berichterstattungen in der Bildzeitung zu sehen. Während im Jahre 1981 die Grafik knapp einhundert Fälle von Kindesmissbrauch verzeichnet, eine Berichterstattung in der Bildzeitung nicht notiert ist, weist die Grafik für das Jahr 1998 etwas mehr als hundert Fälle verurteilten Kindesmiss-brauchs und ca. 350 Berichterstattungen über dieses Delikt aus. Schlagender lässt sich der Beweis nicht erbringen, dass es nicht die objektiv messbare, sondern die kommunizierte „Wirklichkeit" ist, die zählt.

Neben dem Verweis auf die Kriminalität und deren öffentliche und mediale Kriminalitätswahrnehmung stellt ein anderer Erklärungsversuch für punitive Tendenzen ebenfalls einen Zusammenhang in den Fokus, der auf Politiker und Kriminologen einen geradezu suggestiven und in mancherlei Hinsicht „ent-lastenden" Sog ausübt, in Wirklichkeit aber wohl eher als ein Symptom gleichen

---

[g] Siehe hierzu den Text von Tilly im Kapitel *Kriminalität als Instrument des Regierens* in diesem Band (A.d.H.).

Ursprungs zu betrachten ist – mehr ein Nebenkriegsschauplatz als ein strukturstiftender „root cause"[30]. Für die punitive Wende in legislativer Hinsicht, für Strafeinstellungen der Bevölkerung und andere punitive Indikatoren wird nicht nur in der vereinzelten deutschen, sondern auch teilweise in der außerdeutschen Strafforschung der Einfluss und die Bedeutung der Massenmedien hoch, wenn nicht gar bis zum Ausschluss anderer Faktoren veranschlagt.

Eine solche analytische Strategie lässt sich etwa an einer eindrucksvollen Studie des Kriminologischen Forschungsinstituts Niedersachsen beobachten (Pfeiffer et al. 2004; Windzio et al. 2007). Ausdrücklich distanzieren sich die Autoren von der Position Garlands, der den Medien keine genuin kausale, sondern lediglich verstärkende Bedeutung beimisst. Hier wie in analogen Studien werden die Medien als ursächliche Faktoren für punitive Tendenzen in der Kriminalpolitik und den Einstellungen der Bevölkerung angesehen (Sack 2006) – oft und gerne mit Bezug auf die griffige Formulierung Sebastian Scheerers (1978) über den „politisch-publizistischen Verstärkerkreislauf"[h]. Christian Pfeiffer et al. (2004) und Michael Windzio et al. (2007) betrachten die Ergebnisse ihrer Untersuchung zwar durchaus vor dem Spiegel von Garlands Analyse und bezweifeln die Punitivitätsthese nicht, deuten den Einfluss der Medienberichterstattung allerdings als kausal für eine teilweise ins Mehrfache überschätzte Kriminalitätsentwicklung durch die befragten Bürger, wodurch Strafbedürfnisse genährt würden. Nun hat man sich in der Medienwirkungsforschung längst von dem simplen, in eine Richtung wirkenden S-R-Modell[i] verabschiedet und stattdessen dem Prozess des Dekodierens durch das Publikum eine mindestens ebenso starke Bedeutung beigemessen wie dem Encoding durch die Sender-Medien. Nicht die Medien, sondern die Rezipienten produzieren auf der Grundlage ihrer kulturellen Positionen ihre Medienwirklichkeit (Hall 1980). Statt eine Medienschelte zu formulieren, müssen eben jene kulturellen und sozialen „Einbettungen" der Rezipienten in

---

[30] Um hier einen polemischen Begriff aufzunehmen, den James Q. Wilson, einer der einflussreichsten Stichwortgeber („broken windows") der konservativen amerikanischen Kriminalpolitik, einst Kriminologen und Soziologen mehr hämisch und zynisch als ernsthaft zur Untersuchung derjenigen Faktoren der Kriminalität anheimzugeben sich bereit fand, die jenseits der Grenzen von Strafrecht und Kriminalpolitik lagen [siehe hierzu den Text von Wilson und Kelling in Band 2, A.d.H.].

[h] Siehe den gleichnamigen Text von Scheerer im Kapitel *Kriminalität als Erzählung* in diesem Band (A.d.H.).

[i] Als S-R-Modell wird das so genannte Stimulus–Response-Modell bezeichnet, das fälschlicherweise davon ausging, dass eine Botschaft in der gemeinten Weise beim Empfänger ankomme und wirke (A.d.H.).

den Blick genommen werden. Damit wäre man wieder bei Garland und seiner kontextuierten Analyse.

Nicht die Kriminalität als objektives Geschehen, auch nicht ihre mediale und öffentliche Vermittlung sind danach die treibenden Faktoren der punitiven Wende [...].[j]

Literatur

Albrecht, P.-A. (2005): Kriminologie. Eine Grundlegung zum Strafrecht, 3. Aufl., München.

Alex, M./Feltes, T. (2009): Von der Pathogenie des Strafvollzugs, in: Lange, H.-J./Ohly, P./ Reichertz, J. (Hrsg.), Auf der Suche nach neuer Sicherheit, Wiesbaden: 87–100.

Bauman, Z. (2000): Krise der Politik, Hamburg.

Beckett, K. (1997): Making Crime Pay. Law and Order in Contemporary American Politics, New York.

Boussaguet, L. (2009): Les faiseuses d'agenda: Les militantes féministes et l'émergence des abus sexuels sur mineurs en Europe, in: Revue Française de Science Politique 59: 221–246.

Christie, N. (2005): Wieviel Kriminalität braucht die Gesellschaft?, München.

Denninger, E. (2008): Prävention und Freiheit. Von der Ordnung der Freiheit, in: Huster, S./Karsten, R. (Hrsg.), Vom Rechtsstaat zum Präventionsstaat, Frankfurt/M.: 85–106.

Dinges, M./Sack, F. (2000): Unsichere Großstädte?, in: Dies. (Hrsg.), Unsichere Großstädte?, Konstanz: 6–65.

Dünkel, F. (2010a): Gefangenenraten im internationalen und nationalen Vergleich, in: Neue Kriminalpolitik 22: 4–11.

Dünkel, F. (2010b): Strafvollzug in Deutschland – rechtstatsächliche Befunde, in: Aus Politik und Zeitgeschichte 60: 7–14.

Dünkel, F./Geng, B. (2007): Aktuelle Daten zum Strafvollzug in Deutschland, in: Zeitschrift für Strafvollzug und Straffälligenhilfe 56: 14–18.

Dünkel, F./Schüler-Springorum, H. (2006): Strafvollzug als Ländersache? Der „Wettlauf der Schäbigkeit" ist schon im Gange, in: Forum Strafvollzug, Zeitschrift für Strafvollzug und Straffälligenhilfe 55: 145–149.

Feest, J. (2004): Kehrtwende in der Strafvollzugspolitik? Eine Analyse der Lockerungspolitik der Länder, Vortrag im Rahmen des Fritz Bauer Symposiums am 15. Juli in Frankfurt: http://www.forumjustizgeschichte.de/Johannes-Feest.187.0.html [3.10.2010].

Frehsee, D. (1999): Verschwindet der Rechtsstaat?, in: Neue Kriminalpolitik 11: 16–21.

[j] Die hier der Kürzung zum Opfer gefallene Fortsetzung über die Ursachen der punitiven Wende sehen die Autoren in der Neoliberalisierung der westlichen Gesellschaften. Die Argumente sind ausführlich dargelegt im Kapitel *Kriminalität als Instrument des Regierens,* insbesondere im Text von Daniela Klimke (A.d.H.).

Garland, D. (2001/2008): The Culture of Control. Crime and Social Order in Contemporary Society, Oxford.; german: Kultur der Kontrolle, Frankfurt/M.

Groenemeyer, A. (2003): Punitivität im Kontext – Globale Konvergenzen der Kriminalpolitik oder Pfadabhängigkeit der Konstruktion abweichenden Verhaltens?, in: Soziale Probleme, Gesundheit und Sozialpolitik 3: 51–83.

Haffke, B. (2005): Vom Rechtsstaat zum Sicherheitsstaat, in: Kritische Justiz 38: 17-35.

Hall, S. (1980): Encoding/Decoding, in: Ders. et al. (Hrsg.), Culture, Media, Language, London: 128–138.

Hanser, P./Trotha, T. v. (2002): Ordnungsformen der Gewalt. Reflexionen über die Grenzen von Recht und Staat an einem einsamen Ort in Papua-Neuguinea, Köln.

Hassemer, W. (1994): Produktverantwortung im modernen Strafrecht, Heidelberg.

Hassemer, W. (2001): Gründe und Grenzen des Strafens, in: Courakis, N. (Hrsg.), Die Strafrechtswissenschaften im 21. Jahrhundert. Festschrift für D. Spinellis, Athens: 399–424.

Hassemer, W. (2002): Zum Spannungsverhältnis von Freiheit und Sicherheit. Drei Thesen, in: Vorgänge 159: 10–15.

Hassemer, W. (2006): Sicherheit durch Strafrecht, in: HRRS, Onlinezeitschrift für Höchstrichterliche Rechtsprechung im Strafrecht 4: 130–143.

Heinz, W. (2006): Freiheitsentziehende Maßregeln der Besserung und Sicherung – Stand und Entwicklung anhand statistischer Eckdaten der amtlichen Rechtspflegestatistiken, in: Feltes, T./Pfeiffer, C./Steinhilper, G. (Hrsg.), Kriminalpolitik und ihre wissenschaftlichen Grundlagen. Festschrift für Professor Dr. Hans-Dieter Schwind zum 70. Geburtstag, Heidelberg: 893–925.

Heinz, W. (2009a): „Wegschließen, und zwar für immer!" Das deutsche Strafrecht auf dem Weg zum Sicherheitsstrafrecht?, in: Derschka, H./Hausmann, R./Löhnig, M. (Hrsg.), Festschrift für Hans-Wolfgang Strätz zum 70. Geburtstag, Regenstauf: 233–269.

Heinz, W. (2009b): Zunehmende Punitivität in der Praxis des Jugendkriminalrechts? Analysen aufgrund von Daten der Strafrechtspflegestatistiken, in: Bundesministerium der Justiz (Hrsg.): Das Jugendkriminalrecht vor neuen Herausforderungen? Jenaer Symposium 9.-11. September 2008, Mönchengladbach: 29–80.

Heitmeyer, W. (2002–2010): Deutsche Zustände, Bd. 1–8, Frankfurt/M.

Hess, H./Ostermeier, L./Paul, B. (2007): Kontrollkulturen. Texte zur Kriminalpolitik im Anschluss an David Garland, Weinheim.

Hettinger, M. (1997): Entwicklungen im Strafrecht und Strafverfahrensrecht der Gegenwart. Versuch einer Bestandsaufnahme, Heidelberg.

Hilgendorf, E. (2007): Beobachtungen zur Entwicklung des deutschen Strafrechts 1975–2005, in: id./Weitzel, J. (Hrsg.), Der Strafgedanke in seiner historischen Entwicklung. Ringvorlesung zur Strafrechtsgeschichte und Strafrechtsphilosophie, Berlin: 191–215.

Hirsch, H.-J. (1999): 25 Jahre Entwicklung des Strafrechts, in: Kohlmann, G. (Hrsg.), Strafrechtliche Probleme: Schriften aus drei Jahrzehnten, Berlin: 144–161.

Horstkotte, H. (1973): Tendenzen in der Entwicklung des heutigen Strafrechts: Die Gesetzgebung, in: Ders./Kaiser, G./Sarstedt, W., Tendenzen in der Entwicklung des heutigen Strafrechts, Frankfurt/M.: 7–28.

Jakobs, G. (1985): Kriminalisierung im Vorfeld einer Rechtsgutverletzung, in: Zeitschrift für die gesamte Strafrechtswissenschaft 97: 751–785.

Jakobs, G. (2000): Das Selbstverständnis der Strafrechtswissenschaft vor den Herausforderungen der Gegenwart, in: Eser, A./Hassemer, W./Burkhardt, B. (Hrsg.), Die deutsche Strafrechtswissenschaft vor der Jahrtausendwende, München: 47–56.

Jakobs, G. (2004) Bürgerstrafrecht und Feindstrafrecht, in: HRRS. Onlinezeitschrift für Höchstrichterliche Rechtsprechung im Strafrecht 3: 88–95.

Jakobs, G. (2006): Feindstrafrecht? Eine Untersuchung zu den Bedingungen von Rechtlichkeit, in: HRRS. Onlinezeitschrift für Höchstrichterliche Rechtsprechung im Strafrecht 8/9: 289–297.

Köllisch, T. (2007): Risikomanagement und selektive Punitivität als „Kriminalpolitik von unten": Zum Zeitverlauf des Hell-Dunkelfeldverhältnisses der Jugendgewalt in Deutschland zwischen 1986 und 2003, in: Kriminologisches Journal 39: 243–259.

Krasmann, S. (2000): Gouvernementalität der Oberfläche. Aggressivität (ab-)trainieren beispielsweise, in: Bröckling, U./Dies./Lemke, T. (Hrsg.), Gouvernementalität der Gegenwart. Studien zur Ökonomisierung des Sozialen, Frankfurt/M.: 194–226.

Kühne, H.-H. (2001): Der erstaunliche Bedeutungszuwachs des Strafrechts: Gibt es Wachstumsgrenzen?, in: Britz, G. (Hrsg.), Grundfragen staatlichen Strafens: Festschrift für Heinz Müller-Dietz zum 70. Geburtstag, München: 419–429.

Kury, H./Kania, H./Obergfell-Fuchs, J. (2004): Worüber sprechen wir, wenn wir über Punitivität sprechen? Versuch einer konzeptionellen und empirischen Begriffsbestimmung, in: Lautmann, R./Klimke, D./Sack, F. (Hrsg.), Punitivität, 8. Beiheft zum Kriminologischen Journal, Weinheim: 51-88.

Kury, H./Obergfell-Fuchs, J. (2006): Punitivität in Deutschland. Zur Diskussion um eine neue „Straflust", in: Feltes, T./Pfeiffer, C./Steinhilper G. (Hrsg.), Kriminalpolitik und ihre wissenschaftlichen Grundlagen. Festschrift für Hans-Dieter Schwind zum 70. Geburtstag, Heidelberg: 1021–1043.

Leuckner, T. (1989): 40 Jahre Strafrechtsentwicklung in der Bundesrepublik Deutschland: Der besondere Teil des StGB, seine Liberalisierung und ihre Grenzen, in: Nörr, K.W. (Hrsg.), 40 Jahre BRD – 40 Jahre Rechtsentwicklung. Ringvorlesung der Juristischen Fakultät der Universität Tübingen, Tübingen: 325–345.

Loader, I. (2006): Fall of the ‚Platonic Guardians'. Liberalism, Criminology and Political Responses to Crime in England and Wales, in: The British Journal of Criminology 46: 561–586.

Lutz, T. (2010): Soziale Arbeit im Kontrolldiskurs. Jugendhilfe und ihre Akteure in postwohlfahrtstaatlichen Gesellschaften, Wiesbaden.

Muncie, J. (2008): The ‚Punitive Turn' in Juvenile Justice: Cultures of Control and Rights Compliance in Western Europe and the USA, in: Youth Justice 8: 107–121.

Naucke, W. (1975): Tendenzen in der Strafrechtsentwicklung, Karlsruhe.

Naucke, W. (1999): Konturen eines nach-präventiven Strafrechts, in: Kritische Vierteljahresschrift für Gesetzgebung und Rechtswissenschaft 82: 336–354.

Naucke, W. (2004): Das Zerfasern des Strafrechts, in: Althoff, M. et al. (Hrsg.), Zwischen Anomie und Inszenierung, Baden-Baden.

Obergfell-Fuchs, J. (2005): First Approach – Judicial Punitiveness. Vortrag auf der Tagung „The Desire to Punish – Research on Punishment" am 18.3. am Max-Planck-Institut für ausländisches und internationales Strafrecht, Freiburg i. Br.

Oberwittler, D./Höfer, S. (2005): Crime and Justice in Germany. An Analysis of Recent Trends and Research, in: European Journal of Criminology 2: 465–508.

Ostendorf, H. (2010): Strafverschärfungen im Umgang mit Jugendkriminalität, in: Döllinger, B./Schmidt-Semisch, H. (Hrsg.), Handbuch Jugendkriminalität. Kriminologie und Sozialpädagogik im Dialog, Wiesbaden: 91–104.

Pfeiffer, C./Kleimann, M./Windzio, M. (2004): Die Medien, das Böse, und wir. Zu den Auswirkungen der Mediennutzung auf Kriminalitätswahrnehmung, Strafbedürfnisse und Kriminalpolitik, in: Monatsschrift für Kriminologie und Strafrechtsreform 88: 415–436.

Plewig, H.-J. (2007): Neue deutsche Härte – Die ‚Konfrontative Pädagogik' auf dem Prüfstand (Teil 1), in: Zeitschrift für Jugendkriminalrecht und Jugendhilfe 18: 363–367

Plewig, H.-J. (2008): Neue deutsche Härte – Die ‚Konfrontative Pädagogik' auf dem Prüfstand (Teil 2), in: Zeitschrift für Jugendkriminalrecht und Jugendhilfe 19: 52–58

Plewig, H.-J. (2010): Konfrontative Pädagogik, in: Dörr, M./Herz, B. (Hrsg.), „Unkulturen" in Bildung und Erziehung, Wiesbaden: 151–168.

Reuband, K.-H. (2004): Steigende Straflust der Bundesbürger? Ein Vergleich bundesweiter Umfragen zwischen 1970 und 2003, in: Lautmann, R./Klimke, D./Sack, F. (Hrsg.), Punitivität. 8. Beiheft zum Kriminologischen Journal, Weinheim: 89–104.

Reuband, K.-H. (2006): Steigende Punitivität in der Bevölkerung – ein Mythos?, in: Neue Kriminalpolitik 3: 99–103.

Rückert, S. (2006): Ab in den Knast, in: Die Zeit, Mai, 24.

Rzepka, D. (2003a): Sicherheits- statt Rechtsstaat. Überblick und Anmerkungen zu bundes- und landesrechtlichen Konzepten einer nachträglichen Sicherheitsverwahrung, in: Recht und Psychiatrie 21: 127–144 (Teil 1) und 191–214 (Teil 2).

Rzepka, D. (2003b): Zur aktuellen Verschärfung des Sexualstrafrechts, in: Kriminologisches Journal 35: 234–237.

Rzepka, D. (2004): Punitivität in Politik und Gesetzgebung. In: Lautmann, R./Klimke D./Sack, F. (eds.), Punitivität. 8. Beiheft zum Kriminologischen Journal, Weinheim: 136–151.

Sack, F. (2006): Gesellschaftliche Entwicklung und Sanktionseinstellungen – Anmerkungen zur deutschen kriminalpolitischen Diskussion, in: Soziale Probleme 17: 155–173.

Sack, F. (2007): Juristen im Feindrechtsstaat. Wer den Rechtsstaat verteidigen will, muss die Gründe seines Niedergangs in den Blick nehmen, in: Vorgänge. Zeitschrift für Bürgerrechte und Gesellschaftspolitik 178: 5–26.

Scheerer, S. (1978): Der politisch-publizistische Verstärkerkreislauf, in: Kriminologisches Journal 10: 223–227.

Schünemann, B. (2007): Die Zukunft des Strafverfahrens – Abschied vom Rechtsstaat?, in: Zeitschrift für die gesamte Strafrechtswissenschaft 119: 945–958.

Schwind, H.-D. et al. (2001): Kriminalitätsphänomene im Langzeitvergleich am Beispiel einer deutschen Großstadt. Bochum 1975 – 1986 – 1998, Neuwied.

Sessar, K. (1992): Wiedergutmachen oder strafen. Einstellungen in der Bevölkerung und der Justiz. Ein Forschungsbericht, Pfaffenweiler.

Sieber, U. (2007): Grenzen des Strafrechts. Grundlagen und Herausforderungen des neuen strafrechtlichen Forschungsprogramms am Max-Planck-Institut für ausländisches und internationales Strafrecht, in: Zeitschrift für die Gesamte Strafrechtswissenschaft 119: 1–68.

Silva Sánchez, J.-M. (2003): Die Expansion des Strafrechts. Kriminalpolitik in postindustriellen Gesellschaften, Frankfurt/M.

Simon, J. (1997): Governing Through Crime, in: Fisher, G./Friedman, L. (Hrsg.), The Crime Conundrum, New York: 171–190.

Streng, F. (2006): Strafmentalität und gesellschaftliche Entwicklung – Aspekte zunehmender Punitivität, in: Behr, R./Cremer-Schäfer, H./Scheerer, S. (Hrsg.), Kriminalitäts-Geschichten, Berlin: 211–228.

Suhling, S. (2003): Factors Contributing to Rising Imprisonment Figures in Germany, in: The Howard Journal 42: 55–68.

Suhling, S./Schott, T./Brettfeld, K. (2002): Steigende Gefangenenzahlen – Probleme und mögliche Ursachen, in: Soziale Probleme 13: 156–184.

Tilly, C. (1985): War Making and State Making as Organized Crime, in: Evans, P. B./Rueschemeyer, D./Skocpol, T. (Hrsg.), Bringing the State Back In, Cambridge, Mass.: 169–187.

Tonry, M. (2004): Why Aren't German Penal Policies Harsher and Imprisonment Rates Higher?, in: German Law Review 5: 1187–1206.

Tonry, M. (2007): Determinants of Penal Policy, in: Ders. (Hrsg.), Crime, Punishment, and Politics in Comparative Perspectives, Crime and Justice: a Review of Research 36, Chicago: 1–48.

Trotha, T. v. (2003): Die präventive Sicherheitsordnung, in: Ruf, W. (Hrsg.), Politische Ökonomie der Gewalt. Staatszerfall und die Privatisierung von Gewalt und Krieg, Opladen: 51–75.

Vormbaum, T. (Hrsg.) (2009): Kritik des Feindstrafrechts, Berlin.

Vormbaum, T./Welp, J. (Hrsg.) (1999): Das Strafgesetzbuch. Sammlung der Änderungen und Neubekanntmachungen, vol. 2: 1954 bis 1974, Baden-Baden.

Vormbaum, T./Welp, J. (Hrsg.) (2000): Das Strafgesetzbuch. Sammlung der Änderungen und Neubekanntmachungen, vol. 3: 1975 bis 1992, Baden-Baden.

Vormbaum, T./Welp, J. (Hrsg.) (2002): Das Strafgesetzbuch. Sammlung der Änderungen und Neubekanntmachungen, vol. 4: 1993 bis 2000, Baden-Baden.

Vormbaum, T./Welp, J. (Hrsg.) (2006): Das Strafgesetzbuch. Sammlung der Änderungen und Neubekanntmachungen, suppl. vol. 3: Ergänzungs-, Nachtrags- und Registerband, Berlin.

Wacquant, L. (2009): Bestrafen der Armen. Zur neoliberalen Regierung der sozialen Unsicherheit, Opladen.

Windzio, M. et al. (2007): Kriminalitätswahrnehmung und Punitivität in der Bevölkerung – Welche Rolle spielen die Massenmedien? Ergebnisse der Befragungen zu Kriminalitätswahrnehmung und Strafeinstellungen 2004 und 2006. Research Report Nr. 103, Hannover.

Strafrechtsmodelle und Gesellschaftsstruktur (2010)

Karl-Ludwig Kunz

Strafrechtsmodelle und Gesellschaftsstruktur, in: Kriminologisches Journal 42, 2010, S. 9–23.

In Abwandlung des vor gut hundert Jahren formulierten Einwands von Alexandre Lacassagne gegen die gesellschaftsunspezifische Kriminalitätserklärung der „positiven" biologisch-anthropologischen Schule von Cesare Lombroso gilt noch heute, dass die Gesellschaften jene Strafrechtsverständnisse haben, die sie verdienen. Zusammenhänge zwischen Gesellschaftsstruktur und Strafjustizsystem werden annähernd gleich lang gezogen (Durkheim 1979 [1895]). Vorliegend soll sich das Augenmerk spezieller auf die Entwicklung in Deutschland seit Ende des 19. Jahrhunderts und die Beziehung zwischen Gesellschaftsstruktur und Strafrechtsmodellen richten. Als Strafrechtsmodelle verstehe ich jene normativen Strukturtypen, welche das Strafrecht in seiner Theorie und Praxis an bestimmten Leitvorstellungen ausrichten und ihm damit bestimmte Inhalte und Funktionen zuweisen. Diese werden in der Strafrechtsliteratur in final ausgedrückter Vereinfachung als Strafzwecktheorien bezeichnet. Als solche Modelle des Strafrechts der Moderne und Spätmoderne betrachte ich das Tatstrafrecht, das Täterstrafrecht, das wohlfahrtsstaatlich inspirierte Resozialisierungsstrafrecht und das kontrollorientierte Präventions- oder Risikostrafrecht.

K.-L. Kunz (✉)
Bern, Schweiz
E-Mail: klk@hotmail.ch

1   Tat- und Täterstrafrecht

Als *Tat*strafrecht bezeichnet man eine gesetzliche Regelung, welche die Strafbarkeit an tatbestandlich umschriebene einzelne Handlungen anknüpft und die Sanktion als Antwort auf Einzeltaten, nicht hingegen auf die Lebensführung des Täters oder die von ihm künftig zu erwartenden Gefahren darstellt (Roxin 2006: §6 A). Das Tatstrafrecht sieht Strafen als alleinige oder zumindest vorrangige Sanktionen vor und macht diese in Art und Höhe einzig oder primär von der Schwere des verschuldeten Tatrechts abhängig. Das Tatstrafrecht hat seine Wurzeln in dem der Aufklärung entstammenden Autonomieverständnis des Menschen, das diesen als selbstbestimmt und verantwortlich handelnd begreift. Um ein *Täter*strafrecht handelt es sich hingegen, wo die Sanktion an die Persönlichkeit des Täters anknüpft und auf deren spezifische Defizite Bezug nimmt. „Nicht schon, dass er eine Tat beging, macht hier den Täter schuldig, sondern erst, dass er ‚ein solcher' ist, wird Gegenstand des gesetzlichen Tadels" (Bockelmann 1939, 1940). Art und Dauer der Sanktion werden auf „ein dauerndes kriminogenes Merkmal" in der Person des Täters (Welzel 1969: §17I.) bzw. „das menschliche So-Sein der zu strafenden Persönlichkeit" (Bockelmann 1954–1962, S. 29) ausgerichtet.

Das Tatstrafrecht ist ein Kind des formalen Rechtsstaats, der sich im deutschen Sprachraum unter dem Einfluss des politischen Liberalismus in der bürgerlichen Gesellschaft des frühen 19. Jahrhunderts durchsetzt und im Reichsstrafgesetzbuch von 1871[1] seinen Ausdruck findet. Die Umgestaltung der agrarisch-feudalen Gesellschaft zu einer Industriegesellschaft in der *Gründerzeit* des ausgehenden 19. Jahrhunderts löst soziale Konflikte aus. Der Staat mutiert zum verwaltenden Sozialstaat mit umfassenden Regelungskompetenzen der öffentlichen Daseinsfürsorge. Das Strafrecht wird nun pragmatisch zweckhaft als Mittel zur gesellschaftlichen Selbstverteidigung verstanden. „Effektiver Kampf gegen das Verbrechen" lautet die Devise, mit welcher Franz von Liszt mit seinem Marburger Programm (von Liszt 1883) die „Nachtgespenster der sühnenden Vergeltung vertreiben" möchte (von Liszt 1905, S. II 160 f.). Seine „moderne" Schule propagiert die Abkehr von der idealen Vorstellung der Tatgerechtigkeit. Strafgerechtigkeit ist nach von Liszt in sozialen Kontexten zu verwirklichen und hat sich an den Zwecken der sozialen Verteidigung und der Heilung des Kriminellen auszurichten. Die konsequente Ausrichtung auf die mit Strafe zu verfolgenden Zwecke verlangt nach einer Tätertypologie, die das Strafrecht auf der Rechtsfolgenseite zu einem spezialpräventiven Täterstrafrecht macht.

---

[1] Vom 15.5.1871 (RGBl. S. 127).

Der Strukturtyp des klassischen Tatstrafrechts steht zu dem spezialpräventiv ausgerichteten Täterstrafrecht der „modernen" Schule von Liszts in einem Konkurrenzverhältnis. Während liberale und formal-rechtsstaatliche Positionen das Tatstrafrecht favorisieren, drängen autoritäre und spezialpräventive Strömungen in Richtung eines Täterstrafrechts. Abgesehen vom national-sozialistischen Strafrecht, welches ein reines Täterstrafrecht propagierte und teilweise auch praktizierte, konnte eine Strömung die andere nie völlig zurück-drängen. So kam es, dass die Systemfrage sich in diesem „Schulenstreit" nie in einem Entweder-Oder stellte, sondern im Sinne eines Sowohl-als-Auch mit unter-schiedlichen Präferenzen vertreten wurde. Nach der „modernen" Schule soll die Strafe eine verschuldete Unrechtstat voraussetzen und sich zweckgerichtet „nach den Intensitätsgraden der verbrecherischen Gesinnung" bemessen (von Liszt 1905, S. 356). Der notwendige Bezug der Strafe zur verschuldeten Tat bleibt dadurch erhalten, dass die Tat als Symptom für die innere Beschaffenheit des Täters und als Ausprägung seiner charakterlichen Gesinnung verstanden wird, mit der Konsequenz, dass aus persönlichkeitsbedingten Defiziten der Vorwurf der ver-schuldeten Asozialität und Gefährlichkeit erhoben werden kann (Grünhut 1926).

Noch im heutigen Strafrecht lassen sich Relikte der täterorientierten spezial-präventiven Schule von Liszts ausmachen: Erstens bei der Strafzumessung, welche sich über die Einzeltat hinaus am Vor- und Nachtatverhalten ausrichtet (§46 Abs. 2 StGB) und im Sinne einer „Indizkonstruktion" aus tatübergreifender Verhaltenskonstanz auf vorwerfbare situationsunabhängige Charaktereigen-schaften schließt (Bruns 1974, S. 562 ff.). Zweitens bei den Maßregeln der Besserung und Sicherung (§§61ff. StGB), die nur eine rechtswidrige, nicht not-wendig schuldhaft verübte Tat voraussetzen und sich im Übrigen völlig an den Bedürfnissen der Besserung des Täters und der Sicherung der Allgemeinheit vor diesem ausrichten. Drittens schließlich bei dem Informationsbedarf für gemutmaßte täterspezifische Umstände des Straffälligwerdens, welcher den Nähr-boden für die kriminalätiologische Erforschung „der" kriminellen Persönlichkeit, ihrer therapeutisch-präventiven Behandlung und der Wirksamkeitserforschung dieser Behandlung bildet.

Während nach der „modernen" Schule die Tat als unabdingbare Strafbar-keitsvoraussetzung galt und die Täterpersönlichkeit die Grundlage der Kriminal-politik und der Strafzumessung bilden sollte, geißelten deutsche Strafrechtslehrer in den späten 1930er Jahren diese Zweispurigkeit als einen von überholten liberalen Skrupeln genährten Widerspruch im System (Bockelmann 1939, S. 90, 112). Edmund Mezgers Konzept der Lebensführungsschuld, welches die Tatbezogenheit des Schuldvorwurfs radikal in Frage stellte (Mezger 1938), wurde im nationalsozialistischen Gewohnheitsverbrechergesetz[2] sowie in den Verordnungen gegen Volksschädlinge[3] und Gewaltverbrecher[4] konsequent umgesetzt. Der als späterer Präsident des Volksgerichtshofs – des höchsten NS-Gerichts für politische Strafsachen – berüchtigte Roland Freisler definierte das Strafrecht als „negatives Spiegelbild der völkischen Sittenordnung" und als „psychische Stütze der Kampfbereitschaft des gesunden Volkskerns" (Gürtner und Freisler 1936, S. 16 f.).

Aus der Erfahrung mit der nationalsozialistischen Gesetzgebung ist das Recht der *frühen Nachkriegszeit* bemüht, sich gegenüber politischen Einflussnahmen zu immunisieren. Das allgemeine Strafrecht ist Tatstrafrecht, das den Ausgleich von Schuld in den Vordergrund stellt. Hingegen ist das Jugendgerichtsgesetz von 1953[5] mit Blick auf das „Halbstarkenproblem" der Nachkriegsjugendlichen, die im Bedürfnis, Vergnügen und Konsum nachzuholen, über die Stränge schlagen, unter der Leitidee des Erziehungsgedankens primär fürsorgerisch konzipiert.[6] Eingedenk der Verführbarkeit der Massen durch den Nationalsozialismus wird nun, in Abgrenzung vom völkischen Rechtsverständnis, der einzelne Mensch als mündige Person zum Richtpunkt. Das Grundgesetz von 1949[7] bestimmt die Würde des Menschen als unantastbar und verpflichtet alle staatliche Gewalt, sie zu achten und zu schützen (Art. 1 Abs. 1 GG). In der Strafrechtslehre wird das kausale, mechanisch durch Außeneinflüsse gesteuerte Handlungsverständnis durch die finale Handlungslehre, die den Menschen als autonom zielgerichtet agierend begreift, abgelöst und damit dem Menschenbild jener Zeit angenähert. Das Kriminalitätsverständnis der Nachkriegszeit ist das einer individuell vorwerfbaren Fehlleistung, die eher theoretisch als empirisch bestimmt wird. Die gesellschaftlichen Grundlagen einer Schuldverstrickung bleiben ausgeblendet.

---

[2] Vom 24.11.1933 (RGBl. I S. 995).

[3] Vom 6.9.1939 (RGBl. I S. 1679).

[4] Vom 5.12.1939 (RGBl. I S. 2378).

[5] Vom 4.8.1953 (BGBl. I S. 751).

[6] Wobei der Erziehungsgedanke in der Praxis für pädagogisch-stützende wie für paternalistisch-autoritäre Interpretationen offen ist und mitunter gar als Deckmantel für Vergeltungsbedürfnisse benutzt wird.

[7] Vom 23.5.1949 (BGBl. 1949, 1).

2 Resozialisierungsstrafrecht

Mit dem in den späten 1950er Jahren einsetzenden „Wirtschaftswunder" entsteht in Westdeutschland ein System von ausgleichenden staatlichen Lenkungsmaßnahmen und der relativ großzügigen sozialen Sicherungen nach skandinavischem Vorbild. Zugleich wird auch das Strafrecht vom übergreifenden Anliegen sozialstaatlicher Fürsorge erfasst. Unter dem Einfluss des sozial-liberalen Modells der „sozialen Marktwirtschaft" stellt sich die Frage des „richtigen" Strafens aufs Neue und führt zu der *Großen Strafrechtsreform*. Diese wird von dem Regierungsentwurf des E 1962[8] eingeläutet, welcher noch vom klassisch-konservativen Strafverständnis der Nachkriegszeit geprägt ist. Verschiedene ab 1969 in Kraft tretende, von den Alternativentwürfen angestoßene[9] Reformgesetze verordnen humanitäre Begrenzungen des Strafrechts vor allem durch Abschaffung „antiquierter" Tatbestände des Sexualstrafrechts.[10] Daneben findet das Anliegen der Stützung und Beeinflussung des Täters in gesetzliche Reformen der strafrechtlichen Sanktionen und ihres Vollzugs Eingang.[11]

Es entsteht ein *wohlfahrtsstaatlich angereichertes Strafrecht*, welches die Tatorientierung mit einer fürsorgenden Täterorientierung verbindet. Die neue Täterorientierung entwickelt ein Interesse an sozialwissenschaftlich-empirischer Belehrung über die zu erwartenden Folgen der Strafe und stützt damit die aufkommende Sanktionswirkungsforschung. Damit verlagert sich der Fokus der Strafzieldiskussion von der geisteswissenschaftlich begrifflich und systematisch betriebenen Analyse der tatbezogenen Strafbarkeitsvoraussetzungen auf die Bedingungen und Möglichkeiten wiedereingliedernder Straffolgen. Auf Drängen des BVerfG[12] wird schließlich 1976 das Strafvollzugsgesetz[13] eingeführt, das seither den Vollzug auf das Resozialisierungsziel verpflichtet (§3 Abs. 3 StVollzG).

Das Strafrecht der Deutschen Demokratischen Republik teilt mit der „modernen" Schule von Liszts den gemischt tat- und täterstrafrechtlichen Ansatz, in dem „die persönlich zu verantwortende Straftat" die Strafbarkeitsvoraussetzung und

---

[8] BT-Drs. IV/ 650.

[9] Von einem Arbeitskreis liberaler Strafrechtslehrer seit 1968 zu verschiedenen Bereichen des Strafrechts, 1973 zum Strafvollzugsgesetz.

[10] 4. StrRG vom 23.11.1973 (BGBl. 1973 I S. 1725).

[11] 2. StrRG vom 4.7.1969 (BGBl. I S. 717).

[12] Nach dem sog. Lebach-Urteil vom 5.6.1973 (BVerfGE 35, 202, 235 f.) gebietet es die Verfassung, den Strafvollzug auf das Resozialisierungsziel hin auszurichten.

[13] Vom 16.3.1976 (BGBl. I S. 581, 2088).

der täterbezogen „erzieherische und straftatverhütende" Zweck die Richtschnur der Bestrafung bildet (Autorenkollektiv 1988, S. 153). Im sozialistischen Strafrecht sei „erstmals in der Geschichte der menschlichen Gesellschaft das Institut der strafrechtlichen Verantwortlichkeit von der Dominanz der Vergeltung und nackten Repression befreit" (ebd., S. 154). Anders als „Ausbeutergesellschaften" sei die sozialistische Gerechtigkeit auf Integration ihrer Mitglieder ausgerichtet und erlaube daher eine effektive Erziehung des Rechtsbrechers mit der Möglichkeit der Bewährung und Wiedergutmachung (ebd.). Nicht nur in der DDR bleibt die Ergänzung des Tatstrafrechts um die täterbezogene Resozialisierungskomponente mehr Programm als Wirklichkeit. In der Bundesrepublik wird ihm von der mehrheitlich konservativen Richterschaft wenig Verständnis entgegengebracht und verbreitet mit ignorantem Gutmenschentum assoziiert. Zudem bleibt das Konzept vage und widersprüchlich, insofern es für die gegensätzlichen Positionen einer fremdbestimmten zwanghaften Besserung und eines strikten Hilfsangebots zur Selbsthilfe offen ist, ohne eine klare Präferenz für die eine oder die andere Position abzugeben.

Die „antiautoritäre" Protestbewegung der 1968er Jahre setzt sich mit dem Resozialisierungskonzept kritisch auseinander. Die Wahrnehmung des Zuschreibungscharakters von Kriminalität und der Selektivität der Kriminalisierung führt zu systemkritischen Analysen der strafrechtlichen Kontrollinstanzen. Von einer gegen den Staat gerichteten Herrschaftskritik getragen, richtet sich die Bewegung vornehmlich gegen autoritäre Strukturen des Erziehungssystems, und damit speziell gegen den „behandelnden" Strafvollzug. In der Tradition von Rusche und Kirchheimer (1974)[a] werden Zusammenhänge zwischen dem Strafvollzug und dem kapitalistischen Produktionsprozess nachgezeichnet. Foucault (1976) folgend, wird der Behandlungsvollzug als seelischer Bemächtigungsversuch verstanden, der mittels „Domestikationstechniken" eine sozialtechnologische Revision der Psyche erstrebt (Lamott 1984, S. 69 ff.). An die Auseinandersetzung mit geschlossenen psychiatrischen Einrichtungen (Goffman 1973) anknüpfend, wird auch der Strafvollzug als „totale" Institution gedeutet. Daraus folgt eine Kritik der in ihrer Selbstgewissheit und Grenzenlosigkeit fragwürdigen intramuralen Behandlungsideologie (Rath 1987).

---

[a] Siehe den Text von Rusche in den *Kriminologischen Grundlagentexten* (A.d.H.)

3   *Neoliberale Veränderungen*

Seit Ende der 1980er Jahre wird der Strafzweck der Resozialisierung zudem von zwei Bewegungen angefochten, die aus den USA kommend das deutsche Strafrecht beeinflussen. Zunächst wird die wohlfahrtsstaatliche Gesellschaftsstruktur zunehmend in Richtung auf eine neo-wirtschaftsliberale hin verändert. Das Anliegen der Herstellung sozialer Gerechtigkeit durch staatlichen Ausgleich sozialer Benachteiligungen wird von einer neuen liberalistischen Ideologie (Nozick 1974) bekämpft, welche die Marktfreiheit als inhärent gerecht verteidigt, staatliche Eingriffe darin als gleichbedeutend mit Zwangsarbeit versteht (Kymlicka 2002, S. 103) und in extremer Ausformulierung in eine Art Anarcho-Kapitalismus mündet (Rothbard 1982). Unter dem Einfluss dieser Ideologie werden zunächst in dem von Ronald Reagan regierten Kalifornien Resozialisierungsprogramme einer rigiden ökonomischen Nutzenüberprüfung unterworfen. Das unter diesem Blickwinkel zu erwartende Ergebnis lautet: *Nothing works!* (Martinson 1974) und bewirkt eine vernichtende Diskreditierung des Resozialisierungsgedankens in den USA und später in Großbritannien (andere Beurteilung in neueren deutschen Studien, etwa Cornel und Nickolai 2004). Da der teurere Behandlungsvollzug nicht mehr Sicherheit als der reine Verwahrvollzug herzustellen scheint, wird in den USA der Strafvollzug praktisch auf die Verwahrung reduziert, um so mit gleichem Aufwand mehr Straftäter länger inhaftieren und vermeintlich mehr Sicherheit produzieren zu können.

Daneben führen Erfahrungen mit einem autoritären Behandlungsstrafrecht, das in den USA während der 1960er Jahre betrieben wurde, zu einer Wiederentdeckung der Tugenden des absoluten, rein durch „Gerechtigkeit" inspirierten Strafens. Aus der Perspektive liberaler Intellektueller verlängert die Behandlungsideologie die Strafe über das der Tat angemessene Maß hinaus. In radikaler Abkehr vom Resozialisierungsgedanken wird deshalb das *just desert* der tatproportionalen Strafe propagiert (von Hirsch 1976). Dieses Konzept wird von neoliberal inspirierten Entscheidungsträgern aufgegriffen, seiner ursprünglich das Strafmaß rechtsstaatlich-limitierenden Funktion entkleidet und zu „der" Strafrechtsideologie des Neoliberalismus gemacht. Nunmehr geht es um Tatgerechtigkeit „pur": ohne Rücksicht auf die persönliche Situation und tatbegünstigende Umstände. Strafmaßkataloge *(sentencing guidelines)* fixieren das Strafmaß ohne gerichtlichen Ermessensspielraum, zwingende Strafschärfungen *(mandatory prison terms)* führen zu automatischen Strafschärfungen bei Wiederverurteilungen und schließen vorzeitige bedingte Entlassungen aus. In Deutschland bleibt das Programm des streng tatgerechten Strafens ein Thema der akademischen Auseinandersetzung (von Hirsch und Jareborg 1991; Hörnle 1999) ohne nennenswerten praktischen Einfluss: Die aus der Tatproportionalität folgende prinzipielle Unbeachtlichkeit präventiver Gesichtspunkte bei der Strafzumessung wird von der Praxis wie von der herrschenden Lehre als zu rigide empfunden (Streng 2002, S. 258).

Obwohl Resozialisierung bei uns als normative Leitfunktion des Strafvollzugs erhalten bleibt,[14] in der Vorstellung engagierter Praktiker ihre Dignität bewahrt und insbesondere in der Sozialtherapie institutionell verankert[15] ist (Wischka et al. 2005; Egg et al. 2008), haben sich die Verhältnisse im Strafvollzug durch Überbelegung, Betreuungsdefizite und hohe Anteile fremdsprachiger Gefangener in einer Weise verändert, welche für Wiedereingliederungsaktivitäten nur einen äußerst bescheidenen Raum belässt.

4   Kontrollorientiertes Präventionsstrafrecht

Globale Veränderungen hin zu einer marktgesteuerten Weltgesellschaft bei fortbestehender Ungleichverteilung der ökonomischen Ressourcen produzieren um 2000 eine chronische und umfassende Verunsicherung: Durch Atombomben in den Händen von Despoten, einen scheinbar omnipräsenten Terrorismus, unkontrollierbare Migrationsbewegungen, Verluste der nationalen Konkurrenzfähigkeit gegenüber Billigländern bei der Warenproduktion, fatale Staatsgarantien für die Folgen ungezügelten Gewinnstrebens der Banken, prekär gewordene Arbeitsverhältnisse und überfrachtete Systeme der Alters- und Gesundheitsvorsorge. Die Angst vor Kriminalität ist nur ein prominenter Aspekt dieses umfassenden Verletzlichkeitsempfindens, dem mit den allgemeinen Rezepten der Angstkultur begegnet wird: Durch öffentliche Betonung des Vertrauens in die Managementkompetenz der staatlichen Institutionen; durch demonstrative Aktionen wie Verhaftungen, Gebäude- und Datennetzdurchsuchungen; durch einen publikumswirksam aufbereiteten Mix von bedrohlichen Lageberichten und spektakulär aufgemachten Erfolgsmeldungen. Die Strafverfolgungsinstanzen werden zu Kommunikationsagenturen der Lagebeherrschung.

Der gesellschaftliche Diskurs über das Strafrecht wird ebenso wie die Strafpraxis „symbolisch"[b]: Verbrechen und Strafen werden zu komplexitätsreduzierenden Chiffren für die sich diskursiv mit ihrer Befindlichkeit befassende

---

[14] §3 Abs. 3 StVollzG.

[15] §§9, 123 StVollzG.

[b] Siehe hierzu auch das Kapitel *Symbolische Funktionen des Strafens* in diesem Band (A.d.H.).

Angstkultur. Die Befindlichkeit der Gesellschaft wird am Beispiel des Kriminali-
tätsproblems durchaus oberflächlich, aber in einer verständlichen Kollektivsymbolik (Becker et al. 1997) visualisiert. Noch weniger als die Politik im
Übrigen ist die Kriminalpolitik rein instrumentell, sondern gewinnt zunehmend
den Charakter eines „Zuschauersports" (Edelman 2005, S. 4). Ihr Ritual ist mit
hintergründigen Bedeutungen besetzt, die im Publikum Gefühle wachrufen und
Gefolgschaften begründen. Oft geht es um die Skandalisierung angeblich zu
milder Urteile oder einer sich im Nachhinein als falsch erweisenden vorzeitigen
Haftentlassung, in deren Folge der Entlassene erneut eine schwere Straftat
beging. Die Akteure dieser Inszenierungen finden sich in Medien und Politik. Von
„Sachzwängen" der Auflagenhöhe und der Besucherzahlen getrieben, lassen sich
auch „seriöse" Medien darauf ein und zeichnen ein mit Laschheit und Versagen
der Behörden garniertes schrilles Kriminalitätsbild (Walter 2000; Krauss 2007).

Das Strafrecht passt sich dieser Entwicklung an und wird in entsprechender
Weise symbolisch (Hassemer 1989; Seelmann 1992). Die Gesetzgebung entwickelt Abwehrszenarien, die für die Angstkultur funktional und in konsequenter
Weise gesellschaftlich effizient sind. Die „Kraft präventiver Bedürfnisse und
unerschütterliche Hoffnungen auf die Problemlösungskapazitäten des Strafrechts" (Hassemer 2006, S. 269) drängen das „alteuropäische Prinzipiendenken"
des Strafrechts (Jakobs 1995; Lüderssen 1995) zurück. Das Strafrecht erstreckt
sich auf den Gefühlsschutz,[16] den Abbau bürokratischer Hemmnisse bei der
mittelständischen Wirtschaft,[17] es richtet sich gegen die ‚Schwarzarbeit'[18] und
die sexuelle Ausbeutung.[19] Das Bemühen, „Strafbarkeitslücken" rasch und vollständig zu füllen, bestimmt den Alltag des Gesetzgebers, der, kaum ist dies
geschehen, die Notwendigkeit von Nachbesserungen entdeckt. Seit 1990 wurde
allein das deutsche Strafgesetzbuch durch 94 neue Gesetze geändert. Stimmen
aus der Strafrechtswissenschaft, welche von der Vorbereitung der heutigen
Strafgesetzgebung „in der Hitze einer massenmedial bewegten Öffentlichkeit"
systematisch ausgespart wird, äußern sich dazu wie folgt: „Die Sexualdelinquenz
ist endgültig zum Motor der Kriminalpolitik geworden. Sie bietet den Anlass zur
Ausdehnung strafprozessualer Eingriffsbefugnisse (Stichwort: genetischer Finger-
abdruck) sowie zur Ausweitung der Sicherungsverwahrung. Insofern hat das
Sexualstrafrecht den Paradigmenwechsel vom – limitierten – Rechtsgüterschutz
hin zu einem polizeirechtlichen Interventionsrecht vollzogen" (Duttge et al. 2004,

---

[16] §130 StGB in der Fassung vom 24.3.2005 (BGBl. I S. 969).
[17] §203 StGB in der Fassung vom 22.8.2006 (BGBl. I S. 1970).
[18] §266a StGB in der Fassung vom 23.7.2004 (BGBl. I S. 1842).
[19] §232 StGB in der Fassung vom 11.2.2005 (BGBl. I S. 239).

S. 1072). Die Maßregeln, speziell die rein sichernde Verwahrung, erhalten dem Anliegen der gesellschaftsschützenden Risikoabwehr entsprechend eine herausragende Bedeutung. Die reguläre Verwahrung[20] wird um die vorbehaltene und die nachträgliche[21] ergänzt.

Die klassischen Beweismittel (Zeugen, Urkunden, gerichtlicher Augenschein) verlieren an Bedeutung. Belastende Informationen werden von den Ermittlungsbehörden in rechtsstaatlich fragwürdiger Weise angekauft, um sie anschließend gerichtlich verwerten zu wollen (Heine 2009). Die verdachtsunabhängige Rasterfahndung, die technische Überwachung von Räumen, Telefonen und Computern und der Einsatz Verdeckter Ermittler (§§98a ff. StPO) drängen die einen konkreten Tatverdacht abklärende Spurensuche zurück. Waren vordem Kriminalitätsbekämpfung und Verhütung rein hoheitliche Aufgaben, so werden nun Private in Form von *public private partnerships* in die Verantwortung mit eingebunden.

Im neuen Präventionsstrafrecht verkümmern sowohl der Tat- wie der Täterbezug. Zwar wird für eine strafrechtliche Sanktion immer noch eine strafbare Tat vorausgesetzt, jedoch wird diese in den neu geschaffenen Straftatbeständen begrifflich nur noch vage definiert. Die Erstreckung der Strafzone auf schwer fassbare überindividuelle Rechtsgüter und die Vorverlagerung der Strafbarkeit auf abstrakte Gefährdungen machen das tatbestandliche Bestimmtheitsgebot (§1 StGB) zu einer illusionären Wunschvorstellung. Die das Tatstrafrecht begrenzende Garantiefunktion, sein Verständnis als „magna charta" und unüberschreitbare Schranke der Kriminalpolitik (von Liszt 1905, S. II 80) geht so verloren: Das Strafrecht wird *„flou"* (Delmas-Marty 1986). Der Täter ist nur noch Zurechnungsobjekt der Sanktion. Die Beeinflussung seiner Psyche durch therapeutisch-bessernde Intervention tritt hinter das Anliegen der situativen Risikobeherrschung durch sichernde Inhaftierung, präventive Überwachung und Verminderung krimineller Gelegenheiten zurück. Die über ein Jahrhundert lang gültige Leitvorstellung, die Nachfrage nach kriminellem Verhalten durch auf Individuen bezogene fürsorgende soziale Stützung zu begrenzen, verkehrt sich nun zu der gegensätzlichen Idee, das Angebot der kriminellen Möglichkeiten durch Kontrollmaßnahmen zu vermindern (Garland 2001, S. 127 ff.).

Günter Stratenwerth hat diese Entwicklung kürzlich (mit Blick auf das schweizerische Recht) als eine „klare Missachtung der besonderen Dignität, die das Strafgesetz in unseren Augen haben sollte, seine mehr oder weniger opportunistische Benutzung zu fast beliebigen Zwecken" angeprangert (Stratenwerth 2009, S. 126). Das Strafgesetz sei zu einem Medium rein instrumenteller Verfolgung

---

[20] §66 StGB.
[21] §§66a, 66b StGB.

mehr oder minder zeitgebundener Zwecke" (ebd., S. 114) und „zur Manövrier-
masse politisch angeleiteter Manipulation" (ebd., S. 123) verkommen.
Die neu geschaffenen Strafvorschriften verdankten „ihre Existenz außenpolitischen Rücksichten, kriminalpolitischem Kalkül oder ihrer durch die Medien hochgespielten
Bedeutung" und seien zugleich „rechtsstaatlich anfechtbar und/oder gesetzes-
technisch missraten" (ebd., S. 125). Angesichts der „im Gesetzgebungsprozess zu
vermeldenden Irrungen und Wirrungen" gerate die an sich dem Gesetzgeber vorbehaltene Aufgabe der hinreichend klaren Bestimmung der Strafzone zu einer vom
Bundesgericht veranstalteten „loterie romande"[22] (ebd., S. 122).

5   Wie und wohin weiter?

Die weltwirtschaftlichen Turbulenzen der jüngsten Zeit haben Auswüchse der
Profitgier sichtbar gemacht und eine Welle neuer staatlicher Verantwortungsüber-
nahmen ausgelöst. Das neoliberale Gesellschaftsmodell hat deutlich an Prestige
eingebüßt, wobei einstweilen keine durchsetzungsfähige Alternative in Sicht ist.
Das derzeit gefragte pragmatische Krisenmanagement ist nicht auf eine richtung-
weisende Gesellschaftstheorie angewiesen. Ein akzentuiertes, in sich konsistentes
Strafrechtsmodell nach dem Muster der Theorie der Tatproportionalität hat
künftig kaum Chancen auf Akzeptanz. Überhaupt dürfte die Strafrechtstheorie, speziell eine kriminal- und gesellschaftspolitisch bewusste, gegenüber
der hektischen Betriebsamkeit der Strafgesetzgebung, welche ohne externes
Expertenwissen behördenintern vorbereitet wird und in alle Lebensbereiche aus-
ufert, einen schweren Stand haben. Zu erwarten ist somit, dass die Grundstruktur
des kontrollorientierten Präventionsstrafrechts, auch dank einer gewissen Träg-
heit etablierter Gesellschaftssysteme, auf absehbare Zeit erhalten bleibt. Indizien
deuten sogar auf eine weitere Akzentuierung dieses Strafrechtsmodells hin.
    Der erste Hinweis betrifft die Struktur des expandierenden internationalen
Strafrechts. Das klassische nationale Strafrecht erfährt zunehmend transnationale
Erweiterungen durch supranationales Strafrecht (neben allgemeinem Völker-
strafrecht das Sanktionsrecht der EU bei Kartellverstößen und beim Schutz
von Finanzinteressen der EG) und durch Modelle staatlicher Zusammenarbeit
in Strafsachen (zahlreiche EU-Rahmenbeschlüsse, Schengen-Vertrag). Dieses
transnationale Strafrecht ist generell durch eine noch stärkere Ausrichtung an
Prävention durch Vorverlagerungen der Strafbarkeit, Erweiterung präventiver

---

[22] Das Bundesgericht hat seinen Sitz in der Romandie (Lausanne), die *Loterie Romande* ist
die staatliche Lotteriegesellschaft der französischen Schweiz.

Überwachungskonzepte, verstärkte Mitwirkungspflichten Privater im Vorfeld und außerhalb des Strafverfahrens, die Schaffung von „Task Forces" im Rahmen einer Grenzen überspannenden Sicherheitsarchitektur und das Verschwimmen klassischer Rechtskategorien mit Schutzfunktionen gekennzeichnet. Im Zuge jener Entwicklung lösen sich die politischen und rechtlichen Unterscheidungen zwischen innerer und äußerer Sicherheit, Verbrechen und Krieg, Prävention und Repression, Polizei, Geheimdienst und Militär auf (Sieber 2007, S. 8 f., 27 ff.). Oft überlagern sich mehrere Kontrollsysteme mit unterschiedlich „harten" Instrumenten. So ist das Einfrieren von Vermögenswerten im Zusammenhang mit Geldwäsche in Deutschland durch Regelungen des deutschen Rechts, der EU, der UNO und der OECD bestimmt. Während auf europäischer Ebene Vermögenswerte durch Verwaltungsbehörden eingefroren werden,[23] muss dies auf nationaler Ebene durch Gerichtsbeschluss geschehen (§ 111e Abs. 1 StPO). Das europäische System *Echelon* erlaubt neben den bisherigen nationalen Systemen ein neuartiges Abhören der Telekommunikation. Die intergouvernementale Zusammenarbeit ist in flexiblen Netzwerken der Exekutive wenig transparent. Das neue grenzüberschreitende Strafrecht „entgrenzt" sich auch funktional durch Auflösung seiner überkommenen rechtsstaatlichen Begrenzungen (Sieber 2007, S. 34).

Diese in Europa erst am Anfang stehende Entwicklung manifestiert sich bereits heute in krasser Weise in den US-amerikanischen Maßnahmen gegen den Terrorismus. Der *war on terror* schafft quasi-kriegsrechtliche Eingriffsbefugnisse, die von der Exekutive extrem weit und in rechtlich umstrittener Weise ausgelegt werden. Gestattet wird etwa die Gefangennahme Terrorverdächtiger ohne Nachweis einer konkreten Straftat für die Dauer des Konflikts und in bestimmten Fällen die Tötung des – gegebenenfalls auch nur mutmaßlichen – Terroristen. Zusätzlich zu den regulären Kompetenzen wurden im Wege von Exekutivanordnungen *(presidential orders)* mutmaßliche Terroristen als *enemy combatants* deklariert, das Abhören von US-Bürgern durch die *National Security Agency* ohne richterliche Ermächtigung gestattet und spezielle Terroristen-Militärtribunale eingerichtet (Sieber 2007, S. 37 ff.).

Zudem scheinen sich derzeit zwei Ausprägungen neoliberaler Kriminalpolitik, die Einbindung der Bürger in die Kriminalitätsprävention und die Opferorientierung des Strafrechts (Kunz 2008, S. 315 ff., 323 ff.), zu einem neuen übergreifenden Konzept zusammenzufügen, welches man als „Empowerment der Rechtschaffenen" bezeichnen kann. Kriminalitätsvorbeugung wird inzwischen zu einem großen Teil durch Eigenleistungen der Bürger erbracht, die zum Selbstschutz ermuntert werden, zusätzliche Sicherheit durch Technik und

---

[23] EuG vom 21.9.2005 (T-306–01); EuG vom 12.12.2006 (T-228/02).

Dienstleistungen erkaufen können und im Rahmen kommunaler Kriminalprävention in *public–private partnerships* eingebunden werden. Das kontrollorientierte Präventionskonzept entwirft ein Leitbild des seine Werte und
öffentliche Güter sorgsam vorbeugend schützenden Bürgers, dem es nachzueifern
gilt, wenn man nicht Schaden erleiden will und diesen am Ende selber tragen soll.
Der so ausgeübte Konformitätsdruck hält die Individuen dazu an, die nahegelegten
„klugen" Verhaltensstandards vermeintlich aus eigenem Antrieb zu befolgen. Dieselbe Motivation zur diszipliniert sich und seine Güter wahrenden Unrechtsabwehr
steht hinter diversen Maßnahmen, welche das Strafrecht „opferfreundlich" zu
gestalten bemüht sind. Galt früher die kriminelle Viktimisierung als ein Mitgefühl
auslösendes passiv erlittenes Leid, so erscheint sie heute als Unrecht, das aufgrund aktiven Betreibens des Opfers anerkannt und unter seiner Mitentscheidung
auszugleichen ist. Durch Opferrechte und Opferschutz im Strafverfahren werden
Optionen geschaffen, die im Eigeninteresse tunlichst wahrzunehmen sind. Die
Selbstvorsorge zu sorgsamer Vermeidung von Opferrisiken und die Selbsthilfe
nach Opferwerdung werden so zu Obliegenheiten, deren Missachtung als „selbst
schuld" gewertet wird und mit rechtlichen und finanziellen Nachteilen verbunden
ist. Kriminalpolizeiliche Präventionskampagnen, das Sicherheitsgewerbe, die
staatliche Opferberatung und -hilfe und Einrichtungen der privaten Opferhilfe
propagieren das Vorbild des engagiert eigeninteressiert gegen Kriminalität auf-
tretenden und dabei tatkräftig seine Interessen wahrnehmenden Bürgers. Diese
Mobilisierung der Rechtschaffenen im Kampf gegen die Kriminalität hat Zukunft.
Bereits hat sie zu zahlreichen Verschärfungen und Ausweitungen von Delikten
gegen die sexuelle Selbstbestimmung (§§174ff. StGB), zu dem neuen Straftatbestand des *Stalking* (§238 StGB) sowie zum Gewaltschutzgesetz[24] geführt, das eine
Verbesserung des zivilgerichtlichen Schutzes bei Gewalttaten und Nachstellungen
sowie die Erleichterung der Überlassung der Ehewohnung bei Trennung („der
Schläger geht, das Opfer bleibt") bezweckt. Das Beispiel des Gewaltschutzes
zeigt, dass nicht alles schlecht sein mag, was von der Woge gesellschaftlicher
Empörung getragen gesetzlich zu Stande kommt. Allein, ich fürchte, das war erst
die Spitze des Eisberges, unter der sich mehr und Schlimmeres verbirgt.

Eine letzte für mich erkennbare Entwicklung betrifft das zunehmende Aus-
einanderdriften des ursprünglich als einheitliches „Bürgerliches Strafrecht"
gedachten Normenkomplexes in ein Strafrecht für uns selbst und eines für andere
(in Anlehnung an die Unterscheidung zwischen *criminology of the self* und *of the
other,* so Garland 2001, S. 137 f.). Die Alltagskriminalität angepasster Bürger
wird pflichtgemäß, aber eher desinteressiert verfolgt. Die Rechtsfolgenwahl ist

---

[24] Vom 11.12.2001 (BGBl. I S. 3513).

um diskrete, nicht stigmatisierende und de-eskalierende Lösungen tunlichst ohne förmliche Bestrafung bemüht. Freiheitsentzug wird höchst selten angeordnet, und wenn kaum je vollständig vollzogen. Geht es hingegen um die nicht alltägliche Kriminalität der nicht in das Schema der Rechtschaffenheit Passenden, so ist das gegenteilige Programm des Feindstrafrechts (Jakobs 2003)[c] mit öffentlich brandmarkenden und lange oder gar dauerhaft ausgrenzenden Sanktionen angesagt. Diese Zweiteilung der strafrechtlichen Reaktionsmuster in die extremen Programme des annähernden Verschonens und des harten Durchgreifens lässt die Mitte dazwischen, in der man einst die Strafe mit sozial stützenden und integrierenden Maßnahmen zu verbinden suchte, verkümmern (Kunz 2008, S. 323).

Literatur

Autorenkollektiv (1988): Strafrecht der DDR. Lehrbuch, Berlin.
Becker, Frank et al. (1997): Moderne Kollektivsymbolik, in: Jäger, Georg et al. (Hg.): Internationales Archiv für Sozialgeschichte der deutschen Literatur 22, 1[RV1]. Heft, 70–154.
Bockelmann, Paul (1939): Studien zum Täterstrafrecht 1, Berlin.
Bockelmann, Paul (1940): Studien zum Täterstrafrecht 2, Berlin.
Bockelmann, Paul (Hg.) (1954–1962): Wie würde sich ein konsequentes Täterstrafrecht auf ein neues Strafgesetzbuch auswirken? Materialien zur Strafrechtsreform.
Bruns, Hans-Jürgen (1974): Strafzumessungsrecht, Köln.
Cornel, Heinz/Nickolai, Werner (Hg.) (2004): What works? Neue Ansätze der Straffälligenhilfe auf dem Prüfstand, Freiburg i. Br.
Delmas-Marty, Mireille (1986): Le flou du droit. Du code pénal aux droits de l'homme, Paris.
Durkheim, Emile (1979): Kriminalität als normales Phänomen, in: Sack, Fritz/König, René (Hg.): Kriminalsoziologie, Frankfurt/M., 3–8.
Duttge, Gunnar et al. (2004): Das Gesetz zur Änderung der Vorschriften über die Straftaten gegen die sexuelle Selbstbestimmung, in: Neue Juristische Wochenschrift 15, 1065–1072.
Edelman, Murray (2005): Politik als Ritual, Frankfurt/M.
Egg, Rudolf et al. (2008): Sozialtherapie im Strafvollzug. Ergebnisübersicht zur Stichtagserhebung zum 31. 3. 2008, Wiesbaden.
Foucault, Michel (1976): Überwachen und Strafen. Die Geburt des Gefängnisses, Frankfurt/M.
Garland, David (2001): The Culture of Control. Crime and Social Order in Contemporary Society, Oxford.
Goffman, Erving (1973): Asyle. Über die soziale Situation psychiatrischer Patienten und anderer Insassen, Frankfurt/M.

---

[c] Siehe zu diesem stark diskutierten Konzept auch den vorangegangenen Text sowie den Text von Jakobs im Kapitel *Inklusionen und Exklusionen* in diesem Band (A.d.H.).

Grünhut, Max (1926): Gefährlichkeit als Schuldmoment, in: zu Dohna-Schlodien, Alexander et al. (Hg.): Festgabe zum 60. Geburtstag von Gustav Aschaffenburg, Heidelberg, 87–96.

Gürtner, Franz/Freisler, Roland (1936): Das neue Strafrecht. Grundsätzliche Gedanken zum Geleit, Berlin.

Hassemer, Winfried (1989): Symbolisches Strafrecht und Rechtsgüterschutz, in: Neue Zeitschrift für Strafrecht 9, 553–558.

Hassemer, Winfried (2006): Strafrecht, Prävention, Vergeltung, in: Zeitschrift für Internationale Strafrechtsdogmatik 7, 266–273.

Heine, Günter (2009): Der Fall Liechtenstein, insbesondere Fragen der Beweiswertung von völkerrechtlichem Hintergrund, auf dem Prüfstand des Strafrechts, in: Kunz, Peter V. et al. (Hg.): Wirtschaftsrecht in Theorie und Praxis. Festschrift für Roland von Büren, Basel, 917–940.

Hörnle, Tatjana (1999): Tatproportionale Strafzumessung, Berlin.

Jakobs, Günther (1995): Das Strafrecht zwischen Funktionalismus und „alteuropäischem Prinzipiendenken", in: Neue Zeitschrift für Strafrecht 107, 843–876.

Jakobs, Günther (2003): Bürgerstrafrecht und Feindstrafrecht, in: Hsu, Yu-hsiu (Hg.): Foundations and Limits of Criminal Law and Criminal Procedure. An Anthology in Memory of Professor Fu-Tseng Hung, Taipei, 41–61.

Krauss, Detlef (2007): Neue Hirnforschung – Neues Strafrecht?, in: Müller-Dietz, Heinz et al. (Hg.): Festschrift für Heike Jung, Baden-Baden, 411–431.

Kunz, Karl- Ludwig (2008): Kriminologie. Eine Grundlegung, Bern.

Kymlicka, Will (2002): Contemporary political philosophy. An Introduction, Oxford.

Lamott, Franziska (1984): Die erzwungene Beichte. Zur Kritik des therapeutischen Strafvollzugs, München.

Lüderssen, Klaus (1995): Das Strafrecht zwischen Funktionalismus und „alteuropäischem Prinzipiendenken", in: Neue Zeitschrift für Strafrecht, 107, 877–906.

Martinson, Robert (1974): What works? Questions and answers about prison reform, in: The public interest, 22–54.

Mezger, Edmund (1938): Die Straftat als Ganzes, in: Neue Zeitschrift für Strafrecht 57, 675–701.

Nozick, Robert (1974): Anarchie, Staat, Utopia, München.

Rath, Charlotte Maria (1987): Kritik am Behandlungsvollzug, Göttingen.

Rothbard, Murray (1982): The Ethics of Liberty, New York.

Roxin, Claus (2006): Strafrecht. Allgemeiner Teil Band I, München.

Rusche, Georg/Kirchheimer, Otto (1974): Sozialstruktur und Strafvollzug, Frankfurt/M.

Seelmann, Kurt (1992): Risikostrafrecht. Die Risikogesellschaft und ihre „symbolische Gesetzgebung" im Umwelt- und Betäubungsmittelstrafrecht, in: Kritische Vierteljahresschrift für Gesetzgebung und Rechtswissenschaft 75, 452–471.

Sieber, Ulrich (2007): Grenzen des Strafrechts, in: Neue Zeitschrift für Strafrecht 119, 1–68.

Stratenwerth, Günter (2009): Neuere Strafgesetzgebung – eine Philippika, in: Schweizerische Zeitschrift für Strafrecht 127, 114–126.

Streng, Franz (2002): Strafrechtliche Sanktionen. Die Strafzumessung und ihre Grundlagen, Stuttgart.

von Hirsch, Andrew (1976): Doing Justice, New York.

von Hirsch, Andrew/Jareborg, Nils (1991): Strafmass und Strafgerechtigkeit. Die deutsche Strafzumessungslehre und das Prinzip der Tatproportionalität, Bonn.

von Liszt, Franz (1883): Der Zweckgedanke im Strafrecht, in: Neue Zeitschrift für Strafrecht 3, 1–47.

von Liszt, Franz (1905): Strafrechtliche Aufsätze und Vorträge, Berlin.

Walter, Michael (2000): Von der Kriminalität in den Medien zu einer Bedrohung durch Medienkriminalität und Medienkriminologie?, in: Bundesministerium der Justiz (Hg.): Kriminalität in den Medien, Mönchengladbach, 10–22.

Welzel, Hans (1969): Das deutsche Strafrecht, Berlin.

Wischka, Bernd et al. (Hg.) (2005): Sozialtherapie im Justizvollzug. Aktuelle Konzepte, erfahrungen und Kooperationsmodelle. Lingen.

Signal-Verbrechen: sex and crime

Einleitung: Signal-Verbrechen: *sex and crime*

Daniela Klimke und Aldo Legnaro

Signal-Verbrechen ist ein vom Soziologen Martin Innes (2014) entwickeltes Konzept, das die soziale Konstruktion von Kriminalität und Unordnungserscheinungen als Ergebnis spezifischer Risikoperzeptionen und Definitionen von Bedrohungen der Sicherheit versteht. *Signal crimes* entstehen wesentlich durch die in der medialen Berichterstattung fokussierten und gerahmten Kriminalfälle. Sie bedienen, verstärken und begründen auch Moralpaniken (Cohen 1972; siehe hierzu die *Kriminologischen Grundlagentexte, S.* 89–104), im Zuge derer, gemessen an der objektiven Gefährdung, überproportional auf ein soziales Problem von Kriminalität oder Unordnung reagiert wird. Nicht alle Kriminalfälle haben die gleiche Wahrscheinlichkeit, ein größeres Medienecho zu erfahren. Nur ein kleiner Teil von Kriminalität schafft es in die Medien, und hiervon wird nur ein Bruchteil zu einem *signal crime* gerahmt: „Die Herstellung eines Signal-Verbrechens via massenmedialer Kommunikation umfasst einen kriminellen Vorfall, der durch Journalisten mit bestimmten Repräsentations- und Rhetoriktechniken konstruiert wird und durch ein Publikum als Index zum Stand der Gesellschaft und der gesellschaftlichen Ordnung gedeutet wird." (Innes 2004, S. 17) Signal-Verbrechen werden also als Warnung verstanden. An ihnen werden gefährliche Menschengruppen, Situationen und gefährdete Personen typisiert. Seit etwa den 1990er Jahren stehen vor allem Sexualdelikte im Fokus dieser öffentlichen Wahrnehmung.

D. Klimke (✉)
Institut für Kriminalitäts- und Sicherheitsforschung, Polizeiakademie Niedersachsen, Nienburg, Deutschland
E-Mail: klimke@uni-bremen.de

A. Legnaro
Köln, Deutschland
E-Mail: a.legnaro@t-online.de

Herrschten in der sittlichen Sexualordnung zahlreiche Tabus und Verbote, denen mehr oder weniger alle Lüste jenseits des ehelichen, möglichst auf Nachwuchszeugung ausgerichteten Geschlechtsverkehrs unterworfen waren, erschien der Sex damit zugleich als verheißungsvoll und spannend. Aufgrund der geschaffenen Verbote, Abnormalitäten, Perversionen, die sich in der bürgerlichen Gesellschaft um 1900 entwickelt haben, wurde die Lust angestachelt, wie es Foucault (1977) herausgearbeitet hat. Hinter den sittlichen Grenzen wurde Großes erahnt und deren Überwindung sogar zugetraut, die Gesellschaft überhaupt zu befreien. Historisch falsch, aber gleichwohl wirkmächtig, wurde die Sexualunterdrückung nach dem Zweiten Weltkrieg mit der Naziherrschaft und dem Fortwirken eines autoritären Charakters verknüpft. Tatsächlich war die NS-Zeit hinsichtlich der Heterosexualität deutlich liberaler als die Nachkriegsepoche, in der die strengen Sexualsitten der „moralischen Restabilisierung" dienen sollten (Herzog 2018, S. 8–11).

Das Projekt einer Befreiung aus sexualmoralischen Fesseln fand seinen strafrechtlichen Niederschlag 1973, als der Strafabschnitt von Delikten gegen die Sittlichkeit hin zu solchen gegen die sexuelle Selbstbestimmung umbenannt wurde. Ab 1969 galt es nicht mehr, eine Moral zu schützen, sondern konkrete Rechtsgüter. Damit wurden einige Straftatbestände abgeschafft, etwa der zum Ehebruch, der Kuppelei-Paragraf, der es z. B. einem Hotelier verbot, ein Zimmer an ein unverheiratetes Paar zu vergeben, oder der § 175, der neben der „widernatürlichen Unzucht mit Tieren" die Homosexualität unter Erwachsenen (übrigens galt er nur für Männer, da Frauen die Fähigkeit zur Geschlechtlichkeit aberkannt wurde) unter Strafe stellte. Noch 1962 wurde der § 175 damit begründet, dass man die Ausbreitung des „schändlichen Verhaltens im Volke" befürchtete; in der offiziellen Begründung des Strafrechtsentwurfs von 1962 heißt es, griffe die gleichgeschlechtliche Unzucht um sich, führe dies zur „Entartung des Volkes" und zum „Verfall seiner sittlichen Kräfte" (Klug 1963, S. 41).

Erst deutlich verzögert etablierte sich die Idee sexueller Selbstbestimmung auch in der Bevölkerung und in weiteren Gesetzen. Hiernach kann sich jede und jeder sexuell und geschlechtlich so positionieren, wie sie/er es will, solange nicht die Grenzen sexueller Freiheiten anderer verletzt werden und die Betreffenden als zustimmungsfähig gelten. Allerdings, § 175 blieb noch bis 1994 mit einer erhöhten Schutzaltersgrenze von 18 Jahren bestehen. Bestimmend war hier die alte Vorstellung, junge Männer könnten zu Homosexualität *verführt* werden. Bis 1998 legte § 1300 im Bürgerlichen Gesetzbuch fest, dass „eine unbescholtene Verlobte", die „ihrem Verlobten die Beiwohnung gestattet" im Falle des nicht eingehaltenen Eheversprechens den Verlust ihrer Jungfernschaft entschädigen lassen konnte (üblich waren rd. 1000 DM). Wie wenig es noch lange Zeit um den

Individualschutz sexueller Selbstbestimmung ging, sondern um eine kollektive Moral, veranschaulicht auch die späte Pönalisierung der Vergewaltigung in der Ehe, die erst im Jahre 1997 (gegen vehemente Stimmen der CDU/CSU-Fraktion) beschlossen wurde. Vergewaltigung konnte es bis dahin nur im außerehelichen Beischlaf geben. Zumindest symbolisch gestärkt wurde die Idee sexueller Selbstbestimmung jüngst in der Verschärfung des Vergewaltigungsparagrafen 177 im Strafgesetzbuch („Nein heißt nein").

Paradoxerweise ist es gerade die Liberalisierung des sexuellen und geschlechtlichen Feldes, die gleichermaßen zu einem zunehmend repressiven Zugriff auf dieses Feld geführt hat (Klimke und Lautmann 2006, siehe den Text in diesem Kapitel). Die fortschreitende Individualisierung hat tradierte Vorstellungen v. a. zu Partnerschaft, Familie und Geschlechterrollen erodieren lassen. Die Liebe der Partner zueinander wird *„zugleich wichtiger und schwieriger denn je"* (Beck und Beck-Gernsheim 1990, S. 95, kursiv i. Orig.). „In der täglichen Kleinarbeit der BeziehungsbastlerInnen wächst das ganz normale Chaos der Liebe, des Leids und insbesondere der Beziehungsvielfalt aufgrund der zunehmenden Flüchtigkeit der Liebe" (Beck-Gernsheim 1994, S. 135). Sennett (1983, S. 24) konstatiert daher: „Wenn zwei Menschen die Offenbarungen ausgehen, wenn die Tauschwaren erschöpft sind, dann geht auch allzu oft die ganze Beziehung zu Ende". Giddens (1993, S. 69) spricht von der reinen Beziehung, die man „um ihrer selbst willen eingeht; […] eine Beziehung, die nur so lange fortgesetzt wird, solange es für beide Parteien klar ist, dass alle Beteiligten sich in ihr wohlfühlen". Mit der einst vorherrschenden Idee der ewigen romantischen Liebebrechen diese Beziehungsmodelle. Luhmann (1982, S. 52) schreibt zur romantischen Liebe: „Als selbstreferenzieller Kommunikationszusammenhang rechtfertigt die Liebe sich selbst". Sie stellt eine Art außerordentlichen Gefühlszustand dar, der häufig mit den Metaphern von Wahn und schicksalhafter Fügung belegt wird. Sexualität versteht sich als Ausdruck der besonderen Verbindung (ebd. S. 167 ff.). Im Gegensatz dazu müssen individualisierte Beziehungen nun von vornherein als kontingent gedacht werden; Sexualität findet nicht mehr zwingend exklusiv unter den Partnern statt. Bauman (1998) bezeichnet den Erregungssammler als Figur, die unaufhörlich getrieben ist, sich neuen aufregenden Erlebnisse auszusetzen. Der schier unglaubliche Erfolg von *Fifty Shades of Grey* zeigt, wie gerade das weibliche Publikum mit dieser Entromantisierung hadert und zur exemplarischen „Neosexualität" des Sadomasochismus phantasiert (Sigusch 2005, S. 36 f.). Illouz (2013, S. 28 f.) zählt das mehrbändige Werk zu den Texten der sexuellen Selbsthilfe, die dem „jämmerlichen Zustand von Liebe und Sexualität" eine „romantische Phantasie sowie Anleitungen zur Verbesserung des eigenen Lebens" entgegensetzt. Nicht der Sadismus des männlichen Protagonisten mache

die Geschichte gut, sondern seine Wendung vom „Sadisten zu einem romantischen Liebhaber, der die geheimste Phantasie einer Frau in Erfüllung gehen
lässt" (ebd., S. 44). Sexualität und Beziehungen gelten unter posttraditionalen
Bedingungen als individuell entscheidbar. Als Ideal gilt die Verhandlungsmoral
(Schmidt 2004) zwischen Partnern, die frei von instrumentellen und traditionellen
Rücksichten konsensuell ihre Beziehung gestalten. „Unter dem Einfluß des
psychologischen Modells von ‚Kommunikation' wandelten sich Emotionen zu
Objekten, über die man nachdenken und die man ausdrücken konnte, über die
sich reden und streiten ließ, die verhandelt und gerechtfertigt werden konnten, und
zwar sowohl in der Familie als auch im Unternehmen." (Illouz 2006,S. 60)

Die repressive Kehrseite eben jener sexuellen Freiheitsideologie setzt an der
Aushandlung jener Bedingungen ihrer Gewährleistung an und hat eine lange
und stetig wachsende Liste von Risikosexualitäten produziert. Während es
immer schon Sex-Skandale gab, hat sich ihr Gehalt deutlich verändert. Soweit
man in sexuellen Interaktionen an Grenzen der Sittlichkeit stieß, wurde allen
Beteiligten ein geheimer Wunsch nach Übertretung unterstellt (Schetsche 1999,
siehe den Text in diesem Kapitel). Das erotische Feld unter dem Gebot der
Selbstbestimmung negiert alle Interaktion und Uneindeutigkeit und fasst Sexualkriminalität stattdessen allein als Zwang und Gewalt, die sich durch Täter gegen
unschuldige Opfer richten.

Grundlegend für die Sexualskandalisierungen ist die Erweiterung des Gewaltbegriffs. Lieferte zunächst ein physisch-materieller Gewaltbegriff den Maßstab
für die strafrechtliche Regulation des Sexuellen, ereignete sich unter dem Einfluss
der Frauen- und Geschlechterforschung und ihrer Kritik an diesem klassischen
Gewaltbegriff, der die geschlechtlich unterschiedliche Wahrnehmung von Gewalt
übersehe, eine generalisierende Rahmenerweiterung des Gewaltverständnisses.
Dieser ausgedehnte Gewaltbegriff orientiert sich an Galtungs Konzept der
strukturellen Gewalt (1975). Hiernach wird jede individuelle Wahrnehmung von
Diskriminierung und Störung zur Gewalt. Gewalt wird damit subjektiviert und
entgrenzt. Die Sexualskandalisierungen der letzten Jahrzehnte sind ganz wesentlich durch die Aushandlung darüber befeuert worden, inwieweit Gewalt vorliegt, obwohl der unterlegene Teil physisch unversehrt geblieben ist, aber nur der
Anschein eines Konsenses vorlag. Eben die Bedingungen des Konsenses werden
damit problematisiert, wodurch Zustimmungsfähigkeit und Informiertheit der
Akteure zu den Kernfragen der neuen sexuellen Verhandlungsmoral werden. So
erweitert sich das als Gewalt verstandene Handlungsspektrum fortlaufend, bei
dem Machtgefälle, Dominanzverhalten, Hegemonialität, Manipulation und andere
Hierarchien gefunden werden.

Die sexuellen Gefährdungsdiskurse haben sich mit in den Jahrzehnten deutlich gewandelt. Stand zunächst das kindliche Sexualopfer im Fokus (Rutschky 1992 und Schetsche 1999, siehe die Texte in diesem Kapitel), treten nun zunehmend erwachsene Opfergruppen auf. Wurden in den früheren Missbrauchsskandalen dramatische Ereignisse verarbeitet, reichen nun weit harmlosere Vorkommnisse aus, um öffentliche Resonanz zu erzeugen. Die neueren Debatten profitieren noch von den Affekten und der Botschaften der vorangegangenen Problemdiskurse und können auf diesen Überzeugungen aufbauen. Der Herausbildung des „Homo Sentimentalis" (Illouz 2007, S. 1–39) rechtfertigt und fordert geradezu starke Gefühle und entschiedene Parteinahme für die Opferseite. Mithilfe der Skandalisierungstechnik werden systematisch aktuelle und historische Missstände aufgedeckt, anhand von Einzelschicksalen mediengerecht aufbereitet und der Öffentlichkeit als Gerechtigkeitsfragen präsentiert. Die sexuellen Skandalisierungen fallen dann auf den fruchtbaren Boden einer intimisierten feminisierten Gesellschaft, in der Soziales „einzig in psychologischen Kategorien gemessen" wird, in der nur Ereignisse interessieren, „wenn wir in ihnen Personen am Werke sehen, wenn sie sich für uns in Personen verkörpern" (Sennett 1983, S. 425). Damit muss zur öffentlichen Aufmerksamkeitserzeugung weit weniger das schlichte Unterhaltungsschema von *sex & crime* über gewaltstrotzende spektakuläre Falldarstellungen bedient werden. Es reichen kleinste Anlässe, und die Affekte springen an mit weitreichenden Konsequenzen für den Strafrechtsbetrieb (Bauman 2000, siehe den Text in diesem Kapitel).

Literatur

Balzacq, Thierry/Guzzini, Stefano/Williams, Michael C./Wæver, Ole/Patomäki, Heikki (2015): What kind of theory – if any – is securitization? in: International Relations 29 (1): 96-136

Bauman, Zygmunt (1998): Über den postmodernen Gebrauch der Sexualität, in: Zeitschrift für Sexualforschung 11: 1-16.

Beck, Ulrich/Beck-Gernsheim, Elisabeth (1990): Das ganz normale Chaos der Liebe, Frankfurt/M.

Beck-Gernsheim, Elisabeth (1994): Auf dem Weg in die postfamiliale Familie – Von der Notgemeinschaft zur Wahlverwandtschaft, in: Ulrich Beck/Elisabeth Beck-Gernsheim (Hg.): Riskante Freiheiten, Frankfurt/M.: 115–138.

Cohen, Stanley (1972): Folk Devils and Moral Panic. The Creation of Mods and Rockers, London.

Foucault, Michel (1977): Der Wille zum Wissen. Sexualität und Wahrheit 1, Frankfurt/M.

Galtung, Johan (1975), Strukturelle Gewalt. Beitrage zur Friedens- und Konfliktforschung, Reinbek b. Hamburg.

Giddens, Anthony (1993): Wandel der Intimität, Frankfurt/M.
Herzog, Dagmar (2018): Sexuality, Memory, Morality, in: Dies., Lust und Verwundbarkeit, Göttingen: 7–40.
Illouz, Eva (2006): Gefühle im Zeitalter des Kapitalismus, Frankfurt/M.
Illouz, Eva (2007): Cold Intimacies, Cambridge.
Illouz, Eva (2013): Die neue Liebesordnung, Frankfurt/M.
Innes, Martin (2004): Crime as a Signal, Crime as a Memory, in: Journal for Crime, Conflict and the Media 2: 15-22.
Innes, Martin (2014): Signal Crimes: Reactions to Crime and Social Control, Oxford.
Klug, Ulrich (1963): Rechtsphilosophische und rechtspolitische Probleme des Sexualstrafrechts, in: Bauer, Fritz et al. (Hg.); Sexualität und Verbrechen, Frankfurt/M.: 11–26.
Luhmann, Niklas (1982): Liebe als Passion, Frankfurt/M.
Schmidt, Gunter (2004): Das neue DER DIE DAS. Über die Modernisierung des Sexuellen, Gießen.
Sennett, Richard (1983): Verfall und Ende des öffentlichen Lebens. Die Tyrannei der Intimität, Frankfurt/M.
Sigusch, Volkmar (1998): Die neosexuelle Revolution. Über gesellschaftliche Transformationen der Sexualität in den letzten Jahrzehnten, in: Psyche 52: 1192-1234.
Sigusch Volkmar (2005): Neosexualitäten. Über den kulturellen Wandel von Liebe und Perversion, Frankfurt/M.

Die Texte

Daniela Klimke und Rüdiger Lautmann gehen dem Wandel der Sexualpolitik von ihrer Liberalisierung in den 1960er und 1970er Jahren hin in Richtung ihrer noch immer anhaltenden strafrechtlichen Verschärfung nach. Getragen und ermuntert werden die Punitivierungen von einer fortdauernd steigenden gesellschaftlichen Sensibilität gegenüber sexuellen Grenzverletzungen. Die Konjunktur dieser Thematik fügt sich gut in die Neoliberalisierung westlicher Gesellschaften ein.

Michael Schetsche analysiert das Missbrauchsmuster unter der Perspektive sozialer Probleme und grenzt es vom älteren Deutungsrahmen „Triebverbrechen" ab. Diese soziologische Analyse unternimmt er auf der Grundlage einer empirischen Analyse von Fachartikeln aus mehreren Jahrzehnten. Historisch zeichnet er die jeweiligen Interessen nach, denen diese wandelnden Deutungen sexueller Adressierungen von Kindern folgen.

Katharina Rutschky hat sich frühzeitig und bissig mit der damals aufkommenden Skandalisierungswelle sexueller Gewalt gegen Kinder befasst. Kritisch setzt sie sich in ihrem Text mit den Diskursstrategien griffiger Opferzahlen und von Dunkelfeldhochrechnungen auseinander.

Zygmunt Bauman interpretiert die häufig gewaltsamen Bürgerproteste, die sich an verschiedenen Orten im Zusammenhang mit der Entlassung eines Sexualstraftäters ereignet haben, in der Tradition der Sündenbocktheorie. Die postmodernen Gesellschaften seien zutiefst verunsichert und sozial fragmentiert. In der Suche nach einem gemeinsamen Feind bekäme die Angst und die Feinseligkeit einen notdürftigen Anker. In der aufgebrachten Menge könne wieder Gemeinschaft empfunden werden.

Die neoliberale Ethik und der Geist des Sexualstrafrechts (2006)

Daniela Klimke und Rüdiger Lautmann

Die neoliberale Ethik und der Geist des Sexualstrafrechts, in: Zeitschrift für Sexualforschung 19, 2006, S. 97–117 (leicht gekürzt).

[…] Seit einiger Zeit bemächtigt sich das Strafrecht wieder der Sexualität. Körperliche und mentale Übergriffe im sexuellen Bereich werden auf breiter Front pönalisiert. Das sexualwissenschaftliche Credo, mit Strafsanktionen seien Sexualdelinquenten nicht zu bessern (vgl. Jäger und Schorsch 1987), wird überhört, ist aber auch leiser geworden. Die historisch letzte Kriminalisierungswelle war im Entwurf eines Strafgesetzbuches von 1962 angebrandet. Der Entwurf wurde nie umgesetzt, u. a. hatten sexologische Expertisen damals den Punitivitätsdrang gebrochen. Inzwischen haben sich die Kräfteverhältnisse verschoben, die ideellen und materiellen Einflüsse kommen aus anderen Richtungen. Stichwörter hierzu lauten beispielsweise Kontraktualismus (im Bereich der Sexualität ist das die „Verhandlungsmoral"), Selbstmanagement (jeder sei der „Unternehmer der eigenen Existenz und Arbeitskraft") oder Regieren über Freiheit (der Staat zieht sich „deregulierend" zurück, hegt aber den Freiheitsbereich umso strenger ein).

Wir beschreiben den gegenwärtigen Stand der Entwicklung im deutschen Recht (Teil 1). Ähnliche Vorgänge spielen sich in allen westlichen Ländern ab. Ihre politisch-soziale Feinstruktur hat bereits einige Interpreten gefunden, deren

D. Klimke (✉)
Institut für Kriminalitäts- und Sicherheitsforschung, Polizeiakademie Niedersachsen, Nienburg, Deutschland
E-Mail: klimkc@uni-bremen.de

R. Lautmann
Berlin, Deutschland
E-Mail: lautmannhh@aol.com

Ideen auf den bundesrepublikanischen Prozess einer Problematisierung gut passen (Teil 2). Den politisch-ökonomischen Kontext sehen wir in der globalen Durchsetzung des Neoliberalismus, der in der Sexualkriminalität eines seiner Exempel gefunden hat (Teil 3). Teil 2 analysiert die handlungstheoretische, Teil 3 die sozialstrukturelle Seite; wir verbinden so die Ebenen von *structure* and *agency*. […]

1   Sexuelle Devianz als Motor der Kriminalpolitik

Seit den 1990er-Jahren verändern sich fortlaufend die sexualbezüglichen Vorschriften des Strafgesetzbuchs, quantitativ wie qualitativ. Einige Stationen: 1993 wird sexueller Kindesmissbrauch im Ausland strafbar, auch wenn er in dem betreffenden Staat nicht verfolgt wird. 1997 wird der Tatbestand der Vergewaltigung erweitert (auf andere Praktiken als den Vaginalkoitus, Vergewaltigung in der Ehe usw.). 1998 werden beim Kindesmissbrauch strengere Maßstäbe festgelegt. Gabriele Jansen zählt für den Zeitraum von 1997 bis 2004 13 Gesetzesänderungen bzw. neue Gesetze. Dies sei eine Rekordzahl (Jansen 2005, S. 235; eine ganz ähnliche Aufzählung bei Haffke 2005, S. 25 f.). Vielfach habe dieser Gesetzgebung nur ein einziger Fall zugrunde gelegen.

Als legislative Strategien kommen zum Zuge (Haffke 2005, S. 24–30):

- Die Strafrahmen werden erhöht und neue Tatbestände eingeführt bzw. vorhandene erweitert.
- Die Strafvollstreckung kann nicht mehr ausgesetzt werden, um die Fähigkeit zu rechtmäßigem Leben zu erproben, sondern erst dann, wenn das *Sicherheitsinteresse der Allgemeinheit* gewahrt bleibt.
- Eine Therapie wird für den Sexualstraftäter insoweit *obligatorisch,* als er bei Verweigerung gravierende Nachteile gewärtigt (Kommentatoren sprechen von „Zwangstherapie"), und die Therapeuten werden in bestimmten Fällen zur Weitergabe dessen verpflichtet, was der Klient ihnen erzählt hat.
- Die Sicherungsverwahrung (die sich zeitlich unbegrenzt an die Verbüßung der verhängten Strafe anschließt) soll früher und häufiger eingreifen.

Im Jahre 2005 wurde die sexuelle Ausbeutung durch Menschenhandel (u. a. „Zwangsprostitution") neu geregelt und aus dem 13. Abschnitt („Straftaten gegen die sexuelle Selbstbestimmung") herausgenommen. Obwohl diese Delikte die sexuelle Selbstbestimmung verletzen, ressortieren sie nunmehr im 18. Abschnitt („Straftaten gegen die persönliche Freiheit"). Die Große Koalition plant sogar ein neues Sexualstrafrecht, das bisherige sei „unübersichtlich und nicht immer praktikabel" (Süddeutsche Zeitung vom 8. November 2005). Als neue Tatbestände sollen das Nachstellen *(stalking)* und der Besuch von Zwangsprostituierten eingeführt werden. Die Schraube dürfte sich also weiter drehen.

Die Strafrechtswissenschaft befasst sich nicht allzu intensiv mit dem Feld; nur Wenige (meist Spezialisten) publizieren dazu. Umso auffallender ist die Analyse der Strafrechtsprofessoren Gunnar Duttge, Tatjana Hörnle und Joachim Renzikowski (2004) in der meistgelesenen deutschen juristischen Fachzeitschrift. Die Autoren kritisieren die generelle Anhebung der Strafmaße (Mindeststrafen, keine Geldstrafen mehr, keine minder schweren Fälle). Dies werde den Grenzfällen nicht gerecht. Statt um eine zukunftsorientierte Strafzumessung gehe es „zeitgeistig-modern" zu. Ihr Resümee: „Die Sexualdelinquenz ist endgültig zum Motor der Kriminalpolitik geworden." (ebd., S. 1072)

Eines der Schutzgüter des Sexualstrafrechts, das zunehmend Bedeutung erlangt, dürfte der Bereich der Ehre sein. Bekannt ist das bislang vor allem aus vorderasiatischen und islamischen Kulturen. Wenn dort eine Tochter eine voreheliche Sexualbeziehung eingeht oder den falschen Ehepartner erwählt, gilt die Familie als entehrt (vgl. Kelek 2005). Modern-westliche Strafforderungen bewahren nicht die Familie oder die Virginität, wohl aber die seelische Unversehrtheit der jungen Frau. Und auf kollektiver Ebene schützen sie den Status des weiblichen Geschlechts vor einer Herabwürdigung. Damit rücken sie in die Nähe eines Schutzes geschlechtlicher Ehre. In der feministischen Literaturwissenschaft werden berühmte Werke, die im zeitgenössischen Verständnis die Schändung der Ehre einer Frau behandeln, von heute her so interpretiert, als ginge es um Vergewaltigung (vgl. dazu etwa Dane 1997; Künzel 2003).

Das Gesetz zur Bekämpfung von Sexualstraftaten und anderen schweren Straftaten vom 26. Januar 1998 führe zur „Renaissance der Sicherungsverwahrung", meint Axel Boetticher (2005, S. 131, unter Berufung auf den Psychiater Norbert Leygraf); denn durch Änderung des §66 Abs. 3 StGB ist die prognostische Beurteilung unsicherer geworden. Seither steige die Zahl der in einem psychiatrischen Krankenhaus gemäß §63 StGB Untergebrachten deutlich an: von 2956 im Jahr 1996 auf 5118 im Jahr 2003 (Angaben des Statistischen Bundesamtes von 2004). Offenbar war dies so gewollt, denn mehr Sicherheit war versprochen worden und die Sicherungsverwahrung wird als Instrument eingesetzt, um dieses Versprechen einzulösen.

Wem wird geglaubt, wenn die Aussagen von Täter und Opfer, also von Angeklagtem und Zeugin, einander widersprechen? Die Unschuldsvermutung des Strafprozesses steht neuerdings unter Beschuss, wenn es heißt, bei keinem

anderen Delikt werde „der Grundsatz,in dubio pro reo' mit einer schamlosen
Konsequenz angewendet" (Künzel 2003, S. 194) wie bei den Sexualstraftaten.
Künzel sagt es bedauernd: „Die rechtsstaatliche Privilegierung der Perspektive
des Angeklagten geht zu Lasten des Opfers" (ebd., S. 276). Damit ist die
Legitimität des Prinzips der Unschuldsvermutung infrage gestellt. […]

2   Kriminalisierung als Konstruktionsprozess

Alle Pönalisierungen im Bereich der Sexualität sind gegenwärtig emotional
stark aufgeladen und lassen keinen Gegenstandpunkt zu: Möchte etwa jemand
gegen den Strafrechtsschutz von Frauen und Kindern vor übergriffigen Männern
anreden? Wer könnte es wagen, die Strafwürdigkeit von Misshandlungen zu
bestreiten? Dieser „absolute Wertgehalt" *(valence issue)* macht eine Auseinandersetzung über dieses Problem scheinbar überflüssig, wie von Katherine Beckett
am Beispiel der sexuellen Misshandlung von Kindern gezeigt wurde (1996,
S. 57–59). Die Unantastbarkeit ist das Ziel dieses moralischen Kreuzzugs, der
sich weder durch die Entschiedenheit seiner normativen Prämissen noch durch
seinen Wertkonservatismus von anderen Arten sozialer Mobilisierung unterscheidet. Das Spezifikum von Kreuzzügen liegt „in der Dimension der Absolutheit ihrer Sicht der Welt und in dem Glauben an die Universalität der von ihnen
verteidigten Werte, womit jeder Form von Pluralismus und jeder moralischen
Relativität entgegengetreten wird" (Mathieu 2005, S. 12). Im Gegensatz dazu
führen „relativierende Wertgehalte" *(position issues),* welche eine Auseinandersetzung zulassen, zu alternativen und gewöhnlich umstrittenen Reaktions-
forderungen.

Daher ist das Problemfeld der Sexualdelinquenz zwischen Kritikern und Ver-
teidigern nicht umkämpft, wie man es sonst kennt, etwa im Bereich des Drogen-
konsums oder der Sterbehilfe. So gut wie alle, die sich äußern, einschließlich der
Autoren dieses Textes, sind sich einig in der kompromisslosen Ablehnung von
Kindesmissbrauch, Vergewaltigung oder Zwangsprostitution. Wenn allerdings
Sexualdelinquenz zum „Superproblem" stilisiert wird, zur Ursache weit aus-
greifender anderer Missstände und Schadensbereiche (wie Frauenunterdrückung,
Sucht, Autoaggression), dann bleiben prüfende und begrenzende Stimmen aus.
Die wissenschaftliche Kriminalpolitik verfällt in eine ungewohnte, ja befremd-
liche Art von „schreiendem Schweigen". Wenn ständig die strafbaren Tatbestände
erweitert, Strafmaße erhöht und Vollzugserleichterungen eingeschränkt werden,
wenn sensationalistische Medienberichte (über Sexualmorde und Serientäter) die
Stimmung aufheizen, dann ziehen nüchtern Denkende vielleicht die Augenbrauen

hoch, Experten zucken mit den Achseln – aber sie sagen nichts. Die Gegenkritik ist mundtot. Dabei müsste in einer modernen Rechtskultur, die sich für aufgeklärt und wissenschaftlich informiert hält, jede Strafforderung untersucht und abgewogen werden. Warum erlangt das Sexualstrafrecht diesen Sonderstatus? Die Problematisierungsprozesse im Bereich der Sexualdelinquenz sind unterschiedlich intensiv untersucht. Gut Bescheid wissen wir über diese Prozesse beim Kindesmissbrauch (vgl. dazu Schetsche 1993, 1996; für die USA: Nelson 1984; Best 1990; Beckett 1996) und auch bei der Pornographie. Wissenschaftlich wenig oder gar nicht begleitet werden die Problematisierungsprozesse bei Vergewaltigung und Prostitution. Als ein Ganzes wird die Sexualkriminalisierung nie erörtert, obwohl die Einzeldelikte ihre Rechtsgutsrelevanzen weithin teilen (Freiheit der Willensentschließung, Unversehrtheit von Körper und Gesundheit, Geschlechtergleichheit, Menschenwürde).

Als Resultat zeigt sich ein dramatischer Wandel der Medienberichterstattung im Hinblick darauf, wie und in welcher Häufigkeit der Missbrauch angesprochen und gerahmt worden ist. Beckett (1996) sieht in den Massenmedien nicht den Urheber dieser Themenkonjunktur, sondern sucht nach den Faktoren und Kräften dahinter. Diese sind: 1. die Anspruchsteller und „Sponsoren" für die verschiedenen Themenpakete (Förderer-Aktivitäten), 2. die Publikationspraxen der Medien, 3. der kulturelle Widerhall. Wir übernehmen im Folgenden dieses Analyseschema, das auf den Bewegungsforscher William Gamson zurückgeht.

Förderer-Aktivitäten

Aktivisten starten die Problemdefinition; das Maß ihres Erfolgs hängt dann von den kulturellen Strömungen und der Medienindustrie ab. Für die Initiative zur Bedeutungssteigerung der Sexualdelinquenz kommen in Betracht: Teile der Frauenbewegung sowie psychologisch und sozialarbeiterisch Tätige, später verstärkt durch Juristinnen. Die meisten Zeugnisse vom Beginn der Entwicklung sowie späterer Schübe lassen sich so einordnen. Politische Kräfte – sonst frühzeitig beteiligt – schalten sich offenbar erst spät in den Vorgang ein; sie finden bereits eine *valence*-geladene Problemdefinition vor, schließen sich ihr an und kommen den an sie herangetragenen Strafrechtsforderungen nach.

Das Thema „Sexuelle Gewalt gegen Frauen und Kinder" hat in Deutschland ein kaum übersehbares „Sponsoren"-Feld gefunden. Die einschlägigen Vereine, Beratungsbüros, Tagungen, Verlautbarungen, Hochschulseminare und -arbeiten zählen nach vielen Tausend. Untersuchungen dazu existieren nicht, weder für einzelne Delikte noch für den Gesamtbereich.

Frauenbewegung und Problematisierung männlicher Gewalt stützen sich wechselseitig. Carol Hagemann-White notierte 1996: „Die Bewegung ist ohne die Gewaltthematik, das Gewaltthema ohne die Bewegung so nicht denkbar" (Hagemann-White 1997, S. 501). Für Großbritannien untersuchte Philip Jenkins (1992, S. 48–69) die feministischen Bemühungen, Vergewaltigung und Serienmord als Komponenten einer generellen Bedrohung durch sexuelle Gewalt zu typisieren. Danach wurde der Begriff „sexuelle Gewalt" so ausgeweitet, dass er sämtliche Formen des sexuellen Übergriffs *(assault)* umfasste, bis hin zum Sexualmord. Die Kampagne habe bereits um 1978–1982 ihren Höhepunkt erreicht. Durch sie hätten feministische Experten und Autoritäten weitenteils die Diskurshoheit bezüglich dieses Problems erlangt.

In Deutschland legte die Publizistin Katharina Rutschky (1992) ein damals Aufsehen erregendes Buch vor, worin sie den Kreuzzug zum Kindesmissbrauch als interessengeleitet darstellte. Zugleich gab sie einen Sammelband heraus, worin auch die ExpertInnen einer weniger dramatisierenden Richtung zu Wort kamen (Rutschky und Wolff 1994, 1999). Diese Gegensprecher haben sich damals sehr viel Ärger eingehandelt. Die fördererfreundlichen Medien fielen über sie her; öffentliche Auftritte wurden brachial verhindert usw. Die zunächst noch zahlreichen neutralen Beobachter schauten weg. Die Gegensprecher verstummten fortan. Zum Gegenstand einer Analyse ist das bislang nicht geworden.

Carol Hagemann-White (2002) hat dargestellt, wie die Frauenbewegung die Frage der sexuellen Gewalt thematisiert. Sie bestätigt die Vermutung: „Insgesamt hatte die feministische Sichtweise nicht nur eine Vorreiterfunktion zur Eröffnung der Debatte, sie hat den Rahmen für alle [sic!] weitere Forschung zum Thema gesetzt" (ebd., S. 130).

Für die USA, das Ursprungsland der Förderinitiativen, liegen mehrere kritische Studien vor. Wie es scheint, haben sie dem Problematisierungskurs nicht den Wind aus den Segeln genommen. Es sind von dort immer wieder besonders erfindungsreiche „Anheizer" auf uns zugekommen, darunter der „rituelle Missbrauch", das „Syndrom der verdeckten Erinnerung" und die „multiple Persönlichkeit". Es dauerte jeweils Jahre, den esoterischen Charakter dieser Figuren nachzuweisen. Bis dahin hatten sie indessen ihren Dienst getan und bereits Nachfolger gefunden.

Den „Sponsoren" hat sich eine Reihe von Politikern und politischen Institutionen angeschlossen, darunter die EU-Kommission, wenn sie die Schutzeigenschaft Kindheit bis zum Alter von 18 Jahren angehoben wissen will (zur Kritik vgl. Böllinger 2001). Die Dynamik der Menschenrechte stößt auch weltrechtliche Fortbildungen an, beispielsweise zur Kontrolle der Prostitution. Die an sich relativ zurückhaltende deutsche Kriminalpolitik wird transnational auf Trab gebracht. Die (selektive) Bereitschaft, europäischen Anweisungen zu folgen, ist das letzte

Glied einer Kette: Die repressive Strafrechtspolitik der USA setzt sich zunächst in der UNO durch, und dieser folgt die EU. Lorenz Böllinger (2001, S. 245) nennt das „moralische Kolonisierung".

Medienpraxen

Sex and crime zählt zu den klassischen Werkzeugen der Journalisten. Doch was früher im Lokalteil einer Zeitung ressortierte, füllt heute die Politikspalten. Nach dieser Aufwertung griffen auch die Bildmedien zu dem Gegenstand, der mittlerweile in Fernsehspielen, Krimis, Magazinen, Nachrichten und Reportagen allgegenwärtig ist. Sogar Film- und Bühnendramen rankten sich zunehmend um Sexdelikte der einen oder anderen Art, erlangen gelegentlich gar Kunst- und Kultstatus (etwa „Das Fest" von Thomas Vinterberg als Dogma-Film und derzeit viel gespieltes Theaterstück).

Besteht also Anlass für eine Medienschelte? Einige Kriminologen bejahen dies. Einer Untersuchung von Christian Pfeiffer et al. (2004) zufolge überschätzt die Bevölkerung die quantitative Entwicklung der Sexualdelikte beträchtlich. Die Autoren machen vor allem das Privatfernsehen für Verzerrungen in der Wahrnehmung der Wirklichkeit verantwortlich.

Im Jahre 2003 glauben 89 % einer repräsentativen Bevölkerungsstichprobe, der sexuelle Missbrauch an Kindern werde heute etwas bis sehr viel häufiger begangen als noch vor zehn Jahren. Tatsächlich weist die Polizeiliche Kriminalstatistik (PKS) für beide Jahre exakt dieselbe Anzahl von 15.430 Fällen aus. Der vollendete Sexualmord, der nach der PKS zwischen 1993 und 2003 tatsächlich um 37,5 % zurückgegangen ist, hat nach Schätzungen der Bevölkerung um 260 % zugenommen. Gefördert werde diese Überschätzung der Steigerungsraten von Sexualdelikten durch das Privatfernsehen, dessen Anteil Kriminalität thematisierender Sendungen im Jahre 2004 bei 21,2 % (SAT.1) bzw. 18,1 % (RTL) lag.

Doch dürften die Massenmedien kaum Macher des Trends sein; sie bedienen lediglich ein bereits etabliertes Interesse. Dieses allerdings halten sie wach und fügen ihm manch horrorhaft anmutendes Detail hinzu. Nicht zu übersehen ist auch die Neigung von Journalisten, die Politik zum Einschreiten aufzufordern bzw. deren Untätigbleiben anzuprangern. Der „politisch- publizistische Verstärkerkreislauf" (Scheerer 1978[a]) erhält von hier einen nicht zu unterschätzenden Input.

Das Publikum zeigt sich interessiert wie eh und je. Kritisieren wollen wir das nicht, sind wir doch selber Teil dieses Publikums. Diesseits der Pflichtmeldungen über politische Entscheidungen und ökonomische Abläufe – meist

---

[a] Siehe den Text im Kapitel *Kriminalität als Erzählung* in diesem Band.

328   D. Klimke und R. Lautmann

328   D. Klimke und R. Lautmann

328   D. Klimke und R. Lautmann

wenig erbaulich – sowie über hochkulturelle Ereignisse verbleibt der umfängliche Sektor „menschliche Anteilnahme". Die gewöhnlichen Mediennutzer sind (sympathisch) offen für individuelle Schicksale, emotionale Vorgänge und manifeste Konflikte. Berichte zur Sexualdelinquenz berühren bei sehr vielen Menschen Einfühlungsbereitschaft, Neugier und Spannungssuche. Diese Berichte werden also breit rezipiert (besser: konsumiert), vermutlich auch alsbald vergessen.

Die Aufgeschlossenheit des Publikums für persönliche Dinge verleitet die Medienproduzenten wahrscheinlich dazu, ihre Berichte individualistisch aufzuziehen. Diskussionen über die Verallgemeinerbarkeit eines Einzelfalls und Statistiken zu einem Kriminalphänomen müssen dabei auf der Strecke bleiben. Als unbeabsichtigte Folge solcher Nachrichtenstrategien wird die Wahrnehmung beim Publikum verzerrt. Hieraus resultieren dann Überschätzungen der Delikthäufigkeit und des Grades persönlicher Gefährdung. Berichte, in denen dies korrigiert wird, genießen weniger Aufmerksamkeit und sind selten.

Wer speist Nachrichten in den Medienbetrieb ein? Die Informationsquellen für die Problematisierung eines Ereignisses oder Phänomens unterliegen einer „Hierarchie der Glaubwürdigkeit" (Becker 1967, S. 241[b]). Die Sicht einer Randgruppe oder gar eines Delinquenten rangiert weit unterhalb derjenigen einer moralisch argumentierenden Gruppe oder einer sozialen Bewegung. Die „Experten" sind oftmals nicht Wissenschaftler, sondern Männer und Frauen, die in dem Problemfeld arbeiten und von der Dramatik der Fälle leben. Insoweit die Sprecherinnen aus feministischen Zusammenhängen kommen, repräsentieren sie nicht die ganze Bewegung, sondern einen bestimmten Teil davon (zuweilen „radikaler Flügel" genannt); ihre Schwestern aus den übrigen Teilen fallen ihnen aber nicht ins Wort. So schalten sich also erneut die Förderer der Problematisierung ein und bringen ihre Sichtweisen und (selektiven) Erfahrungen zur Geltung. […]

Widerhall bei kulturellen Themen.
Die speziellen Argumente bezüglich einzelner Sexualdelikte können einen enormen Sog entfalten, weil sie mit übergreifenden Strömungen übereinstimmen. Hierzu zählen:

- der Wert des Kindes (bei niedriger Geburtenrate)
- die Verletzbarkeit der Frau (bei akzeptierter Gleichstellungspolitik)
- die Übergriffigkeit von Stiefverwandten (bei Instabilität der Institution Ehe)
- die Gefährlichkeit der Männer (angesichts Neuer Kriege und des Terrorismus)
- die Verführung durch Bilder (trotz des Unbehagens über sich ausbreitende E-Medien und Informationstechnologien) […]

---

[b] Siehe den Text in den *Kriminologischen Grundlagentexten*.

3   Die neoliberale Ethik hinter der neuen Kriminalpolitik

Obwohl die Sexualstraftaten zahlenmäßig eine Marginalie unter allen Straftaten bilden, stehen sie im Zentrum punitiver Forderungen. Einerseits gehen Experten davon aus, dass die Zahl der Straftaten gegen die sexuelle Selbstbestimmung seit langem zurückgeht (Angaben im Straftatenschlüssel 1000 der PKS). Andererseits wird vermutet, „dass die Bereitschaft, sexuelle Übergriffe zur Anzeige zu bringen (und die Bereitschaft der Polizei, diese Anzeigen entgegenzunehmen), deutlich zugenommen hat" (Brüchert 2004, S. 99). Doch Sexualstraftaten gehören zu den *signal crimes* (Innes 2004). Sie haben auch eine symbolische Bedeutung.

Wird eine Sexualtat öffentlich, erhitzt sie regelmäßig die Gemüter. *Signal crimes* lassen aufhorchen, man erahnt an ihnen die Konturen des wahren Ausmaßes an Gefährdungen der Sicherheit wie auch des Verfalls moralischer Ordnung. Eher nebulös bleiben jene neuen Bedrohungen der inneren Sicherheit, die unter dem Begriff der „Organisierten Kriminalität" die Öffentlichkeit beunruhigen: Porno-ringe, Menschenhändler, Pädo-Netzwerke usw. Die kursierenden Geschichten gewähren nur einen vagen Blick auf die sexuellen Abartigkeiten. Doch dienen sie als Exempel, um die Dimensionen wahren Leidens anzudeuten und damit die Dringlichkeit zu belegen, dem Treiben mit unnachgiebigem Zugriff – freilich immer notdürftig – Einhalt zu gebieten.

Punitivität in Politik und Gesetzgebung, in Kontrollinstanzen sowie in den Medien, in den Wissenschaften und in den Bevölkerungsmeinungen schreitet zumeist nicht im Gleichschritt voran. Nach dem Bottom-up-Modell sollen es die Medien sein, freilich in Erwartung des Publikumserfolgs, die den Ruf nach immer härteren Strafen durch spektakuläre Berichterstattungen in der Bevölkerung schüren. Dem Strafdruck aus der Bevölkerung nachgebend, reagiere nach diesem Modell die Politik mit Strafverschärfungen und bringe damit die Kontroll-instanzen zu härterem Durchgreifen. Die Straflust der Bevölkerung beeinflusse die richterlichen Entscheidungen, wobei der populistische Punitivitätsdruck mit dem Gang durch die Instanzen abgefedert werde. Dieses Erklärungsmodell, von Katherine Beckett (1997) *democracy-at-work* genannt, kann große Plausibilität reklamieren, weil es sich unmittelbar an das herrschende Demokratieverständnis anlehnt. […]

Nach dem Top-down-Modell von Jonathan Simon (1997), der eine Führungs-technologie des *governing through crime* entdeckte, rück hingegen die Kriminalität paradigmatisch ins Zentrum der Regierungskünste (vgl. auch Sack 2004). Angesichts der zunehmenden Schwächung nationalstaatlicher Politik unter globalisierten Bedingungen eröffnet die Kriminalpolitik einen politischen

Nebenschauplatz. Mit einer Law-and-order-Politik kann die staatliche Lenkungs-
kompetenz demonstriert werden. Während ehemalige wohlfahrtsstaatliche
Sicherheiten unter globalisierten Bedingungen zunehmend erodieren, erweist
sich die Kriminalpolitik als nationalstaatliche Bastion, die politische Regulation
öffentlichkeitswirksam vorführt. Alle Themen der Inneren Sicherheit erhalten
einen enormen Bedeutungszuwachs in der öffentlichen Diskussion; hier liegt der
Kern einer neuen Regierungstechnologie (Simon 1997, S. 173[c]). Eine Kriminalpolitik, die mit erweiterten Sanktionsrahmen und neuen Tatbeständen an der
Punitivitätsschraube dreht, exekutiert damit nicht in erster Linie den Willen
der Bevölkerung nach einem härteren Durchgreifen; vielmehr wird Kriminalität instrumentalisiert, um von den ökonomischen und sozialen Unsicherheiten
spätmodernen Lebens abzulenken. Eine Politik der Inneren Sicherheit kann mit
Verbalattacken und radikalen Manövern, also mit legislativem Aktionismus so
etwas wie Regierungsfähigkeit demonstrieren – und die Bevölkerung dankt es ihr
in Wahlzeiten.

Darüber hinaus füllt sich mit dem Diskurs um die Gefährdungen der Inneren
Sicherheit eine Sinnlücke, die der Zusammenbruch der nichtkapitalistischen
Staaten hinterlassen hat. Der Kalte Krieg und damit das gute Gefühl des Westens,
auf der richtigen ideologischen Seite zu stehen, lösten sich in den 1980er- und
1990er-Jahren auf. Der Neoliberalismus („Sieg des Kapitalismus") begab sich
auf den Vormarsch und tritt längst nicht mehr als bloße Ideologie auf. Die Durchsetzung neoliberalisierter Verhältnisse erscheint schlicht als politische Notwendigkeit. An die politische Leerstelle, die das Ende der Ideologien hinterlassen
hat, trat der „symbolische Feind" (Sasson 1995), der Verbrecher. Nicht erst seit
den Terroranschlägen des 11. September tragen das „Böse" und die ihm zur Seite
gestellten Gehilfen – zuständig für all die inzwischen zum urbanen Problem
hochstilisierten *incivilities* – quasiideologische Züge, als die neue Bedrohung der
bürgerlichen Ordnung.

Zu entscheiden braucht man sich im Falle des Sexualstrafrechts zwischen den
Erklärungsmodellen *bottom-up* bzw. *top-down* indes nicht. Einträchtig setzen
sowohl die Regierung als auch die Bevölkerungsmeinung auf eine Punitivierung
bestimmter Sexualtaten. Unsere These behauptet, dass Sexualdelinquenten sich
so vortrefflich als Zielscheibe des staatlichen Sanktionsbetriebs eignen, weil sich
hiermit sowohl Regierungsstrategien als auch die Probleme der privaten Lebensgestaltung einem einzigen Sündenbock aufhalsen lassen. Der Sexualsektor
wird zur Kampfzone, in der synchron und parallel ein Umbau der politisch-
ökonomischen Verhältnisse und der Sexualordnung bewerkstelligt wird. Auf

---

[c] Siehe auch das Kapitel *Kriminalität als Instrument des Regierens* in diesem Band.

dem Feld der Lüste werden die Anforderungen und Zumutungen spätmoderner Regierungen und Selbstführungen verhandelt.

Bevölkerungsmeinungen
Ein Dreigespann von Mittelschichtsmeinungen, Politik und Medien ist auf dem Weg, das sexuelle Feld einer neuen Ethik der Reinheit zu unterwerfen. Hatte die bürgerliche Klasse in der Hochmoderne die diskursive Differenzierung des Sexuellen betrieben (Foucault 1977), so läutet sie in der Spätmoderne den Übergang zur marktgesellschaftlichen Verfasstheit mit Manipulationen am Sexualregime ein. Stand jener Sexualitätsdiskurs im Zeichen der Normalisierung, wird der heutige im Namen der sexuellen Selbstbestimmung geführt. Ging es damals um die lückenlose Aufdeckung, Kontrolle und Verwaltung der Intimitäten, so geht es heute um die unnachgiebige Bestrafung bis hin zur Ausschließung derjenigen, welche die Regeln der Verhandlungsmoral verletzen. Dass dieses Projekt einer neuen Reinheit unter der Norm der Sexualautonomie wesentlich dem Treiben eines in die Enge getriebenen Kleinbürgertums zuzurechnen ist, wird in einigen kritischen Kommentaren zur aktuellen Sexualpolitik erahnt. Doch ist man der milieutheoretischen Verortung von Punitivität bislang weder systematisch noch empirisch nachgegangen.

Der Punitivitätsschub der vergangenen Jahrzehnte wurzelt in der gewandelten Strafmentalität der Mittelschichten, denen der britisch-amerikanische Kriminologe David Garland (2004) einen signifikanten Einfluss auf die derzeitige Kriminalpolitik beimisst und deren Einstellungen sich beim Übergang zur *High Crime Society* am stärksten gewandelt hätten (ebd., S. 47 ff.).[d] Garlands Vermutung, dieser Wandel sei insbesondere mit dem objektiven Anstieg der Kriminalität zu erklären, die seit einigen Jahrzehnten auch verstärkt die Mittelschichten betrifft (ebd., S. 51 ff.), vermag indes nicht die lauter werdenden Strafforderungen gegen Sexualtaten zu erklären, denn deren Umfang, Qualität und Opfergruppen haben sich nicht verändert. Gleichwohl pflichten wir Garland darin bei, dass die Stoßkraft für die Remoralisierung des Sexuellen in der gesellschaftlichen Mitte zu suchen ist (vgl. auch Hunt 1999, S. 410).

Charakteristisch am Diskurs über die sexuellen Übergriffe ist ja gerade, dass er unabhängig von eigener (besonderer) Betroffenheit und Gefährdung geführt wird. Es geht um die moralgesättigte Bewertung von Vorgängen im Namen eines Kollektivs. Dies war schon immer das Feld, auf dem sich die Mittelschichten gegenüber der (angeblich) laxen Haltung der Unterschichten wie von der bürgerlichen Nonchalance distinguierten; denn Kleinbürger „haben nicht nur, wie jedermann, eine ihrem Interesse entsprechende Moral, sie haben Interesse

---

[d] Siehe auch das Kapitel *Die Lust am Strafen* in diesem Band.

an der Moral" (Bourdieu 1982, S. 554). Ranulf (1938/1964, S. 198) bezeichnete diese „desinteressierte Tendenz, Strafe zuzufügen", als charakteristisches Merkmal der unteren Mittelklasse, die aufgrund ihrer prekären sozialen Lage zwischen Aspiration und Deklassierung erheblichen Selbstzwängen und Frustrationen ausgesetzt sei. Die moralische Empörung folgt hiernach aus Ressentiments gegenüber jenen, die sich nicht dem strengen Selbstregiment unterwerfen, das sich die Mittelklassen abfordern. [...]

Sowohl durch die Verbreitung des Problems der Lebensführung als auch durch die Regierungsstrategie der Responsibilisierung – der Verantwortungsverschiebung vom Staat auf die Bürger – ist diese Tendenz zur moralischen Abgrenzung gegenüber den Verlierern im Kampf um Selbstführung nicht mehr auf die untere Mittelklasse begrenzt, wie es Ranulfs Analyse moralischer Empörung noch festgestellt hatte. In dem Maße, wie *governance* zur allgemeinen Anforderung an responsibilisierbare Subjekte wird, dient die moralische Verachtung gegenüber unangepassten Lebensformen auch anderen Milieus zur Selbstvergewisserung, das eigene Leben im Griff zu haben (vgl. Young 2003, S. 405). Auch Barbalet (2002, S. 289) diagnostiziert diese Haltung bei Angehörigen der „Weiße-Kragen-Arbeiterklasse", die sich an [...] antipädophilen Mob-Aktionen beteiligt haben.

Die Ausschreitungen gegen Pädosexuelle in Großbritannien könnten so als Beispiele gelungener *governance* verstanden werden. In dem Maße, wie Individuen dazu aufgerufen sind, ihr Lebensgeschick in die eigenen Hände zu nehmen, können Abweichler zum Freiwild werden. Aus *vigilance* wird Vigilantismus (Evans 2003), also aus Wachsamkeit eine Jagd auf Verdächtige. [...]

Deutungen sexueller Verhältnisse
Dass die Sexualdelinquenz zum Signalverbrechen *(signal crime)* und damit zum vorrangigen Exerzierfeld punitiver Politik werden konnte, wurde durch zwei parallele Entwicklungen begünstigt:

• Teile des Feminismus hatten bereits kräftig an der Dramatisierungsspirale sexueller Gewaltverhältnisse gezogen. Die Politik brauchte auf den Zug nur noch aufzuspringen, um ihre Regierungskompetenz durch entschlossenes Handeln beim strafrechtlichen Zugriff auf sexuelle Delinquenz zu demonstrieren.
• Die sich zunehmend durchsetzende Verhandlungsmoral löst die überindividuelle sittliche Ordnung ab. Wer die sexuelle Selbstbestimmung anderer verletzt, erweist sich als nicht responsibilisierbar, was seinen unnachgiebigen Ausschluss rechtfertigt.

Ad 1) Der Feminismus war einst angetreten, die Frauen vom Joch des Patriarchats zu befreien, und hat hierbei erfolgreich alte Gewissheiten ins Wanken gebracht. Beträchtliche Fortschritte im Geschlechterverhältnis sind dieser treibenden Kraft zuzuschreiben. Die Erscheinungsformen männlicher Sexualität standen dabei oft im Fokus der Kritik. Die Kehrseite ist jedoch in der Reaktualisierung überkommener Vorstellungen von männlicher Macht und weiblicher Ohnmacht zu besichtigen. Die Konstruktion von mächtiger und lüsterner Männlichkeit stempelt Frauen zu Opfern überlegener Männer. In Gestalt brutaler Ehegatten, unersättlicher Pornokonsumenten oder im Sexualverbrechen gewinnt männliche Lust gefährliche Konturen. Das strukturelle Gewaltverhältnis zwischen männlicher Dominanz und weiblicher Demütigung wird am Leben gehalten.

Erweitert wurden diese Erzählungen in den letzten zwei Jahrzehnten durch die Figur des „unschuldigen Kindes". War einem Kind als Opfer sexueller Gewalt über Jahrzehnte eine begrenzte „Mitschuld" beigemessen worden, indem ihm Frühreife und ein Hang zur Verdorbenheit unterstellt wurden, so hat sich dieses Bild inzwischen gewandelt. Ehemals war das Kind verführbar, heute ist es nur noch verletzbar – ein reines und unschuldiges, von sexuellen Lüsten weitgehend unberührtes Geschöpf. Ein Kind als „Sexualpartner" ist seit seiner pädagogisch-feministischen Rahmung nicht mehr denkbar – es kann nur noch Opfer sein. Für die viktimistische Repräsentation faktischer und potenzieller Opfer eignet sich das „unschuldige Kind" daher prototypisch. Die feministischen Wurzeln des Ursprungsthemas „Kindesmissbrauch" konnten in den politisch verfassten Diskurs um die sexuellen Gefährdungen eingebunden werden. Unter dem Dach des Viktimismus und der zunehmenden Sensibilisierung gegenüber Gewalt nähren sich die vielfältig gewordenen delinquenten Sexualformen von ihrer Nähe zum zentralen Gegenstand der sexuellen Gewalt gegen Kinder. Der Diskurs um die Gefährdungen der Frauen hat seine Kreise längst erweitert und erreicht den „normalen Mann" als potenziellen Grenzgänger sexueller Gewaltverhältnisse (vgl. Rutschky 1992; Rutschky und Wolff 1994). Gefahren entspringen also nicht mehr aus benennbaren und damit eingegrenzten Risikogruppen, sondern verfließen zu einem Jederzeit und Jedermann. Der gefährliche Mann wird zur Metapher unsicherer Zeiten.

Ad 2) Am Umgang mit Sexualstraftätern lässt sich eine Politik der Responsibilisierung unter Androhung des Ausschlusses exemplifizieren: Jeder ist für seine Lebensführung und sämtliche Folgen seines Tuns allein und selbst verantwortlich. Bereitet wurde das Feld paradoxerweise durch die Idee der sexuellen Selbstbestimmung. Nirgends sonst ist die Verkontraktualisierung der Verhältnisse so weit vorangeschritten wie im Sexuellen. Während z. B. im Bereich staatlicher Transferleistungen die Politik des „Forderns und Förderns" nach wie vor heftigen Protest hervorruft, hat man sich im Bereich der Triebe zumindest idealiter längst von paternalistischen Strukturen verabschiedet.

Die Botschaft ist klar: Eigenverantwortung fängt mit dem Gebrauch des Körpers und seiner Lüste an. Und gerade dies dürfte umso schwerer fallen, je stärker sich das Sexuelle zum Experimentierfeld entwickelt, in dem es darum geht, „jedem einzelnen die Verwaltung eines Kapitals anzuvertrauen: eines psychischen, libidinösen, sexuellen, unbewussten Kapitals, für das sich jeder im Zeichen seiner eigenen Befreiung vor ich selbst verantwortlich zu zeigen hat" (Baudrillard 1992, S. 60). Die alte sittliche Ordnung mit klaren Unterscheidungen zwischen normalem Sex und seinen perversen Spielarten ist an eine Moderne gebunden, in der es klar umrissene Kategorien des Richtigen und Falschen gab. Wenn nun aber die allgemein verbindliche sittliche Ordnung durch einen individualisierten Konsensanspruch ersetzt wird, dann weicht eine alte Gewissheit auf und entfaltet einen bunten Strauß von Lustmöglichkeiten. Zwar sind schon wieder Rückwärtsbewegungen zu verzeichnen, die in einem kommunitaristischen, religiösen oder feministischen Gewand die Abkehr von liberalen Varianten fordern, jedoch sind solche Stimmen zumindest im europäischen Raum noch nicht tonangebend.

Das Gebot der Flexibilität und der reflexiven Überwachung des Selbst durchzieht längst sämtliche sozialen Bereiche. Das sexuelle Feld ist eines der Demonstrationsobjekte. „Die heutige Gesellschaft ist durch und durch ‚reflexiv', es gibt keine Natur oder Tradition, die ein festes Fundament bietet, auf das man sich verlassen kann, selbst unsere innersten Antriebe (sexuelle Orientierung usw.) werden immer mehr als etwas erlebt, das sich frei wählen lässt" (Zizek 1999, S. 166). Die Figur des Pädophilen markiert den Prototyp für das Terrain jenseits responsibilisierter Lustpraktiken. (Dies macht übrigens auch nachvollziehbar, warum der Begriff „pädophil" zur gefährlichsten aller Erwachsenen-Kind-Beziehungen umdefiniert werden musste.)

Othering

Das Gebot sexueller Selbstbestimmung fordert unerbittlich den rückhaltlosen Ausschluss derjenigen, die ihr Begehren nicht konsensuell befriedigen. Solange gegenseitiges Einverständnis unterstellt werden kann, nimmt sich diese Sexualorganisation zwar liberal aus, die Grenzverletzungen aber werden mit umso größerer Verve angeklagt. Mit zunehmender Etablierung der Verhandlungsmoral (Schmidt 2004, S. 9–19) erweitern sich die Freiheitsgrade für die einen, z. B. für schwule und lesbische Lebensformen, während sich der moralische und justizielle Strick um die anderen enger zusammenzieht. Die Anderen, das ist ein sich ständig erweiternder Täterkreis. Im Zentrum stehen nach wie vor die Kinderschänder, Vergewaltiger, gewalttätigen Ehemänner, „Kinderpornogucker", Freier und „Sextouristen". Wenn die Stimmung gegen Sexualdelinquenz weiterhin so eindeutig auf Punitivierung setzt und sich dieses Feld expressiver Politik nicht frühzeitig verbraucht, wird sich der Gefahrenkreis der anderen Sexualformen noch ausdehnen.

Indem die Öffentlichkeit in den Umbauprozess vom Wohlfahrtsstaat zur Marktgesellschaft aktiv einbezogen wird, werden Neoliberalisierung und Punitivierung legitimiert. Während alle Maßnahmen zum schrittweisen Abbau des Sozialstaates mit lauten Wehklagen und Widerständen begleitet werden, kann man sich hier der rückhaltlosen Zustimmung der Bevölkerung und Medien sowie zumindest des schweigenden Achselzuckens der Wissenschaften gewiss sein. Das Feld der Sexualdelinquenz besitzt dabei einen Katalysatoreffekt. Hier kann bereits mit einer erregten Öffentlichkeit gerechnet werden, die sich moralisch entrüstet und nach hartem Durchgreifen ruft. Exemplarisch werden feindstrafrechtliche Regulationen vorgenommen, die sich dann auch auf andere Rechtsbereiche ausdehnen lassen. So lässt sich „durchregieren" – man möchte fast sagen: auf Teufel komm raus. Auf starke Worte folgen auch Taten.

Sexualdelinquenz repräsentiert nicht bloß eine Störung von Sicherheit und Ordnung, sondern wird zu einem Problem der Reinheit. Sexuelle Grenzverletzungen beflecken nicht allein ihre tatsächlichen Opfer, sondern stellen die streng rationale Ordnung einer spätmodernen Gesellschaft infrage. Die Täter werden enthumanisiert – weniger, weil sie eine Norm gebrochen haben, sondern vor allem deshalb, weil ihr Handeln nicht den Vorgaben der Selbstführung entspricht. Sie repräsentieren die Bruchstellen einer administrativen Regulierbarkeit von Abweichung. Neoliberale Regierungsformen setzen auf das responsibilisierbare Individuum, das mit der Aussicht auf Gratifikation und Strafe selbstunternehmerisch seine Lebensführung in die Hand nimmt. [...]

Literatur

Barbalet JM. Moral indignation, class inequality and justice: An exploration and revision of Ranulf. Theoret Criminol 2002; 6: 279–297
Baudrillard J. Von der Verführung. München: Matthes & Seitz, 1992
Becker HS. Whose side are we on? Social Problems 1967; 14: 239–247
Beckett K. Culture and the politics of signification. The case of child sexual abuse. Social Problems 1996; 43: 57–76.
Beckett K. Making crime pay: Law and order in contemporary American politics. New York: Oxford University Press, 1997
Best J. Threatened children: Rhetoric and concern about child victims. Chicago: University of Chicago Press, 1990
Böllinger L. Die EU-Kommission und die Sexualmoral. Kriminol J 2001; 33: 243–245

Boetticher A. Neue Entwicklungen bei der Sicherungsverwahrung. In: Burkhardt SU, Graebsch C, Pollähne H (Hrsg). Korrespondenzen. Münster: LIT, 2005; 125–137

Bourdieu P. Die feinen Unterschiede. Frankfurt/M.: Suhrkamp, 1982.

Brüchert O. Es gibt keine Kriminalstatistik, nur eine Anzeigenstatistik...und das ist auch gut so. In: Hanak G, Pilgram A (Hrsg). Phänomen Strafanzeige. Baden-Baden: Nomos, 2004; 87–106

Dane G. Die „einzige nichtswürdige Handlung" des Grafen F. – ein Verbrechen nach §1052 des ALR. In: Ensberg P et al. (Hrsg). Recht und Gerechtigkeit bei Heinrich von Kleist. Stuttgart: Heinz, 1997; 139–149.

Duttge G, Hörnle T, Renzikowski J. Das Gesetz zur Änderung der Vorschriften über die Straftaten gegen die sexuelle Selbstbestimmung. Neue Jurist Wochenschr 2004; 57: 1065–1072

Evans J. Vigilance and vigilantes: Thinking psychoanalytically about anti-paedophile action. Theoret Criminol 2003; 7: 163–189

Foucault M. Der Wille zum Wissen. Sexualität und Wahrheit, Bd. 1. Frankfurt/M.: Suhrkamp, 1977.

Garland D. Die Kultur der „High Crime Societies". In: Oberwittler D, KarstedtS (Hrsg). Soziologie der Kriminalität. (Soziologie der Kriminalität, Sonderheft 43). Wiesbaden: VS Verlag für Sozialwissenschaften, 2004; 36–68.

Haffke B. Vom Rechtsstaat zumSicherheitsstaat? Krit Justiz 2005; 37: 17–35

Hagemann-White C. Gewalt in der Familie: Integration wider Willen. In: Rehberg KS (Hrsg). Differenz und Integration. Kongressband II des Soziologiekongresses 1996. Opladen: Westdeutscher Verlag, 1997; 501–505.

Hagemann-White C. Gender-Perspektiven auf Gewalt in vergleichender Sicht. In: Heitmeyer W, Hagan J (Hrsg). Internationales Handbuch der Gewaltforschung. Opladen: Westdeutscher Verlag, 2002; 124–149

Hunt A. The purity wars: Making sense of moral militancy. Theoret Criminol 1999; 3: 409–436

Innes M. Crime as a signal, crime as a memory. J Crime Conflict Media 2004; 1: 15–22

Jäger H, Schorsch E (Hrsg). Sexualwissenschaft und Strafrecht. Stuttgart: Enke, 1987

Jansen G. Sexualstrafrecht – ein Fall der Aussagepsychologie. Strafverteidiger Forum 2005; 233–237.

Jenkins P. Intimate enemies. Moral panics in contemporary Great Britain. New York: Aldine, 1992.

Kelek N. Die fremde Braut. Köln: Kiepenheuer, 2005.

Künzel C. Vergewaltigungslektüren. Zur Codierung sexueller Gewalt in Literatur und Recht. Frankfurt/M.: Campus, 2003.

Mathieu L. Repères pour une sociologie des croisades morales. Déviance et societé 2005; 29: 3–12

Nelson BJ. Making an issue of child abuse: Political agenda setting for social problems. Chicago: University of Chicago Press, 1984

Pfeiffer C, Windzio M, Kleimann M. Die Medien, das Böse und wir. Monatsschr Krim 2004; 87: 415–435

Ranulf S (1983). Moral indignation and middle class psychology. New York: Schocken Books, 1964

Rutschky K. Erregte Aufklärung. Hamburg: Klein, 1992.

Rutschky K, Wolff R (Hrsg). Handbuch Sexueller Missbrauch. Hamburg: Klein, 1994; 2., erweit. Aufl. Reinbek: Rowohlt, 1999.

Sack F. Wie die Kriminalpolitik dem Staat aufhilft. Governing through Crime als neue politische Strategie. In: Lautmann R, Klimke D, Sack F (Hrsg). Kriminol J 2004; Beiheft 8: 30–50.

Sasson T. Crime talk. How citizens construct a social problem, New York: de Gruyter, 1995.

Scheerer S. Der politisch-publizistische Verstärkerkreislauf. Kriminol J 1978; 10: 223–227

Schetsche M. Das „sexuell gefährdete Kind". Kontinuität und Wandel eines sozialen Problems. Pfaffenweiler: Centaurus, 1993.

Schetsche M. Die Karriere sozialer Probleme. München: Oldenbourg, 1996

Schmidt G. Das neue Der Die Das. Über die Modernisierung des Sexuellen. Gießen: Psychosozial-Verlag, 2004

Simon J. Governing through crime. In: Fisher G, FriedmanL (Hrsg). The crime conundrum, Boulder: Westview, 1997; 171–190.

Young J. Merton with energy, Katz with structure: The sociology of vindictiveness and the criminology of transgression. Theoret Criminol 2003; 7: 389–414

Zizek S. Liebe deinen Nächsten? Nein, danke! Die Sackgasse des Sozialen in der Postmoderne. Berlin: Volk und Welt, 1999

Vom Triebverbrechen zum Missbrauch. Wandelnde Deutungen sexueller Kontakte zwischen Erwachsenen und Kindern (1999)

Michael Schetsche

Vom Triebverbrechen zum Missbrauch. Wandelnde Deutungen sexueller Kontakte zwischen Erwachsenen und Kindern, in: Rutschky, Katharina/ Wolff, Reinhart (Hg.), Handbuch sexueller Missbrauch, Reinbek b. Hamburg, 1999, S. 48–68 (gekürzt).

Eines der öffentlich am heftigsten diskutierten sozialen Probleme ist seit einigen Jahren der sexuelle Mißbrauch von Kindern – wobei sich das Interesse primär auf sexuelle Interaktionen zwischen Männern und Mädchen innerhalb der Familie konzentriert. Auch in den Fachzeitschriften der Disziplinen, die sich für Fragen der Kindheit zuständig erklären, häufen sich die Artikel zur sexuellen Gewalt gegen Mädchen. Dieses große Interesse sowohl in der Fachöffentlichkeit als auch bei den Massenmedien nach einer Phase, in der ab Mitte der siebziger Jahre sexuelle Gefährdungen des Kindes kaum noch als relevantes soziales Problem gehandelt wurden, ist in hohem Maße erklärungsbedürftig.

Über den Zeitraum und das Thema der aktuellen Debatte hinaus habe ich eine empirische Untersuchung zu der Frage durchgeführt, wie das Verhältnis Kindheit/Sexualität in den letzten vierzig Jahren von der deutschen Fachöffentlichkeit behandelt worden ist. Systematisch untersucht wurde auch das wechselnde Interesse an der Gefährdung des Kindes durch sexuelle Kontakte zu Erwachsenen.

M. Schetsche (✉)
Institut für Grenzgebiete der Psychologie und Psychohygiene e. V, Freiburg i. Br, Deutschland
E-Mail: Schetsche@posteo.de

© Springer Fachmedien Wiesbaden GmbH, ein Teil von Springer Nature 2022
A. Legnaro und D. Klimke (Hrsg.), *Kriminologische Diskussionstexte I*,
https://doi.org/10.1007/978-3-658-22005-1_23

Ausgewertet wurden die Jahrgänge zwischen 1950 und 1991 von 15 ausgewählten Fachzeitschriften aus den Disziplinen Pädagogik, Jurisprudenz, Psychologie und Sozialarbeit. Gefunden wurden 165 Aufsätze zur sexuellen Adressierung von Kindern durch ältere Personen (Erwachsene und Heranwachsende).

Zunächst fällt auf, daß die Beiträge nicht gleichmäßig über den Untersuchungszeitraum verteilt sind, sondern einer ausgeprägten Thematisierungskonjunktur folgen. Das heißt, es gibt ein deutliches An- und Abschwellen des fachöffentlichen Interesses am Thema. Bei einer näheren Betrachtung fallen drei Merkwürdigkeiten – im ursprünglichen Sinne des Wortes – ins Auge:

• Während bei den älteren Aufsätzen ganz deutlich Autoren dominierten, haben wir es bei der aktuellen Debatte ganz überwiegend mit Autorinnen zu tun.
• Es ließ sich in den neueren Aufsätzen keine einzige Autorin finden, die in den untersuchten Zeitschriften schon vor 1985 zur sexuellen Gefährdung des Kindes publiziert hatte.
• Während früher von «Sittlichkeitsdelikten» oder «Triebverbrechen» die Rede war, werden die Kontakte in den achtziger Jahren überwiegend als «sexueller Mißbrauch von Kindern» bezeichnet.

Schaut man sich an, was unter dem Schlagwort «Triebverbrechen» damals und «sexueller Mißbrauch» heute beklagt wird, kann der Eindruck entstehen, es würde über zwei ganz unterschiedliche Phänomene berichtet. Bei einer systematischen Inhaltsanalyse schälen sich tatsächlich zwei disjunkte Konzeptionen in der Wahrnehmung und Interpretation sexueller Kontakte zwischen Erwachsenen und Kindern heraus: Ein älteres, das als Deutungsmuster «Triebverbrechen» bezeichnet werden soll, findet sich in allen Beiträgen vor 1984; demgegenüber basieren, bis auf drei Ausnahmen, alle ab diesem Zeitpunkt erschienenen Aufsätze auf dem neueren Deutungsmuster «Mißbrauch».

Zwei Deutungsmuster
Im Folgenden werden die beiden Deutungen sexueller Kontakte zwischen Erwachsenen und Kindern in den untersuchten Aufsätzen idealtypisch zusammengefaßt.

Triebverbrechen
[…] Entsprechend der Bezeichnung des Kontaktes als Sittlichkeitsverbrechen sind die erwarteten und angeprangerten Störungen beim Kind primär sittlich-sexueller Natur. Die sittlichen Schäden sind dabei doppelt bestimmt. Erstens ist es die Sittlichkeit des Kindes, die Schaden in Form der Beeinträchtigung der

«ungestörten sexuellen Entwicklung» nimmt. Die Störung ist unabhängig von der Frage, ob dem Kind (bereits) ein aktiver Sexualtrieb zugesprochen oder ob von einem (noch) schlafenden Trieb ausgegangen wird. Durch den sexuellen Kontakt zum Erwachsenen wird der Geschlechtstrieb entsprechend entweder zu stark angestachelt oder zu früh entfacht; Folge ist in jedem Fall die sittliche Verwahrlosung des Kindes. Die bedenkliche Schädigung besteht darin, daß das betroffene Individuum – erwachsen geworden – zu einem Verhalten kommt, das den Sexualnormen der Gesellschaft widerspricht: Promiskuität, Perversion, Prostitution. Auch weil es auf einen realen Schaden im individuellen Kind nicht ankommt, bezeichnet Sittlichkeitsverbrechen zweitens stets ein Verbrechen an der *gesellschaftlichen Sittlichkeit,* die gestört wird, wenn Erwachsene und Kinder sexuell miteinander verkehren. Es geht also neben dem Kind auch um den Bestand der Sexualordnung, die den Geschlechtsverkehr (in den 50er Jahren: verheirateten) Erwachsenen vorbehält. Der Täter vergeht sich nicht nur am Kind, sondern auch an seinen sexuellen Pflichten gegenüber der Gesellschaft.

In den Fallbeispielen dominieren Handlungsverläufe, in denen das Kind eine duldende bis aktive Rolle spielt. Das heißt, die geschilderten Fälle setzen immer voraus, daß das Kind dem Erwachsenen in irgendeiner Form *entgegenkommt:* Es begibt sich entweder von sich aus in die Situation, in der es dem schnellen und instrumentell-gewaltsamen Zugriff des Täters ausgesetzt ist, oder es sucht den sexuellen Kontakt sogar bewußt. Den meisten Kindern werden jedoch *eigene Interessen* unterstellt, die sie mit den Kontakten zum Erwachsenen verbinden: eine allgemeine oder spezielle Neugier, Spaß am Sexualkontakt, materielle Wünsche. Dieser Konstruktion folgt auch die schichtspezifische Optik der Gefahrenwahrnehmung: Besonders «gefährdet» sind demzufolge Kinder aus der sittlich verwahrlosten Unterschicht. Auffällig ist die Diskrepanz zwischen der strafrechtlichen und der moralischen Beurteilung der Kontakte; in letzterer Hinsicht kommt dem *Kind* – auf die eine oder andere Weise – stets eine *Mitschuld* zu. Bei der Figur des initiativen Kindes kehrt sich das Opfer-Täter-Verhältnis sogar um: Nicht der (abnorme) Erwachsene sucht sich ein Kind aus, sondern das sittlich verdorbene Kind ist auf der Suche nach einem Erwachsenen, den es zum Opfer-Täter machen kann.

Während es eher als normales (d. h. hier: durchschnittliches) Verhalten des Kindes angesehen wird, dem Erwachsenen entgegenzukommen, erscheint es als Ausnahme, daß ein Erwachsener sexuelles Interesse Kindern gegenüber verspürt. Ist dies doch der Fall, handelt es sich um eine Person mit *abnormer* Persönlichkeit. Die Verwendung eines pathologisierenden Konzepts wirft die Frage nach den Ursachen der «Abartigkeit» auf und macht das Bestreben erkennbar, die anscheinend nicht nachvollziehbare sexuelle Reizwirkung rational zu erklären.

Gesucht und gefunden werden dabei Ursachen für die Störung des Triebes, die möglichst fern von der Person des Autors/der Autorin und des Leser/der Leserin sind. Die Beschreibungen machen deutlich: Dieser Täter ist ganz *anders als ich.* Selbst wenn prinzipiell zugestanden wird, daß die meisten sexuellen Interaktionen im Nahraum des Kindes stattfinden, ist der «Täter» doch nicht der Nachbar oder Bekannte, sondern er bleibt der Fremde, der aus der Dunkelheit lockt. [...]

Wirklich interessant als Fallbeispiel ist nur die besonders blutige Tat, am beliebtesten die, die den Tod des Kindes einschließt. Folgt man der inneren Logik der geschilderten Handlungsverläufe, erscheint das Kind wegen seines Entgegenkommens letztendlich selbst schuld an seinem Tod. Die Schilderung des Sexualmordes erfolgt deshalb nicht nur, um bei den Lesenden eine emotionale Bereitschaft zur strengen Bestrafung des Erwachsenen zu erzeugen oder den Warnungen mehr Nachdruck zu verleihen. Der Tod des Kindes erscheint gleichzeitig auch als durchaus «gerechte» Strafe für sein undiszipliniertes Verhalten – die Darstellungen folgen einer *Struwwelpeter-Moral.*

Die strenge Bestrafung des Täters befriedigt zwar Strafbedürfnisse von Autorinnen wie Gesellschaft, kann jedoch den Kontakten nicht wirksam vorbeugen. Das Schwergewicht präventiver Maßnahmen liegt deshalb auf der Opfer-Seite, also bei der Verhaltenssteuerung des Kindes. Gefahr droht ja immer dann, wenn das Kind sich an Orten aufhält, die von den (guten) Erwachsenen nicht einzusehen sind, es also nicht unter *Kontrolle* steht. Gegen die Familie als Ort kontrollierter Sicherheit steht die namenlose Gefahr, die aus Parks, Wäldern und labyrinthischen Ruinengrundstücken droht. Die Gefährdung des Kindes durch den Fremden aus dem Dunkel ist dabei auch eine Metapher für die Gefährlichkeit des Kindes selbst. Die in den Warnungen vor dem «bösen Onkel» enthaltenen Todesdrohungen stellen auch ein *Disziplinierungsinstrument* dar. Es ist das ungehorsame Kind, das zunächst sich selbst (seiner Neugier, seinen ökonomischen und sexuellen Interessen) und dann erst dem sog. Täter zum Opfer fällt. Prävention bedeutet deshalb in erster Linie, das Kind vor sich selbst zu schützen. Helfen soll dabei eine Erziehung zu Schamhaftigkeit, Pünktlichkeit und berechenbarem Verhalten.

Solange es dem Kind an Selbstkontrolle mangelt, ist seine ständige Überwachung notwendig. Dies ist (wie die Schulung der Selbstdisziplin) primär Aufgabe der Erziehungsberechtigten, die damit jedoch gleichzeitig zu *Erziehungsverpflichteten* werden. Die zur Prävention geforderten Disziplinierungsmaßnahmen richten sich dabei mindestens ebenso gegen die Eltern wie an das Kind: Wenn es doch zum Triebverbrechen gekommen sein sollte, heißt das immer auch, daß die Eltern bei der Erziehung des Kindes versagt haben. Darüber hinaus sind die meisten *Risikofaktoren,* wie Scheidung oder Berufstätigkeit der Mutter, auch individuell *vorwerfbar.* Als seien die sexuellen Kontakte zwischen Erwachsenem und Kind ein unversiegbarer Quell von Schuld, trifft moralische Mitverantwortung auch hier die Eltern, wie solche Warnaufsätze u. a. demonstrieren.

Mißbrauch

Zum Einstiegsritual der Mißbrauch-Aufsätze gehört es, dem Leser und – was noch wichtiger ist – der Leserin mitzuteilen, daß der Bereich, über den zu berichten sein wird, in doppelter Weise tabuisiert ist. Die intrafamilialen Sexualkontakte unterliegen einmal einem dem Kind vom Erwachsenen auferlegten Schweigegebot, das oft über Jahrzehnte hinweg wirksam ist, oft sogar die Erinnerung verhindert. Diesem individuellen Sprech- und Erinnerungsverbot entspricht ein soziales Tabu. Selbst wenn das Kind über den Mißbrauch reden könnte, würde ihm niemand glauben. Die Aufsätze gerieren sich als *Tabubrecher* und suggerieren: Wer weiterliest, erfährt die ganze schreckliche Wahrheit. Der zweite Teil des Einstiegsrituals besteht in der Beschwörung des «wirklichen Ausmaßes» des Mißbrauchs: jährlich *mindestens* 300.000 in der (alten) Bundesrepublik. Die Zahl ist – auf der Basis der gemachten Annahmen – ebenso unwahrscheinlich, wie sie permanent reproduziert wird. Dabei darf jedoch nicht übersehen werden, daß es hier nicht um die Ermittlung der tatsächlichen Zahl der Interaktionen, sondern um die *symbolische Feststellung* eines *exorbitanten Dunkelfeldes* geht, das der doppelten Tabuisierung der Taten ebenso entspricht, wie es sie belegt.

Dem Mißbrauchsmuster liegen an feministischen Theorien orientierte Patriarchatsvorstellungen zugrunde. Die sexuellen Kontakte zwischen Erwachsenen und Kindern werden primär skandalisiert, weil sie eine Form der sexuellen Gewalt von Männern gegen Mädchen sind. Der Mißbrauch wird dabei analog zur *Vergewaltigung* interpretiert, allerdings als eine Form, die ohne körperliche Gewalt oder deren Androhung auskommt. Mädchen werden in erster Linie nicht Opfer, weil sie Kinder, sondern weil sie außergewöhnlich macht- und hilflose weibliche Wesen sind, was den Mißbrauch als besonders perfide Form sexueller Gewalt gegen Frauen erscheinen läßt.[a]

Da der Rahmen für die Tatanalyse geschlechterpolitische Modelle sind, ist ein zentrales Charakteristikum dieses Bedrohungskonzepts die Annahme, daß *jeder Mann* ein potentieller Täter ist. Vorstellungen vom psychisch abnormen Täter werden zurückgewiesen, weil die Ursachen der Tat nicht im individuell erklär-

---

[a] Der anfangs dominierende Geschlechterfokus (männlicher Täter und weibliches Kind als Opfer) im Missbrauchsmusters hat sich in den letzten Jahren zunehmend aufgelöst. Vor allem seit der breiten öffentlichen Wahrnehmung der Missbrauchstaten im institutionellen Kontext der Reformpädagogik und Kirche ab 2010 werden auch Jungen als Opfer und in Teilen auch Frauen als Täterinnen problematisiert (A.d.H.).

baren Abweichen von der Norm, sondern im konsequenten und rücksichtslosen Ausleben der gesellschaftlich akzeptierten Männerrolle liegen. Die sexuelle Gewalt gegen Mädchen ist als Ausdruck patriarchaler Gewaltverhältnisse eine *normale* männliche Verhaltensweise, der Täter infolgedessen gerade der *normale Mann.* [...]

Schon aus der präferierten Beziehungskonstellation ergibt sich, daß dem Mädchen kein Vorwurf aus dem Kontakt zu machen ist. Während beim älteren Konzept alle beteiligten Parteien moralisch schuldig waren, findet sich hier eine *Opfer-Täter-Polarisierung* mit eindeutig-einseitigen Verurteilungen. (Dieses Konzept folgt mit der Dichotomisierung dabei jedoch stärker der traditionellen Strafrechtslogik als das ältere Deutungsmuster.) [...].

Die primäre Intention der Beiträge liegt in der Aufklärung und Aufrüttelung insbesondere des weiblichen Teils der Bevölkerung. Es werden fast ausschließlich sexuelle Kontakte des Nahbereichs behandelt. Im Mittelpunkt der durchgehend stark moralisierenden Darstellungen stehen sexuelle Kontakte zwischen Mitgliedern eines realen Familienverbandes; der Standardfall ist der Mißbrauch eines Mädchens durch seinen *(Stief-)Vater.* Es geht dabei nicht nur um die Identifizierung des Vaters als statistisch dominierenden Tätertypus, sondern auch um die partielle *Gleichsetzung* beider Kategorien, wie sie sich sprachlich sowohl in den Texten selbst («Väter/Täter») als auch in den öffentlichen Kampagnen («Papis Liebe tut weh») zeigt. Mit der Aufdeckung der alltäglichen sexuellen Gewalt (auch gegen die Ehefrauen) ist die Familie als Ort des Schutzes und der Geborgenheit für das Kind grundlegend desavouiert. Es geht beim Mißbrauchsmuster deshalb auch um den Abschied von der «heilen Welt» der bürgerlich-patriarchalen Kleinfamilie. Die symbolische Bedeutung von sexuellem Mißbrauch geht weit über die Skandalisierung des sexuellen Kontaktes hinaus.

Aufgrund der abhängigen Position des Kindes in der Familie erscheinen die Taten nicht nur besonders verwerflich, sondern auch schicksalhaft: Das Mädchen hat *offensichtlich* keine Chance, sich den sexuellen Adressierungen zu entziehen. Unter den gegebenen gesellschaftlichen Verhältnissen erscheinen generalpräventive Überlegungen weitgehend zwecklos. Im Gegensatz zum älteren Gefährdungsdiskurs kann es hier deshalb nicht darum gehen, der sexuellen Gefahr vorzubeugen, sondern nur darum, den bereits erfolgten Mißbrauch im Einzelfall zu erkennen. So wird die Erstellung einer umfassenden Symptomatologie der sexuellen Gewalt gegen Mädchen zur zentralen Aufgabe der Expertinnen. [...]

Deutungsleitende Interessen
[...]

Dimension	Deutungsmuster	
	«Triebverbrechen»	«Mißbrauch»
Typischer Täter	Fremder	Vater
Charakterisierung des Täters als	Abnorm	Normal
Ort der Tat	Draußen	Zu Hause
Rolle der Familie	Schützt	Gefährdet
Opfer werden	Alle Kinder	Primär Mädchen
Kind ist	Oft mitschuldig	Stets schuldlos
Grund der moralischen Verurteilung	Schäden	Verletzung des Selbstbestimmungsrechts
Schäden betreffen	Primär sexuelle Entwicklung	Körper und Psyche in vielfältiger Weise
Zweck der Warnung	Prävention	Erkennung/Therapie

[...] Nach Auffassung des Autors wirken die Warnungen vor dem abnormen Triebverbrecher und die Beschwörung des Normal-Mann-Täters nicht deshalb so unvereinbar, weil in ihrem Mittelpunkt jeweils andere Teilmengen des Gesamtphänomens gestanden hätten, vielmehr ist umgekehrt die Wahrnehmung auf diese Teilbereiche fokussiert, weil verschiedene Akteursgruppen ganz unterschiedliche Interessen an der öffentlichen Thematisierung der sexuellen Gefährdung des Kindes haben. Um den Wechsel der Deutung der sexuellen Kontakte zu verstehen, muß man sich deshalb ansehen, welche sozialen Gruppen jeweils mit welchen Interessen vor der Gefährdung des Kindes warnen.

Das traditionelle Gefährdungsmuster
Der gesellschaftliche Diskurs über die Gefahr des Triebverbrechens in den fünfziger und sechziger Jahren war Bestandteil eines einheitlichen Risikokonzepts, bei dem das Kind einem wahren sexuellen Gefahrenkosmos ausgesetzt schien: Es war gefährdet durch die Onanie, durch Verwilderung, Verwahrlosung und frühzeitige Sexualisierung, durch Rundfunk und Fernsehen, Kinofilme, Zeitschriften, Bücher, Plakate und Schülerzeitschriften, durch die «Aufklärung der Gosse» und «Doktorspiele», durch die schulische Sexualerziehung und die Koedukation, durch

Prostitution, Schutzmittel-Automaten, die FKK-Bewegung, Exhibitionismus usw. usf. All diese Gefahrenrahmen basierten dabei ideell auf einem einheitlichen *traditionellen Gefährdungsmuster*, das dem 18. Jahrhundert entstammt. Es war das Ergebnis des Zusammentreffens verschiedener Bedürfnisse des damals entstehenden Bürgertums: Aus *sozialen, ökonomischen und religiösen* Gründen wurde das «wilde» Verhalten des Kindes nicht länger akzeptiert. Mit der *calvinistischen Interpretation* des kindlichen Verhaltens wurde das Problem einer allgemeinen Trieb- und Affektkontrolle sowohl in der Wahrnehmung als auch bezüglich der Lösungsvorschläge auf die «sexuelle Frage» reduziert. Aus der Aufgabe der «Zivilisierung» der nachfolgenden Generation wurde das Problem «sexuell gefährdetes Kind». Erstes Angriffsziel der sich hier beruflich engagierenden Pädagogik und Medizin war die «Selbstgefährdung» durch Onanie; im 19. und 20. Jahrhundert kam eine Vielzahl weiterer Risiken hinzu.

Die Gefahrenwahrnehmung in der *Bundesrepublik* schloß zunächst an dieses über zweihundert Jahre alte Gefährdungsmuster an. Ob der fachöffentliche Risikodiskurs eher heftig oder eher nachlassend war, hing dabei primär von der jeweiligen Interessenlage der Akteure ab. Die Beschwörung des sozialen Problems «sexuell gefährdetes Kind» in den ersten Jahren der Bundesrepublik sollte die «sittlichen Wirren» nach Ende des Zweiten Weltkriegs beenden. Dabei trafen Interessen zusammen, die primär auf die *erwachsenen Individuen* gerichtet waren: die Wiederherstellung der traditionellen Sexualordnung, eine Wiederholung der Phase kollektiver Zivilisierung, die Stärkung von Verzichtsethik und Arbeitsmoral sowie die Sicherung des politisch-moralischen Einflusses der Kirchen.

Verallgemeinernd gesagt: Mit Hilfe der Vorstellung vom sexuell gefährdeten Kind versuchten christliche Moralunternehmer und konservative Politikerinnen in Deutschland nach den ethischen und psychischen Verheerungen, die «Drittes Reich» und Zweiter Weltkrieg hinterlassen hatten, ein konservativ-christliches Moral- und Wertesystem zu etablieren. Damit befanden sie sich von Anfang an in der Defensive gegenüber der von westlichen Demokratien eingeleiteten Entwicklung sexueller Normen und Verhaltensweisen. Die zweite Hochphase des Diskurses (ab Anfang der sechziger Jahre) ist deshalb als Versuch anzusehen, sich gegen die – meist als sexuelle Revolution bezeichneten – Veränderungen zu stemmen und Kinder und Erwachsene vor den Folgen des Moralzerfalls zu bewahren. In der Mitte der siebziger Jahre war dieses Modell des Sittlichkeitsschutzes offensichtlich gescheitert, a) weil eine Diskrepanz zwischen staatlichen und sozialen Normen auf der einen Seite und Moralvorstellungen und Verhalten der Individuen auf der anderen Seite entstanden war, b) sich in Sexualwissenschaft und -pädagogik ein neues Sexualitätsparadigma durchsetzte und c) die Jugendschutzverbände mit dem Ende des CDU-Staates ihren Einfluß auf Administration und Parlament verloren.

Das Mißbrauchsmuster

Zu einer Zeit, da das traditionelle Gefährdungsmuster seine gesellschaftliche Anerkennung bereits seit zehn Jahren eingebüßt hatte, kam es zu einer
Renaissance der Gefahrenwahrnehmung – in Form des Diskurses über den
sexuellen Mißbrauch. Wenn man fragt, woraus das förmlich explodierende (fach-)
öffentliche Interesse resultiert, ist aus sexualsoziologischer Sicht zunächst festzustellen, daß 1. die hier behandelten Sexualkontakte weder eine neuartige Inter-
aktionsform darstellen noch daß 2. deren Existenz von der Wissenschaft erst so
spät entdeckt worden ist.

1. Es finden sich keine Hinweise auf reale Veränderungen in Ausmaß oder Form
sexueller Interaktionen zwischen Erwachsenen und Kindern in den letzten Jahrzehnten. Die Statistik der nach § 176 StGB angezeigten Fälle weist von 1976
bis 1987 kontinuierlich nach unten. Ein Anstieg fand erst statt, nachdem der
heftige (fach-)öffentliche Diskurs begonnen hatte. Seit dem Höhepunkt von 1964
steigt die Kriminalitätsziffer zu diesem Tatbestand erstmalig seit 1987 wieder
kontinuierlich an. Die Anheizung des fachöffentlichen Diskurses scheint sich mit
einer Verzögerung von vier Jahren in der Kriminalitätsziffer niederzuschlagen.
Wegen der Kürze der Entwicklung ist diese Feststellung für die Bundesrepublik
jedoch nur vorläufig zu treffen. Deutlicher ist der Zusammenhang in den USA,
wo die Zahl der angezeigten Fälle zwischen 1976 und 1984 von 6000 auf 112 000
(!) angestiegen ist. Demgegenüber ließ sich in früheren Jahrzehnten in den USA
kein statistischer Zusammenhang zwischen der Kriminalstatistik und der Häufigkeit der Berichterstattung in den Massenmedien finden.

Auch die Vorstellung, hier handle es sich um ein Wissensproblem im naiven
Sinne (d. h. die Existenz sexueller Kontakte von Kindern zu ihren Verwandten sei
vor den achtziger Jahren nicht bekannt gewesen), müssen als empirisch widerlegt gelten: Die von mir durchgeführte systematische Durchsicht der älteren
Fachliteratur zeigt, daß sexuelle Kontakte zwischen Erwachsenen und Kindern
(auch innerhalb der Familien!) bereits in den fünfziger und sechziger Jahren
problematisiert worden sind. Allerdings beziehen sich die dort diskutierten
Schutzmaßnahmen fast ausschließlich auf den fremden Täter.

Warum also wurde der Mißbrauch in der Bundesrepublik gerade zu Beginn
der achtziger Jahre entdeckt, und – was noch wichtiger ist – woraus ist der
unglaubliche Erfolg des Themas in verschiedensten Öffentlichkeiten zu erklären?
Diese Fragen führen zunächst zu der naheliegenden (weil von den Vertreterinnen
des Diskurses selbst verbreiteten) These, der rapide Erfolg der Skandalisierung
beruhe auf seiner tabubrechenden Wirkung: Erstmals wurde auch in den Massenmedien verkündet, daß eine große Zahl, wenn nicht gar die Mehrheit der

Frauen in der Bundesrepublik in ihrer Kindheit Opfer sexueller Gewalt von seiten naher Verwandter gewesen ist. Die öffentliche Selbstdeklaration einiger Frauen hätte das Schweigegebot gebrochen, zu einer Art Kettenreaktion des Erinnerns und schließlich zu einer Bekenntnislawine geführt. Dieses Erklärungsmodell ist zwar einleuchtend, läßt jedoch weder das mediale Ausmaß dieser Debatte noch ihre primären Strukturmerkmale verständlich werden. Erklärungsbedürftig bleiben weiterhin

- der Anfangszeitpunkt der Tabubruchphase;
- die plötzliche Bereitschaft Tausender betroffener Frauen, über lange verschwiegene, wenn nicht gar verdrängte Erlebnisse (z. T. öffentlich) Bekenntnis abzulegen;
- die hochgradige Gleichförmigkeit der in den Medien wiedergegebenen retrospektiven Berichte und die fast vollständige Kongruenz der in den Fachaufsätzen enthaltenen Bewertungen;
- die große Enthüllungsbereitschaft auch männlich dominierter Massenmedien;
- die Anerkennung einer im Grunde feministischen Deutung

in einer von diesen selbst als patriarchalisch kritisierten Gesellschaft.

Zum Verständnis trägt hier ein Blick auf die sozialen Akteure bei, von denen die Thematisierung ausgelöst wurde und heute getragen wird.

Der Ausgangspunkt des großen öffentlichen Interesses am Thema Mißbrauch liegt in den USA. Der Mißbrauchsdiskurs schloß dort an die Problematisierung der körperlichen Gewalt von Eltern gegen ihre Kinder an; seit Ende der siebziger Jahre verschob sich das Interesse der Fachleute und der Öffentlichkeit immer mehr in Richtung sexueller Interaktionen. Daß es zu dieser thematischen Verlagerung kam, wird überwiegend auf das Engagement der US-amerikanischen Frauenbewegung zurückgeführt. Ähnlich wie bei der Kampagne gegen die Pornographie entstanden an vielen Orten Initiativen und Projekte zur Skandalisierung der sexuellen Gewalt gegen Mädchen.

Die Zuspitzung des «child abuse and neglect»-Problems auf den sexuellen Bereich fand große Unterstützung bei konservativen Politikerinnen – namentlich der Reagan-Administration –, für die alles Sexuelle gefährlich war. Die Organisationsformen und Strategien der *Anti-Mißbrauchs-Kampagne* wurden zu Beginn der achtziger Jahre von der *bundesrepublikanischen Frauenbewegung* weitgehend aus den USA übernommen. In den führenden Bewegungsmagazinen «Emma» und «Courage» fanden sich regelmäßig seit 1981 Beiträge zum Thema. Seit Mitte der achtziger Jahre stiegen die Zahlen der Berichte in den Massenmedien und selbstständiger Veröffentlichung rasant an.

Zu dieser schnellen und, was noch wichtiger ist, fast vollständigen gesellschaftlichen Durchsetzung des neuen Deutungsmusters hätte jedoch nach meiner Auffassung die soziale Macht weder der betroffenen Frauen – und inzwischen auch: Männer – noch der Frauenbewegung allein ausgereicht. Der Erfolg des Mißbrauchsmusters resultiert vielmehr *auch* aus dessen Fähigkeit, die in der zweiten Hälfte der achtziger Jahre akuten psychischen und ideologischen Bedürfnisse einer Reihe weiterer machtvoller sozialer Gruppen zu befriedigen. Zu nennen sind hier wenigstens vier unterschiedliche:

1. *Die Bereitstellung eines erfolgversprechenden Politikfeldes*
   Zu Beginn der achtziger Jahre war das sozialdemokratische Herrschaftsmodell auch daran zerbrochen, daß es nicht einlöste, was es versprochen hatte: mehr Demokratie zu wagen. Die wichtigsten Forderungen der politisch aktiven jüngeren Generation, Ausstieg aus der Atomenergie, Verhinderung der sog. Nachrüstung, waren politisch ignoriert worden. Die Erkenntnis, in den großen Zeitfragen nichts ausrichten zu können, führte bei vielen Aktivistinnen dieser Bewegungen zu einer *Verlagerung* ihrer das eigene Engagement legitimierenden *Bedrohungswahrnehmungen* in den scheinbar eher beeinflußbaren *sozialen Nahbereich:* Im Kampf gegen den sexuellen Mißbrauch konnten auch weibliche politische Eliten, die sich nicht als feministisch im engeren Sinne verstanden, ein politisches Betätigungsfeld finden, das größere Durchsetzungschancen als Umweltzerstörung und Kriegsgefahr versprach. Dieser Optimismus hängt mit der Erfahrung zusammen, daß sich Sympathien für «fortschrittliche» Anliegen auch bei konservativen Gruppen wecken ließen, wenn die Gesellschaftskritik auf sexuellem Gebiet ansetzte.

2. *Die Einschränkung der sexuellen Freizügigkeit*
   Tatsächlich lassen sich Kontroll- und Interventionsinteressen im sexuellen Bereich bei einer konservativen gesellschaftlichen Grundstimmung besonders wirkungsvoll anmelden. [...] Für diese Teile der Bevölkerung ist die Mißbrauchsdebatte zum Anknüpfungspunkt geworden, um die sexuellen Verhältnisse insgesamt in Frage zu stellen und eine Wende einzuleiten. Wie bei der PorNo-Debatte der vergangenen Jahre speist sich die öffentliche Resonanz beim Mißbrauch auch aus einer konservativen Opposition gegen die Ergebnisse der sexuellen Revolution.

3. *Eine entlastende Erklärung für psychisches Leiden*
   Das Deutungsmuster liefert wegen der behaupteten hohen Zahlen der
   Betroffenen eine *Erklärung* für fast alle Arten persönlicher Probleme [...].
   Dieses Modell trifft gerade deshalb auf so große Resonanz, weil nicht nur das
   einzelne Individuum von üblichen Vorwürfen wie Defiziten in der Persön-
   lichkeitsentwicklung oder selbstverschuldeten Fehlern in der Lebensplanung,
   sondern gleichzeitig die *Gesellschaft* von dem Verdacht struktureller Verursachung [...] *entlastet* wird.

4. *Neue aufregende Sex-and-Crime-Berichte*
   Der große Erfolg des Musters in den *Massenmedien* resultiert nicht nur
   daraus, daß es dem klassischen Sex-and-Crime-Muster folgt und damit ideal
   an den Stil der Nachrichtenauswahl und -aufbereitung in fast allen Massen-
   medien angepaßt ist. Das Interesse der Medien kommt auch daher, daß deren
   Produzentinnen aufgrund langjähriger Erfahrungen wissen, daß ein solches
   Thema den Bedürfnissen nach aufregendem Text- und (besonders) Bild-
   material entgegenkommt – und die entscheidenden Verkaufszahlen bzw.
   Einschaltquoten zu steigern vermag. Die von den Fachleuten bescheinigte
   Seriosität des Themas ermöglicht es hier selbst den öffentlich-rechtlichen
   Medien, am sonst als degoutant Verschrienen zu partizipieren. [...]

Erregte Aufklärung: Kindesmißbrauch, Fakten und Fiktionen (1992)

Katharina Rutschky

Erregte Aufklärung: Kindesmißbrauch, Fakten und Fiktionen, München, 1992, S. 26–49 (gekürzt).

2 Vom Zaubern mit Zahlen und noch mehr Tricks

Die allzu erfolgreiche Liaison zwischen der Aufklärung über den Kindesmißbrauch und den Medien, die auf sex and crime als liebstem Tabubruch abonniert sind, hat auch bei denen Bedenken erregt, die davon überzeugt sind, daß die Kampagne an sich notwendig und hilfreich ist. Die Absetzbewegung der Guten von denen, die bloß Mißbrauch mit dem Mißbrauch treiben, ist aber schwer zu bewerkstelligen, eigentlich ganz unmöglich. Man kann eben anderen die verharmlosende Skandalisierung von Einzelfällen oder die Spekulation auf den Voyeurismus nur dann ankreiden, wenn man selbst es besser macht – und das ist nie geschehen.

Von Anfang an lebte die Kampagne vom Coming-out von Frauen, die als Kinder Opfer geworden waren, bei Zusammenkünften, die religiösen Erweckungsversammlungen nicht unähnlich waren – mit dem Unterschied allerdings, daß keine erweckten Sünderinnen aufstanden, um zu bekennen und sich der Gnade Gottes anheimzugeben, sondern umgekehrt, um als Märtyrerinnen der Männergewalt bei uns bisher Ahnungslosen Nachfolgewünsche zu inspirieren. Wer seine Wunden zeigt, gewinnt dadurch eine Überlegenheit, die Sinn und

K. Rutschky†
Berlin, Deutschland

© Springer Fachmedien Wiesbaden GmbH, ein Teil von Springer Nature 2022
A. Legnaro und D. Klimke (Hrsg.), *Kriminologische Diskussionstexte I*,
https://doi.org/10.1007/978-3-658-22005-1_24

Verstand außer Funktion setzt. Ob das der Aufklärung über ein angeblich so alltägliches Übel wie den sexuellen Mißbrauch von Kindern in Familien oder
nicht bloß der Sektenbildung Vorschub leistet, bezweifle ich nicht. Lassen wir
den Erlebnisbericht der »Brigitte«-Chefredakteurin aus dem Jahr 1983 auf uns
wirken:

> »In dem voll besetzten Versammlungsraum ist minutenlang kein Laut zu hören. Die
> Stille wurde so qualvoll, daß ich erst nach einer ganzen Weile wage, mich zu der Frau
> umzudrehen, die zuletzt gesprochen hat. Mitten im Satz hat ihr die Stimme nicht
> mehr gehorcht, ist untergegangen in verzweifeltem Schluchzen. Ihr Vater hat sie, als
> sie noch ein Kind war, jahrelang sexuell mißbraucht. Niemandem konnte sie sich
> anvertrauen, mit niemandem reden über das, was sie empfand… In der Menge der
> annähernd hundertfünfzig Frauen im Berliner Mehringhof mache ich schließlich das
> kreidebleiche Gesicht der jungen Frau aus, die hier zum ersten Mal öffentlich über
> das Elend ihres vom Vater zugrunde gerichteten Lebens gesprochen hat. Niemand
> nimmt sie in den Arm, tröstet sie. Noch beim Herumblicken wird mir klar, warum:
> Da sind so viele andere Frauen, die wie gelähmt vor Schreck über das Wieder-
> erkennen der eigenen traurigen Kindheit auf ihren Stühlen sitzen… Viele Gesichter
> sind tränenüberströmt. Als die Stille allmählich weicht und eine Frau nach der andere
> das Wort ergreift, wird deutlich: Das Weinen hatte nicht nur mit Bitterkeit und uralter
> Wut zu tun. Es war auch Erleichterung darin, endlich nicht mehr schweigen zu
> müssen, endlich sich nicht mehr ausgestoßen und abartig fühlen zu müssen…«

Man muß nicht daran zweifeln, daß hier ein echtes Opfer aufgetreten ist und
Anklage erhoben hat, eines, das zu Recht auf unser Mitgefühl und unseren
Zuspruch hofft, um nicht den theatralischen Zuschnitt der Veranstaltung inklusive
der kathartischen Begleiterscheinungen zu bemerken und eher sonderbar zu
finden. Ich glaube, daß die reglose Stille der Zuhörerinnen nach dem Auftritt
der einen aus ihrer Mitte nichts mit dem Wiedererkennen der »eigenen traurigen
Kindheit« zu tun hatte, wie die Beobachterin meint, sondern ganz im Gegenteil,
mit dem Eintauchen in den Glauben, daß das Unwahrscheinliche und Unausdenk-
bare wirklich und wahr ist. Gerade weil sexuelle Gewalt gegen Kinder und gar
der Inzest in Familien keine alltäglichen Ereignisse sind, muß Zeugnis abgelegt
werden, geredet und schließlich – geglaubt werden.

Die Mission mit Märtyrerinnen, die heute natürlich Betroffene heißen, braucht
erwachsene Frauen. Ihre Geschichten ähneln in ihrer Eintönigkeit Litaneien,
in denen immer dasselbe gesagt wird. Ob das in der Natur der Sache oder im
Zwang liegt, die feministischen Vorgaben zu erfüllen, dem Schema von Täter/
Opfer, Macht/Ohnmacht, Schuld/Unschuld, Reden/Schweigen undsoweite-
rundsofort gerecht zu werden, sei dahingestellt. Männer, die als Jungen sexuell

mißbraucht worden sind, sprechen merklich persönlicher über ihre Erinnerungen, nuancierter, und was die sexuellen Erlebnisse betrifft, oft auch merklich ambivalenter. [...]

In Fällen, wo Selbstzeugnisse nicht zu haben sind, bedient man sich, um gebührend Schrecken und Angst zu verbreiten, der Methode des empathischen Voyeurismus. Von der Boulevardpresse kann man sich dabei fast nur durch das Vorzeichen, den irgendwie kontextuell erbrachten oder erdachten Nachweis der richtigen Gesinnung unterscheiden – kaum durch die Sache selbst.»Während Sie jetzt anfangen zu lesen« – so machte»Bild« seine Leser zu Zeugen –»macht sich gerade ein Mann über ein Kind her. Irgendwo hinter einer Tür zieht er es aus und entblößt dann sich selber. Gleich wird er es mißbrauchen. Das Kind wird den Kopf wegdrehen und wimmern: >Papa, nicht, du tust mir weh.< Und der Mann wird sagen: >Was ist denn? Ich tu dir doch nichts. Ich bin doch dein Vater<. Das Kind wird apathisch den Körper hinhalten, und der Mann wird sagen: >Nun sei schon lieb, sonst setzt es was.< «

Die kitzlige Kongruenz von Lese- mit Ereigniszeit in diesem widerlichen Falle, geht wohl auf Kosten des spekulativen Voyeurismus, aber ist die anderswo implizierte Anregung, alle drei Minuten auf die Uhr zu sehen, weil dann wieder ein Mädchen mißbraucht wird, aufklärender und sachdienlicher? Die zwei Kommentatorinnen der»taz« haben das Dilemma erkannt, mit dem gewissenhafte Journalistinnen leben müssen:

»Die Berichterstattung über sexuellen Missbrauch ist eine Gratwanderung. Ein Bericht, indem die Taten nur mit dem Begriff Mißbrauch umschrieben werden, verharmlost die Realität. Eine ungeschminkte Schilderung der Tatsachen zwingt zum Hinsehen. Denn das, was in den Familien täglich geschieht, können sich die wenigsten vorstellen. Allerdings kann die Darstellung eben solcher Tatsachen auch als Wichsvorlage missbraucht werden.« Das könnte man wohl als politisch völlig unerheblich riskieren; denn für die Auswahl solcher Vorlagen ist sowieso niemand verantwortlich, sie sind rein privat – erheblich ist dagegen der Effekt, auf den in solchen Fällen eine »ungeschminkte Schilderung der Tatsachen« aus ist: das ist die Parteilichkeit, die Identifikation mit dem Opfer, einem Kind.

Das scheint moralisch einerseits korrekt, wie es andererseits einfach und selbstverständlich ist, sodass es sich später einmal lohnen wird, nachzufragen. Hier kommt es nur darauf an, die Funktion zu erkennen, die der empathische Voyeurismus der Berichterstattung in diesen Fällen hat. Mit der detaillierten Schilderung, nicht der Fälle überhaupt, sondern ausschnitthaft und isoliert der sexuellen Gewalttat, soll das Glaubwürdigkeitsdefizit gedeckt werden, gegen das der neue Notstand ankämpfen muß. Dieses Ziel ist erreicht, wenn die beim Leser oder Hörer losgetretene Affektlawine mit dem Entschluß zum Stillstand kommt:

Das darf doch nicht wahr sein! Gewöhnlich ist das die Stunde der simplen Antworten, einfachen Lösungen und des Aktionismus. […]

Eine weitere Methode, mit der der Kindesmißbrauch zu einem gewissermaßen anerkannten gesellschaftlichen Problem gemacht werden konnte, ist das Zählen und Rechnen. Was je gezählt wurde, ist schleierhaft; daß jede Zahl mit einer ebenso rätselhaften Dunkelziffer unterlegt und damit wieder ungenau, andererseits aber auch höher und bedrohlicher wurde, weist diese Methode als magisch aus. Mit Zahlen wird gezaubert. Wer annimmt, daß das plötzlich auftauchende Interesse zuerst für die Mißhandlung, dann den sexuellen Mißbrauch von Kindern auf die statistisch nachweisbare und besorgniserregende Zunahme dieser Verbrechen zurückzuführen ist, täuscht sich gründlich. […]

Die Zahl 300.000 ist eine Metapher für den sexuellen Mißbrauch geworden, wie die elftausend Jungfrauen, welche die Heilige Ursula auf ihrem Weg in die Ehe mit einem Heiden begleitet und vor Köln niedergemetzelt worden sein sollen, mit dieser Pseudopräzisionszahl auch für etwas stehen und nicht wörtlich genommen werden wollen.

»Sexueller Mißbrauch nimmt zu. Bonn (dpa) – Die Zahl der polizeilich registrierten Fälle von sexuellem Mißbrauch an Kindern ist 1988 um 13,1 % auf mehr als 13.000 gestiegen. Doch wird die tatsächliche Zahl auf bis zu 300.000 im Jahr geschätzt, teilte das Bundesfamilienministerium in Bonn mit … « Daß die Zahl der mißbrauchten Kinder um 13,1 % zugenommen hat, könnte manchen beunruhigen. Ihm wird aber durch die Dezimalstelle signalisiert, daß höheren Orts alles unter Kontrolle ist. Niemand weiß mehr, daß 1973 die Polizeistatistik sogar 15 566 kindliche Opfer nach Paragraph 176 StGB verzeichnet hat.

Zum ersten Mal taucht die Zahl von 300.000 mißbrauchten Kindern bei Kavemann & Lohstöter[a] auf. Wie sind sie darauf gekommen? Auch sie berufen sich auf Baurmann[b], außerdem aber auch auf ungenannte repräsentative Untersuchungen, in denen erwachsene Frauen nach sexuellen Übergriffen in ihrer Kindheit und Jugend befragt wurden. Sie verwirren das Bild von vornherein, da sie nicht

---

[a] Kavemann, Barbara/Lohstöter, Ingrid (1984): Väter als Täter. Sexuelle Gewalt gegen Mädchen, Reinbek b. Hamburg (Rowohlt). Dieses Buch mit dem eindringlichen Titel war eine der erfolgreichsten ersten Veröffentlichungen zu diesem Thema (A.d.H.).

[b] Michael C. Baurmann (1983): Sexualität, Gewalt und psychische Folgen. Eine Längsschnittuntersuchung bei Opfern sexueller Gewalt und sexueller Normverletzungen anhand von angezeigten Sexualkontakten. Band 15 der Forschungsreihe des BKA, Wiesbaden. Diese Studie bot zu dieser Zeit den umfangreichsten Überblick über das Forschungsgebiet. Einige Jahrzehnte später hat sich das sexualpolitische Klima noch einmal deutlich verschärft. Seit 2013 steht die Schrift unter dem Verdacht, sie verharmlose Pädosexualität. Seitdem kann die Studie mit Hinweis auf deren Prüfung nicht mehr von der Homepage des BKA heruntergeladen werden (A.d.H.).

von Kindern (bis vierzehn Jahren) sondern Mädchen (bis achtzehn Jahren) reden.»Dabei wurde eine Dunkelziffer von 1:18 bis 1:20 errechnet, das heißt, daß von 18 bis 20 sexuellen Gewalttaten an Mädchen nur eine einzige der Polizei angezeigt wird... Wenn wir jetzt die offizielle Zahl der 1980 beziehungsweise 1981 angezeigten Fälle von Kindesmißbrauch und Vergewaltigung und sexueller Nötigung von Mädchen unter 18 Jahren mit der errechneten Dunkelziffer multiplizieren, ergibt sich, daß schätzungsweise jährlich 300.000 Kinder sexuell mißbraucht werden. Davon sind mindestens 250.000 Mädchen – etwa alle drei Minuten eine. Untersuchungen in den USA kamen zu dem Ergebnis, daß jede vierte Frau als Kind von sexueller Gewalt betroffen war.«

Kinder oder Mädchen, sexuelle Übergriffe oder sexuelle Gewalttat – wer durchschaut diese Gedanken- und Rechenkünste überhaupt noch? Unterstellt, die Zahl 300.000 sei realistisch, was besagt sie? Wer kennt denn die Gesamtzahl der Kinder/Mädchen bis achtzehn Jahre? Und wer weiß, was sich hinter einem Fall alles verbergen kann? Verstöße gegen den Paragraphen 176 StGB umfassen exhibitionistische Akte ebenso wie Vergewaltigung; einmalige Übergriffe auf ein Kind wie chronischen Mißbrauch in einer inzestuösen Familie. Man kann bezweifeln, daß das Zusammenrühren der unterschiedlichsten Delikte und Altersgruppen überhaupt einen Sinn macht, es sei denn den einen, die sexuelle Gefahr überwältigend groß und allgegenwärtig zu machen. Mit scheinbar sicheren Zahlen wird der Laie also nicht informiert und über Tatbestände aufgeklärt, sondern manipuliert. Ob aus Naivität oder aus taktischen Gründen, weil der höhere Zweck der Kampagne die Mittel heiligt, ist dabei völlig gleichgültig. Alle Zahlen sind Fiktionen und machen uns mit ihrer Pseudorationalität anfällig für eine ganz und gar phantastische Welt, in der die Sexualität der Feind Nummer eins im Leben der Kinder (und Frauen) ist.

Ohne daß die Tricks mit Zeit, Kommazahlen und Experten oder die Appelle an die Imaginationen des Lesers grundsätzlich andere wären, beherrscht die Boulevardpresse sie aus langer Übung natürlich besser, so daß in ihrer Überbietung der märchenhaft-mythologische Drall dieser sogenannten Aufklärung über einen alltäglichen Übelstand unübersehbar wird. So rechnete»Bild« am 28.8.1990:

»Das verschwiegene, schreckliche Drama von nebenan. 300 000 von den 10 Millionen
Kindern bei uns werden ständig sexuell mißbraucht. (Zahlen über die DDR liegen
nicht vor.) Manche Experten schätzen, die Dunkelziffer ist mindestens viermal mal so
hoch. 1,2 Millionen – jedes achte Kind. Das sind eine Million betroffenen Mädchen
und 200 000 Jungs. Würden sie alle durch Ihre Albträume laufen – es blickte Sie alle
30 Sekunden eins der geschändeten kleinen Mädchen an. Alle dreißig Sekunden eins.
Tag und Nacht. und alle zwei Minuten zusätzlich ein Junge. Über die Hälfte dieser
Kinder wird jahrelang mißbraucht, viele mehrmals die Woche ...«

Nur auf den ersten Blick sind diese hohen Zahlen aus spekulativen, reißerischen Gründen aus der Luft gegriffen, bei näherem Zusehen entpuppen sie sich als logische Extrapolation aus allen Angaben, die sich schon bei Kavemann & Lohstöter finden lassen. Bei diesen ist zwar in der Zahl von 300.000 Opfern jährlich auch die Dunkelziffer schon berücksichtigt, so daß man glauben könnte, »Bild« habe eine ohnehin dubiose Zahl willkürlich weiter erhöht – dem ist aber nicht so. Wie erinnerlich, beenden die Berliner Expertinnen ihre Zahlendarstellungen mit dem Hinweis auf amerikanische Untersuchungen, denen zufolge jede vierte Frau als Kind von sexueller Gewalt betroffen gewesen sein soll. Damit entwerten sie nicht nur ihre halbwegs durchsichtigen Überlegungen zur Polizeistatistik und der Hell-/Dunkelfeldrelation durch einen Wechsel der Bezugsgröße, sondern legen »Bild« auch nahe, unter Einbeziehung dieser neuen Angabe, eine viel höhere Opferzahl zu erwirtschaften. Es kommt aber nicht nur auf die hohe Zahl der Opfer an, sondern auch darauf, alle im Spiel befindlichen Zahlen miteinander zu verknüpfen und die Pseudorationalität der Rechnung vollständig durchzugestalten. »Bild« unterscheidet sich von sogenannten Experten nicht durch die Bereitschaft zur Manipulation, gar Lüge, sondern durch den Entschluß zum rechnerischen Exzeß dort, wo andere vornehm insinuieren.

Trotzdem erreicht auch »Bild« die Zahl von 1,2 Mio. kindlicher Opfer nur, weil man hie und da fünf gerade sein läßt. Aber Dezimalbrüche und andere Pedanterien sind schließlich Sache der Verantwortlichen in Ämtern und Behörden, nicht derer, die einen gesellschaftlichen Notstand überhaupt erst ins Gespräch bringen wollen. Dazu braucht man nicht nur hohe, sondern auch runde Zahlen, solche, die man sich merken kann. Deshalb haben wohl Kavemann & Lohstöter auch der Zahl drei vor anderen den Vorzug gegeben: 300.000 Opfer, alle drei Minuten ein Mädchen... Der Zahl drei kommt wie etwa auch der Sieben in »Sieben Zwerge«, »Sieben Todsünden«, »Sieben Weltwunder« eine märchenhaft-mythische Wahrheit zu, auf die man ungern verzichtet. Drei Wünsche hat man im Märchen frei, drei Aufgaben hat der Held zu lösen, Dreieinig- und Dreifaltigkeit sind nicht zu verstehen und werden im Modus des Glaubens akzeptiert. Ich habe also nachgerechnet, ob es stimmt, daß wirklich alle drei Minuten ein Mädchen Opfer wird, – und herausgefunden, daß – vorausgesetzt, man billigt den rastlosen Tätern nicht nächtliche Ruhepausen zu – der Zweiminutentakt der Wahrheit näher kommt. Wiederum vorausgesetzt, daß 250.000 Mädchen unter achtzehn die korrekt geschätzten Opfer sind... Vor der rechnerischen Genauigkeit gebührt aber der märchenhaft-mythischen Wahrheit der Dreizahl der Vorzug. [...]

Die undifferenzierte Rede vom »sexuellen Mißbrauch« als einem objektivierten Übel, einer anerkannten sozialen Krankheit, treibt einerseits die Opferzahlen in die Höhe, verhindert aber andererseits nicht, daß je länger je mehr, im öffentlichen Bewußtsein sexueller Mißbrauch mit Inzest oder der Vergewaltigung von Kleinkindern gleichgesetzt wird. Es findet also gleichzeitig eine Entgrenzung der Probleme wie eine ungeheure Dramatisierung statt, und das sind denkbar schlechte Voraussetzungen für Hilfeleistung dort, wo sie wirklich gebraucht wird. [...]

Damit nicht nur jede fünfte, vierte dritte, ja, jede zweite Frau als Opfer, aber damit auch als Rohstoff für Statistik, Forschungsvorhaben und therapeutische Einrichtungen infrage kommt, muß man wohl noch weiter gehen, bis dahin, wo der Wahn beginnt und auch der letzte Rest von common sense und Lebensklugheit Ade gesagt haben. Eine Journalistin, die ein Fachseminar mit Barbara Kavemann erlebt hat, resümiert das Gelernte so: Mißbrauch »beginnt im Grunde bei allen Verhaltensweisen, die dem Mädchen vermitteln, daß Männer frei über es verfügen können, beispielsweise lüsterne Blicke, das Klatschen auf den Po oder das Betasten und Begutachten körperlicher Rundungen. Aber auch die Anwesenheit eines sexuell erregten Erwachsenen kann unter bestimmten Umständen vergewaltigend sein, auch wenn er das Kind dabei nicht berührt...«

[...] Und warum sagt man nicht gleich, daß jedwede Sexualität, jede Anspielung, jeder Witz in Gegenwart von Kindern zu unterbleiben hat, die dem Gottseibeiuns um jeden Preis zu schützen sind? In einer seltsamen Umkehrung sollen in dieser Weltsicht Männer so unter Kuratel gestellt werden, wie im Islam die Frauen. Verhüllt und mit niedergeschlagenen Augen müssen sie ihren Ruf als anständige Menschen, als Nicht-Mißbraucher täglich neu erweisen. Nur sie sind verantwortlich für das Unheil, das die Sexualität stiftet, wenn sie nicht allerschärfstens überwacht wird. Von uns, den Frauen.

Die Krise der Politik. Fluch und Chance einer neuen Öffentlichkeit (2000)

Zygmunt Bauman

Übersicht
Die Krise der Politik. Fluch und Chance einer neuen Öffentlichkeit, Hamburg 2000, S. 19–29 (ungekürzt).
Übersetzung: Edith Boxberger
Original: In Search of Politics, 1999

Auf der Suche nach dem öffentlichen Raum
In der Presse finden sich ausführliche Berichte über die Ereignisse, die in drei verschiedenen Städten des West Country durch die Nachricht ausgelöst wurden, der pädophile Sidney Cooke sei aus dem Gefängnis entlassen worden und nach Hause zurückgekehrt. Decca Aitkenhead, eine Reporterin des *Guardian,* die in soziologischer Hinsicht über einen sechsten Sinn verfügt, dessen reichen Ertrag wir uns hier öfter zunutze machen werden, bemerkte dazu:

„Wenn heutzutage irgend etwas die Leute garantiert auf die Straße treibt, dann die hinter vorgehaltener Hand verbreitete Nachricht von der Ankunft eines Pädophilen. Die Nützlichkeit solcher Protestaktionen wird zunehmend in Frage gestellt. Doch haben wir uns nie gefragt, ob solche Proteste wirklich irgend etwas mit Pädophilen zu tun haben."[a]

---

[a] Decca Aitkenhead, „These women have found their cause, but they're not sure what it is", in: The Guardian vom 24. April 1998.

Z. Bauman†
Universität Leeds, Leeds, England

© Springer Fachmedien Wiesbaden GmbH, ein Teil von Springer Nature 2022
A. Legnaro und D. Klimke (Hrsg.), *Kriminologische Diskussionstexte I,*
https://doi.org/10.1007/978-3-658-22005-1_25

Aitkenhead konzentrierte sich auf eine dieser Städte, Yeovil, und fand eine
bunt zusammengewürfelte Menge von Großmüttern, Teenagern und Geschäfts-
frauen, die bisher selten, wenn überhaupt, den Wunsch verspürt hatten, sich an
einer öffentlichen Aktion zu beteiligen, und nun eine langwierige Belagerung
der lokalen Polizeistation anzettelten – ohne überhaupt sicher zu sein, daß Cooke
sich tatsächlich in dem betreffenden Gebäude aufhielt. Ihre Unkenntnis der Tatsachen trat lediglich hinter ihrer Entschlossenheit zurück, etwas in dieser Sache
zu tun und das in aller Öffentlichkeit; und ihre Entschlossenheit profitierte dabei
in besonderem Maße von der unklaren Faktenlage. Leute, die ihr Leben lang vor
öffentlichen Protesten zurückgeschreckt waren, versammelten sich nun, riefen
»Tötet den Bastard« und zeigten sich willens, Wache zu schieben, solange es
erforderlich sein mochte. Warum? Verfolgten sie ein anderes Ziel als den sicheren
Gewahrsam eines Feindes der Allgemeinheit, den sie nie gesehen hatten und über
dessen Verbleib sie alles andere als gewiß waren? Aitkenhead gibt auf diese ver-
wirrende Frage eine überzeugende Antwort:

„Was Cooke bietet, wo immer er sein mag, ist die seltene Gelegenheit,
jemanden wirklich zu hassen, laut, öffentlich und absolut ungestraft. Es geht um
Gut und Böse ... und durch eine Geste gegen Cooke definiert man sich also als
anständig. Es gibt nur noch sehr wenige Gruppen von Menschen, die man auf
ehrenhafte Weise hassen darf. Pädophile sind genau das richtige."

„Ich habe schließlich mein Anliegen gefunden", bekundete die Haupt-
organisatorin des Protestes, eine Frau ohne jede Erfahrung mit irgendeiner
öffentlichen Rolle. „Was Debra mutmaßlich gefunden hatte", kommentiert
Aitkenhead, „war nicht ‚ihr Anliegen', sondern ein allgemeines Anliegen – das
Gefühl einer gemeinschaftlichen Motivation."

„Ihre Demonstrationen tragen Züge von politischen Kundgebungen, religiösen
Zeremonien, gewerkschaftlichen Zusammenkünften – all jener Gruppen-
erfahrungen, die einmal das Selbstgefühl der Menschen ausmachten und die
ihnen nicht mehr zur Verfügung stehen. Und deshalb organisieren sie sich jetzt
gegen Pädophile. In einigen Jahren wird irgend etwas anderes ihr Anliegen sein."

Jemand streunt ums Haus
Auch darin hat Aitkenhead recht: Ein Mangel an immer neuen Anliegen ist
höchst unwahrscheinlich, und immer wird es genügend freie Flächen auf dem
Friedhof alter Anliegen geben. Doch vorerst – eher die nächsten Tage als die
nächsten Jahre, wenn man das schwindelerregende Tempo berücksichtigt, in dem
öffentliche Schreckbilder und moralische Panikausbrüche stumpf werden – ist
Sidney Cooke das Anliegen. Er bietet ja wirklich einen vorzüglichen Anlaß, Leute
zusammenzubringen, die ein Ventil für lang aufgestaute Angst suchen.

Erstens trägt Cooke einen Namen: Das macht ihn zu einem greifbaren Ziel, das ihn aus dem Wust schweifender Ängste heraushebt und ihm eine körperliche Wirklichkeit verleiht, die andere Ängste nur selten besitzen. Selbst wenn man seiner nicht ansichtig wird, bleibt er als fester Körper auffaßbar, mit dem sich etwas anstellen läßt, den man festsetzen, wegsperren, kastrieren oder gar vernichten kann – anders als die meisten Bedrohungen, die dazu neigen, beunruhigend diffus, glitschig, schwer faßbar, verstreut oder nicht festlegbar zu sein. Zweitens hat eine glückliche Fügung Cooke an einen Ort versetzt, an dem private Sorgen und öffentliche Interessen zusammentreffen. Genauer gesagt bildet sein Fall einen alchemistischen Schmelztiegel, in dem sich die Liebe zu den eigenen Kindern – eine tägliche Erfahrung und Praxis im Privaten – auf wundersame Weise in ein öffentliches Schauspiel der Solidarität verwandeln läßt. Cooke wurde zu einer Art Laufplanke, die, so zerbrechlich und provisorisch sie auch war, aus dem Gefängnis der Privatheit herausführte. Und schließlich ist diese Laufplanke breit genug, um einer Gruppe, vielleicht einer sehr großen, die Flucht zu ermöglichen. Jedem einsamen Flüchtling werden sich wahrscheinlich andere aus den gleichen privaten Gefängnissen anschließen. Und es entsteht allein dadurch eine Gemeinschaft, daß alle denselben Fluchtweg benutzen, der wiederum so lange halten wird, wie alle Füße auf der Laufplanke sind.

Politiker, Leute also, von denen man erwartet, daß sie professionell im öffentlichen Raum agieren (sie haben ihre Ämter dort oder nennen vielmehr den Raum, in dem sie ihre Ämter ausüben, „öffentlich"), sind auf die Invasion von Störenfrieden kaum je vorbereitet. Innerhalb des öffentlichen Raums gilt definitionsgemäß jeder als Eindringling, der nicht die richtige Art von Amt besitzt oder dort zu irgendeiner anderen als der offiziell festgeschriebenen, beantragten oder arrangierten Gelegenheit und ohne Einladung erscheint. So gesehen waren die Verfolger von Sidney Cooke zweifellos Störenfriede. Ihre Anwesenheit innerhalb des öffentlichen Raumes war von vornherein fragwürdig, und deshalb verlangten sie von den legitimen Inhabern des öffentlichen Raumes, ihre Anwesenheit anzuerkennen und deren Legitimität zu bestätigen.

Willie Horton hat Michael Dukakis wahrscheinlich die amerikanische Präsidentschaft gekostet. Vor seiner Kandidatur war Dukakis zehn Jahre lang Gouverneur von Massachusetts und einer der lautstärksten Gegner der Todesstrafe gewesen. Seiner Ansicht nach sollten Gefängnisse vornehmlich Einrichtungen zur Erziehung und Rehabilitation sein; das Strafsystem sollte den Kriminellen ihre verlorengegangene oder verwirkte Menschlichkeit zurückgeben und die Inhaftierten auf eine „Rückkehr in die Gemeinschaft" vorbereiten. Unter seiner Administration wurde den Insassen staatlicher Gefängnisse Heimaturlaub gewährt. Willie Horton kehrte von einem dieser Ausgänge nicht zurück. Statt dessen vergewaltigte er eine Frau. Das kann uns allen passieren, solange die weichherzigen Liberalen in der Verantwortung sind, erklärte Dukakis' Kontrahent George Bush – ein getreuer Anwalt der Todesstrafe. Die Journalisten bedrängten Dukakis mit der Frage: „Wenn Ihre Frau Kitty vergewaltigt worden wäre, wären Sie dann für die Todesstrafe?" Dukakis blieb standhaft – er würde „niemals Gewalt verherrlichen" – und verabschiedete sich damit von der Präsidentschaft.

Der siegreiche Bush übernahm das Amt, um vier Jahre später von Bill Clinton geschlagen zu werden. Als Gouverneur von Arkansas hatte Clinton die Exekution eines geistig behinderten Mannes, Ricky Ray Rector, genehmigt. Und nicht wenige Beobachter sind der Auffassung, wie Horton Dukakis die Wahl kostete, so verhalf Rector Clinton zu seinem Erfolg. Dies mag eine Übertreibung sein, denn Clinton unternahm andere Dinge, die ihn im Mittelstandsamerika ebenfalls beliebt machten. Er versprach, Härte gegenüber Verbrechen zu zeigen, mehr Polizisten einzustellen und auf Streife zu schicken, die Todesstrafe für eine größere Anzahl von Verbrechen vorzusehen und mehr und sicherere Gefängnisse zu bauen. Rectors Beitrag zu Clintons Erfolg bestand lediglich darin, als lebender (Verzeihung: toter) Beweis zu dienen, wie ernst es dem künftigen Präsidenten sei; mit diesem Lorbeerblatt konnte sich Clinton das Vertrauen des besagten Mittelstandsamerika sichern.

Die Spitzenduelle wiederholten sich auf den unteren Ebenen. Drei Kandidaten für das Amt des Gouverneurs von Texas nutzten die ihnen zugeteilte Redezeit während einer Parteiversammlung für den Versuch, sich in ihrer Befürwortung der Todesstrafe gegenseitig zu übertreffen. Mark White posierte vor den Fernsehkameras flankiert von Fotografien aller Verurteilten, die während seiner Amtszeit als Gouverneur auf dem elektrischen Stuhl gelandet waren. Um nicht zurückzustehen, erinnerte sein Mitbewerber Jim Mattox die Wähler daran, in eigener Person dreiunddreißig Hinrichtungen überwacht zu haben. Wie es sich traf, wurden beide Kandidaten von einer Frau ausgestochen. Offenbar konnten sie es am Ende mit der Leidenschaftlichkeit der für die Todesstrafe plädierenden Rhetorik von Ann Richards nicht aufnehmen, wie sehr sie sich auch sonst empfehlen mochten. In Florida gelang dem scheidenden Gouverneur Bob Martinez, der in Popularitätsumfragen über lange Zeit stetig verloren hatte, ein spektakuläres Comeback, als er seine Wähler daran erinnerte, eigenhändig neunzig Todesurteile unterzeichnet zu haben. In Kalifornien, dem Staat, der sich einst rühmte, ein Vierteljahrhundert lang nicht einen einzigen Gefangenen hingerichtet zu haben, empfahl sich Dianne Feinstein für das Gouverneursamt mit der Erklärung, „die einzige unter den Demokraten zu sein, die für die Todesstrafe" plädiere. Als Antwort darauf ließ ihr Mitbewerber John Van de Kamp eiligst wissen, er werde, obwohl „aus philosophischen Gründen" gegen die Todesstrafe, die er als „barbarisch" ansehe, seine Philosophie zurückstellen, wenn er erst einmal zum Gouverneur gewählt worden sei. Wie zum Beweis ließ er sich bei der Eröffnung einer neuartigen Gaskammer für künftige Hinrichtungen fotografieren und kündigte an, bei einer Übernahme des Justizministeriums zweiundvierzig Kriminelle in die Todeszelle zu stecken. Am Ende half ihm das Versprechen, seinen Überzeugungen untreu zu werden, nichts. Die Wähler (drei Viertel davon Anhänger der Todesstrafe) zogen einen Gläubigen vor – einen überzeugten Anhänger der Todesstrafe.

Seit mittlerweile über einem Jahrzehnt stehen Versprechungen, im Umgang mit der Kriminalität unbeugsam zu bleiben und mehr Kriminelle in den Tod zu schicken, an oberster Stelle auf den Wahlprogrammen, und zwar unabhängig von der politischen Ausrichtung des Kandidaten. Für gegenwärtige und künftige Politiker bedeutet die Ausweitung der Todesstrafe das Gewinnerlos in der Popularitätslotterie; gegen die Todesstrafe zu sein bedeutet umgekehrt den politischen Selbstmord.

In Yeovil verlangte die Bürgerinitiative ein Treffen mit ihrem Parlamentsabgeordneten Paddy Ashdown. Er verweigerte ihnen die gewünschte Legitimation. Da er sich selbst in einer unsicheren öffentlichen Position befand und ganz gewiß keiner ihrer ernannten/gewählten Vertreter war, hätte er das Anliegen der Protestierenden nur auf Kosten einer zusätzlichen Gefährdung seines eigenen Rufes in der Öffentlichkeit zu seiner Sache machen können. Er entschied sich dafür, offen zu äußern, was er für die Wahrheit hielt, indem er die Verfolger von Cooke mit einer „Lynchmeute" verglich und allem Druck widerstand, ihre Aktionen zu billigen und ihre nicht ganz eindeutigen privaten Ressentiments mit dem Stempel der „öffentlichen Angelegenheit" zu versehen.

Jack Straw, der Innenminister, konnte sich solchen Luxus nicht leisten. Einer der Wortführer des Protestes erklärte: „Wir wollen uns jetzt mit anderen Kampagnen zusammenschließen. Es gibt viele schwache Stimmen in vielen Gegenden dieses Landes. Wenn wir zu einer starken Stimme würden, könnten die Dinge ein bißchen schneller in Gang kommen." Solche Worte künden von der Absicht, sich ein für allemal im öffentlichen Raum festzusetzen und eine ständige Mitsprache bei dessen Verwaltung zu beanspruchen. Jedem Politiker mit akuter Verantwortung für den öffentlichen Raum muß dies bedrohlich in den Ohren geklungen haben, obwohl jeder erfahrene Politiker auch sehr wohl wissen durfte, daß die Kopplung von Kampagnen und der „Zusammenschluß schwacher Stimmen" weder leicht gelingt noch große Chancen hat, überhaupt zustande zu kommen. Denn weder schwache (private) Stimmen noch (lokale, auf ein einziges Problem bezogene) Kampagnen addieren sich einfach. Man konnte getrost davon ausgehen, daß diese spezifische Hoffnung beziehungsweise Absicht, wie so viele ähnliche Hoffnungen und Absichten zuvor, ihren natürlichen Lauf nehmen – das heißt stranden, kentern, aufgegeben und vergessen werden würde. Straws Problem reduzierte sich letzten Endes darauf, deutlich zu machen, wie sehr die Vertreter der Öffentlichkeit die schwachen Stimmen durchaus ernst nähmen – wie sehr sie bereit seien, Maßnahmen zu ergreifen, die es den schwachen Stimmen ersparten, sich zu Gehör zu bringen; und man sich dieser ihrer Bereitwilligkeit hoffentlich einmal erinnern würde. Daher äußerte Jack Straw, der aller Wahrscheinlichkeit nach Paddy Ashdowns öffentlich geäußerte Meinung privat teilte, lediglich: „Hauptsache, die Leute nehmen das Gesetz nicht selbst in die Hand" (wodurch er uns daran erinnerte, daß allein gewählte Leute das Gesetz in ihre Hand nehmen sollen); weiter hieß es, man werde möglicherweise Maßnahmen ergreifen, „um gefährliche Kriminelle auf unbestimmte Zeit hinter Gitter zu bringen". Vielleicht hoffte Jack Straw darauf, als fürsorglicher/teilnahmsvoller und aufmerksamer Vertreter der Öffentlichkeit in Erinnerung zu bleiben; immerhin urteilte die oben genannte Wortführerin des Protestes über den nichtkooperativen Paddy Ashdown: „Ich hoffe nur, die Leute haben kein zu kurzes Gedächtnis, wenn Wahlen anstehen."

Vielleicht (ein großes *Vielleicht,* die Wachsamkeit des Europäischen Gerichtshofes für Menschenrechte einmal vorausgesetzt) werden die gefährlichen Kriminellen (das heißt die Kriminellen, die gerade die öffentlichen Ängste auf sich ziehen und bündeln) in Zukunft „auf unbestimmte Zeit" hinter Gittern gehalten. Aber mögen sie auch von den Straßen und aus den Schlagzeilen und Scheinwerferkegeln verschwinden – die Ängste, die sie erst zu den gefährlichen Kriminellen machten, die sie sind, werden nicht weniger unbestimmt und undefiniert, solange die Gründe der Angst weiterbestehen und solange die Schrecken, die sie verursachen, in der Einsamkeit erlitten werden. Verängstigte Vereinzelte ohne eine Gemeinschaft werden weiter nach einer angstfreien Gemeinschaft suchen und die für den unwirtlichen öffentlichen Raum Verantwortlichen werden diese weiterhin versprechen. Der Haken dabei ist allerdings: Die einzigen Gemeinschaften, auf deren Entstehung die Einsamen hoffen und die die Organisatoren des Öffentlichen ernsthaft und verantwortungsbewußt anbieten können, sind aus Angst, Argwohn und Haß gebildet. Freundschaft und Solidarität, früher einmal die wichtigsten Stoffe für den Aufbau des Gemeinwesens, wurden irgendwo unterwegs zu fadenscheinig, zu zerbrechlich und zu wässrig, um ihren Zweck noch zu erfüllen.

Elend und Leid unserer Zeit sind fragmentiert, verstreut und versprengt, und das gilt auch für den Dissens, der daraus entsteht. Die Streuung anderer Meinungen, die Schwierigkeit, sie in einem gemeinsamen Anliegen zu verdichten und zu verankern und gegen einen gemeinsamen Schuldigen zu lenken, machen das Leid nur noch bitterer. Die heutige Welt ist ein Container – bis zum Rand gefüllt mit freischwebender Angst und Frustration, die verzweifelt nach einem

Ventil suchen. Das Leben ist übersättigt von düsteren Vorstellungen und dunklen Vorahnungen, die um ihrer Unspezifität, ihrer verschwommenen Konturen und versteckten Wurzeln willen nur um so größeren Schrecken verbreiten. Und wie bei anderen übersättigten Lösungen genügt ein Funke – ein Sidney Cooke zum Beispiel –, um eine heftige Entladung zu bewirken.

Vor zwanzig Jahren stellte René Girard (in *To Double Business Bound*, Baltimore University Press 1978) eine hypothetische Betrachtung darüber an, was irgendwann einmal in gleichermaßen hypothetischen vorsozialen Zeiten passiert sein mochte, als überall in der Bevölkerung Dissens herrschte und Fehde und Gewalt, geschürt vom mörderischen Überlebenskampf, die Gemeinschaften zerrissen oder ihre Vereinigung verhinderten. Bei dem Versuch, diese Frage zu beantworten, bot Girard die bewußt und mit Bedacht gewählte mythologische Erklärung einer „Geburt der Einheit" an.

Ihm zufolge muß der entscheidende Schritt in der Wahl eines Opfers bestanden haben, an dessen Tötung, im Unterschied zu anderen Tötungen, *alle* Mitglieder der Bevölkerung teilnahmen; sie waren „im Mord vereint", indem sie sich nach der Tat zu Mithelfern, Komplizen oder Mittätern verwandelten. Dieser spontane Akt koordinierten Handelns hatte das Potential, aus den verstreuten Feindseligkeiten und der diffusen Aggression eine klare Unterteilung in Richtigkeit und Unrichtigkeit, rechtmäßige und unrechtmäßige Gewalt, Unschuld und Schuld hervorgehen zu lassen. Sie konnte die vereinzelten (und sich fürchtenden) Wesen in eine solidarische (und vertrauensvolle) Gemeinschaft einbinden.

Girards Geschichte ist, um es noch einmal zu sagen, eine Fabel, ein ätiologischer Mythos, eine Geschichte, die keinerlei Anspruch auf historische Wahrheit, sondern lediglich auf eine gewisse Plausibilität hinsichtlich der unbekannten „Ursprünge" erhebt. Für Cornelius Castoriadis war das vorsoziale Individuum im Gegensatz zur Auffassung des Aristoteles weder Gott noch Bestie, sondern ein reines Hirngespinst philosophischer Phantasien. Wie jeder ätiologische Mythos sagt auch Girards Geschichte nichts darüber aus, was in der Vergangenheit tatsächlich geschah, sie stellt lediglich einen Versuch dar, dem *gegenwärtigen* Vorkommen eines bizarren und schwer zu verstehenden Phänomens Sinn abzugewinnen und sein Fortbestehen und seine Wiederkehr zu erklären. Die wahre Botschaft von Girards Geschichte lautet: Im Falle verstreuten und ungerichteten Dissens', im Falle von Argwohn und Feindseligkeit besteht der einzige Schritt nach vorn oder zurück in die gemeinschaftliche Solidarität, in einen sicheren – weil solidarischen – Lebensraum, darin, sich einen gemeinsamen Feind herauszugreifen und die Kräfte in einem Akt gemeinschaftlicher, auf ein gemeinsames Ziel gerichteter Grausamkeit zu vereinen. Allein die Gemeinschaft von Komplizen bietet (solange sie besteht) eine Garantie gegen das Verbrechen, das

Verbrechen genannt und dementsprechend bestraft wird. Die Gemeinschaft wird daher nur schwerlich Menschen ertragen, die es ablehnen, sich dem allgemeinen Geschrei anzuschließen, die durch ihre Verweigerung Zweifel an der Richtigkeit der Tat wecken.

Inklusionen und Exklusionen

Einleitung: Inklusionen und Exklusionen

Aldo Legnaro und Daniela Klimke

Als Niklas Luhmann (1995) Exklusion zu einer der möglichen Leitdifferenzen des 21. Jahrhunderts ausrief, stand ihm vor allem die Armut in südamerikanischen *favelas* vor Augen. Diese Vorstellung von Exklusion bezieht sich auf die ökonomischen Prozesse einer Globalisierung, die zwischen den Zentren und den Peripherien existenzielle Unterschiede der Lebens- und Überlebensmöglichkeiten herstellt; während sich in den Zentren der globale Reichtum konzentriert, ist die Peripherie nur als Rohstofflieferant und bestenfalls zur Erstellung von Vorarbeiten und Dienstleistungen brauchbar. Das gilt allerdings nicht mehr uneingeschränkt – die Peripherie hat sich vielfältig differenziert, weist ihrerseits ihre eigenen Zentren und ihre eigene Peripherie auf, und Exklusion findet global in unterschiedlichen Maßstäben statt (Fraser 2010). Zudem entdeckt man im letzten Jahrzehnt auch in den Peripherien potenzielle KonsumentInnen, und das Geschäft mit Mikrokrediten und -versicherungen hat lukrative neuartige Märkte eröffnet. Eine solche Integration der Peripherien in den Weltmarkt trägt dort zwar zu (meistens sehr ungleich verteilten) Wohlstandsgewinnen bei, primär aber besteht sie weiterhin aus unfairen *terms of trade,* die einen wesentlichen Grund für die Migrationsbewegungen nach Europa bilden. Zugleich jedoch garantieren diese ökonomisch ungleichen Beziehungen nicht zuletzt der Unterschicht in den Zentren einen auf Ausbeutung der Peripherie beruhenden Lebensstandard – das ist die Essenz

A. Legnaro (✉)
Köln, Deutschland
E-Mail: a.legnaro@t-online.de

D. Klimke
Institut für Kriminalitäts- und Sicherheitsforschung, Polizeiakademie Niedersachsen, Nienburg, Deutschland
E-Mail: klimke@uni-bremen.de

© Springer Fachmedien Wiesbaden GmbH, ein Teil von Springer Nature 2022
A. Legnaro und D. Klimke (Hrsg.), *Kriminologische Diskussionstexte I,*
https://doi.org/10.1007/978-3-658-22005-1_26

dessen, was Lessenich (2016) ‚Externalisierungsgesellschaft' genannt hat. Denn die Zentren weisen ihrerseits eigene Peripherien auf, wie sich das in den meisten Metropolen der Welt beobachten lässt. Dass die Kolonien (als die Peripherie) die Wahrheit der Metropolen seien, stellte sinngemäß einst Jean-Paul Sartre in seinem 1961 verfassten Vorwort zu den „Verdammten dieser Erde" von Frantz Fanon fest (1988), und das trifft heute auch auf die Gegebenheiten innerhalb der Zentren selbst zu. Um die damit verbundenen Inklusionen bzw. Exklusionen geht es hier, wobei dem Strafrecht und Kriminalsystem in vielfältiger Weise (aufgeschlüsselt bei Duff 2003) eine tragende Rolle zukommt.

Neben einer solchen abstrakt globalisierten Perspektive auf die Dynamiken von Inklusionen und Exklusionen lassen sich drei Facetten dieser Begriff- lichkeiten unterscheiden, nämlich eine sozio-ökonomisch bestimmte und ausschließlich innergesellschaftliche Perspektive, eine solche, die staatliche Grenzziehungen nationaler oder gesellschaftliche Grenzziehungen ethnischer Art in den Mittelpunkt stellt, und eine dritte, die das Strafrecht im engeren Sinne als Exklusionsmechanismus begreift. Alle drei spielen im Folgenden eine Rolle.

Was die erste Facette, innergesellschaftliche Exklusion, unter den heutigen öko- nomischen, kulturellen und gesellschaftlichen Bedingungen bedeutet, ist sozial- wissenschaftlich nicht ganz eindeutig, wie sich schon an einer unterschiedlichen Terminologie zeigt. Während die französische Diskussion den Begriff ‚exclusion' in den Mittelpunkt stellt, spricht man in den USA eher von ‚underclass'; in der Bundesrepublik hat sich terminologisch ebenfalls die ‚Unterschicht' etabliert, obgleich auch ‚Exklusion' ein oft genutzter Begriff ist (vgl. zu Unterschiedlich- keiten und Gemeinsamkeiten der Begrifflichkeiten Kronauer 1997, siehe den Text in diesem Kapitel; siehe auch Kronauer 2002). Beide Begriffe konvergieren jedoch in einer dreifachen Form von Ausgrenzung, nämlich als marginale Position am Arbeitsmarkt, die zugleich mit dem Verlust sozialer Einbindung einhergeht und darüber hinaus die Unmöglichkeit bedeutet, nach den allgemein anerkannten Maßstäben am gesellschaftlichen Leben teilnehmen zu können (siehe einen groß angelegten Überblick bei Huster et al. 2018). Nach dem jeweiligen Wohlfahrts- regime kann solche Exklusion zwar durchaus unterschiedliche Formen annehmen (Bulpett 2002), doch lässt sie die Betroffenen im Wortsinne frösteln (Zhong und Leonardelli 2008) und hat eine Fülle negativer psychologischer Effekte (Riva et al. 2017), wenngleich diese je nach kollektivistischer oder individualistischer Orientierung einer Kultur zu variieren scheinen (Pfundmair et al. 2015).

Die Vieldeutigkeiten des Begriffs werden noch erhöht durch die im letzten Jahr- zehnt neu entwickelten Termini ‚Prekarität' und – davon abgeleitet – ‚Prekariat', was eine unübersichtliche Gemengelage schafft, zumal prekäre Lebenslagen oft lediglich passager oder ein frei gewählter Lebensstil sind (vgl. überblicksweise Raphael 2008; Castel und Dörre 2009; Puhr 2009; Stichweh und Windolf 2009;

Castel 2011; de Peuter 2011; Farzin 2011; Marchart 2013a, b; Armano et al. 2017).
Castel (1996) hat zudem, über Exklusion hinausgehend, von ‚Ausschließung'
(désaffiliation) gesprochen: Teile der Bevölkerung seien in einem strikt ökonomischen Sinne überflüssig, was Mbembe (2017) dazu veranlasst, sie generell –
ganz ungeachtet der Hautfarbe – als ‚Neger' zu bezeichnen. Eribon (2016: 121 f.)
hingegen verwirft den Begriff der Ausschließung, da er die Betroffenen „als passive
und stumme potenzielle Empfänger technokratischer Hilfsmaßnahmen" darstelle
und damit alle Gedanken verdränge, „die argumentativ auf gesellschaftliche Unterdrückung und sozialen Kampf, auf die Reproduktion und Transformation sozialer
Strukturen" abhöben. Der Begriff greift jedoch die empirische Befundlage insoweit
auf, als schon die klassische Untersuchung zu den Befindlichkeiten beim Verlust
von Erwerbsarbeit die daraus resultierende Passivität aufzeigte, die von der Ver-
langsamung des Schritts bis zum Zerfall der täglichen Zeitstruktur reicht (Jahoda
et al. 1933/1975).

Alle diese Versuche einer Bestimmung von Exklusions-Tendenzen fassen
ihren Gegenstand unter Bezug auf den Arbeitsmarkt bzw. seine jeweilige Zugäng-
lichkeit primär in ökonomischen Kategorien und stellen damit ein Konzept von
Armut in den Vordergrund (Madanipour et al. 2015) – eine Ausnahme bildet
Wacquant (2018), der in seinem Vergleich von Ghetto, Banlieue und Favela auch
die Bedeutung soziokultureller Faktoren herausstellt. Die Betonung der Ökonomie hat angesichts einer Einkommens- und Vermögensverteilung in der Bundesrepublik, die teilweise die Zustände des Kaiserreichs repliziert (World Inequality
Lab 2017, S. 101 ff.), zwar ihre Berechtigung. Insgesamt verkürzt das die
Problematik jedoch, wie Winlow und Hall (2013) in einer umfassenden Analyse
zeigen; sie belegen vielmehr die Herausbildung eines „post-political marginalised
subject" (ebd., S. 170) als „an inevitable outcome of a poorly regulated global
capitalist economy whose politically-driven trajectory since 1945 has taken us to a
destination where the system no longer needs an industrial workforce in the West"
(ebd., S. 167). Das stößt zugleich durch die Verlagerung vielfältiger Produktions-
schritte eine ökonomische Entwicklung in der Peripherie an, die allerdings
meistens Ausbeutungszusammenhänge reproduziert. Durch solche Entwicklungen
in den industrialisierten Staaten bildet sich zusammen mit den digitalen Technologien, die die Bedingungen von Arbeit grundlegend verändern, das flexible
System einer „liquid modernity" (Bauman 2000) heraus, die einen tiefgreifenden
sozio-kulturellen Wandel mit sich bringt. Ein wesentliches Indiz hierfür sind
die „First World Dreams" (Young 2007, S. 66), in denen bedeutungsvolle
Arbeit, selbstverwirklichende Identität(en), spannungsvolles Leben im Getriebe
der Metropolen und sofortige Wunscherfüllung das Ideal eines gelingenden
Lebens darstellen. Wenngleich dieses Ideal weitgehend kollektiv geteilt wird,

in „radical sameness" (Winlow und Hall 2013, S. 114) auch von den Armen, so sind angesichts der sehr ungleichen Verteilung des ökonomischen, kulturellen und sozialen Kapitals die Chancen darauf ebenfalls ungleich verteilt, was die Empfindungen des Ausgeschlossen-Seins verstärkt, zugleich jedoch zu eigenständigen Inklusionsstrategien der Betroffenen führen kann (Weißmann 2016).

Trotz unterschiedlicher Akzentuierungen ist den jeweiligen Begrifflichkeiten gemeinsam, dass sie ein gesellschaftliches ‚Drinnen' und ‚Draußen' bezeichnen, die beide nicht als polarer Gegensatz, sondern als gleichzeitige und aufeinander bezogene Phänomene zu denken sind (siehe im Überblick div. Beiträge in Klimke 2008; zudem Bude und Willisch 2008; Bude 2010). Wie die Lebensstile ist auch das Ausschließen heute allerdings individualisiert: „Contemporary Western states, of course, continue to 'exclude', but in an individualistic and self-limiting way that differs sharply from the openly discriminatory group-level exclusions of the past." (Joppke 2005, S. 57) Das ist die zweite thematische Facette, die Perspektive auf Inklusion und Exklusion als Grenzziehung nationaler und/oder ethnischer Art, die historisch immer schon eine erhebliche Bedeutung hatte (Ther 2017; siehe auch den umfassenden Überblick zur Migrationsforschung bei Reuter und Mecheril 2015; Einzelfallstudien bei Goebel et al. 2018; Pott et al. 2018; zu Migration als globaler Erscheinung IOM 2017). Staatliche Grenzen scheiden dabei das ‚Drinnen' und ‚Draußen', und solche Abgrenzungen gewinnen in Zeiten rapiden Wandels besondere Relevanz (Weber und Bowling 2008). Das lässt sich an den Konflikten über Migration innerhalb der EU gut ablesen. Wenngleich deren Grenzen weniger undurchlässig sind, als das Bild von der ‚Festung Europa' nahelegt (Favell und Hansen 2002; Tsianos und Karakayali 2010), dienen sie doch in erheblichem Maße als Sicherheitsbarrieren (Léonard 2010; Klepp 2011; Avdan 2014; Bigo 2014; Andersson 2016; Dijstelbloem et al. 2017). Die Gründung der europäischen Grenzsicherungsagentur Frontex im Jahre 2004 steht dabei nicht nur für eine Institutionalisierung der EU-Grenzpolitik (Leonard 2009), sondern auch für Strategien der Migrationskontrolle unter Sicherheitsgesichtspunkten (Marischka 2007; Heck 2011; Hofmann 2017; Macías-Rojas 2018), wobei bürgerliche Rechte partiell suspendiert sind (Basaran 2010). Grenzen werden dabei zunehmend technisiert (Broeders 2007; Pallitto und Heyman 2008; Vukov und Sheller 2013; Rogers 2015; Tsianos 2015; Allen und Vollmer 2017) und militarisiert (Jones und Johnson 2016; Williams 2016), was einen expandierenden Markt für eine florierende Sicherheitsindustrie bildet (marketsandmarkets 2016). Zugleich werden ihre Kontrollmechanismen immer weiter vor- (Laube 2010; Tholen 2010; Ellebrecht 2020) bzw. in das Hinterland verlagert (Walters 2002; van der Woude und van der Leun 2017), und man umgibt sie mit ‚borderzones' an den Rändern staatlicher Territorien (Topak 2014), so dass sich ein

„security continuum" ergibt (Vaughan-Williams 2010). Damit löst sich der alte Begriff von Grenze, der mit einer eindeutigen Grenzlinie verbunden war, tendenziell auf und macht Grenzen zu einem ubiquitären Phänomen: „the border is everywhere" (Feeley und Simon 1994, S. 181; vgl. Vaughan-Williams 2008; siehe auch die Kapitel *Die Sekuritisierung des Lebens* und *Fremd- und Selbstüberwachungen* im Folgeband *Kontrollieren und Überwachen).* All dies kennzeichnet Grenzen und die Kontrollstrategien ihrer Überwachung als eine Technologie von Macht (Walters 2006; Meyer und Purtschert 2008; Weber 2015; van Reekum und Schinkel 2017; Grzymski 2019), durch die Staaten sich ihrer Souveränität zu versichern suchen (Stumpf 2006; Bosworth 2008; Aas 2011; Aas und Bosworth 2013; Barker 2017), wenngleich lokale zivilgesellschaftliche Aktionen dies auch relativieren können (Wonders und Jones 2019).

Als Ausweis souveräner staatlicher Handlungsfähigkeit ist die Gewährung bzw. Verweigerung von Einwanderung besonders geeignet, denn sie findet als eine selektive Individualisierung statt – manche werden zu- bzw. ‚ein'gelassen, andere hingegen nicht, was sie nach den Kategorien ‚deserving' und ‚undeserving' scheidet (Lipman 2007; Jørgensen und Thomsen 2013; Andreouli und Dashtipour 2014; Holmes und Castañeda 2016; Hoesch 2017), Anlass für vielfältige symbolische Grenzziehungen gibt (Ulbricht 2017) und Stereotypisierungen hervorruft (Kootstra 2017), die vor allem die zuletzt Gekommenen betreffen (Lucassen 2005; empirisch für die Bundesrepublik SVR 2018). Die innergesellschaftlichen Formen der Ausschließung nehmen dabei – nicht nur, aber doch in beträchtlichem Maße gegenüber MigrantInnen – eher Formen an, „where both inclusion and exclusion occur concurrently – a bulimic society where massive cultural inclusion is accompanied by systematic structural exclusion. It is a society which has both strong centrifugal and centripetal currents: it absorbs and it rejects." (Young 2007, S. 32; siehe auch Topal 2011) Denn der Fremde ist, wie es Simmel (1908/1968, S. 509) in seinem berühmten „Exkurs über den Fremden" fasst, der, „der heute kommt und morgen bleibt" (und übermorgen, ist heutzutage zu ergänzen, möglicherweise abgeschoben wird). Aber das Fremde besitzt eine janusköpfige Gestalt, nicht zuletzt in seiner Erscheinungsform als Flüchtling: „Er hat zwei Gesichter: das eine wirkt verlockend, weil es mysteriös ist [...], es ist einladend, verspricht zukünftige Freuden, ohne einen Treueschwur zu verlangen; ein Gesicht unendlicher Möglichkeiten, noch nie erprobter Lust und immer neuen Abenteuers. Das andere Gesicht wirkt ebenfalls geheimnisvoll – doch es ist ein finsteres, drohendes und einschüchterndes Mysterium, das darin geschrieben steht." (Bauman 1997: 224 f.) Entsprechend sind Flüchtlinge Figuren der sozialen Imagination (Friese 2017; auch Mullen und Rice 2003);

das gilt besonders für Muslime, mit denen sich in Europa eine spezifische kulturelle Stereotypisierung verbindet (Czymara und Schmidt-Catran 2017; Renton 2018). Generell sind Flüchtlinge Figuren an der Grenze der Staaten und des Rechts (Schulze Wessel 2017; Pichl und Tohidipur 2019; Eule et al. 2020), die selbst „cultural precarity" empfinden (Nowicka 2018). Wenngleich sie nicht notwendig rassistische Zuschreibungen hervorrufen, geben sie doch Anlass für Formen des kulturellen Fundamentalismus (Siebers und Dennissen 2015) und können als vielfältige Projektionsfläche dienen (Schrover und Schinkel 2014). Dabei wirken soziale Kontakte Vorurteilen nicht notwendig entgegen (Laurence und Bentley 2018). Das äußert sich dann in einer Fülle von abwertenden Sprach-bildern (Nduka-Agwu und Lann Hornscheidt 2013) oder in Formen rassistischen Humors (Pérez 2017), bringt aber als Reaktion auch subkulturelle Codes hervor (für ein ethnografisches Beispiel aus einer Hauptschule Wellgraf 2014). Ins-gesamt stehen ökonomische und kulturelle Verunsicherungen der einheimischen Bevölkerung und die Befürchtungen, die sich um Migrationsprozesse ranken, in einem engen Zusammenhang (Huysmans 2006; van Houtum und Pijpers 2007; Kaufman 2015; Kuntz et al. 2017; Valente und Pertegas 2018) und bilden nicht zuletzt eine wohlfahrtschauvinistische Reaktion auf einen unterstellten öko-nomischen Verteilungskampf (Manow 2018). Unterschiede ergeben sich eben-falls plausiblerweise bei den politischen Einstellungsmustern (Brooks et al. 2016; Uenal 2016), während Bildung zu eher migrationsfreundlichen Einstellungen führt (Margaryan et al. 2018). Wenngleich ethnische Pluralität offenbar nicht mit gesteigerten Kriminalitätsraten einhergeht (Churchill und Laryea 2019) und Flüchtlinge – mit der Ausnahme einiger weniger Gruppen (Pfeiffer et al. 2018) – generell nicht kriminell auffälliger werden als Einheimische (aus einer Fülle von Literatur etwa Wickes und Sydes 2003; Reid et al. 2005; Mears 2011; Bell et al. 2013; Ferraro 2016; Ousey und Kubrin 2018), sind sie dennoch Objekte frei flottierender, sich um Kriminalität rankender Ängste (Dinas und van Spanje 2011; Fitzgerald et al. 2012; Wendekamm 2015; Hirtenlehner et al. 2016; siehe auch das Kapitel *Gefühlte Kriminalität: Kriminalitätsfurcht* im Folgeband *Kontrollieren und Überwachen*). In diesem Zusammenhang dient das Gefängnis denn auch als ein Ort der Trennung nach ‚eigener' und ‚fremder' nationaler Identität, sowohl für die Insassen, die hier ihre Exklusion erfahren, und symbolisch ebenfalls für die Gesellschaft an sich (Kaufman und Bosworth 2013). Neben Gefängnissen erfüllen Abschiebezentren ähnliche Funktionen (Bosworth 2012).

Prozesse des Zurückweisens, Abstoßens und Ausschließens haben als öko-nomisch bedingte Exklusionen und rechtlich regulierte Verfahrensweisen viele Erscheinungsformen. Einen Gesamtzusammenhang sucht die Begrifflichkeit von

‚Ausschließung' in der Fassung von Steinert (2008, siehe *Kriminologische Grundlagentexte*, S. 203 ff.; siehe auch Cremer-Schäfer 2014) herzustellen. Soziale Ausschließung wird dabei als ein gradueller Prozess angesehen, der Partizipation blockiert und die Realisierung von Menschen- und Bürgerrechten verhindert: Eine Legitimierung von Klassenbildung, Diskriminierung und Armut bedient sich immer auch mehr oder weniger milder Formen der Degradierung und bildet einen selbstverständlichen Bestandteil aller Herrschaftsformen, nicht zuletzt der Formen des Kapitalismus. Solche Ausschließungen können schließlich auf eine Weise kulminieren, dass sie die Minderwertigkeit bestimmter Personengruppen und sogar ihre De-Humanisierung implizieren (vgl. Cremer-Schäfer 1995, siehe den Text in diesem Kapitel). Auch hierfür spielt Recht – nicht notwendig als Strafrecht – eine entscheidende Rolle, und die Verrechtlichung alltäglicher Entrechtung lässt sich etwa für die Zeit zwischen 1933 und 1945 in den Tagebüchern von Victor Klemperer minutiös nacherleben. Zudem kann sich Ausschluss in der Verwendung von Tier-Metaphern für bestimmte Personengruppen zeigen und wirkt dann besonders intensiv (Andrighetto et al. 2016), und je nach psychologischer Grundkonstellation führt er zum Vernichtungswillen (Sonpar 2015). Diese individuelle Ebene ist notwendig zu ergänzen durch eine politische Ebene, nämlich durch die Biologisierung und Kulturalisierung des jeweils Anderen, wie sie ethnopluralistische Erzählungen der politischen Rechten (vgl. Schellhöh et al. 2018) und eine Begrifflichkeit von ‚Volk' mit ihren eindeutigen Grenzziehungen nahelegen (Wildt 2017). Der damit verbundene Freund-Feind-Antagonismus stellt im Denken des rechten politischen Spektrums ein historisch und aktuell verankertes ideologisches Fundament dar (Weiß 2017). Die extreme Konsequenz solcher Vorstellungen über eine (ethnische und/oder kulturelle) ‚Reinheit' des ‚Volkskörpers' sind Ausschließungen in unverhüllt rassistischer Form als ethnische Säuberung oder als Ermordung von ‚Untermenschen'.

Als dritte Facette entfalten die Bestimmungen von ‚Drinnen' und ‚Draußen' dann eine spezifische lebensweltliche und soziale Bedeutung, wenn das ‚Drinnen' ein Gefängnis meint, eine der klassischen, von Goffman (siehe *Kriminologische Grundlagentexte*, S. 149 ff.) unterschiedenen totalen Institutionen. Strafrecht hat (siehe das Kapitel *Kriminalität als Instrument des Regierens* in diesem Band) eine Fülle von Funktionen über die Wirkungen einzelner strafrechtlicher Sanktionierungen auf Individuen hinaus. Diese allgemeinen Funktionen lassen sich mithilfe der Termini Inklusion und Exklusion konkretisieren. Beide Begriffe kreisen um die Zugangsvoraussetzungen und komplementär um die darin enthaltenen Ausschlussregeln, die in einer um die Dimensionen ‚Arbeit' und ‚Konsum' zentrierten Gesellschaft durch die „circuits of inclusion" ebenso wie die „circuits of exclusion" (Rose 2000, S. 324) etabliert werden. Es ist dabei historisch nicht neu, dass das Strafrecht als ein Mittel zur Regulierung des Arbeitsmarktes benutzt wird (Rusche 1933, siehe *Kriminologische Grundlagentexte*, S. 171 ff.; Western und Beckett 1998, siehe den Text in diesem Kapitel; De Giorgi 2018). Chambliss (1964) kann das in seiner Untersuchung der englischen Gesetzgebung zur Landstreicherei sogar schon für das Mittelalter zeigen. In heutigen demokratisch verfassten Gesellschaften jedoch, die ihre Legitimität nicht zuletzt aus dem Versprechen von Inklusion beziehen (einem historischen Langzeittrend, vgl. Hess 2017), wirken solche Mechanismen ausgesprochen vormodern, was allerdings weder ihre Wirksamkeit hindert noch die politische Funktionalität des gesamten Mechanismus infrage stellt. Denn das Strafrecht, wie es im Einzelnen auch ausgestaltet ist, hat in jeder Gesellschaft psychodynamische Funktionen (Mead 1918), die sich nur schwer außer Kraft setzen lassen: es erfüllt ein atavistisches Rachebedürfnis und etikettiert ‚den Verbrecher' zum Sündenbock (Hochheimer 1969; Ostermeyer 1970; siehe auch das Kapitel *Symbolische Funktionen des Strafens* in diesem Band). Als ultimative Steigerung dieser Bedürfnisse lässt sich das von Jakobs (2000, siehe den Text in diesem Kapitel) zustimmend beschriebene Feindstrafrecht lesen, in dem ‚Unpersonen' ‚kaltgestellt' werden sollen (zur Kritik Düx 2003; Sack 2005, siehe *Kriminologische Grundlagentexte*, S. 107 ff.; Wrocklage 2008).

Gefängnisse haben allerdings, wie man aus Forschung und Praxis weiß, keineswegs immer die intendierten Folgen einer Resozialisierung, sondern befördern nicht selten kriminelle Karrieren und sind in ihrer Wirkung zumindest ambivalent (Bereswill und Greve 2001; Jünschke 2012; Hermann 2014; Gaes 2016; Galli 2016). Es hat deswegen vonseiten der Kriminologie nicht an Vorschlägen gefehlt, das Strafrecht entweder gänzlich zu ersetzen oder doch zumindest seine disziplinierenden, repressiven und exkludierenden Wirkungen zu domestizieren (Coyle und Schept 2017, 2018, 2019). Ein wesentliches Stichwort ist hier der Abolitionismus – ursprünglich die Bewegung zur Aufhebung der Sklaverei, wurde der Begriff auf den Versuch übertragen, eine Gesellschaft ohne Strafrecht und Gefängnisse zu denken (vgl. Scheerer 1984, 2018; Schumann 1988; Ruggiero 2010; Oparah 2013). Unter dem Begriff *restorative justice* wiederum werden diverse Formen von Wiedergutmachungsverfahren verstanden (vgl. Christie 1977, siehe *Kriminologische Grundlagentexte*, S. 47 ff.; Lemley 2001; Braithwaite 2002, 2004; Sullivan und Tifft 2006; Daly und Stubbs 2006; Shapland et al. 2006; Maglione 2019), wofür in der Bundesrepublik der Täter-Opfer-Ausgleich ein Beispiel bildet (Früchtel und Halibrand 2016; Matt und Winter 2016; Lutz 2018). Von Bedeutung sind ebenfalls die Wahrheitskommissionen, die inzwischen in vielen Ländern zur Aufarbeitung der Verbrechen einer Diktatur eingesetzt worden sind (Krüger 2014). Die bekannteste dürfte die *Truth and Reconciliation Commission* in der Republik Südafrika sein, die mit dem Ziel, Verbrechen aus der Zeit der Apartheid aufzuarbeiten, einen Dialog zwischen Opfern und Tätern in Gang zu bringen suchte. Solche Verfahrensweisen seien die einzige Möglichkeit, das Strafen zugunsten von Verstehen und Wiedergutmachung zu überwinden, wie de Lagasnerie (2017) in seiner umfassenden Studie zum staatlichen Verurteilen feststellt. Gerade dass dabei aussagenden Tätern Straffreiheit zugesichert worden war, bildete allerdings einen wesentlichen Kritikpunkt (vgl. Zips 2005; Marx 2007).

Einen Sonderfall stellt der Vorschlag dar, Kriminalität als ein kalkulierbares Risiko anzusehen und die strafrechtliche Sanktionierung bestimmter Konflikte in versicherungsmäßige Verarbeitungen zu überführen (Schmidt-Semisch 2002). Zwar haben in der Bundesrepublik und den meisten westlichen Staaten einige Entkriminalisierungen von Bagatelldelikten und kulturell angeleitete und modernisierende Normaufhebungen (etwa bei Abtreibung und Homosexualität) stattgefunden, doch insgesamt war solchen Bemühungen nur wenig Erfolg beschieden, wie neuartige Kriminalisierungen belegen (vgl. die Kapitel *Die Lust am Strafen* und *Signal-Verbrechen: sex and crime* in diesem Band). Das kann angesichts der politischen und psychodynamischen Funktionalitäten des Strafrechts nicht erstaunen: Strafrecht war und ist ein Herrschaftsinstrument.

Literatur

Aas, Katja Franko (2011): 'Crimmigrant' bodies and bona fide travelers: Surveillance, citizenship and global governance, in: Theoretical Criminology 15 (3): 331-346.
Aas, Katja Franko/Bosworth, Mary (2013): The Borders of Punishment: Migration, Citizenship, and Social Exclusion, Oxford.
Allen, William L./Vollmer, Bastian A. (2017): Clean skins: Making the e-Border security assemblage, in: Environment and Planning D: Society and Space 0 (0): 1–17.
Andersson, Ruben (2016): Hardwiring the frontier? The politics of security technology in Europe's 'fight against illegal migration', in: Security Dialogue 47 (1): 22-39.
Andreouli, Eleni/Dashtipour, Parisa (2014): British Citizenship and the 'Other': An Analysis of the Earned Citizenship Discourse, in: Journal of Community & Applied Social Psychology 24: 100-110.
Andrighetto, Luca/Riva, Paolo/Gabbiadini, Alessandro/Volpato, Chiara (2016): Excluded From All Humanity: Animal Metaphors Exacerbate the Consequences of Social Exclusion, in: Journal of Language and Social Psychology 35 (6): 628-644.
Armano, Emiliana/Bove, Arianna/Murgia, Annalisa (Hg.) (2017): Mapping precariousness, labour insecurity and uncertain livelihoods: subjectivities and resistance, London-New York.

Avdan, Nazli (2014): Controlling Access to Territory: Economic Interdependence, Transnational Terrorism, and Visa Policies, in: Journal of Conflict Resolution 58 (4): 592-624.

Barker, Vanessa (2017): Penal power at the border: Realigning state and nation, in: Theoretical Criminology 21 (4): 441-457.

Basaran, Tugba (2010): Security, Law and Borders: At the Limits of Liberties. London.

Bauman, Zygmunt (1997): Flaneure, Spieler und Touristen. Essays zu postmodernen Lebensformen, Hamburg.

Bauman, Zygmunt (2000): Liquid Modernity, Cambridge.

Bell, Brian/Fasani, Francesco/Machin, Stephen (2013): Crime and Immigration: Evidence from Large Immigrant Waves, in: The Review of Economics and Statistics, 95 (4): 1278-1290.

Bereswill, Mechtild/Greve, Werner (Hg.) (2001): Forschungsthema Strafvollzug. Baden-Baden.

Bigo, Didier (2014): The (in)securitization practices of the three universes of EU border control: Military/Navy – border guards/police – database analysts, in: Security Dialogue 45 (3): 209–225.

Bosworth, Mary (2008): Border Control and the Limits of the Sovereign State, in: Social & Legal Studies 17 (2): 199–215.

Bosworth, Mary (2012): Subjectivity and identity in detention: Punishment and society in a global age, in:Theoretical Criminology 16 (2): 123-140.

Braithwaite, John (2002): Restorative Justice and Responsive Regulation, New York.

Braithwaite, John (2004): Restorative Justice and De-Professionalization, in: The Good Society 13, (1): 28–31.

Broeders, Dennis (2007): The New Digital Borders of Europe. EU Databases and the Surveillance of Irregular Migrants, in: International Sociology 22 (1): 71–92.

Brooks, Clem/Manza, Jeff/Cohen, Emma D. (2016): Political Ideology and Immigrant Acceptance, in: Socius: Sociological Research for a Dynamic World 2: 1–12.

Bude, Heinz (2010): Die Ausgeschlossenen. Das Ende vom Traum einer gerechten Gesellschaft, München.

Bude, Heinz/Willisch, Andreas (Hg.) (2008): Exklusion. Die Debatte über die »Überflüssigen«, Frankfurt/M.

Bulpett, Carol (2002): Regimes of Exclusion, in: European Urban and Regional Studies 9 (2): 137–149.

Castel, Robert (1996): Nicht Exklusion, sondern Désaffiliation. Ein Gespräch mit François Ewald, in: Das Argument 217: 775–780.

Castel, Robert (2011): Die Krise der Arbeit. Neue Unsicherheiten und die Zukunft des Individuums, Hamburg.

Castel, Robert/Dörre, Klaus (Hg.) (2009): *Prekarität, Abstieg, Ausgrenzung. Die soziale Frage am Beginn des 21. Jahrhunderts, Frankfurt/M.-New York.*

Chambliss, William J. (1964): A Sociological Analysis of the Law of Vagrancy, in: Social Problems 12 (1): 67–77.

Christie, Nils (1977): Conflicts as Property, in: The British Journal of Criminology 17 (1): 1–15.

Churchill, Sefa Awaworyi/Laryea, Emmanuel (2019): Crime and Ethnic Diversity: Cross-Country Evidence, in: Crime & Delinquency 65 (2): 239–269.

Coyle, Michael J./Schept, Judah (Hg.) (2017): Penal Abolition and the State: Colonial, Racial and Gender Violences, Themenheft von Contemporary Justice Review.

Coyle, Michael J./Schept, Judah (Hg.) (2018): Penal Abolition Praxis, Themenheft von Critical Criminology.

Coyle, Michael J./Schept, Judah (Hg.) (2019): Penal Abolition: Challenging Boundaries, Themenheft von Social Justice.

Cremer-Schäfer (2014): Kulturindustrie und Ausschlusswissenschaften. Zur Dialektik von Kategorisierung und dem Umgang der Sozialwissenschaften damit, in: Martin, Susanne/Resch, Christine (Hg.), Kulturindustrie und Sozialwissenschaften. In memoriam Heinz Steinert, Münster: 158–186.

Czymara, Christian S./Schmidt-Catran, Alexander W. (2017): Refugees Unwelcome? Changes in the Public Acceptance of Immigrants and Refugees in Germany in the Course of Europe's 'Immigration Crisis', in: European Sociological Review 33 (6): 735–751.

Daly, Kathleen/Stubbs, Julie (2006): Feminist engagement with restorative justice, in: Theoretical Criminology 10 (1): 9–28.

De Giorgi, Alessandro (2018): Punishment and political economy, in: Carlen, Pat/ França, Leandro Ayres (Hg.), Alternative Criminologies, London-New York: 51–72.

de Lagasnerie, Geoffroy (2017): Verurteilen – Der strafende Staat und die Soziologie, Berlin.

de Peuter, Greig (2011): Creative Economy and Labor Precarity: A Contested Convergence, in: Journal of Communication Inquiry 35 (4) 417–425.

Dijstelbloem, Huub/van Reekum, Rogier/Schinkel, Willem (2017): Surveillance at sea: The transactional politics of border control in the Aegean, in: Security Dialogue 48 (3): 224–240.

Dinas, Elias/van Spanje, Joost (2011): Crime Story: The role of crime and immigration in the anti-immigration vote, in: Electoral Studies 30: 658–671.

Duff, R. A. (2003): Inclusion, Exclusion and the Criminal Law, in: Policy Futures in Education 1 (4): 699–715.

Düx, Heinz (2003): Globale Sicherheitsgesetze und weltweite Erosion von Grundrechten: Statt „Feindstrafrecht" globaler Ausbau demokratischer Rechte, in: *Zeitschrift für Rechtspolitik* 36 (6): 189–195.

Ellebrecht, Sabrina (2020): Mediated Bordering. Eurosur, the Refugee Boat, and the Construction of an External EU Border, Bielefeld.

Eribon, Didier (2016): Rückkehr nach Reims, Berlin.

Eule, Tobias G./Borrelli, Lisa Marie/ Lindberg, Annika /Wyss, Anna (2020): Hinter der Grenze, vor dem Gesetz Eine Ethnografie des europäischen Migrationsregimes, Hamburg.

Farzin, Sina (2011): Die Rhetorik der Exklusion: Zum Zusammenhang von Exklusionsthematik und Sozialtheorie, Weilerswist.

Favell, Adrian/Hansen, Randall (2002): Markets against politics: migration, EU enlargement and the idea of Europe, in: Journal of Ethnic and Migration Studies 28 (4): 581–601.

Feeley, Malcolm/Simon, Jonathan (1994): Actuarial Justice: the Emerging New Criminal Law, in: Nelken, David (Hg.), The Futures of Criminology, London-Thousand Oaks-New Delhi: 173–201.

Ferraro, Vincent (2016): Immigration and Crime in the New Destinations, 2000–2007: A Test of the Disorganizing Effect of Migration, in: Journal of Quantitative Criminology 32: 23–45.

Fitzgerald, Jennifer/Curtis, K. Amber/Corliss, Catherine L. (2012): Anxious Publics: Worries About Crime and Immigration, in: Comparative Political Studies 45 (4): 477–506.

Fraser, Nancy (2010): Injustice at Intersecting Scales: On 'Social Exclusion' and the 'Global Poor', in: European Journal of Social Theory 13 (3): 363–371.

Friese, Heidrun (2017): Flüchtlinge: Opfer – Bedrohung – Helden, Bielefeld.

Früchtel, Frank/Halibrand, Anna-Maria (2016): Restorative Justice. Theorie und Methode für die Soziale Arbeit, Wiesbaden.

Gaes, Gerald G. (2016): Does a prison term prevent or promote more crime?, in: Blomberg, Thomas G./Brancale, Julie Mestre/Beaver, Kevin M./Bales, William D. (Hg.) (2016), Advancing Criminology and Criminal Justice Policy, London-New York: 282–296.

Galli, Thomas (2016): Die Schwere der Schuld. Ein Gefängnisdirektor erzählt, Berlin.

Goebel, Simon/Fischer, Thomas/Kießling, Friedrich/Treiber, Angela (Hg.) (2018): FluchtMigration und gesellschaftliche Transformationsprozesse. Transdisziplinäre Perspektiven, Wiesbaden.

Grzymski, Jan (2019): Seeing like a EUropean border: limits of the EUropean borders and space, in: Global Discourse 9 (1): 135–151.

Heck, Gerda (2011): Die Rolle der europäischen Grenzschutzagentur Frontex, in: Ottersbach, Markus/Prölß, Claus-Ulrich (Hg.), Flüchtlingsschutz als globale und lokale Herausforderung, Wiesbaden: 71–82.

Hermann, Dieter (2014): Kriminelle Karrieren. Wirkungen des Strafvollzugs, https://doi.org/10.11588/ruca.2014.5.17212

Hess, Henner (2017): Seid umschlungen, Millionen. Der Langzeittrend sozialer Inklusion, in: Soziale Probleme 28: 51–73.

Hirtenlehner, Helmut/Groß, Eva/Meinert, Julia (2016): Fremdenfeindlichkeit, Straflust und Furcht vor Kriminalität. Interdependenzen im Zeitalter spätmoderner Unsicherheit, in: Soziale Probleme 27: 17–47.

Hochheimer, Wolfgang (1969): Zur Psychologie von strafender Gesellschaft, in: Kritische Justiz 1: 27–49.

Hoesch, Matthias (2017): Grenzpolitiken und Flüchtlingsschutz, in: Zeitschrift für Rechtssoziologie 37 (2): 313–336.

Hofmann, Robin (2017): Flucht, Migration und die neue europäische Sicherheitsarchitektur. Herausforderungen für die EU-Kriminalpolitik, Wiesbaden.

Holmes, Seth M./Castañeda, Heide (2016): Representing the "European refugee crisis" in Germany and beyond: Deservingness and difference, life and death, in: American Ethnologist 43 (1): 12–24.

Huster, Ernst-Ulrich/Boeckh, Jürgen/Mogge-Grotjahn, Hildegard (Hg.) (2018): Handbuch Armut und soziale Ausgrenzung, Wiesbaden.

Huysmans, Jef (2006): The Politics of Insecurity: Fear, Migration and Asylum in the EU, London-New York.

IOM (International Organization for Migration) (Hg.) (2017): World Migration Report 2018, Genf.

Jahoda, Marie/Lazarsfeld, Paul F./Zeisel, Hans (1933/1975): Die Arbeitslosen von Marienthal. Ein soziographischer Versuch über die Wirkungen langandauernder Arbeitslosigkeit, Frankfurt/M.

Jones, Reece/Johnson, Corey (2016): Border militarisation and the re-articulation of sovereignty, in: Transactions of the Institute of British Geographers 41: 187–200.

Jørgensen, Martin Bak/Thomsen, Trine Lund (2013): "Needed but Undeserving" – Revisiting the Liberal Paradox, Recode Working Paper No. 32, Augsburg.

Joppke, Christian (2005): Exclusion in the Liberal State. The Case of Immigration and Citizenship Policy, in: European Journal of Social Theory 8 (1): 43–61.

Jünschke, Klaus (2012): Ausschluss durch Einschluss – wie das Gefängnis Teilhabe verhindert, in: Informationsdienst Straffälligenhilfe 20: 1–13.

Kaufman, Emma/Bosworth, Mary (2013): The Prison and National Identity: Citizenship, Punishment and the Sovereign State, in: Scott, David (Hg.), Why Prison?, Cambridge: 170–188.

Kaufman, Emma (2015): Punish and Expel: Border Control, Nationalism, and the New Purpose of the Prison, Oxford.

Klepp, Silja (2011): Europa zwischen Grenzkontrolle und Flüchtlingsschutz. Eine Ethnographie der Seegrenze auf dem Mittelmeer, Bielefeld.

Klimke, Daniela (Hg.) (2008): Exklusion in der Marktgesellschaft, Wiesbaden.

Kootstra, Anouk (2017): Us versus Them: Examining the Perceived Deservingness of Minority Groups in the British Welfare State Using a Survey Experiment, in: Oorschot, Wim van/ Roosma, Femke/Meuleman, Bart/Reeskens, Tim (Hg.), The Social Legitimacy of Targeted Welfare. Attitudes to Welfare Deservingness, Cheltenham: 263–280.

Kronauer, Martin (2002): Exklusion. Die Gefährdung des Sozialen im hoch entwickelten Kapitalismus, Frankfurt/M.-New York.

Krüger, Anne K. (2014): Wahrheitskommissionen. Die globale Verbreitung eines kulturellen Modells, Frankfurt-New York.

Kuntz, Anabel/Davidov, Eldad/Semyonov, Moshe (2017): The dynamic relations between economic conditions and anti-immigrant sentiment: A natural experiment in times of the European economic crisis, in: International Journal of Comparative Sociology 58 (5): 392–415.

Laube, Lena (2010): Wohin mit der Grenze? Die räumliche Flexibilisierung von Grenzkontrolle in vergleichender Perspektive, in: TranState working papers 112.

Laurence, James/Bentley, Lee (2018): Countervailing contact: Community ethnic diversity, anti-immigrant attitudes and mediating pathways of positive and negative inter-ethnic contact in European societies, in: Social Science Research 69: 83–110.

Lemley, Ellen C. (2001): Designing Restorative Justice Policy: An Analytical Perspective, in: Criminal Justice Policy Review 12 (1): 43–65.

Léonard, Sarah (2009): The Creation of FRONTEX and the Politics of Institutionalisation in the EU External Borders Policy, in: Journal of Contemporary European Research 5 (3): 371–388.

Léonard, Sarah (2010): EU border security and migration into the European Union: FRONTEX and securitisation through practices, in: European Security 19 (2): 231–254.

Lessenich, Stephan (2016): Neben uns die Sintflut: Die Externalisierungsgesellschaft und ihr Preis, Berlin.

Lipman, Francine J. (2007): Bearing Witness to Economic Injustices of Undocumented Immigrant Families: A New Class of "Undeserving" Poor, in: Nevada Law Journal 7: 736–758.

Lucassen, Leo (2005): The Immigrant Threat: The Integration of Old and New Migrants in Western Europe since 1850, Champaign.

Luhmann, Niklas (1995): Gesellschaftsstruktur und Semantik. Studien zur Wissenssoziologie Band 4, Frankfurt/M.

Lutz, Tilman (2018): Wiedergutmachung statt Strafe? Restorative Justice und der Täter-Opfer-Ausgleich, in: Dollinger, Bernd/Schmidt-Semisch, Henning (Hg.), Handbuch Jugendkriminalität, Wiesbaden: 601–615.

Macías-Rojas, Patrisia (2018):The Prison and the Border: An Ethnography of Shifting Border Security Logics, in: Qualitative Sociology 41: 221–242.

Madanipour, Ali/Shucksmith, Mark/Talbot, Hilary (2015): Concepts of poverty and social exclusion in Europe, in: Local Economy 30 (7): 721–741.

Maglione, Giuseppe (2019): The political rationality of restorative justice, in: Theoretical Criminology 23 (4): 545–562.

Manow, Philip (2018): Die Politische Ökonomie des Populismus, Berlin.

Marchart, Oliver (Hg.) (2013a): Facetten der Prekarisierungsgesellschaft. Prekäre Verhältnisse – sozialwissenschaftliche Perspektiven auf die Prekarisierung von Arbeit und Leben, Bielefeld.

Marchart, Oliver (2013b): Die Prekarisierungsgesellschaft. Prekäre Proteste. Politik und Ökonomie im Zeichen der Prekarisierung, Bielefeld.

Margaryan, Shushanik/Paul, Annemarie/Siedler, Thomas (2018): Does Education Affect Attitudes towards Immigration? Evidence from Germany, SOEPpapers on Multidisciplinary Panel Data Research 1001, Berlin.

Marischka, Christoph (2007): FRONTEX. Die Vernetzungsmaschine an den Randzonen des Rechtes und der Staaten, in: Magazin der Informationsstelle Militarisierung: 3–10.

marketsandmarkets.com (2016): Border Security System Market by Environment (Ground, Aerial, Naval), System (Laser, Radar, Camera, Wide Band Wireless Communication, Perimeter Intrusion, Unmanned Vehicles, C2C, Biometric Systems), and Geography - Global Forecast to 2022, https://www.marketsandmarkets.com/Market-Reports/border-security-system-market-103309188.html

Matt, Eduard/Winter, Frank (2016): Täter-Opfer-Ausgleich. Auf dem Weg zu einer gemeinschaftlichen Konfliktlösung, in: Ochmann, Nadine/Schmidt-Semisch, Henning/ Temme, Gaby (Hg.) Healthy Justice: Überlegungen zu einem gesundheitsförderlichen Rechtswesen, Wiesbaden: 167–187.

Marx, Christoph (Hg.) (2007): Bilder nach dem Sturm. Wahrheitskommissionen und historische Identitätsstiftung zwischen Staat und Zivilgesellschaft, Berlin.

Mbembe, Achille (2017): Politik der Feindschaft, Berlin.

Mead, George Herbert (1918): The Psychology of Punitive Justice, in: American Journal of Sociology, 23 (5): 577–602 (deutsche Fassung: Psychologie der Strafjustiz, in: G.H. Mead, Gesammelte Aufsätze, Bd. 1, Frankfurt/M. 1980, S. 253–284).

Mears, Daniel P. (2001): The Immigration-Crime Nexus: Toward an Analytic Framework for Assessing and Guiding Theory, Research, and Policy, in: Sociological Perspectives 44 (1): 1–19.

Meyer, Katrin/Purtschert, Patricia (2008): Migrationsmanagement und die Sicherheit der Bevölkerung, in: Purtschert, Patricia/Meyer, Katrin/Winter, Yves (Hg.), Gouvernementalität und Sicherheit. Zeitdiagnostische Beiträge im Anschluss an Foucault, Bielefeld: 149–172.

Mullen, Brian/Rice, Diana R. (2003): Ethnophaulisms and Exclusion: The Behavioral Consequences of Cognitive Representation of Ethnic Immigrant Groups, in: Personality and Social Psychology Bulletin 29 (8): 1056–1067.

Nduka-Agwu, Adibeli/Lann Hornscheidt, Antje (Hg.) (2013): Rassismus auf gut Deutsch. Ein kritisches Nachschlagewerk zu rassistischen Sprachhandlungen, Frankfurt/M.

Nowicka, Magdalena (2018): Cultural Precarity: Migrants' Positionalities in the Light of Current Anti-immigrant Populism in Europe, in: Journal of Intercultural Studies 39 (5): 527–542.

Oparah, Julia C. (2013): Why No Prisons?, in: Scott, David (Hg.), Why Prison?, Cambridge: 278–300.

Ostermeyer, Helmut (1970): Die Sündenbockprojektion in der Rechtsprechung, in: Zeitschrift für Rechtspolitik 11: 241–244.

Ousey, Graham C./Kubrin, Charis E. (2018): Immigration and Crime: Assessing a Contentious Issue, in: The Annual Review of Criminology 1, 1.1–1.22.

Pallitto, Robert/Heyman, Josiah (2008): Theorizing Cross-Border Mobility: Surveillance, Security and Identity, in: Surveillance & Society 5 (3): 315–333.

Pérez, Raúl (2017): Racism without Hatred? Racist Humor and the Myth of "Colorblindness", in: Sociological Perspectives 60 (5): 956–974.

Pfeiffer, Christian/Baier, Dirk/Kliem, Sören (2018): Zur Entwicklung der Gewalt in Deutschland. Schwerpunkte: Jugendliche und Flüchtlinge als Täter und Opfer, Zürich.

Pfundmair, Michaela/Aydin, Nilüfer/Du, Hongfei/Yeung, Susanna/Frey, Dieter/Graupmann, Verena (2015): Exclude Me If You Can: Cultural Effects on the Outcomes of Social Exclusion, in: Journal of Cross-Cultural Psychology 46 (4): 579–596.

Pichl, Maximilian/Tohidipur, Timo (Hg.) (2019): An den Grenzen Europas und des Rechts. Interdisziplinäre Perspektiven auf Migration, Grenzen und Recht, Bielefeld.

Pott, Andreas/Rass, Christoph/Wolff, Frank (Hg.) (2018): Was ist ein Migrationsregime? What Is a Migration Regime?, Wiesbaden.

Puhr, Kirsten (2009): Inklusion und Exklusion im Kontext prekärer Ausbildungs- und Arbeitsmarktchancen. Biografische Portraits, Wiesbaden.

Raphael, Lutz (Hg.) (2008): Zwischen Ausschluss und Solidarität: Modi der Inklusion, Exklusion von Fremden und Armen in Europa seit der Spätantike, Frankfurt/M.

Reid, Lesley Williams/Weiss, Harald E./Adelman, Robert M./Jaret, Charles (2005): The immigration-crime relationship: Evidence across US metropolitan areas, in: Social Science Research 34 (4): 757–780.

Renton, James (2018: The global order of Muslim surveillance and its thought architecture, in: Ethnic and Racial Studies 41 (12): 2125–2143.

Reuter, Julia/Mecheril, Paul (Hg.) (2015): Schlüsselwerke der Migrationsforschung. Pionierstudien und Referenztheorien, Wiesbaden.

Riva, Paolo/Montali, Lorenzo/Wirth, James H./Curioni, Simona/Williams, Kipling D. (2017): Chronic social exclusion and evidence for the resignation stage: An empirical investigation, in: Journal of Social and Personal Relationships 34 (4): 541–564.

Rogers, Christina (2015): Wenn Data stirbt. Grenzen, Kontrolle und Migration, in: Zeitschrift für Medienwissenschaft 13 (2): 57–65.

Rose, Nikolas (2000): Government and Control, in: British Journal of Criminology 40: 321–339.

Ruggiero, Vincenzo (2010): Penal abolitionism, Oxford.

Rusche, Georg (1933): Arbeitsmarkt und Strafvollzug. Gedanken zur Soziologie der Strafjustiz, in: Zeitschrift für Sozialforschung 2, Reprint München 1980: 63–78 [

Sack, Fritz (2005): Feindstrafrecht – Auf dem Wege zu einer anderen Kriminalpolitik? Vortrag anlässlich der Verleihung des Werner-Holtfort-Preises 2005 an die Redaktion Bürgerrechte & Polizei/CILIP.

Sartre, Jean-Paul (1988): »Die Verdammten dieser Erde« von Frantz Fanon, in: ders., (1988), Wir sind alle Mörder. Der Kolonialismus ist ein System. Artikel, Reden, Interviews 1947–1967, herausgegeben von Traugott König, Reinbek: 141–159.

Scheerer, Sebastian (1984): Die abolitionistische Perspektive, in: Kriminologisches Journal 16: 90–111.

Scheerer, Sebastian (2018): Abschaffung der Gefängnisse, in: Kriminologisches Journal 50 (3): 167–177.

Schellhöh, Jennifer/Reichertz, Jo/Heins, Volker M./Flender, Armin (Hg.) (2018): Großerzählungen des Extremen. Neue Rechte, Populismus, Islamismus, War on Terror, Bielefeld.

Schmidt-Semisch, Henning (2002): Kriminalität als Risiko: Schadenmanagement zwischen Strafrecht und Versicherung, München.

Schrover, Marlou/Schinkel, Willem (Hg.) (2014): The language of inclusion and exclusion in immigration and integration, London-New York.

Schulze Wessel, Julia (2017): Grenzfiguren – Zur politischen Theorie des Flüchtlings, Bielefeld.

Schumann, Karl F. (Hg.) (1988): Vom Ende des Strafvollzugs. Ein Leitfaden für Abolitionisten, Bielefeld.

Shapland, Joanna/Atkinson, Anne/Atkinson, Helen/Colledge, Emily/Dignan, James/Howes, Marie/Johnstone, Jennifer/Robinson, Gwen/Sorsby, Angela (2006): Situating restorative justice within criminal justice, in: Theoretical Criminology 10 (4): 505–532.

Siebers, Hans/Dennissen, Marjolein HJ (2015): Is it cultural racism? Discursive exclusion and oppression of migrants in the Netherlands, in: Current Sociology 63 (3): 470–489.

Simmel, Georg (1908/1968): Soziologie. Untersuchungen über die Formen der Vergesellschaftung, Berlin.

Sonpar, Shobna (2015): Including, Excluding ... Annihilating, in: Psychology and Developing Societies 27 (2): 174–188.

Steinert, Heinz (2008): ‚Soziale Ausschließung‘: Produktionsweisen und Begriffs-Konjunkturen, in: Klimke, Daniela (Hg.), Exklusion in der Marktgesellschaft, Wiesbaden: 19–30.

Stichweh, Rudolf/Windolf, Paul (Hg.) (2009): Inklusion und Exklusion: Analysen zur Sozialstruktur und sozialen Ungleichheit, Wiesbaden.

Stumpf, Juliet (2006): The Crimmigration Crisis: Immigrants, Crime, and Sovereign Power, in: American University Law Review 56 (2): 367–419.

Sullivan, Dennis/Tifft, Larry (Hg.) (2006): Handbook Of Restorative Justice: A Global Perspective, Abingdon-New York.

SVR-Integrationsbarometer (2018), hg. vom Sachverständigenrat deutscher Stiftungen für Integration und Migration, Berlin.

Ther, Philipp (2017): Die Außenseiter – Flucht, Flüchtlinge und Integration im modernen Europa, Berlin.

Tholen, Berry (2010): The changing border: developments and risks in border control management of Western countries, in: International Review of Administrative Sciences 76 (2): 259–278.

Topak, Özgün E. (2014): The biopolitical border in practice: surveillance and death at the Greece–Turkey borderzones, in: Environment and Planning D: Society and Space 32: 815–833.

Topal, Çağatay (2011): Surveillance of immigrants from Turkey in Germany: From the disciplinary society to the society of control, in: International Sociology 26 (6): 789–814.

Tsianos, Vassilis/Karakayali, Serhat (2010): Transnational Migration and the Emergence of the European Border Regime: An Ethnographic Analysis, in: European Journal of Social Theory 13 (3): 373–387.

Tsianos, Vassilis (2015): Die (Un-)Durchlässigkeit der europäischen Außengrenzen für Geflüchtete. Der Fall Eurodac, in: Soziale Probleme 26: 189–204.

Uenal, Fatih (2016): The "Secret Islamization" of Europe: Exploring Integrated Threat Theory for Predicting Islamophobic Conspiracy Stereotypes, in: International Journal of Conflict and Violence 10 (1): 93–108.

Ulbricht, Christian (2017): Ein- und Ausgrenzungen von Migranten: zur sozialen Konstruktion (un-)erwünschter Zuwanderung, Bielefeld.

Valente, Riccardo/Pertegas, Sergi Valera (2018): Ontological insecurity and subjective feelings of unsafety: Analysing socially constructed fears in Italy, in: Social Science Research 71:160–170.

van der Woude; Maartje/van der Leun, Joanne (2017): Crimmigration checks in the internal border areas of the EU: Finding the discretion that matters, in: European Journal of Criminology 14 (1): 27–45.

van Houtum, Henk/Pijpers, Roos (2007): The European Union as a Gated Community: The Two-faced Border and Immigration Regime of the EU, in: Antipode 39 (2): 291–309.

van Reekum, Rogier/Schinkel, Willem (2017): Drawing Lines, Enacting Migration: Visual Prostheses of Bordering Europe, in: Public Culture 29 (1): 27–51.

Vaughan-Williams, Nick (2008): Borderwork beyond Inside/Outside? Frontex, the Citizen-Detective and the War on Terror, in: Space and Polity 12 (1): 63–79.

Vaughan-Williams, Nick (2010): The UK border security continuum: virtual biopolitics and the simulation of the sovereign ban, in: Environment and Planning D: Society and Space 28: 1071–1083.

Vukov, Tamara/Sheller, Mimi (2013): Border work: surveillant assemblages, virtual fences, and tactical counter-media, in: Social Semiotics 23 (2): 225–241.

Wacquant, Loïc (2018): Die Verdammten der Stadt. Eine vergleichende Soziologie fortgeschrittener Marginalität, Wiesbaden.

Walters, William (2002): Mapping Schengenland: denaturalizing the border, in: Environment and Planning D: Society and Space 20: 561–580.

Walters, William (2006): Border/Control, in: European Journal of Social Theory 9 (2): 187–203.

Weber, Leanne/Bowling, Benjamin (2008): Valiant beggars and global vagabonds. Select, eject, immobilize, in: Theoretical Criminology 12 (3): 355–375.
Weber, Leanne (Hg.) (2015): Rethinking Border Control for a Globalizing World. A Preferred Future, New York-London.
Weiß, Volker (2017): Die autoritäre Revolte. Die Neue Rechte und der Untergang des Abendlandes, Stuttgart.
Weißmann, Marliese (2016): Dazugehören. Handlungsstrategien von Arbeitslosen, Konstanz- München.
Wellgraf, Stefan (2014): Facing contempt: Dealing with exclusion among Berlin Hauptschüler, in: Ethnography 15 (2): 160–183.
Wendekamm, Michaela (2015): Die Wahrnehmung von Migration als Bedrohung. Zur Verzahnung der Politikfelder Innere Sicherheit und Migrationspolitik, Wiesbaden.
Wickes, Rebecca/Sydes, Michelle (2003): Immigration and crime, in: Pickering, Sharon/ Ham, Julie (Hg.), The Routledge Handbook on Crime and International Migration, London-New York: 11-25.
Wildt, Michael (2017): Volk, Volksgemeinschaft, AfD, Hamburg.
Williams, Jill M. (2016): The safety/security nexus and the humanitarianisation of border enforcement, in: The Geographical Journal 182 (1): 27–37.
Winlow, Simon/Hall, Steve (2013): Rethinking Social Exclusion. The End of the Social? London-Thousand Oaks.
Wonders, Nancy A./Jones, Lynn C. (2019): Doing and undoing borders: The multiplication of citizenship, citizenship performances, and migration as social movement, in: Theoretical Criminology 23 (2): 136–155.
World Inequality Lab (Hg.) (2017): World Inequality Report 2018, Paris.
Wrocklage, Hartmuth H. (2008): Wider das Feindstrafrecht – ein Plädoyer für den Rechtsstaat, in: Klimke, Daniela (Hg.), Exklusion in der Marktgesellschaft, Wiesbaden: 59–68.
Young, Jock (2007): The Vertigo of Late Modernity, London.
Zhong, Chen-Bo/Leonardelli, Geoffrey J. (2008): Cold and Lonely. Does Social Exclusion Literally Feel Cold? In: Psychological Science 19 (9): 838–842.
Zips, Werner (2005): Die Flüchtigkeit des Regenbogens. Wahrheitskommissionen als Wege zur Gerechtigkeit, in: juridikum 2: 82–88.

Die Texte

Martin Kronauer entwirft ein differenziertes Bild sowohl der Terminologie von ‚Exklusion' und ‚underclass' wie auch von ihrer sozialen Bedeutung und den gesellschaftlichen Auswirkungen, die er nach ihren unterschiedlichen Dimensionen auffächert. Damit gewinnt die Diskussion – erst einmal unabhängig von Strafrecht und Kriminalsystem – eine definitorische und argumentative Grundlage. Das scheint aktueller denn je. Zudem kann vom Ende der Arbeitsgesellschaft, wie noch in den 1980er-Jahren, nicht mehr gesprochen werden. Stattdessen hat sich ein ausgedehnter Niedriglohnsektor entwickelt, der zwar

Inklusion auf niedrigstem ökonomischem Niveau gewährleistet, jedoch wenig Hoffnungen auf sozialen Aufstieg lässt.

Helga Cremer-Schäfer insistiert auf einer analytischen Vorstellung von ,Ausschließung', die ein vergessenes Thema kontrolltheoretischer Überlegungen bilde. Erst durch dieses Konzept werde jedoch deutlich, dass binäre Klassifikationen die jeweils definierten sozialen Kategorien nicht nur auf einen untergeordneten Platz innerhalb einer Gesellschaft verweisen, sondern die Ausgeschlossenen als „mindere" Menschen etikettieren und sie als „Nicht-Zugehörige" zu Nation, Gesellschaft und der Menschheit insgesamt definieren.

Bruce Western und Katherine Beckett wenden das Thema in die Dimension des Strafrechts und parallelisieren europäischen Sozialstaat und das US-Gefängnissystem, welches sie als einen integrierten Teil des dortigen Arbeitsmarktes betrachten. Eine große Gefängnispopulation hauptsächlich junger schwarzer Männer entlastet kurzfristig den Arbeitsmarkt beträchtlich, während langfristig ihre Chancen erheblich beschnitten werden – zudem schafft diese Population Arbeitsplätze und Profite im teilweise kommerziell betriebenen Gefängnissystem. Das ist auf die Bundesrepublik, in der Gefängnisse nur in Einzelfällen kommerziell betrieben werden, zwar nicht übertragbar, lässt sich aber als eine Chiffre dafür lesen, welche Bedeutung das Gefängnissystem über seine offiziellen Funktionen hinaus auch wahrnehmen kann.

Günther Jakobs beschreibt die Herausbildung eines Feindstrafrechts als notwendige und alternativlose Entwicklung, dies bemerkenswerterweise schon vor 9/11. Von ,Sicherheit' im heutigen Sinne ist denn hier auch gar nicht die Rede, sondern lediglich von ,Gütersicherheit' und der dadurch gegebenen Notwendigkeit einer Effektivität des Strafrechts, das sich gewissermaßen marktkonform auszurichten habe. Und wenngleich Terrorismus eine nur marginale Rolle in seiner Argumentation spielt, entwirft er die Grundzüge einer rechtlich angeleiteten Exklusion von ,Feinden', wobei er einräumt, nicht sicher zu sein, ob es sich dabei überhaupt um Recht handele. Das liest sich heute wie eine ideologische Anleitung für eine bestimmte Spielart von Politik und gewinnt dadurch ungeahnte Aktualität.

„Soziale Ausgrenzung" und „Underclass". Über neue Formen der gesellschaftlichen Spaltung (1997)

Martin Kronauer

„Soziale Ausgrenzung" und „Underclass". Über neue Formen der gesellschaftlichen Spaltung, in: Leviathan Bd. 25, Nr. 1, 1997, S. 28–49

I. Neue Problemlagen

Hohe Arbeitslosigkeit und wachsende Armut bei abnehmenden Ressourcen der Sozialstaaten verändern seit den 80er Jahren tiefgreifend die meisten westlichen Gesellschaften. Mit sporadischen Ausbrüchen von Gewalt demonstrieren Jugendliche in französischen und englischen Vorstädten, daß eine tiefer werdende Kluft der Perspektivlosigkeit sie vom Rest der Gesellschaft trennt. Verschärft hat sich selbst in den USA mit ihrer langen Geschichte der Minderheitenghettos die Isolierung der Armenviertel in den Großstädten und die Chancenlosigkeit ihrer Bewohner. Weniger spektakulär, aber im öffentlichen Bewußtsein durchaus gegenwärtig, vollzieht sich in Westeuropa der Ausschluß einer wachsenden Zahl von Langzeitarbeitslosen aus dem Erwerbsleben. Allenthalben machen sich die zentrifugalen Tendenzen der kapitalistischen „Arbeitsgesellschaften" bemerkbar.

Die gegenwärtige Beschäftigungskrise trifft das Selbstverständnis und das Institutionengefüge der entwickelten Industriegesellschaften in sehr spezifischer Weise: Sie hat eine neue historische Qualität angenommen. Dies gilt in dreifacher Hinsicht. Erstens reichen die Beschäftigungseffekte des wirtschaftlichen Wachstums auf absehbare Zeit nicht mehr aus, das Arbeitskräfteangebot zu absorbieren. Mehr noch, in der Industrie ist wirtschaftliches Wachstum selbst zum Motor der Arbeitsplatzvernichtung geworden (vgl. Dahrendorf 1988, S. 142 f.; Europäische

M. Kronauer (✉)
HWR Berlin, Berlin, Deutschland
E-Mail: kronauer@hwr-berlin.de

© Springer Fachmedien Wiesbaden GmbH, ein Teil von Springer Nature 2022   389
A. Legnaro und D. Klimke (Hrsg.), *Kriminologische Diskussionstexte I,*
https://doi.org/10.1007/978-3-658-22005-1_27

Kommission 1994, S. 11, 151). Arbeitslosigkeit droht deshalb in Westeuropa auf hohem Niveau zu einem Dauerzustand zu werden.

Verändert hat sich zweitens der historische Kontext für die Bevölkerungsgruppen, die von Arbeitslosigkeit besonders betroffen sind. Während Arbeitslosigkeit in früheren Epochen eingebettet war in eine Expansion von an- und ungelernter Industriearbeit, schrumpft mittlerweile gerade dieses Beschäftigungssegment seit Jahren. Es wird auch in der voraussehbaren Zukunft weiter abnehmen (zum historischen Vergleich siehe Pugliese 1987; Katz 1993, S. 446 f.; Polanyi 1995, S. 113 ff.; zum zukünftigen Qualifikationsbedarf für die Bundesrepublik Tessaring 1994). Ob das Beschäftigungswachstum im Dienstleistungsbereich diesen Verlust wird kompensieren können, ist mehr als fraglich (vgl. Europäische Kommission 1994, S. 155 f.). In immer stärkerem Maße wird deshalb Qualifikation zu einem entscheidenden Zugangs- und Ausschlußkriterium am Arbeitsmarkt. Das Resultat ist in Westeuropa eine in sich gespaltene Arbeitslosigkeit: Als vorübergehende Unterbrechung der Erwerbsbiographie (in der Regel mit ungewissem Ausgang) reicht sie in immer weitere Bevölkerungskreise hinein; zugleich wirkt sie selektiv und bedroht an- und ungelernte Arbeitskräfte mit vollständigem Ausschluß am Arbeitsmarkt. Der Preis der amerikanischen „Alternative" zur europäischen Massenarbeitslosigkeit wiederum ist eine extreme Polarisierung innerhalb des Erwerbssystems mit einer wachsenden Zahl von „working poor" (vgl. Levitan et al. 1993).

Was die gesellschaftlichen Folgen dieser Entwicklung betrifft, so ist ein drittes Merkmal der Beschäftigungskrise von besonderer Bedeutung. Arbeitslosigkeit, Armut und dauerhafte Ausgrenzung am Arbeitsmarkt weisen vor allem deshalb eine neue historische Qualität auf, weil sie heute vor dem Hintergrund eines bislang einmaligen kollektiven sozialen Aufstiegs und eines zuvor unbekannten Niveaus des gesellschaftlichen Wohlstands auftreten und erlebt werden. Es kommt hinzu, daß seit dem Zweiten Weltkrieg vor allem in Westeuropa (in geringerem Maße selbst in den USA) ein Grad von sozialstaatlicher Verantwortung für die Wohlfahrt des Einzelnen erkämpft, politisch anerkannt und institutionalisiert worden ist, der zuvor undenkbar war. Zusammen wirkten diese Faktoren einige Jahrzehnte lang in Richtung einer Annäherung in den Lebensverhältnissen. Sie prägten überdies die legitimen Ansprüche und Erwartungen der Einzelnen, ihre Vorstellung davon, was es bedeutet, am gesellschaftlichen Leben teilzunehmen.

Erst vor diesem Hintergrund erweiterter materieller und sozialer Möglichkeiten erschließt sich die gesellschaftliche Brisanz des historischen Einschnitts. „Underclass" und „exclusion" sind zentrale Begriffe geworden, in den Medien ebenso wie in den Sozialwissenschaften, in denen der Einschnitt deutlich zur Sprache kommt. Ersterer wurde ursprünglich für US-amerikanische Verhältnisse geprägt (vgl. Myrdal 1965, S. 40 ff.) und dann nach Europa übertragen, letzterer erlangte in Frankreich Prominenz, ist aber in der englischen Übersetzung als „social exclusion" seit Ende der 80er Jahre auch in den allgemeinen europäischen Sprachgebrauch eingegangen (vgl. Paugam 1996; Commission of the European Communities 1993, S. 7–17). Zur Debatte stehen mit diesen Begriffen nicht allein die „Ausgeschlossenen" selbst. Am Problem der Ausgrenzung entscheidet sich vielmehr die zukünftige Integrationsfähigkeit der entwickelten westlichen Gesellschaften insgesamt.

Deutschland ist ein „Spätkommer" in der Debatte, aus sozialökonomischen wie innerakademischen Gründen. Die offenen sozialen Zuspitzungen der Beschäftigungskrise, wie sie andere Länder erleben, blieben in der Bundesrepublik bislang aus. Zu größeren Jugendrevolten kam es noch nicht. Dazu hat sicherlich beigetragen, daß die Folgen dauerhafter Arbeitslosigkeit in der Bundesrepublik lange Zeit in erster Linie die Älteren zu tragen hatten, seltener die Jugendlichen, wie im übrigen Europa. Auch die „Problemviertel" der deutschen Großstädte sind mit den amerikanischen Armutsghettos immer noch nicht vergleichbar. Ethnische Segregation spielt bislang eine eher geringe Rolle, sozialstaatliche Regelungen schwächten in der Vergangenheit die unmittelbare Übertragung der Diskriminierungen vom Arbeitsmarkt auf den Wohnungsmarkt ab. Mit anhaltender Massenarbeitslosigkeit wächst jedoch der Problemdruck Die sozialen Sicherungssysteme in ihrer gegenwärtigen Form sind überfordert und drohen zu versagen. Auch die Jugendarbeitslosigkeit nimmt weiter zu, und mit ihr wächst die Gefahr, daß die Erwerbsbiographien bereits beim Einstieg ins Berufsleben scheitern. Aus den Großstädten schließlich kommen alarmierende Berichte über wachsende Konzentrationen von Armut und gleichlaufend dazu die Erschöpfung der kommunalen Finanzen (vgl. Kronawitter 1994).

Deshalb findet nun auch in der Bundesrepublik eine „Rückbesinnung" der Sozialwissenschaften auf das Problem der gesellschaftlichen Spaltungen statt. Anfang der 80er Jahre wurde auf dem Soziologentag die „Krise der Arbeitsgesellschaft?" offiziell zum Thema gemacht, damals allerdings noch weitgehend als Projektion in die Zukunft und zugleich abgemildert durch die zuversichtliche Erwartung, daß objektiv wie subjektiv die Erwerbsarbeit ohnehin an gesellschaftlicher Bedeutung verliere (vgl. Dahrendorf 1983; Offe 1983, S. 56). Danach aber brach die Debatte zunächst einmal ab. Mitte der 80er Jahre folgten zwar verschiedene Forschungsarbeiten zum Thema ‚Ausgrenzung durch arbeitslosigkeitsbedingte Armut' (vgl. Baisen et al. 1984; Breckner et al. 1989). Die Interessen der Zunft gingen jedoch in eine andere Richtung. Sie galten weit mehr der Auflösung überkommener sozialer Strukturen und Milieus als der Reproduktion und Neukonturierung von sozialer Ungleichheit. Zu Recht weist

Geißler darauf hin, daß die Entschiedenheit, mit der der „mainstream" der deutschen Soziologie in den 80er Jahren von den klassischen Fragestellungen und Kategorien der Ungleichheitsforschung abrückte, ein sehr deutsches Phänomen gewesen sei (Geißler 1996, S. 324). Es hatte seine Voraussetzung und zugleich seine Grenze im westdeutschen „Modell" des wohlfahrtsstaatlichen Interessenausgleichs bei wachsendem Wohlstand, das noch bis zum Ende des Jahrzehnts gegen Krisen weitgehend gefeit zu sein schien.

Mittlerweile läßt sich das Problem, das die Massenarbeitslosigkeit für die Integrationsfähigkeit auch der Gesellschaft der Bundesrepublik aufwirft, nicht mehr übersehen. Aus den verschiedensten theoretischen Perspektiven wird es in den Blick genommen: Aus dem Kontext der Individualisierungsdiskussion erwächst die Frage, ob von einer „Rückkehr der Klassengesellschaft" gesprochen werden muß, weil ein „Teil der Bevölkerung von den Standards entwickelter Industriegesellschaften ausgeschlossen bleibt" (Brock 1994, S. 71). Aus systemtheoretischer Sicht stellt Luhmann – „zur Überraschung aller Wohlgesinnten" – fest, „daß es doch Exklusionen gibt" (Luhmann 1995, S. 147). Ihm zufolge gehört es geradezu zur Logik der „Funktionssysteme" moderner Gesellschaften, daß sie Menschen ausschließen und in eine Dynamik umfassender Marginalisierung hineinziehen. Für Habermas zeigt die Entstehung einer „underclass" auch in der Bundesrepublik die doppelte Gefahr einer Entsolidarisierung im Innern und einer repressiven Abschottung nach außen an. Beide Reaktionen würden den „universalistischen Kern" von Demokratie untergraben (Habermas 1995a, S. 186 f.; vgl. auch Haberrnas 1995a, S. 104, b). Empirisch zeigt sich in den 90er Jahren, daß eine neue Kategorie von Arbeitslosen im Entstehen begriffen ist: Von der Rückkehr in reguläre Erwerbsarbeit dauerhaft abgeschnitten und dadurch selbst von den anderen Arbeitslosen unterschieden, ohne Rückzugsmöglichkeit in einen anerkannten Status, sind die „Entbehrlichen" (Lenski) des Arbeitsmarkts nicht mehr in der Lage, am gesellschaftlichen Leben aktiv teilzunehmen (vgl. Kronauer et al. 1993, S. 172–208, 229–236).

Daß die Debatte in Deutschland verspätet beginnt, bietet auch eine Chance. Es eröffnet sich die Möglichkeit, von den begrifflichen Anstrengungen in anderen Ländern zu lernen, vielleicht sogar drohende Sackgassen zu vermeiden. In ihren empirischen Befunden liefert die internationale Forschung eine Vergleichsfolie, vor der sich die Konturen der deutschen Entwicklung abheben und schärferes Profil gewinnen. Der folgende Problemaufriß will die Chance nutzen – zunächst mit einer begrifflichen Klärung, sodann mit einem Resümee zentraler Fragestellungen der internationalen Forschung, die für die deutsche Diskussion richtungsweisend sein können.

II. Begriffliche Annäherung: „Peripherisierung", „Exclusion", „Underclass"
Die Begriffe „exclusion", „social exclusion" und „underclass" sind in der internationalen Diskussion theoretisch und empirisch umstritten. Beim gegenwärtigen Diskussionsstand erscheint es angemessen, sie als erkenntnisleitende „Metaphern der sozialen Transformation" (Katz 1993, S. 440) anzusehen und zu nutzen.
     Theoretisch stehen die Begriffe einem Konzept sozialer Ungleichheit nahe, das mit der Begrifflichkeit von „Zentrum" und „Peripherie" arbeitet. Ursprünglich zur Charakterisierung von internationalen, über den Weltmarkt vermittelten Abhängigkeitsbeziehungen entwickelt, wurde dieses Konzept später auf die Analyse der Zentren selbst übertragen. Vor allem die Stadtforscher interpretieren gegenwärtig „exclusion" und „underclass" als neue Formen sozialer Ungleichheit im umfassenden Zusammenhang zunehmender „Marginalisierung" oder „Peripherisierung" (vgl. Mollenkopf und Castells 1991, S. 16 f., 399–418; Katz 1993, S. 452–454; Dubet und Lapeyronnie 1994, S. 35; Wacquant 1995).
     In der deutschen Soziologie hat in jüngerer Zeit Kreckel (1992) diese Begriffe fruchtbar gemacht. Auch er spricht von Zentrum und Peripherie als einer „Metapher". Sie erweitert das vertikale Klassen- und Schichtungsbild um zusätzliche Ungleichheitsdimensionen, die die Positionen innerhalb des Erwerbssystems ergänzen und überlagern: Ungleichheit zwischen den Geschlechtern, zwischen den Beschäftigten und den vorn Erwerbssystem Ausgeschlossenen, zwischen einzelnen Regionen, auf- und absteigenden Branchen, zwischen Ökonomien innerhalb des Systems der Weltwirtschaft. Dabei fokussiert dieses Begriffspaar den Blick auf das Problem des abgestuften Zugangs zu materiellen und symbolischen Ressourcen, somit auf das Problem der Macht: Das „Zentrum" zeichnet sich aus durch eine Konzentration von Kräften und Ressourcen, die „Peripherie" durch Kräftezersplitterung und Ressourcenmangel (Kreckel 1992, S. 41–44). Schließlich ermöglicht es dieser Bezugsrahmen auch, sich den komplexen Abstufungen und Kräftefeldern zu nähern, die sich aus der Herausbildung von Unter- und möglicherweise auch Gegenzentren ergeben. Besonders darin unterscheidet er sich von herkömmlichen Randgruppentheorien.
     Die Begriffe „exclusion" und „underclass" spitzen den Gedanken der Peripherisierung zu. Sie verweisen darauf, daß es eine soziale Spaltungslinie gibt, die nicht ohne weiteres in das traditionelle, am Erwerbssystem orientierte Schichtungs- und Klassenschema paßt (um eben diese Linie zu bezeichnen, bedurfte es eines neuen Begriffs: Dies war jedenfalls Myrdals Überzeugung, als er Anfang der 60er Jahre den Begriff „Underclass" aus dem Schwedischen ins Amerikanische übertrug; vgl. Myrdal 1965, S. 40). Immer mehr Menschen werden an den Rand oder gar aus dem Beschäftigungssystem heraus gedrängt. Sie verlieren damit sowohl den Zugang zum relativen Wohl-

stand der Bevölkerungsmehrheit, als auch zu deren Ambitionen für die Zukunft. In wichtigen Dimensionen des gesellschaftlichen Lebens sind sie und erleben sie sich von den akzeptierten und angestrebten Standards ausgeschlossen. Sie haben auch nicht mehr teil an der Verhandlungsmacht, die den im Erwerbssystem Etablierten zumindest potentiell zur Verfügung steht. Ihnen bleibt nur die Möglichkeit, Überlebensstrategien unter Nutzung des Sozialstaats und der informellen Ökonomie zu entwickeln oder durch sporadische Revolten auf sich aufmerksam zu machen.

Zusammenfassend bringt Wilson die soziale Lage der „underclass" bzw. der Ausgeschlossenen auf eine kurze Formel, indem er zwei Merkmale hervorhebt: „marginal economic position" und „social isolation" (Wilson 1991, S. 475; vgl. Wilson 1987, S. 39–62). Wenn beides zusammentrifft, spaltet sich die „Peripherie" gewissermaßen von der Erwerbsarbeitsgesellschaft ab.

Oberhalb dieses gemeinsamen Nenners in der Verwendung der Begriffe gibt es eine Reihe bedeutsamer Differenzen. Während „social exclusion" (oder „exclusion" in Frankreich) auf den Prozeß der Ausschließung und somit, zumindest implizit, auf die gesellschaftlichen Voraussetzungen der Ausgrenzung abhebt, beschreibt „underclass" eine bereits fixierte soziale Lage und Lebensweise. Der „Underclass"-Begriff ist deshalb anfälliger dafür, moralisierend mißverstanden zu werden. Vor allem in den USA wurde er in diskriminierender Weise von den Medien und einigen konservativen Sozialwissenschaftlern aufgegriffen, seines ursprünglich kritischen, auf strukturelle Benachteiligung zielenden Inhalts beraubt und gewissermaßen auf den Kopf gestellt. „Underclass" meint in dieser Version abweichendes Verhalten und legt es den Armen selbst zur Last (zur Kritik siehe Gans 1993a und 1995; Katz 1995; Pugliese 1995). Verschieden sind auch die Gesellschaftsbilder, auf die beide Begriffe anspielen. „Underclass" verweist auf eine in sich hierarchisch gegliederte Gesellschaft. „Social exclusion" hebt dagegen stärker auf die Dualität von „Innen" und „Außen" ab.

Die konservative Wendung des „Underclass"-Begriffs hat in den USA eine heftige Kontroverse ausgelöst. Letztlich führte sie dazu, daß diejenigen, die an der kritischen Intention des Begriffs festhalten, sich mittlerweile von seiner Verwendung distanzieren. Im politisch-ideologischen Kontext der USA sprechen für diesen Schritt gute Gründe. Die Kehrseite allerdings besteht in der Gefahr einer gewissen Begriffslosigkeit. Denn über „die Sache selbst", die neue soziale Qualität anhaltender Armut und den Sachverhalt struktureller Ausgrenzung, muß nach wie vor gesprochen werden. Gerade die schärfsten Kritiker des gewendeten „Underclass"-Begriffs machen dies deutlich. Das Problem der angemessenen, gegen diffamierende Okkupation gefeiten Sprache ist bislang nicht gelöst – weder durch die Flucht in Anführungszeichen (vgl. Katz 1993, S. 440 ff.), noch durch neue Begriffe („undercaste" bei Gans 1993b), noch durch die möglichst enge empirische Beschreibung des dargestellten Phänomens auf Kosten der analytischen Verallgemeinerung (wie im Begriff der „ghetto poor" bei Wilson 1991, S. 463).

Vielleicht gibt es auf dieses Problem auch keine überzeugende, eindeutige Antwort. Liegt es doch in der Natur der Sache, daß soziologische Kategorien, die gesellschaftliche Spaltungen benennen, zugleich politisch besetzt und umkämpft sind. Um so wichtiger wird es jedoch, ihre Verwendung anhand der empirisch gemeinten Realität genau zu explizieren.

III. Empirische Annäherung: Wer wird ausgegrenzt, in welcher Weise und mit welchen gesellschaftlichen Folgen?

Die Fruchtbarkeit der Kategorien „Ausgrenzung" und „underclass" soll im folgenden daran gemessen werden, welche Fragen sie an die gesellschaftliche Realität zu richten erlauben, wie sie sich empirisch handhaben lassen, welche Erkenntnisgewinne durch sie zu erzielen sind. Werden sie dieser Prüfung unterzogen, zeigen sich auch die ungelösten Probleme, die weiterer theoretischer Überlegung und empirischer Forschung bedürfen. Es sind vor allem vier Fragen, mit denen sich die internationale Forschung zur „Ausgrenzung" und zur „Underclass" auseinandersetzt: Wer ist von sozialer Ausgrenzung infolge der gegenwärtigen Beschäftigungskrise betroffen? Was bedeutet soziale Ausgrenzung für die Gesellschaft? Was für die Betroffenen selbst? Wie scharf ist der Bruch zwischen „innen" und „außen"?

I   Wer ist von Ausgrenzung bedroht?

Die Antwort ist vielfältig. unterscheiden, die in der Diskussion besondere Aufmerksamkeit auf sich ziehen:

- In den USA konzentriert sich die Diskussion über die „underclass" auf die *schwarze und puertoricanische Bevölkerung in den Armenvierteln der Großstädte*. Dabei steht die Beschäftigungskrise in ihren direkten wie indirekten Folgen zur Debatte: direkt macht sie sich im Rückzug vieler erwerbsfähiger Männer vom Arbeitsmarkt („labor-market detachment") bemerkbar, indirekt in der wachsenden Armut alleinerziehender Mütter (vgl. die mittlerweile schon „klassische" Studie von Wilson 1987; zu einer kritischen Diskussion seiner Befunde vgl. u. a. Fainstein 1987; Jencks und Peterson 1991). Die weitgehende soziale und ethnisch/rassische Homogeni-

tät der Stadtviertel ist eine historische Besonderheit, die in den letzten Jahrzehnten zugenommen hat (vgl. Wilson 1987, S. 46–62; Massey und Denton
1993; Katz 1993, S. 448 f.). Allenfalls in England scheint die ghettoisierte
Armut von Teilen der schwarzen Bevölkerung ähnliche Züge anzunehmen,
wenngleich in geringerem Ausmaß, und auch dort wird der „Underclass"-
Begriff bisweilen mit Blick auf diese besondere Gruppe verwendet (vgl.
Dahrendorf 1988, S. 152; Morris 1994, S. 95 f.).

- Die Diskussion über „exclusion" und „les exclus" in Frankreich bezieht sich
  in erster Linie auf *arbeitslose und marginal beschäftigte Jugendliche* (vgl.
  Dubet und Lapeyronnie 1994; Wacquant 1995). Vornehmlich, aber nicht
  ausschließlich handelt es sich um Immigranten der zweiten Generation. Auch
  hier spielt der räumliche Aspekt, die soziale Isolation in den „banlieues"
  der Großstädte, eine besondere Rolle. Ähnliche Konstellationen räumlich
  konzentrierter Jugendarbeitslosigkeit mit einem hohen Anteil ausländischer
  Jugendlicher finden sich auch in anderen europäischen Ländern, etwa in
  Städten Großbritanniens.

- Ein großer Teil der europäischen Literatur über „social exclusion",
  „underclass" und „soziale Ausgrenzung" gilt überdies den *Langzeitarbeitslosen,* vor allem den älteren, die bereits einen längeren Berufsweg hinter sich
  haben (vgl. beispielsweise für Großbritannien Smith 1992; Morris 1993, 1994,
  S. 5, 93–110; für die Niederlande Engbersen et al. 1993, S. 179–182; für die
  Bundesrepublik Kronauer et al. 1993, S. 15 ff., 172–208, 229–239; Kronauer
  1995a; für Frankreich Paugam 1994).

- Bisweilen wird „underclass" zum Sammelbegriff für „Randgruppen" im
  traditionellen Sinn, für *Obdachlose und Arme,* die aus den verschiedensten
  Gründen in diese Lage geraten sind. Der Bezug zur gegenwärtigen
  Beschäftigungskrise besteht darin, daß Arbeitslosigkeit als Armutsursache seit
  den 80er Jahren eine immer größere Rolle spielt. Darüber hinaus wird es für
  Bevölkerungsgruppen, die zum Überleben an den Rändern der Arbeitsgesellschaft immer schon auf Gelegenheitsjobs angewiesen waren, zunehmend
  schwieriger, solche Jobs zu finden (vgl. für die USA Wagner 1993, S. 2, 92;
  Jencks 1994, S. 53). In ähnlicher Weise bedienten sich Hess und Mechler
  bereits in den 70er Jahren des Begriffs der „Unterschicht", um die Lage von
  Armen in der Bundesrepublik zu charakterisieren (Hess und Mechler 1973).

- Schließlich zählt die Literatur zur „underclass" und den Ausgeschlossenen die
  wachsende Gruppe der *illegalen Immigranten* (vgl. Engbersen 1995).

Bereits diese Auswahl macht deutlich, wie heterogen die Gruppen sind. Dabei
wirken vor allem zwei Faktoren „diversifizierend": Zum einen entscheiden

die unterschiedlichen historischen und institutionellen Voraussetzungen in den einzelnen Ländern darüber, wer besonders von den Marginalisierungs- und Ausschließungstendenzen am Arbeitsmarkt betroffen ist und in welcher Weise. So sind in den USA nach wie vor rassistische Ausschließungspraktiken besonders wirksam (vgl. Kirschenman und Neckerman 1991), während sich in Deutschland eine lange Tradition restriktiver Beschäftigungspolitik gegenüber Frauen und Älteren deutlich bemerkbar macht. Zum anderen gibt es beträchtliche Unterschiede in den Formen der Ausgrenzung selbst, auch innerhalb der jeweiligen nationalen Kontexte. Besonderes Gewicht dürfte dabei die soziale Ausgangsposition haben: Ausgrenzung kann die Form des sozialen Abstiegs annehmen (etwa bei Langzeitarbeitslosen am Ende einer langen Berufsbiographie), des von vornherein versperrten Zugangs (etwa bei arbeitslosen Jugendlichen) oder der weiteren Zuspitzung eines bereits prekären Lebens am Rande der Erwerbsarbeitsgesellschaft. Sowohl in ihren Folgen als auch in der Wahrnehmung dieser Folgen wird sie sich dementsprechend unterscheiden. Hinzu kommen für die jeweiligen Gruppen spezifische Sozialbeziehungen, die die Unterschiede noch verstärken können, vielleicht sogar zu dezidierter Abgrenzung gegeneinander führen. Im Falle von Immigranten tragen darüber hinaus die Unterschiede der Kultur und des rechtlichen Status zu weiteren Differenzierungen bei.

Während international vergleichende Studien über „social exclusion" inzwischen zahlreicher werden, ist der interne Vergleich der Ausgrenzungsformen noch wenig entwickelt. So gibt es beispielsweise in den USA zwar eine Fülle von Studien zur „urban underclass", aber kaum Literatur über die Folgen von Arbeitslosigkeit in den niedergehenden Regionen jenseits der Großstädte oder die zunehmende „weiße" Armut. Erst recht fehlt es an vergleichenden Untersuchungen. Nur ein solcher Vergleich erlaubt es jedoch, die Aussagen zu gewichten, zu relativieren oder zu verallgemeinern, die sich bislang in der Regel auf die Untersuchung jeweils nur einer der genannten Gruppen stützen.

II   Was bedeutet Ausgrenzung für die Gesellschaft?

Nicht jede Form von Ausgrenzung oder Marginalisierung am Arbeitsmarkt führt auch zu sozialer Ausgrenzung. Es gibt eine Reihe von sozial tolerierten Formen des Ausscheidens aus dem Erwerbsleben, die selbst dann greifen, wenn der Rückzug vorzeitig und unfreiwillig vollzogen wird: der Übergang in die Hausfrauenrolle bei verheirateten Frauen, der vorgezogene Ruhestand bei Männern. Wie belastend die Umstellung subjektiv auch immer erlebt werden mag, die identitätsstiftende „Alternativrolle" schützt zumindest vor sozialer Stigmatisierung.

Gerade in der Bundesrepublik mit ihrer bislang noch breiten Anwendung der Vorruhestandsregelung ist es wichtig, Ausgrenzung am Arbeitsmarkt von sozialer Ausgrenzung zu unterscheiden. Von letzterer als Folge der Beschäftigungskrise kann deshalb nur die Rede sein, wenn beide von Wilson hervorgehobenen Merkmale zutreffen:„social isolation" ebenso wie „marginal economic position". Das Problem besteht dann vor allem darin zu bestimmen, was „social isolation" bedeutet.

Für eine erste Annäherung erscheint es sinnvoll, die Frage auf zwei Ebenen anzugehen: auf der gesamtgesellschaftlichen Ebene des Integrationsmodus und auf der individuell erfahrenen Ebene der Ausschließungsdimensionen und -praktiken. Es liegt auf der Hand, daß sich beide Ebenen aufeinander beziehen, dennoch lassen sie sich analytisch auseinanderhalten.

Wie vor allem Silver (1993 und 1995) in ihren vergleichenden Studien gezeigt hat, erhalten die Begriffe „underclass" und „exclusion" ihre spezifische Einfärbung durch den Bezug auf ihr Gegenbild, durch die normativen Vorstellungen darüber, was Zugehörigkeit zu einer Gesellschaft ausmacht. Diese Vorstellungen haben sich mit dem Ausbau der Wohlfahrtsstaaten und der Ausbreitung von Massenkonsumgütern nach dem Krieg in den hochentwickelten kapitalistischen Gesellschaften angenähert. Gleichwohl bleiben unterschiedliche nationale Traditionen wirksam und werden durch die aktuelle Praxis sozialer Institutionen bekräftigt. Sie begründen Ansprüche, Verlusterfahrungen und Schuldzuschreibungen, aber auch Erwartungen, wann gesellschaftliche und politische Instanzen eingreifen sollen. Wenn im folgenden von „Integrationsmodus" die Rede ist, ist dieses Ensemble von normativen Orientierungen einerseits und deren institutioneller Grundlage andererseits gemeint.

So weist Silver darauf hin, daß der „Underclass"-Begriff in den USA einer stärker individualistischen Tradition zugehört als etwa der französische Begriff der „exclusion". Das integrative Gegenbild zur „underclass" ist die am individuellen Aufstieg orientierte „middle class", während „Einschließung" als Gegenstück zu „Ausschließung" in Frankreich die republikanische Vorstellung universalistischer Rechte, garantiert vom Staat und den öffentlichen Einrichtungen, impliziert. Dementsprechend wird Armut in den USA weit stärker als individuelles Scheitern gedeutet, ohne daß daraus eine gesellschaftliche Verantwortung erwächst, die über die Wohltätigkeit von Einzelnen hinausgeht. In der englischen Tradition wiederum hat der „Underclass"-Begriff sein Gegenstück im Begriff von „social citizenship" (vgl. Dahrendorf 1988, S. 141 ff.; Morris 1994, S. 44 ff.). Letzteren hatte Marshall geprägt, um die wohlfahrtsstaatliche Erweiterung der individuellen und politischen Bürgerrechte nach dem Zweiten

Weltkrieg historisch und theoretisch zu fassen und zu begründen (vgl. Marshall 1992, S. 65 ff.).

Jeder Versuch, den bisherigen Integrationsmodus der Bundesrepublik zu beschreiben, wird zwei Momente berücksichtigen müssen: Erstens nimmt hierzulande soziale Integration (in erster Linie negativ verstanden als Vermeidung sozialer Konflikte) seit dem Krieg geradezu den Rang eines kollektiven, im Rahmen eines institutionalisierten Klassenkompromisses („Sozialpartnerschaft") geregelten und sozialstaatlich abgesicherten Leitbilds ein. Es unterscheidet sich sowohl vom individualistischen Leitbild der USA, als auch vom republikanischen, gegenüber sozialen Konflikten und ihrer integrativen Wirkung offeneren Leitbild in Frankreich. Zweitens spielt bei dieser Form der gesellschaftlichen Integration durch kollektive soziale Regelungen die Erwerbsarbeit die Schlüsselrolle. Auf sie sind die individuellen Leistungen der Sozialversicherung zugeschnitten, auf ihr basiert die von den „Sozialpartnern" ausgehandelte Reichtumsverteilung. Von früherer Erwerbsarbeit oder der eines Partners sind selbst diejenigen abhängig, denen die Gesellschaft zubilligt, nicht erwerbstätig zu sein. Überdies ist Erwerbsarbeit – das bezeugen gerade jene, die von ihr ausgeschlossen sind – subjektiv noch immer der zentrale Fixpunkt der männlichen Biographie und wird zu einem immer wichtigeren Fixpunkt auch in der weiblichen. Gerade in der Bundesrepublik dürfte demnach der ökonomischen Dimension gesellschaftlicher Teilhabe – doppelt gefaßt als Teilhabe am Erwerbssystem und an dem produzierten Reichtum – eine besondere, in die anderen Dimensionen der „Inklusion" ausstrahlende Bedeutung zukommen.

Auf gesamtgesellschaftlicher Ebene betrachtet bedeutet soziale Ausgrenzung somit, daß die Beschäftigungskrise den Integrationsmodus der verschiedenen nationalen Gesellschaften an entscheidenden Stellen außer Kraft setzt. Sie wird zum Symptom einer Krise grundlegender gesellschaftlicher Institutionen. Für die USA hatte dies Myrdal bereits in den frühen 60er Jahren angesprochen. Er wies darauf hin, daß die Entstehung einer „underclass" auf die Blockierung traditioneller Aufstiegswege zurückzuführen sei, wie sie Generationen von Immigranten lange Zeit offen standen (Myrdal 1965, S. 41–44). In der aktuellen Diskussion haben andere diesen Gedanken vor allem mit Blick auf Teile der schwarzen Bevölkerung in den Großstädten weitergeführt (vgl. Katz 1993, S. 452 ff.). In Frankreich wiederum wird die Spaltung zwischen „innen" und „außen" als Krise oder gar Ende des „Mechanismus ‚konfliktvermittelter Integration'" (Dubet und Lapeyronnie 1994, S. 17) interpretiert, wie er die Arbeitsgesellschaft im Rahmen des republikanischen Konsenses bislang charakterisierte. Träger dieses Mechanismus waren vornehmlich Arbeit und Kapital, die sich gerade in ihren sozialen Konflikten als einander ergänzende und voneinander abhängige Pole der Industriegesellschaft erwiesen. Aus dem Wechselverhältnis dieser Pole fallen die „exclus" heraus. Sie sind symptomatisch für die Auflösung der traditionellen Arbeitermilieus in den Städten. Ihre Existenz zeigt an, wie stark bereits die um die Arbeit zentrierten Gegensätze an integrativer Reichweite und Kraft eingebüßt haben. Für Dahrendorf schließlich bedeutet die Krise sozialer Bürgerrechte als Folge von Massenarbeitslosigkeit die Gefahr der Anomie, der Entstehung rechtsfreier Räume und von der Mehrheitsgesellschaft abgekoppelter, in sich zersplitterter sozialer Gruppierungen, die von jener Mehrheit und ihren Institutionen weder etwas erwarten noch etwas erwarten können (Dahrendorf 1988, S. 141,158 ff.). Wenn es richtig ist, daß der Erwerbsarbeit und der durch sie vermittelten Einbindung in kollektive Regelungen im Integrationsmodus der Bundesrepublik bislang die zentrale Rolle zukommt, steht mit der aktuellen Massenarbeitslosigkeit dieser integrative Kern in Frage.

Aber nicht Integration als Selbstzweck steht in der Ausgrenzungsfrage zur Debatte, sondern die soziale Grundlage von Demokratie. Dabei droht ein „Zerfall der demokratischen Gesellschaft" (Dubet/Lapeyronnie) weniger von einer politischen, möglicherweise antidemokratisch gerichteten Revolte der Ausgeschlossenen selbst, als vielmehr aus der Zerstörung der materiellen und sozialen Voraussetzungen von demokratischer Beteiligung. Es ist wohl denkbar (und wird derzeit in Ansätzen auch politisch forciert), daß eine gesellschaftliche Segmentation entsteht, in der eine Mehrheit die für sie „überflüssige" Minderheit vom gesellschaftlichen Leben weitgehend ausschließt, ohne dadurch in der eigenen Lebensweise bedroht zu sein. Je größer die Gruppe derer wird, die auf die Alimentierung durch die Erwerbstätigen angewiesen sind, desto mehr wächst auch die Gefahr, daß unter den Bedingungen knapper werdender Ressourcen die wohlfahrtsstaatliche Solidarität aufgekündigt wird (vgl. Kronauer 1995a, S. 209–212, b). Eine derart gespaltene Gesellschaft kann durchaus überleben, mit repressiven oder anderweitig pazifierenden Mitteln. Eine Demokratie wäre es nicht.

III   Was bedeutet Ausgrenzung für die Betroffenen?

Auch auf diese Frage geben die Studien verschiedene Antworten, und zwar nicht nur deshalb, weil sich die Formen sozialer Ausgrenzung unterscheiden, sondern auch, weil sich die Kriterien ändern, die angeben, wo das „Innen" endet und das „Außen" beginnt. Als wesentliches Merkmal jeder Erfahrung sozialer Ausgrenzung läßt sich jedoch festhalten: Ihr muß die Erfahrung der Zugehörigkeit entweder vorausgegangen sein oder gewissermaßen als schreiender Widerspruch zur Seite stehen. Letzteres ist der Fall, wenn „Inklusion" und „Exklusion" in unterschiedlichen Erfahrungsbereichen des alltäglichen Lebens nebeneinander koexistieren. Dieser Fall wird beispielhaft in den Studien über ausländische Jugendliche in den französischen Vorstädten geschildert: Durch das Erziehungssystem und die Medien assimiliert, sehen sie sich zugleich außerstande, den Normen der „Konsumgesellschaft" entsprechend zu leben (vgl. Dubet und Lapeyronnie 1994, S. 135 f.). Denselben Sachverhalt stellt Nightingale für schwarze Kinder und Jugendliche in einem großstädtischen Armutsviertel der USA dar: Ihre besondere Erfahrung und Verarbeitung von Entfremdung und Ausschließung rühren gerade daher, daß sie in einem historisch zuvor nicht gekannten Maße mit den Werten des mainstream der amerikanischen Gesellschaft konfrontiert und von ihnen durchdrungen sind (vgl. Nightingale 1993, S. 9, 12, 135). Hier zeigt sich besonders deutlich das Paradox und zugleich das historisch Neue der gegenwärtigen Krise. Noch nie war die „Inklusion" in die universellen Normen der warenproduzierenden und konsumierenden Gesellschaft so weit fortgeschritten wie jetzt, und um so schärfer wird Ausgrenzung erlebt.

„Inklusion" erstreckt sich auf unterschiedliche Dimensionen des gesellschaftlichen Lebens, schließt ökonomische, kulturelle, soziale und politische Teilhabe ein. Trotz der Eigenständigkeit, die die einzelnen Dimensionen haben, verweisen sie zugleich aufeinander, wie die Diskussion über soziale Bürgerrechte belegt (vgl. Marshall 1992, S. 40 ff.). Aus demselben Grund folgt umgekehrt „Exklusion", wie Luhmann hervorhebt, der Logik eines negativen „Verstärkereffekts": Ausgrenzung in einer Dimension des gesellschaftlichen Lebens (in seinen Worten, in einem „Funktionssystem") zieht Ausgrenzung in weiteren nach sich, in einem Prozeß der „Marginalisierungen bis hin zu gänzlichem Ausschluß" (Luhmann 1995, S. 148). In der internationalen Literatur besteht, bei aller Vielfalt in der Anlage und Durchführung der Studien, weitgehende Übereinstimmung hinsichtlich der zentralen Dimensionen, in denen sich soziale Ausgrenzung manifestiert:

- *Ausgrenzung am Arbeitsmarkt:* Sie liegt vor, wenn die Rückkehr oder der Eintritt in reguläre Erwerbsarbeit dauerhaft versperrt ist. Klärungsbedürftig ist dabei vor allem das Kriterium der Dauer. Im strengsten Sinn kann von Ausgrenzung am Arbeitsmarkt die Rede sein, wenn die Betroffenen nicht nur objektiv geringe Chancen haben, sondern zudem auf diese Chancenlosigkeit mit dem eigenen Rückzug vom Arbeitsmarkt reagieren (vgl. Kronauer et al. 1993, S. 234; ähnlich bei Engbersen et al. 1993, S. 170–174; vgl. auch die Kategorie „detachment from the labor force" in der amerikanischen Diskussion, etwa bei Katz 1993, S. 448). Sie gehören dann nicht einmal mehr der

„aktiven Reservearmee" an, sondern zählen zu den „Entbehrlichen" (Lenski 1977, S. 509) der Arbeitsgesellschaft. Ob und in welchem Ausmaß daraus soziale Ausgrenzung folgt, hängt – ich wiederhole – allerdings davon ab, wohin der aufgezwungene Rückzug geht: in eine gesellschaftlich anerkannte Lebensform jenseits der Erwerbsarbeit oder aber in die Schattenwirtschaft und/oder die Dauerarbeitslosigkeit. Noch schwieriger stellt sich das Problem dar, wenn außer der Ausgrenzung am Arbeitsmarkt auch das Phänomen der Unterbeschäftigung und andere Formen der Marginalität berücksichtigt werden (vgl. Morris 1994, S. 108). Sozial ausgrenzend wirkt die prekäre Anbindung an das Erwerbssystem nur in Verbindung mit Ausgrenzungen in anderen der folgenden Dimensionen.

• *Ökonomische Ausgrenzung:* Sie schlägt sich im Verlust der Fähigkeit nieder, innerhalb des regulären Erwerbssystems für den eigenen Lebensunterhalt oder den des gemeinsamen Haushalts aufzukommen. Dazu gesellt sich als weiteres wichtiges Kriterium die finanzielle Abhängigkeit von Leistungen des Sozialstaats („welfare dependence") oder von gesellschaftlich minder bewerteten Einkommensformen. Materiell bedeutet ökonomische Ausgrenzung in aller Regel, unter starken Einschränkungen leben zu müssen – „arm" zu sein. An dieser Dimension wird besonders deutlich, daß die „Grenze" immer einer sozialen Definition unterliegt, Ausgrenzung somit nur als Relation gefaßt werden kann (vgl. Dahrendorf 1988, S. 152): Einkommensarmut bemißt sich an durchschnittlich erreichbaren, kulturell definierten Lebensstandards; Abhängigkeit vom Sozialstaat bedeutet zwar institutionelle „Einschließung", jedoch in einer gesellschaftlich negativ bestimmten Position („Arbeitsloser", vgl. hierzu bereits Simmel 1983, S. 372 f.).

In der deutschen Diskussion der 80er Jahre über die „neue", durch Arbeitslosigkeit hervorgerufene Armut war „Sozialhilfebezug" zum entscheidenden Kriterium von Ausgrenzung geworden (vgl. Baisen et al. 1984, S. 69 ff.; Lampe 1987, S. 157 ff.; Breckner et al. 1989, S. 47 ff.). Wie wichtig dieser Indikator auch sein mag, er ist nicht trennscharf genug. Zwar erhöht Arbeitslosigkeit in Deutschland das Risiko, von Sozialhilfe abhängig zu werden (vgl. Ludwig Mayerhofer 1992). Dennoch haben gerade ältere Dauerarbeitslose häufig lange Anrechtszeiten aus der Arbeitslosenversicherung erworben und beziehen keine Sozialhilfe. Gleichwohl treffen auf sie in vielen Fällen die oben genannten Kriterien ökonomischer Ausgrenzung zu: Sie sind über lange Zeit von den Leistungen des Sozialstaats (Arbeitslosengeld und -hilfe) abhängig und leiden unter starken finanziellen Einbußen, die einen Abstieg wenn nicht in die „offizielle" Armut, so doch in die relative Einkommensarmut zur Folge haben (vgl. Kronauer et al. 1993, S. 172 ff.).

• *Kulturelle Ausgrenzung:* Sie bedeutet, von der Möglichkeit abgeschnitten zu sein, den gesellschaftlich anerkannten Verhaltensmustern, Lebenszielen und Werten entsprechend zu leben. Sie bedeutet aber auch, gesellschaftlichen Sanktionen ausgesetzt zu sein, weil es nicht oder bisweilen nur mit illegalen/ illegitimen Mitteln gelingt, den erwarteten kulturellen Anforderungen zu genügen (im Hinblick auf Arbeitslosigkeit vgl. Kronauer et al. 1993, S. 43 f.). Sanktionen greifen ebenfalls, wenn die anerkannten Ziele und Werte, weil nicht realisierbar, aufgegeben oder durch andere ersetzt werden.

In der internationalen Literatur wird über die Formen und Folgen kultureller Ausgrenzung durch Arbeitslosigkeit und Armut seit Jahrzehnten heftig und kontrovers diskutiert. Bezugspunkt ist häufig das anthropologische Konzept der „Kultur der Armut" von Lewis aus den späten 50er und frühen 60er Jahren (vgl. Lewis 1966). Im wesentlichen lassen sich drei Positionen in der Debatte unterscheiden: Die erste geht von der Existenz einer eigenständigen Armutskultur aus und sieht in ihr eine Art moralische Unterwelt des abweichenden Verhaltens vom Werte-„Mainstream", die sich selbst reproduziert und das eigentliche Hindernis für die Überwindung von Armut darstellt (vgl. Banfield 1968; ohne den Begriff zu benutzen, aber in der Sache übereinstimmend Murray 1994). Die zweite Position weist bereits die Grundannahme der ersten zurück. Sie hält ihr entgegen, daß auch die aus der Mehrheitsgesellschaft Ausgeschlossenen sich noch an deren Werten orientieren, jedoch im Alltag praktisch und ideell mit der Diskrepanz zwischen diesen Werten und den eigenen Möglichkeiten fertig werden müssen. Eine Art „Schattensystem" von Alternativwerten (Liebow 1967, S. 213) mag dabei behilflich sein, die Diskrepanz zu rationalisieren und zu ertragen, es bleibt aber fragil und relativ oberflächlich (vgl. auch Glasgow 1980, S. 8 f.; Gans 1995, S. 2 ff.; Dubet und Lapeyronnie 1994, S. 108 f.; Fryer 1995,S. 24; im Hinblick auf ein Großstadtviertel mit konzentrierter Armut in der Bundesrepublik Tobias und Boettner 1992, S. 88 ff.).

In der Diskussion über die „underclass" hat sich schließlich eine dritte Position profiliert, die Elemente der beiden anderen aufgreift. Stärker als die zweite betont sie die eigenständige soziale Bedeutung spezifischer Verhaltensweisen und Orientierungen, die sich unter den Bedingungen räumlich konzentrierter Armut und sozialer Isolation (s. u.) herausbilden. Zugleich grenzt sie sich gegen die „Culture of poverty"-These ab, weil diese, mit weitreichenden sozialpolitischen Konsequenzen, das Verhältnis von Ursache und Wirkung, Ausgrenzung und Ausgrenzungsbewältigung auf den Kopf stellte (vgl. Wilson 1987, S. 13–19; Anderson 1990, S. 2–4, 69 ff.; Greenstone 1991; ähnlich im Hinblick auf Arbeitslosigkeit Engbersen et al. 1993, S. 158 ff.). Sowohl für die zweite als auch die dritte Position lassen sich überzeugende empirische Belege ins Feld führen, beide sind für die weitere Forschung fruchtbar. Eine zentrale analytische Kategorie, die bei der Untersuchung kultureller Ausgrenzung weiterführt, ist die der Ambivalenz. Sie markiert Nähe oder Abstand zur „Grenze" und erlaubt es, die Zwiespältigkeiten wahrzunehmen, in denen die Betroffenen Anziehung und Ausschluß von herrschenden Kulturmustern erleben und handelnd verarbeiten (vgl. beispielsweise Liebow 1967, S. 222).

Gerade in der kulturellen Dimension ist es unverzichtbar, die unterschiedlichen, von Ausgrenzung bedrohten Gruppen gesondert und vergleichend zu betrachten. Es liegt nahe und wird durch eine Sichtung der Literatur auch bestätigt, daß etwa die an den Rand des Erwerbssystems gedrängten Jugendlichen ihre kulturelle Ausgrenzung anders erleben und – individuell wie sozial – anders verarbeiten als ältere Langzeitarbeitslose. So weisen beispielsweise französische und amerikanische Studien darauf hin, daß sich für marginalisierte Jugendliche die soziale Entfremdung weniger an dem versperrten Zugang zur Arbeit, als am Ausschluß von den als „normal" geltenden Lebensstandards der Mittelschichten festmacht (vgl. Dubet und Lapeyronnie 1994, S. 108–110; Anderson 1990, S. 242 f.). Dagegen bildet der Fixpunkt, an dem sich die älteren Dauerarbeitslosen am Ende ihrer Erwerbsbiographie abarbeiten müssen, die verlorene Erwerbsarbeit und was durch sie bereits erreicht war. Weitere Brechungen kommen ins Spiel, wenn kulturelle Ausgrenzung sich mit ethnischen Kulturunterschieden überlappt.

- *Ausgrenzung durch gesellschaftliche Isolation:* Diese Dimension bezieht sich sowohl auf die Reichweite als auch die Qualität sozialer Beziehungen, somit wesentlich auf soziale Identität. Gesellschaftliche Isolation kann in zwei Richtungen gehen, mit unterschiedlichen Konsequenzen: in Richtung einer weitgehenden Reduzierung der Sozialkontakte überhaupt (Vereinzelung), oder in Richtung einer Konzentration der Kontakte auf einen engen Kreis von Seinesgleichen (Gruppen- und Milieubildung). Im ersten Fall fördert sie Dissoziation und Identifikationsblockierung, im zweiten Assoziation und subkulturelle Identifikation. In die Isolation können ebenso der Verlust von materiellen Teilhabechancen wie die Erfahrung oder Antizipation von Stigmatisierung führen (als Beispiele für Dissoziation und Assoziation bei Langzeitarbeitslosen siehe Kronauer et al. 1993, S. 172–208).

In der „Underclass"-Diskussion wird gesellschaftliche Isolation vor allem unter zwei Gesichtspunkten zum Thema: einerseits im Blick auf soziale Netzwerke, die als Ressourcen zur Bewältigung von Arbeitslosigkeit und Armut dienen können, andererseits im Blick auf die zur Verfügung stehenden „role models" für Jugendliche (vgl. Wilson 1987, S. 61 f., 142–144; Anderson 1990, S. 3 f., 58–76). Gesellschaftliche Isolation meint in diesem Zusammenhang in erster Linie den Kontaktverlust zu den im Erwerbssystem verankerten sozialen Klassen, damit zugleich das Schrumpfen ökonomischer Möglichkeiten und sozialer Alternativen.

• *Räumliche Ausgrenzung:* Räumliche Konzentration und gesellschaftliche Isolation sind in der Debatte über Ausgrenzung und „underclass" aufs engste verknüpft. Die „underclass" ist in der Regel nicht nur „urban", sondern auf bestimmte Stadtviertel konzentriert. Dies gilt auch für die „exclus" der französischen Diskussion. Die kurze Reichweite der Sozialkontakte entspricht dem verengten Bewegungsraum. Beide zusammen ermöglichen und erzwingen Gemeinsamkeiten in der Lebensweise.

Allerdings reicht räumliche Isolation von der Mehrheitsgesellschaft allein nicht aus, eine „underclass" hervorzubringen, wie die amerikanische Diskussion über das Ghetto zeigt. Ethnisch homogen und räumlich begrenzt, kennt das Ghetto gleichwohl soziale Unterschiede und Aufstiegsmobilität. Entscheidend dafür, daß im Ghetto eine „underclass" entsteht, ist das Moment der gesellschaftlichen Isolierung, d. h. die räumliche Konzentration und Abtrennung derjenigen, die sich in gleicher oder ähnlicher sozialer Lage befinden. Sie wird durch die zunehmende Verschränkung von Arbeitsmarkt- und Wohnungsmarktkrise in den Städten noch forciert. Daneben – obgleich weit weniger beachtet – gibt es das Phänomen der räumlichen Streuung von gesellschaftlicher Isolation, besonders im Fall der Isolation durch Vereinzelung.

Mittlerweile geht auch die deutsche soziologische Stadtforschung der Frage nach, ob sich unter dem dreifachen Druck von Beschäftigungskrise, Finanzknappheit bei zunehmenden Sozialausgaben und Immigration in den Großstädten die sozial-räumlichen Voraussetzungen für die Entstehung einer „urban underclass" herausbilden (vgl. im Hinblick auf Berlin Häußermann und Sackmann 1994; im Hinblick auf Hamburg Dangschat 1995). Über die Folgen einer Koppelung von räumlicher und gesellschaftlicher Isolation liegen bereits erste Erkenntnisse vor: In einem Vergleich zwischen verschiedenen Hannoveraner Stadtvierteln mit hohem Anteil an Sozialhilfeempfängern, aber unterschiedlichen Graden von gesellschaftlicher Isolation, konnten Herlyn et al. (1991) zeigen, daß auch hier mit dem Verlust der räumlichen Nähe zu anderen sozialen Schichten den Armen die Netzwerke verloren gehen, die ihnen bei ihren Bewältigungsstrategien behilflich sein können.

• *Institutionelle Ausgrenzung:* Mit institutioneller Ausgrenzung können Arbeitslose und Arme in verschiedenen Phasen ihres Lebens und in verschiedenen

Bereichen ihres Alltags konfrontiert sein. Vor allem drei Institutionen werden in diesem Zusammenhang diskutiert: Erstens Schule und Aus- bildungseinrichtungen. Ihre Bedeutung als Weichensteller an der Grenze zwischen „innen" und „außen" wird immer wichtiger. Zugleich tragen sie in besonderem Maße dazu bei, daß Jugendliche berufliches Scheitern als persönliches Versagen erleben (vgl. etwa Dubet und Lapeyronnie 1994, S. 19–22, 29–32). Zweitens die Institutionen der Verwaltung von Arbeitslosig- keit und Armut – in Deutschland die Arbeits- und Sozialämter. Sie geraten ihrer Klientel gegenüber immer häufiger in die paradoxe Doppelrolle des „Einschließens" und „Ausschließens" zugleich. Je weniger sie in der Lage sind, aus Arbeitslosigkeit und Armut herauszuhelfen, desto stärker reduziert sich ihre Fürsorge auf die Reproduktion des Status quo. Drittens zeigt sich institutionelle Ausgrenzung darin, daß sich öffentliche und private Dienst- leistungen aus der Versorgung der Ausgeschlossenen ganz zurückziehen (für die USA beschreibt diese Form der „institutional isolation" Gans 1993b, S. 330 f.).

Welche Formen Ausgrenzung in den unterschiedlichen Dimensionen annimmt und welche Bedeutung den einzelnen Dimensionen im Gesamtbild von sozialer Ausgrenzung jeweils zukommt, variiert von Land zu Land. So spielt in den USA Marginalisierung arn Arbeitsmarkt eine größere Rolle als dauerhafte Aus- grenzung. Auf der anderen Seite weist dieses Land einen besonders hohen Grad an gesellschaftlicher Isolation und räumlicher Konzentration der Marginalisierten auf. In Ländern wie den Niederlanden oder der Bundesrepublik dagegen kommt der Ausgrenzung am Arbeitsmarkt großes Gewicht zu, während die Stadtviertel, in denen die Betroffenen leben, heterogener sind als die amerikanischen Ghettos; auch die Armut fällt – dank der größeren Reichweite und besseren Qualität der Sozialversicherung und der öffentlichen Unterstützung – weniger krass aus (vgl. Engbersen et al. 1993, S. 203 ff.; Kronauer 1995a, S. 209). Mit anderen Worten: Vom jeweiligen gesellschaftlichen Integrationsmodus hängt es ab, was Ausgrenzung bedeutet und wo sie beginnt. Umgekehrt zeigen jedoch erst die individuellen und kollektiven Erfahrungen mit Ausgrenzung, wo und in welcher Weise der Integrationsmodus in Frage gestellt ist.

IV   Wie scharf ist der Bruch zwischen „innen" und „außen"?

Gerade in dieser Frage gehen die Meinungen auseinander. Vor allem zwei Punkte sind strittig: Unterscheiden sich die Erfahrungen der Ausgegrenzten hinreichend von denen der unsicher Beschäftigten, so daß von einem Bruch am Rande des Erwerbssystems die Rede sein kann? Und in welchem Maße kommt es überhaupt zu einer Verstetigung der Arbeitslosigkeit und Armut in den Biographien der Einzelnen, so daß Ausgrenzung deren Leben tatsächlich nachhaltig prägt?

Was den ersten Punkt angeht, so ziehen verschiedene Sozialwissenschaftler in Zweifel, daß dauerhafte Arbeitslosigkeit eine eigene Klassenlage im Sinne einer „underclass" hervorbringt (vgl. Morris 1993; Fryer 1995). Statt dessen sehen sie eine Spaltungslinie sich entwickeln, die zwischen den stabil Beschäftigten einerseits, den instabil Beschäftigten und Langzeitarbeitslosen andererseits, also noch innerhalb der Arbeiterschaft verläuft (vgl. etwa Fryer 1995, S. 244). Allerdings gibt es in der internationalen Forschung genügend Hinweise darauf, daß in der Selbst- und Außenwahrnehmung wichtige Differenzen zwischen den dauerhaft am Arbeitsmarkt Ausgegrenzten und den Arbeitslosen, die immer wieder in reguläre Erwerbsarbeit zurückkehren, bestehen (vgl. Morris 1993, S. 409; 1994, S. 108 f.; Kronauer et al. 1993, S. 172 ff.; Engbersen et al. 1993). Wie stark diese Unterschiede das Zusammenleben im Alltag beeinflussen, bedarf weiterer Klärung. Forschungsstrategisch hilft hier der Begriff der „Peripherisierung" weiter. Er ermöglicht es, Abstufungen im Grad der sozialen Teilhabe in den verschiedenen Dimensionen in den Blick zu nehmen, zugleich aber auch qualitative Brüche festzustellen und zu interpretieren.

Am zweiten Punkt, der Frage der Verfestigung von Arbeitslosigkeit und Armut, haben sich heftige Kontroversen entzündet. Die empirische Grundlage der Auseinandersetzung bilden während der 80er Jahre neu erstellte Datensätze, die es erlauben, (erwerbs)biographische Verläufe über mehrere Jahre hinweg nachzuzeichnen. In der Bundesrepublik sind dies vor allem die Daten des Sozioökonomischen Panels (vgl. Hanesch et al. 1994, S. 126 ff.) sowie regionale Datensätze zum Bezug von Sozialhilfe, wie sie etwa dem Bremer Projekt „Sozialhilfekarrieren" (vgl. Leibfried et al. 1995) und dem Projekt „Verbleib in Sozialhilfe" an der Universität Bietefeld (vgl. Andreß 1994) zugrundeliegen.

Mit Hilfe dieser Daten ließ sich zeigen, daß eine beträchtliche Bewegung in und aus Armut stattfindet. Weit mehr Menschen werden, über einen längeren Zeitraum betrachtet, arm, als es die jeweils zu bestimmten Zeitpunkten erhobenen Bestandsdaten wiedergeben. Auf der anderen Seite beschränkt sich die Armut

in vielen (wenn nicht den meisten) Fällen auf einen vorübergehenden, häufig
recht kurzen Lebensabschnitt Das gleiche gilt für die Arbeitslosigkeit. Der große
Erkenntnisgewinn der Verlaufsforschung besteht darin, daß sie es ermöglicht,
ein differenzierteres Bild als bisher von der Armutsdauer zu erhalten, und den
Faktoren nachzugehen, die zu den Unterschieden führen.

Strittig ist die Interpretation der Daten und Befunde: Wie weit widerspricht die
Feststellung der Fluktuation der These von der sozialstrukturellen Verfestigung
von Armut bzw. Arbeitslosigkeit? In den USA, wo die Verlaufsforschung ihren
Ausgang nahm, wurde diese Debatte bereits in den 80er Jahren vehement geführt
(vgl. Wilson 1987, S. 9 f.). Mittlerweile läßt sich für dieses Land ein durch zahl-
reiche empirische Studien gut gesichertes Fazit ziehen: Beides, ein erheblicher
Zu- und Abstrom, aber auch eine beträchtliche Kontinuität ist charakteristisch für
Armut und Sozialhilfebezug. Dazu kommt ein erhebliches Maß an wiederholter
Betroffenheit (vgl. Rainwater 1992; Bane und Ellwood 1994, S. 39–42). Bane
und Ellwood ziehen daraus den naheliegenden Schluß, die einzig angemessene
Form der Auseinandersetzung mit dem Problem bestehe darin, es in seinen ver-
schiedenen Formen anzuerkennen und anzugehen (Bane und Ellwood 1994,
S. 42).

In Deutschland droht die Diskussion an diesem Punkt in eine Sackgasse
zu geraten. Bei einigen Vertretern der sogenannten „dynamischen" Armutsforschung gibt es die starke Tendenz, die Tatsache der Fluktuation gegen die
der Verfestigung auszuspielen: „Verzeitlichung" und „Entstrukturierung" seien
charakteristisch für die heutige Armut, und wer auf das Problem der Ausgrenzung
abhebe, betreibe „Dramatisierung" (vgl. Leibfried und Leisering 1994; Zwick
1994; zur Kritik Gerstenberger 1994). Tatsächlich gilt jedoch auch in der Bundesrepublik, daß „in beträchtlichem Umfang eine Reproduktion der Armut stattfindet" (Hanesch 1995, S. 181; vgl. Sopp 1994, S. 65–67) und daß die Risiken,
längere Zeit in Armut zu verbleiben, sozial ungleich verteilt sind (vgl. zum
Einfluß der Schulbildung Schulte 1995). Was die Arbeitslosigkeit betrifft, so
besteht ihre neue Qualität in der Bundesrepublik wesentlich darin, daß sich Mitte
der 80er Jahre das Problem der Dauerarbeitslosigkeit zum ersten Mal überhaupt
stellte und seitdem, von den offiziellen Statistiken systematisch unterschätzt,
stetig verschärft hat (vgl. Kronauer 1995a, S. 203–205; zum Problem der Unter-
schätzung von Langzeitarbeitslosigkeit auch Wagner 1995).

Die besondere Herausforderung für die Forschung – ebenso wie für die
Gesellschaftspolitik – ergibt sich gerade aus dem Zusammentreffen beider
Phänomene: einerseits der Ausbreitung von zeitweiliger Arbeitslosigkeit und
Armut in Bevölkerungsschichten hinein, die bislang von ihnen kaum oder gar
nicht betroffen waren; andererseits der Zuspitzung von Armut und Arbeitslosig-

keit bis hin zur Ausgrenzung bei Gruppen, die am Arbeitsmarkt die geringsten Ressourcen haben. Die Feststellung, daß Armut und Arbeitslosigkeit in vielen Fällen vorübergehende „Episoden" darstellen, gibt keinen Anlaß zur Beruhigung. Arbeitslosigkeit führt, selbst wenn sie nicht mit akuter Ausschlußbedrohung verbunden ist, unter den Bedingungen eines zunehmend restriktiven Arbeitsmarkts zu beträchtlicher Angst vor sozialem Abstieg. Die Existenz der „Entbehrlichen" verschärft diese Ängste noch (vgl. Kronauer et al. 1993, S. 126–172, 223–229). Wie reagiert eine Gesellschaft, in der sich Verunsicherung und Ungleichheit ausbreiten, auf die Herausbildung einer von Ausgrenzung bedrohten und betroffenen Minderheit, die mehr denn je der gesellschaftlichen Solidarität bedarf? In den USA läßt sich beobachten, wie die seit Jahren im Abstieg befindliche und um ihre Zukunft fürchtende Mittelklasse auch politisch den Bruch mit den Armen vollzieht: Sie verweigert ihnen den sozialstaatlichen Schutz (vgl. Wacquant 1996). Ob und in welchem Umfang Westeuropa seinen Weg sozialstaatlicher Vermittlung beibehalten wird, ist derzeit keinesfalls ausgemacht. Will die Sozialwissenschaft, kraft analytischer Kompetenz, in die Auseinandersetzung um die Zukunft der Demokratie eingreifen, muß sie die Gefahr im Blick behalten, die von dem Zusammenspiel der beiden Seiten der Beschäftigungskrise für die gesellschaftliche Integration ausgeht.

Es bleibt die Frage zu beantworten, wann Ausgrenzung zu einem Merkmal der Sozialstruktur wird. Der wichtigste Indikator dafür besteht in der aufgezwungenen Reproduktion der Ausgrenzungsposition durch die Betroffenen selbst. Wenn sie sich nicht mehr in der Lage sehen, ihre Lebensverhältnisse aus eigener Kraft zu verändern und sich entsprechend verhalten, wird die Spaltung definitiv (vgl. Kronauer et al. 1993, S. 231–234; Kronauer 1995a, S. 206–209). Wenn überdies die Gesellschaft die Ausgrenzungsprozesse perpetuiert und über den sozialen Abstieg immer weiterer Personen oder über die Generationenfolge hinweg auf Dauer stellt, setzt sich die Spaltung in der Sozialstruktur fest.

Alle Versuche, der neuen Sozialformation einen Namen zu geben – sei es „underclass", „Schicht der Dauerarbeitslosen" (Kronauer et al. 1993, S. 229) oder „Nicht-Klasse von Nicht-Arbeitern" (Gorz, zitiert bei Offe 1983, S. 56) – enden in einem Paradox: eine positive Bestimmung läßt sich nicht finden. Von allen anderen Schichten und Klassen unterscheidet sich die Formation der „Entbehrlichen" durch das Wesensmerkmal der Negativität. Kein ökonomisches, soziales oder kulturelles Kapital, keine Arbeitsform konstituiert eine positive Identität. Identität wird „von außen", als Stigma, zugeschrieben oder ist in ihren positiven Zügen ständig gefährdet, gebrochen durch die Erfahrung des Verlusts. Allenfalls in ohnmächtig-rebellischem Trotz identifizieren sich die jugendlichen „Exclus" der Vorstädte und Ghettos mit dem Stigma und spielen es der Gesellschaft zurück. Zugleich sind die „Entbehrlichen" Produkt und Teil der Gesellschaft: Ihre Ausgrenzung bemißt sich an deren Ambitionen, Werten und materiellen Möglichkeiten, ihre Überlebensstrategien nehmen auf sie Bezug. Es ist dies alles andere als ein lediglich definitorisches Problem. Die Zerrissenheit ist Kennzeichen der Lage der „Entbehrlichen" selbst. Durch sie repräsentieren sie die Krise, die Auflösung der entwickelten Arbeitsgesellschaften an deren Peripherie.

Literatur

Anderson, E., 1990: Streetwise. Race, Class, and Change in an Urban Community, Chicago/London.

Andreß, H.-J., 1994: Steigende Sozialhilfezahlen. Wer bleibt, wer geht und wie sollte die Sozialverwaltung darauf reagieren?, in: M. Zwick (Hrsg.), Einmal arm, immer arm? Neue Befunde zur Armut in Deutschland, Frankfurt a. M./New York, S. 75–105.

Balsen, W., H. Nakielski, K. Rössel und R. Winkel, 1984: Die neue Armut. Ausgrenzung von Arbeitslosen aus der Arbeitslosenunterstützung, Frankfurt a. M./Olten/Wien.

Bane, M.J. und D.T. Ellwood, 1994: Welfare Realities. From Rhetoric to Reform, Cambridge (Ma.)

Banfield, E.C., 1968: The Unheavenly City: The Nature and Future of Our Urban Crisis, Boston.

Breckner, I., H. Heinelt, M. Krummacher, D. Oelschlägel, Th. Rommelspacher und K.M. Schmals, 1989: Armut im Reichtum. Erscheinungsformen, Ursachen und Handlungsstrategien in ausgewählten Großstädten der Bundesrepublik, Bochum.

Brock, D., 1994: Rückkehr der Klassengesellschaft? Die neuen sozialen Gräben in einer materiellen Kultur, in: U. Beck und E. Beck-Gernsheim {Hrsg.), Riskante Freiheiten. Individualisierung in modernen Gesellschaften, Frankfurt a. M., S. 61–73.

Commission of the European Communities, 1993: Social Europe. Towards a Europe of Solidarity: Combating Social Exclusion. Supplement 4/93, Brüssel/Luxemburg.

Dahrendorf, R., 1983: Wenn der Arbeitsgesellschaft die Arbeit ausgeht, in: J. Matthes {Hrsg.), Krise der Arbeitsgesellschaft? Verhandlungen des 21. Deutschen Soziologentages in Bamberg 1982, Frankfurt a. M./New York, S. 25–37.

Dahrendorf, R., 1988: The Modern Social Conflict. An Essay on the Politics of Liberty, London.

Dangschat, J., 1995: „Stadt" als Ort und als Ursache von Armut und sozialer Ausgrenzung, in: Aus Pclitik und Zeitgeschichte. Beilage zur Wochenzeitung Das Parlament, B 31–32/95, 28. Juli 1995, S. 50–62.

Dubet, F. und D. Lapeyronnie, 1994: Im Aus der Vorstädte. Der Zerfall der demokratischen Gesellschaft, Stuttgart.

Engbersen, G., 1995: The Unknown City, in: Berkeley Journal of Sociology: a Critical Review, No. 40, S. 87–112.

Engbersen, G., K. Schuyt, J. Timmer und F. van Waarden, 1993: Cultures of Unemployment. A Comparative Look at Long-term Unemployment and Urban Poverty, Boulder / San Francisco/Oxford.

Europäische Kommission, 1994: Wachstum, Wettbewerbsfähigkeit, Beschäftigung. Herausforderungen der Gegenwart und Wege ins 21. Jahrhundert. Weißbuch, Luxemburg.

Fainstein, N., 1987: The Underclass/Mismatch Hypothesis as an Explanation for Black Economic Deprivation, in: Politics and Society, Vol. 15, No. 4, S. 403–451.

Fryer, D., 1995: Beitrag zum Panel: Massenarbeitslosigkeit in Westeuropa: Die Entstehung einer neuen „Underclass"?, in: Soziologisches Forschungsinstitut Göttingen {Hrsg.), Im Zeichen des Umbruchs. Beiträge zu einer anderen Standortdebatte, Opladen, S. 240–254.

Gans, H., 1993a: The Danger of the Underclass: Its Harmfulness as a Planning Concept, in: People, Plans, and Policies. Essays on Poverty, Racism, and Other Urban Problems, New York, S. 328–343.

Gans, H., 1993b: From „Underclass" to „Undercaste": Some Observations About the Future of the Postindustrial Economy and its Major Victims, in: International Journal of Urban and Regional Research, Vol. 17, No. 3, Oxford/Cambridge {Ma.), S. 327–335.

Gans, H., 1995: The War Against the Poor. The Underclss and Anti-Poverty-Policy, New York.

Gerstenberger, H., 1994: Die dynamische Armutsforschung und das Elend der Welt, in: Leviathan, 22. Jg., Heft 1, S. 7–16.

Geißler, R., 1996: Kein Abschied von Klasse und Schicht. Ideologische Gefahren der deutschen Sozialstrukturanalyse, in: Kölner Zeitschrift für Soziologie und Sozialpsychologie, 48. Jg., Heft 2, S. 319–338.

Glasgow. D.G., 1980: The Black Underclass. Poverty, Unemployment, and Entrapment of Ghetto Youth, San Francisco/Washington/London.

Greenstone, J.D.,1991: Culture, Rationality, and the Underclass, in: Ch. Jencks und P. Peterson {Hrsg.), The Urban Underclass, Washington, D.C., S. 399–408.

Habermas, J., 1995a: Die Normalität einer Berliner Republik. Kleine Politische Schriften VIII, Frankfurt a. M.

Habermas, J., 1995b: Aufgeklärte Ratlosigkeit. Warum die Politik ohne Perspektiven ist. Thesen zu einer Diskussion, in: Frankfurter Rundschau vom 30. Dezember 1995.

Hanesch, W., 1995: Armut und Unterversorgung im vereinten Deutschland, in: H.-J. Andreß {Hrsg.), Fünf Jahre danach. Zur Entwicklung von Arbeitsmarkt und Sozialstruktur im vereinten Deutschland, Berlin/New York, S. 165–195.

Hanesch, W., W. Adamy, R. Martens, D. Rentzsch, U. Schneider, U. Schubert und M. Wißkirchen, 1994: Armut in Deutschland. Der Armutsbericht des DGB und des Paritätischen Wohlfahrtsverbands, Reinbek bei Hamburg.

Häußermann, H. und R. Sackmann, 1994: Changes in Berlin: The Emergence of an Underclass?, in: Built Environment, Vol. 20, No. 3, Oxford, S. 231–241.

Herlyn, U., U. Lakemann und B. Lettko,1991: Armut und Milieu, Basel/Boston /Berlin.

Hess, H. und A. Mechler, 1973: Ghetto ohne Mauern. Ein Bericht aus der Unterschicht, Frankfurt a. M.

Jencks, Ch., 1994: The Homeless, Cambridge (Ma.)/London.

Jencks, Ch. und P. Peterson (Hrsg.), 1991: The Urban Underclass, Washington, D.C.

Katz, M. (Hrsg.), 1993: The „Underclass" Debate. Views from History, Princeton.

Katz, M., 1995: Improving Poor People. The Welfare State, the „Underclass", and Urban Schools as History, Princeton.

Kirschenman, J. und K. Neckerman, 1991: „We'd Love to Hire Them, But...": The Meaning of Race for Employers, in: Ch. Jencks und P. Peterson (Hrsg.), The Urban Underclass, Washington D.C., S. 203–232.

Kreckel, R., 1992: Politische Soziologie der sozialen Ungleichheit, Frankfurt a. M.

Kronauer, M. (Hrsg.), 1993: Unemployment in Western Europe. Individual and Social Consequences. International Journal of Political Economy, Vol. 23, Nr. 3, Armonk (NY).

Kronauer, M., 1995a: Massenarbeitslosigkeit in Westeuropa: Die Entstehung einer neuen „Underclass"?, in: Soziologisches Forschungsinstitut Göttingen (Hrsg.), Im Zeichen des Umbruchs. Beiträge zu einer anderen Standortdebatte, Opladen, S. 197–214.

Kronauer, M., 1995b: Die Entbehrlichen der Arbeitsgesellschaft. Zur sozialwissenschaftlichen Diskussion um eine neue „underclass", in: Frankfurter Rundschau, Forum Humanwissenschaften, 28.11.1995, S. 10.

Kronauer, M., B. Vogel und F. Gerlach, 1993: Im Schatten der Arbeitsgesellschaft. Arbeitslose und die Dynamik sozialer Ausgrenzung, Frankfurt a. M./New York.

Kronawitter, G. (Hrsg.), 1994: Das Manifest der Oberbürgermeister: Rettet unsere Städte jetzt!, Düsseldorf.

Leibfried, S. und W. Voges (Hrsg.), 1992: Armut im modernen Wohlfahrtsstaat, Sonderheft 32 der Kölner Zeitschrift für Soziologie und Sozialpsychologie, Opladen.

Leibfried, S. und L. Leisering, 1994: Das neue Bild der Armut, in: Die Zeit vom 18. November 1994.

Leibfried, S., L. Leisering, P. Buhr, M. Ludwig, E. Mädje, Th. Olk, W. Voges und M. Zwick, 1995: Zeit der Armut. Lebensläufe im Sozialstaat, Frankfurt a. M.

Lenski, G., 1977: Macht und Privileg. Eine Theorie der sozialen Schichtung, Frankfurt a. M.

Levitan, S.A., F. Gallo und I. Shapiro, 1993: Working but Poor. America's Contradiction, Baltimore/London.

Lewis, O., 1966: La Vida. A Puerto Rican Family in the Culture of Poverty – San Juan and New York, New York.

Liebow, E., 1967: Tally's Corner. A Study of Negro Streetcorner Men, Boston/New York/Toronto/London.

Lampe, K. (Hrsg.), 1987: Die Realität der neuen Armut. Analysen der Beziehungen zwischen Arbeitslosigkeit und Armut in einer Problemregion, Regensburg.

Ludwig-Mayerhofer, W., 1992: Arbeitslosigkeit, Erwerbsarbeit und Armut. Längerfristige Armutsrisiken im Kontext von Haushalt und Sozialstruktur, in: S. Leibfried und W. Voges (Hrsg.), Armut im modernen Wohlfahrtsstaat, Sonderheft 32 der Kölner Zeitschrift für Soziologie und Sozialpsychologie, Opladen, S. 380–402.

Luhmann, N., 1995: Gesellschaftsstruktur und Semantik. Studien zur Wissenssoziologie der modernen Gesellschaft Band 4, Frankfurt a. M.

Massey, D. Und N. Denton, 1993: American Apartheid. Segregation and the Making of the Underclass, Cambridge (Ma.)/London.

Marshall, Th.H., 1992: Bürgerrechte und soziale Klassen. Zur Soziologie des Wohlfahrtsstaats, Frankfurt a. M.

Mollenkopf, J.H. und M. Castells (Hrsg.), 1991: Dual City. Restructuring New York, New York.

Morris, L., 1993: Is There a British Underclass?, in: International Journal of Urban and Regional Research, Vol. 17, No. 3, Oxford /Cambridge (MA), S. 404–412.

Morris, L., 1994: Dangerous Classes. The Underclss and Social Citizenship, London/New York.

Murray, Ch., 1994: Loosing Ground. American Social Policy 1950–1980. Tenth-Anniversary Edition, New York.

Myrdal, G., 1965: Challenge to Affluence, New York.

Nightingale, C.H., 1993: On the Edge. A History of Poor Black Children and Their American Dreams, New York.

Offe, C., 1983: Arbeit als soziologische Schlüsselkategorie?, in: J. Matthes (Hrsg.), Krise der Arbeitsgesellschaft? Verhandlungen des 21. Deutschen Soziologentages in Bamberg 1982, Frankfurt a. M./ New York, S. 38–65.

Paugam, S., 1994: La disqualification sociale. Essai sur la nouvelle pauvreté, 3. Aufl., Paris.

Paugam, S., 1996: La constitution d'un paradigme, in: S. Paugam (Hrsg.), L'exclusion, l'etat des savoirs, Paris, S. 7–19.

Polanyi, K., 1995 (Erstausgabe 1944): The Great Transformation. Politische und ökonomische Ursprünge von Gesellschaften und Wirtschaftssystemen, Frankfurt a. M.

Pugliese, E., 1987: The Three Forms of Unemployment, in: Social Research, Vol. 54, No. 2, S. 303–317.

Pugliese, E., 1995: Beitrag zum Panel: Massenarbeitslosigkeit in Westeuropa: Die Entstehung einer neuen „Underclass"?, in: Soziologisches Forschungsinstitut Göttingen (Hrsg.), Im Zeichen des Umbruchs. Beiträge zu einer anderen Standortdebatte, Opladen, S. 215–223.

Rainwater, L., 1992: Ökonomische versus soziale Armut in den USA (1950–1990), in: S. Leibfried und W. Voges (Hrsg.), Armut im modernen Wohlfahrtsstaat, in: Sonderheft 32 der Kölner Zeitschrift für Soziologie und Sozialpsychologie, Opladen, S. 195–220.

Schulte, K., 1995: Wege aus der Armut. Eine qualitative Analyse quantitativer Längsschnittdaten. Diplomarbeit an der Universität Bielefeld, Fakultät für Soziologie, Bielefeld.

Silver, H., 1993: National Conceptions of the New Urban Poverty: Social Structural Change in Britain, France and the United States, in: International Journal of Urban and Regional Research, Vol. 17, No. 3, Oxford/Cambridge (Ma.), S. 336–354.

Silver, H., 1995: Culture, Politics, and National Discourses of the New Urban Poverty. Manuskript, zur Veröffentlichung in: E. Mingione (Hrsg.), Urban Poverty and the Underclass, London (im Erscheinen) [erschienen Oxford 1996 – A.d.H.].

Simmel, G., 1983: Soziologie. Untersuchungen über die Formen der Vergesellschaftung, Berlin (Erstausgabe 1908).

Smith, D. (Hrsg.), 1992: Understanding the Underclass, London.

Sopp, P., 1994: Das Ende der Zwei-Drittel-Gesellschaft? Zur Einkommensmobilität in Westdeutschland, in: M. Zwick (Hrsg.), Einmal arm, immer arm? Neue Befunde zur Armut in Deutschland, Frankfurt a. M./New York, S. 47–74.

Tessaring, M., 1994: Langfristige Tendenzen des Arbeitskräftebedarfs nach Tätigkeiten und Qualifikationen in den alten Bundesländern bis zum Jahre 2010, in: Mitteilungen aus der Arbeitsmarkt- und Berufsforschung 1/94, S. 5–19.

Tobias, G. und J. Boettner (Hrsg.), 1992: Von der Hand in den Mund. Armut und Armutsbewältigung in einer westdeutschen Großstadt, Essen.

Wacquant, L., 1995: The Rise of Advanced Marginality. Notes on its Nature and Implications. Manuskript zur Veröffentlichung in R. van Kempen und P. Marcuse (Hrsg.), The New Spatial Order of Cities, New York (im Erscheinen). [Der Band ist unter dem Titel „Globalizing Cities: A New Spatial Order?", Hoboken, NJ 1999 erschienen (A.d.H.)].

Wacquant, L., 1996: Clinton reformiert Armut zu Elend, in: Le Monde Diplomatique/die tageszeitung vom 13. September 1996.

Wagner, A., 1995: Langzeitarbeitslosigkeit: Vielfalt der Formen und differenzierte soziale Lage, in: WSI Mitteilungen 12/1995, S. 749–760.

Wagner, D., 1993: Checkerboard Square. Culture and Resistance in a Homeless Community, Boulder/San Francisco/Oxford.

Wilson, W.J., 1987: The Truly Disadvantaged. The Inner City, the Underclass and Public Policy, Chicago/London.

Wilson, W.J., 1991: Public Policy Research and The Truly Disadvantaged, in: Ch. Jencks und P. Peterson (Hrsg.), The Urban Underclass, Washington, D.C., S. 460–481.

Zwick, M., 1994: Einmal arm, immer arm? Neue Befunde zur Armut in Deutschland, Frankfurt a. M./New York, S. 7–20

Einsortieren und Aussortieren. Zur Funktion der Strafe bei der Verwaltung der sozialen Ausschließung (1995)

Helga Cremer-Schäfer

Einsortieren und Aussortieren. Zur Funktion der Strafe bei der Verwaltung der sozialen Ausschließung, in: Kriminologisches Journal Bd. 27, Nr. 2, 1995, S. 89–119 (gekürzt)

Geläufige Definitionen bestimmen Kriminalisierung und Strafe als ein „Mittel", als eine „Strategie", als einen „Teilbereich", als einen „Stil" oder eine „Form" der sozialen Kontrolle. Als funktionale Bestimmung gehört dies inzwischen zum Standard der kriminologischen Lehrbücher (z. B. Kaiser 1993) ebenso wie zu den soziologischen Lehrbuchdefinitionen (Hartfiel 1972). Solche Bestimmungen finden sich immer dann, wenn eine Theorie sozialer Kontrolle aus dem Vergleich und der Phänomenologie von Reaktionsformen auf Abweichung entwickelt werden soll und dafür definiert werden muß, was soziale Kontrolle als Funktion oder als ein Objektbereich „ist". Soziale Kontrolle wird schließlich als Begriff gebraucht, der auf Konstitutionsprozesse von „Abweichung" verweist.[1] Die Schwierigkeit einer Bestimmung von Kriminalisierung und Strafe als soziale Kontrolle wurde in der Literatur hauptsächlich darin gesehen, daß es sich dabei um einen „Grundbegriff" handelt. Das bedeutet, daß verschiedene Paradigmen und Disziplinen um die gültige Definition konkurrieren. Die „Soziologie sozialer Kontrolle" besteht zu einem großen Teil aus der auch sonst in den

---

[1] Solche Definitionsversuche stellen z. B. dar: Clark und Gibbs (1982), Hassemer et al. (1978), Keupp (1982), Black (1984), Cohen (1985), Peters (1989), Frehsee et al. (1993).

H. Cremer-Schäfer (✉)
Goethe-Universität Frankfurt, Frankfurt am Main, Deutschland
E-Mail: cremer-schaefer@em.uni-frankfurt.de

© Springer Fachmedien Wiesbaden GmbH, ein Teil von Springer Nature 2022
A. Legnaro und D. Klimke (Hrsg.), *Kriminologische Diskussionstexte I*,
https://doi.org/10.1007/978-3-658-22005-1_28

Sozialwissenschaften üblichen Praxis, den spezifischen Gebrauch des unspezifischen Begriffs herauszufinden und zu definieren, was „soziale Kontrolle" ist und damit auch Kriminalisierung und Strafe wäre. Henner Hess schrieb anläßlich seiner Begriffsklärung, soziale Kontrolle sei ein Begriff, der „vielgebraucht, vieldeutig gebraucht und nicht immer mit vollem Verständnis all dessen gebraucht (wurde), wofür er stehen soll" (Hess 1983, S. 3). Daran hat sich nach vielen folgenden Definitionsversuchen nichts geändert, Es sind zudem die vielen Begriffsklärungen und Definitionsversuche der Kontroll-Literatur, die soziale Kontrolle zu einem „Mickey-Mouse-Concept" (Cohen 1985) gemacht haben. Ich gehe davon aus, daß das Problem einer „präzisen" und „richtigen" Definition nicht lösbar ist und der „unpräzise" Charakter des Begriffs selbst eine Funktion für den Diskurs über Strafe und Kriminalisierung hat. In einer Situation, in der es aber mehrere Soziologien sozialer Kontrolle gibt, ist es notwendig zu beachten, daß sich in der Konkurrenz spezifische Definitionen als hegemoniale durchsetzen. Begriffe und Theorien sensibilisieren nicht nur, sie machen auch blind. Um die Literatur über soziale Kontrolle zu typisieren, werden meist „Denktraditionen" und „Paradigmata" gegenübergestellt.[2] Der für eine Theorie der Strafe folgenreichste Unterschied von Ansätzen liegt jedoch darin, ob sie in der Tradition der funktionalistischen Denkweise und ihrer Argumentationsfiguren Kontrolle als Konstituens von Gesellschaft als „Ordnung" bestimmen oder ob sie sie als eine Strategie zur Reproduktion von Herrschaftsverhältnissen thematisieren und zusätzlich naturalistische Vorstellungen von Abweichung und Kriminalität aufgeben. Bei aller Verschiedenheit dieser beiden Soziologien sozialer Kontrolle ist ihnen bezogen auf die Strafe gemeinsam, daß sie vom Kern der Institution, von ihrer Ausschließungslogik, abstrahieren [...].

Ein vergessenes Thema: Etikettierung und Ausschließung
Der Etikettierungsansatz bestimmte „Kontrolle" nicht als eine Praxis oder eine Funktion, die gesellschaftliche „Einheit" bzw. „Ordnung" herstellen könne oder Herrschaft reproduzieren würde. Der „Kontrolle" fehlt, zumindest bei Autoren, die als „Klassiker" und „Väter" des Etikettierungsansatzes gelten, das

---

[2]Vgl. dazu Janowitz (1973), Malinowski und Münch (1975), Cohen (1985), Kreissl (1986), Melossi (1990), Sack (1993); die am häufigsten genannten Traditionen sind die „klassischen" ordnungstheoretischen Entwürfe der sich institutionalisierenden US-amerikanischen Soziologie (zu denen auch der Erfinder des Konzeptes A.E. Ross gehört), der Funktionalismus und die sozialpsychologisch reduzierte Soziologie, die Soziologie sozialer Probleme und der Etikettierungsansatz.

Soziale. Die Kategorie der „Abweichung" wird als eine Deutung und Klassifikation verstanden, die „exklusive" Kategorien von Menschen schafft und diese
ausschließt; das geschieht in der Form der Separation innerhalb einer Ordnung.
Harold Garfinkel, Erving Goffman[a] und Howard S. Becker[b] beschäftigten sich
z. B. damit, wie Ankläger, wie totale Institutionen, wie moral-unternehmerische
Bewegungen und die institutionalisierten Regeldurchsetzer, also die „Instanzen
der sozialen Kontrolle", arbeiten. Ihre Strategien interpretieren sie nicht als
„Kontrolle", sondern als moralische Degradierung, Fremdmachen, Be- und
Absonderung von Menschen, Zerstörung von Identität. Etiketten sind nicht nur
sozial konstituierte Be-Deutungen, sondern Kategorisierungen und Klassifikationen, die durch „autorisierte" Institutionen erfunden und verwaltet werden;
Institutionen sind gleichzeitig das Mittel, einer Kategorisierung Geltung zu verschaffen, d. h. Wirklichkeit zu konstituieren und bloße Definitionsmacht in Herrschaft zu verwandeln. Die Aufmerksamkeit des Etikettierungsansatzes und des
interpretativen Paradigmas für jede Form von Ausschließung und Degradierung
ergibt sich aus Vorstellungen über Vergesellschaftung, Ordnung und Identitäts-
bildung, in der jede punitive und verdinglichende Praxis die Möglichkeit von
symbolischer und verständigungsorientierter Interaktion verhindert.[6] Diese
Annahmen sind konträr zu funktionalistischen Annahmen über soziale Kontrolle.

Garfinkel (1977)[c] geht bei seiner Anleitung für eine erfolgreiche Anklage und
Statusdegradierung davon aus, daß erst Gesellschaften, die sich als „Ordnung",
d. h. nach Regeln organisieren, die Voraussetzungen für „moralische Entrüstung" schaffen. Öffentliche Anklagen (als Paradigma der moralischen Entrüstung über Personen) beschreibt er als aufwendige und politisch herzustellende
Strategien. Menschen in Bezug auf Normen und Normalitäten zu beurteilen und ein
zustimmendes Publikum dafür zu gewinnen, verlangt von den Anklägern, daß sie

---

[a] Siehe *Kriminologische Grundlagentexte*, S. 149 ff. (A.d.H.).
[b] Siehe *Kriminologische Grundlagentexte*, S. 7 ff. (A.d.H.).
[6] Die Autoren bleiben damit sehr nahe an der Meadschen Konzeption von sozialer
Kontrolle als einer „rekonstruktiven Haltung", die eine zusammengebrochene soziale
Situation durch Verhandlungen über eine gemeinsame Ordnung und Kompromißbildung
wieder ins Lot bringt. Soziale Kontrolle ist bei Mead als Gegensatz zur Punitivität und
Strafe definiert, die aus Praktiken der moralischen Verurteilung (und nicht der moralischen
Reflexion) und der Definition der eigenen Identität durch Abgrenzung von anderen sich
mit der Haltung der Feindseligkeit verbindet und damit die Möglichkeit der symbolischen
Interaktion aufhebt; vgl. Mead (1987).
[c] Siehe *Kriminologische Grundlagentexte*, S. 139 ff. (A.d.H.).

sich selbst an „Regeln" halten. Das „Fremdmachen" von Personen wird so als ein korporativer Prozeß organisiert. Der Ankläger, der sich an die Regeln hält bzw. sich so darstellen kann als ob er es täte, wird eine Person „rituell von ihrem Platz in der legitimen Ordnung entfernen", sie „rituell zerstören", auf „die Gegenseite", „nach außen" stellen, sie „fremdmachen". Moralische Degradierung und Ausschließung sieht Garfinkel als irreversibel an. Wen die moralische Entrüstung einmal fremd gemacht hat, der bleibt fremd, mindestens aber marginal. Daß Garfinkel gleichsam eine Anleitung für eine erfolgreiche Statusdegradierung schreibt, erkennt einigermaßen illusionslos an, daß das Entrüsten und die moralische Degradierung als ein endemischer Bestandteil von „Ordnung" nicht aufzuheben sein wird.

Totale Institutionen waren für Goffman (1972) deshalb so „reizvoll" und Quelle so „hinreißender" Schilderungen von Situationen (wie er das selbst ausdrückte), weil sie „Treibhäuser" darstellen, die auf die Transformation von Menschen zielen. Ihr Leiden, ihre Widerständigkeiten oder Unselbständigkeiten sollen behoben, ihren Gefährlichkeiten und ihrem Anderssein ein Ende bereitet werden. Totale Institutionen setzen die Vorstellung von der kulturellen Formbarkeit von Menschen voraus, und sie setzen diese Vorstellung als bürokratische Institution mittels professioneller und spezialisierter Stäbe um. Erst das Vorhaben, einen „kulturellen Sieg" über Verrücktheit, Kriminalität, Minderwertigkeit und Rohheit zu erringen und Insassen zu assimilieren, um sie nach diesem Transformationsprozeß der Gesellschaft zurückzugeben, teilt Menschen in zwei exklusive Gattungen: Insassen und Personal, Objekte und Verwalter, Abweichende und Normale, Minderwertige und Überlegene, Geheilte und Verstockte. Diese grundlegende Struktur geschlossener Anstalten nannte R. Castel später „Asylmatrix". Die geschlossene Anstalt funktioniert stets „ausgehend von einer fundamentalen Ungleichheit zwischen zwei Personen, von denen die eine das Wissen, die Macht und die Norm repräsentiert" (Castel 1979, S. 305). Die „Asylmatrix" steht für den Widerspruch der Institution und aller Vergesellschaftungsformen, die ihr Grundprinzip beibehalten. Der Versuch, einen „kulturellen Sieg" zu erringen, führt bei denen, die „drinnen sind", zur Aufhebung der Grundlagen sozialen Handelns. Die geschlossene Anstalt symbolisiert die Irrationalität eines Gesellschaftsprojektes, das arbeitsteilig, bürokratisch, sachlich die Individuen an einen Ordnungsentwurf anpaßt. Dieses Projekt zerstört das „Selbst" in einem doppelten Sinn: als Zerstörung von Identität und als Aufhebung der Grundlage von sozialem Handeln. Totale Institutionen können über die „sekundäre Anpassung" der Insassen unterlaufen und überlebt werden. Aber selbst Goffman stellt das nur als bedingte Aussicht dar: der die Institution charakterisierende „Looping"-Mechanismus sorgt dafür, daß in der Weltsicht der Verwalter und des Personals die Überlebensstrategien als Abweichung von Norm und Normalität definiert werden. Es gibt viele gute Gründe, geschlossene

Anstalten als „Ausschließung durch Einschließen" (Steinert 1993b) zu interpretieren: Totale Institutionen stehen für Separation, Segregation, Isolierung,
Degradierung und Vernichtung ihrer Insassen. Die Dynamik der Ausschließung
entwickelt sich aber auch in den geschlossenen Anstalten, die sich nicht nur als
„Lager" organisieren, sondern ihre Insassen „transformieren", um sie wiederein-
zugliedern, d. h. disziplinieren, assimilieren, normalisieren, reintegrieren. Die
vertraute Beobachtung, daß Kontrollhandlungen und Institutionen, die Gruppen,
die sie vorgeben zu integrieren, als Abweichende (re-)produzieren, ist in der
Regel als ein „Paradox" interpretiert worden. Goffman hat am Beispiel der Asyle
deutlich gemacht, daß die Institution und der Typus von Vergesellschaftung, den
sie repräsentiert, einen (nicht aufhebbaren) Widerspruch enthalten und ihn in
der Form des „Kontroll-Paradoxes" hervortreiben. Solange „Gesellschaftsfähig-
keit" an einen Transformationsprozeß gebunden bleibt und dieser im Rahmen
der „Asylmatrix'" in Szene gesetzt wird, stellt sich eine (Re-)Moralisierung der
Insassen ein. Bei der prinzipiellen Ungleichheit zwischen denjenigen, die „das
Wissen, die Macht und die Norm repräsentieren", und ihren Objekten, werden
„Mißerfolge" von Transformationsprogrammen individualisiert, mögen sie auch
immer professioneller werden und auf nicht-moralisierenden/wissenschaftlichen
Deutungsmustern beruhen. Die Grenzen der Formierung und der Verdinglichung
werden den Objekten als „Eigenschaften" oder als „Charakter" zurückgegeben
und vorgeworfen. Unerziehbar, unheilbar, unwillig, nicht assimilierbar, unver-
antwortlich und am Mißerfolg „schuld" können nur die Insassen sein; sie auszu-
sortieren ist begründet und notwendig.

H.S. Becker (1973) hat in der Einleitung zu den „Außenseitern" am stärksten
Etikettierung und Abweichung als eine nicht auflösbare Einheit bestimmt. Nicht
nur die Asyle, sondern die Politiken der öffentlichen Anklage (das Moralisieren
und Skandalisieren), die Praxis der Etikettierung, das moralunternehmerische
Regelsetzen und -durchsetzen schaffen und agieren erst die Normen und
das Vokabular, das Handlungen, Personen, Lebensweisen als „Abweichung
von Normen" kategorisierbar macht. Ausschließung als Produktion von
„Außenseitern" meint bei Becker, Subjekten keinen Zugang zu Situationen,
zu materiellen und symbolischen Ressourcen zu gestatten, durch die vielfaltige
Lebensweisen (und Identitäten) einer Gesellschaft auch als verschiedene, aber
gleichberechtigte gelebt werden könnten. Insbesondere durch seine Darstellung
der Subkulturen und des Moral-Unternehmertums zieht sich die Vorstellung, daß
Ausschluß „heute" (bis zum Beginn der 60er Jahre) nicht automatisch „totalen
Ausschluß" bedeutet, sondern Ver- und Behinderung der Lebensweisen, die mit
der „asketischen" konkurrieren. Der Versuch, dieser Lebensweise durch Moral-
Unternehmungen und Regeldurchsetzung eine Hegemonie zu bewahren, wird
nicht als „Kontrolle" gefaßt, sondern als ein Prozeß, der notorisch sein Gegen-

teil hervorbringt: die Präsenz einer „neuen Gruppe von Außenseitern" und eine
weitere Aufblähung von Etiketten und Vokabularen der „Abweichung von
Normen". Den „Prototyp des Moral-Unternehmers" sieht Becker nicht in den
zynischen Machtstrategen und „Anklägern", nicht im bürokratischen Sozial-
techniker, und es ist auch nicht der bigotte, rechtschaffene Klein- und Vor-
städter. Der Prototyp des Moral-Unternehmers ist „der Reformer": „Moralische
Kreuzfahrer wollen bezeichnenderweise den sozial unter ihnen Stehenden zu
einem besseren Status verhelfen" (Becker 1973, S. 135). Die Reformer wollen
vielleicht nicht, daß die anderen so werden wie sie, aber doch so, wie sie es für
die anderen als richtig und als für sie besser erachten. Das Moral-Unternehmertum ist nichts anderes als die Verallgemeinerung und Auslagerung der Mechanismen, die Goffman für die Asyle beschrieben hat. Die Asylmatrix setzt sich auch
außerhalb der totalen Institutionen in „Reformprojekten" fort, die die „sozialen
Fragen" bzw. die „sozialen Probleme" kapitalistischer Gesellschaften in ihren
verschiedenen Entwicklungsphasen je endgültig lösen wollen.

Zur Kritik von Etikettierungsperspektive und Kontrollparadigma gehört der
Vorhalt, daß sie ihr kritisches Potential auf die Analyse von gesellschaftlichen
Teilprozessen (Moral-Unternehmertum, Gesetzgebung und Normanwendung,
Stigmatisierung) und von einzelnen Institutionen (Strafrecht, Psychiatrie, Asyle)
beschränkten und dabei zu nahe an den Phänomenen blieben. Die Fragen nach
den sozialstrukturellen und ökonomischen Grundlagen von Definitionsmacht, von
Kategorisierung und „Outgrouping", Fragen nach der Staats- und Politikform, die
das ermöglichen, Fragen nach der historisch spezifischen Vergesellschaftungs-
und Herrschaftsform, die sich in dem detailreich beschriebenen Kontroll-Paradox
manifestiert, waren kein zentraler Bestandteil der klassischen Veröffentlichungen,
sondern erst Gegenstand späterer Theoriediskussion und empirischer Arbeiten.[7]Was
innerhalb des Kontroll-Paradigmas von Abweichung als „Absurdität" von Asylen,
als „Paradoxie" von Kontrollhandlungen und -institutionen, als „nicht intendierte
Folge" von rechtlich regulierter Herrschaft, als „Dilemma" oder „Ironie" von
Reform-Projekten und anderen Moral-Unternehmungen gedeutet wurde, verstehe ich gerade nicht als etwas „krude" Ausschließungsmetaphern (Lemert
1972). Es verweist darauf, daß der einfache Gegensatz von „Integration oder
Ausschluß" selbst in einem gewissen Maß dekonstruiert werden mußte. Steinert
(1995) formuliert als adäquateren Ausgangspunkt die Frage, „welche Formen
der Ausschließung werden durch dominante Formen der Vergesellschaftung
produziert?" Die beschriebenen Absurditäten, nicht intendierte Folgen, Paradoxien

---

[7]Zur Kritik der Etikettierungsperspektive und den Möglichkeiten, ihr kritisches Potential
zu nutzen, vgl. insbesondere Keckeisen (1974), Keupp (1976), Steinert (1985).

haben oft den Charakter technisch behebbarer Defekte eines noch unzulänglichen Gesellschaftsprojektes erhalten. Angemessener wäre, sie als Ausdruck eines Widerspruchs kapitalistischer Gesellschaften zu konzipieren, in denen Vergesellschaftung und Verdinglichung nicht zu trennen sind und in denen (Re-)Integration in eine vorgegebene soziale und moralische Ordnung an Nützlichkeit, an Disziplin und an „Identitäts-Zwang" gebunden ist. Von dem Potential kapitalistischer Gesellschaften, sich trotz und durch grundlegende Antagonismen hindurch zu regulieren, waren und sind wir insoweit beeindruckt, daß wir Wandlungen kapitalistischer Gesellschaften primär aus der Perspektive eines wachsenden Potentials an totaler, zumindest subtilerer Kontrolle und „eindimensionaler" Vergesellschaftung betrachten und die Strafe darin aufgehoben sehen. Die Perspektive ist nicht inadäquat, aber unvollständig. All die Institutionen und Strategien, die auf dem Feld der Regulierung von Herrschaftsverhältnissen tätig werden, haben einen doppelten Effekt: Disziplinierung und soziale Ausschließung [...].

Die Grenzen der Modernisierung der staatlichen Strafe
Kritische Analysen des staatlichen Strafens waren und sind in erster Linie an den Modernisierungen der Institution interessiert. Wie „Strafe und Sozialstruktur" miteinander vermittelt sind, wird geschlossen aus Veränderungen von Strafformen und Kriminalisierungsmustern in Abhängigkeit von Veränderungen der Herrschaftsform und dem zugehörigen Typus der staatlichen Regulation. Und beide hängen selbst wieder von der Produktionsweise einer Gesellschaft ab. Transformationsprozesse von Strafe werden möglich mit Veränderungen der gültigen „Arbeitsmoral" einer Gesellschaftsformation und drücken deren „implizite Vertragsbedingungen" dramatisiert aus, wie das Heinz Steinert (1986) formuliert hat. Die Verallgemeinerung von Disziplin als Herrschaftsform und die Etablierung wohlfahrtsstaatlicher Formen der sozialen Regulation haben im Kapitalismus nach einer verbreiteten These Ausschließung durch herrschaftliche und „verdinglichende" Formen der Integration und Kontrolle abgelöst. Ausschließung, Staatsgewalt und Todesdrohung wurden höchstens als Rahmen (oder Schatten) gedacht, in dem „integrierende Strategien" arbeiten konnten. Aus der Perspektive von Disziplinierung und wohlfahrtsstaatlicher Regulierung und bezogen auf historische Gesellschaftsformationen wurde der Begriff der „Integration" allerdings seiner Neutralität entkleidet und durch spezifischere Begriffe ersetzt, die auf die Gleichzeitigkeit von „Einbeziehung" und „Formierung" hinweisen: auf Normierung, Normalisierung, Subordination, Kolonisierung und Assimilation, auf das Produktiv- und das Nützlich-Machen. Diese Perspektive wurde vor allen von Foucault beeinflußt. Disziplinierung als Form von Macht arbeitet „nicht mit dem Gesetz, sondern mit Normalisierung, nicht mit der

Strafe, sondern mit der Kontrolle, und sie (vollzieht sich) auf Ebenen und in Formen, die über den Staat und seine Apparate hinausgehen" (Foucault 1991, S. 111). Mit der Foucaultschen Interpretation hat sich, das Verhältnis von Disziplin, Kontrolle und Strafe betreffend, eine Vorstellung von der Ablösung der Strafe und der Repression durch die Normalisierungstechniken und -diskurse durchgesetzt; und beides nennt er gelegentlich einfach „Kontrolle".

Es ist wohl nicht zufällig, daß empirische Arbeiten, die die Modernisierung der staatlichen Strafe als ihren Ausgangspunkt nehmen und die nicht die „Disziplinar-institutionen", die Politik der sozialen Probleme oder allgemein die Kontroll-entwicklung untersuchen, Ablöse- und Trendmodelle nicht bestätigen.[8] Die Modernisierung des staatlichen Strafens bestand hauptsächlich darin, sich mit den Institutionen, Professionen und Strategien zu verbinden, die die Politik sozialer Probleme verfolgen. Ein Beginn und ein Ende der Transformation des staatlichen Strafens zu einem neuen Typus können sicher nicht als ein klar abgegrenzter Zeit-raum bestimmt werden. Der internationale „Modernisierungsschub" in den 60er und 70er Jahren hat diese Entwicklung aber so weit zu Ende gebracht, daß sie wissenschaftlich anders zu beschreiben ist als mit dem Bild eines sich immer weiter durchsetzenden Trends zu einem umfassenderen Kontrollnetz. Für die Beschreibung von Ergebnissen der Modernisierung der Strafe und einer vorläufig festen Struktur der Institution spielen Bilder von Räumen eine große Rolle. David Garland (1987)[d] bezieht sich bei seiner Untersuchung der in England vor der Jahr-hundertwende einsetzenden Transformation der viktorianischen „Vergeltungs-" und „Kerkerstrafe" in den Typus der „wohlfahrtsstaatlichen Strafe" auf das Bild eines „Strafkomplexes", das sich auch bei Foucault findet. Die Transformation und Modernisierung besteht in der Anlagerung und Ausdifferenzierung von drei „Sektoren" innerhalb der Institution der staatlichen Strafe. Ein normalisierender, ein korrigierender und ein segregierender Sektor bilden zusammen den modernen „penal-welfare-complex". Die wohlfahrtsstaatliche Strafe hat sich, wie andere Institutionen auch, zu einer „Monade" des Typus wohlfahrtsstaat-licher Regulation herausgebildet. Die Austauschbeziehungen finden nicht mehr nur zwischen verschiedenen repressiv-ausschließenden und disziplinierend-integrierenden Institutionen statt, sondern innerhalb der Institutionen, die jede ihren eigenen Komplex von Integration, Klassifikationssystem und absondernden Institutionen hat. Garland beschreibt die Austauschbeziehungen zwischen dem normalisierenden, dem korrektiven und dem segregierenden

---

[8] Vgl. zu den Widersprüchen von Strafe und Disziplin Steinert (1993a).

[d] Siehe *Kriminologische Grundlagentexte*, S. 353 ff. (A.d.H.).

Sektor der wohlfahrtsstaatlichen Strafe nicht im Sinn einer „funktionalen Arbeitsteilung". Segregation kann (und wird) zwar als „Gewalt-Rahmen" und Drohung fungieren; Ausschließung und die Drohung damit kann korrektive und normalisierende Praktiken stützen bzw. ihnen ihre nicht normierbaren Fälle abnehmen. Die Austauschbeziehungen bestehen aber weitgehend im gegenseitigen Export und in der gegenseitigen Verwaltung der im eigenen Sektor nicht regulierbaren Fälle.

Stanley Cohen (1985) charakterisiert die Struktur und die (wahrscheinliche) Zukunft der sozialen Regulation über Metaphern von „Zonen der Kontrolle". Der Verkehr zwischen diesen Zonen wird durch „Klassifikation" geregelt, die Bewältigungsstrategien von Menschen in Typen von Abweichung umdefinieren und sie entsprechend der Kategorisierungen ein- und aussortieren. Die Aufteilung von Strategien der sozialen Regulation in entweder „einbeziehende" oder „ausschließende" hat nur einen heuristischen Charakter. „Inklusion" und „Exklusion" interessieren Cohen nicht als Alternativen oder als Trend der sozialen Kontrolle, den man aus vielen (von der Trendlinie notorisch abweichenden) Teilstrategien und -institutionen herausrechnen kann, sondern in ihrem dialektischen Zusammenhang. Nach Cohens Überlegungen führten z. B. Ideen von der Stadt (und von der Gesellschaft) als einer geordneten, „inklusiven Gemeinschaft" und die Praxis der „social control entrepreneurs" in eine „punitive city". Es ist das Bild für einen gespaltenen sozialen Raum, in dem Zonen der Inklusion und der Exklusion sich gegenseitig den „social junk", den sie entsprechend ihrer Logik hervorbringen, wieder abnehmen. Den inklusiven Sektor teilen sich eine Koalition von Psycho- und Massenkultur (die die Selbsttätigkeit der Subjekte, das „do-it-yourself" der Normalisierung anregt) und Praktiken, die die (noch) nicht auf Kontrolle spezialisierten Institutionen wie Familie, Erziehung und Schule, Freizeit, Konsum und Arbeit durchdringen („kolonisieren") und die so auf wenig sichtbare, zumindest wenig stigmatisierende Weise Verhalten zugleich normalisieren und normieren. Zum exklusiven Sektor gehören die Klassifikationssysteme, die Formen der Abweichung konstituieren, die Institutionen und Praktiken der Überwachung, der Bestrafung, der Ghettoisierung und, nach wie vor, die geschlossenen „Lagerhäuser" für Menschen: die Gefängnisse und Asyle.

Folgt man Cohen und Garland, dann läßt sich, trotz der Ausbreitung von Normalisierungsagenturen, manchen Konjunkturen der Politik sozialer Probleme und der Modernisierung der Asyle fast aller „Disziplinen", kein Trend zur subtilen und disziplinierenden Integration feststellen. Im Fall des letzten Modernisierungsschubes der Strafe sind es die Widersprüche von Disziplin und der professionalisierten „Fürsorglichkeit", die die Kontinuität des „Kerkerhaften" in der staatlichen Strafe neu hervorbringen. Strafe hat sich nicht hinter dem Rücken der Institutionen und Akteure als ein Komplex von normalisierenden, korrigierenden und ausschließenden Strategien erhalten, sondern durch die Logik der angelagerten disziplinierenden und wohlfahrtsstaatlichen Strategien.[9] Wenn man andere Arbeiten zur Geschichte der Sozialpädagogik und der Fürsorge (Peukert 1986), zu Lagern und Gefängnissen (Armanski 1993; Sofsky 1993), zur Psychiatrie und Medizin (Dörner 1994) hinzunimmt, läßt sich keine ungebrochene Entwicklung heraus- finden, nach der Herrschaft von repressiven und ausschließenden Strategien zu entfremdenden, aber inklusiven Strategien übergeht. Die Bilder von der Strafe als einer „miniaturisierten"' Ausgabe des vorherrschenden disziplinierenden und wohlfahrtsstaatlichen Typus der Regulation, von Zonen „inklusiver" und „exklusiver" Kontrollen, legen es für einen herrschaftskritischen Ansatz nahe, Ausschließungsprozesse nicht nur als Gewaltrahmen oder als repressive „Über- reste", „Nebeneffekte" oder als Folgen einer prinzipiellen Lückenhaftigkeit von Kontrolle zu interpretieren, sondern das Nützlich-Machen für eine Ordnung zur ent- sprechenden Straf- und Ausschließungsform ins Verhältnis zu setzen.

Zur Dialektik von Ordnungsprojekten: Moralisierung und Ausschließung
[…] Etikettierungsansatz (bzw. Kontroll-Paradigma) haben zunächst gegen das Vokabular von „Integration und sozialer Kontrolle", das sich in ätiologischen Theorien und funktionalistischen Argumentationsmustern fand, die Politik einer adäquateren Benennung verfolgt: Behandelt wurde das moralische Degradieren, das Ächten, das Stigmatisieren, Dehumanisieren, Verurteilen, Kriminalisieren, Klassifizieren, Einschließen, Ghettoisieren, Absondern, Ausweisen, Verbannen als Formen der Zerstörung von Sozialität. Einer der wichtigsten Einwände gegen diesen Ansatz bestand in dem Hinweis auf den „idealistischen" und „astrukturellen" Bias. Die rettenden Formen der Kritik verfolgten in der Regel das Muster, Strategien der Etikettierung, der Konstitution von Abweichungen mit der Herrschafts-, der Staats- und Politikform einer Gesellschaft zu verbinden, nach Verweisen auf die Wirtschaftsform, die Sozialstruktur und die Konflikte darum zu suchen oder die Statusinteressen von Herrschaftsstäben und Kontrollinstitutionen zu benennen, die die Etiketten verwalten und daraus ihren Nutzen ziehen. Im Rahmen dieser rettenden Kritik hat sich im Zusammenhang mit den Überlegungen zu der Modernisierung

---

[9] Dieses Argument findet sich bei allen Kritiken des Strafrechts, die in den utilitaristischen bzw. „sozialen" Legitimationen und der Ausweitung der „troubled person professions" (Gusfield 1989) den Grund für die mißlungene Eingrenzung des Strafens sehen. Aber nicht „das Soziale" erhält die Strafe, sondern die Form der sozialen Regulation; vgl. Scheerer (1993).

des Strafrechts sowie der Sichtweise von Kontrolle als einer „aktiven", „formenden und nützlichen Kraft" und als „Ursache" von (sekundärer) Abweichung und den „latenten", den „symbolischen" Funktionen von Kriminalisierung die Aufmerksamkeit für Ausschließung wieder verflüchtigt. Die theoretische Verarbeitung der beobachteten „Paradoxien" und „Absurditäten" von Kriminalisierung und Strafe war, auf einer „höheren" Ebene nach ihrer Funktion und Funktionalität zu suchen. Mit der Einsicht, daß Institutionen der Strafe und der Kontrolle gerade nicht an ihren Konsequenzen zugrunde gehen, wurden Ausschließungsprozesse zwar nicht als „normal", wohl aber als „nützlich" vorausgesetzt. Gestellt wurde die Frage nach einer herrschaftlichen und systemischen Rationalität von Strafe und die nach der Nützlichkeit der Konstituierung von „Außenseitern" als reale Gruppe bzw. als Mythos für die Reproduktion und Darstellung von Herrschaftsverhältnissen. Strafe und Kriminalität, Kontrolle und Abweichungen mögen eine widersprüchliche Einheit sein, erschienen aber keineswegs funktional unverträglich. Insbesondere mit der Verlagerung der Bedeutung von Kriminalisierung und Strafe auf die Ebene der Produktion von Zeichen, von Symbolen und normativen Ordnungen wurden faktische und symbolische Ausschließungen zunehmend als Kosten oder Nebeneffekt, als Dilemma oder als Spielmaterial von Integrierung thematisiert. Das implizierte eine theoretische Marginalisierung von Ausschließungsprozessen, die sich allerdings wieder aufheben läßt [...].

Strafe als symbolische Politik und Darstellung von Moral
Wenn man von klassischen Analysen symbolischer Kreuzzüge und der Unternehmungen in Sachen der Moral ausgeht, ist die Trennung der „symbolischen" und „instrumentellen" Funktionen von Gesetz und Strafe eine analytische. Damit wird nur die Feststellung verbunden, daß Kriminalisierung und Strafe keine instrumentelle Funktion der Kriminalitätskontrolle zukommt. Ausgangspunkt der Forschungen zu den symbolischen Funktionen von Gesetz und Strafe war die Verschiebung von gesellschaftlichen Machtkämpfen und Interessenkonflikten auf die Ebene des „Kulturkampfes". Dies legte ein Vokabular von Wert und Norm, von Kultur und Moral, von Symbolisierung und Expressivität nahe. Die Untersuchungen der symbolischen Kreuzzüge gegen die Laster des 19. Jahrhunderts und die Studien zum privaten und staatlichen Moral- Unternehmertum des 20. Jahrhunderts konzentrierten sich auf die expressiven und rituellen Seiten von Kriminalisierungsforderungen, von Skandalisierungen, von Gesetzgebungsprozessen und Normanwendung. „Die Erörterung von Devianzdefinitionen hat sich vor allem auf die Herrschaft bestimmter Normen bezogen und nicht auf instrumentelle soziale Kontrolle" (Gusfield 1975, S. 177).[e] Die Untersuchungen haben

---

[e] Siehe *Kriminologische Grundlagentexte*, S. 67 ff. (A.d.H.).

eine Tendenz, die historisch spezifische Haltung der moralunternehmerischen Bewegungen, die sie untersucht haben, zu der Funktion von Kriminalisierung und Strafe zu verallgemeinern. Daß moral-unternehmerische Bewegungen mit Gesten und Ritualen der öffentlichen Bestätigung ihrer Lebensweise und Moral durch (Strafrechts-)Normen zufrieden waren, wenn ihre Interessen, ihre Kultur und Welt-Deutungen darin Eingang gefunden hatten bzw. ihnen der Wille und die Macht fehlten, Gesetze mit aller Gewalt durchzusetzen, heißt nicht, daß es nicht historische Situationen für andere Moral-Unternehmer geben kann, die Welt an ihren Entwurf anzupassen. Ich möchte im folgenden an K.T. Erikson und seiner Analyse der Funktionen von Kriminalisierungswellen zeigen, daß mit der Beschränkung der Interpretation auf die symbolische Dimension von Kriminalisierung und Strafe sich zudem schnell ein „sanfter Zynismus" einstellen kann, wenn Herrschaftsverhältnissen das Gewand der normativen Ordnung umgelegt wird und vom Standpunkt der Kriminalisierer nach der Rationalität dieses Vorgangs gefahndet wird. Ich beziehe mich auf Erikson, weil dessen Interpretationsmuster bis heute verwendet wird, wenn gezeigt werden soll, daß Kriminalisierung und Strafe zur „symbolischen Politik" staatlicher Institutionen und sozialer Bewegungen gehört. Ich habe mich selbst sehr oft darauf bezogen. Die Betonung der „positiven" bzw. der „darstellenden" Funktionen des staatlichen Strafens fur die Konstitution von Moral und Kultur, für das „Re-Ordering" machte Ausschließung zu einem Rand- und Kostenphänomen der Reproduktion von Herrschaftsordnungen.

Erikson knüpft an Durkheims Annahmen über die Normalität von Abweichung an. Ihn beschäftigt die Notwendigkeit von Ritualen der öffentlichen Entrüstung, von Sanktion und Strafe für die Erhaltung des „Normbewußtseins" und des „Solidaritätsbandes" der Gesellschaftsmitglieder. Wenn man Argumentationsfiguren aus dem funktionalistischen und normativen Paradigma mit dem interpretativen Paradigma und der Herrschaftskritik verbindet, bleibt die erste Perspektive wohl hegemonial. Eriksons Versuch, den gesellschaftlichen Sinn von Kriminalisierungswellen verstehen zu wollen, stellt innerhalb des interaktionistischen Paradigmas einen Perspektivenwechsel dar: Von der Analyse dessen, was die Strafe mit den Prozessierten macht und was sie für sie bedeutet, zur Interpretation dessen, was Kriminalisierung, Verurteilung und Bestrafung über einen Herrschaftsstab aussagen und was sie dem von den politischen und richterlichen Entscheidungsarenen mehr oder weniger weit entfernten Volk und Publikum anzeigen. Erikson geht davon aus, daß Gesellschaft die Bildung eines sozialen Raumes voraussetzt. Gesellschaften erhielten sich nur dann als Einheit und Ordnung, wenn Mitglieder ständig über ihre territorialen und vor allem die symbolischen Grenzen unterrichtet würden. Für Eriksons Antwort auf die Frage, wie ist Gesellschaft möglich, stand das Modell der Kolonie selbst Pate. Er unterscheidet sich in seinem Gesellschaftsmodell nicht von der Durkheimschen und der funktionalistischen Vorstellung von Moral, Wertbindung und Normbewußtsein als dem „Band", das Gesellschaft zusammenschnürt. Für die Kolonie der Puritaner im Neu-England des 17. Jahrhunderts interessierte er sich, weil er in den Kriminalisierungswellen, den Strafexzessen und den Hexenjagden, die dort in einem Zeitraum von nur 60 Jahren stattfanden (1632–1692) und in dem Klima der Punitivität selbst ein Muster identifizierte, dessen „Grundlinien (...) noch in vielen unserer gegenwärtigen Einstellungen zu abweichendem Verhalten zu erkennen sind" (Erikson 1978, S. 171) [...].

Die drei Erzählungen von Erikson über Kriminalisierungswellen und Hexenhysterie im 17. Jahrhundert werden immer wieder relevant, weil sie drei Typen von sozialen Konflikten repräsentieren, die bis heute von der Ebene der Interessenskonflikte auf die der „moralischen Kämpfe" und der „Kulturkämpfe'" verschoben werden. Der Antinomistenstreit läßt sich interpretieren als Konflikt innerhalb einer Herrschaftselite um die Form von Herrschaft. Die Quäkerverfolgung steht für Konflikte um Lebensweisen und für staatliche Abwehr von Forderungen nach einem toleranteren „Gesellschaftsvertrag" durch die Produktion „nützlicher Feinde". Die Hexenhysterie steht für die staatliche Bearbeitung eines gesellschaftlichen Klimas der „sozialen Angst", die mit der Ausschließung der Fremden arbeitet. Die angebotene Krisenlösung besteht in der ideologischen Strategie der Projektion, die Konkurrenten und Grenzgänger als „Krisenursache" und Fremde bestimmt. Es waren genau diese Typen von Konflikten, die es insbesondere im Kontext von „Moral-Paniken" und „Law-and-Order-Kampagnen" ab den 70er Jahren nahelegten, sich auf Erikson zu beziehen.[11] Es ist nicht nur die Kontinuität der Konfliktverschiebung, es sind auch die Inhalte der „Grenzziehungen" und die sozialen Typen, die damit konstruiert werden, die uns die puritanische Kolonie so „modern" erscheinen lassen.

Für alle Konflikt- bzw. Krisensituationen schildert Erikson, daß das puritanische „Establishment" in einer ziemlich puren Weise die Strategie verfolgte, „Gefahrenträger aus dem sozialen Raum, in dem das geordnete Leben stattfindet", auszuschließen (Bauman 1993, S. 519). Es gibt keine Versuche der Integration der Grenzgänger, nicht einmal in der Form der „Assimilation", noch Verhandlungen über „Grenzverschiebungen". Entgegen der späteren Interpretation als „normativer Grenzziehung" und der Sicherung „kollektiver Identität" erzählt Erikson in den Geschichten über die Konflikte in der Kolonie, daß die „Grenzen

---

[11] Vgl. Cohen (1987) [siehe *Kriminologische Grundlagentexte*, S. 89 ff. – A.d.H.], Hall et al. (1978), Treiber (1984), Cremer-Schäfer und Stehr (1990a, b).

der Gemeinschaft" durch Entscheidungen der „Administratoren des Puritanismus" über das Bürger- und Aufenthaltsrecht in der Kolonie gezogen wurden. Die Entscheidungen betrafen die soziale und räumliche Isolierung von Häretikerinnen, sie bedeuteten das Untersagen von anderen Lebensweisen in der Kolonie, und sie bestimmten schließlich, wer unter den Grenzgängern der Ordnung Wahnvorstellungen geopfert werden durfte. Die Erzählungen darüber, wen weshalb Kriminalisierung und die Strafaktionen der Administratoren des Puritanismus getroffen haben, sind angeleitet vom interpretativen Paradigma und implizieren (wenn auch ziemlich rudimentär) eine herrschaftskritische Perspektive. Zu den Aporien von Grenzziehungen, der Bildung von „Einheiten" und „Gemeinschaft" durch Abgrenzung gehört nach Erikson, daß sie „Grenzgänger, Grenztester und Raumvermesser" hervorbringen. Und auch wenn Erikson selbst sich Vergesellschaftung nach dem Modell der Kolonie vorstellt, so besteht er doch darauf, Grenzgänger nicht als „Abweichende" zu etikettieren. Sie sind „kein Stück Ausschuß aus der fehlerhaften Sozialmaschine", sondern „bedeutsame Gestalten der gesellschaftlichen Arbeitsteilung" (ebenda, S. 28). Rechtschaffene Mitglieder werden ihnen gegenüber Ambivalenz entwickeln und ausdrücken, weil sie klarstellen, daß Grenzen gemacht und veränderbar sind und daß jede Bildung von sozialen Räumen ein Moment „überflüssiger Einschränkungen" impliziert, die über das zur Anpassung pragmatisch Notwendige hinausgehen. Erikson verlangt von „der Gemeinschaft" als Haltung gegenüber Grenzgängern eine gesellschaftliche Kompetenz, Ambiguität zu tolerieren. Das mache es möglich, „überflüssige Einschränkungen" der Vielfalt menschlicher Handlungsweisen abzubauen. Das „inklusive" Projekt, eine Gesellschaft der Gleichen durch territoriale und symbolische Abgrenzung zu organisieren, braucht eine „Kultur", die seine inneren Widersprüche kontrolliert. Die Beurteilung von Strategien der territorialen und der symbolischen Grenzziehung danach, ob sie es erlauben, „überflüssige Herrschaft" abzubauen, könnte man einen Ansatz von Herrschaftskritik nennen. Die Autoren, die sich bei der Analyse von „modernen" symbolischen Kreuzzügen und Moral-Paniken auf Erikson bezogen haben, unterstellten ihm wohlwollend diese herrschaftskritische Perspektive. Erikson interessierte: 1. Welche Elemente von Kultur haben dazu geführt, daß die puritanische Kolonie nach dem Muster der Punitivität mit Grenzgängern verfährt, d. h. welche „Ausschlußtheorie" bot die puritanische Kultur an? 2. Welche Form der Rationalität liegt in der scheinbaren Irrationalität der Strategie, Grenzgänger auszuschließen?

Daß Konflikte um Herrschaftsformen und Lebensweisen bzw. soziale Angst in Bestrafungs-, Verbannungs-, Hinrichtungswellen und Sündenbockjagden enden können, erklärt Erikson aus dem Zusammentreffen des „Sozialcharakters" der Puritaner, ihrer „kalten Rechtschaffenheit" und ausgeprägten „Intoleranz der

Ambiguität" mit ihrem Ordnungsprojekt. Die „kalte Rechtschaffenheit" legte das „Ordnung halten" und die „Säuberung der Gemeinschaft von Störendem" als Pflichterfüllung und Aufgabe fest. Der Puritanismus stellte über die Prädestinationslehre zudem eine Ausschlußtheorie zur Verfügung, die binäre Aufspaltungen von Menschen nach ihrer Wertigkeit (und Auserwähltheit) erlaubte. Ausschließung bleibt nach der Prädestinationslehre dauerhaft; auch erfolgreich Assimilierte bleiben ehemalige Abweichler. Die Reaktion auf Grenzgänger ist also nicht nur moralisierend, punitiv und ausschließend, sondern führt zudem zur individuellen und kollektiven Verfestigung von Abweichung. Insgesamt vermittelt die Kultur der Puritaner wenige Kompetenzen, mit den Widersprüchen umzugehen, die die soziale Raumbildung impliziert und in der Gestalt der Konflikte mit Grenzgängern hervorbringt. Erikson interpretiert Kriminalisierung, Strafe und Verbannung als eine in der Radikalität der Ausschließung kulturell geformte Strategie der „normativen Grenzziehung" und Sicherung der „kollektiven Identität", der „territorialen und kulturellen Integrität" einer „Gemeinschaft". Daß es sich bei Grenzziehungen um einen Herrschaftsmechanismus handelt und nicht um einen neutralen der Vergesellschaftung oder gar der Bildung von Gemeinschaft, geht bei Erikson schnell verloren. „Insgesamt (...) unterrichten sich Mitglieder einer Gemeinschaft über die Lage ihrer Grenzen, indem sie an den Konfrontationen zwischen Leuten, die sich über die Ränder der Gruppe hinausgewagt haben, und Kontrollagenten teilnehmen, deren besonderes Geschäft es ist, über die kulturelle Integrität der Gruppe zu wachen. Ob diese Konfrontationen nun die Form von Strafprozessen, Exkommunikationsgerichten, Kriegsgerichten oder auch psychiatrischen Fachkonferenzen annehmen, sie wirken insofern grenzerhaltend, als sie dem betroffenen Publikum demonstrieren, wo die Grenze zwischen Verhalten ist, das in die besondere Welt der Gruppe hineingehört und Verhalten, das nicht hineingehört." (S. 21) Wenig später ist die Differenz zwischen Publikum und Kontrollagenten ganz aus der Interpretation verschwunden; sie bilden eine „Gemeinschaft": „Jedesmal also, wenn die Gemeinschaft zur Bestrafung einer abweichenden Handlung schreitet und eine Zeremonie veranstaltet, um den Verantwortlichen zu maßregeln, bekräftigt sie die Geltung der verletzten Norm und stellt erneut klar, wo die Grenzen der Gruppe liegen" (Erikson 1978, S. 22).

Funktionalistische Argumentationsfiguren und das Vokabular decken den Inhalt der Erzählungen zu, daß es sich bei Kriminalisierung und Strafe um Strategien der Herrschaftselite der Kolonie handelte. Es wurden nicht die „normativen Grenzen der Gemeinschaft" gezogen, sondern die Macht einer Elite behauptet; es wurde keine „kollektive Identität" bewahrt, sondern die punitive Moral der kalten Rechtschaffenheit vorgeführt. Das Problem liegt darin, daß durch die Beschränkung der Interpretation auf die symbolische Dimension der Ausschließungsprozesse einer Herrschaftsstrategie die Weihen gesamtgesellschaftlicher Rationalität verliehen werden. Kriminalisierung und Strafe waren auch bei den Puritanern nicht „effektiv" im Sinne von Kriminalitätsbekämpfung, sie schaffen erst die Feinde, die Anderen und die Fremden, die sie bekämpfen. Inhaftierung, Verbannung und Todesstrafe sind nicht einmal „wirksame" Strategien für die Herrschaftselite, die Kontrolle über die Entwicklung der Kolonie zu behalten; die symbolischen Kreuzzüge sind Rückzüge. Aber anstatt die Irrationalität einer nach einem Moralkodex geplanten Welt zu beschreiben, sucht Erikson nach einer Form von „Rationalität", die die Irrationalität der moralischen Verurteilung von Grenzgängern aufhebt und dem punitiven, ausschließenden Umgang mit ihnen einen gesellschaftlichen Sinn gibt. Kriminalisierung und Strafe erhalten bei ihm eine Rationalität dadurch zugeschrieben, daß sie ein Systemproblem von Gesellschaft „wirksam" lösen: sie unterrichten über die symbolischen Grenzen der Gemeinschaft, wirken grenzerhaltend und vereinheitlichend. Den Antinomisten-Streit, die Quäkerverfolgung und die Hexenhysterie erzählte Erikson noch von verschiedenen gesellschaftlichen Standpunkten: dem der Grenzgänger, dem der Administratoren des Puritanismus, dem des Publikums und der Mitglieder. Für die Interpretation wählt er die Position eines Beobachters, der sich von den Inhalten einer Ordnung distanziert, aber gleichzeitig bewertet, was der „Integrität" jeder Ordnung nutzt. Position und Vokabular versöhnen auf merkwürdige Weise mit dem Preis, der für das Wiederherstellen der „kulturellen Integrität", der „kalten Rechtschaffenheit" und der „Intoleranz der Ambiguität" zu zahlen war. Haft, Todesstrafe, Verbannung, Verbrennen, Verfolgung, Willkür für „die Anderen" der Ordnung werden verrechnet, mindestens aber abgewogen mit den Funktionen der Grenzerhaltung eines sozialen Raumes und der Reproduktion der Gemeinschaft von Administratoren und dem Volk der Puritaner.[12]

In die Gefahr dieser Verrechnung von sozialem Ausschluß mit der Nützlichkeit für die Reproduktion von Herrschaftsordnungen geraten Interpretationen von symbolischen Kreuzzügen, von Moral-Unternehmertum, von den inzwischen professionalisierten und veralltäglichten Diskursen über Kriminalität immer dann, wenn sie die symbolischen, die darstellenden und die diskursiven Funktionen

---

[12] So gefaßt geht die Interpretation von Kriminalisierung und Strafe einen Schritt hinter die Meadsche Perspektive zurück. Er stellte zwar auch fest, daß Punitivität eine wirksame Strategie der Identitätspolitik ist; diese Grenzsicherungen verbinden sich aber mit Selbstbehauptung und Identitätszwang, verhindern Individuierungschancen und zerstören so die Sozialität aller Gesellschaftsmitglieder. Gesellschaft kann sich erst herstellen über ständige Grenzöffnungen und -verschiebungen (und das heißt bei Mead verwirrenderweise „soziale Kontrolle").

von Strafe getrennt von den Strukturierungsprozessen interpretieren, die damit verbunden sind. Die in diesen Projekten sichtbare „Dialektik der Ordnung" (Bauman 1992) ist jedoch nur durch eine zweifache Beschreibung der Vorgänge als Integration (in der Form des „Identitätszwangs") und als Ausschließung (in der Form des moralisch legitimierten Ausschlusses) adäquat zu erfassen. Von „symbolischen" oder „expressiven" Funktionen des Strafrechts und der Kriminalisierungsdiskurse zu sprechen, bleibt ein ziemlich neutraler Ausdruck für das, was öffentlich damit zum Ausdruck gebracht wird: Daß einzelne Personen oder eine ganze Kategorie mit gutem Grund ausgebürgert, eingesperrt oder präventiv verhindert gehörten. Eine kritische Stoßrichtung behielt die analytische Unterscheidung von instrumentellen und symbolischen Funktionen der Strafe dadurch, daß die konkreten Konflikte, die jeweils analysiert wurden, als eine Auseinandersetzung um die (Minder-)Wertigkeit von Kulturen thematisiert wurde und als Auseinandersetzung um die Kategorisierung und Klassifizierung von Menschen, die gleichzeitig ihren Status als noch „Zugehörige" und schon „Ausgeschlossene" bestimmte.[13] Die Moral-Unternehmer-Forschungen haben den Vorteil, daß ihre Interpretationen induktiv gewonnen und nicht „abgeleitet" werden. d. h. sie kommen nicht ohne die Rekonstruktion und Erzählungen der Geschichte sozialer Konflikte aus. Diese Erzählungen handeln immer von der *Verschiebung* historisch spezifischer Interessenkonflikte auf die Ebene der „moralischen Kämpfe". Sie handeln von der Suche nach *Rationalisierungen* für Interessenpolitiken, von Versuchen der *Universalisierung* partikularer Interessen (d. h. von der Behauptung als für alle gültig bzw. als dem Gemeinwohl dienend) und von Strategien der *Naturalisierung* von Ungleichheiten, Herrschaftsverhältnissen, Lebensweisen und ihrer Moralen, die ihrerseits die Moralisierung, die Umwandlung von Konflikten in kulturelle und moralische Kämpfe stützen. Verschiebung von Konflikten, Moralisierung, Rationalisierung, Legitimation und Universalisierung von Interessen und die Naturalisierung von sozialen Verhältnissen sind Praktiken, die sich auf der Ebene von Symbolen, Zeichen, Bedeutungen abspielen. Die Produktion von Zeichen und Bedeutungen und das Aussenden kultureller Botschaften ist nicht an sich ideologisch. Aber

---

[13] In den verschiedenen Arbeiten von Gusfield (1975, 1981, 1989) wird einerseits der „Wandel moralischer Bewertungen" deutlich. Die Be- und Verurteilung als Sünder, Feind, Zyniker, Kranker oder sozialer Problemfall bedeutet immer eine soziale Minderwertigkeit, weil alle Etiketten jemanden zum Objekt machen.

jeder Zusammenhang von Bedeutungsproduktionen und Machtstrategien verweist auf ein „Ideologieproblem" und „konstituiert die ideologische Instanz",
wie das Stuart Hall formuliert hat. Wenn „ideologische Apparate" (wie das
Strafrecht) und ideologische Strategien dazu dienen, Gruppen vom Zugang zu
materiellen und kulturellen Ressourcen auszuschließen, muß man sie Teil von
Ausschließungspraxen nennen (Hall 1989, S. 913). So naheliegend der Schritt der
Kritischen Kriminologie war, die symbolischen Funktionen von Kriminalisierung
und Strafe als ideologische zu konzipieren, die Überlegungen gingen nicht automatisch dahin, das Verhältnis von Ideologie und Ausschließung auch explizit zu
behandeln.

Ideologieproduktion und sozialer Ausschluß
[...] Ideologische Funktionen von Kriminalisierung und Strafe lassen sich
allerdings nicht analysieren, ohne auf Diskriminierungsstrukturen und
Ausschließungsmechanismen zu rekurrieren. Die beschriebenen ideologischen
Strategien brauchen „Kriminalität" als abstrakte Kategorie und als Mythos,
und sie kommen ohne „die Kriminellen" als eine minoritäre, aber reale Gruppe
nicht aus. Die Frage, wie diese beiden Phänomene hergestellt werden, läßt
sich nicht von der Frage nach der sozialen Selektivität des Strafrechts trennen.
Strafrecht als einen „ideologischen Apparat" zu interpretieren, bedeutet
herauszuarbeiten, wie in Gesetzgebungsprozessen, in Kriminalnormen, ihren
professionellen Anwendungsregeln, im Wissen über Kriminalität oder in den
jeweiligen Strafformen eine historisch spezifische „Arbeitsmoral" und Aspekte
eines weitergefaßten „impliziten Gesellschaftsvertrages" eingeschrieben sind,
ohne eine platte „Klassenjustiz" zu unterstellen. Das Konzept der „Arbeitsmoral" wurde von Steinert gewählt, weil es nicht primär darum geht, daß ein
ökonomisches Grundverhältnis dargestellt werden soll, sondern spezifische,
sich verändernde Strukturen der Privilegierung, der Diskriminierung und der
Ausschließung im Produktions- und Reproduktionsbereich. Anforderungen an
Arbeits- und Lebensweise in kapitalistischen Gesellschaften können prinzipiell
über zwei Politiken durchgesetzt werden: durch ein *Weniger* oder *Mehr* an *Verdinglichung*. Dieses *Mehr* an Verdinglichung kann entweder auf *Disziplinierung*
oder *soziale Ausschließung* bezogen sein. Die Rechtsform ermöglicht es, daß
in Gesetzgebungsprozessen, in den Kriminalnormen und bei ihrer Anwendung
sich Konflikte um eine gültige oder durchzusetzende „Arbeitsmoral" und entsprechend partikulare Interessen nicht offen auszudrücken brauchen. Sie
artikulieren sich über Kriminalisierungsprozesse und sind darin encodiert.

Entstanden aus Kompromißbildungen zwischen Staat und sozialen Bewegungen, treten Kriminalnormen als allgemeine Rechte auf, verbunden mit einem Anspruch auf staatliche Intervention. Es ist die Selektivität des Rechts und, vermittelt über die Institutionen der Verantwortlichkeit und der Schuldfähigkeit, der „second code" der Rechtsanwender, die undisziplinierte Arbeit und irreguläre, nicht an Familie gebundene Reproduktionsformen mißbilligen, die nicht-asketischen Lebensweisen verdammen, die das „Sich-nicht-(re-)formieren-lassen-Wollen" bestrafen und die Rechtlosigkeiten von Fremden verdoppeln.

Strafe und Kriminalisierung sind aber nicht nur über den Prozeß der Produktion und der Verwaltung der „Kriminalität" und der „Kriminellen" mit Strukturen von faktischer Diskriminierung und Ausschließung vermittelt. Es ließ sich in der gesellschaftlichen Entwicklung der Nachkriegszeit nur für eine ganz kurze Zeit davon ausgehen, daß Strafe auch auf der Ebene der Ideologie dazu benutzt werden kann, staatliche Liberalität zu demonstrieren, professionelle Fürsorglichkeit auszudrücken, (etwas) mehr gesellschaftliche Toleranz für Verschiedenheit darzustellen und nicht nur dort zu investieren, wo die guten Risiken liegen, sondern auch dort, wo es nicht lohnt. Das, was im Zusammenhang mit der nun bald 30jährigen Geschichte von Moral-Paniken und ihren modernen „Folk-Devils", von Sicherheits-Paniken und ihren „Feinden von Staat und Gesellschaft", angesichts symbolischer Kreuzzüge gegen Drogen und deren Feind- und Angstbilder, schließlich angesichts der alltäglichen medialen Skandalisierung von (Gewalt-)Kriminalität mit ihrem Bilderbuch zu „parasitären" und „brutalisierten" Existenzen (und die fragwürdigen sozialen Kategorien, aus denen sie stammen) über ideologische Strategien zusammengetragen wurde, hat sicherlich einiges mit Projektion, mit der Zerstreuung von Zweifeln über die Gerechtigkeit der Sozialstruktur, mit der Gewinnung von Einverständnis und der populistischen Organisierung von Konsens zu tun. Aber gerade wenn man die Bedeutung von Kriminalisierung und Strafe auf der ideologischen Ebene untersucht, läßt sich das schwerlich nur als soziale Kontrolle konzipieren und unter dem Aspekt der Nützlichkeit und Rationalität für bestimmte Herrschaftsverhältnisse diskutieren. Es wird ja immer betont, daß diese Wirksamkeit sich darüber herstellt, daß eine Politik der „Konstruktion von Differenz" verfolgt wird, in der „die Anderen" nicht nur als binäres Objekt und als verdrehtes Spiegelbild konstruiert werden, sondern als untergeordnete oder überhaupt nicht zugehörige, fremde, die Ordnung der Dinge störende Kategorie. Die Aufspaltung der Welt in „Wir und Sie" macht „Sie" mehr oder weniger gründlich zu einem Objekt der symbolischen Ausschließung.

Die ideologische Arbeit, die über „Kriminalitätsdiskurse" und die Figur der Strafe geleistet wird, besteht darin, *Ausschließungsdiskurse* zu führen. Alle Politiken der „Konstruktion von Differenz", „der Konstruktion der anderen" oder „des Fremden" bestimmen die Ausnahmen für die Gültigkeit des bürgerlichen Gleichheitspostulats und die Grenzen des Anspruchs auf Anerkennung für bestimmte soziale Kategorien innerhalb kapitalistischer Gesellschaftsformationen. Ausschlußdiskurse stellen jenen Teil des „impliziten Gesellschaftsvertrages" dar, der bestimmt, was Individuen und Gruppen der Ordnung „schulden" und was passiert, wenn das verweigert oder nicht erbracht wird: Wer kann was von anderen als Pflicht verlangen, wer kann sich was anderen gegenüber herausnehmen? Wer kann wen weshalb auf einen untergeordneten Status verweisen, ihr oder ihm welche Arbeitsteilung und Teilhaberechte zuweisen? Vor allem: Wer kann gegenüber wem Prinzipien der Sozialität aufheben, sie oder ihn faktisch und symbolisch ausweisen? Soziale Kategorien, über deren Unterordnung und Ausschluß verhandelt wird, sind strukturbildende Kategorien wie Klasse und Geschlecht, und mehr politisch und unter Beteiligung von gesellschaftlichen Institutionen hergestellte Kategorisierungen wie Alter, Rasse und Staatsbürgerschaft. Eine allgemeine Zustimmung zu Ausschließungspraxen und die Bestimmung von Institutionen, die dafür zuständig sind, Grenzen zu ziehen, setzt zumindest unter den sozialen Verhältnissen bürgerlicher Gesellschaften eine Rationalisierung voraus. Und die Institutionen der Grenzziehung produzieren sie gleichzeitig. Vertragstheorien und die Theorie des Marktes reichen nicht aus, um Ungleichheit zu erklären; Differenz läßt sich nicht nur aus Nützlichkeit, individuellem Verdienst und Übereinkunft erklären. Zu den ergänzenden Theorien gehört die „Naturalisierung" von Differenz (wie die der Geschlechter) und „Moralisierung" (vgl. Steinert 1993b). Kriminalisierung (als Form von Moralisierung) und Strafe bestimmen das Nicht-teilhaben-Können als Ergebnis der „Moralität" von Personen. Gemeint ist die Unwilligkeit und/ oder die Unfähigkeit von Personen (und ganzen sozialen Kategorien), den unterstellten Gesellschaftsvertrag einzuhalten. Sie unterscheidet sich von anderen Praxen der Herstellung von Differenz dadurch, daß sie über das Kriterium der Moral eine Grenze im Unterschied zu allen anderen Grenzziehungen und Hierarchisierungen innerhalb einer Ordnung legitimiert.[15] Das Strafrecht ist

---

[15] Auch Foucault hält daran fest, daß die Disziplinargesellschaft für alle, die nicht mehr als nützlich erachtet werden, eine „Schandklasse" (Foucault 1977, S. 236, siehe *Kriminologische Grundlagentexte*, S. 333 ff. [A.d.H.] bereit hält, und daß zur Disziplin und „Bio-Politik" der Rassismus bzw. das Prinzip „Töten, um zu leben" gehört (1991, S. 162 ff.). Die zweite Institution, die die äußersten Grenzen verwaltet und nach dem Kriterium der Unvernunft einteilt, ist die Psychiatrie. Aber auch die Institutionen der Erziehung und die Medizin haben ihre Grenzinstitutionen.

der ideologische Apparat, der Disziplin mit moralischem Verhalten identifiziert und dies mit Konformität und Gehorsam gegenüber jenen Normen gleichsetzt, die eine Mehrheit befolgt oder die schlicht zur Erhaltung von Ordnung „an sich" als notwendig ausgegeben werden. Aus den pragmatischen Theorien der Rechtsanwender, aus den Ursachentheorien der Kriminologie, aus den alltäglichen und medialen Diskursen und Kriminalitätsbildern mögen die Vokabulare von „gut" und „böse" und sozialrassistische Einteilungen nach Minderwertigkeiten, nach Menschen und Unter-Menschen ziemlich verschwunden sein. In der Zuschreibung von Defiziten, Schwächen, Defekten und Mängeln, in der Annahme von Unzivilisiertheiten, Verformungen und Brutalisierungen liegt aber ein ausreichendes Potential, soziale Distanz zu erzeugen. Weil die Assoziationskette von konform = sozial = moralisch = menschlich nicht unterbrochen wird, bleiben die Grenzen der Moralisierung zu Strategien der Entmenschlichung prinzipiell fließend.

Der Logik des Ideologischen entspricht, daß „Nützlichkeit", „Natur", politisch definierte „Zugehörigkeit", „Moral" sich als Rationalisierung von Ungleichheiten gegenseitig ersetzen können und sich gegenseitig ausarbeiten. Ausschlußpraxen kommen heute nicht mehr mit den Strukturkategorien „Klasse, Rasse, Geschlecht" aus. Weil sozialer Ausschluß legitimationsbedürftig ist, wirken sie nur in Verbindung mit Kriterien der Nützlichkeit und der Moralität. Aus den Analysen der Politik und der Diskurse des Neorassismus läßt sich entnehmen, daß sich ein verändertes „Ausleseprinzip" abzeichnet. Eine Reihe von Autoren der Rassismusforschung (Etienne Balibar 1989; Wolfgang Fritz Haug 1992) charakterisieren den Neorassismus im Unterschied zum Antisemitismus und dem traditionellen Rassismus „von unten" dadurch, daß er nicht mehr bestimmte „Rassen" als minderwertig ansieht und verfolgt, sondern aus allen Rassen und Nationen die „Minderwertigen" aussondert und fallenläßt. Ausleseprinzip ist die Fähigkeit zu einem „normalen" gesellschaftlichen Leben (d. h. ohne Kriminalität und Abweichungen) innerhalb einer vorgegebenen Ordnung und der Beitrag zu ihrer optimalen Reproduktion (ohne gesundheitliche, eugenische oder moralische Sicherheits-Risiken). Damit wäre die Zuschreibung von „Kriminalität" so weit in das Zentrum der Auslesekriterien gerückt, daß sich das Nachdenken über Strafe und Kriminalisierung nicht mehr darauf begrenzen kann, wie Ausschlußphänomene „produktiv" in Normalisierungsdiskursen, Machtspielen und in populistischen Kampagnen aller Spielarten eingesetzt werden und damit zu einem Teil der sozialen Kontrolle und des „Re-Ordering" avancieren. Ideologische Diskurse und die Apparate, die sie ermöglichen, zielen nicht primär auf Ausschließung. Die gesellschaftliche Institution der Strafe läßt sich adäquat aber nur analysieren, wenn das Kontrollpotential und das Ausschlußpotential zueinander ins Verhältnis gesetzt werden. Das wird um so dringlicher werden, je zentraler die „Moral der Funktionalität" (Bauman 1992) zu einem Kriterium für das Ein- und Aussortieren von Menschen wird. Soziale Kontrolle als Schlüsselbegriff der Strafrechtskritik leitet dazu an, die Vorgänge der moralischen Verurteilung und der Ideologie-Produktion primär unter dem Aspekt ihrer herrschaftsstrategischen und systemischen „Rationalität" zu diskutieren. Erst durch das Konzept der sozialen Ausschließung wird deutlich, daß Ideologie-Produktion in der Form der öffentlichen moralischen Verurteilung und die daraus resultierende binäre Klassifikation sozialer Kategorien nicht nur auf einen untergeordneten Platz innerhalb einer Gesellschaft verweisen, sondern den anderen den Status der „minderen" Menschen zuweisen, sie als „Nicht-Zugehörige" von Nation, Gesellschaft und Menschheit definieren.

Literatur

Armanski, D., Maschinen des Terrors. Das Lager (KZ und GULAG) in der Moderne, Münster 1993.
Balibar, E., Gibt es einen neuen Rassismus?, in: Das Argument 175, 1989, S. 369–381.
Bauman, Z., Moderne und Ambivalenz. Das Ende der Eindeutigkeit, Hamburg 1992.
Bauman, Z., Das Urteil von Nürnberg hat keinen Bestand. Rassismus, Anti-Rassismus und moralischer Fortschritt, in: Das Argument 200, 1993, S. 519–531.
Becker, H.S., Außenseiter. Zur Soziologie abweichenden Verhaltens, Frankfurt a. M. 1973; (zuerst 1963).
Black, D., Social Control as a Dependent Variable, in: Toward a General Theory of Social Control, Vol. 1, hrsg. v. Black, D., London 1984, S. 1–36.
Castel, R., Die psychiatrische Ordnung, Frankfurt a. M. 1979.
Clark, A L./Gibbs, J. P., Soziale Kontrolle: Eine Neuformulierung, in: Seminar abweichendes Verhalten I, hrsg. v. Lüderssen, K., Sack, F., Frankfurt a. M. 1982, S. 153–185.
Cohen, St., Folk Devils and Moral Panics. The Creation of the Mods and Rockers, Oxford 1987.
Cohen, St., Visions of Social Control: Crime, Punishment and Classification, Cambridge 1985.
Cremer-Schäfer, H., Stehr, J., Der Normen- und Werte-Verbund. Strafrecht, Medien und herrschende Moral, in: Kriminologisches Journal 22, 1990a, S. 82–104.
Cremer-Schäfer, H., Stehr, J., Das Moralisieren und Skandalisieren von Problemen, in: Kriminalsoziologische Bibliografie 68, 1990b, S. 21–42.
Dörner, K., Wir verstehen die Moderne nur mit den Behinderten vollständig, in: Leviathan 22, 1994, S. 367–391.
Erikson, K.T., Die widerspenstigen Puritaner. Zur Soziologie abweichenden Verhaltens, Stuttgart 1978.

Foucault, M., Überwachen und Strafen, Frankfurt 1977.

Foucault, M., Der Wille zum Wissen. Sexualität und Wahrheit 1, Frankfurt a. M. 1991.

Frehsee, D., Löschper, G., Schumann, K. F., Vorwort zum Thema Strafrecht, soziale Kontrolle, soziale Disziplinierung, in: Strafrecht, soziale Kontrolle, soziale Disziplinierung. Jahrbuch fur Rechtssoziologie und Rechtstheorie, Band XV, hrsg. v. Frehsee, D., Löschper, G., Schumann, K. F., Opladen 1993, S. 7–13.

Garfinkel, H., Bedingungen für den Erfolg von Degradierungszeremonien, in: Seminar: Abweichendes Verhalten III, hrsg. v. Lüderssen, K., Sack, F., Frankfurt a. M. 1977, S. 31–40 (zuerst 1956).

Garland, D., Punishment and Welfare. A History of Penal Strategies, Aldershot 1987.

Goffman, E., Asyle. Über die Situation psychiatrischer Patienten und anderer Insassen, Frankfurt a. M. 1972 (zuerst 1961).

Gusfield, J. R., Der Wandel moralischer Bewertungen: Devianzdefinitionen und symbolischer Prozeß, in: Abweichung und Kriminalität, hrsg. v. Stallberg, R., Hamburg 1975.

Gusfield, J. R.,The Culture of Public Problems, Chicago 1981.

Gusfield, J. R., The Constructing of the Ownership of Social Problems: Fun and Profit in the Welfare State, in: Social Problems 5, 1989, S. 431–441.

Hall, St., Rassismus als ideologischer Diskurs, in: Das Argument 178, 1989, S. 913–921.

Hall, St. et al., Policing the Crisis. Mugging, the State, and Law and Order, Basingstoke/London 1978.

Hartfiel, G., Wörterbuch der Soziologie, Stuttgart 1972.

Hassemer, W., Steinert, H., Treiber, H., Soziale Reaktion auf Abweichung und Kriminalisierung durch den Gesetzgeber, in: Sozialwissenschaften im Studium des Rechts Bd. III, Strafrecht, hrsg. v. Hassemer, W., Lüderssen, K, München 1978, S. 1–62.

Haug, W.-F., Zur Dialektik des Anti-Rassismus, in: Rassismus und Migration in Europa, Argument-Sonderband 201, Hamburg 1992, S. 407–430.

Hess, H., Probleme der sozialen Kontrolle, in: Kriminologie-Psychiatrie-Strafrecht. Festschrift für H. Leferenz, Heidelberg 1983, S. 3–24.

Janowitz, M., Wissenschaftshistorischer Überblick zur Entwicklung des Grundbegriffs „Soziale Kontrolle", in: Kölner Zeitschrift für Soziologie und Sozialpsychologie, 1973, S. 499–514.

Kaiser, G., Kriminologie, Heidelberg 1993.

Keckeisen, W., Die gesellschaftliche Definition abweichenden Verhaltens, München 1974.

Keupp, H., Abweichung und Alltagsroutine, Hamburg 1976.

Keupp, H., Soziale Kontrolle. Psychiatrisierung, Psychologisierung, Medikalisierung, Therapeutisierung, in: Psychosoziale Praxis. Ein Handbuch in Schlüsselbegriffen, hrsg. v. Keupp, H., Rerrich, D., München/Wien/Baltimore 1982, S. 189–198.

Kreissl, R., Soziologie und Soziale Kontrolle, München 1986.

Lemert, E. M., Human Deviance, Social Problems and Social Control, Englewood Cliffs 1972.

Malinowski, P., Münch, U., Soziale Kontrolle, Neuwied/Darmstadt 1975.

Mead, G.H., Psychologie der Strafjustiz, in: Gesammelte Aufsätze, Bd. 1, Frankfurt 1987.

Melossi, D., The State of Social Control, Cambridge 1990.

Peters, H., Devianz und soziale Kontrolle, Weinheim/München 1989.

Peukert, D., Grenzen der Sozialdisziplinierung, Köln 1986.

Sack, F., Strafrechtliche Kontrolle und Sozialdisziplinierung, in: Strafrecht, soziale Kontrolle, soziale Disziplinierung. Jahrbuch für Rechtssoziologie und Rechtstheorie, Band XV, hrsg. v. Frehsee, D., Löschper, G., Schumann, K.F., Opladen 1993, S. 16–45.

Scheerer, S., Die soziale Aufgabe des Strafrechts, in: Muß Strafe sein?, hrsg. v. Peters, H., Opladen 1993, S. 79–90.

Sofsky, W., Die Ordnung des Terrors. Das Konzentrationslager, Frankfurt a. M. 1993.

Steinert, H., Zur Aktualität der Etikettierungstheorie, in: Kriminologisches Journal 17, 1985, S. 29–43.

Steinert, H., Die Geschichte der sozialen Kontrolle als Geschichte von Kapitalstrategien, Arbeitsmoral und moralischer Empörung, in: Cremer-Schäfer, Helga/Steinert, Heinz (1986): Sozialstruktur und Kontrollpolitik. Einiges von dem, was wir glauben, seit Rusche & Kirchheimer dazugelernt zu haben, in: „Kritische Kriminologie heute", 1. Beiheft zum Kriminologischen Journal, S. 77–111.

Steinert, H., Die Widersprüche von Disziplin und Strafe, in: Strafrecht, soziale Kontrolle, soziale Disziplinierung. Jahrbuch für Rechtssoziologie und Rechtstheorie, Band XV, hrsg. v. Frehsee, D., Löschper, G., Schumann, KF., Opladen 1993a, S. 238–256.

Steinert, H., Aneignen und fremd machen. Über Einheimische und Fremde in einer Gesellschaft ohne Zentrum, in: Jahrbuch für Rechts- und Kriminalsoziologie '93, Baden-Baden 1993b, S. 75–100.

Steinert, H., Soziale Ausschließung – Das richtige Thema zur richtigen Zeit, in diesem Heft: Kriminologisches Journal 27, 1995.

Treiber, H., Die gesellschaftliche Auseinandersetzung mit dem Terrorismus: Die Inszenierung „symbolischer Kreuzzüge" zur Darstellung von Bedrohungen der normativen Ordnung von Gesellschaft und Staat, in: Analysen zum Terrorismus 4/2: Protest und Reaktion, hrsg. v. Sack, F., Steinert, H., Opladen 1984.

Der Mythos des freien Marktes. Das Strafrecht als Institution des US-amerikanischen Arbeitsmarktes (1998)

Bruce Western und Katherine Beckett

Übersicht

Der Mythos des freien Marktes. Das Strafrecht als Institution des US-amerikanischen Arbeitsmarktes, in: Berliner Journal für Soziologie Bd. 8, Heft 2, 1998, S. 159–180 (gekürzt)
Übersetzung: Jürgen Mackert

1 Einleitung

Die institutionelle Analyse von Arbeitsmärkten konzentriert sich in aller Regel auf die Effekte, die von der Sozialpolitik und dem System industrieller Beziehungen auf diese ausgehen (Crouch 1985; Colbjørnsen und Kalleberg 1988; Korpi 1991; Kolberg und Esping-Andersen 1990; Hicks 1994; Janoski et al. 1997). Derartige Analysen präsentieren die Vereinigten Staaten deshalb als Modell eines deregulierten Marktes, mit schwachen Gewerkschaften und einem minimalen Wohlfahrtsstaat. Die Arbeitsbeziehungen in Europa gelten hingegen

B. Western (✉)
Columbia University, New York, USA
E-Mail: bw2562@columbia.edu

K. Beckett
University of Washington, Washington, USA
E-Mail: kbeckett@u.washington.edu

als stark reguliert, da Gewerkschaften für die gesamte Ökonomie Tarife aushandeln und die Wohlfahrtsstaaten massive Auswirkungen auf Angebot und Nachfrage von Arbeitskraft haben. In dem Maße, in dem in den letzten beiden Jahrzehnten die Arbeitslosigkeit in Europa im Vergleich zu den Vereinigten Staaten anstieg, haben diese institutionellen Unterschiede besondere Bedeutung erhalten. Die aktuelle Entwicklung ist bemerkenswert. Während die Arbeitslosenquote in der Europäischen Union zwischen 1990 und 1993 im Durchschnitt 9,5 % betrug, belief sie sich in den Vereinigten Staaten nur auf 6,5 % (OECD 1996). Gegenwärtig liegt die Arbeitslosigkeit in Deutschland, Italien und Frankreich fast bei 12 %, im Zeitraum von 1994–1996 betrug sie in den Vereinigten Staaten hingegen im Durchschnitt weniger als 6 %.

Die Bedeutung dieser Daten für ein institutionelles Verständnis des Arbeitsmarktes scheint klar zu sein: Unregulierte Arbeitsmärkte führen zu einer stärkeren Beschäftigungsentwicklung. Von allen Arbeitsmärkten der entwickelten Ökonomien kommen die Vereinigten Staaten dem Wettbewerbsmodell der neoklassischen Theorie am nächsten. Dieses geht zum einen davon aus, daß geringe staatliche Unterstützung die Bereitschaft zur Arbeitssuche fördert, während ein geringer gewerkschaftlicher Organisationsgrad es zum anderen erlaubt, Löhne den jeweiligen Marktbedingungen anzupassen. Im Gegensatz dazu führen wohlfahrtsstaatliche Institutionen in Europa zu ökonomischer Ineffizienz, da ausgebaute Wohlfahrtsstaaten und starke Gewerkschaften Flexibilität am Markt verhindern, indem sie die Nachfrage nach Arbeitskräften unterdrücken und Arbeitsanreize verringern (Olson 1982; Lindbeck 1985; Giersch 1993; OECD 1994a).

Diese Analyse wird im folgenden in Frage gestellt. Wir behaupten, daß Arbeitsmärkte in eine Vielzahl sozialer Arrangements eingebettet sind, die über den Wohlfahrtsstaat und das System industrieller Beziehungen hinausreichen. In den Vereinigten Staaten stellt die Strafverfolgungspolitik eine entscheidende Staatsintervention mit tiefgreifenden Auswirkungen auf die Beschäftigungsentwicklung dar. Das Ausmaß der Staatsintervention zeigt sich sowohl im entsprechenden Budget als auch an der Inhaftierungsrate. Anfang der 90er Jahre beliefen sich die Ausgaben für Gerichte, Polizei und Gefängnisse auf 91 Mrd. US-$, womit sie die 41 Mrd. US-$ für Arbeitslosengeld und alle mit Arbeitslosigkeit in Zusammenhang stehenden Dienstleistungen weit überstiegen (Statistical Abstract of the United States 1995, Tab. 585). Die jährlichen Ausgaben für Gefängnisse und Zuchthäuser stiegen von 1980 bis 1992 um real 250 % und damit schneller als für jeden anderen Bereich des Systems der Strafjustiz. 1992 beliefen sich die Kosten für Haftanstalten auf über 31 Mrd. US-$ (Bureau of Justice Statistics (BJS) 1995a, S. 3). Im Jahr 1996 waren 1,63 Mio. Menschen in amerikanischen Gefängnissen inhaftiert, womit sich die Zahlen seit 1980 verdreifacht haben (Gilliard und Beck 1997, S. 1). Mitte der 90er Jahre saßen mehr Männer in Haft als berechtigt waren, Arbeitslosenunterstützung in Anspruch zu nehmen. Aus diesem Grund erzeugt Inhaftierung eine beträchtliche, nicht marktvermittelte Reallokation von Arbeitskraft, die viel bedeutender als Staatsintervention durch Sozialpolitik ist.

Der vorliegende Aufsatz untersucht deshalb das Strafrecht als Institution des Arbeitsmarktes und unterbreitet empirische Beweise für seine dynamischen Effekte. Die zentrale These lautet, daß Inhaftierung die US-amerikanischen Arbeitslosenzahlen zwar kurzfristig reduziert, indem sie das Arbeitskräfteangebot an gesunden Männern im Erwerbsalter verringert, langfristig aber die Arbeitslosigkeit erhöht, da sie die Berufsaussichten ehemaliger Strafgefangener nach der Entlassung erheblich verringert. Im Gegensatz zu wohlfahrtsstaatlicher Sozialpolitik indes vergrößert Inhaftierung Ungleichheit, da die von ihr ausgehenden Effekte vor allem junge, ungelernte Männer schwarzer Hautfarbe betreffen, deren Marktmacht gering ist. Die These behauptet also, daß Inhaftierung die Arbeitslosenrate in den Vereinigten Staaten verringert hat, die so erreichte geringe Arbeitslosigkeit jedoch von einer kontinuierlichen Ausdehnung des Strafrechtssystems abhängen wird. Kurz gesagt: diese rückschrittliche Form der Staatsintervention hat nicht nur eine wichtige Rolle bei der Verringerung der US-amerikanischen Arbeitslosenrate gespielt, das Wesen dieser Intervention macht vielmehr eine fortschreitende Erhöhung der Aufwendungen erforderlich, um den gegenwärtigen Effekt zu bewahren.

Dieses dynamische Argument unterscheidet sich von konventionellen Analysen. Institutionelle Effekte werden gewöhnlich durch die Kovariation zwischen institutionellen Bedingungen und Arbeitsmarktresultaten geschätzt (vgl. Crouch 1985; Hicks 1994; Janoski et al. 1997), doch aufgrund der gegenläufigen kurz- und langfristigen Effekte kann Inhaftierung auf diese Weise nicht analysiert werden. Berücksichtigt man nur die kurzzeitige Reduzierung des Arbeitskräfteangebots durch Inhaftierung oder den langfristigen Anstieg des Arbeitslosigkeitsrisikos ehemaliger Gefängnisinsassen, so vermittelt dies nur ein unvollständiges Bild davon, wie sich Beschäftigungseffekte über die Zeit entwickeln. Die Analyse der kurzfristigen Effekte vernachlässigt nämlich die große Gefahr der künftigen Arbeitslosigkeit, während die auf künftige Entwicklungen zielende Analyse angesichts der geringen Arbeitslosenrate Mitte der 90er Jahre wenig realistisch erscheint. Um zu verstehen, wie Inhaftierung die Arbeitsmarktergebnisse beeinflußt, müssen beide Arten von Effekten berücksichtigt werden.

Ein solches dynamisches Verständnis der Auswirkungen von Inhaftierung führt zu zwei Analyseschritten mit je unterschiedlichen Forschungsdesigns. Im Anschluß an einen kurzen vergleichenden Überblick über Institutionen des

Arbeitsmarktes wird zunächst der kurzfristige Effekt von Inhaftierung untersucht, indem die Zahl der Inhaftierten in die Schätzungen der Arbeitslosenzahlen
in den Vereinigten Staaten und Europa einbezogen wird. Da die Auswirkungen
für Europa vernachlässigt werden können, sie in den Vereinigten Staaten jedoch
quantitativ bedeutend sind, konzentriert sich die Analyse im weiteren Verlauf auf
die Vereinigten Staaten und zieht Daten der National Longitudinal Study of Youth
(NLSY) heran, um die langfristigen Effekte von Inhaftierung zu untersuchen. Die
daran anschließende Diskussion faßt die Ergebnisse zusammen und vergleicht die
Institutionen des Strafrechts und der Wohlfahrtsstaaten unter dem Aspekt ihres
Einflusses auf den Arbeitsmarkt.

2   Der institutionelle Kontext des US-amerikanischen Arbeitsmarktes

2.1   Industrielle Beziehungen und der Wohlfahrtsstaat

Es wird häufig festgestellt, daß die Vereinigten Staaten in der Entwicklung
industrieller Beziehungen und des Wohlfahrtsstaates hinter Europa zurückliegen.
Die relativ schwach entwickelten industriellen Beziehungen in den Vereinigten
Staaten lassen sich statistisch durch den gewerkschaftlichen Organisationsgrad
und das Ausmaß kollektiver Aushandlungsprozesse erfassen. Mit Ausnahme
Frankreichs ist der gewerkschaftliche Organisationsgrad in den Vereinigten
Staaten signifikant niedriger als in allen anderen OECD-Ländern. Obgleich
er in jüngster Zeit auch in Westeuropa zurückgeht (Western 1995), werden die
Ergebnisse kollektiver Aushandlungsprozesse oft auch für jene Arbeitsplätze ver-
bindlich, die nicht gewerkschaftlich organisiert sind (Traxler 1996), so daß fast
alle Arbeiter in den Genuß gewerkschaftlich ausgehandelter Löhne und Arbeitsbedingungen kommen. In den Vereinigten Staaten ist dies nur für bestimmte
Arbeitsplätze der Fall. Außerhalb des kleinen, von den Gewerkschaften
organisierten Sektors, wird das Arbeitsverhältnis durch individuelle Verträge
zwischen Arbeitern und ihren Arbeitgebern geregelt.

Auch die Institutionen des Wohlfahrtsstaates in den Vereinigten Staaten
sind stark von Marktbeziehungen geprägt. Die Ausgaben für staatliche Sozial-
programme sind hier signifikant niedriger als in Europa [… Sie betragen] in
den großen europäischen Staaten […] fast 1/4 des Bruttoinlandsproduktes,
während es in den Vereinigten Staaten nur 15 % sind. Marktbedingungen prägen
auch die amerikanische Arbeitslosenversicherung, und der Umfang der von ihr
abgedeckten Leistungen ist ebenfalls vergleichsweise gering. Über die passiven

Maßnahmen der Arbeitslosenunterstützung hinaus, wird eine aktive Arbeits-marktpolitik, die Arbeitern zu Beschäftigung verhilft, in den Vereinigten Staaten finanziell kaum gefördert (Janoski 1990). Abgesehen von Japan waren im Jahr 1992 die hierzu aufgebrachten Mittel im Verhältnis zum Bruttoinlandsprodukt in den Vereinigten Staaten geringer als in allen anderen OECD-Ländern.

Diese institutionellen Unterschiede zwischen den Vereinigten Staaten und anderen fortgeschrittenen kapitalistischen Ländern stützen die Behauptung, daß die extensive Arbeitsmarktregulierung in Europa die Arbeitslosigkeit in den 80er und 90er Jahren vorangetrieben hat. Die ökonomische Last durch die europäischen Gewerkschaften und die Wohlfahrtsstaaten waren ein zentrales Thema der Theorien über „Eurosklerosis". Nach dieser Erklärung verhindern starke Gewerkschaften Lohnkürzungen als Antwort auf sinkende Nachfrage; zudem schränken sie die Kontrolle der Arbeitgeber über das „Heuern und Feuern" ein, wodurch eine Anpassung an veränderte Marktbedingungen unmöglich gemacht wird. Ferner vermag großzügige wohlfahrtsstaatliche Unterstützung die Arbeitslosigkeit noch zu erhöhen, indem sie die Anreize zur Arbeitsaufnahme senkt. In den Vereinigten Staaten behauptete Olson (1982, S. 233), daß es keine Alternative zu einer offeneren und stärker wettbewerbsorientierten Umwelt gibt, um eine starke Beschäftigungsentwicklung zu erreichen. Zur gleichen Zeit bewegten sowohl Public Choice-Theorien, die sich mit der Ineffizienz der Regierung beschäftigten, als auch neoklassische Analysen, die den Einfluß der Regierungspolitik auf Arbeitsanreize untersuchten, die Reagan-Administration dazu, die öffentliche Wohlfahrt zurückzuschrauben und gegen die Gewerk-schaften Stellung zu beziehen (Niskanen 1988; Block 1987). Ganz in diesem Sinne hat jüngst auch die OECD (1994a) die Bedeutung der Flexibilität und Deregulierung des Arbeitsmarktes als Lösung des hartnäckigen Problems der Arbeitslosigkeit in Europa betont.

Soziologen, die institutionelle Erklärungen jenen auf der Grundlage von Marktmechanismen vorziehen, stimmen zu, daß die Vereinigten Staaten ein Modell für die Deregulierung des Arbeitsmarktes sind (Crouch 1985; Korpi 1991; Hicks 1994; Janoski et al. 1997). Diese Studien weisen überein-stimmend auf eine geringe Macht linker politischer Parteien, eine geringe Zentralisierung der Gewerkschaften und deren geringen Organisationsgrad hin. Der Platz der Vereinigten Staaten als „institutioneller Nachzügler" wurde in der korporatistischen Theorie der Arbeitslosigkeit formuliert. Sie geht davon aus, daß stark zentralisierte Arbeitsmärkte bei zurückhaltenden Lohnforderungen der Gewerkschaften zu geringer Arbeitslosigkeit führen. Die unregulierten Kräfte von Angebot und Nachfrage führen in den Vereinigten Staaten jedoch zum gleichen Ergebnis (Calmfors und Driffill 1988).

Obgleich Statistiken zur Wohlfahrt und zu den industriellen Beziehungen die schwach entwickelten Mechanismen sozialer Absicherung in den Vereinigten Staaten erkennen lassen, kann daraus nicht abgeleitet werden, daß es alleine die Prinzipien des Marktes sind, die zu einem hohen Beschäftigungsgrad führen. Im folgenden Abschnitt wird die Staatsintervention durch das Strafjustizsystem bei der Allokation von Arbeit untersucht.

2.2 Strafjustiz und Inhaftierung

Zwischen 1980 und 1996 stieg die Zahl der in den Vereinigten Staaten inhaftierten Menschen um 300 % von 500.000 auf über 1,6 Mio. Die Zahl erhöhte sich zwar bereits in den frühen 70er Jahren, der stärkste Anstieg erfolgte jedoch in den 80er und frühen 90er Jahren, so daß gegenwärtig über 1 Mio. Gefangene in Bundes- und Staatsgefängnissen leben, während es 1970 ungefähr 250.000 und 1980 noch 260.000 waren. Ferner stieg die Zahl der in kleineren Haftanstalten einsitzenden Gefangenen von ungefähr 183.000 im Jahr 1980 auf fast eine halbe Million im Jahr 1994 (BIS 1995a). […]. Die Zahl jener, die auf Bewährung oder unter Auflagen in Freiheit sind, stieg in dieser Phase fast ebenso stark an wie die Zahl der Gefangenen. 1995 standen insgesamt über 6 Mio. Menschen, fast 5 % der erwachsenen Bevölkerung, unter irgendeiner Form strafrechtlicher Überwachung.

Inhaftierung ist über die erwachsene Bevölkerung ungleich verteilt. Trotz eines Anstiegs weiblicher Gefangener in den 80er und 90er Jahren stellen Männer weiterhin über 90 % aller Inhaftierten, von denen wiederum die jungen und weniger gebildeten am stärksten betroffen sind. So waren 1991 z. B. 68 % aller in Staatsgefängnissen Einsitzenden jünger als 35 Jahre und 65 % hatten keinen High School-Abschluß (BJS 1992, S. 3). Die enorme Ausdehnung des Straf- vollzugs trifft darüber hinaus in besonderem Maße junge Afroamerikaner. 1930 waren 22 % aller Gefängnisinsassen Schwarze, 1992 hingegen 51 %. 1995 war ein Drittel aller männlichen Jugendlichen schwarzer Hautfarbe unter irgend- einer Form staatlicher Überwachung und fast 7 % aller schwarzen männlichen Erwachsenen inhaftiert (BJS 1995a).

Der Einfluß, den Inhaftierung damit auf die Allokationsfunktion des US- amerikanischen Arbeitsmarktes ausübt, liegt im Vergleich zu anderen demo- kratischen Gesellschaften auf der Hand. Die relative Größe der Population der Gefangenen wird gewöhnlich durch die Inhaftierungsrate, die Anzahl der Inhaftierten zu einem bestimmten Zeitpunkt pro 100.000 der erwachsenen Bevölkerung, gemessen. […] 1993 war diese Rate in den Vereinigten Staaten fünf- bis zehnmal so hoch wie in anderen OECD-Ländern (vgl. auch Tonry

1995). In Deutschland etwa kommen nur 80 Gefangene auf 100.000 Erwachsene, während es in den Vereinigten Staaten über 500 sind. Die Unterschiede zwischen den Ländern sind sogar noch größer, wenn man nur Afroamerikaner in Betracht zieht. Ihre Inhaftierungsrate ist mehr als zwanzigmal so hoch wie in Europa und diese Werte entsprechen hohen absoluten Zahlen. Wie wir gesehen haben, geht die Zahl Inhaftierter in den Vereinigten Staaten in die Millionen, während sie in Europa in Zehntausenden gezählt werden. Es könnte der Einwand erhoben werden, daß der Ausbau des Strafrechts in den Vereinigten Staaten eher eine unvermeidliche Reaktion auf hohe oder steigende Kriminalitätsraten als eine aktive politische Intervention war, doch laut der nationalen Opferstatistik sind die Verbrechensraten seit 1980 stetig gefallen (BJS 1994a). Im Gegensatz zur Kriminalitätsstatistik, die auf Polizeiberichten des FBI basiert und in bestimmten Phasen dieser ganzen Periode steigende Kriminalitätsraten verzeichnet, zeigt die systematische Analyse dieser und anderer Daten jedoch, daß der Tatbestand der Kriminalität in den 80er Jahren konstant blieb (Boggess und Bound 1993). In vergleichender Perspektive verdeutlicht der International Crime Survey (1988; 1991), daß Kriminalitätsraten in den Vereinigten Staaten zwar hoch, gleichwohl aber in keiner der erhobenen Kategorien am höchsten sind (van Dijk und Mayhew 1992; vgl. auch Tonry 1995, S. 198). Eine jüngst erschienene komparative Analyse von Daten aus einer Vielzahl unterschiedlicher Quellen kommt ebenfalls zu dem Schluß, daß „die Vereinigten Staaten nicht die am stärksten von Kriminalität betroffene industrielle Demokratie ist" (Lynch 1995, S. 25). Zugegebenermaßen ist die Mordrate der Vereinigten Staaten im internationalen Vergleich sehr hoch (Lynch 1995; Tonry 1995), doch Verurteilungen wegen Tötungsdelikten sind die Ursache für weniger als 5 % der Gesamtzahl der Inhaftierungen (BJS 1994b), so daß die hohe Mordrate in den Vereinigten Staaten nicht die hohe Inhaftierungsrate erklärt.

Sie scheint vielmehr Resultat aggressiverer Strafverfolgungspraktiken, härterer Verurteilungsstandards und stärkerer Kriminalisierung drogenspezifischer Delikte zu sein. Die Vereinigten Staaten inhaftieren einen viel größeren Teil derer, die Eigentums- oder Drogendelikte begangen haben, als irgendein anderes industrialisiertes Land, und dies für einen deutlich längeren Zeitraum (Lynch 1995). Diese Unterschiede werden noch größer, indem die Wahrscheinlichkeit von Inhaftierung steigt (Boggess und Bound 1993; Langan 1991). So hat auch der Krieg gegen die Drogen die Zahl der Gefangenen in die Höhe getrieben (Beckett 1997; Donziger 1996; Tonry 1995). Der prozentuale Anteil derjenigen, die aufgrund nicht gewalttätiger Drogendelikte in Staatsgefängnissen einsitzen, stieg z. B. von 6 % im Jahr 1979 auf fast 30 % im Jahr 1994. Das heißt, daß die Größenordnung der inhaftierten Bevölkerung in den Vereinigten Staaten hauptsächlich das Ergebnis spezifischer politischer Strategien und nicht wachsender oder ungewöhnlich hoher Kriminalitätsraten ist.

Um es zusammenzufassen: Institutionen des Wohlfahrtsstaates und der industriellen Beziehungen sind in den Vereinigten Staaten im Vergleich zu Europa schwach entwickelt, der amerikanische Staat spielt jedoch durch die große Zahl von Inhaftierungen eine vergleichsweise wichtige Rolle für die Allokation der Arbeitskraft.

[...]

5   Diskussion

In US-amerikanischen Haftanstalten waren 1995 1,6 Mio. Menschen inhaftiert. Die aus dem enormen Anstieg der Häftlingszahlen resultierenden kurz- und langfristigen Effekte auf dem Arbeitsmarkt waren Gegenstand der vorliegenden Analyse. Kurzfristig verdeckt eine hohe Zahl Inhaftierter, zumeist junge, ungelernte und gesunde Männer im erwerbsfähigen Alter, ein hohes Niveau an Arbeitslosigkeit. Würden sie in die Arbeitsmarktstatistik einbezogen, so erhöhte sich die Arbeitslosenrate für Männer Mitte der 90er Jahre um 2 %. Dieser Effekt zeigt sich vor allem bei Afroamerikanern, deren offizielle Arbeitslosenquote um zwei Drittel bzw. 7 % zu niedrig liegt. Trotz der Behauptungen einer „Eurosklerose" einerseits, einer erfolgreichen Deregulierung des US-amerikanischen Arbeitsmarktes andererseits, liegen unsere Schätzungen der Arbeitslosenrate amerikanischer Männer für den Zeitraum von 1975–1994 über der durchschnittlichen Quote für Europa. Die staatliche Intervention auf dem Arbeitsmarkt durch das Strafrecht vermittelt ein falsches, überaus optimistisches Bild der Leistungsfähigkeit des US-amerikanischen Arbeitsmarktes im Vergleich zum europäischen.

Während Inhaftierung kurzfristig die Werte der offiziellen Arbeitslosenstatistik verringert, führt sie langfristig zu einem Anstieg der Arbeitslosigkeit ·unter ehemaligen Gefangenen. Schätzungen auf der Grundlage der NLSY-Daten zeigen, daß die negativen Auswirkungen der Inhaftierung Jugendlicher auf den Beschäftigungsstatus im Erwachsenenalter über ein Jahrzehnt andauern können und Inhaftierung im Erwachsenenalter die Ausübung einer bezahlten Tätigkeit pro Jahr um 10 Wochen verringert. In Anbetracht einer Zahl von weit über einer Million inhaftierter Männer bedeutet dies, daß das aktuell hohe Niveau der Inhaftierung der Arbeitslosigkeit von 200.000 Männern für den Zeitraum eines ganzen Jahres entspricht. Langfristig reduziert Inhaftierung damit auf signifikante Weise sowohl die Arbeitsproduktivität als auch die Beschäftigungschancen der männlichen Arbeitskraft.

Begreift man das Strafrecht in den Vereinigten Staaten als Institution des Arbeitsmarktes, so läßt es sich mit den europäischen Wohlfahrtsstaaten vergleichen. So wie europäische Forscher behaupten, daß Wohlfahrtsstaaten künstlich das Angebot an Arbeitskraft reduzieren (Giersch 1993, S. 153; vgl. auch Kolberg und Esping-Andersen 1990), zeigen auch wir, daß Inhaftierung in großem Maße Arbeitslosigkeit verschleiert. Trotz dieser Ähnlichkeit verweist unsere Analyse auf zwei wichtige Unterschiede zwischen beiden Institutionen.

Erstens wirkt Sozialpolitik in Europa redistributiv, während Inhaftierung in den Vereinigten Staaten bestehende Ungleichheit vergrößert. Komparative Untersuchungen zeigen, daß Steuerpolitik und Transferzahlungen in den 80er Jahren ungefähr die Hälfte der jungen Armen in Europa aus der Armut befreit haben (McFate et al. 1995, S. 39). Inhaftierung hat den umgekehrten Effekt. Da die Inhaftierungsraten unter jungen, nicht ausgebildeten und einer Minderheit angehörenden Männern am höchsten sind, wirken sich ihre negativen Effekte auf jene mit den geringsten Chancen auf dem Arbeitsmarkt aus. Der Strafvollzug verschärft deshalb bereits bestehende marktvermittelte Ungleichheiten.

Während, zweitens, die von wohlfahrtsstaatlichen Institutionen ausgehenden ökonomischen Effekte über die Zeit hinweg stabil erscheinen, schlägt der kurzfristige Effekt einer Verringerung der offiziellen Arbeitslosenrate durch Inhaftierung langfristig in steigende Arbeitslosigkeit um. Neue Forschungsergebnisse machen deutlich, daß Maßnahmen europäischer Wohlfahrtsstaaten nur in geringem Maße ökonomisch ineffizient sind (Blank 1995). Ganz im Gegenteil behaupten Soziologen, daß einige der getroffenen Maßnahmen die Leistung der Ökonomie steigern, indem sie zur Mobilität der Arbeitskräfte und zur Produktivitätssteigerung beitragen (Kolberg und Esping-Andersen 1990; Janoski 1990). In diesem Kontext ändern sich die Effekte wohlfahrtsstaatlicher Maßnahmen entsprechend den Konjunkturzyklen. Unsere dynamische Analyse der Inhaftierung, die kurz- und langfristige Effekte unterscheidet, verweist hingegen auf eine grundlegend andere Logik. Die niedrigen US-amerikanischen Arbeitslosenzahlen Mitte der 90er Jahre bedeuten, daß der kurzfristige Effekt von Inhaftierung gegenwärtig den langfristigen dominiert. Das erhöhte Risiko ehemaliger Gefangener, arbeitslos zu werden, wird von der ansteigenden Inhaftierungsrate mehr als kompensiert. Hohe Rückfallquoten tragen ferner zur Erklärung der Dominanz des kurzfristigen Effektes bei. Ungefähr zwei Drittel der jungen, in Staatsgefängnissen einsitzenden Häftlinge werden innerhalb von drei Jahren erneut inhaftiert. Auf diese Weise verschwinden genau jene, deren Arbeitslosigkeitsrisiko hoch ist, wieder vom Arbeitsmarkt. Wie dem auch sei: einem Anstieg der Zahl der Arbeitskräfte durch die Neuzugänge stehen hohe Inhaftierungsraten gegenüber.

Unter diesen Bedingungen wurde die scheinbar starke Beschäftigungsentwicklung von einer ständig wachsenden Zahl Inhaftierter begleitet. Im deutlichen Gegensatz zum üblichen Bild eines unregulierten US-amerikanischen Arbeitsmarktes kann Inhaftierung – als Eingriff in den Arbeitsmarkt – daher als „Überregulierung" verstanden werden. Hohe Inhaftierungsraten verringern einerseits künstlich die Werte offizieller Arbeitslosenstatistiken, sie erzeugen andererseits jedoch steigende Werte, sobald Inhaftierte entlassen werden. Die anhaltend geringe Arbeitslosigkeit resultiert zum Teil nicht nur aus einer enormen staatlichen Intervention durch Inhaftierung, sondern daraus, daß das Ausmaß dieser Intervention kontinuierlich steigt.

Diese Erklärung der geringen US-amerikanischen Arbeitslosigkeit, die durch eine expansive und rückschrittliche staatliche Intervention erreicht wird, steht in deutlichem Kontrast sowohl zur ökonomischen Analyse, die das freie Spiel der Marktkräfte betont, als auch zur soziologischen Forschung, die sich auf die Auswirkungen industrieller Beziehungen und des Wohlfahrtsstaates konzentriert. Beide Zugänge behandeln den US-amerikanischen Arbeitsmarkt als in hohem Maße unreguliert (Calmfors und Driffill 1988; Hicks 1994). Die hier zugrundegelegte umfassende Definition von Arbeitsmarktinstitutionen teilt mit anderen Ansätzen der ökonomischen Soziologie hingegen das Interesse am Einfluß nicht-ökonomischer Beziehungen auf ökonomische Resultate (Polanyi 1944; Granovetter 1985). Aus dieser Perspektive kann das ökonomische Modell kompetitiver Märkte empirisch nicht zur Grundlage gemacht werden, weil der entscheidende Einfluß des sozialen Kontextes unberücksichtigt bleibt.

Die vorliegende Analyse, so läßt sich abschließend festhalten, geht davon aus, daß Arbeitsmärkte in eine große Zahl sozialer Arrangements eingebettet sind, die weit über diejenigen der Arbeitsbeziehungen hinausgehen. Obgleich diese sozialen Beziehungen Märkte wohl nicht unmittelbar regulieren, wie das etwa bei Gewerkschaften oder beschäftigungspolitischen Maßnahmen des Wohlfahrtsstaates der Fall ist, beeinflussen sie doch in entscheidendem Maße die auf dem Arbeitsmarkt entstehenden Resultate. Für das Funktionieren des vorgeblich unregulierten US-amerikanischen Arbeitsmarktes sind Institutionen deshalb von genauso grundlegender Bedeutung wie für die zentralisierten Regime industrieller Beziehungen Westeuropas. Während einige Politikexperten die Prinzipien des freien Marktes im amerikanischen Modell feiern, sollten diese Prinzipien vor dem Hintergrund der signifikanten und staatlich erzwungenen Verringerung von Arbeitskraft durch die Expansion amerikanischer Haftanstalten neu bewertet werden.

Literatur

Beckett, Katherine (1997): Making Crime Pay: The Politics of Law and Order in the Contemporary United States. New York: Oxford University Press.

Blank, Rebecca (Hrsg.) (1995): Social Protection versus Economic Flexibility: Is There A Trade-Off? Chicago: University Press of Chicago.

Block, Fred (1987): Rethinking the Political Economy of the Welfare State. In: Fred Block/ Richard A. Cloward/Barbara Ehrenreich/Frances Fox Piven (Hrsg.), The Mean Season: The Attack on the Welfare State. New York: Pantheon, S. 109–160.

Boggess, Scott/John Bound (1993): Did Criminal Activity Increase During the 1980s? Comparisons Across Data Sources. National Bureau of Economic Research, Working Paper, no. 4431.

Bureau of Justice Statistics (1992): Survey of State Prison Inmates, 1991. Washington, DC: Bureau of Justice Statistics (BJS).

Bureau of Justice Statistics (1994a): Sourcebook of Criminal Justice Statistics. Washington, DC: Bureau of Justice Statistics (BJS).

Bureau of Justice Statistics (1994b): Census of State and Federal Correctional Facilities, 1995. Washington, DC: Bureau of Justice Statistics (BJS).

Bureau of Justice Statistics (1995a): Sourcebook of Criminal Justice Statistics. Washington, DC: Bureau of Justice Statistics (BJS).

Calmfors, Lars/John Driffill (1988): Centralisation of Wage Bargaining and Macroeconomic Performance. In: Economic Policy 3, 13–62.

Colbjørnsen, Tom/Arne L. Kalleberg (1988): Spillover, Standardization, and Stratification: Earnings Determination in the United States and Norway. In: European Sociological Review 4, 20–31.

Crouch, Colin (1985): Conditions for Trade Union Wage Restraint. In: Lindberg, L./C. Maier (Hrsg.) The Politics of Inflation and Economic Stagnation: Theoretical Approaches and International Case Studies. Washington, DC: Brookings, S. 105–139.

Dijk, Jan J.M. van/Pat Mayhew (1992): Criminal Victimisation in the Industrialized World. The Hague: Dutch Ministry of Justice.

Donziger, Steven R. (Hrsg.) (1996): The Real War on Crime: The Report of the National Criminal Justice Commission. New York: Harper Collins.

Giersch, Herbert (1993): Openness for Prosperity: Essays in World Econornics. Cambridge, MA: MIT.

Gilliard, Darrell K./Allen J. Beck (1997): Prison and Jail Inmates at Midyear 1996. Bureau of Justice Statistics Bulletin.

Granovetter, Mark (1985): Economic Action and Social Structure: The Problem of Embeddedness. In: American Journal of Sociology 91, S. 481–510.

Hicks, Alexander M. (1994): The Social Democratic Model of Economic Performance in the Short- and Medium-run Perspective. In: Thomas Janoski/Alexander Hicks (Hrsg.), The Comparative Political Economy of the Welfare State. New York: Cambridge University Press, S. 189–217.

Janoski, Thomas (1990): The Political Economy of Unemployment: Active Labor Market Policy in West Germany and the United States. Berkeley, CA: University of California Press.

Janoski, Thomas/Christa McGill/Vanessa Tinsley (1997): Making Institutions Dynamic in Cross-National Research: Time-Space Distancing in Explaining Unemployment. In: Comparative Social Research 16, S. 227–268.

Kolberg, Jon Eivind/Gøsta Esping-Andersen (1990): Welfare States and Employment Regimes. In: International Journal of Sociology 20, S. 3–36.

Korpi, Walter (1991): Political and Economic Explanations for Unemployment: A Cross-National and Long-Term Analysis. In: British Journal of Political Science 21, S. 315–348.

Langan, Patrick A. (1991): America's Soaring Prison Population. In: Science 251, S. 1568–1573.

Lindbeck, Assar (1985): What is Wrong with West European Economies? In: World Economy 6, S. 153–170.

Lynch, James (1995): Crime in International Perspective. In: Wilson, J.Q./J. Petersilia (Hrsg.), Crime. San Francisco: Institute for Contemporary Studies, S. 11–38.

McFate, Katherine/Timothy Smeeding/Lee Rainwater (1995): Markets and States: Poverty Trends and Transfer System Effectiveness in the 1980s. In: Katherine McFate/Roger Lawson/William Julius Wilson (Hrsg.), Poverty Inequality and the Future of Social Policy: Western States in the New World Order. New York: Russell Sage Foundation, S. 29–108.

Niskanen, William A. (1988): Reaganomics: An Insider's Account of the Policies and the People. New York: Oxford University Press.

Olson, Mancur (1982): The Rise and Decline of Nations: Economic Growth, Stagflation, and Social Rigidities. New Haven, CT: Yale University Press.

OECD (1992): Labour Force Statistics 1970–1990. Paris: OECD.

OECD (1993): Employment Outlook. Paris: OECD.

OECD (1994a): The OECD Jobs Study: Part II - The Adjustment Potential of the Labor Market. Paris: OECD.

OECD (1994b): New Orientations for Social Policy. Paris: OECD.

OECD (1996): Historical Statistics 1960–1994 on Diskette. Paris: OECD.

Polanyi, Karl (1944): The Great Transformation: The Political and Economic Origins of Our Time. Boston: Beacon.

Statistical Abstract of the United States (1995): Washington, DC: G.P.O.

Tonry, Michael (1995): Malign Neglect: Race, Crime and Punishment. New York: Oxford University Press.

Traxler, Franz (1996): Collective Bargaining And Industrial Change: A Case of Disorganization? A Comparative Analysis of Eighteen OECD-Countries. In: European Sociological Review 12, 271–287.

United Nations (1991): Compendium of Social Statistics and Indicators 1988. New York: United Nations.

Visser, Jille (1991): Trends in Trade Union Membership. In: OECD Employment Outlook, July, S. 97–134.

Waldfogel, Joel (1994): Does Conviction Have a Persistent Effect on Income and Employment? In: International Review of Law and Economics 14, S. 103–119.

Weir, Margaret/Theda Skocpol (1985): State Structures and Possibilities for „Keynesian" Responses to the Great Depression in Sweden, Britain, and the United States. In: Peter Evans/Dietrich Rueschemeyer/Theda Skocpol (Hrsg.), Bringing the State Back In. New York: Cambridge University Press, S. 107–163.

Western, Bruce (1995): A Comparative Study of Working Disorganization: Union Decline in Eighteen Advanced Capitalist Countries. In: American Sociological Review 60, S. 179–201.

Das Selbstverständnis der Strafrechtswissenschaft vor den Herausforderungen der Gegenwart (2000)

Günther Jakobs

Das Selbstverständnis der Strafrechtswissenschaft vor den Herausforderungen der Gegenwart, in: Albin Eser, Winfried Hassemer, Björn Burkhard (Hg.), Die deutsche Strafrechtswissenschaft vor der Jahrtausendwende, München 2000, S. 47–56 (gekürzt)

[…]
Wer als Person behandelt werden will, muß seinerseits eine gewisse kognitive Garantie dafür geben, daß er sich als Person verhalten wird. Bleibt diese Garantie aus oder wird sie sogar ausdrücklich verweigert, wandelt sich das Strafrecht von einer Reaktion der Gesellschaft auf die Tat eines ihrer Mitglieder zu einer Reaktion gegen einen Feind. Das muß nicht heißen, nunmehr sei *alles* erlaubt, auch eine maßlose Aktion; vielmehr mag dem Feind eine *potentielle* Personalität zugestanden werden, so daß bei seiner Bekämpfung über das Erforderliche nicht hinausgegangen werden darf. Das erlaubt freilich immer noch viel, mehr als bei der Notwehr, bei der die erforderliche Abwehr immer nur Reaktion auf einen aktuellen Angriff sein kann, während es beim Feindstrafrecht, wie sogleich zu zeigen sein wird, auch um die Abwehr künftiger Angriffe geht.

Das Feindstrafrecht folgt anderen Regeln als ein rechtsstaatliches Binnenstrafrecht, und es ist überhaupt noch nicht ausgemacht, daß es sich, auf den Begriff gebracht, als Recht erweist. Typische Kennzeichen des Feindstrafrechts

G. Jakobs (✉)
Universität Bonn, Bonn, Deutschland
E-Mail: gjakobs@jura.uni-bonn.de

© Springer Fachmedien Wiesbaden GmbH, ein Teil von Springer Nature 2022   451
A. Legnaro und D. Klimke (Hrsg.), *Kriminologische Diskussionstexte I*,
https://doi.org/10.1007/978-3-658-22005-1_30

sind: (1) weite Vorverlagerung der Strafbarkeit, also Wendung des Blicks von der geschehenen auf eine kommende Tat, beispielhaft seien die Tatbestände der Bildung krimineller oder terroristischer Vereinigungen (§§ 129, 129a StGB) oder des bandenmäßigen Anbaus von Betäubungsmitteln (§§ 30 Abs. 1, Nr 1, 31 Abs. 1 Nr. 1 BtMG) genannt; (2) keine der Vorverlagerung proportionale Reduktion der Strafe, beispielhaft, die Strafe für den Rädelsführer einer terroristischen Vereinigung ist gleich der Strafe eines Mordversuchstäters, allerdings bei gegebener Versuchsmilderung (§§ 129 Abs. 2, 211 Abs. 2, 49 Abs. 1 Nr. 1 StGB), und übersteigt die gemilderten Versuchsstrafen der ansonsten bei terroristischen Vereinigungen genannten Delikte überwiegend erheblich; (3) Übergang von der Strafrechtsgesetzgebung zur Bekämpfungsgesetzgebung, wobei etwa Wirtschaftskriminalität,[10] Terrorismus,[11] organisierte Kriminalität,[12] aber auch – unter Verlust mancher Konturen – Sexualdelikte und andere gefährliche Straftaten[13] sowie – alles überwölbend – überhaupt das Verbrechen bekämpft werden sollen;[14] (4) Abbau prozessualer Garantien, wobei die Kontaktsperre (§§ 31 ff. EGGVG) das mittlerweile geradezu klassische Beispiel bildet.

In dieser Sprache – vorverlagernd, mit harter Strafe bekämpfend, prozessuale Garantien einschränkend – spricht der Staat nicht mit seinen Bürgern, sondern droht er seinen Feinden, und es bleibt die Frage, wer als Feind angesehen wird. Der Feind ist ein Individuum, das sich in einem nicht nur beiläufigen Maß in seiner Haltung (Sexualdelikte; auch schon der alte „gefährliche" Gewohnheitsverbrecher nach § 20a StGB)[15] oder seinem Erwerbsleben (Wirtschaftskriminalität, organisierte Kriminalität, insbesondere auch Rauschgiftkriminalität) oder, hauptsächlich, durch seine Einbindung in eine Organisation (Terrorismus, organisierte Kriminalität, abermals Rauschgiftkriminalität, schon das alte „Mordkomplott"), also jedenfalls vermutlich dauerhaft vom Recht abgewandt hat und insoweit die

---

[10] Erstes Gesetz zur Bekämpfung der Wirtschaftskriminalität vom 29. 7.1976, BGBl. I S. 2034; Zweites Gesetz zur Bekämpfung der Wirtschaftskriminalität vom 15.5.1986, BGBl. I, S. 721.

[11] Art. I des Gesetzes zur Bekämpfung des Terrorismus vom 19.12.1986, BGBl. I S. 2566.

[12] Gesetz zur Bekämpfung des illegalen Rauschgifthandels und anderer Erscheinungsformen der Organisierten Kriminalität vom 15. 7. 1992, BGBl I S. 1302.

[13] Gesetz zur Bekämpfung von Sexualdelikten und anderen gefährlichen Straftaten vom 26.1.1998, BGBl. I S. 160.

[14] Verbrechensbekämpfungsgesetz vom 28.10.1994, BGBl. I S. 3186.

[15] Aufgehoben durch das erste Strafrechtsreformgesetz vom 25.6.1969, BGBl. I S. 695.

kognitive Mindestsicherheit personellen Verhaltens nicht garantiert und dieses Defizit durch sein Verhalten demonstriert.

Wenn nicht alles täuscht, wird die Zahl der Feinde nicht so bald abnehmen, vielmehr eher noch zunehmen. Eine Gesellschaft, der die Stützungen einer status-konformen Religion ebenso abhanden gekommen sind wie diejenigen der Familie und in welcher die Nationalität als eine eher zufällige Eigenschaft verstanden wird, läßt den einzelnen zahlreiche Möglichkeiten, am Recht vorbei eine Identität aufzubauen, jedenfalls mehr, als es eine stärker bindende Gesellschaft bieten könnte. Hinzu kommt die Sprengkraft sogenannter Multikulturalität – ein schieres Unding: Entweder sind die unterschiedlichen Kulturen bloße Beigaben zu einer rechtlichen Basisgemeinsamkeit; dann handelt es sich um Multifolklorismen einer Kultur. Oder aber – und das ist die gefährliche Variante – die Unterschiede prägen die Identitäten der Zugehörigen; dann aber wird die gemeinsame rechtliche Basis zum bloßen Instrument des *Neben*einanderlebens degradiert, und, wie jedes Instrument, preisgegeben, wenn man es nicht mehr braucht. Wer das für übertrieben hält, der lese den Toleranzbrief des ja wohl nicht zu Unrecht im Rufe des Liberalismus stehenden John Locke.[16]

Die Gesellschaft wird also weiterhin Feinde haben, die – offen oder im Schafspelz – in ihr umherziehen. Eine risikobewußte Gesellschaft kann diese Problematik mangelnder kognitiver Sicherheit nicht einfach beiseite schieben; sie kann die Problematik auch nicht nur mit polizeilichen Mitteln lösen. Deshalb besteht zu einem Feindstrafrecht keine heute ersichtliche Alternative. Die kognitive Sicherheit, die sich beim Bürgerstrafrecht gleichsam nebenbei einstellen kann, wird beim Feindstrafrecht zum Hauptziel, mit anderen Worten, es geht nicht mehr um die Erhaltung der Ordnung von Personen nach gesellschaftsinternen Irritationen, sondern es geht um die Herstellung erträglicher Umweltbedingungen dadurch, daß alle diejenigen – *sit venia verbo* – kaltgestellt werden, die nicht die kognitive Mindestgarantie bieten, die nötig ist, um sie praktisch aktuell als Personen behandeln zu können. Gewiß wird das Verfahren zur Behandlung der feindlichen Individuen rechtlich geregelt, aber es handelt sich dabei um die rechtliche Regelung einer Exklusion: Feinde sind aktuell Unpersonen. Auf den Begriff gebracht ist Feindstrafrecht also Krieg, dessen Gehegtheit oder Totalität (auch) davon abhängt, was vom Feind alles befürchtet wird. Das klingt anstößig und ist es auch, da es von der Unmöglichkeit umfassender Rechtlichkeit handelt, also der Gleichsetzung von Vernünftigkeit und Personalität widerspricht. Aber allein mit *Kants* ultima ratio, wonach

---

[16]*John* Locke, Ein Brief über Toleranz, übersetzt von *Julius Ebbinghaus*, Hamburg 1957, insbesondere S. 90/91 ff., 94/95 f.

jeder in ein garantiertes Rechtsverhältnis, also einen Staat (eine „bürgerliche Verfassung"), gezwungen werden darf,[17] kommt man nun einmal dem Problem nicht
bei, wie mit denjenigen zu verfahren ist, die sich weder zwingen lassen noch sich
separieren, die also, vom Recht aus gesehen, als störende Umwelt beharren, eben
als Feinde. Es ist die kaum erst begonnene Aufgabe der Wissenschaft, die Regeln
des Feindstrafrechts zu identifizieren und aus dem Bürgerstrafrecht auszusondern,
um bei diesem um so nachdrücklicher auf der Behandlung des Verbrechers als
Rechtsperson beharren zu können.

Damit ist die hauptsächliche Herausforderung an das Selbstverständnis der
Strafrechtswissenschaft bezeichnet: Sie hat das, was unter dem Namen des Strafrechts läuft, zu scheiden, also die Ergänzung des Strafrechts durch ein Feind-
bekämpfungsrecht zur Sprache zu bringen. Wenn sie die Notwendigkeit des
letzteren nicht anerkennen will, wird sie von der wirtschaftlich dominierten
Gesellschaft mangels Effektivität marginalisiert werden. Wenn sie alles, was
unter dem Namen „Strafrecht" läuft, gleich behandelt, kapituliert sie mit ihrem
Distinktionsvermögen vor der Politik, gibt sich also selbst preis. So bleibt der
Strafrechtswissenschaft, die das Ziel der Reise der Gesellschaft nicht bestimmen
kann, die Aufgabe, immerhin die eingeschlagenen Richtungen zu benennen [...].

---

[17] *Immanuel Kant,* Die Metaphysik der Sitten. Erster Theil. Metaphysische Anfangsgründe
der Rechtslehre. Akademieausgabe Bd. VI, Berlin 1907, S. 203 ff., 256 (= Der Rechtslehre
Erster Theil, Erstes Hauptstück, § 8).

The manufacturer's authorised representative in the EU is Springer
Nature Customer Service Centre GmbH, Europaplatz 3, 69115 Heidelberg,
Germany. If you have any concerns regarding our products, please
contact ProductSafety@springernature.com

Printed and bound by CPI Group (UK) Ltd, Croydon, CR0 4YY
27/04/2026
02097616-0003